Tobias Weltner

Scripting mit Windows PowerShell – Der Einsteiger-Workshop

Tobias Weltner

Scripting mit Windows PowerShell – Der Einsteiger-Workshop

Tobias Weltner: Scripting mit Windows PowerShell – Der Einsteiger-Workshop
Microsoft Press Deutschland, Konrad-Zuse-Str. 1, 85716 Unterschleißheim
Copyright © 2008 by Microsoft Press Deutschland

Das in diesem Buch enthaltene Programmmaterial ist mit keiner Verpflichtung oder Garantie irgendeiner Art verbunden. Autor, Übersetzer und der Verlag übernehmen folglich keine Verantwortung und werden keine daraus folgende oder sonstige Haftung übernehmen, die auf irgendeine Art aus der Benutzung dieses Programmmaterials oder Teilen davon entsteht. Die in diesem Buch erwähnten Software- und Hardwarebezeichnungen sind in den meisten Fällen auch eingetragene Marken und unterliegen als solche den gesetzlichen Bestimmungen. Der Verlag richtet sich im Wesentlichen nach den Schreibweisen der Hersteller.

Das Werk, einschließlich aller Teile, ist urheberrechtlich geschützt. Jede Verwertung außerhalb der engen Grenzen des Urheberrechtsgesetzes ist ohne Zustimmung des Verlags unzulässig und strafbar. Das gilt insbesondere für Vervielfältigungen, Übersetzungen, Mikroverfilmungen und die Einspeicherung und Verarbeitung in elektronischen Systemen.

15 14 13 12 11 10 9 8 7 6 5 4 3 2
10

ISBN 978-3-86645-620-4

© Microsoft Press Deutschland
(ein Unternehmensbereich der Microsoft Deutschland GmbH)
Konrad-Zuse-Str. 1, D-85716 Unterschleißheim
Alle Rechte vorbehalten

Korrektorat: Kristin Grauthoff, Lippstadt
Fachlektorat: Uwe Thiemann, Lippstadt
Satz: Silja Brands, ActiveDevelop, Lippstadt (www.ActiveDevelop.de)
Layout: Gerhard Alfes, mediaService, Siegen (www.media-service.tv)
Umschlaggestaltung: Hommer Design GmbH, Haar (www.HommerDesign.com)
Gesamtherstellung: Kösel, Krugzell (www.KoeselBuch.de)

Inhaltsverzeichnis

Einleitung	XVII
PowerShell installieren	XVIII
Die richtige PowerShell-Version herunterladen	XIX
PowerShell installieren (und deinstallieren)	XIX
Der »rote Faden« in diesem Buch	XXI
Allgemeiner Teil	XXI
Spezieller Teil: PowerShell in Aktion	XXIII
Nützliches PowerShell-Zubehör	XXIII
PowerShell-Hilfedatei	XXIII
Alternative PowerShell-Hosts und Editoren	XXIV
Grafische Werkzeuge	XXVII
Befehlserweiterungen	XXVII
Vorschau auf PowerShell Version 2.0	XXIX
Neue Funktionen	XXIX
1 Die PowerShell-Konsole	**1**
PowerShell starten	2
Erste Schritte in der Konsole	4
Unvollständige und mehrzeilige Eingaben	5
Wichtige Tastenkombinationen	7
Text markieren und einfügen	10
Die Konsole angenehm einrichten	11
Die Konsolen-Eigenschaften öffnen	12
Optionen festlegen	12
Schriftart und Schriftgröße festlegen	13
Fenster- und Puffergröße festlegen	14
Farben auswählen	15
Änderungen direkt in PowerShell festlegen	16
Änderungen speichern	16
Weiterleiten und Umlenken	17
Weiterleiten: Informationen seitenweise ausgeben	17
Umleitung: Informationen in Dateien speichern	18
Zusammenfassung	19
2 PowerShell interaktiv	**21**
PowerShell als Taschenrechner	22
Mit Zahlensystemen und Einheiten rechnen	23

Externe Befehle ausführen	26
Die »alte« Konsole starten	27
Nützliche Konsolenbefehle entdecken	27
Sicherheitseinschränkungen beim Programmstart	30
Vertrauenswürdige Ordner	31
Cmdlets – die echten PowerShell-Befehle	33
Parameter verwenden	36
Alias-Namen: Befehlen andere Namen geben	40
Aliasnamen auflösen	41
Eigene Alias-Namen erfinden	44
Alias entfernen – oder dauerhaft behalten	44
Alias-Definitionen überschreiben und von Hand löschen	46
Funktionen: »Erweiterte« Alias-Namen	46
Befehle mit vorgegebenen Argumenten	46
Kurzformen für gebräuchliche Befehle	47
Dateien und Skripte aufrufen	48
Skripte starten	49
Zusammenfassung	52

3 Variablen — 55

Eigene Variablen	56
Variablennamen auswählen	57
Werte zuweisen und abrufen	57
Übersicht über verwendete Variablen	59
Spezielle Variablen-Cmdlets verwenden	61
»Automatische« PowerShell-Variablen	64
Umgebungsvariablen	67
Bestimmte Umgebungsvariablen lesen	67
Umgebungsvariablen suchen	68
Neue Umgebungsvariablen anlegen	68
Umgebungsvariablen löschen und ändern	69
Permanente Änderungen an Umgebungsvariablen	70
Direktvariablen	71
Direkt auf Dateipfade zugreifen	71
Ad-hoc-Variablen: die Unterausdrücke	73
Gültigkeitsbereich von Variablen	74
Automatische Abschirmung	74
Abschirmung durchbrechen	75
Vorteil Abschirmung: Eindeutige und klare Startverhältnisse	75
Gültigkeitsbereich einzelner Variablen festlegen	77
Variablentypen und strenge Typisierung	80
Feste Typen zuweisen	82

Variablenverwaltung hinter den Kulissen	85
Variablen-Optionen nachträglich ändern	85
Schreibschutz nachträglich aktivieren	86
Variablen-Typisierung	87
Variableninhalt prüfen und validieren	88
Zusammenfassung	91

4 Felder und Hashtables ... 93

PowerShell-Befehle liefern Felder	94
Ergebnisse in Feldern speichern	94
Feldelemente in der Pipeline weiterbearbeiten	95
Mit echten Objekten arbeiten	96
Neue Felder anlegen	97
Polymorphe Felder	98
Felder mit nur einem (oder keinem) Element	98
Feldelemente ansprechen	99
Mehrere Elemente aus einem Feld auswählen	100
Elemente zu einem Feld hinzufügen und daraus entfernen	101
Hashtables	102
Eine neue Hashtable anlegen	102
Felder in Hashtables speichern	103
Neue Schlüssel in eine bestehende Hashtable einfügen	104
Werte ändern und entfernen	105
Hashtables zur Ausgabeformatierung verwenden	105
Felder und Hashtables kopieren	106
Streng typisierte Felder	107
Zusammenfassung	108

5 Die PowerShell-Pipeline ... 109

Die PowerShell-Pipeline einsetzen	110
Objektorientierte Pipeline	110
Textumwandlung erst am Schluss	111
Streaming: Echtzeitbearbeitung oder nicht?	112
Blockierende Pipeline-Befehle	113
Objekte in Text verwandeln	115
Objekteigenschaften sichtbar machen	115
Pipeline-Ergebnisse formatieren	117
Pipeline-Ergebnisse sortieren und gruppieren	123
Sort-Object und Hashtables	124
Informationen gruppieren	124
Gruppen bilden mit den Formatierungs-Cmdlets	127
Pipeline-Ergebnisse filtern	128
Objekte aus der Pipeline herausfiltern	128
Objekteigenschaften auswählen	132

	Objektanzahl begrenzen	133
	Alle Ergebnisse der Pipeline einzeln bearbeiten	135
	Doppelgänger entfernen	136
Ergebnisse analysieren und vergleichen		136
	Statistische Berechnungen	137
	Objekte vergleichen	137
Pipeline-Ergebnisse exportieren		144
	Ergebnisse unterdrücken	144
	Formatierungen in der Pipeline verändern	145
	Textdarstellungen erzwingen	146
	Excel: Objekte exportieren	147
	HTML-Ausgaben	148
Das Extended Type System (Teil 1)		149
	Textdarstellung bleibt Textdarstellung	150
	Ihr Wunsch hat Vorrang	150
	Formatierung bei bekannten Objekten	151
	Unbekannte Objekte	152
	Der Fall der verschwundenen Spalte	153
	Das Extended Type System erweitern	154
Zusammenfassung		157

6 Objekte verwenden ... 159

Objekte = Eigenschaften + Methoden	160
Ein neues Objekt anlegen	160
Eigenschaften hinzufügen	161
Methoden hinzufügen	162
Eigenschaften: Was das Objekt *ist*	163
Eigenschaften enthalten Objekte	165
Manche Eigenschaften lassen sich ändern	166
Welche Werte sind für Eigenschaften erlaubt?	167
Alle Eigenschaften eines Objekts in der Übersicht	170
Methoden: Was das Objekt *kann*	171
Überflüssige Methoden aussortieren	171
Eine Methode aufrufen	172
Eine Methode mit Argumenten aufrufen	173
Eine Methode mit mehreren »Signaturen«	175
Mit vorhandenen Objekten arbeiten	177
Ergebnisse in Variablen zwischenspeichern	177
Objekte aus Ergebnissen lesen	178
Die Verbindung zum .NET Framework	182
Typen, Klassen und Instanzen	185
Statische Methoden verwenden	186
Welche Klassen gibt es sonst noch?	192

Neue Objekte anlegen **196**
    Neue Objekte mit New-Object **196**
    Neue Objekte durch Umwandlung **198**
    Welche Klassen und Befehle gibt es sonst noch? **201**
    Weitere Assemblies nachladen: Besserer Internet-Download **201**
    Windows-Fenster erstellen **203**
    Type Acceleratoren einsetzen **204**
    Eigene Type Acceleratoren **205**
    Eigene Abkürzungen für statische Methoden **206**
    Visual Basic-Befehle nachrüsten **207**
Die .NET-Umgebung verlassen **210**
    API-Aufrufe aus PowerShell **211**
    COM-Objekte verwenden **215**
Das Extended Type System (Teil 2) **220**
    Ein ausgewähltes Objekt erweitern **220**
    Alle Objekte eines Typs erweitern **222**
    Exkurs: Doppelte Dateien finden **223**
    PropertySets – die besonderen Eigenschaften **226**
Zusammenfassung **228**

7 Bedingungen **229**
Bedingungen formulieren **230**
    Einen Vergleich durchführen **231**
    Unterschiedliche Datentypen miteinander vergleichen **232**
    Vergleiche umkehren **234**
    Vergleiche kombinieren **235**
    Vergleiche mit Feldern **236**
Where-Object **238**
    Ergebnisse in der Pipeline filtern **239**
    Eine Bedingung formulieren **240**
    Abkürzung verwenden **241**
If…ElseIf…Else **242**
Switch **244**
    Wertebereiche testen **245**
    Keine zutreffende Bedingung **246**
    Mehrere zutreffende Bedingungen **246**
    Textvergleiche verwenden **247**
    Mehrere Werte gleichzeitig verarbeiten **249**
Zusammenfassung **250**

8 Schleifen **251**
Foreach-Object **252**
    Pipeline-Objekte einzeln auswerten **252**

Bedingungen integrieren	253
Methoden aufrufen	254
ForEach	255
Do und While	260
Fortsetzungs- und Abbruchbedingungen	260
Variablen als Fortsetzungskriterium verwenden	261
Endlosschleifen ohne Fortsetzungskriterium	262
For	262
For-Schleife: Nur Sonderform der While-Schleife	263
Ungewöhnliche Einsatzbereiche für die For-Schleife	264
Switch	265
Befehlszeilenparameter mit Switch auswerten	266
Dateiinhalte zeilenweise bearbeiten	269
Schleifen vorzeitig verlassen	270
Continue: Schleifendurchläufe überspringen	271
Verschachtelte Schleifen und Sprungmarken	272
Zusammenfassung	273

9 Funktionen 275

Neue Funktionen anlegen	276
Beispiel 1: Abkürzungsfunktionen	276
Beispiel 2: Mehrere Schritte zusammenfassen	277
Beispiel 3: Kapseln und Erweitern	280
Funktionen bearbeiten und verändern	280
Funktionen entfernen	282
Argumente an Funktionen übergeben	282
$args – beliebige Argumente	283
Den Argument-Parser von $args verwenden	286
Parameter festlegen	288
Argumente mit fest vorgegebenen Werten	291
Streng typisierte Argumente verwenden	292
Switch-Parameter funktionieren wie Schalter	295
Rückgabewerte einer Funktion festlegen	296
Ein Rückgabewert oder mehrere?	296
Die Return-Anweisung	297
Auf die Rückgabewerte zugreifen	299
Ausgaben aus dem Funktionsergebnis ausschließen	300
Vorhandene Funktionen untersuchen	305
Prompt: Eine bessere Eingabeaufforderung	306
Clear-Host: Den Bildschirmpuffer löschen	310
A:, B:, C: –vordefinierte Funktionen	312
Funktionen, Filter und die Pipeline	313
$input – langsamer sequentieller Modus	313

Filter: Schneller Streaming-Modus 315
Echte Pipeline-Funktionen entwickeln 315
Zusammenfassung 317

10 Skripte 319
PowerShell-Skripte verfassen und starten 320
Skripte per Umleitung anlegen 320
Skripte mit einem Editor anlegen 320
Skripte starten 321
Argumente an Skripte übergeben 324
$args liefert alle Argumente 324
$args ist ein Feld 325
Einzelne Argumente in $args ansprechen 325
Parameter in Skripten einsetzen 326
Scopes: Gültigkeitsbereiche in Skripten 328
#requires – Skriptvoraussetzungen 330
Skripte übersichtlich gestalten 331
Funktionen in Skripten verwenden 332
Skripte in Arbeitsskripte und Bibliotheken trennen 333
Zentrale Ordner für Bibliotheksskripte 334
Pipeline-Skripte erstellen 336
Langsamer sequentieller Modus 336
Schneller Streaming-Modus 336
Pipeline-Ergebnisse schreiben 337
Profile: die Autostart-Skripte 339
Vier verschiedene Profil-Skripte 339
Ein eigenes persönliches Profil anlegen 340
Ein globales Profil für alle Benutzer anlegen 340
Digitale Signaturen für Ihre Skripte 341
Ein geeignetes Zertifikat finden 341
Das Codesigning-Zertifikat untersuchen 344
Zertifikate als vertrauenswürdig erklären 344
PowerShell-Skripte signieren 347
Signierte PowerShell-Skripte überprüfen 349
Eine Mini-PKI aufbauen 353
Zusammenfassung 357

11 Fehler finden und vermeiden 359
Was-wäre-wenn-Szenarien 360
Trockentraining: Vorgänge simulieren 360
Einzelbestätigung: Einzeln nachfragen 361
Fehlertoleranz festlegen 363
Fehler erkennen und darauf reagieren 364

Fehlerstatus in $?	365
Traps verwenden	365
Error Records – Details zum Fehler	367
Error Records umleiten	368
Error Record(s) über den Parameter -ErrorVariable	370
Error Records über $Error	371
Error Record über Traps	371
Exceptions verstehen	371
Bestimmte Ausnahmen behandeln	372
Eigene Ausnahmen auslösen	372
Fehler in Funktionen und Skripten abfangen	373
Code schrittweise ausführen: Haltepunkte	377
Tracing: Ausgeführte Anweisungen anzeigen lassen	380
Stepping: Code schrittweise ausführen	381
Zusammenfassung	382

12 CommandDiscovery und Skriptblöcke — 383

Command Discovery	384
Der Call-Operator »&«	386
Der Call-Operator akzeptiert nur einzelne Befehle	386
Der Call-Operator führt CommandInfo-Objekte aus	387
Gleichnamige Befehle: Welcher wird ausgeführt?	388
Skriptblöcke verwenden	391
Ganze Befehlszeilen ausführen	391
Aufbau von Skriptblöcken	394
Der ExecutionContext	397
InvokeCommand	397
SessionState	399
Zusammenfassung	401

13 Texte und reguläre Ausdrücke — 403

Texte definieren	404
Sonderzeichen in Texten	404
Here-Strings: Mehrzeiligen Text erfassen	406
Mit dem Anwender kommunizieren	407
Spezielle Textbefehle verwenden	409
Textoperatoren	409
Methoden des String-Objekts	416
Befehle aus der String-Klasse verwenden	419
Einfache Textmustererkennung	421
Reguläre Ausdrücke	423
Muster beschreiben	423
Nach verschiedenen Begriffen gleichzeitig suchen	427
Groß- und Kleinschreibung unterscheiden	428

Informationen in Texten finden	430
Nach mehreren Schlüsselwörtern suchen	432
Gruppen bilden	433
Ergebnisse von Unterausdrücken weiterverwenden	435
Gierig oder faul? Ausführliche oder kurze Ergebnisse …	436
Wortbereiche finden	438
Texte ersetzen	438
Rückverweise verwenden	439
Zeichen am Zeilenanfang voranstellen	440
Überflüssige Leerzeichen entfernen	441
Doppelte Wörter finden und entfernen	441
Zusammenfassung	441

14 XML — 443
Aufbau von XML	444
XML-Dateien laden und verarbeiten	445
Auf einzelne Knoten zugreifen und Daten ändern	446
Knoten mit SelectNodes() auswählen	446
Auf Attribute zugreifen	448
Neue Knoten hinzufügen	448
Das Extended Type System untersuchen	449
Die XML-Daten des Extended Type Systems	449
Vordefinierte Ansichten finden	450

15 Dateisystem — 455
Auf Dateien und Ordner zugreifen	457
Ordnerinhalte auflisten	457
Rekursiv das gesamte Dateisystem durchsuchen	458
Datei- und Ordnerinhalte beschaffen	460
Dateien an Cmdlets, Funktionen oder Skripte weitergeben	461
Im Dateisystem navigieren	467
Relative und absolute Pfade	467
Ordnerpositionen speichern	470
Spezial-Ordner finden	470
Pfadnamen konstruieren	473
Mit Dateien und Ordnern arbeiten	474
Neue Ordner anlegen	474
Neue Dateien anlegen	475
Neue Laufwerke anlegen	477
Den Inhalt von Textdateien lesen	478
Kommaseparierte Listen verarbeiten	478
Ersetzungen in Textdateien vornehmen	479
Textinhalte miteinander vergleichen	481

Textinhalte parsen und Informationen extrahieren ... **482**
Binäre Inhalte lesen ... **484**
Dateien und Ordner verschieben und kopieren ... **486**
Dateien und Ordner umbenennen ... **487**
Dateien und Ordner löschen ... **489**
Berechtigungen verwalten ... **491**
Effektive Sicherheitseinstellungen überprüfen ... **492**
Neue Berechtigungen anlegen ... **493**

16 Die Registrierungsdatenbank ... **503**
Provider: Orte außerhalb des Dateisystems ... **505**
Verfügbare Provider ... **505**
Laufwerke anlegen ... **506**
Registrierungsdatenbank durchsuchen ... **508**
Rekursive Suche ... **508**
Einzelne Registrierungsdatenbank-Schlüssel ... **509**
Wie PowerShell Registrierungsdatenbank-Schlüssel anspricht ... **510**
Anlegen und Löschen von Schlüsseln und Werten ... **513**
Schlüssel mit Inhalten löschen ... **514**
Werte eines Schlüssels setzen, ändern und löschen ... **515**
Beispiel: Kontextmenü erweitern ... **519**
Berechtigungen in der Registrierungsdatenbank ... **521**

17 Prozesse, Dienste, Ereignislogbuch ... **529**
Prozesse ... **530**
Prozesse starten ... **530**
Prozesse überwachen ... **531**
Auf Process-Objekte zugreifen ... **534**
Prozesse beenden ... **534**
Dienste ... **535**
Dienste auflisten ... **535**
Dienste starten, stoppen, anhalten oder fortsetzen ... **535**
Ereignislogbuch ... **537**
Einträge ins Ereignislogbuch schreiben ... **539**

18 WMI – der Windows-Verwaltungsdienst ... **541**
WMI-Klassen und -Instanzen ... **542**
Instanzen einer Klasse ... **542**
Bestimmte Instanzen auswählen ... **544**
Instanzen direkt ansprechen ... **545**
Eigenschaften ändern ... **547**
Klassenbeschreibung sichtbar machen ... **548**

Inhaltsverzeichnis

WMI-Methoden aufrufen	548
Instanzbasierte Methoden	548
Statische Methoden	550
Hilfe zu Klassen und Methoden	551
WMI-Ereignisse	552
Remotezugriff und Namespaces	553
Auf WMI-Objekte eines anderen Computers zugreifen	553
Namespaces – WMI-Erweiterungen	554
WMI und Extended Type System	555
WMI-Datumsformat umwandeln	556
Einen Typkonverter nachrüsten	556

19 Benutzerverwaltung ... 561

Mit einer Domäne verbinden	562
Unter anderem Benutzernamen anmelden	562
Auf einen Container zugreifen	564
Den Inhalt eines Containers auflisten	565
Auf einzelne Benutzer oder Gruppen zugreifen	566
Eigenschaften lesen und ändern	573
Welche Eigenschaften gibt es überhaupt?	573
Eigenschaften lesen	577
Eigenschaften ändern	578
Eigenschaften löschen	579
Das Schema der Domäne	581
Eigenschaften setzen, die mehrere Werte haben	583
Methoden aufrufen	583
Kennwort ändern	585
Gruppenmitgliedschaften regeln	585
Neue Objekte anlegen	587
Neue Organisationseinheiten anlegen	587
Neue Gruppen anlegen	588
Neue Benutzer anlegen	588

Anhang A – Kurz-Referenz ... 591

Stichwortverzeichnis ... 601

Einleitung

In diesem Abschnitt:

PowerShell installieren	XVIII
Der »rote Faden« in diesem Buch	XXI
Nützliches PowerShell-Zubehör	XXIII
Vorschau auf PowerShell Version 2.0	XXIX

Bevor Sie in wenigen Sekunden tief in die PowerShell-Welt aufbrechen, möchte ich mich kurz vorstellen. Ich bin Ihre Reiseleitung und heiße Dr. Tobias Weltner. Mein Ziel: Neue Technologien so aufzubereiten, dass man sie schnell und schmerzfrei verstehen und vor allem praktisch sinnvoll einsetzen kann. Dazu schreibe ich Bücher (wie dieses hier), entwickle Lern- und Profi-Tools (wie den WSH-Editor *SystemScripter* und die PowerShell-Editoren *PowerShellIDE* sowie *PowerShell Plus*), führe aber auch individuelle High-End-Trainings durch und unterstütze konkret vor Ort – bei Interesse genügt eine Mail an *tobias.weltner@scriptinternals.de*.

Lassen Sie uns sofort mit der wichtigsten Frage beginnen: Was ist Windows PowerShell eigentlich? Zweierlei: Einerseits eine neue *interaktive Konsole* für den IT-Profi und Administrator, über die man Befehle direkt eingibt und die Ergebnisse sofort in Textform zurückerhält. Andererseits eine neuartige *Skriptsprache*, mit der sich Aufgaben automatisieren lassen. In diesem Kapitel erhalten Sie einen kurzen Überblick, wie Sie PowerShell nachrüsten und wie dieses Buch insgesamt aufgebaut ist. So können Sie in wenigen Augenblicken optimal mit PowerShell starten.

Wer mehr wissen möchte, findet in diesem Kapitel außerdem eine Auflistung nützlicher PowerShell-Erweiterungen und komfortabler PowerShell-Editoren. Außerdem erhalten Sie einen kurzen, aber umfassenden Überblick über die künftige Version 2.0 von PowerShell. Die gibt es zwar offiziell noch gar nicht, sie befindet sich aber bereits in der Entwicklung. Die Informationen über Version 2.0 helfen Ihnen dabei abzuschätzen, in welche Richtung sich PowerShell bewegen wird und wie Sie schon heute dafür sorgen, dass Ihre PowerShell-Lösungen auch künftig in Version 2.0 reibungslos funktionieren.

PowerShell installieren

PowerShell ist derzeit noch eine kostenlose Zusatzkomponente für Windows XP und neuere Windows-Versionen. Erst mit Windows Server 2008 wird Windows PowerShell fester Bestandteil von Windows. Für Sie bedeutet das: Nutzen Sie bereits Windows Server 2008, können Sie PowerShell sofort einsetzen und deshalb diesen Abschnitt überspringen. Verwenden Sie ein älteres Windows wie Windows 2000 oder gar Windows NT 4.0, dann halten Sie das falsche Buch in den Händen, denn PowerShell kann auf diesen alten Windows-Versionen nicht installiert werden. Und wenn Sie Windows XP, Windows Server 2003 oder Windows Vista verwenden, installieren Sie Windows PowerShell kurz nach. Wie das geschieht, lesen Sie jetzt.

Windows-Version	Windows PowerShell-Unterstützung
Windows 95, 98, Me	keine Unterstützung
Windows NT 4.0	keine Unterstützung
Windows 2000	keine Unterstützung
Windows XP	nachinstallierbar, wenn Service Pack 2 vorhanden ist
Windows Server 2003	nachinstallierbar, wenn Service Pack 1 vorhanden ist
Windows Vista	Nachinstallierbar
Windows Server 2008	bereits integriert

Tabelle E.1 Windows PowerShell-Unterstützung in verschiedenen Windows-Versionen

Die richtige PowerShell-Version herunterladen

Windows PowerShell besteht aus einem nur knapp zwei Megabyte großen MSI-Installationspaket von Microsoft, das es in verschiedenen Versionen gibt. Welches für Sie das richtige ist, hängt von Ihrer Windows-Version ab. Beachten Sie, dass es separate PowerShell-Versionen für 32-Bit- und 64-Bit-Systeme gibt. Eine Übersicht über die verfügbaren Dowloads erhalten Sie auf *http://www.microsoft.com/windowsserver2003/ technologies/management/powershell/download.mspx*. Lassen Sie sich von diesem URL nicht verwirren: Dort finden Sie neben den Versionen für Windows Server 2003 auch die PowerShell-Versionen für alle anderen Windows-Versionen.

> **HINWEIS** Windows PowerShell setzt bei Windows XP das Service Pack 2 voraus, bei Windows Server 2003 das Service Pack 1. Bevor Sie Windows PowerShell also installieren, sollten Sie Ihr Betriebssystem zuerst aktualisieren, beispielsweise bei *http://www.windowsupdate.com*.

PowerShell installieren (und deinstallieren)

Da Windows PowerShell auf dem .NET Framework aufsetzt, das bei älteren Windows-Versionen ebenfalls nicht automatisch vorhanden ist, erhalten Sie während der Installation bei Windows XP und Windows Server 2003 möglicherweise den Hinweis, dass das .NET Framework noch fehlt und nachinstalliert werden muss. Dies verlängert den Installationsvorgang ein wenig. Ab Windows Vista ist das notwendige .NET Framework immer automatisch vorhanden, und ab Windows Server 2008 ist auch PowerShell von vornherein integriert.

Windows PowerShell ist eine Erweiterung des Betriebssystems und installiert sich folgerichtig im Systemordner von Windows. Auf 32-Bit-Versionen heißt dieser Ordner *System32*, auf 64-Bit-Systemen heißt er *Syswow64*. Dort finden Sie nach der Installation den Ordner *WindowsPowerShell*. Nützlich sind die folgenden Dokumentationen im Unterordner *%windir%\system32\WindowsPowerShell\v1.0\Documents\de-DE*. Die Dokumente liegen im so genannten *RichText*-Format vor und können mit dem in Windows enthaltenen Texteditor *WordPad* oder mit *Windows Word* geöffnet werden.

Dokument	Beschreibung
GettingStarted.rtf	Erste Schritte mit Windows PowerShell: Kurzeinführung in den Umgang mit der PowerShell
QuadFold.rtf	Schnellreferenz zur Windows PowerShell-Sprache: Kurzreferenz zum Ausdrucken mit den wichtigsten Sonderzeichen, Variablen und Befehlen
releaseNotes.rtf	Anmerkungen zur aktuellen Version: Beschreibt Unterschiede dieser PowerShell-Version zu älteren Vorabversionen der PowerShell
UserGuide.rtf	Grundlagen von Windows PowerShell: 125-seitiges einfaches Benutzerhandbuch

Tabelle E.2 Nützliche Dokumentationen im Windows PowerShell-Ordner

Noch wichtiger ist die neue Programmgruppe *Windows PowerShell 1.0* im Startmenü. Darin finden Sie die PowerShell unter dem Eintrag *Windows PowerShell* und können sie dort starten.

Windows PowerShell deinstallieren

Offenbar hat sich Microsoft für die Zukunft die Möglichkeit offengehalten, Windows PowerShell als reguläres Update ganz offiziell und flächendeckend nachzuschieben, denn PowerShell kommt nicht als normales Programmpaket, sondern als Update-Paket. Für die Installation macht das keinen Unterschied, aber wenn Sie später einmal Windows PowerShell deinstallieren wollen, müssen Sie das entsprechende Update deinstallieren. Dazu öffnen Sie die Systemsteuerung und lassen sich die installierten Programme anzeigen. Windows PowerShell wird in dieser Liste allerdings (noch) nicht aufgeführt. Bei Windows XP aktivieren Sie zuerst am oberen Rand des Dialogfelds die Option *Updates anzeigen*. Bei Windows Vista wählen Sie von vornherein die Funktion *Installierte Updates anzeigen*.

Windows PowerShell ist in der Liste der Updates leider nicht auf Anhieb zu finden. Suchen Sie bei Windows XP nach dem PowerShell-Symbol vor dem Update. Bei Windows Vista wird *Windows PowerShell(TM) 1.0 (KB928439)* in der Spalte *Name* angezeigt.

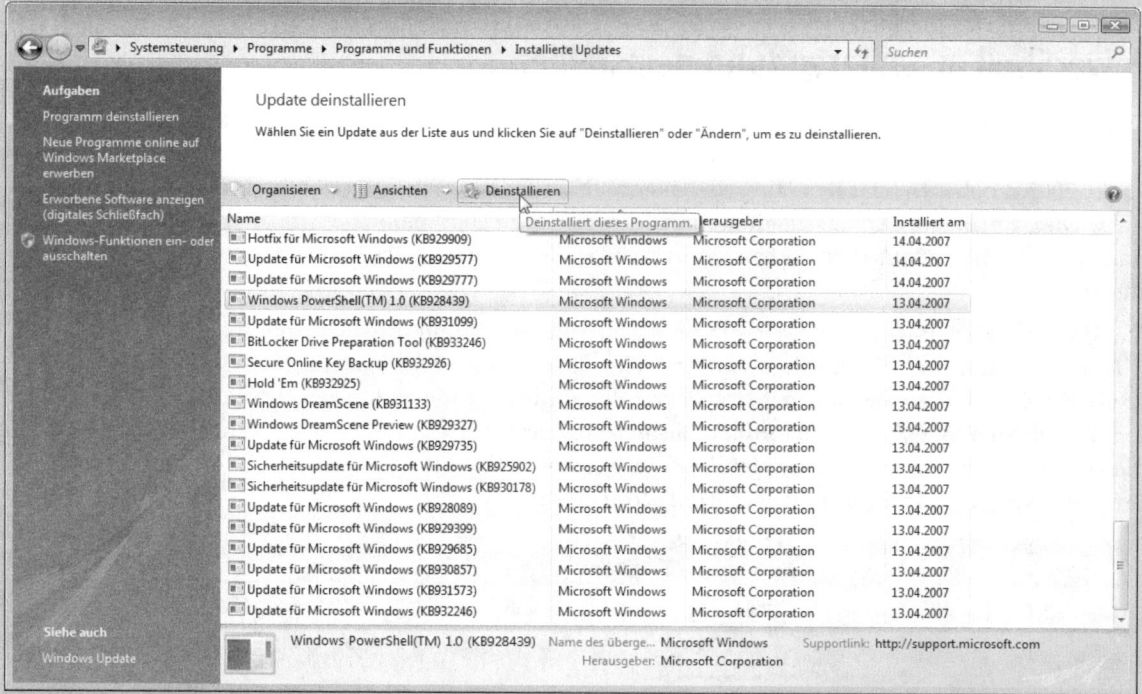

Abbildung E.1   Windows PowerShell ist ein Update und kann deinstalliert werden

Warum sollte man Windows PowerShell überhaupt deinstallieren? Hatten Sie beispielsweise früher schon eine Vorabversion von PowerShell installiert, sollte die vor der Installation der endgültigen Version entfernt werden. Oder aber Sie möchten irgendwann eine neue Version von PowerShell installieren. Derzeit arbeitet Microsoft an PowerShell 2.0 und bietet dazu öffentliche Vorabversionen an. Bevor Sie die installieren können, müssen ältere PowerShell-Versionen ebenfalls deinstalliert werden.

Der »rote Faden« in diesem Buch

Nach der Installation ist PowerShell sofort einsatzbereit, und Sie könnten die PowerShell-Konsole sofort starten, zum Beispiel, indem Sie ⊞ R drücken und *powershell* eintippen und anschließend ↵ drücken. Falls Sie schon früher mit Konsolenfenstern gearbeitet haben, werden Sie sich darin auch spontan zurechtfinden – fast alle gewohnten Befehle funktionieren in der PowerShell-Konsole genau wie gehabt.

Sehr bald allerdings wird diese erste Welle der Zufriedenheit abebben, verbunden mit der Frage, warum dieser oder jener Befehl plötzlich doch nicht wie gewohnt funktioniert und was überhaupt der Vorteil der PowerShell sein soll.

Wenn Sie dieses Buch einmal unauffällig kurz durchblättern und dabei Ihren geneigten Blick über die Seitenzahlen streifen lassen, werden Sie feststellen, dass dieses Buch mehr als 600 Seiten stark ist. Es beschäftigt sich ausschließlich mit PowerShell und unterstreicht: PowerShell ist keinesfalls so trivial, wie man auf den ersten Blick annehmen könnte. Es ist keine »einfache Konsole«. Es ist sehr viel mehr. Und immer, wenn man ein neues und noch unbekanntes Thema kennen lernen will, reagiert man auf so unspezifische Ankündigungen wie »sehr viel mehr« gern allergisch. Lassen Sie mich deshalb kurz den roten Faden dieses Buches skizzieren. Er hilft Ihnen dabei, unterwegs den Anschluss nicht zu verlieren und besser zu verstehen, wie die zwanzig Kapitel dieses Buches ineinandergreifen.

Dieses Buch ist in zwei Teile gegliedert. Im allgemeinen Teil lernen Sie Schritt für Schritt alle wichtigen PowerShell-Befehle und -Technologien kennen. Im speziellen Teil wenden Sie dieses Wissen dann an einer Vielfalt von Praxisthemen in der Realität an.

Allgemeiner Teil

Der allgemeine Teil umfasst die ersten zwölf Kapitel und setzt keinerlei Vorkenntnisse voraus. Sie beginnen mit den Grundeinstellungen der Konsole, lernen die einzelnen PowerShell-Befehle kennen und erfahren dann, wie PowerShell mehrere Befehle durch Variablen oder mit Hilfe seiner neuartigen PowerShell zu komplexen Lösungen zusammenfügt. Nebenbei erfahren Sie alle wichtigen Informationen über die zugrundeliegenden Technologien, also über das .NET Framework, Objekte, Eigenschaften und Methoden. Am Ende des allgemeinen Teils sind Sie in der Lage, PowerShell klar und zielgerichtet einzusetzen.

Konsolenfenster funktionieren anders ...

Eine Kernfunktion von PowerShell ist, eine neue moderne interaktive Konsole bereitzustellen. Traditionell werden solche Konsolen in besonderen textbasierten Konsolenfenstern angezeigt, und so ist das auch bei PowerShell. Weil diese speziellen Konsolenfenster sich in vielerlei Hinsicht von den üblichen Windows-Fenstern unterscheiden, nimmt das erste Kapitel Sie mit auf einen Rundgang und erklärt Ihnen, was im Konsolenfenster anders funktioniert, welche geheimen Tastenkombinationen dort gelten und wie man das Konsolenfenster besser einrichtet: Andere Farben, größere Schriften, praktischerer Bildschirmpuffer.

Einzelne Befehle ausführen

Das zweite Kapitel geht direkt auf die Neuerungen der PowerShell ein. Anders als die klassische Konsole kann PowerShell nämlich nicht nur vorgefertigte Programme starten, sondern viele weitere Befehlstypen. Im zweiten Kapitel erfahren Sie also, was hinter externen Programmen, Cmdlets, Aliassen, Funktionen und Skripten steckt.

Mehrere Befehle mit Variablen verbinden

Einzelne Befehle aufzurufen ist praktisch, aber die wenigsten Alltagsaufgaben lassen sich mit einem einzelnen Befehl lösen. Deshalb sind die Variablen aus dem Kapitel 3 der ideale »Klebstoff«, um einzelne Befehle zu umfangreicheren Lösungen zusammenzufügen. Hier erfahren Sie, wie PowerShell es möglich macht, das Ergebnis jedes beliebigen Befehls in einer Variablen zu speichern und diese dann dem nächsten Befehl zur Weiterbearbeitung zu übergeben. Kapitel 4 greift die Idee der Variablen auf und führt Sie in die Welt der Variablenfelder ein, damit Sie besser verstehen, wie PowerShell-Befehle nicht nur ein Ergebnis, sondern beliebig viele in einer einzelnen Variable speichern können.

Mehrere Befehle in der PowerShell-Pipeline

Variablen quasi als Boten zwischen einzelnen Befehlen einzusetzen ist kein neues Konzept. Und es hat Nachteile, denn es ist langsam. Viel schneller und vollkommen revolutionär arbeitet die PowerShell Pipeline, bei der die einzelnen Ergebnisse hintereinander und in Echtzeit durch verkettete Befehle flitzen. Mit Hilfe der Pipeline wird es kinderleicht, aus einzelnen Befehlen wie mit Legobausteinen komplexe Automationslösungen zu bauen. Und weil dies alles interaktiv in der Konsole passiert, sodass Sie sofort das Ergebnis sehen und überprüfen können, ist Ausprobieren und Rumprobieren und falsch liegen und richtig liegen vollkommen normal und erlaubt.

Kapitel 6 greift die Idee der Pipeline auf und geht in die Tiefe, denn das, was PowerShell da über die Pipeline jagt, die Ergebnisse der einzelnen Befehle, sind eigentlich vollwertige Objekte. Falls Sie immer schon geahnt haben, dass Sie sich irgendwann doch einmal mit »Objekten« würden beschäftigen müssen oder ganz und gar nicht wissen, was Objekte sein könnten, sind Sie in Kapitel 6 genau richtig. Ohne Vorkenntnisse werden Sie in wenigen Stunden zum Objekt-Profi gemacht.

Mehrere einzelne Befehle zu neuen eigenen Befehlen zusammenfassen

Bis zu diesem Punkt wurden alle Befehle interaktiv – also sofort – ausgeführt. PowerShell ist aber nicht nur eine interaktive Konsole, sondern auch eine Programmiersprache. Diese Sprache lernen Sie in den Kapiteln 7 und 8 kennen. Dort erfahren Sie, wie Sie Fragestellungen und Bedingungen richtig formulieren und bestimmte Codeteile in Schleifen mehrfach ausführen.

Diese PowerShell-Programmiersprache setzen Sie dann in den Kapiteln 9 und 10 dazu ein, um mit Hilfe von Funktionen ganz neue eigene Befehle zu »erfinden« und mit PowerShell-Skripten ganze Aufgabenstellungen in Form kleiner PowerShell-Programme zu meistern. Weil Sie hierbei beliebig viele Befehle zu einer Gesamtlösung kombinieren, kann es jetzt knifflig werden, Fehler aufzuspüren. Deshalb zeigt Kapitel 11, wie man Funktionen und Skripte debuggt, also darin enthaltene Fehler und Unstimmigkeiten behebt. Dort erfahren Sie zum Beispiel, wie man Skripte schrittweise ausführt und Fehler richtig abfängt.

Das Resumée: PowerShell wirklich verstehen

Den Abschluss des allgemeinen Teils bietet Kapitel 12: Es greift die verschiedenen Aspekte der PowerShell noch einmal auf und führt die Technologien, die Sie inzwischen kennen gelernt haben, zu einem logischen Ganzen zusammen. Hier erfahren Sie zum Beispiel alle wichtigen Details zu Skriptblöcken, dem universellen Grundbaustein in PowerShell, der in allen vorangegangenen Kapiteln unter den verschiedensten Namen zum Einsatz kam, in Wirklichkeit aber immer nach demselben Grundprinzip funktioniert.

Spezieller Teil: PowerShell in Aktion

Die übrigen acht Kapitel greifen alle wichtigen Praxisthemen auf und liefern viele sofort einsetzbare Beispiele, die Ihnen zeigen, wie Sie PowerShell künftig einsetzen können, um alltägliche Herausforderungen zu meistern. Sie erfahren zum Beispiel, wie man Rohdaten aus Informationsquellen wie Logbüchern oder XML-Dateien auswertet, das Dateisystem oder die Registrierungsdatenbank verwaltet, laufende Prozesse und Dienste steuert, den Windows-Verwaltungsdienst WMI einsetzt und Benutzerkonten mit ADSI anlegt, ändert oder löscht. Zum Abschluss des speziellen Teils erfahren Sie, wie Sie eigene PowerShell-Cmdlets erstellen.

Nützliches PowerShell-Zubehör

Inzwischen stehen zahlreiche Erweiterungen für PowerShell zur Verfügung. Sie können sich zum Beispiel eine praktische Hilfedatei mit sämtlichen PowerShell-Befehlen als Referenz herunterladen. Sehr empfehlenswert ist der Einsatz eines alternativen PowerShell-Hosts, von denen es einige zur Auswahl gibt. Alternative PowerShell-Hosts sind sehr viel einfacher zu bedienen als die PowerShell-Konsole und enthalten meist spezielle PowerShell-Editoren, mit denen Sie PowerShell-Skripte bequem verfassen und testen.

Aber auch Befehlserweiterungen gibt es inzwischen *en masse*. Die wichtigsten sind im Folgenden aufgeführt. Bevor Sie allerdings Befehlserweiterungen installieren, sollten Sie zuerst mit den 129 bereits standardmäßig vorhandenen PowerShell-Cmdlets vertraut sein. Verschieben Sie die Installation der Befehlserweiterungen also am besten so lange, bis Sie dieses Buch durchgearbeitet haben.

PowerShell-Hilfedatei

Das Microsoft-Team des MSDN-Skriptcenters hat sich die Mühe gemacht, sämtliche PowerShell-Befehle – die so genannten Cmdlets – in einer (englischsprachigen) Hilfedatei detailliert zu beschreiben. Die Hilfedatei ist also ein praktisches Nachschlagewerk und kann unter *http://www.microsoft.com/downloads/details.aspx?familyid=3b3f7ce4-43ea-4a21-90cc-966a7fc6c6e8&displaylang=en* heruntergeladen werden.

> **TIPP** Die Hilfedatei enthält außerdem eine ausführliche Übersicht, wie die Befehle der älteren Skriptsprache VBScript in PowerShell übersetzt werden und eignet sich deshalb auch hervorragend für Umsteiger, die bisher Skripte mit dem Windows Script Host verfasst haben.

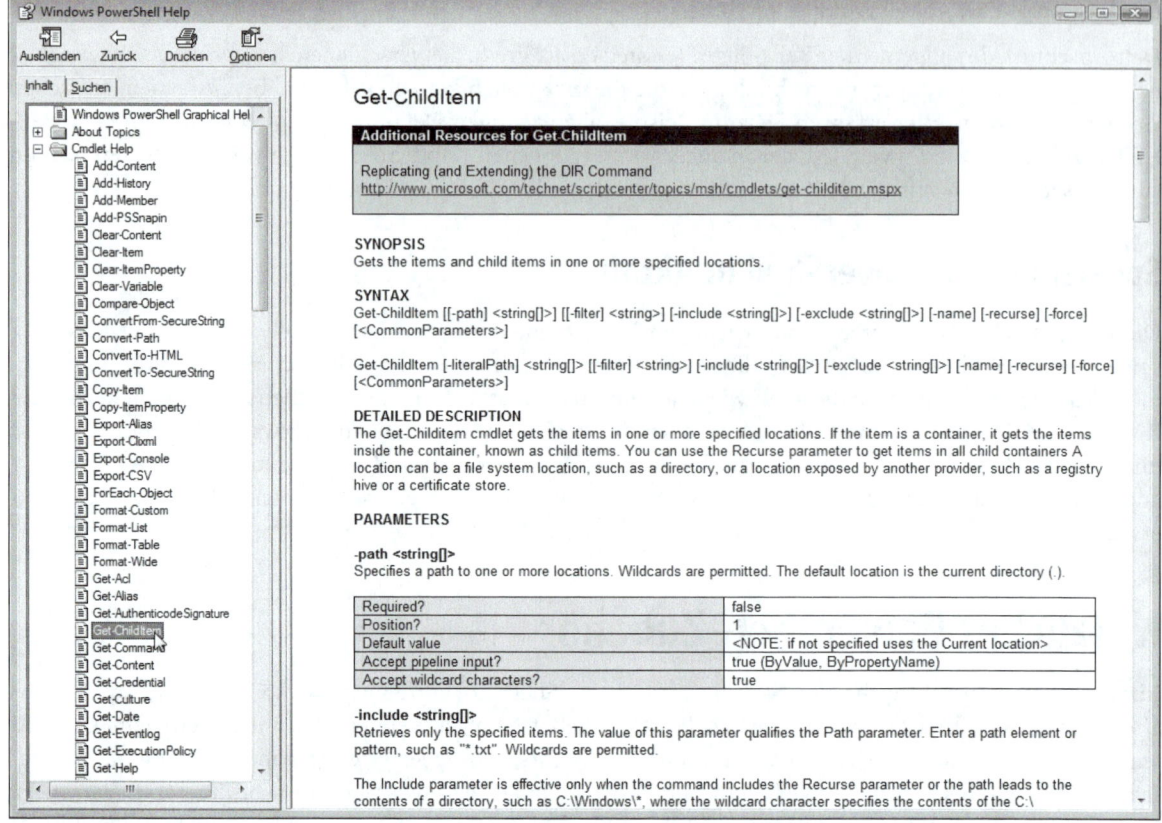

Abbildung E.2 PowerShell-Hilfedatei als praktisches Nachschlagewerk

Alternative PowerShell-Hosts und Editoren

Die PowerShell-Konsole ist leider sehr spartanisch ausgestattet und bietet nur wenige Hilfestellungen. Die wichtigste Hilfestellung innerhalb der Konsole ist [↹], mit der Sie die eingebaute Autovervollständigung aktivieren und so Befehle vervollständigen können.

Wesentlich mehr Komfort bieten alternative PowerShell-Hosts von Drittanbietern. Sie liefern IntelliSense-artige Auswahlmenüs, Variablenüberwachung, Visualisierung von Befehlsergebnissen und vieles mehr. Damit beschleunigen diese Programme das Erlernen von PowerShell erheblich und helfen Ihnen auch später dabei, PowerShell bequem und ökonomisch einzusetzen.

> **TIPP** Wenn Sie nicht gleich zu einem alternativen Host greifen wollen, können Sie zumindest die eingebaute Autovervollständigung in PowerShell kräftig erweitern. *PowerTab* ist ein Zusatzpaket, das die mitgelieferte *tabexpansion*-Funktion durch eine wesentlich intelligentere Version ersetzt, die Ihnen in sehr viel mehr Situationen nützliche Hilfestellung liefert. *PowerTab* ist im alternativen Host *PowerShellPlus* (siehe unten) bereits integriert. Wollen Sie es separat installieren, besuchen Sie *http://thepowershellguy.com/blogs/posh/pages/powertab.aspx*.

PowerShell IDE

PowerShell IDE war der erste öffentlich verfügbare alternative PowerShell-Host und wurde vom Autor dieses Buches im Juni 2006 kostenlos der Community zur Verfügung gestellt. Dieser Host hat seither große Verbreitung gefunden und liegt teilweise auch anderen PowerShell-Büchern bei. Allerdings handelt es sich bei *PowerShell IDE* nur um eine Konzeptstudie, die noch Fehler enthielt. *PowerShell IDE* wird mittlerweile nicht mehr weiterentwickelt und ist nicht mehr im Internet verfügbar. Die Erfahrungen mit diesem Programm sind in *PowerShellPlus* integriert worden.

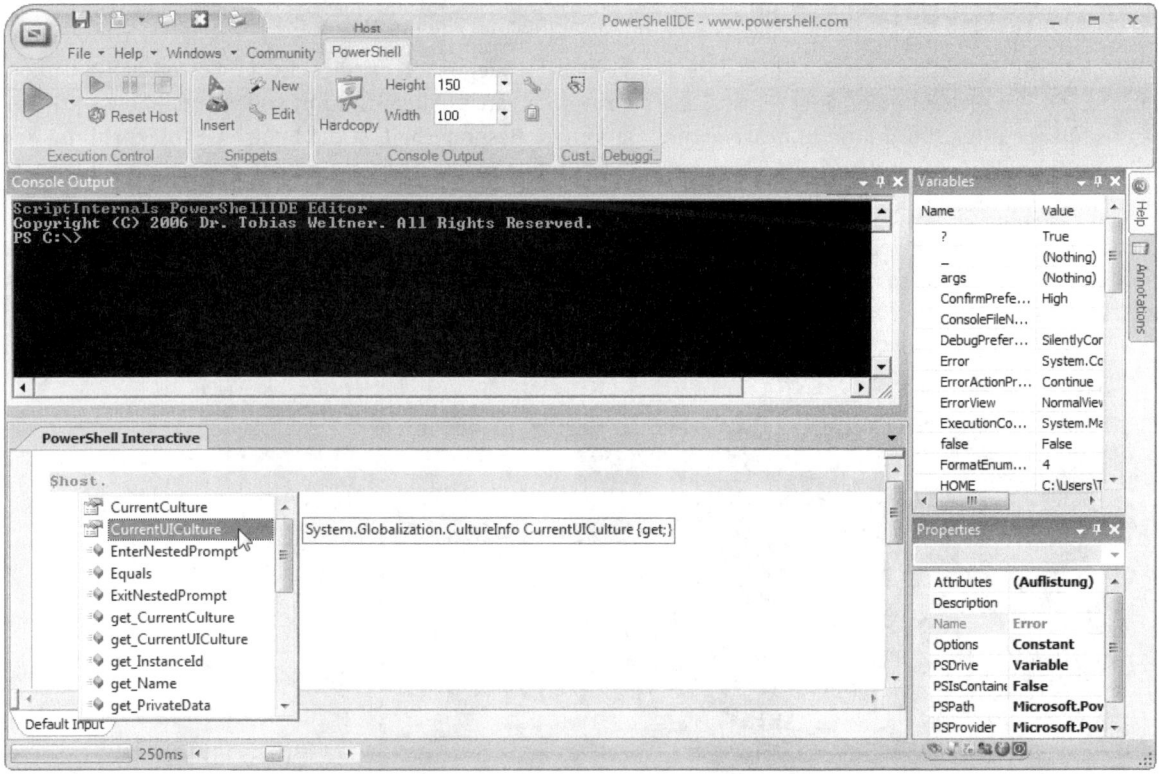

Abbildung E.3 PowerShellIDE – der erste alternative PowerShell Host der Welt

PowerShell Analyzer

PowerShellAnalyzer wurde beinahe zeitgleich mit *PowerShell IDE* von Karl Prosser entwickelt und verwendet einen ähnlichen Ansatz wie der *SQLAnalyzer* bei Datenbanksprachen: man kann damit PowerShell-Anweisungen detailliert untersuchen, die gewonnenen Ergebnisse visuell darstellen und die PowerShell-Pipelineinhalte sichtbar machen. Karl Prosser hat *PowerShellAnalyzer* nunmehr stark erweitert. Das Produkt enthält inzwischen einen vollwertigen Editor, mit dem man PowerShell-Skripte ähnlich einer Entwicklungsumgebung erstellen und testen kann.

Der *PowerShellAnalyzer* steht in Version 1.0 als kommerzielles Produkt auf *www.powershell.com* zur Verfügung und kann ohne Funktionseinschränkung für eine Testphase genutzt werden.

PowerShell Plus

PowerShell Plus ist der erste echte hybride PowerShell-Host. Dieses Programm verwendet also eine echte Konsole und ist damit 100% kompatibel zur Original-PowerShell-Konsole. Es bettet diese Konsole jedoch in eine ausgefeilte Windows-Umgebung ein und stellt innerhalb der Konsole IntelliSense-artige Auswahllisten, Variablenüberwachung, Hilfestellung und Snippets – Codebausteine – zur Verfügung. Darüber hinaus enthält PowerShell Plus einen hochwertigen Skripteditor, mit dem man nicht nur PowerShell-Skripte schreiben kann, sondern auch Unterstützung für XML, HTML sowie die .NET-Programmiersprachen *c#* und *vb.net* findet. Damit ist es möglich, auch die fortgeschrittensten PowerShell-Technologien direkt in PowerShell Plus durchzuführen, beispielsweise die Kompilierung eigener PowerShell-Cmdlets.

Eine weitere Innovation ist der eingebaute PowerShell-Debugger. Er ermöglicht, in PowerShell-Skripten Haltepunkte zu setzen und Skripte schrittweise auszuführen, anzuhalten und mit vollen IntelliSense-artigen Auswahllisten direkt im Editor zu bearbeiten. Eine weitere Besonderheit ist die Echtzeit-Syntaxprüfung des Editors: Fehlerhafte PowerShell-Anweisungen werden sofort markiert und eine entsprechende Fehlermeldung in der Statuszeile des Editors eingeblendet.

PowerShell Plus ist derzeit im Betastadium und als Testversion bei *www.powershell.com* zu beziehen. *PowerShell Plus* wird zusammen mit dem *PowerShellAnalyzer* als ein Lizenzpaket angeboten. Sie erhalten es also kostenlos, wenn Sie eine Lizenz für den *PowerShellAnalyzer* besitzen.

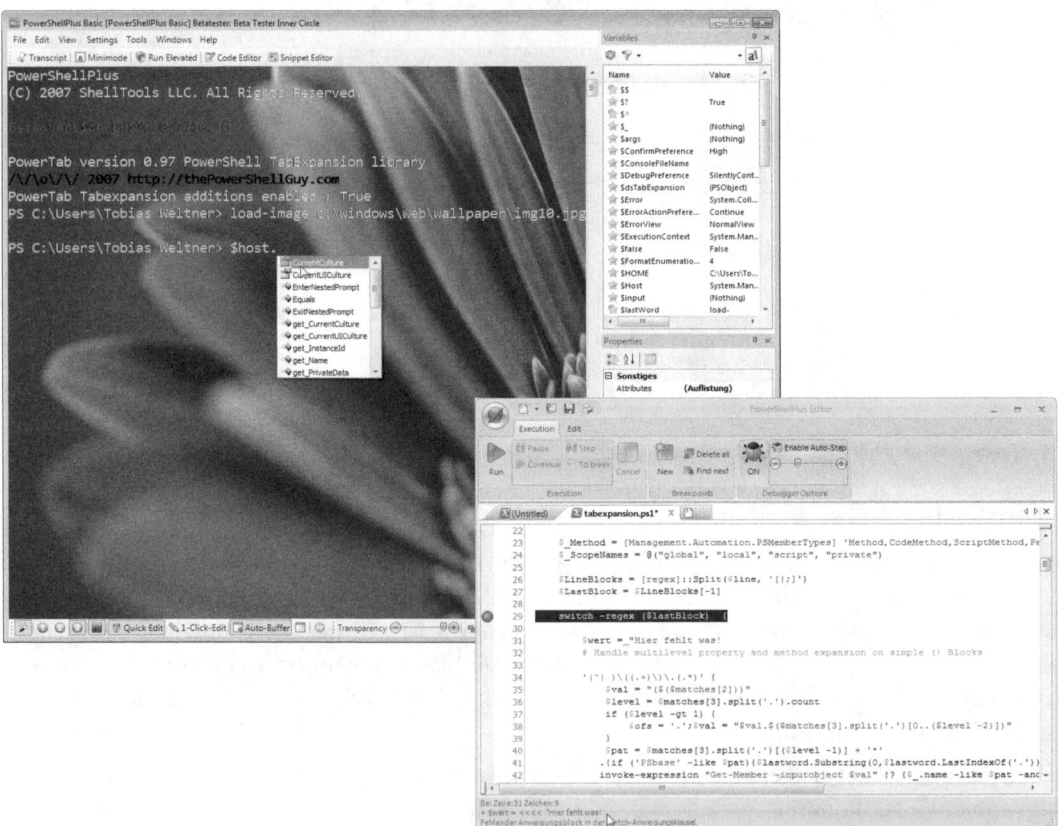

Abbildung E.4 PowerShell Plus bietet die umfangreichste PowerShell-Entwicklungsumgebung

Weitere Hosts und PowerShell-Editoren

Da PowerShell immer populärer wird, unterstützen immer mehr Anbieter kommerzieller Skript-Editoren PowerShell als Programmiersprache. Dazu zählen zum Beispiel der *AdminScriptEditor* von *iTripoli* und *PrimalScript 2007* von *Sapien*. Alle bisherigen Unterstützungen dieser Art sind jedoch rudimentär und gehen über farbliche Hervorhebung der PowerShell-Befehlswörter sowie simple Auswahllisten nicht hinaus. Weder *AdminScriptEditor* noch *PrimalScript* implementieren einen eigenen vollwertigen PowerShell-Host, der aber nötig wäre, um eine umfassende Sprachunterstützung zu ermöglichen.

Microsoft selbst hat seine ursprünglichen Pläne, selbst keinen PowerShell-Editor anzubieten, inzwischen ebenfalls überdacht. Inspiriert durch die enorme Funktionalität der ersten und zweiten Generation von PowerShell Hosts wie *PowerShellAnalyzer* und *PowerShell IDE* hat man sich entschlossen, in PowerShell Version 2.0 einen simplen Editor zu integrieren, den so genannten »Graphical Host«. Er ist in der öffentlichen *Community Technology Preview* (CTP) enthalten, die erstmals im November 2007 auf der *TechEd* in Barcelona vorgestellt wurde. Dieser Graphical Host geht über die simple Unterstützung hinaus, die in *AdminScriptEditor* oder *PrimalScript* zu finden ist, bleibt aber weit hinter der Funktionalität von *PowerShellAnalyzer* und insbesondere *PowerShell Plus* zurück. Seine Aufgabe ist, eine einfache und kostenlose Basisunterstützung für PowerShell-Skriptautoren anzubieten.

Grafische Werkzeuge

Dass man in PowerShell nicht unbedingt zu programmieren braucht, um Ergebnisse zu erzielen, zeigen zwei weitere Hilfsprogramme. *PowerGUI* von Quest (*http://www.powergui.org*) ist eine Konzeptstudie, die über einfache PowerShell-Anweisungen Ergebnisse auflistet, denen man dann Aktionen zuordnen kann. So könnte man beispielsweise alle Benutzer auflisten, sich aus der Liste der Benutzer eine Person auswählen und diese dann über vorgefertigte Aktionen verwalten. Eine ähnliche Funktion ist auch in *PowerShell Plus* enthalten.

FullArmor geht einen anderen Weg und implementiert mit *Workflow Studio* PowerShell-Workflows. Dabei kann man eine Aufgabe zunächst grafisch als Abfolge von Aktionen planen. Die Aktionen des Workflows entsprechen PowerShell-Cmdlets, die anschließend als PowerShell-Skript ausgeführt werden können (*http://www.fullarmor.com/products-workflow-studio.htm*).

Befehlserweiterungen

Die 129 in PowerShell enthaltenen Cmdlets (Befehle) sind nur ein erster Grundstock und können um beliebige weitere Befehle ergänzt werden. Einige Befehlserweiterungen werden kostenlos angeboten, andere sind als kommerzielle Produkte erhältlich. Wenn Sie mögen, können auch Sie selbst eigene Cmdlets entwickeln, entweder mit reinen PowerShell-Bordmitteln, oder mit Hilfe professioneller Entwicklungsumgebungen wie Microsoft Visual Studio oder PowerShellPlus.

Microsoft selbst kündigt an, viele seiner eigenen Produkte künftig über PowerShell-Cmdlets verwaltbar zu machen, und das aktuelle Microsoft Exchange ist das erste Beispiel dafür. Im Folgenden finden Sie eine Aufstellung der wichtigsten Erweiterungen.

PowerShell Community Extensions

Die *PowerShell Community Extensions* (*PSCX*) sind ein Open-Source-Projekt, an dem zahlreiche PowerShell-Enthusiasten ohne kommerzielle Interessen arbeiten. Diese Erweiterung bereichert PowerShell um viele weitere Cmdlets (Befehle) und gleicht damit Schwächen aus, die in der vorliegenden ersten Version von PowerShell noch zu finden sind. *PSCX* liefert beispielsweise etliche Cmdlets, die den Umgang mit der Benutzerverwaltung stark erleichtern.

Das Projekt steht unter der Führung von Microsoft, aber jeder interessierte Entwickler ist eingeladen, daran mitzuwirken. In regelmäßigen Abständen werden neue Versionen herausgegeben. Die aktuelle Version ist 1.2. Sie finden *PSCX* hier: *http://www.codeplex.com/PowerShellCX*.

WICHTIG Da *PSCX* kein kommerzielles Produkt ist, gibt es keine Garantie für Fehlerfreiheit. Die vorliegende Version enthält zum Beispiel noch etliche kleinere Fehler, an deren Behebung gearbeitet wird. Insbesondere wenn Sie nicht die PowerShell-Konsole selbst einsetzen, sondern sich für einen der leistungsfähigeren PowerShell-Hosts von Drittanbietern entscheiden (siehe unten), kann die Installation von *PSCX* Probleme verursachen.

Da *PSCX* bei der Installation eigenmächtig das PowerShell-Profil und damit auch die Optik der PowerShell-Konsole verändert, sollten Sie *PSCX* zunächst besser nicht installieren. Arbeiten Sie anfangs lieber mit der unveränderten PowerShell, damit Sie keine unliebsamen Überraschungen erleben und Standardbefehle nicht mit den erweiterten Befehlen der *PSCX* verwechseln. Erst wenn Sie dieses Buch durchgearbeitet haben und sich sicher in PowerShell bewegen, sollten Sie gegebenenfalls *PSCX* nachrüsten. *PSCX* und die darin enthaltenen neuen Cmdlets werden im Rahmen dieses Buches nicht besprochen.

Quest Management Shell for Active Directory

Die Firma *Quest* stellt eine Reihe von Cmdlets speziell zur Verwaltung des Active Directories zur Verfügung. Diese Cmdlets sind derzeit im Betastadium und (noch) kostenlos zu haben: *http://www.quest.com/activeroles-server/arms.aspx*.

Microsoft Exchange Server 2007

Der *Microsoft Exchange Server 2007* ist das erste Microsoft-Produkt mit eingebauter PowerShell-Unterstützung. Tatsächlich kennzeichnet dieses Produkt, wie wichtig PowerShell in Zukunft für die Administration von Windows-basierten Systemen werden wird, denn viele Konfigurationseinstellungen lassen sich in *Exchange 2007* nur noch über PowerShell festlegen. Dazu bringt *Exchange 2007* eine Reihe von eigenen Cmdlets mit, die dann in der PowerShell-Konsole zur Verfügung stehen.

System Center Virtual Machine Manager 2007

Der *System Center Virtual Machine Manager 2007* (*SCVMM 2007*) ist das zweite Microsoft-Produkt mit vollständiger PowerShell-Unterstützung. Mit diesem Verwaltungswerkzeug virtualisieren Sie Systeme auf der Basis des *Microsoft Virtual Servers*. Die grafische Oberfläche der Verwaltungskonsole generiert im Hintergrund PowerShell-Skripte und ist ein erster Ausblick, wie Windows-Systeme künftig verwaltet werden. Denkbar ist, dass bald alle grafischen Oberflächen im Hintergrund PowerShell-Code produzieren, sodass Einstellungen in der Zukunft bequem automatisiert werden können.

Vorschau auf PowerShell Version 2.0

Im November 2007 hat Microsoft auf der *TechEd*-Entwicklerkonferenz in Barcelona die erste Vorabversion des PowerShell-Nachfolgers 2.0 vorgestellt und zeitgleich eine Community Technology Preview veröffentlicht, die Sie sich kostenlos herunterladen können, wenn Sie die Neuerungen der Version 2.0 bereits vorab testen wollen. PowerShell Version 2.0 wird allerdings voraussichtlich erst in frühestens zwei Jahren offiziell PowerShell 1.0 ablösen.

ACHTUNG PowerShell 2.0 CTP ist eine frühe Vorabversion und nicht für den Einsatz in Produktivumgebungen gedacht. Es ist nicht möglich, PowerShell Version 1.0 und Version 2.0 parallel zu betreiben. PowerShell Version 2.0 ist jedoch in allen wesentlichen Aspekten abwärtskompatibel zu Version 1.0.

Neue Funktionen

Obwohl sich die Entwickler der Version 2.0 nach Kräften bemühen, vollständige Abwärtskompatibilität zu Version 1.0 zu gewährleisten, gibt es einige Änderungen, die in speziellen Fällen dazu führen, dass PowerShell-Code der Version 1.0 nicht in Version 2.0 ausgeführt werden kann. Auch wenn Version 2.0 erst in einigen Jahren verfügbar sein wird, sollten Sie diese Änderungen schon jetzt bei Ihren eigenen Entwicklungen berücksichtigen:

- **Neue Sprachelemente:** Die neuen Sprachelemente *Data* und *Cmdlet* wurden hinzugefügt. Wenn Sie also eigenen Funktionen oder Aliassen diese Namen geben, werden diese Funktionen in Version 2.0 nicht mehr funktionieren.
- **Parser:** Die Anweisung *$objekt.Methode(,1)* war in Version 1.0 erlaubt. Der Methode wurde ein Feld mit einem Element übergeben, denn das Komma legt in PowerShell Felder an. In Version 2.0 wird diese Anweisung einen Fehler verursachen, weil Kommata in Methodenaufrufen dann nur noch als Separator für Argumente erlaubt sind.
- **Neue Cmdlets und Variablen:** Es wurden eine Reihe neuer Cmdlets und automatischer Variablen eingeführt. Grundsätzlich sollten Sie keine Variablennamen wählen, die mit »PS« beginnen. Die folgenden Variablen haben in Version 2.0 eine besondere Bedeutung: *$commandLineParameters*, *$PSVersionTable*, *$Culture* und *$UICulture*.

Cmdlet	Beschreibung
ConvertFrom-StringData	Legt Informationen in der Data Language an
Disable-PSBreakpoint	Deaktiviert vorübergehend einen Haltepunkt
Enable-PSBreakpoint	Aktiviert einen deaktivierten Haltepunkt
Get-PSBreakpoint	Greift auf einen definierten Haltepunkt zu
Get-PSCallStack	Liefert die aktuelle Aufrufliste
Get-PSJob	Greift auf einen Hintergrundjob zu
Get-Runspace	Greift auf einen Runspace zu
Import-LocalizedData	Liest Texte in der aktuellen Sprachversion ein

Cmdlet	Beschreibung
Invoke-WMIMethod	Ruft eine WMI-Methode auf
New-PSBreakpoint	Legt einen neuen Haltepunkt an
New-Runspace	Legt einen neuen Runspace, zum Beispiel auf einem Remotesystem, an
Out-GridView	Stellt Daten in einem tabellenartigen Fenster an
Receive-PSJob	Legt fest, an wen die Ergebnisse eines Hintergrundjobs gehen
Remove-PSBreakpoint	Entfernt einen Haltepunkt
Remove-PSJob	Entfernt einen Hintergrundjob
Remove-Runspace	Entfernt einen Runspace
Remove-WMIObject	Entfernt ein WMI-Objekt
Set-WMIInstance	Setzt eine WMI-Instanz
Start-PSJob	Beginnt die Ausführung eines neuen Hintergrundjobs
Step-Into	Führt Code schrittweise aus
Step-Out	Führt Code bis zum Ende des aktuellen Kontexts aus
Step-Over	Überspringt eine Anweisung
Stop-PSJob	Hält einen Hintergrundjob an
Wait-PSJob	Wartet, bis ein Hintergrundjob fertiggestellt ist

Tabelle E.3   Neue Cmdlets in PowerShell 2.0

Darüber hinaus bietet Version 2.0 Neuerungen auf den im Folgenden beschriebenen Gebieten.

WICHTIG   Die grafische PowerShell (eingebauter PowerShell-Editor) sowie das Cmdlet *Out-GridView* setzen das *.NET Framework 3.0* voraus, weil diese Funktionen auf der neuartigen *Windows Presentation Foundation* (WPF) aufsetzen. Windows Vista enthält das *.NET Framework 3.0* bereits. Bei Windows XP und Server 2003 muss es gegebenenfalls nachgerüstet werden.

Remoting – auf Netzwerksysteme zugreifen

Ein großes Manko der derzeitigen PowerShell-Version sind seine fehlenden Remoting-Funktionen. Während Sie also mit PowerShell das System an dem Sie arbeiten perfekt automatisieren können, ist es in der Praxis nicht möglich, über das Netzwerk andere Systeme mit PowerShell zu automatisieren. Das ändert Version 2.0 grundlegend, denn hier können Sie die PowerShell-Konsole so einstellen, dass sie nicht das eigene System verwaltet, sondern ein anderes. Es ist sogar möglich, Automatisierungsaufgaben auf mehreren Systemen gleichzeitig auszuführen und die Ergebnisse auf Ihrem System zusammenzuführen. Voraussetzung dafür ist, dass auf allen beteiligten Systemen PowerShell 2.0 mit vollen Administratorrechten ausgeführt wird.

Das folgende Beispiel listet die Prozesse eines Remotesystems auf:

```
invoke-expression –command "get-process" –ComputerName Machine1
Handles  NPM(K)    PM(K)    WS(K) VM(M)   CPU(s)     Id ProcessName
-------  ------    -----    ----- -----   ------     -- -----------
    125       8    12704    15472    61             1036 audiodg
  16441      12     5524     7512    73             1816 casha
   2362      31    16384    15144    99             2284 CcmExec
     22       3     2516     2320    49     0.84    3076 cmd
    100       7     7180     6412    97             4416 cmd
```

Hintergrund-Jobs

PowerShell 2.0 kann zeitintensive Aufgaben als Hintergrund-Jobs starten, sowohl lokal als auch remote. Der Anwender kann dann den Fortschritt der Jobs asynchron abfragen. Das folgende Beispiel fragt die Prozesse eines Remotesystems als Hintergrundjob ab. Die Ergebnisse des Jobs können später weiterverarbeitet werden:

```
$job = start-psjob –command "get-process" –ComputerName Machine2
```

Script-Cmdlets

Bisher müssen neue PowerShell-Cmdlets (Befehle) in einer .NET-Programmiersprache wie c# oder vb.net verfasst und kompiliert werden. In PowerShell 2.0 können Cmdlets alternativ auch direkt in PowerShell geschrieben werden. Das folgende Skript-Cmdlet ersetzt das eingebaute Cmdlet *Get-Childitem* und unterstützt zusätzlich den Parameter *-ContainersOnly*. Wird dieser Parameter angegeben, gibt das Cmdlet nur Unterordner aus, aber keine Dateien:

```
cmdlet Get-ChildItem `
 {
  param([Position(0)][ValueFromPipeline][ValueFromPipelineByPropertyName][System.String[]]$Path,
        [switch] $ContainersOnly)
  begin
  {
   $wrappedCmdlet = get-command -type cmdlet Get-ChildItem
   [void] $CommandLineParameters.Remove("ContainersOnly")
   if ($containersonly)
   {
    $sb = {& $wrappedCmdlet @CommandLineParameters |where     {$_.PSIsContainer} }
   } Else {
    $sb = { & $wrappedCmdlet @CommandLineParameters }
   }
   $sp = $sb.GetSteppablePipeline()
   $sp.Begin($cmdlet)
  }

  process
  {
   $sp.Process($_)
  }
```

```
  end
  {
    $sp.End()
  }
}
```

Steppable Pipeline

In der bisherigen Version von PowerShell bearbeiten Cmdlets und Funktionen die Ergebnisse der PowerShell-Pipeline automatisch, sobald die Ergebnisse vorliegen. In Version 2.0 kommen so genannte *steppable Pipelines* hinzu, sodass eine Funktion oder ein Cmdlet selbst kontrollieren kann, wann es die einzelnen Ergebnisse der Pipeline weiterbearbeitet.

Data Language und eingeschränkte Runspaces

Mit Hilfe der neuen *Data Language* lassen sich ausführbarer Skriptcode und darin enthaltene Daten besser voneinander trennen und mit Hilfe der eingeschränkten Runspaces Skriptumgebungen schaffen, in denen nur bestimmte Befehle oder Funktionalitäten erlaubt sind. Auf diese Weise kann ein Softwarehersteller seine Produkte zum Beispiel ähnlich einer Makrosprache über PowerShell steuern lassen, ohne Gefahr zu laufen, dass über die PowerShell-Eingabe auch unerwünschte oder unsichere Aktionen ausgeführt werden.

Mit Hilfe der *Data Language* wird es außerdem möglich, Skripte zu internationalisieren, indem die darin enthaltenen Texte in verschiedenen Sprachen und Übersetzungen hinterlegt werden. Je nach eingestellter Sprache erscheinen dann die jeweils passenden Texte in der Landessprache.

Debugging und Parser-API

Die sehr eingeschränkten Debugging-Möglichkeiten der Version 1.0 wurden stark erweitert. Sie können nun Haltepunkte auf Zeilen, Spalten, Funktionen, Variablen und Befehle setzen und jeweils Aktionen hinterlegen, die ausgeführt werden, wenn der Haltepunkt erreicht ist.

Hersteller von PowerShell-Hosts und -Editoren können so ein wesentlich komfortableres Debugging implementieren. Außerdem gewährt Version 2.0 Zugriff auf den so genannten *Tokenizer*, sodass Programmierer sich automatisch informieren können, wie PowerShell ein bestimmtes Wort interpretiert, um es dann zum Beispiel in einer besonderen Farbe einzufärben.

Grafische PowerShell

Unter diesem Namen führt Version 2.0 einen einfachen PowerShell-Editor ein, mit dem Sie PowerShell-Skripte verfassen und ausführen können. Die derzeitige Version bietet keine Unterstützung für native Befehle und Cmdlets, die Eingaben vom Anwender erfordern, weil die grafische PowerShell im Gegensatz zu *PowerShell Plus* keine echte Konsole verwendet.

Grid-View

Das neue Cmdlet *Out-Gridview* stellt Ergebnisse von PowerShell-Befehlen in einem Tabellenfenster an und macht es leichter, die Ergebnisse zu überblicken und Analysen anzustellen.

Splatting-Operator

Der neue Operator »@« wurde eingeführt, mit dem ein Feld von Parametern an eine Funktion, ein Skript oder ein Cmdlet übergeben werden kann. Erwartet eine Funktion zum Beispiel drei Parameter, kann man der Funktion künftig ein Feld mit drei Elementen übergeben. Der *Splatting*-Operator sorgt dann dafür, dass die drei Feldelemente auf die drei Parameter verteilt werden:

```
function Rechne($a, $b, $c)
{
  2*$a; 8*$c
}
$list=3,2,1
Rechne @list
6
8
```

Runspace-Pools

Runspace-Pools ermöglichen es, gleichartige Aufgaben in besonders ökonomischer Weise parallel auszuführen. Auf diese Weise könnten Automationsaufgaben zum Beispiel parallel auf vielen verschiedenen Systemen ausgeführt werden, zum Beispiel um eine Server-Farm zu konfigurieren.

Neuerungen in bestehenden Cmdlets und Technologien

Get-Member unterstützt neue Parameter, mit denen die Eigenschaften und Methoden von Objekten übersichtlicher und vollständiger ermittelt und angezeigt werden können. *Get-WMIObject* unterstützt neue Parameter, mit denen die Anmeldung an einem Remotesystem und hier insbesondere die Impersonierung und Authentifizierung genauer gesteuert werden. Sie können so festlegen, welche Ihrer Rechte auf dem Remotesystem angewendet werden dürfen. Die viel kritisierten ADSI-Type Adapter bieten nun Zugriff nicht nur auf Eigenschaften, sondern auch auf Methoden der zugrundeliegenden ADSI-Objekte. Schließlich funktionieren die binären Operatoren nun auch mit dem *Int64*-Datentyp.

Kapitel 1

Die PowerShell-Konsole

In diesem Kapitel:

PowerShell starten	2
Erste Schritte in der Konsole	4
Die Konsole angenehm einrichten	11
Weiterleiten und Umlenken	17
Zusammenfassung	19

Herzlich willkommen zu PowerShell! Im ersten Teil dieses Kapitels lernen Sie alles rund um die PowerShell-Konsole kennen: Wie man sie startet, welche besonderen Tastenkombinationen darin erlaubt sind und natürlich auch, wie man PowerShell wieder beendet. Im zweiten Teil dieses Kapitels wird es gemütlich. Hier richten Sie »Ihre« Konsole nach Ihrem persönlichen Geschmack ein, und das ist wichtig. Neben Farben und Schriftarten spielt vor allen Dingen die Schriftgröße eine Rolle, denn fast alles in der PowerShell-Konsole ist textbasiert. Dieser Text muss für Sie auf Dauer gut und angenehm zu lesen sein. Einige wichtige Grundeinstellungen für den QuickEdit- und Einfügemodus runden das Kapitel ab. Danach sind Sie gut gerüstet, um im nächsten Kapitel die PowerShell-Befehle zu erforschen.

PowerShell starten

Nach der Installation finden Sie PowerShell als Symbol im Startmenü in der Programmgruppe *Windows PowerShell 1.0*. Öffnen Sie diese Programmgruppe und klicken Sie darin auf *Windows PowerShell*. Die PowerShell-Konsole wird geöffnet.

> **HINWEIS** Falls Sie die Programmgruppe nicht finden können, haben Sie PowerShell auf diesem Computer vielleicht noch nicht installiert. PowerShell ist nicht automatisch vorhanden, sondern muss zuerst wie in der Einleitung beschrieben heruntergeladen und installiert werden.

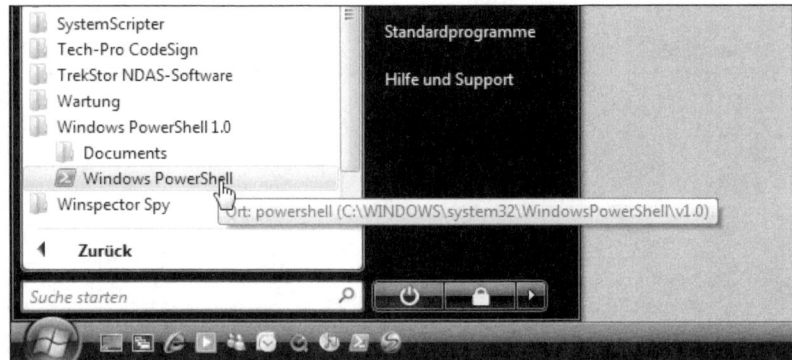

Abbildung 1.1 PowerShell im Startmenü öffnen

Sie können PowerShell auch direkt starten. Dazu drücken Sie [⊞] [R], um das *Ausführen*-Fenster zu öffnen. Geben Sie darin ein: *powershell* [↵]. Und wenn Sie PowerShell künftig häufiger nutzen, können Sie dafür sorgen, dass der Eintrag in Ihrem Startmenü besser erreichbar wird. Dazu öffnen Sie die Programmgruppe *Windows PowerShell 1.0* und klicken mit der rechten Maustaste auf *Windows PowerShell*. Jetzt haben Sie eine Reihe von Möglichkeiten:

- **Ins Startmenü legen:** Klicken Sie im Kontextmenü auf *An Startmenü anheften*, damit PowerShell künftig direkt in Ihrem Startmenü angezeigt wird und Sie nicht erst dessen Programmgruppe zu öffnen brauchen.
- **Schnellstartleiste:** Klicken Sie auf *Zur Schnellstartleiste hinzufügen*, wenn Sie Windows Vista verwenden und PowerShell künftig direkt in der Schnellstartleiste innerhalb Ihrer Taskleiste sehen wollen.

- **Tastenkombination:** Besonders gern arbeiten Administratoren ohne Maus und mit der Tastatur. Wenn Sie im Kontextmenü *Eigenschaften* wählen, können Sie im Feld *Tastenkombination* eine Tastaturkombination festlegen. Dazu klicken Sie in dieses Feld und drücken dann die Tastenkombination, die künftig PowerShell starten soll, zum Beispiel [Alt][P]. Im Eigenschaften-Fenster haben Sie auch die Möglichkeit, die anfängliche Fenstergröße festzulegen, also zu bestimmen, ob PowerShell normal, minimiert oder maximiert starten soll.

- **Autostart:** Verwenden Sie PowerShell beinahe täglich, dann lohnt sich der automatische Start. Dabei öffnet Windows automatisch das PowerShell-Fenster beim Start, sodass Sie es nur noch über die entsprechende Fensterschaltfläche in der Taskleiste in den Vordergrund zu holen brauchen. Um den Autostart einzurichten, öffnen Sie im *Programme*-Menü Ihres Startmenüs erneut die Programmgruppe *Windows PowerShell 1.0* und klicken mit der rechten Maustaste auf *Windows PowerShell*. Wählen Sie im Kontextmenü *Kopieren*. Danach klicken Sie mit der rechten Maustaste auf die Programmgruppe *Autostart* und wählen *Öffnen*. Die Autostart-Programmgruppe wird als Ordner geöffnet und Sie sehen alle Programme, die beim Windows-Start automatisch gestartet werden. Klicken Sie mit der rechten Maustaste auf eine freie Stelle im Ordner und wählen Sie im Kontextmenü *Einfügen*. Eine Verknüpfung mit PowerShell wird in der Gruppe abgelegt. Klicken Sie die Verknüpfung nun noch mit der rechten Maustaste an und wählen Sie *Eigenschaften*. Legen Sie als Fenstergröße fest: *Minimiert*.

Abbildung 1.2 PowerShell im Startmenü oder in der Schnellstartleiste anzeigen

---

WICHTIG Da bei Windows Vista in den Standardeinstellungen alle Programme ohne Administrator-Rechte gestartet werden, gilt das auch für die PowerShell-Konsole. Selbst wenn Sie Administrator sind, stehen Ihnen in der PowerShell-Konsole Ihre Administrator-Rechte (zunächst) nicht zur Verfügung. Und das ist gut so, denn Sie werden erstaunt sein, wie viele Alltagsaufgaben auch ohne diese machtvollen Rechte möglich sind.

Falls aber Befehle nicht funktionieren oder über mangelnde Rechte klagen, dann wird es Zeit, Ihre Administrator-Rechte zu aktivieren. Dazu klicken Sie mit der rechten Maustaste auf den PowerShell-Eintrag in Ihrem Startmenü und wählen im Kontextmenü *Als Administrator ausführen*. Leider zeigt das PowerShell-Konsolenfenster nirgends an, ob Sie darin gerade über Administrator-Rechte verfügen oder nicht. Diesen Hinweis können Sie aber nachrüsten (siehe Kapitel 9).

Möchten Sie PowerShell grundsätzlich immer mit Administrator-Rechten starten, klicken Sie die Verknüpfung im Startmenü mit der rechten Maustaste an und wählen *Eigenschaften*. Klicken Sie dann unten rechts auf *Erweitert* und aktivieren Sie die Option *Als Administrator ausführen*.

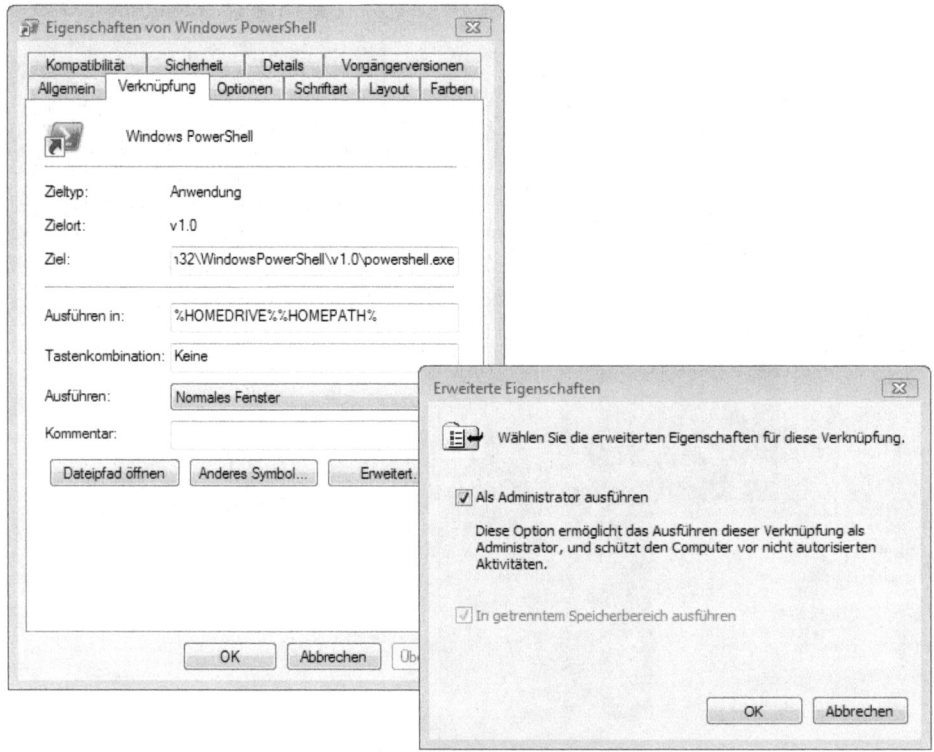

Abbildung 1.3   PowerShell immer mit Administrator-Rechten öffnen

Erste Schritte in der Konsole

Nach dem Start öffnet sich ein Konsolenfenster mit Text. Symbole oder Menüs fehlen. PowerShell wird fast ausschließlich über die Tastatur bedient. Im Fenster sehen Sie die Eingabeaufforderung. Sie beginnt mit »PS«, und dahinter steht der Pfadname des Ordners, in dem Sie sich gerade befinden. Ein blinkender Eingabecursor wartet auf Ihre Eingabe. Sie werden gleich erfahren, welche Befehle PowerShell versteht. Trotzdem können Sie die Eingabe natürlich schon einmal ausprobieren. Geben Sie zum Beispiel ein:

```
Hallo
```

Erste Schritte in der Konsole

Sobald Sie ⏎ drücken, wird Ihre Eingabe an PowerShell geschickt. Weil PowerShell den Befehl »hallo« allerdings noch nie gehört hat und auch sonst die üblichen menschlichen Sympathiebekundungen nicht versteht, kassieren Sie eine Fehlermeldung in rot, mit der PowerShell das Malheur kommentiert.

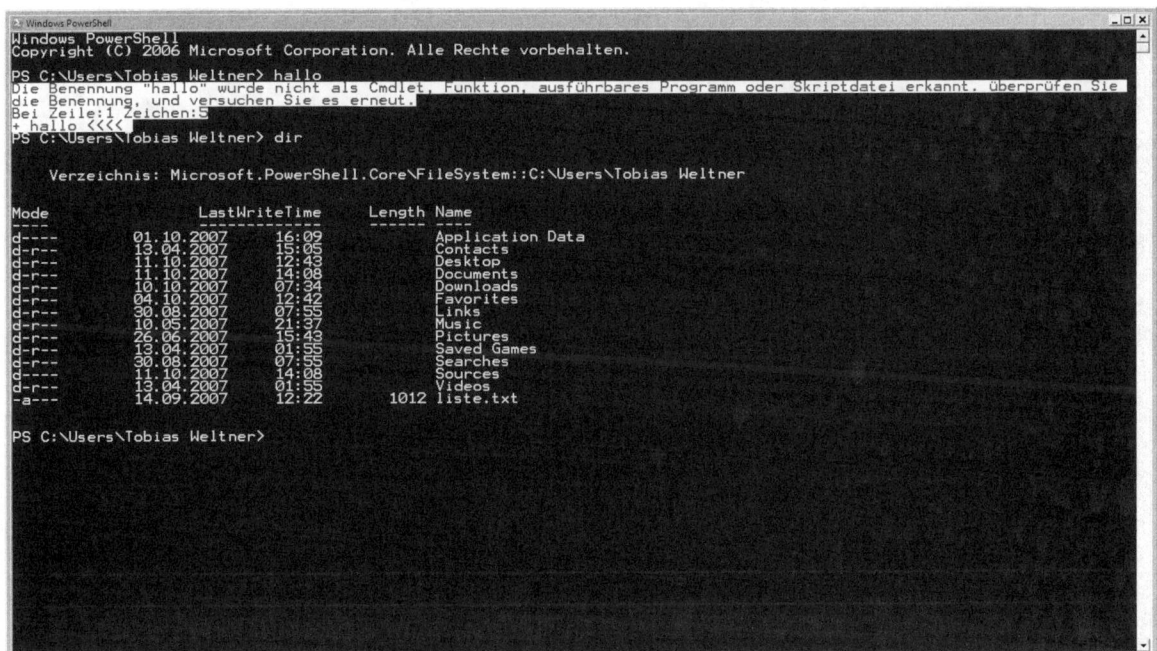

Abbildung 1.4   Erste Befehle in der PowerShell-Konsole

Geben Sie dagegen einen gültigen Befehl ein, dann wirft PowerShell fröhlich die erwarteten Ergebnisse aus. Möchten Sie zum Beispiel sehen, welche Dateien und Ordner sich in Ihrem aktuellen Ordner befinden, dann geben Sie ein: *dir* ⏎. Sie erhalten eine mehr oder weniger lange Textliste, und es drängt sich das Gefühl auf, dass der Ordnerinhalt in einem normalen Explorerfenster mit seinen bunten Symbolen viel einfacher zu erfassen ist. Grundsätzlich kommuniziert PowerShell mit Ihnen auf Textbasis. Dass PowerShell mehr kann als ein Explorerfenster, zeigt der nächste Befehl, der Ihnen sämtliche laufenden Prozesse auflistet:

get-process ⏎

Die Stärke der PowerShell ist also nicht unbedingt die Darstellung der Informationen, sondern vielmehr ihre ungeheure Flexibilität. Fast alle Belange und Informationen Ihres Computers lassen sich von hier aus steuern und anzeigen. Wenn auch »nur« als Textdarstellung und mit Hilfe von Textbefehlen. Mit dem Befehl *cls* löschen Sie zum Beispiel das Konsolenfenster, wenn Sie frisch beginnen wollen. Und mit *exit* beenden Sie PowerShell.

Unvollständige und mehrzeilige Eingaben

Wenn Sie normalerweise etwas Falsches oder Unverständliches in die PowerShell Konsole eingeben, wird das mit einer roten Fehlermeldung quittiert. In seltenen Fällen kann es aber auch sein, dass die Konsole nachhakt und so lange nicht locker lässt, bis Sie entweder die Eingabe vervollständigen oder die magische Tastenkombination drücken, die sämtliche laufenden Vorgänge abbricht: Strg C.

Zu Nachfragen kommt es immer dann, wenn das, was Sie eingeben, nicht wirklich falsch ist, sondern einfach nur unvollständig. Runde Klammern haben bei PowerShell zum Beispiel eine besondere Bedeutung, denn alles, was in runden Klammern steht, wird von PowerShell zuerst für sich allein ausgewertet. Wenn Sie also die automatische Nachfrage einmal live erleben wollen, dann geben Sie ein:

```
(
>>
>>
>>
```

Es erscheint ein Doppelpfeil und fordert Sie ähnlich wie ein wohlwollender Mathelehrer auf, mehr einzugeben. Nur was? Die automatische Nachfrage ist hartnäckig und wertet ein ⏎ nicht als Rückzug. Stattdessen erscheinen immer weitere Doppelpfeile, und zwar so lange, bis die Eingabe entweder vollständig ist oder Sie Strg C drücken. Wenn Sie also die folgende Zeile eingeben (und damit die geöffnete runde Klammer korrekt abschließen), dann werden Sie aus der Nachfrageschleife entlassen, allerdings erst, wenn Sie noch ein zweites Mal ⏎ drücken:

```
>> dir )
>>

    Verzeichnis: Microsoft.PowerShell.Core\FileSystem::C:\Users\Tobias Weltner

Mode            LastWriteTime     Length Name
----            -------------     ------ ----
d----       20.07.2007    11:37         <DIR> Application Data
d----       26.07.2007    11:03         <DIR> Backup
(...)
```

Dasselbe passiert bei unvollständigen Rechenaufgaben wie dieser hier:

```
2 +
>> 6
>>
8
```

Die Nachfrageschleife ist natürlich keine Schikane, sondern die etwas unbeholfene Lösung, um in der PowerShell Konsole mehrzeilige Eingaben zu ermöglichen:

```
"Dies ist mein kleines Tagebuch
>> Ich schreibe jetzt einen mehrseitigen Text
>> Das geht so lange, bis ich die Lust verliere."
>>
Dies ist mein kleines Tagebuch.
Ich schreibe jetzt einen mehrseitigen Text
Das geht so lange, bis ich die Lust verliere.
```

Erste Schritte in der Konsole

Die Nachfrageschleife richtet sich also in der Regel nach Anfangs- und Ende-Kennzeichen wie geöffneten und geschlossenen Klammern oder Anführungszeichen an beiden Enden eines Textes, und solange das Gleichgewicht dieser Zeichen nicht stimmt, bleiben Sie im Nachfragemodus. Den können Sie allerdings auch in anderen Fällen selbst aktivieren:

```
dir `
>> -recurse
>>
```

Wenn also das letzte Zeichen einer Zeile ein so genanntes »Backtick«-Zeichen ist, dann wird die Zeile fortgesetzt. Das sonderbare Zeichen erhalten Sie über ⇧ ` und dann ⎵.

Wichtige Tastenkombinationen

Gerade weil die Maus im PowerShell-Fenster keine große Rolle spielt, sind Tastenkombinationen umso wichtiger. Mit den Pfeiltasten ← und → bewegen Sie zum Beispiel die blinkende Eingabemarke nach links und rechts. So könnten Sie zum Beispiel eine längere Eingabe an einer anderen Stelle ändern. Wollen Sie den Eingabecursor schneller bewegen, dann halten Sie zusätzlich Strg fest. Jetzt »springt« der Eingabecursor gleich wortweise nach links oder rechts. Und möchten Sie den Eingabecursor an den Anfang der Zeile setzen, dann drücken Sie Pos1. Mit Ende setzen Sie den Cursor ans Ende der Zeile.

HINWEIS Haben Sie noch gar nichts eingegeben, dann bewegt sich die Eingabemarke auch nicht. Sie bewegt sich nur innerhalb von eingegebenem Text. Mit einer Ausnahme: Haben Sie bereits eine Zeile eingegeben und ⏎ gedrückt, um die Zeile auszuführen, dann können Sie diese Zeile mit → anschließend Buchstabe für Buchstabe erneut erscheinen lassen.

Falsche Eingaben löschen

Haben Sie sich vertippt, dann drücken Sie ←, um das Zeichen links vom blinkenden Eingabecursor zu löschen. Entf löscht das Zeichen rechts von der Eingabemarke. Und mit Esc löschen Sie die ganze Zeile, wenn alles nur ein Versehen war.

Etwas selektiver funktioniert Strg Pos1: Es löscht alle Zeichen von der aktuellen Position bis zum Anfang der Zeile. Zeichen rechts von der aktuellen Position (sofern vorhanden) bleiben erhalten. Strg Ende macht es umgekehrt und löscht alles von der aktuellen Position bis zum Ende der Zeile. Beide Kombinationen sind also nur dann sinnvoll, wenn Sie die Eingabemarke mit ← so in eine Zeile bewegt haben, dass sich sowohl links als auch rechts der Eingabemarke Text befindet.

Überschreibemodus

Geben Sie neue Zeichen ein, dann kann es passieren, dass die neuen Zeichen vorhandene Zeichen einfach überschreiben. Zuständig hierfür ist der Eingabemodus. Mit Einfg wechseln Sie zwischen Überschreibe- und Anfügemodus. Ob die Konsole anfangs automatisch im Überschreibemodus arbeiten soll oder nicht, legen Sie in den Konsoleneigenschaften fest, über die Sie gleich mehr hören.

Befehlsspeicher: Alte Eingaben noch einmal verwenden

Oft sitzt der erste eingegebene Befehl nicht auf Anhieb richtig und Sie kassieren eine Fehlermeldung, oder der Befehl macht (noch) nicht, was Sie sich eigentlich vorgestellt haben. Wenn Sie an Ihrem Befehl ein wenig feilen und ihn verbessern wollen, dann brauchen Sie ihn nicht komplett neu einzugeben. Drücken Sie stattdessen die Pfeiltaste nach oben um den zuletzt eingegebenen Befehl erneut zu sehen. Danach können Sie diesen Befehl verändern oder verbessern, bevor Sie ihn mit [↵] erneut an PowerShell senden. Drücken Sie die Pfeiltaste nach oben mehrmals, wenn Sie vorvorherige oder noch ältere Eingaben erneut verwenden wollen. Mit der Pfeiltaste nach unten wandern Sie in der Liste wieder zurück. Ohne Pfeiltasten geht es auch: [F5] und [F8] haben dieselbe Bedeutung.

Diese praktische Einrichtung wird Befehlsspeicher oder Command History genannt. Wie viele alte Befehle sich PowerShell merkt, legen Sie etwas später fest. In der Voreinstellung sind es die letzten 50 Befehle. Und die kann man sich auch anzeigen lassen. Dazu drücken Sie [F7]. Der Inhalt des Befehlsspeichers wird jetzt als Menü angezeigt, jedenfalls dann, wenn Sie schon Befehle eingegeben haben. Suchen Sie sich mit Pfeiltaste nach oben und nach unten den gewünschten Befehl aus der Liste aus und drücken Sie [↵].

TIPP Die Zahlen vor den Befehlen in der Liste sind nicht etwa Abkürzungen (jedenfalls nicht in diesem Menü), und wenn Sie eine Zahl eingeben, wählt die Liste nicht den Befehl hinter der eingegebenen Zahl aus. In der Liste können Sie sich ausschließlich mit den Pfeiltasten bewegen.

Damit die Zahlen vor den Befehlen zu Abkürzungen werden, die den jeweiligen Befehl blitzschnell einfügen, drücken Sie [F9]. Jetzt öffnet sich ein Menü, das die Zahlen akzeptiert und den jeweiligen Befehl aus dem Befehlsspeicher abruft, ohne dass Sie lange suchen müssen.

Mit [Alt] [F7] löschen Sie übrigens den Befehlsspeicher und beginnen mit einer leeren Liste, zum Beispiel, weil Sie eine Aufgabe in der PowerShell-Konsole erledigt haben und sich jetzt einer neuen Aufgabe mit anderen Befehlen zuwenden.

[F8] ist etwas wählerischer als die Pfeiltaste nach oben und zeigt nicht einfach den zuletzt eingegebenen Befehl, sondern berücksichtigt die schon eingegebenen Zeichen. Möchten Sie zum Beispiel der Reihe nach alle Befehle sehen, die Sie bisher eingegeben haben und die mit »d« beginnen, dann geben Sie ein:

d [F8]

Drücken Sie [F8] mehrmals: Bei jedem Tastendruck wird ein anderer Befehl aus der Befehlshistorie angezeigt – zumindest dann, wenn Sie auch tatsächlich bereits Befehle eingegeben haben, die mit »d« beginnen.

Eingaben automatisch vervollständigen

Eine ganz besonders wichtige und praktische Taste ist [⇥], denn mit ihr ersparen Sie sich sehr viel Tipparbeit (und Tippfehler). Drücken Sie diese Taste, dann versucht PowerShell, Ihre Eingabe automatisch zu vervollständigen. Probieren Sie das aus:

cd [⇥]

Der Befehl *cd* wechselt den Ordner, in dem Sie sich gerade befinden. Geben Sie hinter dem Befehl mindestens ein Leerzeichen ein und drücken Sie dann [⇥]. Schon schlägt PowerShell einen Unterordner vor, in den Sie wechseln könnten. Drücken Sie [⇥] noch einmal, um andere Vorschläge zu sehen. Liefert [⇥] überhaupt keinen Vorschlag, dann gibt es wahrscheinlich keinen Unterordner, in den Sie wechseln könnten.

Die Autovervollständigung funktioniert an vielen Stellen, und deshalb sollten Sie [⇆] künftig großzügig einsetzen und schauen, welche Vorschläge die Taste jeweils liefert. Gerade haben Sie zum Beispiel den Befehl *get-process* kennen gelernt, der alle laufenden Prozesse auflistet. Wenn Sie wissen wollen, welche Befehle es sonst noch gibt, die mit »get-« beginnen, dann geben Sie ein:

get- [⇆]

Achten Sie darauf, dass diesmal hinter der Eingabe kein Leerzeichen steht, wenn Sie [⇆] drücken, denn das gesuchte Wort enthält an dieser Stelle ja ebenfalls kein Leerzeichen. Drücken Sie [⇆] so oft, bis Sie alle Befehle gesehen haben, die mit »get-« beginnen.

TIPP Ärgern Sie sich nicht, wenn die Autovervollständigung nicht das gewünschte Ergebnis liefert. Geben Sie zum Beispiel *get* [⇆] ein, dann erscheinen keine Vorschläge. Warum das so ist und wie die Autovervollständigung intern wirklich funktioniert, erfahren Sie in Kapitel 9.

Autovervollständigung funktioniert übrigens sehr gut mit Pfadnamen, die normalerweise lang und tippintensiv sind. Geben Sie zum Beispiel ein:

c:\p [⇆]

Bei jedem Druck auf [⇆] schlägt PowerShell jetzt einen neuen Ordner oder eine neue Datei vor, die mit »c:\p« beginnt. Je mehr Zeichen Sie also selbst eingeben, desto weniger Auswahlmöglichkeiten gibt es, und in der Praxis sollten Sie wenigstens vier oder fünf Zeichen eingeben, um nicht lästig viele Vorschläge zu erhalten. Falls die Vorschläge nach einem Druck auf [⇆] nicht sofort angezeigt werden, haben Sie einen Augenblick Geduld. Gerade wenn die Vorschlagliste lang ist, kann es eine oder zwei Sekunden dauern, bis PowerShell alle infrage kommenden Vorschläge gesammelt hat und dann den ersten anzeigt.

TIPP Sogar Platzhalterzeichen sind in Pfadnamen erlaubt. Geben Sie zum Beispiel auf einem typischen deutschen Windows-System ein: *c:\pr*e* [⇆], dann schlägt PowerShell den Ordner »c:\Programme« vor.

Und noch etwas geschieht automatisch: Sollte der Vorschlag Leerzeichen enthalten, dann setzt PowerShell den gesamten Vorschlag in Anführungszeichen. Dieser Service ist sinnvoll, weil PowerShell Leerzeichen als Trennzeichen versteht und den Pfadnamen ohne die Anführungszeichen ansonsten nur bis zum Leerzeichen lesen würde.

Den Konsoleninhalt scrollen

Der sichtbare Teil Ihrer Konsole hängt von der Größe Ihres Konsolenfensters ab, und die Größe des Konsolenfensters ändern Sie wie bei jedem anderen Fenster auch per Maus: Ziehen Sie den Fensterrahmen bei festgehaltener linker Maustaste, bis die Fenstergröße Ihnen gefällt. Der tatsächliche Inhalt Ihrer Konsole, der so genannte Bildschirmpuffer, ändert sich dagegen nicht. Ist das Fenster zu klein, um alles anzuzeigen, dann sehen Sie rechts und unten Bildlaufleisten, mit denen Sie den sichtbaren Teil wie bei einem Textverarbeitungsfenster hin und her scrollen können. Wie groß der Bildschirmpuffer Ihrer PowerShell-Konsole sein soll und wie viele Informationen also darin aufbewahrt werden, bestimmen Sie selbst. Die dazu notwendige Vorgehensweise ist später in diesem Kapitel beschrieben.

Text markieren und einfügen

Möchten Sie Text im PowerShell-Fenster markieren und in die Zwischenablage kopieren, dann greifen Sie zur Maus. Bewegen Sie den Mauszeiger auf den Anfang der Markierung, halten Sie die linke Maustaste fest, und bewegen Sie den Mauszeiger über den Textbereich, den Sie markieren wollen.

QuickEdit-Modus

PowerShell hebt den markierten Text für Sie hervor, und wenn Sie so den gewünschten Text markiert haben, drücken Sie ⏎ oder klicken mit der rechten Maustaste in die Markierung. Möchten Sie den Markiervorgang lieber abbrechen, dann drücken Sie stattdessen Esc.

> **HINWEIS** Dies und das folgende Einfügen funktionieren allerdings nur, wenn PowerShell den »QuickEdit«-Modus verwendet. Klappt die Markierung bei Ihnen also nicht, dann lesen Sie einfach weiter. Später in diesem Kapitel erfahren Sie, wie es ohne QuickEdit-Modus geht und wie Sie QuickEdit ein- und ausschalten.

Den Text, den Sie auf diese Weise markiert und in die Zwischenablage kopiert haben, können Sie nun von dort aus über *Bearbeiten/Einfügen* in andere Programme übertragen. Sie können den Text natürlich aber auch wieder in Ihrer Konsole an der blinkenden Eingabeaufforderung einfügen. Dazu klicken Sie die rechte Maustaste.

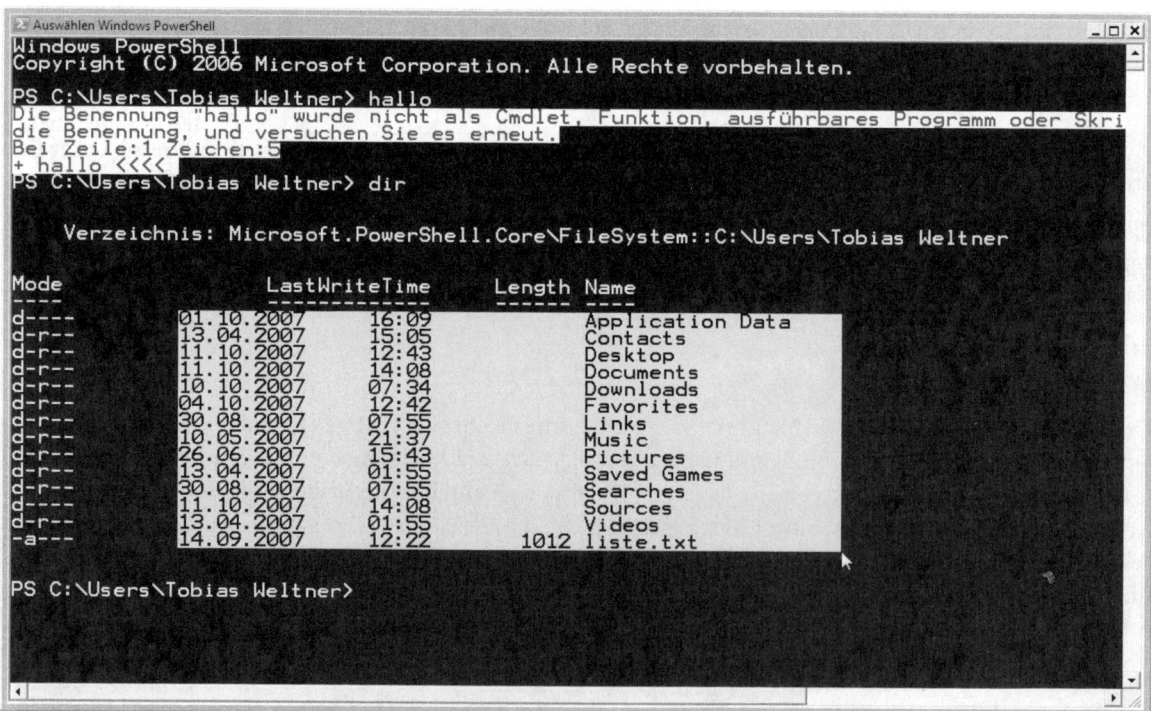

Abbildung 1.5 Textbereiche im QuickEdit-Modus markieren und kopieren

Standardmodus

Normalerweise ist QuickEdit automatisch aktiv. Sollte QuickEdit ausgeschaltet sein, stellen Sie dies am einfachsten per Rechtsklick in das Konsolenfenster fest. Bei ausgeschaltetem QuickEdit öffnet sich dann ein Kontextmenü. Wählen Sie darin *Markieren*, wenn Sie wie eben beschrieben Text markieren wollen. Und wählen Sie *Einfügen*, wenn Sie den markierten Text (oder andere Textinformationen, die Sie in die Zwischenablage kopiert haben) in die Konsole einfügen wollen. Meistens ist es praktischer, den QuickEdit-Modus zu aktivieren und sich so den zusätzlichen Klick ins Kontextmenü zu sparen. Wie Sie QuickEdit ein- und ausschalten, erfahren Sie im nächsten Abschnitt.

Die Konsole angenehm einrichten

Damit Sie sich in der PowerShell-Konsole wohl fühlen, werfen Sie einen Blick auf die Grundeinstellungen der Konsole. Mit ihnen legen Sie zum Beispiel fest, ob PowerShell den praktischen QuickEdit-Modus verwenden soll und wie groß Ihr Bildschirmpuffer ist. Aber auch Farben, Schriftarten und -größen lassen sich so ändern. Sind Ihnen die Textzeichen in der Konsole zu winzig, dann sorgen Sie jetzt für Abhilfe!

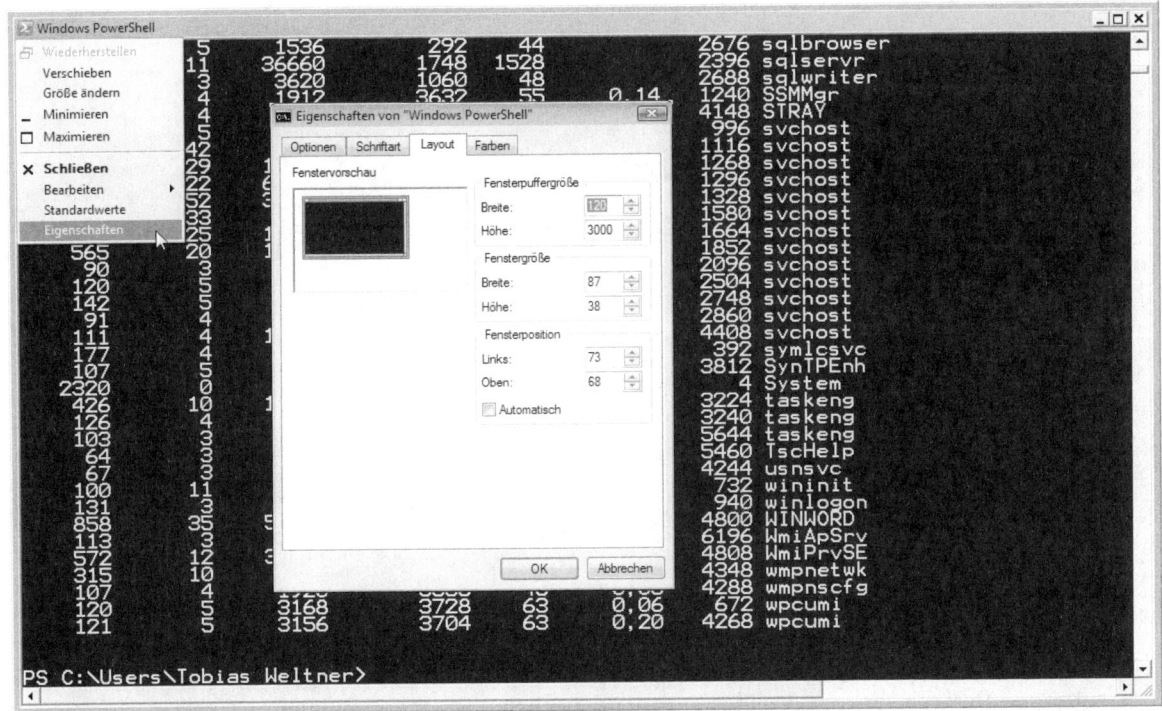

Abbildung 1.6 Die Konsolen-Eigenschaften öffnen

Die Konsolen-Eigenschaften öffnen

Die Grundeinstellungen Ihrer PowerShell-Konsole werden in einem *Eigenschaften*-Dialogfeld festgelegt, das sich in einem speziellen Kontextmenü versteckt hat. Um es zu öffnen, klicken Sie auf das PowerShell-Symbol ganz links in der Titelleiste des Konsolenfensters. Ein Kontextmenü öffnet sich. Darin wählen Sie *Eigenschaften*. Schon öffnet sich das gesuchte Fenster.

Die Einstellmöglichkeiten in diesem Fenster werden gleich erklärt. Wenn Sie aber einmal im Zweifel sind, wofür eine Option da ist, dann klicken Sie in der Titelleiste des Fensters auf die Schaltfläche mit dem Fragezeichen. An den Mauszeiger heftet sich ein Fragezeichen. Klicken Sie anschließend auf die Option, die Sie nicht verstehen. In einem Quicktipp-Fenster lesen Sie dann zusätzliche Informationen zu der angeklickten Option.

Optionen festlegen

Auf der Registerkarte *Optionen* stehen vier Auswahlbereiche zur Verfügung:

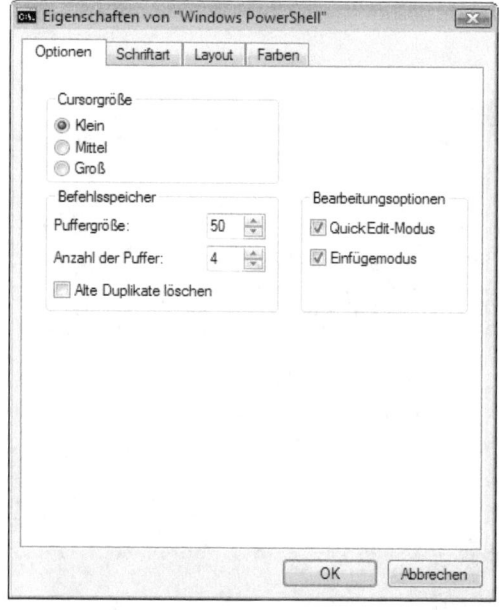

Abbildung 1.7   QuickEdit- und Einfügemodus festlegen

- **Bearbeitungsoptionen:** Diese Optionen sind am wichtigsten für Ihre Arbeit, und hier sollten Sie sowohl den QuickEdit-Modus als auch den Einfügemodus wählen. Die Vorzüge des *QuickEdit-Modus* haben Sie bereits kennen gelernt: Damit wird das Markieren, Kopieren und Einfügen von Text viel einfacher. Der *Einfügemodus* sorgt dafür, dass neue Zeichen alte schon vorhandene Zeichen nicht überschreiben. Wenn Sie also künftig eine längere Befehlszeile editieren, werden neue Zeichen hinzugefügt, ohne den schon vorhandenen Text zu überschreiben.

- **Cursorgröße:** Hier bestimmen Sie, wie groß der blinkende Eingabecursor sein soll.

- **Anzeigeoptionen:** Legt fest, ob die Konsole als Fenster oder bildschirmfüllend angezeigt werden soll. Die Wahl »Fenster« ist am besten, damit Sie bei der Arbeit auch zu anderen Windows-Fenstern wechseln können. Die Vollbild-Darstellung steht außerdem nicht auf allen Betriebssystemen zur Verfügung, weswegen diese Option bei Windows Vista erst gar nicht erscheint.
- **Befehlsspeicher:** Hier wählen Sie, wie viele Befehle sich PowerShell merken soll. Sie können dann später mit der Pfeiltaste nach oben oder [F7] einen Befehl aus der Liste auswählen. Die Option *Alte Duplikate löschen* sorgt dafür, dass die Liste keine doppelten Eingaben enthält. Geben Sie einen Befehl also zweimal ein, erscheint er nur einmal in der Merkliste.

Schriftart und Schriftgröße festlegen

Mit der Registerkarte *Schriftart* wählen Sie sowohl die Schriftart als auch die Schriftgröße in Ihrer Konsole aus. Das Ergebnis Ihrer Auswahl sehen Sie testweise im unteren Vorschaubereich.

Die Konsole verwendet häufig als Vorgabe die Rasterschriftart. Diese Schriftart gibt es nur in festen Größen, und die verfügbaren Größen werden dann in der Liste *Größe* angezeigt. Viel flexibler sind skalierbare TrueType-Schriftarten, die in der Liste *Schriftart* mit einem »TT«-Symbol markiert sind. Sobald Sie eine TrueType-Schriftart auswählen, können Sie in der *Größe*-Liste jede beliebige Größe festlegen oder als Text ins Textfeld eingeben, denn TrueType-Schriftarten lassen sich stufenlos vergrößern und verkleinern.

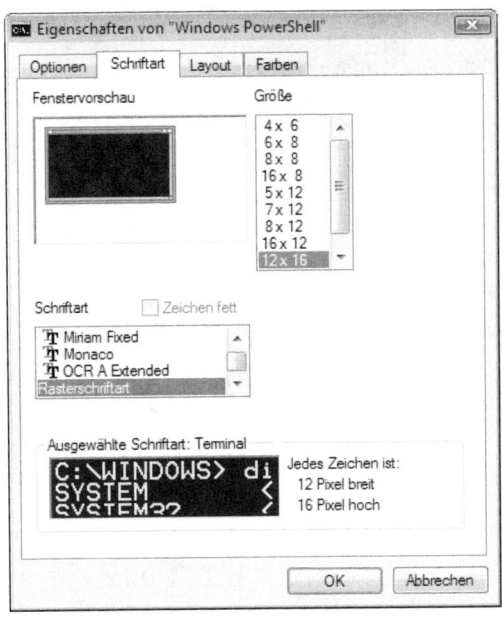

Abbildung 1.8 Neue Schriftarten und Schriftgrößen festlegen

Experimentieren Sie bei TrueType-Schriftarten auch mit der Option *Zeichen fett*. Häufig sind TrueType-Schriften in der Konsole besser lesbar, wenn sie fettgedruckt angezeigt werden.

Profitipp Zwar zeigt die Schriftenauswahl anfangs nur enttäuschend wenig Alternativen. Das muss aber nicht so bleiben. Damit Sie eine andere Schrift in der Konsole verwenden können, muss diese für die Konsole »zugelassen« werden. Diese bürokratische Hürde soll verhindern, dass für die Konsole ungeeignete Schriften ausgewählt werden und dann für lange Gesichter sorgen, wenn der Inhalt der Konsole damit nicht mehr zu entziffern ist.

Die Konsole verwendet nämlich zum Beispiel pro Zeichen immer dieselbe Breite. Damit scheiden die meisten Windows-Schriften als ungeeignet aus, weil sie Proportionalschriften sind, bei denen jedes Zeichen eine eigene Breite aufweist und ein »i« zum Beispiel schmaler ist als ein »m«. Sind Sie sicher, dass eine bestimmte Schrift in der Konsole funktioniert, dann sorgen Sie auf folgende Weise dafür, dass die Schrift zur Auswahl steht. Jedenfalls dann, wenn Sie sich mit dem Registrierungseditor auskennen. Alle Änderungen, die Sie durchführen, geschehen auf eigene Gefahr. Fehlerhafte Änderungen können Windows beschädigen und schlimmstenfalls dazu führen, dass Windows nicht mehr richtig startet.

Öffnen Sie den Registrierungseditor. Legen Sie im Schlüssel *HKEY_LOCAL_MACHINE\SOFTWARE\Microsoft\Windows NT\ CurrentVersion\Console\TrueTypeFont* einen neuen Eintrag vom Typ »Zeichenfolge« an und geben diesem Eintrag den Namen »00« (gemeint ist die Zahl null). Existiert bereits ein Eintrag mit diesem Namen, dann nennen Sie den neuen Eintrag »000«, beziehungsweise hängen so viele Nullen an, bis der Name nicht mehr mit einem schon vorhandenen Eintrag kollidiert. Doppelklicken Sie dann auf Ihren neuen Eintrag, um ihn zu öffnen, und tragen Sie darin den Namen der Schriftart ein. Der Name muss genau dem Schriftnamen entsprechen, so wie er unter dem Schlüssel *HKEY_LOCAL_MACHINE\SOFTWARE\Microsoft\Windows NT\ CurrentVersion\Fonts* vermerkt ist.

Zwar erscheint die neu hinzugefügte Schriftart nun bereits im Auswahlfeld der Konsole, aber sie funktioniert erst dann, wenn Sie sich mindestens einmal abmelden oder, was noch besser ist, den Computer neu starten. Ohne diesen Neustart ignoriert die Konsole Ihre neue Schrift, wenn Sie sie im Dialogfeld auswählen.

Fenster- und Puffergröße festlegen

Auf der Registerkarte *Layout* legen Sie fest, wie groß der Bildschirmpuffer sein soll: Wie viele Informationen sich die Konsole also »merken« soll und wie weit Sie mit den Verschiebeleisten zurückscrollen können.

Damit keine Informationen verloren gehen, weil sie bei einem zu schmalen Puffer einfach abgeschnitten werden, sollten Sie im Bereich Fensterpuffergröße eine Breite von mindestens 120 Zeichen festlegen. Die Höhe sollte mindestens 200 Zeilen betragen, kann aber auf Wunsch auch beträchtlich größer sein. So haben Sie die Möglichkeit, mit den Verschiebeleisten den Fensterinhalt nach oben zu scrollen, um noch einmal einen Blick auf ältere Ergebnisse vorheriger Befehle zu werfen.

Die Konsole angenehm einrichten

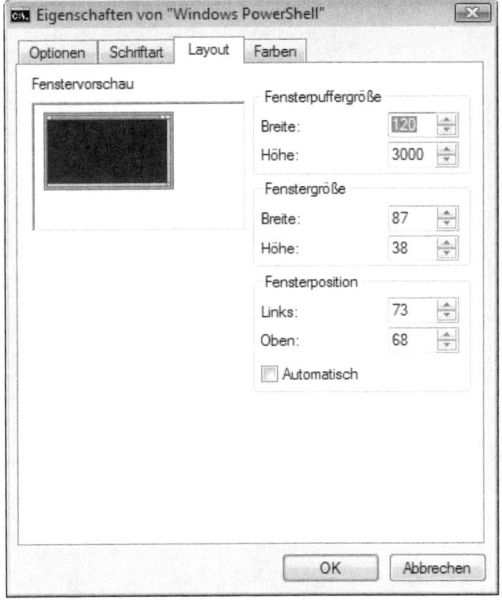

Abbildung 1.9   Legen Sie die Größe Ihres Fensterpuffers fest

Die Fenstergröße und -position lassen sich in der Registerkarte ebenfalls festlegen, wenn Sie möchten, dass sich Ihre Konsole immer in einer bestimmten Größe und an einer bestimmten Bildschirmposition öffnet. Wählen Sie die Option *Automatisch*, dann bestimmt Windows selbst, an welchem Ort sich das Konsolenfenster öffnet.

Farben auswählen

Mit dem Register *Farben* bringen Sie eine persönliche Note ein und können für vier Bereiche eigene Farben auswählen:

- **Fenstertext:** Schrift in der Konsole
- **Fensterhintergrund:** Hintergrundfarbe der Konsole
- **Popuptext:** Schrift von Popup-Fenstern wie zum Beispiel der Befehlshistorie [F7]
- **Popuphintergrund:** Hintergrundfarbe von Popup-Fenstern

Für diese vier Bereiche stehen Ihnen sechzehn »Farbtöpfe« zur Verfügung. Um also eine neue Schriftfarbe festzulegen, wählen Sie zuerst die Option *Fenstertext* und klicken danach auf eine der sechzehn Farben. Gefallen Ihnen die sechzehn Farben nicht, dann mischen Sie sich Ihren eigenen Farbton. Dazu klicken Sie auf einen Farbtopf und wählen rechts oben Ihre Wunschfarbe aus den Grundfarben rot, grün und blau aus.

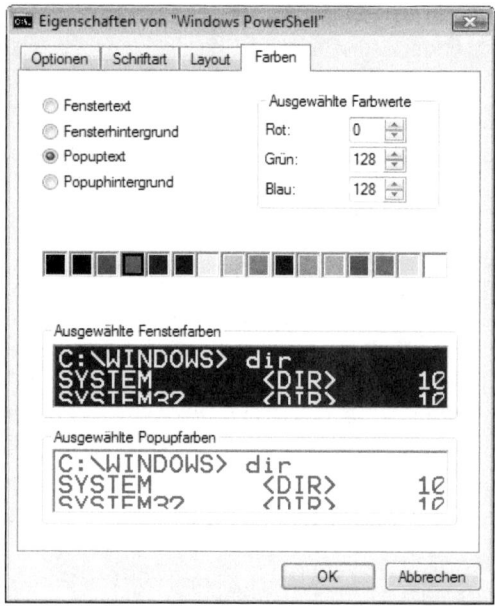

Abbildung 1.10 Suchen Sie sich bessere Farben für Ihre Konsole aus

Änderungen direkt in PowerShell festlegen

Zwar haben wir bis jetzt noch gar nicht über PowerShell-Befehle gesprochen, aber an dieser Stelle sollten Sie wissen, dass Sie viele der Einstellungen, die Sie gerade im Dialogfeld vorgenommen haben, auch direkt über PowerShell-Befehle festlegen können. Die Einzelheiten dazu erfahren Sie etwas später. Wenn Sie jedoch schon einmal sehen wollen, welche Einstellungen direkt über PowerShell änderbar sind, dann geben Sie Folgendes in die Konsole ein:

```
$host.ui.rawui
$host.ui.rawui.ForegroundColor = "Yellow"
$host.ui.rawui.WindowTitle = "Meine Konsole"
```

Warum könnte es praktisch sein, die Konsole mit PowerShell-Befehlen einzurichten? Weil PowerShell auf Wunsch beim Start eigene Startskripte ausführt. So könnten Sie diese und andere Feineinstellungen direkt in Ihrem Startskript vermerken und bei dieser Gelegenheit gleich noch weitere Feineinstellungen ändern wie zum Beispiel den Text der Eingabeaufforderung. Mehr dazu lesen Sie in Kapitel 10.

Änderungen speichern

Haben Sie alle Einstellungen erfolgreich im Dialogfeld festgelegt, dann schließen Sie das Dialogfeld einfach. Bei Windows Vista werden Ihre Änderungen sofort gespeichert, und wenn Sie das nächste Mal PowerShell starten, sind Ihre neuen Vorgaben bereits gewählt.

Bei Windows XP dagegen erscheint zunächst ein weiteres Fenster und möchte wissen, ob Sie die Änderungen nur jetzt (Eigenschaften gelten nur für aktuelles Fenster) oder künftig immer (Verknüpfung, die dieses Fenster aufruft, ändern) gelten sollen.

HINWEIS Wenn bei Windows Vista die Änderungen zwar übernommen werden, aber anschließend eine Fehlermeldung auftritt und nörgelt, die Änderungen hätten nicht gespeichert werden können, dann wissen Sie: Sie haben PowerShell ohne Administratorrechte gestartet, und zwar mit einer Verknüpfung, die für alle Benutzer des Computers gilt.

Entweder starten Sie PowerShell in diesem Fall mit Administratorrechten, um dann die Einstellungen der Verknüpfung für alle Benutzer zu ändern. Dazu klicken Sie die Verknüpfung im Startmenü mit der rechten Maustaste an und wählen *Als Administrator ausführen*. Jetzt gelten die Änderungen allerdings nicht mehr nur für Sie, sondern auch für alle anderen Anwender, die sich den Computer vielleicht mit Ihnen teilen. Oder Sie legen sich eine eigene private Verknüpfung an. Die können Sie dann auch ohne Administrator-Rechte nach Belieben anpassen. Klicken Sie dazu den PowerShell-Eintrag in Ihrem Startmenü mit der rechten Maustaste an, und wählen Sie *Senden an/Desktop (Verknüpfung erstellen)*. Schließen Sie dann PowerShell, falls Sie es gestartet hatten, und starten Sie es über Ihre neue Verknüpfung auf dem Desktop.

Auf diese Weise könnten Sie auch mehrere Verknüpfungen anlegen und in jeder eigene Einstellungen festlegen, zum Beispiel eigene Farben. Das kann praktisch sein, wenn Sie mit PowerShell unterschiedliche Aufgaben erledigen und bei mehreren geöffneten Konsolen über unterschiedliche Farben die Übersicht behalten wollen.

Weiterleiten und Umlenken

Sie haben bereits gesehen, wie Sie den Pufferspeicher der PowerShell-Konsole erweitern. So haben Sie selbst dann genug Raum, wenn Befehle Sie regelrecht mit Informationen überschütten, und können anschließend mit den Bildlaufleisten zurück nach oben scrollen, um die vorbeigerauschten Informationen noch einmal in Ruhe zu lesen. Daneben haben Sie aber auch die Möglichkeit, Informationen weiterzuleiten oder umzulenken.

Weiterleiten: Informationen seitenweise ausgeben

Lassen Sie die Informationen zum Beispiel erst gar nicht an Ihnen vorbeirauschen! Dazu geben Sie die Informationen nicht einfach aus, sondern leiten sie weiter an einen zweiten Befehl: *more*. Dieser Befehl zählt genau mit, und wenn der Bildschirm voll ist, unterbricht er die Ausgabe und wartet, bis Sie zu Ende gelesen haben. Erst auf Tastendruck setzt er die Ausgabe fort, bis die nächste Bildschirmseite voll ist. Die Weiterleitung funktioniert mit einem senkrechten Strich (AltGr <), dahinter folgt der Name des Befehls, der die Ergebnisse weiterverarbeiten soll. Diese Art der Weiterleitung wird von PowerShell auch als »Pipeline« bezeichnet:

```
Get-process | more
```

Sie können dann ⏎ drücken, um die nächste Zeile zu sehen, oder ⎵, um gleich eine ganze Bildschirmseite weiterzublättern. Mit Strg C brechen Sie die Ausgabe ab. Diese praktische Weiterleitung funktioniert natürlich auch mit anderen Befehlen und zu anderen Zwecken. So könnten Sie zum Beispiel ein Verzeichnislisting nach Dateigröße und dann alphabetisch sortieren. Zuständig ist der Befehl *sort*:

```
dir | sort -Property length, Name
```

Mehr zur Weiterleitung und vielen praktischen Beispielen finden Sie in Kapitel 5.

Umleitung: Informationen in Dateien speichern

Wollen Sie das Ergebnis eines Befehls lieber in eine Datei umlenken, dann setzen Sie das Umleitungszeichen »>« ein:

```
Help > hilfe.txt
```

Die Informationen erscheinen jetzt nicht mehr in der Konsole, sondern werden in die angegebene Datei umgelenkt. Die können Sie anschließend öffnen. Allerdings funktioniert das etwas anders als in der klassischen Konsole:

```
hilfe.txt
Die Benennung "hilfe.txt" wurde nicht als Cmdlet, Funktion, ausführbares Programm oder Skriptdatei erkannt.
Überprüfen Sie die Benennung, und versuchen Sie es erneut.
Bei Zeile:1 Zeichen:9
+ hilfe.txt <<<<
```

Geben Sie nur den Dateinamen an, dann sucht PowerShell ausschließlich nach ausführbaren Programmen. Weil es kein Programm namens »hilfe.txt« gibt, schlägt das natürlich fehl. Wollen Sie eine Datei öffnen, dann müssen Sie sie mit absolutem oder relativem Pfadnamen angeben. Schreiben Sie also zum Beispiel:

```
.\hilfe.txt
```

Oder noch einfacher: Greifen Sie zur Autovervollständigung. Wissen Sie noch, wie? Genau, drücken Sie hinter dem Dateinamen auf [⇆]:

```
hilfe.txt[⇆]
```

Der Dateiname wird automatisch als absoluter Pfadname ersetzt und diesen Pfadnamen können Sie nun mit [↵] öffnen:

```
& "C:\Users\Tobias Weltner\hilfe.txt"
```

Übrigens können Sie auch Daten an eine vorhandene Datei anhängen. Möchten Sie also die Hilfeinformation in der Datei um die Hilfe zu den nativen Befehlen ergänzen, dann hängen Sie diese Informationen mit dem Umleitungszeichen »>>« an die vorhandene Datei an:

```
Cmd /c help >> hilfe.txt
```

Möchten Sie das Ergebnis eines Befehls direkt weiterverarbeiten, benötigen Sie die klassische Umleitung allerdings gar nicht, denn PowerShell kann das Ergebnis eines beliebigen Befehls auch direkt in einer Variablen speichern:

```
$ergebnis = Ping 10.10.10.10
$ergebnis
```

```
Antwort von 10.10.10.10: Bytes=32 Zeit<1ms TTL=128
Antwort von 10.10.10.10: Bytes=32 Zeit<1ms TTL=128
Antwort von 10.10.10.10: Bytes=32 Zeit<1ms TTL=128
Antwort von 10.10.10.10: Bytes=32 Zeit<1ms TTL=128
Ping-Statistik für 10.10.10.10:
    Pakete: Gesendet = 4, Empfangen = 4, Verloren = 0 (0% Verlust),
Ca. Zeitangaben in Millisek.:
    Minimum = 0ms, Maximum = 0ms, Mittelwert = 0ms
```

Variablen sind dabei universelle Datenspeicher. Ihr Name beginnt immer mit einem »$«-Zeichen. Mehr zu Variablen erfahren Sie in Kapitel 3.

Zusammenfassung

PowerShell ist eine Erweiterung für Windows XP und neuere Versionen des Windows-Betriebssystems. Bevor Sie PowerShell nutzen können, müssen Sie es herunterladen und installieren. Danach finden Sie PowerShell wie jedes andere Programm im Startmenü unter Programme. Es liegt in der Programmgruppe *Windows PowerShell 1.0*. Der Programmname lautet »powershell.exe«.

PowerShell ist ein Konsolenprogramm und verwendet nicht die normalen Windows-Fenster, sondern das textbasierte Konsolenfenster. Eine Mausunterstützung gibt es nicht. Stattdessen verwenden Sie die Tastatur und die Sondertasten aus Tabelle 1.1.

Taste	Bedeutung
Alt F7	Löscht den aktuellen Befehlsverlauf
Bild auf, Bild ab	Ruft den ersten bzw. den letzten Befehl ab, den Sie in dieser Sitzung verwendet haben
⏎	Die eingegebene Zeile zur Ausführung an PowerShell senden
Ende	Eingabemarke an das Ende der Zeile setzen
Entf	Das Zeichen rechts von der Eingabemarke löschen
Esc	Die aktuelle Zeile löschen
F1	Den zuletzt verwendeten Befehl zeichenweise eingeben
F2	Springt in der aktuellen Zeile zum nächsten Zeichen, das dem eingegebenen Zeichen entspricht
F3	Den zuletzt verwendeten Befehl nochmals ausführen
F4	Löscht alle Zeichen rechts von der Eingabemarke bis zum angegebenen Zeichen
F7	Zuletzt eingegebene Befehle als Menü einblenden
F8	Zeigt Befehle aus dem Befehlsverlauf an, die mit den Zeichen beginnen, die Sie in der Zeile schon eingegeben haben
F9	Öffnet ein Menü, in das Sie die Kennzahl eines Befehls Ihres Befehlsspeichers eingeben können, um diesen Befehl abzurufen. Die Kennzahlen der Befehle im Befehlsspeicher erfahren Sie mit (F7).
←, →	Eingabemarke ein Zeichen nach links oder rechts bewegen

Taste	Bedeutung
Pfeiltaste nach oben, Pfeiltaste nach unten, [F5], [F8]	Zuletzt eingegebenen Befehl wiederholen
[Pos1]	Eingabemarke an den Anfang der Zeile setzen
[←]	Das Zeichen links von der Eingabemarke löschen
[Strg][C]	Befehlsausführung abbrechen
[Strg][Ende]	Alle Zeichen von der aktuellen Position bis zum Ende der Zeile werden gelöscht
[Strg][←], [Strg][→]	Eingabemarke wortweise nach links oder rechts bewegen
[Strg][Pos1]	Alle Zeichen von der aktuellen Position bis zum Anfang der Zeile werden gelöscht
[⇥]	Aktuelle Eingabe automatisch vervollständigen, falls möglich

Tabelle 1.1 Wichtige Tasten und ihre Bedeutung in der PowerShell-Konsole

Besonders nützlich sind dabei die Pfeiltaste nach oben (wiederholt den letzten Befehl) und [⇥] (vervollständigt die aktuelle Eingabe, falls möglich). Mit [↵] schließen Sie eine Eingabe ab und senden sie zu PowerShell. Kann PowerShell einen Befehl nicht verstehen, erscheint eine rote Fehlermeldung und meldet mögliche Fehlergründe. Zwei besondere Befehle sind *cls* (löscht den Inhalt der Konsole) und *exit* (beendet PowerShell).

Informationen in der Konsole lassen sich direkt mit der Maus markieren und dann mit [↵] oder einem Rechtsklick in die Zwischenablage kopieren, wenn der QuickEdit-Modus eingeschaltet ist. Ohne QuickEdit-Modus müssen Sie zuerst mit der rechten Maustaste in die Konsole klicken und dann in einem Kontextmenü *Markieren* wählen.

Die Grundeinstellungen der Konsole – QuickEdit-Modus ebenso wie Farben, Schriftarten und -größen – legen Sie im Eigenschaften-Fenster der Konsole fest, das Sie über einen Rechtsklick auf das Symbol ganz links in der Titelleiste des Konsolenfensters erreichen. Wählen Sie im Menü dazu *Eigenschaften*.

Neben den Befehlen gibt es in der Konsole eine Reihe von Zeichen mit besonderer Bedeutung, von denen Sie bereits drei kennen gelernt haben:

- **Weiterleitung:** Mit dem »|«-Symbol leiten Sie die Ergebnisse eines Befehls an einen anderen weiter. Leiten Sie die Ergebnisse zum Beispiel an *more* weiter, dann wird die Bildschirmausgabe jeweils angehalten, sobald der Bildschirm voll ist, und erst fortgesetzt, wenn Sie eine Taste drücken.
- **Umleitung:** Mit dem Symbol »>« leiten Sie die Ergebnisse eines Befehls in eine Datei um. Diese Datei könnten Sie anschließend öffnen, in Ruhe lesen oder ausdrucken. Mit »>>« hängen Sie Informationen an eine schon vorhandene Datei an. Die Umleitung spielt in PowerShell allerdings eine wesentlich geringere Rolle als in der klassischen Konsole, weil Sie die Ergebnisse Ihrer Befehle sehr viel bequemer direkt in einer Variablen speichern können.

Kapitel 2

PowerShell interaktiv

In diesem Kapitel:

PowerShell als Taschenrechner	22
Externe Befehle ausführen	26
Cmdlets – die echten PowerShell-Befehle	33
Alias-Namen: Befehlen andere Namen geben	40
Funktionen: »Erweiterte« Alias-Namen	46
Dateien und Skripte aufrufen	48
Zusammenfassung	52

Ein wichtiger Einsatzbereich der neuen PowerShell-Konsole ist der interaktive Einsatz: Sie geben Befehle ein und die Konsole liefert sofort die entsprechenden Informationen zurück. Weil Sie auf diese Weise sofort überprüfen können, wie die PowerShell Konsole auf Ihre Eingaben und Befehle reagiert, ist dies ein prima Startpunkt für dieses Kapitel.

Zuerst werden Sie die eingebauten Rechenfunktionen der Konsole kennen lernen. Danach verwenden Sie die PowerShell-Konsole genau wie die klassische Konsole und starten damit externe Programme wie *ping.exe* oder *ipconfig.exe*. Anschließend verwenden Sie die neuen PowerShell-Befehle, die *Cmdlets*, und klären das Rätsel der Aliasnamen, mit denen PowerShell einen großen Teil seiner Abwärtskompatibilität gewährleistet: Viele PowerShell-Cmdlets lassen sich über Aliasnamen aufrufen. So können Sie altbekannte Befehlsnamen wie *Dir*, *Cd*, *Md*, etc. verwenden, die intern PowerShell-Cmdlets zugeordnet sind. Ganz besonders spannend wird der erste Blick auf die PowerShell-Pipeline, mit der Sie einzelne Befehle zu Befehlsketten verbinden.

Da PowerShell nicht nur eine interaktive Konsole ist, sondern auch eine Programmiersprache, schauen wir uns danach Funktionen und Skripte an. Sie werden sehen, wie leicht Funktionen dazu benutzt werden können, um in der Konsole bequeme Abkürzungsbefehle einzurichten. Und Sie werden die neuartigen Sicherheitsvorkehrungen von PowerShell in Aktion erleben, die verhindern sollen, dass bösartige PowerShell-Skripte Unheil anrichten.

PowerShell als Taschenrechner

Im einfachsten Fall brauchen Sie überhaupt keine Befehle. Mit der PowerShell-Konsole kann man rechnen, fast wie mit einem Taschenrechner. Kompliziert ist das nicht. Geben Sie eine Rechenaufgabe ein, dann liefert PowerShell das Ergebnis:

```
2+4
6
```

Erlaubt sind alle üblichen Grundrechenarten, und auch runde Klammern funktionieren genauso, wie Sie es von einem Taschenrechner gewohnt sind:

```
(12+5) * 3 / 4.5
11,3333333333333
```

Spezialfall: Runde Klammern

Runde Klammern spielen in PowerShell eine ganz besondere Rolle. Grundsätzlich wertet PowerShell alles, was in runden Klammern steht, zunächst isoliert vom Rest aus und fügt das Ergebnis an dieser Stelle ein. Bei Rechenoperationen kennt man das. Die Berechnung in den runden Klammern geht vor und sorgt damit ausnahmsweise dafür, dass Punktrechnung nicht vor Strichrechnung geht.

Runde Klammern haben aber auch in ganz normalen Befehlen eine wichtige Bedeutung, wie Sie in den folgenden Kapiteln entdecken werden. So könnten Sie zum Beispiel mit dem Befehl *Dir* den Inhalt eines Ordners auflisten und danach bestimmen, wie viele Dateien gefunden wurden. Dazu stellen Sie den *Dir*-Befehl in runde Klammern. So können Sie das Ergebnis – die Liste der gefundenen Dateien und Ordner – sofort weiterverarbeiten. Mehr dazu später.

```
(Dir *.txt).Count
12
```

Etwas Sonderbares passiert allerdings, wenn Sie versehentlich anstelle des Dezimalpunktes ein Komma verwenden:

```
4,3 + 2
4
3
2
```

Diese Anweisung hat überhaupt nichts ausgerechnet, sondern die Zahlen einfach wieder ausgegeben. Das Komma verpackt Werte in ein Variablenfeld, und wenn Sie nichts weiter mit diesem Feld anstellen, gibt es PowerShell einfach wieder aus. Variablenfelder sind Thema in Kapitel 4, sodass Sie sich im Augenblick nur merken sollten, dass das Dezimalzeichen bei PowerShell immer der Punkt und nicht das Komma ist.

Mit Zahlensystemen und Einheiten rechnen

Schon etwas ungewöhnlicher ist allerdings die nächste Rechenaufgabe. Können Sie sich vorstellen, was hier passiert?

```
4gb / 720mb
5,68888888888889
```

Diese Zeile rechnet aus, wie viele CD-ROM-Inhalte ungefähr auf einer DVD Platz haben. PowerShell kennt also die in der Computerwelt üblichen Maßeinheiten Kilobyte, Megabyte und Gigabyte, sodass Sie sich um diese Einheiten und ihre Umrechnung nicht selbst zu kümmern brauchen. Natürlich können Sie jederzeit nachfragen und herausfinden, wie viele Bytes in einem Megabyte lagern:

```
1mb
1048576
```

ACHTUNG Die Einheiten *KB*, *MB* und *GB* funktionieren in Kleinbuchstaben genauso gut wie in Großbuchstaben – die Schreibweise ist PowerShell egal. Nicht egal sind dagegen Leerzeichen. Die Einheitenangabe muss der Zahl direkt folgen und darf nicht durch ein Leerzeichen getrennt sein. Andernfalls würde PowerShell die Einheit als neues Befehlswort verstehen – und eine Fehlermeldung auswerfen.

Und was, glauben Sie, passiert in der folgenden Zeile?

```
12 + 0xAF
187
```

Neben den üblichen dezimalen Zahlen kommt PowerShell auch ganz bequem mit hexadezimalen Werten zurecht, die in der Computerwelt eine große Rolle spielen. Sie brauchen nur das Präfix »0x« vor die hexadezimale Zahl zu setzen, um sie in eine Dezimalzahl umwandeln zu lassen:

```
0xAFFE
45054
```

Hexadezimale Zahlen

Falls Sie bisher noch nicht mit hexadezimalen Zahlen zu tun hatten, hier eine kleine Kurzeinführung: Beim üblichen dezimalen Zahlensystem stehen pro Ziffer die Werte *0* bis *9* zur Verfügung, also zehn verschiedene Zahlenwerte pro Stelle. Genau deshalb nennt man dieses Zahlensystem »dezimal«.

Beim hexadezimalen Zahlensystem stehen pro Ziffer nicht zehn, sondern sechzehn verschiedene Werte zur Verfügung, nämlich die Zahlen *0* bis *9* und die Buchstaben *A* bis *F*. Der dezimale Wert *10* entspricht also dem hexadezimalen Wert *0xA*. *0xF* steht für *15*, und der dezimale Wert *16* wird im hexadezimalen System als *0x10* ausgedrückt. Der Wert *0xAFFE* ist ein gültiger hexadezimaler Ausdruck, *0xPUDEL* dagegen nicht, weil die Buchstaben *P*, *U* und *L* in diesem Zahlensystem nicht vorkommen.

Das hexadezimale System spielt in der Computerwelt eine besondere Rolle, weil die 16 möglichen Werte genau in zwei Byte passen. Computer rechnen zwar streng genommen binär, also mit Einsen und Nullen, weil aber diese einzelnen Bits nur sehr wenig Informationen darstellen können, fassen heutige Computer Informationen zu jeweils 16, 32 oder sogar 64 Bits zu einer Einheit zusammen. Das entspricht einer ein-, zwei- oder vierstelligen hexadezimalen Zahl. Computer rechnen intern also hexadezimal. Mit dem Präfix »0x« können Sie das nun auch und brauchen sich dabei kaum anzustrengen. Hexadezimale Zahlen erklären übrigens auch, warum ein Megabyte nicht genau 1.000.000 Bytes entspricht, sondern 1.048.576 Bytes:

```
1MB
1048576
0x100000
1048576
```

Der umgekehrte Weg – also die Darstellung einer Zahl im hexadezimalen Zahlensystem oder als Gigabyte, Megabyte oder Kilobyte – ist dagegen nicht ganz so einfach. Alle Rechenergebnisse liefern als Ergebnis Dezimalwerte. Wollen Sie diese Dezimalwerte in einem anderen Format anzeigen, dann ist das keine Rechenoperation, sondern eine Formatierung. Zuständig für solche Umwandlungen ist der Formatierungsoperator *-f*, den Sie in Kapitel 13 noch genauer kennen lernen:

```
"{0:x}" -f 12345
3039
"{0:x}" -f 3gb
c0000000
```

PowerShell als Taschenrechner

Zeit für eine erste Zwischenbilanz über die Rechenkünste der PowerShell-Konsole:

- **Operatoren:** Rechenaufgaben lösen Sie mit Hilfe von Operatoren. Operatoren werten die beiden Werte links und rechts davon aus. Für die Grundrechenarten gibt es insgesamt fünf Operatoren, die auch »arithmetische Operatoren« genannt und gleich ausführlicher beschrieben werden.
- **Klammern:** Klammern gruppieren Anweisungen und sorgen dafür, dass der Ausdruck in den runden Klammern zuerst ausgewertet wird.
- **Dezimalpunkt:** Bruchzahlen verwenden den Punkt als Dezimaltrennzeichen.
- **Komma:** Das Komma hat bei PowerShell stets eine besondere Aufgabe. Es legt ein Variablenfeld an und hat deshalb in normalen Rechenaufgaben nichts zu suchen.
- **Besondere Umwandlungen:** Hexadezimale Zahlen werden mit dem Präfix »0x« gekennzeichnet und so automatisch in dezimale Werte umgerechnet. Fügen Sie an eine Zahl die Einheit KB, MB oder GB an, dann wird sie automatisch mit dieser Einheit multipliziert. Zwischen Zahl und Einheit darf kein Leerzeichen stehen.
- **Ergebnisse und Formatierungen:** Zahlenergebnisse werden immer als Dezimalwert zurückgeliefert. Möchten Sie das Ergebnis auf andere Weise darstellen, dann setzen Sie Formatierungsoperatoren wie -f ein, die etwas später ausführlich beschrieben werden.

Operator	Beschreibung	Beispiel	Ergebnis
+	Addiert zwei Werte	5 + 4.5	9.5
		2gb + 120mb	2273312768
		0x100 + 5	261
		"Guten" + " Tag"	"Guten Tag"
-	Subtrahiert zwei Werte	5 – 4.5	0.5
		12gb – 4.5gb	8053063680
		200 - 0xAB	29
*	Multipliziert zwei Werte	5 * 4.5	22.5
		4mb * 3	12582912
		12 * 0xC0	2304
		"x" * 5	"xxxxx"
/	Dividiert zwei Werte	5 / 4.5	1,11111111111111
		1mb / 30kb	34,1333333333333
		0xFFAB / 0xC	5454,25
%	Liefert den Rest einer Division	5%4.5	0.5

Tabelle 2.1 Arithmetische Operatoren

Externe Befehle ausführen

Die PowerShell-Konsole kann nicht nur rechnen, sondern auch externe Programme aufrufen, ganz ähnlich wie die klassische Konsole. Wollen Sie zum Beispiel die Einstellungen Ihrer Netzwerkkarte begutachten, dann geben Sie den Befehl *ipconfig* ein – er funktioniert in PowerShell noch genauso wie in der klassischen Konsole:

```
Ipconfig
Windows-IP-Konfiguration
Drahtlos-LAN-Adapter Drahtlosnetzwerkverbindung:
   Verbindungsspezifisches DNS-Suffix:
   Verbindungslokale IPv6-Adresse  . : fe80::6093:8889:257e:8d1%8
   IPv4-Adresse . . . . . . . . . . : 192.168.1.35
   Subnetzmaske . . . . . . . . . . : 255.255.255.0
   Standardgateway  . . . . . . . . : 192.168.1.1
```

Und so prüfen Sie, ob eine Webseite erreichbar ist und über welche Knotenpunkte die Datenpakete zwischen dem Webserver und Ihrem Computer reisen:

```
Tracert www.powershell.com
Routenverfolgung zu www.powershell.com [74.208.54.218] über maximal 30 Abschnitte:
  1    12 ms     7 ms    11 ms  TobiasWeltne-PC [192.168.1.1]
  2    15 ms    16 ms    16 ms  dslb-088-070-064-001.pools.arcor-ip.net [88.70.64.1]
  3    15 ms    16 ms    16 ms  han-145-254-11-105.arcor-ip.net [145.254.11.105]
  (...)
 17   150 ms   151 ms   152 ms  vl-987.gw-ps2.slr.lxa.oneandone.net [74.208.1.134]
 18   145 ms   145 ms   149 ms  ratdog.info [74.208.54.218]
```

HINWEIS Natürlich könnten Sie auch »echte« Windows-Programme starten. Geben Sie testweise einmal *notepad* ⏎ oder *explorer* ⏎ ein. Es funktioniert. Ob Sie das allerdings häufiger tun werden, ist fraglich, denn in der normalen bunten Windows-Welt erreichen Sie Programme über das Startmenü sicher einfacher. Die Konsole ist nicht umsonst ein wenig ansprechendes, tristes Fenster. Es ist für Textinformationen optimiert und funktioniert am besten mit textbasierten Befehlen.

Einen wesentlichen Unterschied gibt es aber doch zwischen textbasierten Befehlen wie *ipconfig* und Windowsprogrammen wie *notepad*. Bei Windows-Programmen startet die Konsole das Programm nur kurz und überlässt es danach sich selbst. Der blinkende Eingabecursor ist also in der Konsole sofort wieder einsatzbereit. Bei textbasierten Konsolenbefehlen ist das anders: Hier wartet die Konsole höflich, bis der Befehl seine Arbeit geleistet und womöglich Informationen zurückgemeldet hat. Solange ein textbasierter Befehl also etwas tut, ist die Konsole blockiert. Deshalb denken Sie stets an die Tastenkombination Strg C, mit der Sie die Ausführung jedes Befehls weniger höflich, dafür aber schlagartig abbrechen.

Und wenn der Bildschirm der Konsole mal wieder mit Textergebnissen und Fehlermeldungen vollgekleistert ist, geben Sie *cls* ⏎ ein. Der Konsolenbildschirm wird dann gelöscht.

Die »alte« Konsole starten

Auf Wunsch kann sich PowerShell jederzeit und augenblicklich in eine echte alte klassische Konsole zurückverwandeln, denn die alte klassische Konsole ist ebenfalls nur ein Befehl: *cmd* ↵. Dieser Ausflug in die Vergangenheit ist nützlich, wenn Sie das Verhalten von PowerShell mit der alten Konsole vergleichen wollen oder tatsächlich gröbere Abweichungen entdeckt haben und deshalb kurzfristig auf die alte Konsole ausweichen wollen. Wissen sollten Sie nur, wie Sie die klassische Konsole wieder verlassen, um zu PowerShell zurückzukehren. Strg C funktioniert hier nämlich nicht, denn diese Tastenkombination wird jetzt von der klassischen Konsole verwendet, um eigene Befehle abzubrechen.

Geben Sie *exit* ↵ ein, wenn Sie die Konsole verlassen wollen. Dieser Befehl verlässt die meisten konsolenbasierten Befehle, wenn Strg C nicht greift. Sogar PowerShell selbst kann mit *exit* beendet werden. Hin und wieder ist in Befehlen anstelle von *exit* der Befehl *quit* erforderlich.

Nützliche Konsolenbefehle entdecken

Der *cmd.exe*-Befehl kann auch nur vorübergehend ein Gastspiel liefern, genau genommen einen Befehl lang. Wenn Sie ihn mit dem Schalter /c aufrufen, führt die klassische Konsole den dahinter stehenden Befehl aus und kehrt sofort danach zurück zu PowerShell. Und wofür könnte ein so kurzer Abstecher in die alte Konsolenwelt gut sein? Zum Beispiel, um einen alten Konsolenbefehl wie *help* aufzurufen. Dieser Befehl ist kein externes Programm, das Sie direkt über PowerShell erreichen könnten. Diesen Befehl gibt es nur innerhalb der klassischen Konsole. Und: Er verrät Ihnen bereitwillig die Namen vieler weiterer nützlicher externer Konsolenbefehle.

```
Cmd /c Help
Geben Sie HELP "Befehlsname" ein, um weitere Informationen zu einem bestimmten
Befehl anzuzeigen.
ASSOC          Zeigt Dateierweiterungszuordnungen an bzw. ändert sie.
ATTRIB         Zeigt Dateiattribute an bzw. ändert sie.
BREAK          Schaltet die erweiterte Überprüfung für STRG+C ein bzw. aus.
BOOTCFG        Legt Eigenschaften zur Steuerung des Startladenvorganges in der Startdatenbank fest.
CACLS          Zeigt Datei-ACLs (Access Control List) an bzw. ändert sie.
CALL           Ruft eine Batchdatei von einer anderen Batchdatei aus auf.
CD             Zeigt den Namen des aktuellen Verzeichnisses an bzw. ändert diesen.
CHCP           Zeigt die aktive Codepagenummer an bzw. legt sie fest.
CHDIR          Zeigt den Namen des aktuellen Verzeichnisses an bzw. ändert es.
CHKDSK         Überprüft einen Datenträger und zeigt einen Statusbericht an.
CHKNTFS        Zeigt die Überprüfung des Datenträgers beim Start an bzw. verändert sie.
CLS            Löscht den Bildschirminhalt.
CMD            Startet eine neue Instanz des Windows-Befehlsinterpreters.
COLOR          Legt die Hintergrund- und Vordergrundfarben für die Konsole fest.
COMP           Vergleicht den Inhalt zweier Dateien oder Sätze von Dateien.
COMPACT        Zeigt die Komprimierung von Dateien auf NTFS-Partitionen an bzw. ändert sie.
CONVERT        Konvertiert FAT-Volumes in NTFS. Das aktuelle Laufwerk kann nicht konvertiert werden.
COPY           Kopiert eine oder mehrere Dateien an eine andere Stelle.
DATE           Zeigt das Datum an bzw. legt es fest.
```

DEL	Löscht eine oder mehrere Dateien.
DIR	Listet die Dateien und Unterverzeichnisse eines Verzeichnisses auf.
DISKCOMP	Vergleicht den Inhalt von zwei Disketten.
DISKCOPY	Kopiert den Inhalt von einer Diskette auf eine andere Diskette.
DISKPART	Zeigt Eigenschaften von Festplattenpartitionen an bzw. konfiguriert sie.
DOSKEY	Bearbeitet Befehlseingaben, erinnert Windows-Befehle und erstellt Macros.
DRIVERQUERY	Zeigt den aktuellen Gerätetreiberstatus und die Eigenschaften an.
ECHO	Zeigt Meldungen an bzw. schaltet die Befehlsanzeige ein oder aus.
ENDLOCAL	Beendet den lokalen Gültigkeitsbereich von Umgebungsänderungen in einer Batchdatei.
ERASE	Löscht eine oder mehrere Dateien.
EXIT	Beendet das Programm CMD.EXE (Befehlsinterpreter).
FC	Vergleicht zwei oder mehr Sätze von Dateien und zeigt die Unterschiede an.
FIND	Sucht eine Zeichenkette in einer oder mehreren Datei(en).
FINDSTR	Sucht Zeichenketten in Dateien.
FOR	Führt einen angegebenen Befehl für jede Datei in einem Dateiensatz aus.
FORMAT	Formatiert einen Dateiträger für die Verwendung mit Windows.
FSUTIL	Zeigt die Dateisystemeigenschaften an bzw. konfiguriert sie.
FTYPE	Zeigt die Dateitypen an, die bei den Zuordnungen für die entsprechenden Dateierweiterungen verwendet werden bzw. ändert sie.
GOTO	Setzt den Windows-Befehlsinterpreter auf eine markierte Zeile in einem Batchprogramm.
GPRESULT	Zeigt Gruppenrichtlinieninformationen für Computer oder Benutzer an.
GRAFTABL	Ermöglicht Windows, Sonderzeichen im Grafikmodus anzuzeigen.
HELP	Zeigt Hilfeinformationen zu Windows-Befehlen an.
ICACLS	Anzeigen, Ändern, Sichern oder Wiederherstellen von ACLs für Dateien und Verzeichnisse.
IF	Verarbeitet Ausdrücke in einer Batchdatei abhängig von Bedingungen.
LABEL	Erstellt, ändert oder löscht die Bezeichnung eines Volumes.
MD	Erstellt ein Verzeichnis.
MKDIR	Erstellt ein Verzeichnis.
MKLINK	Erstellt symbolische Links und feste Links.
MODE	Konfiguriert ein Systemgerät.
MORE	Zeigt Ausgabe auf dem Bildschirm seitenweise an.
MOVE	Verschiebt ein oder mehrere Dateien von einem Verzeichnis in ein anderes.
OPENFILES	Zeigt Dateien, die von Remotebenutzern zur Dateifreigabe geöffnet wurden an.
PATH	Legt den Suchpfad für ausführbare Dateien fest oder zeigt ihn an.
PAUSE	Hält die Ausführung einer Batchdatei an und zeigt eine Meldung an.
POPD	Wechselt zu dem Verzeichnis, das durch PUSHD gespeichert wurde.
PRINT	Druckt eine Textdatei.
PROMPT	Ändert die Eingabeaufforderung.
PUSHD	Speichert das aktuelle Verzeichnis und wechselt zu einem anderen Verzeichnis.
RD	Entfernt ein Verzeichnis.
RECOVER	Stellt lesbare Daten von einem beschädigten Datenträger wieder her.
REM	Leitet Kommentare in einer Batchdatei bzw. CONFIG.SYS ein.
REN	Benennt eine Datei bzw. Dateien um.
RENAME	Benennt eine Datei bzw. Dateien um.
REPLACE	Ersetzt Dateien.
RMDIR	Löscht ein Verzeichnis.
ROBOCOPY	Erweitertes Dienstprogramm zum Kopieren von Dateien und Verzeichnisstrukturen.
SET	Setzt oder löscht die Umgebungsvariablen bzw. zeigt sie an.
SETLOCAL	Startet die Begrenzung des Gültigkeitsbereiches von Umgebungsänderungen in einer Batchdatei.

SC	Zeigt Dienste (=Hintergrundprozess) an bzw. konfiguriert sie.
SCHTASKS	Erstellt Zeitpläne für auf dem Computer auszuführende Befehle und Programme.
SHIFT	Verändert die Position ersetzbarer Parameter in Batchdateien.
SHUTDOWN	Ermöglicht lokales oder ferngesteuertes Herunterfahren des Computers.
SORT	Sortiert die Eingabe.
START	Startet ein eigenes Fenster, um ein bestimmtes Programm oder einen Befehl auszuführen.
SUBST	Ordnet einen Pfad einem Laufwerkbuchstaben zu.
SYSTEMINFO	Zeigt computerspezifische Eigenschaften und Konfigurationen an.
TASKLIST	Zeigt alle zurzeit laufenden Aufgaben inklusive der Dienste an.
TASKKILL	Bricht einen laufenden Prozess oder eine Anwendung ab oder beendet ihn bzw. sie.
TIME	Zeigt die Systemzeit an bzw. legt sie fest.
TITLE	Bestimmt den Fenstertitel des Eingabeaufforderungsfensters.
TREE	Zeigt die Ordnerstruktur eines Laufwerks oder Pfads grafisch an.
TYPE	Zeigt den Inhalt einer Textdatei an.
VER	Zeigt die Windows-Version an.
VERIFY	Legt fest, ob das ordnungsgemäße Schreiben von Dateien auf den Datenträger überprüft werden soll.
VOL	Zeigt die Volumebezeichnung und die Seriennummer des Datenträgers an.
XCOPY	Kopiert Dateien und Verzeichnisstrukturen.
WMIC	Zeigt WMI-Informationen in der interaktiven Befehlsshell an.

All diese Befehle könnten Sie in Ihrer PowerShell-Konsole verwenden. Als nächstes picken Sie sich aus der Liste interessant klingende Befehle heraus und informieren sich ein wenig, zum Beispiel so:

```
Cmd /c help xcopy
```

Wirklich notwendig ist der erneute Abstecher in die alte Konsolenwelt jetzt allerdings nicht mehr. Sie brauchen bloß hinter dem Befehlsnamen ein Leerzeichen und dann **/?** anzugeben, um die Bedienungsanleitung des Befehls zu lesen. Anschließend könnten Sie ihn direkt in PowerShell verwenden:

```
xcopy /?
```

ACHTUNG Informieren Sie sich, bevor Sie einen unbekannten Befehl ausprobieren, damit Sie nicht versehentlich Schaden anrichten. Führen Sie PowerShell außerdem möglichst ohne Administratorrechte aus. So sind Sie gegen die gröbsten Missgeschicke geschützt. Ohne Administratorrechte lassen sich sicherheitskritische (und potenziell gefährliche) Befehle nicht mehr ausführen:

```
defrag c:
Sie müssen das Programm mit Administratorberechtigungen ausführen. Verwenden Sie eine
Administratorbefehlszeile und führen Sie dann das Programm erneut aus.
```

Sind Sie sicher, dass Sie solche Befehle ausführen müssen, melden Sie sich mit einem Administrator-Konto an und starten Sie bei Windows Vista Ihr PowerShell ausdrücklich mit Administratorrechten. Dazu klicken Sie *PowerShell.exe* mit der rechten Maustaste an und wählen im Kontextmenü *Als Administrator ausführen*.

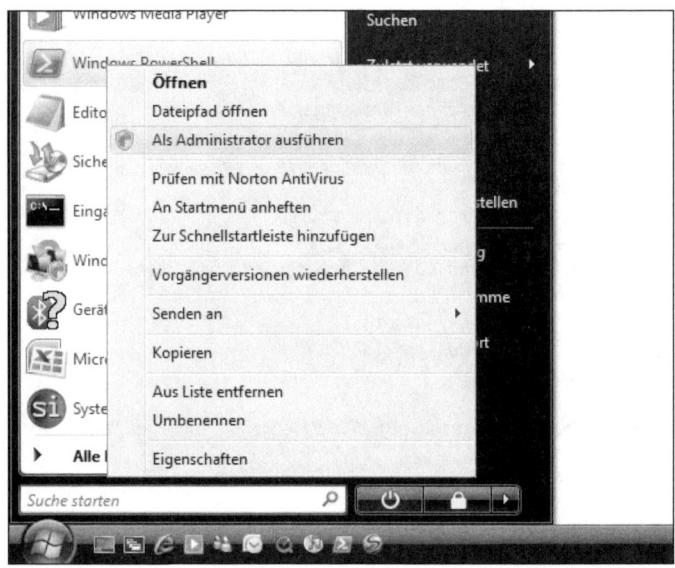

Abbildung 2.1 Führen Sie PowerShell möglichst ohne Administratorrechte aus

Sicherheitseinschränkungen beim Programmstart

Vielleicht sind Sie beim Experimentieren auf Programme gestoßen, von denen Sie genau wissen, dass es sie gibt. Dennoch startet PowerShell die Programme nicht. Zum Beispiel *WordPad*:

```
Wordpad
Die Benennung "wordpad" wurde nicht als Cmdlet, Funktion, ausführbares Programm oder Skriptdatei
erkannt. Überprüfen Sie die Benennung und versuchen Sie es erneut.
Bei Zeile:1 Zeichen:7
+ wordpad <<<<
```

Damit PowerShell ein Programm starten kann, muss es wissen, wo das Programm gespeichert ist. Wenn Sie also den genauen Pfadnamen von Wordpad angeben, kann PowerShell auch Wordpad starten. Jedenfalls theoretisch:

```
C:\programme\Windows NT\Zubehör\wordpad.exe
Die Benennung "C:\programme\Windows" wurde nicht als Cmdlet, Funktion, ausführbares Programm oder
Skriptdatei erkannt. Überprüfen Sie die Benennung und versuchen Sie es erneut.
Bei Zeile:1 Zeichen:21
+ C:\programme\Windows  <<<< NT\Zubehör\wordpad.exe
```

Weil der Pfadname jedoch Leerzeichen enthält, und weil Leerzeichen bei PowerShell ein Trennzeichen darstellen, versucht PowerShell in Wirklichkeit, das Programm *C:\programme\Windows* zu starten. Dieses Programm ist natürlich nicht vorhanden, was zum Fehler führt. Wenn Pfadangaben also Leerzeichen enthalten, muss der Pfad in Anführungszeichen gestellt werden. Das allerdings führt gleich zum nächsten Problem:

```
"C:\programme\Windows NT\Zubehör\wordpad.exe"
C:\programme\Windows NT\Zubehör\wordpad.exe
```

Ein Text in Anführungszeichen wird von PowerShell als Text behandelt und postwendend wieder ausgegeben. Damit PowerShell den Text in den Anführungszeichen tatsächlich ausführt, schreiben Sie ein kaufmännisches Und-Zeichen davor:

```
& "C:\programme\Windows NT\Zubehör\wordpad.exe"
```

Jetzt endlich startet WordPad. Ganz schön kompliziert. Könnte man wenigstens den aktuellen Ordner wechseln und sich in den Ordner begeben, wo das gesuchte Programm liegt? Dann müsste es sich doch bequemer starten lassen:

```
Cd "C:\programme\Windows NT\Zubehör"
wordpad.exe
Die Benennung "wordpad.exe" wurde nicht als Cmdlet, Funktion, ausführbares Programm oder Skriptdatei
erkannt. Überprüfen Sie die Benennung, und versuchen Sie es erneut.
Bei Zeile:1 Zeichen:11
+ wordpad.exe <<<<
```

Wieder ein Fehler. PowerShell startet grundsätzlich keine Programme ohne relative oder absolute Pfadangabe. Die absolute Pfadangabe ist der vollständige Pfad. Eine relative Pfadangabe bezieht sich immer auf das aktuelle Verzeichnis. Befindet sich das Programm, das Sie starten wollen, im aktuellen Ordner, könnten Sie es mit der folgenden relativen Pfadangabe starten:

```
.\wordpad.exe
```

Vertrauenswürdige Ordner

Damit Sie wichtige Alltagsprogramme bequem aufrufen können, unterscheidet PowerShell zwischen vertrauenswürdigen Ordnern und allen übrigen Ordnern. Liegt ein Programm in einem vertrauenswürdigen Ordner, brauchen Sie weder den Pfadnamen anzugeben noch die Dateierweiterung an den Befehlsnamen anzuhängen. Befehle wie *ping* oder *ipconfig* funktionieren so bequem, weil sie in einem vertrauenswürdigen Ordner liegen, *WordPad* aus dem letzten Beispiel dagegen nicht.

Ob ein Ordner vertrauenswürdig ist, bestimmt die Windows-Umgebungsvariable *Path*. Alle Ordner, die in ihr genannt werden, erhalten von PowerShell diesen besonderen Status. Für Sie bedeutet das: Legen Sie entweder alle wichtigen Programme in einen der Ordner, die in der Umgebungsvariable *Path* genannt werden. Welche das sind, finden Sie zum Beispiel so heraus:

```
$env:Path
C:\Windows\system32;C:\Windows;C:\Windows\System32\Wbem;C:\Program
Files\Softex\OmniPass;C:\Windows\System32\WindowsPowerShell\v1.0\;c:\Program Files\Microsoft SQL
Server\90\Tools\binn\;C:\Program Files\ATI Technologies\ATI.ACE\Core-Static;C:\Program
Files\MakeMsi\;C:\Program Files\QuickTime\QTSystem\
```

> **HINWEIS** Mehr zu Variablen und auch den besonderen Umgebungsvariablen lesen Sie im nächsten Kapitel.

Oder fügen Sie andere Ordner, in denen sich wichtige Programme befinden, Ihrer Umgebungsvariablen *Path* hinzu. Zum Beispiel so:

```
$env:path += ";C:\programme\Windows NT\Zubehör"
wordpad.exe
```

Schon können Sie *WordPad* einfach durch Eingabe seines Programmnamens starten. Allerdings gilt die Erweiterung der Umgebungsvariable *Path* nur so lange, wie PowerShell läuft. Sobald Sie PowerShell beenden, ist die Änderung hinfällig. Möchten Sie *Path* dauerhaft erweitern, fügen Sie die Zeile für die Erweiterung deshalb besser in eines Ihrer Profilskripte ein. Die werden bei jedem PowerShell-Start automatisch gestartet und sind dafür zuständig, Ihre PowerShell-Umgebung gemütlich einzurichten. Mehr zu den Profilskripten lesen Sie in Kapitel 10. Damit gelten für den Start von Programmen und das Öffnen von Dateien folgende Regeln:

- **Programme in besonderen Ordnern:** Liegt ein Programm in einem der besonderen Ordner der Umgebungsvariablen *Path*, die automatisch durchsucht werden, dann genügt es, einfach den Programmnamen einzugeben, um das Programm zu starten. Die meisten wichtigen Administrator-Programme können so bequem gestartet werden.
- **Pfad angeben:** Liegt ein Programm an einem anderen Ort, dann müssen Sie der Konsole verraten, wo genau. Dazu geben Sie den Pfadnamen des Programms an.
- **Leerzeichen beachten:** Kommen im Pfadnamen Leerzeichen vor, dann aufgepasst: Damit PowerShell die Leerzeichen nicht als Trennzeichen versteht, setzen Sie den gesamten Pfad in Anführungszeichen. Ob Sie dafür das doppelte (») oder lieber das einfache (') Anführungszeichen verwenden, ist PowerShell egal. Nur auf eines der beiden müssen Sie sich festlegen. Wählen Sie im Zweifelsfall lieber die einfachen Anführungszeichen. Text, der in doppelten Anführungszeichen steht, wird von PowerShell »aufgelöst«, darin enthaltene Variablen also zum Beispiel durch ihre Werte ersetzt.
- **Das »&« verwandelt Text in Befehle:** Text in Anführungszeichen versteht PowerShell nicht als Befehl. Erst wenn Sie ein **&** vor den Text schreiben, weiß PowerShell: Sie wollen, dass der Text wie ein Befehl ausgeführt wird. Mit dem &-Zeichen können Sie künftig ganz allgemein beliebige Texte so ausführen lassen, als hätten Sie den Text direkt in die Befehlszeile eingegeben. Sie dürfen den Code sogar aus mehreren Textbausteinen zusammenfügen, wenn Sie wollen:

```
& ("note" + "pad")
```

> **TIPP** Wenn Sie einen längeren Pfadnamen eingeben müssen, dann hilft Ihnen PowerShell beim Tippen. Geben Sie den Anfang des Pfads ein, und drücken Sie dann direkt dahinter und ohne weiteres Leerzeichen [⇥], die Taste für die automatische Vervollständigung:

```
C:\[⇥]
```

PowerShell schlägt Ihnen jetzt die möglichen Unterordner vor. Drücken Sie so oft [⇥], bis der Vorschlag stimmt. Fügen Sie ein Backslash (\) an und drücken Sie erneut [⇥], um die nächsten Unterordner festzulegen.

Sobald im Pfad ein Leerzeichen vorkommt, stellt die Autovervollständigung den Pfad außerdem automatisch in Anführungszeichen und schreibt das Zeichen & davor. Warum das geschieht, wissen Sie ja jetzt. Allerdings müssen Sie nun das abschließende Anführungszeichen mit [←] zuerst entfernen, bevor Sie weitere Unterordner anfügen können.

Cmdlets – die echten PowerShell-Befehle

Dass PowerShell nach wie vor alte externe Programme ausführen kann, mag den einen oder anderen sicher beruhigen, aber wirklich revolutionär ist das bis jetzt nicht und erst Recht kein Grund, von der alten Konsole auf PowerShell umzusteigen. Die wahren Neuerungen verbergen sich in anderen Befehlen, den so genannten Cmdlets. Cmdlets sind die privaten Befehle, die PowerShell mitbringt. Welche es gibt, verrät das erste Cmdlet namens *Get-Command*:

```
Get-Command -CommandType Cmdlet
```

Dabei bestätigt sich die Vermutung: Nicht nur *Get-Command*, sondern alle Cmdlets verwenden dieselbe neumodische Namensgebung: Cmdlet-Namen sind stets Doppelnamen und bestehen aus einer Tätigkeit und einem Tätigkeitsbereich, also einem Verb und einem Nomen. Das liegt weniger an den literarischen Ambitionen der PowerShell-Erfinder als vielmehr daran, dass diese Namensgebung ein Code ist. Er hilft Ihnen, systematisch die jeweils richtigen Befehle zu finden. Glauben Sie nicht? Dann schauen Sie mal, wie das System funktioniert.

Wenn Sie einen Befehl für eine bestimmte Aufgabe suchen, wählen Sie zuerst die Tätigkeit aus, die diese Aufgabe am besten beschreibt. Es gibt nur relativ wenige allgemeine Tätigkeiten, die die strenge PowerShell-Namensgebung zulässt (Tabelle 2.2). Wenn Sie also wissen, dass Sie etwas beschaffen wollen, lautet die passende Tätigkeit *get*. Damit haben Sie bereits den ersten Teil des gesuchten Befehlsnamens und brauchen sich nun nur noch alle Befehle auflisten zu lassen, die noch infrage kommen:

```
Get-Command -verb get

CommandType     Name                         Definition
-----------     ----                         ----------
Cmdlet          Get-Acl                      Get-Acl [[-Path] <String[]>] [-Audit] ...
Cmdlet          Get-Alias                    Get-Alias [[-Name] <String[]>] [-Exclu...
Cmdlet          Get-AuthenticodeSignature    Get-AuthenticodeSignature [-FilePath] ...
Cmdlet          Get-Childitem                Get-Childitem [[-Path] <String[]>] [[-...
Cmdlet          Get-Command                  Get-Command [[-ArgumentList] <Object[]...
Cmdlet          Get-Content                  Get-Content [-Path] <String[]> [-ReadC...
Cmdlet          Get-Credential               Get-Credential [-Credential] <PSCreden...
Cmdlet          Get-Culture                  Get-Culture [-Verbose] [-Debug] [-Erro...
Cmdlet          Get-Date                     Get-Date [[-Date] <DateTime>] [-Year <...
Cmdlet          Get-EventLog                 Get-EventLog [-LogName] <String> [-New...
Cmdlet          Get-ExecutionPolicy          Get-ExecutionPolicy [-Verbose] [-Debug...
Cmdlet          Get-Help                     Get-Help [[-Name] <String>] [-Category...
Cmdlet          Get-History                  Get-History [[-Id] <Int64[]>] [[-Count...
Cmdlet          Get-Host                     Get-Host [-Verbose] [-Debug] [-ErrorAc...
Cmdlet          Get-Item                     Get-Item [-Path] <String[]> [-Filter <...
Cmdlet          Get-ItemProperty             Get-ItemProperty [-Path] <String[]> [[...
Cmdlet          Get-Location                 Get-Location [-PSProvider <String[]>] ...
Cmdlet          Get-Member                   Get-Member [[-Name] <String[]>] [-Inpu...
```

Cmdlet	Get-PfxCertificate	Get-PfxCertificate [-FilePath] <String...
Cmdlet	Get-Process	Get-Process [[-Name] <String[]>] [-Ver...
Cmdlet	Get-PSDrive	Get-PSDrive [[-Name] <String[]>] [-Sco...
Cmdlet	Get-PSProvider	Get-PSProvider [[-PSProvider] <String[...
Cmdlet	Get-PSSnapin	Get-PSSnapin [[-Name] <String[]>] [-Re...
Cmdlet	Get-Service	Get-Service [[-Name] <String[]>] [-Inc...
Cmdlet	Get-TraceSource	Get-TraceSource [[-Name] <String[]>] [...
Cmdlet	Get-UICulture	Get-UICulture [-Verbose] [-Debug] [-Er...
Cmdlet	Get-Unique	Get-Unique [-InputObject <PSObject>] [...
Cmdlet	Get-Variable	Get-Variable [[-Name] <String[]>] [-Va...
Cmdlet	Get-WmiObject	Get-WmiObject [-Class] <String> [[-Pro...

Wie Sie sehen, stammt das dafür zuständige Cmdlet *Get-Command* selbst aus der »get«-Gruppe. Damit das Cmdlet weiß, was es für Sie tun soll, geben Sie zusätzlich Parameter an. *-verb* ist so ein Parameter und beginnt wie bei allen Parametern mit einem Bindestrich. Hinter dem Parameter folgt der Wert, den Sie für *-verb* verwenden wollen; in diesem Fall *get*. Sie weisen *Get-Command* also an, alle Befehle aufzulisten, die als Verb den Begriff *get* verwenden.

Tätigkeit	Beschreibung
Add	hinzufügen
Clear	löschen
Compare	vergleichen
Convert	umwandeln
Copy	kopieren
Export	exportieren
Format	formatieren
Get	beschaffen
Group	gruppieren
Import	importieren
Measure	messen
Move	verschieben
New	neu anlegen
Out	ausgeben
Read	lesen
Remove	entfernen
Rename	umbenennen
Resolve	auflösen
Restart	neustarten
Resume	fortsetzen

Cmdlets – die echten PowerShell-Befehle

Tätigkeit	Beschreibung
Select	auswählen
Set	setzen
Sort	sortieren
Split	teilen
Start	starten
Stop	beenden
Suspend	anhalten
Tee	aufteilen
Test	testen
Trace	verfolgen
Update	aktualisieren
Write	schreiben

Tabelle 2.2 Die wichtigsten Standard-Tätigkeitsbeschreibungen

Diese Erklärung hätten Sie natürlich auch direkt in PowerShell nachschlagen können. Wissen Sie schon, mit welchem Befehl? Weil der gesuchte Befehl Informationen liefert, muss sein Name wieder mit *get* beginnen. Das Tätigkeitsfeld ist »Hilfe«, und richtig: der Befehl heißt *Get-Help*:

```
Get-Help Get-Command -detailed
```

Weil *Get-Command* auch Jokerzeichen gestattet, hätten Sie den passenden Befehl sehr wahrscheinlich auch dann gefunden, wenn Sie nur nach dem Tätigkeitsfeld gefahndet hätten:

```
Get-Command *help* -CommandType Cmdlet
CommandType     Name                                Definition
-----------     ----                                ----------
Cmdlet          Get-Help                            Get-Help [[-Name] <String>] [-Category...
```

Get-Help liefert nicht nur Hilfe zu einzelnen Cmdlets, sondern auch zu allgemeinen PowerShell-Themen. Diese Themen beginnen immer mit *about_*, und *Get-Help about_Alias* liefert zum Beispiel Hilfestellung zu Alias-Namen.

Möchten Sie eine Liste sämtlicher Hilfethemen sehen, öffnen Sie den internen Ordner, in dem PowerShell die Hilfethemen lagert:

```
explorer "$pshome\$($host.CurrentCulture.Name)"
```

Parameter verwenden

Damit Cmdlets wissen, was sie für Sie tun sollen, gibt es Parameter. Parameter sind also Zusatzinformationen, die Sie hinter dem Cmdlet-Namen angeben. Welche Parameter ein Cmdlet unterstützt, verrät wieder *Get-Help*. Das Cmdlet *Get-Childitem* listet zum Beispiel den Inhalt des aktuellen Ordners auf. Geben Sie das Cmdlet ohne zusätzliche Parameter an, wird der Inhalt des aktuellen Ordners aufgelistet:

```
Get-Childitem
```

Möchten Sie lieber einen anderen Ordner auflisten, geben Sie den gewünschten Ordnernamen dahinter an, zum Beispiel so:

```
Get-Childitem c:\windows
```

Die Frage, die sich jetzt aufdrängt, ist: Woher weiß man eigentlich, dass hinter dem Cmdlet ein Pfadname des Ordners folgen darf, den Sie auflisten wollen? Und welche Parameter gibt es sonst noch? Um diese Frage zu klären, beauftragen Sie *Get-Help*, Ihnen die ausführliche Hilfe zu *Get-Childitem* auszugeben:

```
Get-Help Get-Childitem -full
```

Sie erhalten jetzt umfangreiche Informationen einschließlich einer Reihe von Beispielen. Interessant ist insbesondere der Abschnitt *Parameters*:

```
PARAMETER
    -path <string[]>
        Gibt einen Pfad zu einem oder mehreren Speicherorten an. Platzhalter sind zulässig. Der Sta
        ndardspeicherort ist das aktuelle Verzeichnis (.).

        Erforderlich?                   false
        Position?                       1
        Standardwert                    <HINWEIS: Bei fehlender Angabe wird der aktuelle Speicherort
            verwendet.>
        Pipelineeingaben akzeptieren?  true (ByValue, ByPropertyName)
        Platzhalterzeichen akzeptieren? true

    -include <string[]>
        Ruft nur die angegebenen Elemente ab. Der Path-Parameter wird durch den Wert dieses Paramet
        ers qualifiziert. Geben Sie ein Pfadelement oder -muster wie "*.txt" ein. Platzhalter sind
        zulässig.

        Der Include-Parameter ist nur dann wirksam, wenn der Befehl den Recurse-Parameter enthält o
        der der Pfad auf den Inhalt eines Verzeichnisses zeigt, beispielsweise "C:\Windows\*", wobe
        i das Platzhalterzeichen den Inhalt des Verzeichnisses "C:\Windows" angibt.

        Erforderlich?                   false
        Position?                       named
        Standardwert
        Pipelineeingaben akzeptieren?  false
        Platzhalterzeichen akzeptieren? true
```

```
(...)
   <CommonParameters>
      Dieses Cmdlet unterstützt folgende allgemeine Parameter: "-Verbose", "-Debug",
      "-ErrorAction", "-ErrorVariable" und "-OutVariable". Weitere Informationen
      erhalten Sie mit dem Befehl "Get-Help about_commonparameters".
```

Get-Childitem unterstützt insgesamt acht eigene Parameter sowie eine Reihe von so genannten *CommonParameters*. Jeder Parameter hat einen eindeutigen Namen, der mit einem Bindestrich beginnt.

Benannte Parameter verwenden

Im einfachsten Fall ordnen Sie Ihre Argumente, die Sie dem Cmdlet mit auf den Weg geben wollen, eindeutig über Namen den entsprechenden Parametern zu. Dazu schreiben Sie hinter das Cmdlet zuerst den Namen des Parameters und dann durch ein Leerzeichen getrennt den Wert, den Sie diesem Parameter zuordnen wollen. Wenn Sie also alle ausführbaren Programme mit der Dateierweiterung *.exe* auflisten wollen, die sich irgendwo im Ordner *c:\windows* oder einem seiner Unterordner befinden, könnten Sie diesen Befehl verwenden:

```
Get-Childitem -path c:\windows -filter *.exe -recurse -name
```

Allerdings brauchen Sie die Parameternamen nicht vollständig anzugeben. Es genügt, wenn Sie so viel angeben, dass der Parameter eindeutig ist:

```
Get-Childitem -pa c:\windows -fi *.exe -r -n
```

Probieren Sie es einfach aus: Wenn Sie den Parameternamen zu sehr kürzen und es zu Mehrdeutigkeiten kommt, meldet PowerShell einen Fehler und nennt die Parameter, die nicht mehr eindeutig zugeordnet werden konnten:

```
Get-Childitem -pa c:\windows -f *.exe -r -n
Get-Childitem : Der Parameter kann nicht verarbeitet werden, da der Parametername "f" nicht eindeutig ist.
Mögliche Übereinstimmungen: -Filter -Force.
Bei Zeile:1 Zeichen:14
+ Get-Childitem  <<<< -pa c:\windows -f *.exe -r -n
```

Häufig dürfen Ihre Argumente übrigens Platzhalterzeichen enthalten. In den vorangegangenen Beispielen wurden zum Beispiel alle ausführbaren Programme aufgelistet, weil Sie den Filter *.exe angegeben haben. Der Stern steht dabei für beliebige Zeichen. Aufgelistet werden also alle Dateien, die mit .exe enden.

Neben dem Stern bilden eckige Klammern einen weiteren Platzhalter. Alle Zeichen, die Sie in eckigen Klammern angeben, sind erlaubt. Die folgende Zeile liefert also nur Dateien und Ordner im Stammverzeichnis des Laufwerks C:\, deren Name entweder mit a oder mit b beginnt:

```
Dir C:\[AB]*
```

Die Platzhalterzeichen werden von vielen Parametern unterstützt. Möchten Sie zum Beispiel nur Dienste begutachten, deren Name mit *a* bis *m* beginnt, verwenden Sie eckige Klammern und darin einen Buchstabenbereich:

```
Get-Service [a-m]*
```

Falls Sie alle Cmdlets auflisten wollen, die entweder mit *Get* oder mit *Set* beginnen, könnten Sie so vorgehen:

```
Get-Command -verb [gs]et
```

Parameternamen als Argument verwenden

Übrigens können Sie die Parametererkennung auch ausdrücklich abschalten. Nötig ist das nur im seltenen Fall, wenn ein Argument genauso lautet wie ein Parametername und deshalb nicht als Parameter verstanden werden soll. Falls Sie also unbedingt mit *write-host* den Text »-BackgroundColor« ausgeben wollten, käme es normalerweise zu einem Konflikt. PowerShell würde annehmen, Sie meinten den Parameter *-BackgroundColor* und zu Recht bemängeln, dass das Argument für diesen Parameter fehlt.

```
Write-Host -BackgroundColor

Write-Host : Fehlendes Argument für den Parameter "BackgroundColor". Geben Sie einen Parameter vom Typ
"System.ConsoleColor" an, und versuchen Sie es erneut.
Bei Zeile:1 Zeichen:27
+ Write-Host -BackgroundColor <<<<
```

Entweder setzen Sie in solch einem Fall den Text in Anführungszeichen. Oder Sie schalten die Parametererkennung mit zwei aufeinanderfolgenden Bindestrichen (--) ausdrücklich aus. Alles, was diesen beiden Zeichen folgt, wird nicht länger als Parameter erkannt:

```
Write-Host "-BackgroundColor"

-BackgroundColor

Write-Host -- -BackgroundColor

-BackgroundColor
```

Switch-Parameter

Im vorangegangenen Beispiel wurden den Parametern *-path* und *-filter* jeweils Werte zugewiesen, den Parametern *-recurse* und *-name* dagegen nicht. Diese letzten beiden Parameter sind nämlich Switch-Parameter, die wie Schalter funktionieren: Werden sie angegeben, schalten sie eine bestimmte Funktion ein. Werden sie weggelassen, schalten sie die Funktion nicht ein. Der Parameter *-recurse* sorgte zum Beispiel dafür, dass *Get-Childitem* nicht nur den in *-path* angegebenen Ordner durchsucht, sondern auch alle untergeordneten Ordner. Und der Parameter *-name* bewirkt, dass *Get-Childitem* nur die Namen der gefundenen Dateien ausgibt.

In der Hilfe zu *Get-Childitem* sind solche Switch-Parameter klar gekennzeichnet. Hinter dem Parameternamen steht *<Switchparameter>*:

```
-recurse <SwitchParameter>
      Ruft die Elemente an den angegebenen Speicherorten und alle untergeordneten Elemente der Sp
      eicherorte ab.
(...)
```

Cmdlets – die echten PowerShell-Befehle

Parameter mit Positionsangaben

Wenn Sie sich die Hilfe zu *Get-Childitem* noch einmal genau anschauen, werden Sie feststellen, dass einigen Parametern feste Positionen zugeordnet sind. Bei anderen Parametern steht hinter *Position?* dagegen *named*. Die namentliche Zuordnung von Argumenten zu Parametern hat immer Vorrang, aber wenn nach dieser Zuordnung Argumente übrig geblieben sind, schaut PowerShell nach, ob es diese Argumente aufgrund ihrer Position (oder Reihenfolge) zuordnen kann. Sie hätten deshalb den Befehl von eben auch auf eine der folgenden Arten formulieren können:

```
Get-Childitem c:\windows *.exe -recurse –name
Get-Childitem -recurse -name c:\windows *.exe
Get-Childitem -name c:\windows *.exe -recurse
```

In allen drei Fällen bindet PowerShell zuerst die benannten Argumente *-recurse* und *-name*, weil sie eindeutig angegeben sind. Übrig bleiben die nicht benannten Argumente:

```
Get-Childitem c:\windows *.exe
```

Jetzt schaut PowerShell nach, welche Parameter mit Positionsangaben noch nicht gebunden sind. Der Parameter *-path* trägt die Positionsangabe *1*, und ihm ist noch kein Wert zugewiesen. Deshalb bindet PowerShell das erste übrig gebliebene Argument an diesen Parameter.

```
-path <string[]>
    Gibt einen Pfad zu einem oder mehreren Speicherorten an. Platzhalter sind zulässig. Der Sta
    ndardspeicherort ist das aktuelle Verzeichnis (.).

    Erforderlich?                          false
    Position?                              1
    Standardwert                           <HINWEIS: Bei fehlender Angabe wird der aktuelle Speicherort
     verwendet.>
    Pipelineeingaben akzeptieren?          true (ByValue, ByPropertyName)
    Platzhalterzeichen akzeptieren?        true
```

Der Parameter *-filter* trägt die Positionsangabe *2*. Ihm wird also das zweite übrig gebliebene Argument zugewiesen. Die Positionsangaben erleichtern also die Verwendung eines Cmdlets, weil Sie für die häufigsten oder gebräuchlichsten Parameter keine Parameternamen angeben müssen.

Die CommonParameters

Neben den speziellen Parametern, die nur für *Get-Childitem* gelten, unterstützt das Cmdlet außerdem so genannte »CommonParameters«:

```
<CommonParameters>
    Dieses Cmdlet unterstützt folgende allgemeine Parameter: "-Verbose", "-Debug",
    "-ErrorAction", "-ErrorVariable" und "-OutVariable". Weitere Informationen
    erhalten Sie mit dem Befehl "Get-Help about_commonparameters".
```

Diese Parameter heißen so, weil sie bei (fast) jedem Cmdlet erlaubt sind und gleichartig funktionieren.

Allgemeiner Parameter	Typ	Beschreibung
-Verbose	Schalter	So viele Informationen anzeigen wie möglich. Ohne diesen Schalter beschränkt sich das Cmdlet auf die Anzeige der wesentlichsten Informationen
-Debug	Schalter	Zusätzliche Warnungen und Fehlermeldungen ausgeben, die Programmierern helfen, Fehlerursachen zu finden. Mehr Informationen finden Sie in Kapitel 11.
-ErrorAction	Wert	Legt fest, was das Cmdlet bei einem Fehler tun soll. Erlaubte Werte: *NotifyContinue:* Fehler melden und weitermachen (Vorgabe) *NotifyStop:* Fehler melden und abbrechen *SilentContinue:* keinen Fehler melden, weitermachen *SilentStop:* keinen Fehler melden, abbrechen *Inquire:* Nachfragen Mehr Informationen finden Sie in Kapitel 11.
-ErrorVariable	Wert	Name einer Variable, in der im Fehlerfall Informationen über den Fehler abgelegt werden. Mehr Informationen finden Sie in Kapitel 11.
-OutVariable	Wert	Name einer Variablen, in der das Ergebnis des Cmdlets gespeichert werden soll. Dieser Parameter ist meist überflüssig, weil Sie das Ergebnis des Cmdlets auch direkt einer Variablen zuweisen können. Der Unterschied: Weisen Sie das Ergebnis einer Variablen zu, wird es nicht mehr in der Konsole ausgegeben: $ergebnis = Get-Childitem Weisen Sie das Ergebnis *zusätzlich* einer Variablen zu, wird es in die Konsole ausgegeben *und* in einer Variablen gespeichert: Get-Childitem -OutVariable Ergebnis

Tabelle 2.3 Allgemeine Parameter, die für (fast) alle Cmdlets gelten

Alias-Namen: Befehlen andere Namen geben

Cmdlet-Namen sehen zwar ziemlich sonderbar aus, aber zähneknirschend muss man zugeben, dass sie die Suche nach dem passenden Befehl wirklich erleichtern. Die Systematik der Cmdlet-Namen macht sie gleichzeitig aber auch unhandlich. Hätten Sie auf Dauer Lust, ein einfaches Ordnerlisting mit dem Befehl *Get-Childitem* abzurufen? Da ist der Befehl *Dir* der klassischen Konsole eindeutig kürzer, und auch in der Unix-Welt bevorzugt man kurze Kommandos wie *ls*.

Überraschenderweise funktionieren sowohl *Dir* als auch *ls* ebenfalls in PowerShell. PowerShell enthält nämlich ein Alias-System, mit dem Sie jeden Befehl so nennen können, wie Ihnen das gefällt. Sogar Doppel- und Dreifachnamen sind erlaubt, denn *Dir* und *ls* sind beides Aliasnamen für ein und dasselbe Cmdlet: *Get-Childitem*. Damit funktionieren die folgenden drei Zeilen genau gleich:

```
Get-Childitem c:\
Dir c:\
ls c:\
```

Alias-Namen: Befehlen andere Namen geben

Alias-Namen haben in PowerShell zwei wichtige Aufgaben:

- **Historisch:** Neue Befehle sollen unter alten gewohnten Namen erreichbar sein und den Umstieg auf PowerShell erleichtern.
- **Bequemlichkeit:** Häufig verwendete Befehle sollen über kurze und prägnante Befehle erreichbar sein.

Aliasnamen auflösen

Möchten Sie wissen, welcher »echte« Befehl hinter einem Aliasnamen steckt, verwenden Sie diese Zeilen:

```
$alias:Dir
Get-Childitem
$alias:ls
Get-Childitem
```

$alias:Dir listet das Element *Dir* des Laufwerks *Alias:* auf. Das mag Sie jetzt etwas verblüffen, weil es in der klassischen Konsole kein Laufwerk namens *Alias:* gab. PowerShell dagegen kennt viele verschiedene virtuelle Laufwerke, und *Alias:* ist nur eins davon. Das Cmdlet *get-psdrive* listet sie alle auf, falls Sie gerade neugierig geworden sind. Sie können *Alias:* wie jedes andere Laufwerk auch mit *Dir* auflisten. Das Ergebnis wäre eine Liste sämtlicher Alias-Namen, die es gibt:

```
Dir Alias:

CommandType     Name        Definition
-----------     ----        ----------
Alias           ac          Add-Content
Alias           asnp        Add-PSSnapin
Alias           clc         Clear-Content
(...)
```

Ebenso gut hätten Sie die Liste der Aliasnamen auch über das Cmdlet *Get-Alias* abrufen können. Mit dessen Parameter *-name* erhalten Sie wieder einzelne Alias-Definitionen:

```
Get-Alias -name Dir
Get-Childitem
```

Ein wenig komplizierter ist es, wenn Sie herausfinden wollen, unter welchen Aliasnamen ein bestimmtes Cmdlet erreichbar ist. Dazu verwenden Sie nämlich die PowerShell-Pipeline, die das Ergebnis eines Befehls in den nächsten einfüttert und auf diese Weise regelrechte Befehlsketten bildet. Diese Pipeline wird in Kapitel 5 ausführlich vorgestellt. Die Erklärung des nächsten Befehls werden Sie womöglich erst nach Lektüre dieses Kapitels wirklich verstehen. Trotzdem soll sie Ihnen nicht vorenthalten werden:

```
Get-Alias | Where-Object {$_.Definition -eq "Get-Childitem"}
```

In diesem Fall wird die Liste der Aliasnamen, die *Get-Alias* liefert, in das nächste Cmdlet *Where-Object* eingefüttert. Dieses Cmdlet ist ein Pipeline-Filter und lässt nur bestimmte Objekte durch, nämlich nur diejenigen, die dem angegebenen Kriterium entsprechen. Das Kriterium lautet: *$_.Definition -eq* »Get-Childitem«. *$_* enthält das jeweilige Objekt, das von *Get-Alias* kommend gerade über die Pipeline läuft. Die Bedingung wertet in diesem Objekt die Eigenschaft *Definition* aus und prüft mit dem Operator *-eq*, ob die Eigenschaft dem Text »Get-Childitem« entspricht. Falls ja, wird das Objekt durch den Pipelinefilter hindurchgelassen und am Ende der Pipeline ausgegeben.

```
CommandType    Name                Definition
-----------    ----                ----------
Alias          gci                 Get-Childitem
Alias          ls                  Get-Childitem
Alias          Dir                 Get-Childitem
```

Wie sich herausstellt, gibt es für *Get-Childitem* sogar noch den dritten Aliasnamen *gci*. Und es gibt bei PowerShell außerdem generell immer mehrere Wege zum Ziel. Sie hätten dasselbe Ergebnis auch so erhalten:

```
Dir alias: | Out-String -Stream | Select-String "Get-Childitem"
```

Hierbei wurde wieder die PowerShell-Pipeline als Befehlskette verwendet, aber diesmal mit traditionellen Texten gearbeitet. *Out-String* verwandelt die Objekte, die *Dir alias:* liefert, in Text. Der Parameter *-Stream* legt fest, dass jedes Objekt in einen einzelnen Text verwandelt werden soll, der dann sofort an den nächsten Befehl weitergegeben wird. *Select-String* ist ein Textfilter und lässt nur die Texte passieren, die den Suchtext enthalten.

Sicher haben Sie es sich schon gedacht: Hier wird mit PowerShell-Befehlen und -Konzepten gerade etwas gespielt, um Ihnen ein erstes Gefühl für die verschiedenen Ansätze und Lösungsmöglichkeiten zu vermitteln. Alle daran beteiligten Techniken werden in den folgenden Kapiteln sorgfältig, systematisch und in Ruhe aufbereitet. Lassen Sie sich deshalb auch von der folgenden Alternative nicht beunruhigen, sondern genießen Sie lieber die prägnanten Informationen über Aliasnamen, die die Zeile Ihnen liefert:

```
Dir alias: | Group-Object definition
```

Hier werden die einzelnen Alias-Definitionen erneut über die PowerShell-Pipeline geschickt und diesmal vom Cmdlet *Group-Object* gruppiert. Als Gruppierungskriterium ist die Eigenschaft *Definition* angegeben, und deshalb liefert *Group-Object* eine feinsäuberliche Liste sämtlicher Cmdlets, für die es Alias-Abkürzungen gibt. In der Spalte *Group* finden Sie in geschweiften Klammern die jeweiligen Alias-Namen.

```
Count Name                       Group
----- ----                       -----
    1 Add-Content                {ac}
    1 Add-PSSnapin               {asnp}
    1 Clear-Content              {clc}
    1 Clear-Item                 {cli}
    1 Clear-ItemProperty         {clp}
    1 Clear-Variable             {clv}
    3 Copy-Item                  {cpi, cp, copy}
    1 Copy-ItemProperty          {cpp}
    1 Convert-Path               {cvpa}
    1 Compare-Object             {diff}
    1 Export-Alias               {epal}
    1 Export-Csv                 {epcsv}
    1 Format-Custom              {fc}
    1 Format-List                {fl}
```

Alias-Namen: Befehlen andere Namen geben

```
2 ForEach-Object          {foreach, %}
1 Format-Table            {ft}
1 Format-Wide             {fw}
1 Get-Alias               {gal}
3 Get-Content             {gc, cat, type}
3 Get-Childitem           {gci, ls, Dir}
1 Get-Command             {gcm}
1 Get-PSDrive             {gdr}
3 Get-History             {ghy, h, history}
1 Get-Item                {gi}
2 Get-Location            {gl, pwd}
1 Get-Member              {gm}
1 Get-ItemProperty        {gp}
2 Get-Process             {gps, ps}
1 Group-Object            {group}
1 Get-Service             {gsv}
1 Get-PSSnapin            {gsnp}
1 Get-Unique              {gu}
1 Get-Variable            {gv}
1 Get-WmiObject           {gwmi}
1 Invoke-Expression       {iex}
2 Invoke-History          {ihy, r}
1 Invoke-Item             {ii}
1 Import-Alias            {ipal}
1 Import-Csv              {ipcsv}
3 Move-Item               {mi, mv, move}
1 Move-ItemProperty       {mp}
1 New-Alias               {nal}
2 New-PSDrive             {ndr, mount}
1 New-Item                {ni}
1 New-Variable            {nv}
1 Out-Host                {oh}
1 Remove-PSDrive          {rdr}
6 Remove-Item             {ri, rm, rmdir, del...}
2 Rename-Item             {rni, ren}
1 Rename-ItemProperty     {rnp}
1 Remove-ItemProperty     {rp}
1 Remove-PSSnapin         {rsnp}
1 Remove-Variable         {rv}
1 Resolve-Path            {rvpa}
1 Set-Alias               {sal}
1 Start-Service           {sasv}
1 Set-Content             {sc}
1 Select-Object           {select}
1 Set-Item                {si}
3 Set-Location            {sl, cd, chdir}
1 Start-Sleep             {sleep}
1 Sort-Object             {sort}
1 Set-ItemProperty        {sp}
2 Stop-Process            {spps, kill}
1 Stop-Service            {spsv}
2 Set-Variable            {sv, set}
1 Tee-Object              {tee}
```

```
2 Where-Object          {where, ?}
2 Write-Output          {write, echo}
2 Clear-Host            {clear, cls}
1 Out-Printer           {lp}
1 Pop-Location          {popd}
1 Push-Location         {pushd}
```

Eigene Alias-Namen erfinden

Jeder darf neue Alias-Namen erfinden. Mit dem Cmdlet *Set-Alias* fügen Sie weitere Alias-Definitionen hinzu. Ein Alias steht dabei stets stellvertretend für irgendeinen anderen Befehl, den Sie in der Konsole eingeben. Weil Alias-Namen allerdings Vorrang vor echten Befehlsnamen haben, könnten Sie damit sehr bequem unerwünschte Befehle durch andere ersetzen. Schauen Sie sich dazu das nächste Beispiel an:

```
Edit
Set-Alias edit notepad.exe
Edit
```

Edit startet normalerweise das vollkommen antiquierte konsolenbasierte Editor-Programm. Es ist so antiquiert, dass Sie sich vielleicht sogar fragen, wie Sie es wieder auf politisch korrekte Weise verlassen, ohne das Konsolenfenster komplett schließen zu müssen. Drücken Sie dazu [Alt][F] und dann [X]. Indem Sie einen neuen Alias namens »Edit« festlegen und diesen Alias auf »notepad.exe« einstellen, wird der Befehl *edit* umprogrammiert. Geben Sie ihn das nächste Mal ein, dann startet PowerShell nicht mehr das alte Editor-Programm, sondern den Windows-Editor.

```
$alias:edit
```

Alias entfernen – oder dauerhaft behalten

Und wie entfernt man Alias-Namen wieder? Das geht einfacher, als es Ihnen vielleicht lieb ist. Alle neuen Alias-Namen verschwinden spätestens wieder, sobald Sie PowerShell beenden. Wenn Sie also PowerShell das nächste Mal neu starten, sind Ihre eigenen Alias-Namen weg. Die »eingebauten« Aliasnamen wie »Dir« oder »Cd« sind dagegen noch da. Und wieso?

PowerShell enthält eine Reihe von fest vordefinierten Alias-Namen. Außerdem lädt PowerShell beim Start ein oder mehrere Profilskripte (Kapitel 10). Diese Profile können jedesmal beim Start wichtige Aliasnamen neu festlegen.

Wenn Sie somit eigene Alias-Namen dauerhaft verwenden wollen, gibt es diese Möglichkeiten:

- **Jedesmal von Hand:** Sie legen Ihre Alias-Namen nach jedem Start jedes Mal von Hand mit Set-Alias fest. Das ist natürlich eine eher lästige Variante.
- **Automatisiert im Profil:** Sie lassen Ihre Alias-Namen automatisch beim Start festlegen, indem Sie die Anweisungen dafür nicht selbst bei jedem Start in die Konsole eingeben, sondern in das Startprofil aufnehmen. Wie das geschieht, lesen Sie in Kapitel 10.
- **Im- und Export:** Sie verwenden die eingebaute Im- und Exportfunktion für Aliasnamen.

Alias-Namen: Befehlen andere Namen geben

Möchten Sie zum Beispiel alle aktuell definierten Alias-Namen als Liste in eine Datei exportieren, dann geschieht das so:

```
Export-Alias
```

Weil Sie hinter *Export-Alias* keinen Dateinamen angegeben haben, fragt der Befehl, unter welchem Namen Sie die Liste speichern wollen. Geben Sie ein: *Alias1* ↵ Die Liste wird gespeichert. Sie können sich diese Liste anschließend ansehen und natürlich auch bearbeiten. Vielleicht wollen Sie, dass die Liste nur einige wenige eigene Alias-Definitionen enthält:

```
Notepad Alias1
```

Um die Alias-Definitionen der Liste zu aktivieren, importieren Sie die Liste:

```
Import-Alias Alias1
Import-Alias : Der Alias ist nicht zulässig, da bereits ein Alias mit dem Namen "ac" vorhanden ist.
Bei Zeile:1 Zeichen:13
+ Import-Alias  <<<< Alias1
```

Das allerdings klappt nicht auf Anhieb. *Import-Alias* meldet, dass es einige Aliasse der Liste nicht anlegen konnte, weil es diese Aliasnamen schon gab. Damit *Import-Alias* vorhandene Aliasnamen überschreibt, geben Sie zusätzlich die Option *-Force* an:

```
Import-Alias Alias1 -Force
```

TIPP Sie könnten die *Import-Alias*-Anweisung in Ihr Startprofil aufnehmen und einen festen Pfad zur Alias-Liste angeben. So würde PowerShell beim Start automatisch diese Aliasliste einlesen. Fügen Sie später neue Aliasnamen hinzu, dann genügt es, die Aliasliste mit *Export-Alias* zu aktualisieren und die alte Datei zu überschreiben. Auf diese Weise bleiben Ihre Alias-Namen künftig dauerhaft erhalten.

Alternativ könnten Sie Export-Alias auch mit dem Parameter *-as* verwenden und dahinter das Argument *Script* angeben. Jetzt exportiert *Export-Alias* die Liste Ihrer Alias-Namen als PowerShell-Skript. Möchten Sie die Alias-Definitionen später aktivieren, rufen Sie das gespeicherte Skript auf:

```
# Alias-Definitionen als PowerShell-Skript speichern:
Export-Alias aliasliste.ps1 -as Script

# Alias-Definitionen wiederherstellen:
.\aliasliste.ps1
```

Weil PowerShell anfangs die Ausführung von Skripten allerdings aus Sicherheitsgründen nicht gestattet, funktioniert dieser Ansatz nur, wenn Sie wie in Kapitel 10 beschrieben die Sicherheitseinstellungen lockern und damit die Skriptausführung erlauben.

Alias-Definitionen überschreiben und von Hand löschen

Auch in einer laufenden PowerShell-Sitzung haben Sie volle Kontrolle über Alias-Definitionen. So können Sie Alias-Namen jederzeit durch neue Definitionen überschreiben. Dazu definieren Sie den Alias einfach mit *Set-Alias* neu. Möchten Sie einen Alias komplett entfernen und wollen dazu nicht warten, bis PowerShell beendet wird, dann verwenden Sie diesen Befehl:

```
Del Alias:edit
```

Diese Anweisung löscht den Alias »Edit«. Und auch hier wird der universelle PowerShell-Ansatz deutlich, denn mit demselben Befehl könnten Sie im Dateisystem auch Dateien und Ordner löschen und kennen ihn deshalb vielleicht bereits aus der klassischen Konsole:

```
Del C:\müll.txt
```

Profitipp   Normalerweise löscht PowerShell alle zusätzlich angelegten Aliasnamen, wenn Sie PowerShell verlassen, aber Sie haben gerade erfahren, wie Sie Aliasnamen exportieren und bei jedem PowerShell-Start automatisch importieren können. Das ist gut, birgt aber auch Probleme. Wenn Sie sich nämlich Aliasnamen auf Funktionen oder Cmdlets anlegen, die Sie irgendwann einmal nicht länger verwenden, zeigen die Aliasnamen ins Leere. Um solche Karteileichen zu finden, verwenden Sie die folgende Anweisung. Sie listet alle Aliasnamen auf, die kein gültiges Ziel mehr haben:

```
Get-Alias | ForEach-Object { if (!(Get-Command $_.Definition -ea SilentlyContinue)) {$_} }
```

Funktionen: »Erweiterte« Alias-Namen

Alias-Namen sind ein praktischer Weg, um Befehle unter einem anderen Namen anzusprechen, zum Beispiel aus Gründen der Bequemlichkeit (kürzere Namen) oder um den Umstieg zu erleichtern (gewohnte Namen). Die Argumente eines Befehls, also die zusätzlichen Informationen, die Sie hinter dem Befehl angeben, lassen sich so allerdings nicht abkürzen, und das ist schade. Es ist jedoch nicht tragisch, denn zusätzlich zu Alias-Namen gibt es Funktionen, die Sie jetzt kennenlernen und über die Sie dann in Kapitel 9 noch sehr viel mehr erfahren.

Befehle mit vorgegebenen Argumenten

Vielleicht verwenden Sie häufiger den Befehl *ping*, um Netzwerkadressen zu überprüfen, und geben dabei immer wieder dieselben Argumente an.

```
Ping -n 1 -w 100 10.10.10.10
```

Wäre es nicht praktisch, wenn Sie den Ping-Befehl so ändern könnten, dass er automatisch die Optionen *-n 1 -w 100* für Sie verwenden würde? Mit Alias-Namen gelingt dies nicht, denn die können keine Befehlsargumente vorgeben. Mit Funktionen dagegen sind Sie flexibler:

Funktionen: »Erweiterte« Alias-Namen

```
function quickping { ping -n 1 -w 100 $args }
quickping 10.10.10.10
Ping wird ausgeführt für 10.10.10.10 mit 32 Bytes Daten:
Antwort von 10.10.10.10: Bytes=32 Zeit<1ms TTL=128
Ping-Statistik für 10.10.10.10:
    Pakete: Gesendet = 1, Empfangen = 1, Verloren = 0 (0% Verlust),
Ca. Zeitangaben in Millisek.:
    Minimum = 0ms, Maximum = 0ms, Mittelwert = 0ms
Set-Alias qp quickping
qp 10.10.10.10
Ping wird ausgeführt für 10.10.10.10 mit 32 Bytes Daten:
Antwort von 10.10.10.10: Bytes=32 Zeit<1ms TTL=128
Ping-Statistik für 10.10.10.10:
    Pakete: Gesendet = 1, Empfangen = 1, Verloren = 0 (0% Verlust),
Ca. Zeitangaben in Millisek.:
    Minimum = 0ms, Maximum = 0ms, Mittelwert = 0ms
```

In diesem Beispiel wurde die Funktion *QuickPing* definiert. Anders als bei Alias-Definitionen folgt dabei in geschweiften Klammern, was passieren soll, wenn Sie künftig *QuickPing* als Befehl eingeben. Sie können in den geschweiften Klammern also nun nicht nur den Befehl angeben, sondern ihm auch beliebige Argumente als Vorgabe mit auf den Weg geben. $args steht dabei als Platzhalter für die Argumente, die Sie der Funktion übergeben. Diese Argumente lassen sich also bequem an den eigentlichen Befehl weiterreichen.

Kurzformen für gebräuchliche Befehle

Mit dieser simplen Technik passen Sie Ihre Arbeitsumgebung noch flexibler an. Zum Beispiel ist Ihnen vielleicht aufgefallen, dass die PowerShell-Konsole Befehle wie den folgenden nicht akzeptiert, der in der klassischen Konsole einwandfrei funktionierte:

```
Cd..
Die Benennung "Cd.." wurde nicht als Cmdlet, Funktion, ausführbares Programm oder Skriptdatei erkannt.
Überprüfen Sie die Benennung, und versuchen Sie es erneut.
Bei Zeile:1 Zeichen:14
+ Set-Location.. <<<<
```

Der Grund: Hinter *Cd* steckt in Wirklichkeit das Cmdlet *set-location*, und wie bei allen Cmdlets müssen die Argumente dahinter mindestens mit einem Leerzeichen getrennt werden. PowerShell hat also nach einem Befehl namens »Cd..« gesucht und keinen gefunden. Daher die Fehlermeldung. Entweder müssen Sie sich nun also umgewöhnen, oder Sie sorgen einfach dafür, dass PowerShell künftig fündig wird, wenn es nach »Cd..« sucht: Sie definieren eine gleichnamige Funktion:

```
Function Cd.. { Cd .. }
Cd..
```

Ab sofort funktioniert die Eingabe *Cd..*, denn nun führt PowerShell Ihre neue Funktion aus. Analog könnten Sie auf diese Weise auch viele weitere Abkürzungen »erfinden«, und tatsächlich gibt es eine Reihe von PowerShell-Addons, die solche Abkürzungen bereits für Sie definieren. Schauen Sie einfach mal, ob es bei Ihnen bereits Funktionen gibt, die mit *Cd* beginnen:

```
Dir function:Cd*

CommandType        Name              Definition
-----------        ----              ----------
Function           Cd..              Cd ..
Function           Cd...             Cd ..\..
Function           Cd....            Cd ..\..\..
Function           Cd.....           Cd ..\..\..\..
Function           Cd\               Cd \
Function           Cd~               Cd ~
Function           Cd-               Cd - ...
Function           Cd+               Cd + ...
Function           Cd?               Cd ? ...
Function           Cd                param([string]$Path,
[string]$Literal...
```

> **HINWEIS** Funktionen verfügen über genau dieselbe Lebensdauer wie selbstdefinierte Alias-Namen, und die ist kurz: Sobald Sie PowerShell beenden, »vergisst« es sämtliche Alias-Namen und Funktionen, die Sie inzwischen hinzugefügt haben. Möchten Sie Ihre PowerShell-Konsole dauerhaft um eigene Funktionen bereichern, dann beauftragen Sie PowerShell, die jeweiligen Funktionen beim Start festzulegen. Dazu fügen Sie Ihre neuen Funktionen in eines der Startskripte ein, die PowerShell automatisch beim Start ausführt. Wie das geschieht, lesen Sie in Kapitel 10.

Dateien und Skripte aufrufen

Neben Programmen gibt es natürlich auch Dateien, und beide gehören zusammen. Wenn Sie in einer Textverarbeitung einen Brief schreiben und speichern, dann wird der Brief in einer Datei gespeichert. Die Datei enthält neben dem Namen, den Sie beim Speichern ausgesucht haben, eine Dateierweiterung. Sie besteht meist aus drei Buchstaben und ist mit dem Programm verknüpft, mit dem Sie die Datei erstellt haben. Deshalb können Sie künftig einfach den gespeicherten Brief aufrufen, und Windows startet automatisch die damit verknüpfte Anwendung, die dann den Brief öffnet und anzeigt.

Dasselbe funktioniert auch in PowerShell: Wenn Sie eine Datei aufrufen, startet automatisch das zugehörige Programm, lädt die Datei und zeigt ihren Inhalt an. Allerdings gilt für Dateien dasselbe wie für externe Befehle. Sie können Dateien also nur öffnen, wenn Sie entweder einen relativen oder absoluten Pfad angeben, oder wenn die Datei in einem der besonderen Ordner gespeichert ist, die in der Umgebungsvariable *Path* genannt werden.

```
# Informationen über alle laufenden Prozesse als HTML-Datei speichern (dauert einige Sekunden):
Get-Process | convertTo-html | out-file test.htm
```

```
# Datei kann nicht direkt geöffnet werden:
test.htm
Die Benennung "test.htm" wurde nicht als Cmdlet, Funktion, ausführbares Programm oder Skriptdatei
erkannt. Überprüfen Sie die Benennung, und versuchen Sie es erneut.
Bei Zeile:1 Zeichen:8
+ test.htm <<<<

# Geben Sie einen relativen oder absoluten Pfadnamen an:
.\test.htm
```

Skripte starten

Skripte und Batch-Dateien sind nichts anderes als Dokumente, nur besteht ihr Inhalt nicht aus bunten Bildern oder Text, sondern aus Anweisungen. Die Programme, die mit Skripten verknüpft sind, stellen den Inhalt der Skripte also nicht einfach dar, sondern führen die Anweisungen darin sofort aus. Skripte sind deshalb genauso praktisch und gefährlich wie jedes andere ausführbare Programm auch. Wo die speziellen Gefahren liegen und mit welchen Sicherheitsfunktionen PowerShell diese Gefahren kontert, sehen Sie nun an einer Reihe von typischen Automationsskripten.

Batch-Dateien ausführen

Batch-Dateien sind Textdateien mit der Dateierweiterung *.bat*. Sie dürfen alle Befehle enthalten, die Sie auch in einer normalen Konsole einsetzen können und werden bis heute gern dafür genutzt, Aufgaben zu automatisieren. Wird eine Batch-Datei geöffnet, beginnt die klassische Konsole sofort damit, die darin enthaltenen Befehle auszuführen. Das schauen wir uns näher an. Legen Sie die Testdatei zuerst an:

```
Notepad ping.bat
```

Geben Sie nun diesen Text ein:

```
@echo off
echo Ein Angreifer kann hier auch gefaehrliche Dinge tun
pause
Dir %windir%
pause
Dir %windir%\system
```

Speichern Sie den Text, und schließen Sie den Editor. Ihre Batch-Datei ist nun einsatzbereit und demonstriert, wie Sie beliebige Konsolenbefehle automatisiert verarbeiten. Versuchen Sie nun, die Batch-Datei über ihren Namen zu starten:

```
Ping
```

Nicht die Batch-Datei startet, sondern der gleichnamige *Ping*-Befehl wird aufgerufen, und weil Sie keine IP-Adresse oder Webseiten-Adresse angegeben haben, wirft der Befehl seinen internen Hilfetext aus. Um Ihre Batch-Datei zu starten, verlangt PowerShell, dass Sie den genauen Pfadnamen angeben, entweder relativ oder absolut. Geben Sie ein:

```
.\ping
```

Erst jetzt wird Ihre Batchdatei geöffnet und führt sofort die darin enthaltenen Befehle aus.

Warum PowerShell immer einen relativen oder absoluten Pfad verlangt, wird plötzlich sehr viel deutlicher, denn PowerShell hat soeben einen cleveren Angriff erfolgreich abgewehrt. In der klassischen Konsole wären Sie dem Angreifer auf den Leim gegangen. Haben Sie es bemerkt? Wechseln Sie einfach in die klassische Konsole, und schauen Sie selbst nach:

```
Cmd
Ping 10.10.10.10
Ein Angreifer kann hier auch gefaehrliche Dinge tun
Drücken Sie eine beliebige Taste . . .
```

Tatsächlich: Hätte ein Angreifer eine Batch-Datei namens »ping.bat« in Ihren aktuellen Ordner schleusen können, dann hätte der an sich harmlose *Ping*-Befehl nun möglicherweise katastrophale Folgen. Die klassische Konsole unterscheidet nämlich nicht zwischen Dateien und Befehlen. Sie sucht den Befehl immer *zuerst* im aktuellen Ordner, findet dort die Batch-Datei und führt sie sofort aus. In der PowerShell-Konsole wäre diese Verwechslung nicht passiert. Kehren Sie zurück zur viel sicheren PowerShell-Umgebung:

```
Exit
```

VBScript-Dateien ausführen

VBScript ist eine andere beliebte Automationssprache. Skripte tragen die Dateierweiterung ».vbs«. Und für diese Skripte gilt dasselbe wie für Batch-Dateien:

```
Notepad test.vbs
```

Geben Sie diesmal diesen VBScript-Code in den Editor ein:

```
set wmi = GetObject("winmgmts:")
set sammlung = wmi.ExecQuery("select * from Win32_Process")
for each process in sammlung
  WScript.Echo process.getObjectText_
Next
```

Sie wissen inzwischen, wie Sie dieses Skript ausführen können:

```
.\test.vbs
```

Dateien und Skripte aufrufen

> **ACHTUNG** Bevor Sie das allerdings tun, sollten Sie den Windows Script Host zuerst in die Konsolendarstellung umschalten. So gibt er seine Ergebnisse direkt in die Konsole aus. Tun Sie das nicht und verwenden die normalerweise übliche Windows-Darstellung, dann wird jede Ausgabe in einem eigenen Fenster angezeigt, und Sie hätten eine Menge zu tun, diese Fenster einzeln per Klick zu schließen.

So schalten Sie den Windows Script Host in die Konsolendarstellung um:

```
Wscript //H:CScript
```

Und so schalten Sie ihn zurück in die Windows-Darstellung:

```
WScript //H:WScript
```

Sie können Ihr VBScript auch ohne die Umschaltung als Konsolenskript ausführen, indem Sie den gewünschten Skripthost direkt angeben:

```
CScript test.vbs
```

Das Skript selbst listet alle laufenden Prozesse auf und liefert dabei zahlreiche interessante Details zu jedem Prozess. VBScript ist eine sehr vielseitige und mächtige Automationssprache, die aber in diesem Buch nicht weiter beschrieben wird. Hier geht es nur darum, zu demonstrieren, wie Sie vorhandene VBScript-Dateien in PowerShell weiternutzen können. Interessieren Sie sich für VBScript, dann empfehlen wir »Windows Scripting – Der Einsteigerworkshop«, erschienen bei Microsoft Press.

PowerShell-Skripte ausführen

Auch PowerShell selbst verfügt über eigene Skriptdateien, die die Dateierweiterung *.ps1* tragen. Zwar werden Sie über PowerShell-Skripte in Kapitel 10 sehr viel mehr erfahren, aber ein erstes kleines Skript können Sie mit Ihrem Wissen schon jetzt verfassen:

```
Notepad test.ps1
```

Geben Sie in den Windows Editor nun beliebige PowerShell-Befehle ein. Alles, was Sie bisher erfolgreich in der Konsole eingegeben haben, ist auch hier erlaubt. PowerShell-Skripte funktionieren damit ganz ähnlich wie die Batch-Dateien der klassischen Konsole: Wird das Skript später geöffnet, dann arbeitet PowerShell der Reihe nach alles ab, was in Ihrem Skript steht, ganz so, als hätten Sie die einzelnen Zeilen der Reihe nach von Hand direkt in die Konsole eingegeben.

```
Dir
Get-PSProvider
help Dir
```

Nachdem Sie Ihr Skript gespeichert haben, versuchen Sie, es zum Leben zu erwecken:

```
.\test.ps1
Die Datei "C:\Users\Tobias Weltner\test.ps1" kann nicht geladen werden, da die Ausführung von Skripts
auf diesem System deaktiviert ist. Weitere Informationen erhalten Sie mit "Get-Help about_signing".
Bei Zeile:1 Zeichen:10
+ .\test.ps1 <<<<
```

Möglicherweise erhalten Sie jetzt eine Fehlermeldung so ähnlich wie im Beispiel. Bei PowerShell sind alle Skripte zunächst kategorisch ausgeschaltet und können nicht gestartet werden. Erst wenn Sie persönlich zustimmen, dass Skripte grundsätzlich ausführbar sein sollen, startet PowerShell PowerShell-Skripte. Das Einverständnis dazu erteilen Sie mit *set-executionpolicy*:

```
Set-ExecutionPolicy RemoteSigned
```

Damit erlauben Sie die Ausführung von PowerShell-Skripten, die auf Ihrem Computer lagern. Skripte aus dem Internet sind nach wie vor verboten, wenn sie nicht über eine gültige Signatur verfügen. Was es mit Signaturen und den übrigen Einstellungen der so genannten *ExecutionPolicy* auf sich hat, erfahren Sie in Kapitel 10. Einstweilen genügt der beschriebene Befehl, damit Sie mit eigenen PowerShell-Skripten experimentieren können. Falls Sie PowerShell-Skripte lieber wieder generell verbieten wollen, stellen Sie so den Auslieferungszustand wieder her:

```
Set-ExecutionPolicy Default
```

WICHTIG Liegt eine Datei in einem Systemordner – oder genauer gesagt in einem Ordner, der in der Umgebungsvariablen *Path* aufgeführt ist – dann kann diese Datei ohne Pfadangabe direkt über ihren Namen aufgerufen werden. Sie könnten also einen eigenen Ordner für Ihre Skripte anlegen und diesen Ordner in die *Path*-Variable eintragen. Anschließend lassen sich die darin aufbewahrten Skripte genauso einfach und bequem starten wie normale Befehle.

Wie Sie mit Umgebungsvariablen wie *Path* umgehen, haben Sie bereits am Anfang in diesem Kapitel erfahren. Wenn Sie herausfinden möchten, ob es PowerShell-Skripte gibt, die ohne Pfadangabe direkt ausgeführt werden können, weil sie in einem besonderen Systemordner liegen, dann geben Sie diesen Befehl ein:

```
Get-Command -CommandType ExternalScript Eingabe
```

Zusammenfassung

Die Hauptaufgabe der PowerShell-Konsole ist, Befehle auszuführen. Sie geben einen Befehl ein, die Konsole führt ihn aus und liefert die Ergebnisse. Je mehr Befehle Ihnen zur Lösung Ihrer Aufgaben zur Verfügung stehen, desto besser lassen sie sich lösen, und deshalb unterstützt PowerShell im Gegensatz zur alten klassischen Konsole nicht nur externe Anwendungen, sondern auch eigene Befehle, die so genannten Cmdlets.

Cmdlets tragen streng formale Namen, die immer aus einer Tätigkeitsbeschreibung (einem Verb) und einer Tätigkeit (einem Nomen) bestehen. So findet man auch als Einsteiger schnell den passenden Befehl. Mit dem Cmdlet *Get-Command* erhält man auf Wunsch eine Liste sämtlicher Cmdlets, und mit *Get-Help* kann man sich Hilfestellung zu einem bestimmten Cmdlet geben lassen.

Zusätzlich dürfen Sie in PowerShell Aliasse, Funktionen und Skripte einsetzen. Ein Alias ist ein stellvertretender Namen für einen beliebigen anderen Befehl, sodass Sie für häufig benötigte Befehle bequeme Abkürzungen erfinden könnten. Funktionen und Skripte fassen mehrere PowerShell-Befehle zusammen. Geben Sie einen Befehl ein und führen Sie den mit ⏎ aus, sucht PowerShell den Befehl nach einer festen Reihenfolge.

- **Alias:** Zunächst schaut es, ob Ihr Befehl einem Alias-Namen entspricht. Falls ja, wird der Befehl ausgeführt, der im Alias vermerkt ist. Weil Alias-Namen die höchste Priorität genießen, können Sie über *Set-Alias* jeden anderen Befehl durch einen Alias »überschreiben«.

- **Funktion:** Konnte kein Alias-Name gefunden werden, sucht PowerShell als nächstes nach einer Funktion. Funktionen ähneln Alias-Namen, können aber aus beliebigen und beliebig vielen PowerShell-Anweisungen bestehen. In Funktionen können Sie Befehle einschließlich häufig verwendeter Argumente verpacken.

- **Cmdlet:** Konnte auch keine Funktion gefunden werden, sucht PowerShell nun nach Cmdlets. Cmdlets sind die internen PowerShell-Befehle, die einer strengen Namenskonvention folgen und deren Name stets aus einem Verb und einem Nomen besteht.

- **Anwendung:** Erst wenn auch kein Cmdlet gefunden wurde, schaut PowerShell nach externen Befehlen in den Ordnern, die in der Windows-Umgebungsvariablen *Path* festgelegt sind. Möchten Sie einen Befehl an einem anderen Ort aufrufen, müssen Sie einen relativen oder absoluten Pfadnamen angeben.

- **Skript:** Konnte auch kein externer Befehl gefunden werden, sucht PowerShell als nächstes nach einem Skript mit der Dateierweiterung *.ps1*. Skripte werden allerdings nur ausgeführt, wenn Sie die *Execution-Policy* gelockert und die Ausführung von PowerShell-Skripten erlaubt haben.

- **Dateien:** Konnte auch kein PowerShell-Skript gefunden werden, sucht PowerShell noch nach anderen Dateien. Entsprach auch keine Datei Ihrem Befehl, meldet PowerShell einen Fehler.

Profitipp Wenn Sie feststellen wollen, ob es gleichnamige Befehle in den verschiedenen genannten Kategorien gibt, die in Konflikt miteinander stehen, setzen Sie diese Zeile ein:

```
Get-Command -type cmdlet,function,alias | Group-Object name | Where-Object {$_.count -gt 1}
```

Kapitel 3

Variablen

In diesem Kapitel:

Eigene Variablen	56
»Automatische« PowerShell-Variablen	64
Umgebungsvariablen	67
Direktvariablen	71
Gültigkeitsbereich von Variablen	74
Variablentypen und strenge Typisierung	80
Variablenverwaltung hinter den Kulissen	85
Zusammenfassung	91

Die seltensten Probleme im Leben sind einfach oder so simpel, dass man sie mit einem einzelnen PowerShell-Befehl meistern könnte. Deshalb gibt es Variablen. Mit Variablen lassen sich zum Beispiel mehrere PowerShell-Befehle an der Lösung eines Problems beteiligen. PowerShell kann die Ergebnisse von Befehlen nämlich nicht nur direkt in die Konsole ausgeben, sondern auch in Variablen zwischenspeichern. Anschließend könnten Sie die Ergebnisse eines Befehls mit Hilfe der Variable zu einem anderen Befehl transportieren und weiterbearbeiten lassen.

Variablen sind allerdings nicht nur reine Datentransporteure. An der einen oder anderen Stelle haben Sie bereits gehört, dass die Ergebnisse der PowerShell-Befehle »Objekte« sind. Diese Objekte werden Sie in diesem Kapitel zum ersten Mal tatsächlich zu Gesicht bekommen, und zwar erneut mit Hilfe der Variablen. Ein spannendes Kapitel also!

Eigene Variablen

Variablen werden wichtig, sobald zur Lösung einer Aufgabe mehrere Schritte nötig werden. Dann nämlich werden Variablen zum Bindeglied zwischen den einzelnen Schritten. Variablen speichern Informationen, die Sie an einer anderen Stelle oder in einem folgenden Schritt wieder abrufen und weiterverarbeiten können.

```
# Variablen anlegen und Werte zuweisen
$betrag = 120
$MwSt = 1.19

# Berechnung durchführen:
$ergebnis = $betrag * $MwSt

# Ergebnis ausgeben
$ergebnis
22,8

# Variablen innerhalb von Text werden durch Werte ersetzt:
$text = "Der Nettobetrag $betrag entspricht dem Bruttobetrag $ergebnis"
$text
Der Nettobetrag 120 entspricht dem Bruttobetrag 142.8
```

Variablen werden von PowerShell automatisch neu angelegt, wenn Sie sie zum ersten Mal verwenden. Der Inhalt einer Variablen kann entweder direkt abgerufen oder in einen Text integriert werden. Dazu muss der Text nur in doppelte Anführungszeichen gesetzt werden, und schon ersetzt PowerShell automatisch alle im Text vorkommenden Variablennamen durch den Inhalt der Variablen. Möchten Sie diese automatische Ersetzung nicht, setzen Sie den Text in einfache Anführungszeichen.

Variablennamen auswählen

Variablennamen beginnen bei PowerShell immer mit »$«. Der restliche Name darf aus beliebigen Zeichen, Zahlen und dem Unterstrich bestehen. PowerShell unterscheidet dabei nicht zwischen Groß- und Kleinbuchstaben.

Die Variablennamen selbst unterliegen sogar überhaupt keinen Beschränkungen und dürfen auch Leerzeichen, Anführungszeichen und andere Sonderzeichen enthalten. Weil diese Sonderzeichen aber zu Missverständnissen innerhalb der Konsole führen können, muss der Variablenname in diesem Fall in geschweifte Klammern gestellt werden. In der Praxis sind Sonderzeichen in Variablennamen keine gute Idee:

```
# Variablennamen mit Sonderzeichen gehören in geschweifte Klammern:
${dieser Variablenname ist eher "ungewöhnlich", aber erlaubt} = "Hallo Welt"
${dieser Variablenname ist eher "ungewöhnlich", aber erlaubt}
Hallo Welt
```

Werte zuweisen und abrufen

Mit dem Zuweisungsoperator (=) weisen Sie einer Variablen einen Wert zu. Erlaubt sind nicht nur Zahlen oder Text, sondern auch komplette Befehlsergebnisse. All das, was ein Befehl normalerweise in die Konsole ausgibt, kann ebenso gut in einer Variablen zwischengespeichert werden:

```
# Ergebnisse eines Cmdlets zwischenspeichern:
$listing = Get-Childitem c:\
$listing


    Verzeichnis: Microsoft.PowerShell.Core\FileSystem::C:\


Mode            LastWriteTime     Length Name
----            -------------     ------ ----
d----       26.06.2007    15:36          2420
d----       04.05.2007    21:06          ATI
d----       28.08.2006    18:22          Dokumente und Einstellungen
d----       08.08.2007    21:46          EFSTMPWP
d----       28.04.2007    02:18          perflogs
(...)

# Ergebnis eines klassischen externen Befehls zwischenspeichern:
$resultat = ipconfig
$resultat

Windows-IP-Konfiguration

Ethernet-Adapter LAN-Verbindung:
   Medienstatus. . . . . . . . . . : Medium getrennt
   Verbindungsspezifisches DNS-Suffix:
```

```
Ethernet-Adapter LAN-Verbindung 2:
   Medienstatus. . . . . . . . . . . : Medium getrennt
   Verbindungsspezifisches DNS-Suffix:
Drahtlos-LAN-Adapter Drahtlosnetzwerkverbindung:

   Medienstatus. . . . . . . . . . . : Medium getrennt
   Verbindungsspezifisches DNS-Suffix:
```

Mehrere Variablen gleichzeitig mit Werten füllen

Der Zuweisungsoperator kann aber nicht nur einer einzelnen Variablen Werte zuweisen, sondern in einem Schritt auch mehrere Variableninhalte festlegen. So könnten Sie beispielsweise eine ganze Reihe von Variablen auf einen gemeinsamen Ausgangswert festlegen:

```
# mehrere Variablen in einem Schritt mit demselben Wert füllen:
$a = $b = $c = 1
$a
1
$b
1
$c
1
```

Variableninhalte tauschen

Hin und wieder möchte man den Inhalt zweier Variablen austauschen. In klassischen Programmiersprachen sind dazu mehrere Schritte nötig:

```
$Wert1 = 10
$Wert2 = 20
$Temp = $Wert1
$Wert1 = $Wert2
$Wert2 = $Temp
```

Bei PowerShell funktioniert ein solcher Austausch sehr viel einfacher. Erstens dürfen Sie mehrere Anweisungen in eine Zeile schreiben, wenn Sie die einzelnen Anweisungen durch Semikola voneinander trennen. Und zweitens akzeptiert der Zuweisungsoperator auf beiden Seiten mehrere Variablen, die dann ausgetauscht werden:

```
# Variablenwerte gegenseitig austauschen:
$Wert1 = 10; $Wert2 = 20
$Wert1, $Wert2 = $Wert2, $Wert1
```

Mehreren Variablen unterschiedliche Werte zuweisen

Der eigentliche Trick im letzten Beispiel ist das Komma. Mit dem Komma legt PowerShell stets ein Variablenfeld an, also eine Variable, die mehr als einen Wert enthält. Sie werden diese Felder in Kapitel 4 noch sehr viel genauer untersuchen, aber an dieser Stelle ist wichtig zu wissen, dass der Zuweisungsoperator auch Felder verarbeitet. Geben Sie links und rechts von ihm ein Feld mit derselben Anzahl von Elementen an, dann weist er die Elemente des Feldes auf der rechten Seite den Elementen des Feldes auf der linken Seite zu. Auf diese Weise könnten Sie mit einem einzigen Zuweisungsoperator verschiedene Variablen mit verschiedenen Werten füllen. Das Beispiel von eben vereinfacht sich dadurch nochmals:

```
# mehrere Variablen in einem Schritt mit verschiedenen Werten füllen:
$Wert1, $Wert2 = 10,20
$Wert1, $Wert2 = $Wert2, $Wert1
```

Übersicht über verwendete Variablen

Damit Sie stets einen Überblick über die Variablen behalten, die Sie angelegt haben, führt PowerShell über sie Buch und stellt das Ergebnis im virtuellen Laufwerk *Variable:* zur Verfügung. Wenn Sie also sehen möchten, welche Variablen es gibt, listen Sie einfach dieses Laufwerk auf:

```
Dir Variable:
```

Wundern Sie sich aber nicht: Neben Ihren eigenen Variablen tauchen auch Variablen auf, die Sie gar nicht selbst angelegt haben. Auch PowerShell nutzt Variablen und nennt seine eigenen Variablen »automatische Variablen«. Sie erfahren gleich mehr darüber.

Variablen finden

Mit Hilfe des virtuellen Laufwerks *Variable:* finden Sie sehr leicht gesuchte Variablen, denn genau wie im Dateisystem sind auch bei diesem virtuellen Laufwerk Platzhalterzeichen erlaubt. Möchten Sie alle Variablen sehen, deren Name mit den Buchstaben »Wert« beginnt, gehen Sie also einfach genauso vor wie im Dateisystem üblich und setzen Platzhalter ein:

```
Dir Variable:wert*

Name                           Value
----                           -----
wert2                          20
wert1                          10
```

Bereitwillig listet *Dir* die beiden Variablen *$wert1* und *$wert2* auf und liefert auch gleich ihren augenblicklichen Inhalt. Ebenso gut hätten Sie die Parameter *-Include* und *-Exclude* von *Dir* (Alias für *Get-Childitem*) verwenden können. Die nächste Zeile findet alle Variablen, die mit den Buchstaben »wert« beginnen, aber im Namen keine »1« verwenden:

```
Dir Variable: -include wert* -exclude *1*
Name                           Value
----                           -----
wert2                          20
```

Möchten Sie umgekehrt wissen, welche Variablen augenblicklich den Wert *20* enthalten, ist die Lösung leider nicht ganz so offensichtlich und besteht aus mehreren hintereinandergeschalteten Befehlen:

```
dir variable: | Out-String -Stream | Select-String " 20 "
wert2                          20
$                              20
```

Hier wird die Ausgabe von *Dir* an *Out-String* weitergeleitet. *Out-String* wandelt die Ergebnisse von *Dir* in Text um. Der Parameter *-Stream* sorgt dafür, dass jede von *Dir* gelieferte Variable einzeln als Text weitergegeben wird. *Select-String* filtert daraus die Zeilen heraus, die den gesuchten Wert enthalten. Damit tatsächlich nur der gesuchte Wert gefunden wird und nicht etwa auch andere Werte, die zufällig die Zahl *20* enthalten, wird vor und hinter der Zahl ein Leerzeichen angefügt.

Prüfen, ob eine Variable existiert

Möchten Sie erfahren, ob es unter einem bestimmten Namen bereits eine Variable gibt, dann gehen Sie ähnlich vor wie im Dateisystem. Mit dem Cmdlet *Test-Path* können Sie prüfen, ob eine bestimmte Datei existiert. Da Variablen ganz ähnlich wie Dateien in ihrem eigenen »Laufwerk« namens *Variable:* gespeichert werden, hat jede Variable einen Pfadnamen, den Sie mit *Test-Path* überprüfen können:

```
# prüfen, ob die Variable $wert2 existiert:
Test-Path variable:\wert2
True

# prüfen, ob die Variable $server existiert:
Test-Path variable:\server
False
```

Ob eine Variable bereits existiert oder nicht, ist normalerweise völlig egal, denn wenn Sie einer existierenden Variablen einen Wert zuweisen, passiert nichts Schlimmes und der neue Wert überschreibt einfach den alten. Vielleicht möchten Sie aber im Rahmen eines Skripts einer Variablen nur dann einen Basiswert zuweisen, wenn es die Variable noch nicht gibt.

Variablen löschen

Weil Variablen automatisch gelöscht werden, sobald Sie PowerShell beenden, brauchen Sie sich eigentlich nicht selbst darum zu kümmern, Variablen wieder zu entfernen. Möchten Sie eine Variable dennoch sofort löschen, gehen Sie dazu genauso vor, als wollten Sie eine Datei im Dateisystem löschen:

```
# eine Testvariable anlegen:
$test = 1

# überprüfen, dass die Variable existiert:
Dir Variable:\te*

# Variable löschen:
del Variable:\test

# die Variable ist aus dem Listing verschwunden:
Dir Variable:\te*
```

Spezielle Variablen-Cmdlets verwenden

PowerShell stellt zur Verwaltung Ihrer Variablen sogar fünf eigenständige Cmdlets zur Verfügung, die Tabelle 3.1 aufführt. Die brauchen Sie im Alltag meistens aber gar nicht, denn gerade haben Sie gesehen, dass das virtuelle Laufwerk *Variable:* die wichtigsten Verwaltungsaufgaben in derselben intuitiven Weise ermöglicht, wie Sie mit Dateien im normalen Dateisystem umgehen. Nur zwei der fünf Cmdlets bieten Ihnen wirklich neue Möglichkeiten.

Mit *New-Variable* legen Sie neue Variablen an und können dabei Sonderoptionen wie zum Beispiel eine Beschreibung oder einen Schreibschutz festlegen. Damit wird eine Variable zu einer Konstanten. Und mit *Get-Variable* greifen Sie auf den internen PowerShell-Variablenspeicher zu. Im Alltag ist das nicht nötig, aber etwas später werden Sie mit diesem Cmdlet erforschen, wie PowerShell seine Variablen eigentlich tatsächlich verwaltet.

Cmdlet	Beschreibung	Beispiel
Clear-Variable	Löscht den Inhalt der Variablen, aber nicht die Variable selbst. Anschließend ist der Wert der Variablen NULL (leer). Wenn für die Variable ein Daten- oder Objekttyp angegeben ist, wird mit "Clear-Variable" der Typ des in der Variablen gespeicherten Objekts beibehalten.	Clear-Variable a entspricht: $a = $null
Get-Variable	Liefert das Variablenobjekt selbst und nicht den Wert, der in der Variablen gespeichert ist.	Get-Variable a
New-Variable	Legt eine neue Variable an und kann besondere Variablenoptionen festlegen.	New-Variable wert 12
Remove-Variable	Löscht die Variable samt Inhalt, sofern die Variable keine Konstante ist oder vom System angelegt wurde.	Remove-Variable a entspricht: del Variable:\a
Set-Variable	Legt den Wert einer Variablen neu fest und legt die Variable an, falls sie noch nicht existiert	Set-Variable a 12 entspricht: $a = 12

Tabelle 3.1 Cmdlets zur Verwaltung von Variablen

Schreibschutz für Variablen: Konstanten anlegen

In klassischen Programmiersprachen gibt es neben Variablen außerdem Konstanten. Während eine Variable einen *variablen* Wert enthält, der jederzeit geändert werden kann, enthalten Konstanten einen *konstanten* Wert, der sich nachträglich nicht ändern lässt.

PowerShell unterscheidet nicht zwischen Variablen und Konstanten, bietet Ihnen aber die Möglichkeit, eine Variable mit einem Schreibschutz zu versehen. Dadurch wird die Variable im Ergebnis zu einer Konstanten. Anders als bei klassischen Konstanten dürfen Sie den Schreibschutz aber auch nachträglich wieder entfernen, können also Konstanten jederzeit wieder in echte Variablen verwandeln.

Im folgenden Beispiel wird die Variable *$test* als schreibgeschützte Variable mit dem festen Wert *100* angelegt. Außerdem wird der Variablen eine Beschreibung angefügt.

```
# neue Variable mit Beschreibung und Schreibschutz anlegen:
New-Variable test -Value 100 -Description "Eine Testvariable mit Schreibschutz" -Option ReadOnly
$test
100


# Variableninhalt kann nicht verändert werden:
$test = 200
Die Variable "test" kann nicht überschrieben werden, da sie konstant oder schreibgeschützt ist.
Bei Zeile:1 Zeichen:6
+ $test  <<<< = 200
```

Die Variable ist nun schreibgeschützt. Ihr Wert kann nachträglich nicht mehr geändert werden. Versuchen Sie es dennoch, kassieren Sie eine Fehlermeldung. Sie müssten die Variable schon löschen und neu definieren, wenn Sie ihren Wert ändern wollten. Weil die Variable schreibgeschützt ist, verhält sie sich wie schreibgeschützte Dateien, und um die zu löschen, müssen Sie den Parameter *-force* angeben:

```
del Variable:\test –force
$test = 200
```

Eine Variable mit Schreibschutz verhält sich also nicht vollkommen wie eine Konstante, denn die Variable kann nachträglich geändert werden, indem man sie löscht und neu anlegt. Benötigen Sie denselben starken Schutz wie klassische Konstanten, legen Sie die Variable stattdessen mit der Option *Constant* an. So wird die Variable tatsächlich zu einer echten Konstanten und kann weder geändert noch gelöscht werden, auch nicht nachträglich. Erst wenn Sie PowerShell beenden, werden Konstanten wieder entfernt. Variablen mit der Option *Constant* können nur mit *New-Variable* angelegt werden.

Allerdings kann *New-Variable* keine vorhandenen Variablen überschreiben. Existiert unter dem angegebenen Namen bereits eine Variable, erhalten Sie eine Fehlermeldung:

Eigene Variablen

```
# New-Variable kann bereits vorhandene Variablen nicht überschreiben:
New-Variable test -Value 100 -Description "Eine Testvariable mit Schreibschutz" -Option Constant

New-Variable : Eine Variable mit dem Namen "test" ist bereits vorhanden.
Bei Zeile:1 Zeichen:13
+ New-Variable  <<<< test -Value 100 -Description "Eine Testvariable mit Schreibschutz" -Option Constant

# wird die vorhandene Variable gelöscht, kann New-Variable eine neue mit der Option "Constant" anlegen:
del Variable:\test –force

New-Variable test -Value 100 -Description "Eine Testvariable mit Schreibschutz" -Option Constant

# Variablen mit der Option "Constant" können weder geändert noch gelöscht werden:
del Variable:\test –force

Remove-Item : Die Variable "test" kann nicht entfernt werden, da sie konstant oder schreibgeschützt ist.
Wenn die Variable schreibgeschützt ist, führen Sie den Vorgang mit dem Force-Parameter erneut aus.
Bei Zeile:1 Zeichen:4
+ del  <<<< Variable:\test -force
```

Wenn Sie *New-Variable* allerdings mit dem Parameter *-force* aufrufen, wird eine eventuell schon vorhandene gleichnamige Variable überschrieben. Möglich ist das allerdings nur, wenn die vorhandene Variable nicht mit der Option *Constant* angelegt wurde. Variablen vom Typ `Constant` sind also absolut unveränderlich, wenn sie einmal angelegt wurden:

```
# der Parameter -force überschreibt vorhandene Variablen, wenn diese nicht die Option "Constant"
verwenden:
New-Variable test -Value 100 -Description "Eine Testvariable" –force

New-Variable : Die Variable "test" kann nicht überschrieben werden, da sie konstant oder
schreibgeschützt ist.
Bei Zeile:1 Zeichen:13
+ New-Variable  <<<< test -Value 100 -Description "Eine Testvariable" -force

# normale Variablen können mit -force dagegen problemlos überschrieben werden
$vorhanden = 123

New-Variable vorhanden -Value 100 -Description "Eine Testvariable" -force
```

Variablen mit Beschreibung

Vielleicht wundern Sie sich gerade, was mit der Beschreibung passiert ist, die Sie der Variablen im letzten Beispiel zugewiesen haben. Diese Beschreibung scheint unsichtbar zu sein:

```
# Variable mit Beschreibung anlagen:
New-Variable meineVariable -Value 100 -Description "Eine Testvariable" –force

# Variable liefert nur den Wert:
```

```
$meineVariable
100

# Auch Dir und Get-Variable liefern nicht die Beschreibung:
Dir Variable:\meineVariable

Name                              Value
----                              -----
meineVariable                     100

Get-Variable meineVariable
Name                              Value
----                              -----
meineVariable                     100
```

PowerShell zeigt bei Objekten immer nur die wichtigsten Eigenschaften an, und die Beschreibung der Variablen zählt nicht dazu. Möchten Sie die Beschreibung sehen, müssen Sie sie ausdrücklich anfordern. Das erledigt zum Beispiel das Cmdlet *Format-Table*, das Sie in Kapitel 5 noch sehr viel ausführlicher kennen lernen werden. Hinter diesem Cmdlet geben Sie die Eigenschaften des Objekts an, über die Sie sich informieren möchten:

```
# Variable enthält eine Beschreibung:
dir variable:\meineVariable | Format-Table Name, Value, Description -autosize

Name Value Description
---- ----- -----------
test   100 Eine Testvariable
```

»Automatische« PowerShell-Variablen

Nicht nur Sie selbst können Variablen anlegen, auch PowerShell nutzt eine ganze Reihe von Variablen für interne Zwecke und nennt diese »automatische Variablen«, weil sie ohne Ihr Zutun von Anfang an vorhanden sind. Eine Übersicht über sämtliche Variablen liefert das Laufwerk *Variable*:

```
Dir Variable:

Name                              Value
----                              -----
Error                             {}
DebugPreference                   SilentlyContinue
PROFILE                           C:\Users\Tobias Weltner\Documents\WindowsPowerShell\Micro...
HOME                              C:\Users\Tobias Weltner
(...)
```

Weil Sie inzwischen wissen, dass Variablen beschriftet sein können, schauen Sie doch einfach mal nach, ob die automatischen Variablen eine Beschreibung enthalten, die Licht ins Dunkel ihrer Bedeutung bringen. Wissen Sie noch, wie Sie die Beschreibung der Variablen sichtbar machen? Genau:

»Automatische« PowerShell-Variablen

```
Dir Variable: | Sort-Object Name | Format-Table Name, Description -autosize –wrap
Name                             Description
----                             -----------
$
?                                Ausführungsstatus des letzten Befehls.
^

ConfirmPreference                Gibt an, wann die Bestätigung angefordert werden soll. Die Bestätigung
                                 wird angefordert, wenn "ConfirmImpact" des Vorgangs größer oder gleich
                                 "$ConfirmPreference" ist. Wenn "$ConfirmPreference" auf "None" festgelegt
                                 ist, werden Aktionen nur bestätigt, wenn "Confirm" angegeben wurde.
ConsoleFileName                  Name der aktuellen Konsolendatei.
DebugPreference                  Gibt an, welche Aktion ausgeführt wird, wenn eine Debugmeldung übermittelt
                                 wird.
Error
ErrorActionPreference            Gibt an, welche Aktion ausgeführt wird, wenn eine Fehlermeldung
                                 übermittelt wird.
ErrorView                        Gibt den Anzeigemodus für das Anzeigen von Fehlern an.
ExecutionContext                 Die für Cmdlets verfügbaren Ausführungsobjekte.
false                            Boolean False
FormatEnumerationLimit           Gibt das Enumerationslimit für das Formatieren von IEnumerable-Objekten
                                 an.
HOME                             Ordner mit dem Profil des aktuellen Benutzers.
Host                             Dies ist ein Verweis auf den Host dieses Runspaces.
MaximumAliasCount                Die zulässige Höchstanzahl von Aliasen in einer Sitzung.
MaximumDriveCount                Die zulässige Höchstanzahl von Laufwerken in einer Sitzung.
MaximumErrorCount                Die Höchstanzahl von Fehlern, die in einer Sitzung beibehalten werden.
MaximumFunctionCount             Die zulässige Höchstanzahl von Funktionen in einer Sitzung.
MaximumHistoryCount              Die Höchstanzahl von Verlaufsobjekten, die in einer Sitzung beibehalten
                                 werden.
MaximumVariableCount             Die zulässige Höchstanzahl von Variablen in einer Sitzung.
MyInvocation
NestedPromptLevel                Gibt an, welche Eingabeaufforderung für die aktuelle Schachtelungsebene
                                 angezeigt werden soll.
null                             Verweise auf die NULL-Variable geben immer den Wert NULL zurück.
                                 Zuweisungen haben keine Auswirkungen.
OutputEncoding                   Die Textcodierung, die beim Übergeben von Text über die Pipeline an eine
                                 systemeigene ausführbare Datei verwendet wird.
PID                              Aktuelle Prozess-ID.
PROFILE
ProgressPreference               Gibt an, welche Aktion ausgeführt wird, wenn Statusdaten übermittelt
                                 werden.
PSHOME                           Der übergeordnete Ordner der Hostanwendung dieses Runspaces.
PWD
ReportErrorShowExceptionClass    Führt dazu, dass Fehler mit einer Beschreibung der Fehlerklasse angezeigt
                                 werden.
ReportErrorShowInnerException    Führt dazu, dass Fehler mit internen Ausnahmen angezeigt werden.
ReportErrorShowSource            Führt dazu, dass Fehler mit der Fehlerquelle angezeigt werden.
ReportErrorShowStackTrace        Führt dazu, dass Fehler mit einer Stapelverfolgung angezeigt werden.
ShellId                          "ShellID" gibt die aktuelle Shell an. Diese wird von "#Requires"
                                 verwendet.
StackTrace
true                             Boolean True
```

VerbosePreference	Gibt an, welche Aktion ausgeführt wird, wenn eine ausführliche Meldung übermittelt wird.
WarningPreference	Gibt an, welche Aktion ausgeführt wird, wenn eine Warnmeldung übermittelt wird.
WhatIfPreference	Bei "true" wird "WhatIf" als für alle Befehle aktiviert betrachtet.

Und tatsächlich sind die meisten automatischen Variablen sehr gut dokumentiert. Die Variablen lassen sich grob in drei Kategorien einteilen:

- **Anwenderinformationen:** Hier hinterlegt PowerShell einige wichtige Informationen wie zum Beispiel den Pfadnamen des Standardprofils in *$HOME*. Hier sind außerdem einige Standardvariablen wie *$true* und *$false* festgelegt.
- **Feineinstellungen:** Das Verhalten von PowerShell lässt sich über zahlreiche Vorgaben verändern und anpassen. So können Sie beispielsweise festlegen, wie ausführlich Fehler gemeldet werden und ob ein Befehl im Fehlerfall fortsetzen soll oder nicht. Mehr Informationen erhalten Sie in Kapitel 11.
- **Laufzeitinformationen:** Schließlich liefert PowerShell wertvolle Informationen über Variablen, während es Anweisungen ausführt. Auf diese Weise kann eine Funktion zum Beispiel bestimmen, von wem sie aufgerufen wurde, und Skripte können herausfinden, in welchem Ordner sie liegen.

Ansonsten unterscheiden sich die automatischen Variablen nicht von eigenen, selbstdefinierten Variablen, und so könnten Sie den Inhalt wie gewohnt auslesen und sich zunutze machen:

```
# Benutzerprofil ermitteln:
$HOME
C:\Users\Tobias Weltner

# PowerShell-Prozess-ID ermitteln und auf den Prozess zugreifen:
"Aktuelle Prozess-ID von PowerShell lautet $PID"
Aktuelle Prozess-ID von PowerShell lautet 6116
Get-Process -id $PID

Handles  NPM(K)    PM(K)    WS(K) VM(M)   CPU(s)     Id ProcessName
-------  ------    -----    ----- -----   ------     -- -----------
    656      22   107620    72344   334   118,69   6116 PowerShell

# Das Standard-Benutzerprofil im Windows-Editor zur Bearbeitung öffnen:
notepad $profile
```

Noch ausführlichere Informationen zu den vordefinierten Variablen liefert *get-help*:

```
Get-Help about_Automatic_Variables
```

WICHTIG PowerShell schützt etliche seiner automatischen Variablen mit demselben Schreibschutz-Mechanismus, den Sie eben selbst verwendet haben, sodass Sie sie nur lesen, aber nicht ändern können, was natürlich sinnvoll ist, denn Informationen wie die Prozess-ID der PowerShell Konsole dürfen natürlich nicht einfach geändert werden, weil die Prozess-ID technisch nicht veränderbar ist und eine Änderung der Variable also zu inkorrekten Informationen führen würde:

```
$pid = 12
Die Variable "PID" kann nicht überschrieben werden, da sie konstant oder schreibgeschützt ist.
Bei Zeile:1 Zeichen:5
+ $pid  <<<< = 12
```

Etwas später in diesem Kapitel erfahren Sie genauer, wie dieser Schreibschutz genau funktioniert. Sie werden dann auch in der Lage sein, den Schreibschutz nachträglich für schon vorhandene Variablen ein- und auszuschalten. Tun Sie dies jedoch niemals mit den automatischen Variablen, denn das kann zum Totalabsturz der PowerShell-Konsole führen. PowerShell ändert zum Beispiel einige Variablen ständig. Versehen Sie diese hinterrücks mit einem Schreibschutz, bleibt PowerShell verblüfft hängen.

Umgebungsvariablen

Ältere Konsolen besaßen kein so ausgefeiltes eigenes Variablensystem wie PowerShell. Stattdessen griffen solche Konsolen auf die so genannten Umgebungsvariablen zurück, die von Windows höchstpersönlich verwaltet werden. Die Umgebungsvariablen sind aber auch für PowerShell eine wichtige Informationsquelle, weil darin zahlreiche Details über das Betriebssystem zu finden sind. Umgebungsvariablen sind darüber hinaus ein gutes Mittel, um Informationen für die Allgemeinheit zu veröffentlichen, denn während die PowerShell-Variablen nur innerhalb der PowerShell-Konsole gelten, können die Windows-Umgebungsvariablen von jedem Programm gelesen und ausgewertet werden.

Der Umgang mit den Umgebungsvariablen ist in PowerShell zum Glück genauso einfach wie der Umgang mit den internen PowerShell-Variablen. Sie brauchen PowerShell nur zu verraten, welche Variable Sie genau meinen. Dazu geben Sie am Anfang des Variablennamens den gewünschten Variablenbereich an. Für Umgebungsvariablen lautet der *env:*.

Bestimmte Umgebungsvariablen lesen

Probieren Sie es aus! Vielleicht möchten Sie in den Windows-Ordner wechseln, aber weil der auf jedem Computer an ganz anderen Orten liegen kann, wollen Sie keinen fest vorgegebenen Pfadnamen verwenden. So lesen Sie den Ort des Windows-Ordners des aktuellen Computers aus einer Windows-Umgebungsvariablen aus:

```
$env:windir
C:\Windows
```

Durch den Zusatz *env:* haben Sie PowerShell angewiesen, die Variable *windir* nicht im normalen PowerShell-Variablenspeicher zu suchen, sondern in den Windows-Umgebungsvariablen. Ansonsten verhält sich die Variable genauso wie jede andere PowerShell-Variable auch, und Sie könnten sie zum Beispiel in Text einbetten:

```
"Der Windows-Ordner befindet sich hier: $env:windir"
Der Windows-Ordner befindet sich hier: C:\Windows
```

Ebenso leicht verwenden Sie die Variable in Verbindung mit Befehlen und wechseln auf folgende Art vorübergehend in den Windows-Ordner:

```
# aktuellen Ordner speichern:
push-location

# in den Windows-Ordner wechseln
cd $env:windir
Dir

# nach erledigter Arbeit zurück zum Ausgangsort wechseln
pop-location
```

Umgebungsvariablen suchen

PowerShell führt auch über die Windows Umgebungsvariablen genau Buch und listet sie im virtuellen Laufwerk *env:* auf. Möchten Sie sich also einen Überblick über alle vorhandenen Umgebungsvariablen verschaffen, zum Beispiel, weil Sie herausfinden wollen, in welcher davon eine gesuchte Information vielleicht zu finden ist, dann lassen Sie einfach den Inhalt des Laufwerks *env:* ausgeben:

```
Dir env:

Name                           Value
----                           -----
Path                           C:\Windows\system32;C:\Windows;C:\Windows\System32\Wbem;C:\
TEMP                           C:\Users\TOBIAS~1\AppData\Local\Temp
ProgramData                    C:\ProgramData
PATHEXT                        .COM;.EXE;.BAT;.CMD;.VBS;.VBE;.JS;.JSE;.WSF;.WSH;.MSC;.4mm
ALLUSERSPROFILE                C:\ProgramData
PUBLIC                         C:\Users\Public
OS                             Windows_NT
USERPROFILE                    C:\Users\Tobias Weltner
HOMEDRIVE                      C:
(...)
```

Haben Sie die passende Umgebungsvariable gefunden und kennen also ihren Namen, können Sie die Information darin künftig direkt abrufen.

```
$env:userprofile
C:\Users\Tobias Weltner
```

Neue Umgebungsvariablen anlegen

Völlig neue Umgebungsvariablen werden genauso angelegt wie normale Variablen auch. Geben Sie einfach nur an, in welchem Bereich die Variable angelegt werden soll (also *env:*):

```
$env:TestVar = 12
Dir env:\t*

Name                            Value
----                            -----
TMP                             C:\Users\TOBIAS~1\AppData\Local\Temp
TEMP                            C:\Users\TOBIAS~1\AppData\Local\Temp
TestVar                         12
```

Umgebungsvariablen löschen und ändern

Auch das Löschen oder Ändern von Umgebungsvariablen verläuft ähnlich simpel wie bei den normalen PowerShell-Variablen. Möchten Sie zum Beispiel die Umgebungsvariable *WinDir* entfernen, löschen Sie sie einfach im Laufwerk *env:*:

```
# Umgebungsvariable wird gelöscht:
del env:\windir

# Die gelöschte Umgebungsvariable steht nicht mehr zur Verfügung:
$env:windir
```

Änderungen an den Umgebungsvariablen nehmen Sie vor, indem Sie ihnen einfach neue Werte zuweisen. Die nächste Zeile macht aus Ihrem System pro forma einen Apple-Computer:

```
$env:OS = "Apple MacIntosh OS X"
Dir env:

Name                            Value
----                            -----
Path                            C:\Windows\system32;C:\Windows;C:\Windows\System32\Wbem;C:\
(...)
OS                              Apple MacIntosh OS X
USERPROFILE                     C:\Users\Tobias Weltner
HOMEDRIVE                       C:
```

Sicher ist Ihnen gerade etwas mulmig geworden: Sind diese Änderungen nicht gefährlich? Immerhin gelten die Umgebungsvariablen systemweit. Glücklicherweise sind alle Änderungen, die Sie vornehmen, vollkommen ungefährlich und reversibel, denn PowerShell arbeitet grundsätzlich nur mit einer Kopie der echten Umgebungsvariablen. Spätestens wenn Sie PowerShell beenden und neu starten, sind die Umgebungsvariablen wieder im alten Zustand. Ihre Änderungen haben also immer nur Auswirkung auf die aktuelle PowerShell-Sitzung. Dort allerdings können die Änderungen ausgesprochen nützlich sein.

In Kapitel 2 haben Sie zum Beispiel erfahren, dass Befehle und Skripte, die in einem Ordner liegen, der in der Umgebungsvariablen *Path* gelistet wird, eine Sonderstellung haben. Diese Befehle und Skripte können nämlich direkt und ohne lästigen relativen oder absoluten Pfadnamen gestartet werden. Sie brauchen noch nicht einmal die Dateierweiterung anzugeben. Wenn Sie sich also eigene kleine Befehlsskripte basteln wollen, die Sie jederzeit ebenso bequem in der Konsole einsetzen können wie die bereits vorhandenen Befehle, dann speichern Sie diese in einem separaten Ordner und fügen den Ordner in die *Path*-Umgebungsvariable ein:

```
# Einen besonderen Ordner anlegen:
md c:\meineTools

# Ein Beispielskript in diesem Ordner erstellen:
" 'Guten Tag!' " > c:\meineTools\sagHallo.ps1

# Normalerweise müssten Sie den qualifizierten Pfadnamen angeben, um das Skript zu starten:
C:\meineTools\sagHallo.ps1
Guten Tag!

# der Ordner wird nun der Path-Umgebungsvariablen hinzugefügt:
$env:path += ";C:\meineTools"

# ab sofort können alle Skripte und Befehle in diesem Ordner einfach per Name gestartet werden:
sagHallo
Guten Tag!
```

Permanente Änderungen an Umgebungsvariablen

Weil sämtliche Änderungen, die Sie an den Umgebungsvariablen vornehmen, automatisch verloren gehen, sobald Sie PowerShell beenden, haben Sie nicht lange Freude an Ihrem neuen Eintrag in der *Path*-Umgebungsvariable. Sobald Sie PowerShell beenden und neu starten, sind alle Änderungen vergessen, und Sie müssten die Änderungen also bei jedem Start von PowerShell erneut vornehmen.

Von Hand brauchen Sie das allerdings nicht zu tun, denn genau zu diesem Zweck gibt es Profilskripte, die automatisch beim Start von PowerShell ausgeführt werden. In diesen Profilskripten bräuchten Sie also Ihre Anpassungen nur zu hinterlegen, damit sie automatisch bei jedem PowerShell-Start eingerichtet werden. Wie das genau funktioniert, erfahren Sie in Kapitel 10 über Skripte.

Oder aber Sie durchbrechen die PowerShell-Sperre und arbeiten nicht mit der Kopie, sondern den Original-Umgebungsvariablen. Dann allerdings gelten alle Änderungen global und wirken sich auch auf andere Programme aus. Weil das gefährlich sein kann, enthält PowerShell keinen offiziellen Weg dafür. Da es aber eng mit dem Betriebssystem verzahnt ist (Kapitel 6), könnten Sie auf die internen Funktionen des Betriebssystems zurückgreifen und damit die Umgebungsvariablen direkt ändern. Die folgenden Zeilen würden die *Path*-Umgebungsvariable permanent um den neu angegebenen Pfad erweitern:

```
$alterWert = [environment]::GetEnvironmentVariable("Path", "User")
$neuerWert = ";c:\meineTools"
[environment]::SetEnvironmentVariable("Path", $neuerWert, "User")
```

HINWEIS   Der Zugriff auf Befehle des .NET Frameworks so wie in diesem Beispiel wird in Kapitel 6 ausführlich beschrieben.

Wenn Sie anschließend PowerShell beenden und neu starten, behält die Umgebungsvariable *Path* nun den geänderten Wert bei, wie Sie leicht kontrollieren können:

```
$env:Path
```

Die permanente Änderung, die Sie gerade durchgeführt haben, gilt nur für Sie selbst, also den angemeldeten Benutzer. Möchten Sie, dass die Änderung für sämtliche Benutzer des Computers gilt, ersetzen Sie das Argument »*User*« durch »*Machine*«. Dann allerdings benötigen Sie für die Änderung volle Administratorrechte.

ACHTUNG   Sie sollten die Umgebungsvariablen nur dann permanent ändern, wenn es wirklich nicht anders geht. Ein Beispiel wären Änderungen, die auch für andere Programme außerhalb von PowerShell sichtbar sein müssen. Spielen die Änderungen dagegen ohnehin nur innerhalb der PowerShell-Sitzung eine Rolle, sollten Sie sie besser bei jedem PowerShell-Start im Profil mit Bordmitteln durchführen.

Direktvariablen

Normalerweise rufen Sie mit einem Variablennamen die Werte ab, die Sie vorher der Variablen übergeben haben. Es gibt aber auch so genannte Direktvariablen, denen niemals ein Wert zugewiesen wurde. Stattdessen ist im Variablennamen angegeben, wo der Wert dieser Variablen besorgt werden kann. Diese Direktvariablen haben Sie sogar schon kennen gelernt. Hier ein Beispiel:

```
$env:windir
```

Eben haben Sie mit dieser Anweisung den Inhalt der Umgebungsvariablen *Windir* ausgelesen. Tatsächlich ist *env:windir* aber ein Dateipfad und führt zur »Datei« *Windir* auf dem »Laufwerk« *env:*. Wenn Sie also hinter dem $-Zeichen einen Pfadnamen angeben, liefert diese Variable den Inhalt der angegebenen »Datei«.

Direkt auf Dateipfade zugreifen

Das funktioniert tatsächlich mit (fast) allen Laufwerken so, auch mit echten Datenlaufwerken. In diesem Fall liefert die Direktvariable den Inhalt der tatsächlichen Datei. Weil normale Dateipfade allerdings Sonderzeichen wie »:« und »\« enthalten, die von PowerShell missverstanden würden, muss der Pfad diesmal in geschweifte Klammern gesetzt werden:

```
${c:\autoexec.bat}
REM Dummy file for NTVDM
```

Und noch eine Einschränkung gibt es: Der Pfad hinter dem $-Zeichen wird immer wörtlich, also genau so verstanden, wie Sie ihn angeben. Sie können darin somit keine Variablen oder Umgebungsvariablen einsetzen. Die folgende Anweisung wäre damit erfolglos, weil PowerShell die Datei *$env:windir\windowsupdate.log* nicht finden würde:

```
${$env:windir\windowsupdate.log}
```

TIPP Eine Lösung des Dilemmas ist das Cmdlet *Invoke-Expression*. Es führt einen beliebigen Befehl aus, den Sie als Text übergeben. Hier könnten Sie den Pfadnamen also zuerst in Ruhe zusammensetzen lassen und danach an *Invoke-Expression* übergeben:

```
$befehl = "`${$env:windir\windowsupdate.log}"
Invoke-Expression $befehl
```

Das »`«-Zeichen vor dem ersten $-Zeichen ist übrigens kein Versehen, sondern ein so genanntes Backtick-Zeichen. Es wird allen Zeichen vorangestellt, die normalerweise eine besondere Bedeutung haben, die aber im Moment unerwünscht ist. Ohne das Backtick-Zeichen würde PowerShell bereits in der ersten Zeile den Inhalt als Direktvariable verstehen und durch den Wert der Variablen ersetzen. Mit Backtick bleibt das $-Zeichen ein ganz normales Textzeichen.

Warum hat man den Text in der ersten Zeile nicht gleich in einfache Anführungszeichen gesetzt? Dann hätte PowerShell keine automatischen Ersetzungen vorgenommen. Allerdings wäre dann auch die Umgebungsvariable *$env:windir* nicht aufgelöst worden. Das Backtick-Zeichen benötigen Sie in Texten also immer dann, wenn Sie nur einen Teil des Textes auflösen lassen wollen.

Direktvariablen funktionieren mit den meisten (aber nicht allen) Laufwerken, die Ihnen *Get-PSDrive* meldet. Möchten Sie sich zum Beispiel die Definition einer Funktion anschauen? Dann sprechen Sie die Funktion mit ihrem Pfadnamen an:

```
$function:tabexpansion
```

Sie können Funktionen auch in einen Editor laden:

```
$function:tabexpansion > funktion.ps1; notepad funktion.ps1
```

Bereichszuweiser	Beschreibung
env:	Umgebungsvariablen
function:	Funktionen
variable:	Variable
[Pfadname]	Dateisystem

Tabelle 3.2 Variablenbereiche, die von externen Providern zur Verfügung gestellt werden

Ad-hoc-Variablen: die Unterausdrücke

Eine andere Art der Direktvariable sind Unterausdrücke. Dabei steht hinter dem $-Zeichen in runden Klammern PowerShell-Code. Der Inhalt dieser »Variable« wird also durch den Code in den runden Klammern jeweils frisch ausgerechnet.

```
$(2+2)
4
```

Nach kurzem Grübeln drängt sich die Frage auf: Und wo liegt der Vorteil? Wieso schreibt man nicht ganz einfach:

```
(2+2)
4
```

Oder noch einfacher:

```
2+2
4
```

$(2+2) ist eine Variable und kann deshalb wie alle anderen Variablen auch eingebettet werden, zum Beispiel in Texte:

```
"Ergebnis = $(2+2)"
Ergebnis = 4
```

Eine ganz besondere Bedeutung kommt den Ad-hoc-Variablen spätestens dann zu, wenn Sie mit Objekten arbeiten und innerhalb eines Textes bestimmte Objekteigenschaften ausgeben wollen. Objekte lernen Sie zwar erst in Kapitel 6 ausführlich kennen, aber das Prinzip wird am folgenden Beispiel bestimmt schnell deutlich:

```
# Eine Datei beschaffen:
$datei = Dir c:\autoexec.bat

# Größe der Datei findet sich in der Eigenschaft Length:
$datei.Length

# Um die Dateigröße in einen Text einzubetten, sind Ad-hoc-Variablen erforderlich:
"Die Größe der Datei beträgt $($datei.Length) Bytes."
```

Probieren Sie aus, was passiert wäre, wenn Sie im Text keine Ad-hoc-Variable eingesetzt hätten! PowerShell hätte nur *$datei* durch den Wert der Variablen ersetzt und ».Length« als festen Text angehängt:

```
"Die Größe der Datei beträgt $datei.Length Bytes."
Die Größe der Datei beträgt C:\autoexec.bat.Length Bytes.
```

Gültigkeitsbereich von Variablen

Wenn Sie PowerShell-Skripte einsetzen und alle Variablen überall gelten würden, wäre das Chaos vorprogrammiert: Würde beispielsweise ein PowerShell-Skript eine Konstante anlegen, dann bliebe diese wie Sie inzwischen wissen bis zum nächsten PowerShell-Start dauerhaft vorhanden. Die Konsequenz wäre: Sie könnten ein und dasselbe Skript unter Umständen nicht zweimal innerhalb einer Session aufrufen, weil das Skript die Konstante kein zweites Mal anlegen könnte. Was deshalb gebraucht wird, ist ein Weg, um die Lebensdauer und Gültigkeit der Variablen genauer festzulegen.

Deshalb unterstützt PowerShell vier spezielle Variablenbereiche: *global*, *local*, *private* und *script*. Mit diesen Bereichen schirmen Sie Variablen in Funktionen und Skripten hermetisch gegeneinander ab – oder durchbrechen die Abschirmung, wenn Sie das wollen.

Automatische Abschirmung

Wenn Sie gar nichts tun, spannt PowerShell seinen Variablen-Schutzschirm automatisch für Sie auf. Legen Sie dazu ein kleines Testskript an:

```
Notepad test1.ps1
```

Der Windows-Editor öffnet sich. Geben Sie darin das folgende Skript ein, speichern Sie es und schließen Sie dann den Editor wieder:

```
$windows = $env:windir
"Windows-Ordner: $windows"
```

Rufen Sie jetzt Ihr Skript auf:

```
.\test.ps1
```

ACHTUNG Falls sich Ihr Skript nicht starten lässt, ist vermutlich die Ausführung von Skripten bei Ihnen noch abgeschaltet. Mit dem Befehl *Set-Executionpolicy RemoteSigned* erlauben Sie PowerShell, Skripte auszuführen. PowerShell muss jedoch mit Administratorrechten ausgeführt werden, damit Sie diesen Befehl eingeben können. Mehr erfahren Sie in Kapitel 10.

Das Skript meldet den Windows-Ordner. Innerhalb des Skripts wurde der Ordnerpfad in der Variablen *$windows* gespeichert. Nachdem das Skript seine Arbeit erledigt hat, schauen Sie nach, welche Spuren es hinterlassen hat: Rufen Sie die Variable *$windows* ab. Sie ist leer! Die Variablen in Ihrem Skript wurden also in einem anderen Bereich definiert als die Variablen in Ihrer Konsole und so voneinander isoliert. Dass *$windows* in der Konsole und *$windows* in Ihrem Skript tatsächlich zwei vollkommen unterschiedliche Variablen sind, zeigt auch dieses Beispiel:

```
$windows = "Hello"
.\test1.ps1
$windows
"Hello"
```

Die Variable *$windows* in Ihrer Konsole behält ihren Wert, obwohl das Skript in seiner Variablen *$windows* andere Informationen gespeichert hat. PowerShell legt normalerweise für jedes Skript und jede Funktion einen eigenen Variablenbereich an.

Abschirmung durchbrechen

Wie das Ergebnis ohne die automatische Variablen-Abschirmung ausgesehen hätte, können Sie ebenfalls leicht feststellen, denn es kostet Sie nur einen einzelnen »Punkt«, um die Abschirmung abzuschalten. Dazu rufen Sie Ihr Skript *dot-sourced* auf, schreiben also vor das Skript einen Punkt und ein Leerzeichen:

```
$windows = "Hello"
. .\test1.ps1
$windows
"C:\Windows"
```

Jetzt haben die Variablen innerhalb des Skripts plötzlich Einfluss auf die Variablen in der Konsole. Wenn Sie Skripte dot-sourced aufrufen, dann verzichtet PowerShell darauf, für das Skript einen eigenen Variablenbereich anzulegen und verwendet stattdessen den Variablenbereich des Aufrufers. Das bringt Vor- und Nachteile, die Sie von Fall zu Fall gegeneinander abwägen müssen.

Vorteil Abschirmung: Eindeutige und klare Startverhältnisse

Starten Sie ein Skript mit Abschirmung, dann werden alle Variablen und alle Änderungen an vorhandenen Variablen automatisch beseitigt, sobald das Skript endet. Es hinterlässt also keine Spuren, die übrig bleiben und anschließend für Probleme sorgen.

Stellen Sie sich zum Beispiel vor, ein Skript legt eine Variable mit Schreibschutz als Konstante an. Wie Sie inzwischen wissen, können solche Variablen weder geändert noch entfernt werden. Starten Sie das Skript mit Abschirmung, ist das kein Problem, weil die Konstante im Variablenbereich des Skripts angelegt wird. Dieser gesamte Variablenbereich wird aber vollständig entsorgt, wenn das Skript endet. Konstanten, die Sie in einem Skript anlegen, sind also nur innerhalb des Skripts schreibgeschützt. Um das zu testen, legen Sie ein weiteres Testskript an:

```
Notepad test2.ps1
```

Geben Sie darin den folgenden Code ein, der eine schreibgeschützte Konstante anlegt:

```
New-Variable a -Value 1 -Option Constant
"Wert: $a"
```

Speichern Sie das Testskript, schließen Sie den Editor. Wenn Sie das Skript nun auf reguläre Weise starten, wird die schreibgeschützte Konstante zwar angelegt, aber am Ende des Skripts auch gleich wieder spurlos entsorgt. Sie können das Skript deshalb beliebig oft starten:

```
.\test2.ps1
Wert: 1
.\test2.ps1
Wert: 1
```

Versuchen Sie nun, das Skript dot-sourced aufzurufen. Weil dabei die Abschirmung fehlt, wird die Konstante jetzt nicht im Variablenbereich des Skripts angelegt, sondern im Variablenbereich des Aufrufers, also der Konsole. Deshalb bleibt die Konstante erhalten, wenn das Skript endet. Rufen Sie das Skript ein zweites Mal auf, scheitert es, weil es die vom letzten Aufruf noch vorhandene Konstante nicht überschreiben kann:

```
. .\test2.ps1
Wert: 1
. .\test2.ps1
New-Variable : Eine Variable mit dem Namen "a" ist bereits vorhanden.
Bei C:\Users\Tobias Weltner\test2.ps1:1 Zeichen:13
+ New-Variable    <<<< a -value 1 -option "Constant"
```

Interessanterweise können Sie das Skript allerdings trotz der nun existierenden Variable $a immer noch problemlos ausführen, wenn Sie es wieder auf normale Weise und mit eigenem Variablenbereich starten:

```
.\test2.ps1
Wert: 1
```

Zwar übernimmt das Skript jetzt alle Variablen aus dem Variablenbereich des Aufrufers, also auch die inzwischen existierende Variable $a, aber wenn neue Variablen angelegt oder vorhandene geändert werden, geschieht dies ausschließlich im privaten Variablenbereich des Skripts. Konflikte sind also bei aktiver Abschirmung unmöglich.

HINWEIS Umgekehrt geht es auch: Möchten Sie ausdrücklich verhindern, dass der private Variablenbereich eine Variable aus einem anderen Variablenbereich neu definiert, dann verwenden Sie die Option *AllScope*. Ist diese gesetzt, dann wird die Variable automatisch in jeden neuen Variablenbereich kopiert und dort als lokale Variable angelegt. So verhindern Sie zum Beispiel, dass Konstanten in einem anderen Variablenbereich einfach umdefiniert werden könnten:

```
# Testfunktion mit eigenem lokalen Variablenbereich versucht, die Variable $festerWert neu zu
definieren:
Function Test {$festerWert = 99; $festerWert }
# Variable mit Schreibschutz wird angelegt. Testfunktion kann diesen Wert trotzdem ändern, indem sie
eine neue lokale Variable anlegt:
New-Variable festerWert -Option "ReadOnly" -Value 200
Test
99
```

```
# Variable wird mit Option AllScope angelegt und dadurch automatisch in lokale Variablenbereiche
kopiert.
# Überschreiben ist nun nicht mehr möglich.
Remove-Variable festerWert -force
New-Variable festerWert -Option "ReadOnly,AllScope" -Value 200
Die Variable "festerWert" kann nicht überschrieben werden, da sie konstant oder schreibgeschützt ist.
Bei Zeile:1 Zeichen:27
+ Function Test {$festerWert <<<< = 99; $festerWert }
200
```

Gültigkeitsbereich einzelner Variablen festlegen

Bisher galt das Alles-oder-nichts-Prinzip: Entweder waren alle Variablen einer Funktion oder eines Skripts privat, oder sie waren alle öffentlich, also global. Geht es auch weniger grob? Es geht, und zwar mit den Bereichszuweisern *private*, *local*, *script* und *global*.

Bereichszuweisung	Beschreibung
$private:test = 1	Die Variable wird nur im aktuellen Bereich angelegt und nicht an andere Bereiche weitergegeben. Sie ist also nur im aktuellen Bereich les- und schreibbar.
$local:test = 1	Die Variable wird immer im lokalen Bereich angelegt. Das ist die Vorgabe für Variablen, die ohne Bereich angegeben werden. Lokale Variablen können von Bereichen, die vom aktuellen Bereich abstammen, gelesen, aber nicht verändert werden.
$script:test = 1	Die Variable gilt nur innerhalb eines Skripts, dort aber überall. Eine Funktion innerhalb eines Skripts kann so also andere Variablen ansprechen, die zwar im Skript definiert wurden, aber außerhalb der Funktion liegen.
$global:test = 1	Die Variable gilt überall, auch außerhalb von Funktionen und Skripten.

Tabelle 3.3 Variablenbereiche und Gültigkeit der Variable

Bereiche werden von PowerShell automatisch angelegt, und zwar bereits zum ersten Mal, wenn Sie die PowerShell Konsole starten. Sie erhält den ersten (globalen) Bereich. Weitere Bereiche kommen dazu, wenn Sie Funktionen und Skripte verwenden. Jede Funktion und jedes Skript erhält einen eigenen Bereich. Die Bereichszuweisungen helfen Ihnen nun dabei, in diesen verschiedenen Bereichen zu navigieren. Solange Sie allerdings nur direkt in der PowerShell Konsole hantieren, ist das wenig hilfreich, weil es dann nur einen einzigen Bereich gibt. Alle Bereichszuweisungen funktionieren in diesem Fall genau gleich:

```
$test = 1
$local:test
1
$script:test = 12
$global:test
```

```
12
$private:test
12
```

Lassen Sie uns deshalb einen zweiten Bereich schaffen, indem Sie eine Funktion definieren. Sobald Sie die Funktion aufrufen, wechselt PowerShell in den neuen eigenen Bereich der Funktion. Und jetzt wird es spannend: welche Regeln gelten für Variablen und ihre Gültigkeit? Schauen wir uns zuerst an, was mit Variablen passiert, die Sie im Bereich der Konsole anlegen und dann im Bereich der Funktion lesen oder ändern:

```
# Testfunktion definieren:
Function test { "Variable = $a"; $a = 1000 }

# Variable im Bereich der Konsole anlegen und Testfunktion aufrufen:
$a = 12
Test
Variable = 12

# Variable nach Aufruf der Testfunktion im Bereich der Konsole auf Veränderungen kontrollieren:
$a
12
```

Erste Erkenntnis: Wenn Sie keinen besonderen Bereichszuweiser verwenden, dann kann ein neuer Bereich die Variablen des alten Bereichs lesen, aber nicht verändern. Ändert der neue Bereich eine Variable des alten Bereichs wie im Beispiel, dann wird die Änderung automatisch in einer neuen lokalen Variable des neuen Bereichs angelegt. Die Änderung hat also keine Rückwirkung auf den alten Bereich.

Kann man verhindern, dass Variablen aus einem alten Bereich von einem neuen Bereich gelesen werden? Ja, das geht. Dafür ist der Zuweiser *private:* da. Variablen, die Sie damit (neu) anlegen, werden nicht an andere Bereiche weitergegeben. Die Funktion meldet jetzt »Variable = «, denn die Variable *$a* ist für die Funktion plötzlich unsichtbar.

```
# Testfunktion definieren:
Function test { "Variable = $a"; $a = 1000 }

# Variable im Bereich der Konsole anlegen und Testfunktion aufrufen:
$private:a = 12
Test
Variable =
```

Gültigkeitsbereich von Variablen

```
# Variable nach Aufruf der Testfunktion im Bereich der Konsole auf Veränderungen kontrollieren:
$a
12
```

ACHTUNG Schauen Sie sich das Beispiel und die Ergebnisse genau an! Es ist gut möglich, dass die Ergebnisse bei Ihnen abweichen. Nur wenn Sie mit *$private:* eine ganz neue Variable anlegen, wird diese auch tatsächlich privat. Gibt es die Variable dagegen schon, dann legt PowerShell den Gültigkeitsbereich der vorhandenen Variablen nicht neu fest. Das ist auch (einigermaßen) logisch, denn im Bereich der Konsole gibt es ja nur einen Bereich, sodass die vorhandene Variable unter dem Zuweiser *private:* gefunden und deshalb nicht neu angelegt wird.

Damit der Test bei Ihnen wie geplant verläuft, müssen Sie also entweder mit der Anweisung *Remove-Variable a* zuerst eine vorhandene Variable *$a* entfernen, bevor Sie sie neu anlegen. Oder Sie weisen einer vorhandenen Variable von Hand den Status einer privaten Variable zu:

```
(Get-Variable a).Options = "Private"
```

Entsprechend machen Sie eine Variable mit *(Get-Variable a).Options = "None"* wieder zu einer lokalen Variable. Falls Ihnen das ein wenig bekannt vorkommt: Der Gültigkeitsbereich einer Variablen wird hinter den Kulissen wie in Tabelle 3.6 aufgeführt über die Eigenschaft *Options* bestimmt.

Umgekehrt geht es auch: Die Funktion kann auf ausdrücklichen Wunsch die Variable im Bereich der Konsole ändern. Dafür ist der Zuweiser *global:* da. Wird er angegeben, dann ändert die Anweisung die Variable in sämtlichen vorhandenen Bereichen gleichzeitig:

```
# Testfunktion definieren:
Function test { "Variable = $a"; $global:a = 1000 }

# Variable im Bereich der Konsole anlegen und Testfunktion aufrufen:
Remove-Variable a
$private:a = 12
Test
Variable =

# Variable nach Aufruf der Testfunktion im Bereich der Konsole auf Veränderungen kontrollieren:
$a
1000
```

Ganz ähnlich funktioniert der Zuweiser *script:*. Er ändert die Variable allerdings nicht überall, sondern nur bis zu dem Variablenbereich des Aufrufers. Rufen Sie Funktionen direkt aus der Konsole heraus auf, dann liefern *global:* und *script:* dasselbe Ergebnis, aber wenn Sie *script:* innerhalb von PowerShell-Skripten verwenden, legen Sie damit Variablen an, die innerhalb des Skripts überall gelten, aber nach Beendigung des Skripts keine Rückwirkungen auf die Konsole haben, die das Skript aufgerufen hat.

Bereich	Verwendung
$global	Die Variable gilt in allen Bereichen und bleibt erhalten, wenn ein Skript oder eine Funktion seine bzw. ihre Arbeit beendet habt.
$script	Die Variable gilt nur innerhalb des Skripts, dort aber überall. Ist das Skript abgearbeitet, wird die Variable gelöscht.
$private	Die Variable gilt nur im aktuellen Bereich, entweder in einem Skript oder in einer Funktion. Sie kann nicht an andere Bereiche weitergegeben werden.
$local	Die Variable gilt im aktuellen Bereich. Alle daraus aufgerufenen Bereiche können den Inhalt der Variablen lesen, aber nicht ändern. Änderungen werden stets in neuen lokalen Variablen des aktuellen Bereichs gespeichert. *$local:* ist die Vorgabe, wenn Sie keinen besonderen Bereich angeben.

Tabelle 3.4 Bereichszuweisungen in der Praxis verwenden

TIPP Möchten Sie auf eine Variable zugreifen, die in einem übergeordneten Gültigkeitsbereich liegt, verwenden Sie die Cmdlets *Get-Variable* und *Set-Variable*. Diese beiden Cmdlets unterstützen den Parameter *-Scope*. Ein Gültigkeitsbereich entspricht im einfachsten Fall einem Anweisungsblock in geschweiften Klammern, der mit *&* ausgeführt wird. Das folgende Beispiel verwendet drei ineinander verschachtelte Anweisungsblöcke und definiert in jedem die Variable $a. Im innersten Anweisungsblock greifen Sie dann auf alle drei (gleichnamigen) Variablen zu, indem Sie den Parameter *-Scope* verwenden.

```
& {$a = 1; &{$a=2; &{$a=3; $a; Get-Variable a -scope 0; Get-Variable a -scope 1; Get-Variable a -scope 2}}}
Name                           Value
----                           -----
a                              3
a                              2
a                              1
```

Variablentypen und strenge Typisierung

Variablen speichern normalerweise ganz beliebige Informationen. Das ist möglich, weil PowerShell intern automatisch den passenden Datentyp bestimmt und der Variablen zuweist. Sie brauchen sich darum nicht zu kümmern. Mit dem Befehl *.GetType().Name* ermitteln Sie den tatsächlich ausgewählten Datentyp für jede beliebige Variable. Sie brauchen sogar noch nicht einmal eine Variable. Schreiben Sie den Wert in runde Klammern und rufen Sie *.GetType().Name* auf, um festzustellen, in welchem Datentyp PowerShell diesen Wert speichern würde:

```
(12).GetType().Name
Int32
(1000000000000).GetType().Name
Int64
(12.5).GetType().Name
Double
```

```
(12d).GetType().Name
Decimal
("H").GetType().Name
String
(get-date).GetType().Name
DateTime
```

Tatsächlich sucht PowerShell sich für jeden Wert den passenden Datentyp heraus, und ist eine Zahl zu groß für eine 32-Bit-Integerzahl, dann wird sie in einer 64-Bit-Integerzahl untergebracht. Handelt es sich um eine Kommazahl, dann wird der Datentyp *Double* verwendet. Für Texte nutzt PowerShell den *String*-Datentyp, und Datums- und Zeitangaben werden in *DateTime*-Objekten verpackt. Datentypen sind also jeweils auf die Speicherung einer bestimmten Informationsart spezialisiert.

Diese Auswahlautomatik nennt man auch »schwach typisiert«, und sie ist zwar ausgesprochen bequem, aber auch oft einschränkend oder gar riskant. Was nämlich, wenn PowerShell aus Versehen den falschen Datentyp aussucht? Wirklich »falsch« kann der Datentyp natürlich nicht sein, denn die PowerShell-Automatik sorgt dafür, dass der Datentyp den zugewiesenen Wert zumindest anstandslos speichern kann.

Genau dieser sorgenfreie Umgang kann aber zum Problem werden, denn weil PowerShell jeden beliebigen Wert in einer Variablen speichert, erhalten Sie nie Fehlermeldungen, selbst wenn diese eigentlich angebracht wären. Vielleicht soll eine Variable die Anzahl der zu kopierenden Dateien speichern. Wenn Sie dieser Variablen aus Versehen statt einer Anzahl einen Text zuweisen, spielt PowerShell bedenkenlos mit und speichert anstelle einer Zahl eben einen Text. Der Typ der Variablen wird entsprechend umgewandelt. Deshalb wünschen sich professionelle Programmierer und Skriptentwickler häufig lieber streng typisierte Variablen, die von vornherein nur den für sie gedachten Wert speichern und alle anderen unpassenden Werte ablehnen und mit einem Fehler quittieren.

Ein zweiter Grund für strenge Typisierung ist ganz anders gelagert: Jeder Datentyp bringt sein eigenes Set an Helferfunktionen mit. Nicht immer wählt PowerShell für einen bestimmten Wert tatsächlich den optimalen Datentyp aus. Sowohl Datum/Zeit-Angaben als auch XML werden standardmäßig als einfacher Text in einem *String*-Datentyp gespeichert, und das ist schade, weil Sie so auf viele nützliche Datums- oder XML-Befehle verzichten, die die spezialisierteren Datentypen *DateTime* oder *XML* anbieten. In der Praxis gibt es also zwei wichtige Gründe, den Variablentyp selbst festzulegen:

- **Typsicherheit:** Haben Sie einer Variablen selbst einen Typ zugewiesen, dann bleibt der Typ unter allen Umständen erhalten und wird nachträglich niemals automatisch geändert. Sie können sich also darauf *verlassen*, dass in der Variablen ein Wert des gewünschten Typs gespeichert ist. Würde man also später der Variablen versehentlich einen Wert zuweisen, der nicht dem ursprünglich ausgewählten Typ entspricht, führt das zu einem Fehler und damit zu einem wichtigen Hinweis bei der Fehlersuche.

- **Spezielle Variablentypen:** PowerShell berücksichtigt bei der automatischen Zuweisung eines Variablentyps nur allgemeine Variablentypen wie *Int32* oder *String*. Oft kann es sinnvoll sein, Werte in einem spezialisierteren Variablentyp wie *DateTime* zu speichern, um die besonderen Befehle und Möglichkeiten dieses Variablentyps nutzen zu können.

Feste Typen zuweisen

Um einer Variablen einen bestimmten Typ zuzuweisen, schreiben Sie den gewünschten Typ in eckigen Klammern vor den Variablennamen. Wissen Sie von vornherein, dass eine bestimmte Variable lediglich Zahlen im Wertebereich von 0 bis 255 enthalten soll, dann könnten Sie diese Variable explizit mit dem Typ *Byte* anlegen:

```
[Byte]$flag = 12
$flag.GetType().Name

Byte
```

Die Variable speichert ihren Inhalt nun in einem einzelnen Byte, was nicht nur sehr ökonomisch ist, sondern auch Fehler auslöst, wenn der Variablen später Werte außerhalb dieses Wertebereichs zugewiesen werden sollten:

```
$flag = 300

Der Wert "300" kann nicht in den Typ "System.Byte" konvertiert werden. Fehler: "Der Wert für ein
unsigniertes Byte war zu groß oder zu klein."
Bei Zeile:1 Zeichen:6
+ $flag  <<<< = 300
```

Die Vorteile spezialisierter Typen

Weil jeder Datentyp über sein eigenes Set an Spezialbefehlen verfügt, gibt es einen weiteren wichtigen Grund, Datentypen von Hand zuzuweisen. Ein Datum könnte man zum Beispiel problemlos als Text in einem *String*-Datentyp unterbringen, und genau das macht PowerShell auch, weil es nicht clever genug ist, Datums- und Zeitangaben automatisch zu erkennen.

```
$datum = "12. November 2004"
$datum

12. November 2004
```

Speichern Sie ein Datum als *String*, dann haben Sie keinen Zugang zu den speziellen Datumsfunktionen. Die gibt es nur im *DateTime*-Objekt. Wenn Sie also mit Datums- und Zeitangaben hantieren, ist es deshalb besser, diese explizit als *DateTime* aufzubewahren:

```
[datetime]$datum = "12. November 2004"
$datum

Freitag, 12. November 2004 00:00:00
```

Variablentypen und strenge Typisierung

Die Ausgabe der Variablen verrät Ihnen nun sofort unter anderem den Wochentag, auf den das Datum fällt, und Variablen vom Typ *DateTime* enthalten außerdem umfangreiche Datums- und Zeitberechnungsbefehle, die Sie nun sofort nutzen könnten. So ist es jetzt ein Kinderspiel herauszufinden, auf welches Datum eine fiktive Deadline genau 60 Tage später fällt:

```
$datum.AddDays(60)

Dienstag, 11. Januar 2005 00:00:00
```

==PowerShell unterstützt alle üblichen .NET-Variablentypen, die Sie in Tabelle 3.5 finden==, mit deren Hilfe Sie den jeweils besten Datentyp herausfinden und einsetzen können. Auch XML-Dokumente lassen sich zum Beispiel viel besser im *XML*-Datentyp verarbeiten als im standardmäßigen *String*-Datentyp:

```
# Ein Text in XML-Format wird von PowerShell als String gespeichert:
$t = "<servers><server name='PC1' ip='10.10.10.10'/><server name='PC2' ip='10.10.10.12'/></servers>"
$t
<servers><server name='PC1' ip='10.10.10.10'/><server name='PC2' ip='10.10.10.12'/></servers>

# weisen Sie den Text einem Datentyp [xml] zu, dann können Sie plötzlich auf die XML-Struktur zugreifen:
[xml]$liste = $t
$liste.servers
Server
------
{PC1, PC2}
$liste.servers.server

name                             ip
----                             --
PC1                              10.10.10.10
PC2                              10.10.10.12

# sogar Änderungen am XML-Inhalt sind möglich:
$liste.servers.server[0].ip = "10.10.10.11"
$liste.servers

name                             ip
----                             --
PC1                              10.10.10.11
PC2                              10.10.10.12
```

```
# das Ergebnis könnte wieder als Text ausgegeben werden, die Änderung eingeschlossen:
$liste.get_InnerXML()

<servers><server name="PC1" ip="10.10.10.11" /><server name="PC2" ip="10.10.10.12" /></servers>
```

Variablentyp	Beschreibung	Beispiel
[array]	Datenfeld	$a = Dir; $a -is [array]
[bool]	Ja-Nein-Wert	[boolean]$flag = $true
[byte]	8-Bit-Ganzzahl ohne Vorzeichen, 0...255	[byte]$wert = 12
[char]	Einzelnes Unicodezeichen	[char]$a = "t"
[datetime]	Datums- und Zeitinformation	[datetime]$datum = "12.Nov 2004 12:30"
[decimal]	Dezimalzahl	[decimal]$a = 12 $a = 12d
[double]	Gleitkommazahl mit doppelter Genauigkeit	$betrag = 12.45
[guid]	Global eindeutige 32-Byte-Kennzahl	[guid]$id = [System.Guid]::NewGuid() $id.toString()
[hashtable]	Hashtable	
[int16]	16-Bit-Ganzzahl mit Vorzeichen	[int16]$wert = 1000
[int32], [int]	32-Bit-Ganzzahl mit Vorzeichen	[int32]$wert = 5000
[int64], [long]	64-Bit-Ganzzahl mit Vorzeichen	[int64]$wert = 4GB
[nullable]	Erweitert einen anderen Datentyp um die Fähigkeit, Nullwerte zu enthalten, und kann zum Beispiel verwendet werden, um optionale Parameter zu realisieren	[Nullable`1[[System.DateTime]]]$test = Get-Date $test = $null
[psobject]	PowerShell-Objekt	
[regex]	Regulärer Ausdruck	$text = "Hello World" [regex]::split($text, "lo")
[sbyte]	8-Bit-Ganzzahl mit Vorzeichen	[sbyte]$wert = -12
[scriptblock]	PowerShell-Skriptblock	
[single], [float]	Gleitkommazahl mit einfacher Genauigkeit	[single]$betrag = 44.67
[string]	Text	[string]$text = "Hello"
[switch]	PowerShell-Switch-Parameter	
[timespan]	Zeitintervall	[timespan]$t = New-TimeSpan $(Get-Date) "1.Sep 07"
[type]	Typ	
[uint16]	16-Bit-Ganzzahl ohne Vorzeichen	[uint16]$wert = 1000
[uint32]	32-Bit-Ganzzahl ohne Vorzeichen	[uint32]$wert = 5000
[uint64]	64-Bit-Ganzzahl ohne Vorzeichen	[uint64]$wert = 4GB
[xml]	XML-Dokument	

Tabelle 3.5 Variablentypen

Variablenverwaltung hinter den Kulissen

Immer, wenn Sie in PowerShell eine neue Variable anlegen, wird diese hinter den Kulissen in einem *PSVariable*-Objekt gespeichert. In diesem Objekt wird nicht nur der Wert der Variablen hinterlegt, sondern auch alle sonstigen Zusatzinformationen wie zum Beispiel die Beschreibung, die Sie der Variablen zugewiesen haben, oder zusätzliche Optionen wie ein Schreibschutz.

Rufen Sie in PowerShell eine Variable ab, gibt PowerShell nur den Wert der Variablen zurück. Möchten Sie auch die übrigen Informationen sehen, die der Variablen zugewiesen wurden, benötigen Sie das zugrundeliegende *PSVariable*-Objekt. Das liefert Ihnen *Get-Variable*:

```
$testvariable = "Hallo"
$psvariable = Get-Variable testvariable
```

Sie könnten sich nun sämtliche Informationen über die Variable *$testvariable* anzeigen lassen, indem Sie *$psvariable* ausgeben. Damit Sie tatsächlich alle Objekteigenschaften sehen und nicht nur die Standardeigenschaften, leiten Sie die Ausgabe an das Cmdlet *Format-List* weiter:

```
$psvariable | Format-List
Name          : testvariable
Description   :
Value         : Hallo
Options       : None
Attributes    : {}
```

- **Description:** Hier kann eine Beschreibung der Variablen stehen, die im Klartext verrät, wofür die Variable gedacht ist. Die Angabe einer Beschreibung ist freiwillig.
- **Value:** Der Wert, der der Variablen augenblicklich zugewiesen ist, also ihr Inhalt.
- **Options:** Optionen wie Schreibschutz, damit der Variableninhalt nicht geändert werden kann, oder *AllScope*, damit die Variable auch in nachfolgend gestarteten Skripten und Funktionen nicht veränderbar ist.
- **Attributes:** Zusatzmerkmale wie zum Beispiel der erlaubte Datentyp einer Variablen bei streng typisierten Variablen. Die geschweiften Klammern hinter *Attributes* deuten bereits an, dass es sich hierbei um ein Feld handelt, das aus mehreren Werten bestehen kann, die dann miteinander kombiniert werden.

Variablen-Optionen nachträglich ändern

Ein Grund, das *PSVariable*-Objekt einer Variablen abzurufen, ist die nachträgliche Änderung der Variablen-Einstellungen. Den Wert einer Variablen ändern Sie leicht, indem Sie der Variablen einen neuen Wert zuweisen. Die anderen Einstellungen der Variablen lassen sich nicht so einfach ändern. Verwenden Sie dazu entweder das Cmdlet *Set-Variable*, oder ändern Sie das *PSVariable*-Objekt direkt. Möchten Sie zum Beispiel die Beschreibung einer Variablen nachträglich ändern, rufen Sie das zuständige *PSVariable*-Objekt ab und ändern dessen Eigenschaft *Description*:

```
# neue Variable anlegen:
$test = "Neue Variable"

# PSVariable-Objekt beschaffen:
$psvariable = Get-Variable test

# Beschreibung ändern:
$psvariable.Description = "Eine nachträglich angefügte Beschreibung"
Dir variable:\test | Format-Table name, description

Name                                            Description
----                                            -----------
test                                            Eine nachträglich angefügte Beschreibung.

# PSVariable-Objekt beschaffen und direkt die Beschreibung ändern:
(Get-Variable test).Description = "Eine weitere Änderung der Beschreibung."
Dir variable:\test | Format-Table name, description

Name                                            Description
----                                            -----------
test                                            Eine weitere Änderung der Beschreibung.

# Beschreibung einer existierenden Variable mit Set-Variable ändern:
Set-Variable test -Description "Noch eine Änderung"
Dir variable:\test | Format-Table name, description

Name                                            Description
----                                            -----------
test                                            Noch eine Änderung.
```

Wie Sie sehen, brauchen Sie das *PSVariable*-Objekt gar nicht extra in einer zweiten Variablen zu speichern, um auf seine *Description*-Eigenschaft zugreifen zu können. Verwenden Sie stattdessen einen Unterausdruck, also eine Anweisung in runden Klammern. PowerShell wertet den Inhalt des Unterausdrucks dann separat aus. Der Ausdruck ergibt das benötigte *PSVariable*-Objekt. Deshalb können Sie die Eigenschaft *Description* anschließend direkt aus dem Ergebnis des Unterausdrucks abrufen. Dasselbe hätten Sie allerdings auch mit *Set-Variable* erreichen können. Das Lesen der Einstellungen funktioniert allerdings nur mit dem *PSVariable*-Objekt:

```
(Get-Variable test).Description
Eine weitere Änderung der Beschreibung.
```

Schreibschutz nachträglich aktivieren

Ganz analog gehen Sie mit den übrigen Eigenschaften um. Möchten Sie zum Beispiel nachträglich eine Variable mit einem Schreibschutz versehen, dann machen Sie das so:

Variablenverwaltung hinter den Kulissen

```
$beispiel = 10

# Option direkt im PSVariable-Objekt setzen:
(Get-Variable beispiel).Options = "ReadOnly"

# Option wahlweise mit Set-Variable ändern; weil die Variable schreibgeschützt ist, ist –force
erforderlich:
Set-Variable beispiel -Option "None" -Force

# Schreibschutz wieder abgeschaltet, Variableninhalt kann wieder frei geändert werden:
$beispiel = 20
```

Eine besondere Rolle spielt die Option *Constant*. Sie muss bereits beim Anlegen einer neuen Variablen gesetzt werden. Nachträglich kann man eine Variable nicht in eine Konstante verwandeln.

```
# Eine normale Variable kann nicht nachträglich in eine Konstante umgewandelt werden:
$konstante = 12345
(Get-Variable konstante).Options = "Constant"
Ausnahme beim Festlegen von "Options": "Die vorhandene Variable "konstante" kann nicht als konstant
festgelegt werden. Variablen können nur zur Erstellungszeit als konstant festgelegt werden."
Bei Zeile:1 Zeichen:26
+ (Get-Variable konstante).O <<<< ptions = "Constant"
```

Die übrigen beiden Optionen *Private* und *AllScope* sind die Grundlage für lokale und globale Variablen und lassen sich ebenfalls über den gerade beschriebenen Weg auslesen und ändern.

Option	Beschreibung
"None"	Keine Option (Vorgabe)
"ReadOnly"	Variableninhalt kann nur mit Hilfe des *-Force*-Parameters geändert werden
"Constant"	Variableninhalt kann überhaupt nicht geändert werden. Diese Option muss bereits beim Anlegen der Variablen angegeben werden. Eine spätere Zuweisung ist nicht möglich.
"Private"	Die Variable ist nur in einem bestimmten Kontext sichtbar (lokale Variable)
"AllScope"	Die Variable wird automatisch in neue Variablenbereiche kopiert

Tabelle 3.6 Die Optionen einer PowerShell-Variablen

Variablen-Typisierung

Intern speichert PowerShell den Datentyp einer Variablen in der Eigenschaft *Attributes*. Solange in dieser Eigenschaft kein besonderer Datentyp festgelegt ist, darf die Variable beliebige Daten speichern, und PowerShell kümmert sich automatisch um die Auswahl des geeigneten Datentyps. Sobald Sie einer Variablen aber wie oben gezeigt einen festen Datentyp zuweisen, wird dieser Datentyp in der Eigenschaft *Attributes* hinterlegt, und die Variable ist auf den zugewiesenen Datentyp festgelegt. Löscht man die *Attributes*-Eigenschaft, ist die Variable wieder untypisiert und kann wieder beliebige Daten speichern:

```
# Attribute auflisten und löschen:
(Get-Variable a).Attributes
TypeId
------
System.Management.Automation.ArgumentTypeConverterAttribute

# Typisierung löschen:
(Get-Variable a).Attributes.Clear()

# strenge Typisierung ist wieder entfernt, nun kann die Variable auch wieder Text speichern:
$a = "Test"
```

Variableninhalt prüfen und validieren

Die *Attributes*-Eigenschaft eines *PSVariable*-Objekts kann weitere Bedingungen enthalten, zum Beispiel die maximale Länge der Variablen. Im folgenden Beispiel wird einer Variablen eine gültige Länge zwischen 2 und 8 Zeichen zugewiesen. Versuchen Sie der Variablen einen Text zuzuweisen, der kürzer oder länger ist, wird ein Fehler ausgelöst:

```
$a = "Hello"
$aa = Get-Variable a
$aa.Attributes.Add($(New-Object System.Management.Automation.ValidateLengthAttribute -ArgumentList 2,8))
$a = "Erlaubt"
$a = "Dies ist verboten, weil nicht zwischen 2 und 8 Zeichen lang!"
Die Überprüfung kann aufgrund eines ungültigen Werts (Dies ist verboten, weil nicht zwischen 2 und 8
Zeichen lang!) für die Variable "a" nicht ausgeführt werden.
Bei Zeile:1 Zeichen:3
+ $a  <<<< = "Dies ist verboten, weil nicht zwischen 2 und 8 Zeichen lang!"
```

Add() hat der Eigenschaft *Attributes* mit *New-Object* ein neues .NET-Objekt hinzugefügt. Das ist ein kleiner Vorgriff auf Kapitel 6. Dort werden Sie *New-Object* genauer kennen lernen. Neben *ValidateLengthAttribute* gibt es weitere Beschränkungen, die Sie Variablen auferlegen können.

Beschränkung	Klasse
Variable darf nicht null sein	*ValidateNotNullAttribute*
Variable darf nicht null oder leer sein	*ValidateNotNullOrEmptyAttribute*
Variable muss einem regulären Ausdruck (siehe Kapitel 13) entsprechen	*ValidatePatternAttribute*
Variable muss einem bestimmten Zahlenbereich entsprechen	*ValidateRangeAttribute*
Variable darf nur bestimmte festgelegte Werte haben	*ValidateSetAttribute*

Tabelle 3.7 Verfügbare Validierungsklassen für Variablen

Im folgenden Beispiel muss die Variable eine gültige E-Mail-Adresse enthalten. Alle Werte, die nicht einer E-Mail-Adresse entsprechen, führen zu einem Fehler. Die E-Mail-Adresse wird durch einen so genannten regulären Ausdruck definiert. Details zu regulären Ausdrücken finden Sie in Kapitel 13.

```
$email = tobias.weltner@powershell.com
$v = Get-Variable email
$muster = "\b[A-Z0-9._%+-]+@[A-Z0-9.-]+\.[A-Z]{2,4}\b"
$v.Attributes.Add($(New-Object System.Management.Automation.ValidatePatternAttribute -ArgumentList $muster))
$email = gueltige@email.de
$email = "ungueltige@email"
Die Überprüfung kann aufgrund eines ungültigen Werts (ungueltige@email) für die Variable "email" nicht
ausgeführt werden.
Bei Zeile:1 Zeichen:7
+ $email  <<<< = "ungueltige@email"
```

Wollen Sie einer Variablen einen festen Zahlenbereich zuweisen, verwenden Sie *ValidateRangeAttribute*. Im folgenden Beispiel akzeptiert die Variable *$alter* nur Zahlen zwischen 5 und 100:

```
$alter = 18
$v = Get-Variable alter
$v.Attributes.Add($(New-Object System.Management.Automation.ValidateRangeAttribute -ArgumentList 5,100))
$alter = 30
$alter = 110
Die Überprüfung kann aufgrund eines ungültigen Werts (110) für die Variable "alter" nicht ausgeführt
werden.
Bei Zeile:1 Zeichen:7
+ $alter  <<<< = 110
```

Möchten Sie nur bestimmte Schlüsselwerte erlauben, ist ein *ValidateSetAttribute* richtig. Die Variable *$option* akzeptiert nur die Inhalte *ja*, *nein* oder *vielleicht*:

```
$option = "ja"
$v = Get-Variable option
$v.Attributes.Add($(New-Object System.Management.Automation.ValidateSetAttribute -ArgumentList "ja", "nein", "vielleicht"))
$option = "nein"
$option = "vielleicht"
$option = "weiss nicht"
Die Überprüfung kann aufgrund eines ungültigen Werts (weiss nicht) für die Variable "option" nicht
ausgeführt werden.
Bei Zeile:1 Zeichen:8
+ $option  <<<< = "weiss nicht"
```

Kapitel 3: Variablen

> **Profitipp** Die Validierungen, die Sie hier auf Variablen angewendet haben, wurden ursprünglich für die Validierungsprüfung der Cmdlet-Parameter eingerichtet. Wie Sie sehen, können Sie sie aber auch problemlos für Variablen verwenden.

Möchten Sie die Parameter, die ein Cmdlet akzeptiert, noch genauer erforschen, untersuchen Sie einfach die Attribute der Cmdlet-Parameter und suchen dort nach Validierungseinträgen. Das nächste Beispiel untersucht alle Parameter des Cmdlets *Get-Childitem* und schaut sich den erlaubten Wertebereich des Parameters *-OutBuffer* näher an:

```
# alle Parametersets ausgeben:
(Get-Command Get-Childitem).ParameterSets
(...)
# Namen der Parametersets ausgeben:
(Get-Command Get-Childitem).ParameterSets | foreach-object { $_.Name }
Items
LiteralItems

# Alle Parameter aller Parametersets auflisten:
(Get-Command Get-Childitem).ParameterSets | foreach-object { $_.Parameters } | foreach-object { $_.Name }

# Einen Parameter herausgreifen:
$parameter = (Get-Command Get-Childitem).ParameterSets | foreach-object { $_.Parameters } | where-object {
$_.Name -eq "OutBuffer" } | select-object -first 1
$parameter
Name                         : OutBuffer
ParameterType                : System.Int32
IsMandatory                  : False
IsDynamic                    : False
Position                     : -2147483648
ValueFromPipeline            : False
ValueFromPipelineByPropertyName : False
ValueFromRemainingArguments  : False
HelpMessage                  :
Aliases                      : {ob}
Attributes                   : {System.Management.Automation.AliasAttribute, __AllParameterSets,
                               System.Management.Automation.ValidateRangeAttribute}

# erlaubte Werte ermitteln:
$parameter.Attributes | where-object { $_.TypeId -match "ValidateRangeAttribute" }

        MinRange                       MaxRange TypeId
        --------                       -------- ------
               0                     2147483647
System.Management.Automat...
```

Zusammenfassung

Variablen speichern beliebige Informationen unter einem festgelegten Namen. Der Variablenname beginnt immer mit dem $-Zeichen. Danach dürfen Zahlen, Zeichen und der Unterstrich (_) folgen. Zwischen Groß- und Kleinschreibung wird nicht unterschieden. Möchten Sie andere Zeichen im Variablennamen verwenden, dann muss der Variablenname in geschweifte Klammern gesetzt werden. PowerShell verlangt nicht, dass Variablen vor der Benutzung speziell angelegt oder deklariert werden müssen.

Neben den Variablen, die Sie selbst anlegen, gibt es vordefinierte Variablen, die PowerShell anlegt und »automatische Variablen« nennt. Diese Variablen funktionieren wie selbstdefinierte Variablen, enthalten aber bereits nützliche Eckdaten des Systems oder regeln Feineinstellungen von PowerShell.

Intern speichert PowerShell Variablen immer in einem *PSVariable*-Objekt. Es enthält Einstellungen, um die Variable zum Beispiel mit einem Schreibschutz zu versehen oder eine Beschreibung anzuheften (Tabelle 3.6). Am einfachsten aktivieren Sie diese Sonderfunktionen mit den Cmdlets *New-Variable* oder *Set-Variable* (Tabelle 3.1).

Als Vorgabe speichern Variablen ganz beliebige Werte, und PowerShell kümmert sich automatisch um den für den Wert passenden Variablentyp. Möchten Sie Variablen auf einen bestimmten Variablentyp festlegen (strenge Typisierung), dann schreiben Sie vor den Variablennamen in eckigen Klammern den gewünschten Typ (Tabelle 3.5). Die Variable kann dann nur noch Werte speichern, die diesem Typ entsprechen. Außerdem stellt die Variable nun die besonderen Befehle dieses Variablentyps zur Verfügung, beispielsweise besondere Rechenbefehle für Datumsangaben beim Variablentyp *DateTime*.

Jede Variable wird in einem bestimmten Bereich angelegt, über den PowerShell den Gültigkeitsbereich einer Variable bestimmt. Beim Start von PowerShell wird ein erster Variablenbereich angelegt, und jedes Skript und jede Funktion erhalten darüber hinaus jeweils eigene Bereiche. Variablen werden immer im aktuellen Bereich gesucht, wenn Sie keinen besonderen Bereich angeben. Einen besonderen Bereich geben Sie an, indem Sie vor den Variablennamen den Namen des gewünschten Bereichs schreiben und mit einem Doppelpunkt vom Variablennamen trennen.

Zur Verfügung stehen nicht nur die Bereiche *local:*, *private:*, *script:* und *global:*, über die Sie lokale und globale Variablen ansprechen. Zusätzlich können weitere Provider eigene Bereiche bereitstellen, über die Sie Informationen dieser Provider wie ganz normale Variablen ansprechen. Dazu gehören zum Beispiel die Umgebungsvariablen, die über den Bereich *env:* erreicht werden (Tabelle 3.2).

Eine besondere Variablenart sind schließlich Direktvariablen. Ihr Wert wird durch den Variablennamen festgelegt. Entweder wird als Variablenname ein gültiger Dateipfad angegeben. Dann gibt die Variable den Inhalt dieses Dateiobjekts aus. Oder der Variablenname besteht aus PowerShell-Code in runden Klammern. Dieser rechnet dann den »Inhalt« der Variablen jeweils frisch aus.

Kapitel 4

Felder und Hashtables

In diesem Kapitel:

PowerShell-Befehle liefern Felder	94
Neue Felder anlegen	97
Feldelemente ansprechen	99
Hashtables	102
Felder und Hashtables kopieren	106
Streng typisierte Felder	107
Zusammenfassung	108

Wie viele Ergebnisse ein Befehl liefert, kann von Fall zu Fall ganz unterschiedlich sein. Damit Sie die Ergebnisse eines Befehls trotzdem immer in einer Variablen speichern können, verwendet PowerShell eine clevere Automatik. Liefert ein Befehl mehr als ein Ergebnis, werden die Ergebnisse in einem Feld verpackt. Ein Feld ist also eine Variable, die beliebig viele Einzelergebnisse zusammenfasst, und in diesem Kapitel erfahren Sie, wie Felder funktionieren.

Dabei lernen Sie auch gleich eine Sonderform des Felds kennen: die Hashtable. Während die Elemente, die sich in einem normalen Feld befinden, mit einer fortlaufende Indexzahl durchnummeriert und so einzeln angesprochen werden, dürfen Sie in einer Hashtable jedem Element einen beliebigen Namen – einen Schlüssel – zuweisen, unter dem das Element später abgerufen werden kann.

PowerShell-Befehle liefern Felder

Wenn Sie das Ergebnis eines Befehls in einer Variablen speichern und dann ausgeben, scheint diese Variable auf den ersten Blick Text zu enthalten.

```
$a = ipconfig
$a
Windows-IP-Konfiguration
Ethernet-Adapter LAN-Verbindung:
   Medienstatus. . . . . . . . . . : Medium getrennt
   Verbindungsspezifisches DNS-Suffix:
Drahtlos-LAN-Adapter Drahtlosnetzwerkverbindung:
   Verbindungsspezifisches DNS-Suffix:
   Verbindungslokale IPv6-Adresse  . : fe80::6093:8889:257e:8d1%8
   IPv4-Adresse  . . . . . . . . . : 192.168.1.35
   Subnetzmaske  . . . . . . . . . : 255.255.255.0
   Standardgateway . . . . . . . . : 192.168.1.1
```

Das allerdings täuscht und ist in Wahrheit deutlich komplexer. Tatsächlich liefern Befehle meist zahlreiche Einzelergebnisse zurück, und diese Ergebnisse erscheinen nur deshalb wie ein Text, weil PowerShell den Inhalt eines Feldes automatisch in Text umwandelt. Nur bemerken Sie das nicht, und das ist auch gut so, denn wenn Sie wollen, können Sie sich so der einfachen Illusion hingeben, nur mit Texten zu arbeiten.

Ergebnisse in Feldern speichern

Ob das, was ein Befehl liefert, tatsächlich ein Einzelergebnis ist oder doch vielleicht ein Feld mit vielen Ergebnissen, finden Sie heraus, wenn Sie das Ergebnis näher untersuchen:

```
$a = "Hallo"
$a -is [Array]
False
$a = ipconfig
$a -is [Array]
True
```

Ist das Ergebnis ein Feld, bestimmen Sie als nächstes, wie viele Ergebnisse darin gespeichert sind. Dazu verwenden Sie die Eigenschaft *Count*, die jedes Feld bereitstellt:

```
$a.Count
53
```

In diesem Beispiel hat der Befehl *ipconfig* in Wirklichkeit 53 Einzelergebnisse geliefert, die alle in *$a* gespeichert sind. Möchten Sie sich ein einzelnes Feldelement ansehen, geben Sie dessen Indexzahl an. Enthält ein Feld 53 Elemente, lauten die gültigen Indexzahlen 0 bis 52, denn der Index beginnt immer bei 0.

```
# Das zweite Element anzeigen:
$a[1]
Windows-IP-Konfiguration
```

HINWEIS Ob ein Befehl ein Feld zurückgibt oder nicht, hängt davon ab, ob der Befehl zu nur einem Ergebnis führt oder zu mehreren. Sind es mehrere, verpackt PowerShell die Ergebnisse in einem Feld, ansonsten nicht. Das führt dazu, dass ein und derselbe Befehl sich von Fall zu Fall unterschiedlich verhält.

```
$ergebnis = Dir
$ergebnis -is [array]
True

$ergebnis = Dir C:\autoexec.bat
$ergebnis -is [array]
False
```

Möchten Sie erzwingen, dass ein Befehl sein Ergebnis grundsätzlich immer in einem Feld liefert, verwenden Sie die Konstruktion *@()*, die Sie gleich noch näher kennen lernen. Weil Sie jetzt sicher sein können, dass das Ergebnis des Befehls ein Feld ist, selbst wenn der Befehl nur ein oder gar kein Ergebnis zurückgibt, könnten Sie wie folgt zuverlässig bestimmen, wie viele Elemente sich in einem Ordner befinden:

```
$ergebnis = @(Dir)
$ergebnis.Count
```

Oder in einer Zeile:

```
@(Dir).Count
```

Feldelemente in der Pipeline weiterbearbeiten

Ipconfig liefert als Ergebnis also einzelne Textzeilen. Die Frage ist, warum es nützlich sein könnte, dass *ipconfig* jede Textzeile einzeln zurückgibt. Weil Sie diese Textzeilen nun zeilenweise weiterverarbeiten könnten:

```
# Ergebnis eines Feldes speichern und dann über die Pipeline an Select-String senden:
$ergebnis = ipconfig
$ergebnis | Select-String "Adresse"

   Verbindungslokale IPv6-Adresse  . : fe80::6093:8889:257e:8d1%8
   IPv4-Adresse . . . . . . . . . . : 192.168.1.35
   Verbindungslokale IPv6-Adresse  . : fe80::5efe:192.168.1.35%16
   Verbindungslokale IPv6-Adresse  . : fe80::14ab:a532:a7b9:cd3a%11

# Alles in einer Zeile: ausgegeben werden nur Zeilen, die das Wort "Adresse" enthalten:
ipconfig | Select-String "Adresse"

   Verbindungslokale IPv6-Adresse  . : fe80::6093:8889:257e:8d1%8
   IPv4-Adresse . . . . . . . . . . : 192.168.1.35
   Verbindungslokale IPv6-Adresse  . : fe80::5efe:192.168.1.35%16
   Verbindungslokale IPv6-Adresse  . : fe80::14ab:a532:a7b9:cd3a%11
```

Das Ergebnis von *ipconfig* wurde an *Select-String* übergeben. *Select-String* ist ein Textfilter und lässt nur die Textzeilen durch die PowerShell-Pipeline, die das Suchwort enthalten. Mit minimalem Aufwand haben Sie also das Ergebnis von *ipconfig* auf die für Sie wichtigen Informationen reduziert. Hätte *ipconfig* das Ergebnis nicht zeilenweise geliefert, sondern als Gesamttext, wäre das unmöglich gewesen.

Mit echten Objekten arbeiten

Ipconfig ist ein alter Befehl, kein modernes PowerShell-Cmdlet, und deshalb liefert dieser Befehl zwar in Feldern verpackte Einzelinformationen, aber diese Einzelinformationen bestehen aus Text. Sehr viel mehr Möglichkeiten bieten echte PowerShell-Cmdlets, die als Ergebnis vollwertige .NET-Objekte zurückliefern. Auf den ersten Blick scheinen aber auch Cmdlets zunächst nur Text als Ergebnis zurückzugeben:

```
Dir
    Verzeichnis: Microsoft.PowerShell.Core\FileSystem::C:\Users\Tobias Weltner
Mode            LastWriteTime      Length Name
----            -------------      ------ ----
d----       01.10.2007     16:09          Application Data
d----       26.07.2007     11:03          Backup
d-r--       13.04.2007     15:05          Contacts
d----       28.06.2007     18:33          Debug
d-r--       04.10.2007     14:21          Desktop
d-r--       04.10.2007     21:23          Documents
d-r--       09.10.2007     12:21          Downloads
(...)
```

Tatsächlich ist das, was *Dir* liefert, wie im letzten Beispiel ein Feld:

```
$ergebnis = Dir
$ergebnis.Count
82
```

Jedes Element im Feld repräsentiert eine Datei oder einen Ordner. Geben Sie ein Element aus dem Feld in die Konsole aus, wandelt PowerShell das Objekt automatisch wieder in Text:

```
# auf das 5. Element zugreifen:
$ergebnis[4]

    Verzeichnis: Microsoft.PowerShell.Core\FileSystem::C:\Users\Tobias Weltner
Mode                LastWriteTime     Length Name
----                -------------     ------ ----
d-r--        04.10.2007     14:21            Desktop
```

Dass das Element in Wirklichkeit aber sehr viel mehr ist als nur der sichtbare Text, erkennen Sie, wenn Sie das Element an das Cmdlet *Format-List* weiterreichen und es mit dem Sternchen als Platzhalterzeichen beauftragen, wirklich sämtliche Informationen im Objekt in Text umzuwandeln:

```
# alle Eigenschaften dieses Elements anzeigen:
$ergebnis[4] | Format-List *

PSPath            : Microsoft.PowerShell.Core\FileSystem::C:\Users\Tobias Weltner\Desktop
PSParentPath      : Microsoft.PowerShell.Core\FileSystem::C:\Users\Tobias Weltner
PSChildName       : Desktop
PSDrive           : C
PSProvider        : Microsoft.PowerShell.Core\FileSystem
PSIsContainer     : True
Mode              : d-r--
Name              : Desktop
Parent            : Tobias Weltner
Exists            : True
Root              : C:\
FullName          : C:\Users\Tobias Weltner\Desktop
Extension         :
CreationTime      : 13.04.2007 01:54:53
CreationTimeUtc   : 12.04.2007 23:54:53
LastAccessTime    : 04.10.2007 14:21:20
LastAccessTimeUtc : 04.10.2007 12:21:20
LastWriteTime     : 04.10.2007 14:21:20
LastWriteTimeUtc  : 04.10.2007 12:21:20
Attributes        : ReadOnly, Directory
```

Was Sie mit diesen Objekten anfangen können und was ein Objekt wirklich ist, erfahren Sie in Kapitel 5.

Neue Felder anlegen

Natürlich können Sie selbst ebenfalls Felder anlegen, wenn Sie mehrere Informationen in einer Variablen speichern möchten. Am bequemsten funktioniert das mit dem Komma-Operator:

```
$feld = 1,2,3,4
$feld
```

```
1
2
3
4
```

Geben Sie dazu die einzelnen Informationen, die Sie im Feld verpacken wollen, durch Kommata voneinander getrennt in einer Liste an. PowerShell verpackt die Aufstellung automatisch in einem Feld. Für fortlaufende Zahlenkolonnen gibt es sogar eine spezielle Abkürzung:

```
$feld = 1..4
$feld
1
2
3
4
```

Polymorphe Felder

Natürlich könnten Sie in Ihrem Feld auch andere Dinge als Zahlen ablegen, denn die einzelnen Elemente des Feldes speichern genau wie Variablen alles, was Sie ihnen zuweisen. In älteren Programmiersprachen wurden solche Datentypen auch »Variant« genannt, und noch schlauer hört es sich an, wenn jemand sagt: »PowerShell verwendet polymorphe Felder«. Gemeint ist immer nur: Speichern Sie in Feldern, was Sie wollen, gern auch gemischt. Trennen Sie die Elemente, die Sie in Ihrem Feld speichern wollen, wie im Beispiel eben durch Kommata:

```
$feld = "Hello", "World", 1, 2, (Get-Date)
$feld
Hello
World
1
2
Dienstag, 21. August 2007 12:12:28
```

WICHTIG Warum ist das Cmdlet *Get-Date* im letzten Beispiel in runde Klammern gestellt worden? Probieren Sie einfach aus, was passiert, wenn Sie die runden Klammern weglassen. Felder können nur Daten speichern. *Get-Date* ist aber kein Datenwert, sondern ein Cmdlet. Ohne die runden Klammern würde PowerShell versuchen, das Cmdlet *Get-Date* im Feld zu verpacken, und das geht schief.

Möchten Sie nur das Ergebnis eines Befehls weiterverarbeiten, dann stellen Sie den Befehl grundsätzlich in runde Klammern. Runde Klammern kennzeichnen immer einen Unterausdruck, der von PowerShell zuerst ausgewertet wird. Das Ergebnis wird dann anstelle der runden Klammern weiterverarbeitet. Weil *Get-Date* also in runden Klammern steht, ermittelt PowerShell zuerst das Ergebnis von *Get-Date*, also das aktuelle Datum, und verpackt dieses Datum dann im Feld.

Felder mit nur einem (oder keinem) Element

Und wie legt man Felder an, die nur ein einzelnes Element enthalten sollen? Zwar widerspricht das ein wenig der Idee des Feldes, ist aber dennoch möglich, und zwar so:

```
$feld = ,1
$feld.Length
1
```

Spätestens wenn Sie ein Feld mit überhaupt keinem Element anlegen wollen, stößt der Komma-Operator allerdings an seine Grenzen. Zum Glück gibt es aber noch eine zweite Möglichkeit, Felder anzulegen, und mit dieser sind auch leere Felder kein Problem: die Konstruktion @(...):

```
$feld = @()
$feld.Length
0
$feld = @(12)
$feld
12
$feld = @(1,2,3,"Hallo")
$feld
1
2
3
Hallo
```

Feldelemente ansprechen

Jedes Element in einem Feld wird über seine Indexzahl angesprochen. Erlaubt sind allerdings auch einige besondere Indexzahlen wie zum Beispiel negative Zahlen, und anstelle von festen Zahlen sind auch Ausdrücke erlaubt, die den Indexwert berechnen:

```
# Ein neues eigenes Feld anlegen:
$feld = -5..12

# auf das erste Element zugreifen:
$feld[0]
-5

# auf das letzte Element zugreifen (mehrere Wege):
$feld[-1]
12
$feld[$feld.Count -1]
12
$feld[$feld.length -1]
12
```

```
# Auf ein dynamisch generiertes Feld zugreifen, das nicht in einer Variable gespeichert ist:
(-5..12)[2]
-3
```

Das erste Element in Ihrem Feld trägt immer die Indexzahl 0, so viel wissen Sie bereits. Gezählt werden darf aber auch rückwärts, und deshalb liefert der Index *-1* immer das *letzte* Element im Feld. Ohne diese praktische Abkürzung hätte man von der Gesamtzahl aller Elemente eines abziehen müssen, was natürlich ebenfalls funktioniert, aber viel unbequemer ist. Das Beispiel zeigt auch: Die Gesamtzahl aller Elemente liefert gleich zwei Eigenschaften: *Count* und *Length*. Beide benehmen sich identisch und existieren hauptsächlich aus traditionellen Gründen im Doppelpack. Schließlich noch die Erkenntnis: Der Zugriff auf die Elemente eines Feldes mit Hilfe der eckigen Klammern funktioniert nicht nur bei Variablen, sondern bei beliebigen Objekten und sogar dem Feld selbst.

Mehrere Elemente aus einem Feld auswählen

Über die eckigen Klammern können Sie bei PowerShell – und das ist eine echte Besonderheit – nicht nur ein einzelnes Feldelement auswählen, sondern auch mehrere gleichzeitig. Wenn Sie das tun, bekommen Sie ein neues Feld, das nur die ausgewählten Elemente aus dem alten Feld enthält:

```
# Ein Verzeichnislisting in einer Variablen speichern:
$liste = dir

# Nur den 2., 5., 8. und 13. Eintrag daraus ausgeben:
$liste[1,4,7,12]

    Verzeichnis: Microsoft.PowerShell.Core\FileSystem::C:\Users\Tobias Weltner

Mode            LastWriteTime     Length Name
----            -------------     ------ ----
d----        26.07.2007     11:03        Backup
d-r--        20.08.2007     07:52        Desktop
d-r--        12.08.2007     10:21        Favorites
d-r--        13.04.2007     01:55        Saved Games
```

Dir liefert den Verzeichnisinhalt als Feld zurück, und die zweite Zeile wählt daraus die zweite, fünfte, achte und dreizehnte Datei aus (denken Sie daran, dass der Index bei *0* beginnt). Und wofür könnte das gut sein? Auf diese Weise könnten Sie zum Beispiel den Inhalt eines Feldes komplett umdrehen.

```
# Ein Feld mit den Werten 1 bis 10 anlegen
$feld = 1..10

# Die Elemente 9 bis 0 auswählen (Feldinhalt wird in umgekehrter Reihenfolge ausgegeben):
$feld = $feld[ ($feld.length-1) .. 0]
$feld
10
9
...
1
```

Feldelemente ansprechen

Profitipp   Das »Umdrehen« eines Feldinhaltes auf die eben beschriebene Weise ist nicht besonders ökonomisch, weil PowerShell dazu jedes einzelne Feldelement ansprechen und in einem neuen Feld verpacken muss. Profis verwenden deshalb die speziellen Feldfunktionen aus dem .NET Framework (Kapitel 6). So lässt sich ein Feldinhalt sehr effizient umkehren:

```
# Feld mit Textinformationen anlegen und Inhalt ausgeben:
$a = ipconfig
$a

# Feldinhalt umdrehen und danach erneut ausgeben:
[array]::Reverse($a)
$a
```

Elemente zu einem Feld hinzufügen und daraus entfernen

Felder haben stets eine feste Anzahl an Elementen und die Anzahl der Feldelemente wird ein für allemal festgelegt, wenn Sie ein Feld neu anlegen. Sie können die Größe eines Feldes also nachträglich nicht ändern. Das wirft die berechtigte Frage auf, wie man nachträglich Elemente hinzufügt oder entfernt, wodurch sich die Feldgröße ja offenbar doch ändert. So jedenfalls funktioniert es nicht:

```
# Feld mit drei Elementen anlegen:
$feld = 1,2,3
$feld[2]
3

# Versuch, ein neues Element dem Feld hinzuzufügen, schlägt fehl:
$feld[3] = "Neuer Wert"
Fehler bei der Arrayzuweisung, da der Index "3" außerhalb des zulässigen Bereichs liegt.
Bei Zeile:1 Zeichen:7
+ $feld[3 <<<< ] = "Neuer Wert"
```

Die richtige Vorgehensweise ist viel einfacher, jedenfalls aus Anwendersicht. Verwenden Sie einfach den Operator »+=«:

```
# Einem existierenden Feld ein neues Element hinzufügen:
$feld += "Neuer Wert"
$feld
1
2
3
Neuer Wert
```

Hinter den Kulissen hat PowerShell dabei allerdings eine Menge zu tun. Weil Feldgrößen nachträglich nicht geändert werden können, auch nicht von PowerShell, legt PowerShell kurzerhand ein brandneues größeres Feld an, kopiert den Inhalt des alten Feldes hinein und fügt das neue Element hinzu. Genauso funktioniert es auch, wenn Sie Elemente aus einem Feld streichen wollen. Auch hier wird das ursprüngliche Feld in ein neues kleineres Feld kopiert und das alte Feld dann entsorgt. Die nächste Zeile löscht zum Beispiel die Elemente 4 und 5 mit den Indizes 3 und 4:

```
$feld = $feld[0..2] + $feld[5..10]
$feld.Count
8
```

Hashtables

Die Elemente in einem Feld erhalten automatisch eine fortlaufende Indexzahl zugewiesen, über die man die einzelnen Elemente anspricht. Sie müssen bei Feldern also immer genau wissen, unter welcher Indexzahl ein Feldelement eingeordnet ist.

Hashtables sind Felder, bei denen Sie den einzelnen Feldelementen einen Namen (oder Schlüssel) zuweisen. Die Feldelemente werden jetzt also nicht mehr über die unpersönliche Indexzahl angesprochen, sondern über den Schlüssel, den Sie dem jeweiligen Feldelement zugeordnet haben. Hashtables speichern somit Schlüssel-Wert-Paare.

Eine neue Hashtable anlegen

Um eine neue Hashtable anzulegen, gehen Sie ganz ähnlich vor wie bei Feldern. Verwenden Sie @{} anstelle von @(), und geben Sie die Schlüssel-Wert-Paare an, die in Ihrer neuen Hashtable gespeichert werden sollen. Die einzelnen Schlüssel-Wert-Paare werden diesmal nicht durch Kommata, sondern durch Semikola getrennt:

```
# Eine neue Hashtable mit Schlüssel-Wert-Paaren anlegen
$liste = @{Name = "PC01"; IP="10.10.10.10"; User="Tobias Weltner"}
Name                    Value
----                    -----
Name                    PC01
IP                      10.10.10.10
User                    Tobias Weltner


# Zugriff auf den Schlüssel "IP" liefert den zugeordneten Wert:
$liste["IP"]
10.10.10.10

# Wie bei Feldern können mehrere Elemente gleichzeitig ausgewählt werden:
$liste["Name", "IP"]
PC01
10.10.10.10
```

```
# Schlüssel können auch über die Punkt-Schreibweise angegeben werden:
$liste.IP
10.10.10.10

# Schlüssel kann sogar in einer Variable gespeichert sein:
$schluessel = "IP"
$liste.$schluessel
10.10.10.10

# Keys liefert alle Schlüssel in der Hashtable:
$liste.Keys
Name
IP
User

# Kombiniert man dies, kann man alle Werte in der Hashtable ausgeben
$liste[$liste.keys]
PC01
10.10.10.10
Tobias Weltner
```

Das Beispiel zeigt: Sie rufen die Werte in der Hashtable über die zugeordneten Schlüssel ab, wobei Sie dazu zwei Schreibweisen zur Verfügung haben:

- **Eckige Klammern:** Entweder verwenden Sie wie bei Feldern die eckigen Klammern.
- **Punkt-Schreibweise:** Oder Sie verwenden wie bei Objekten die Punkt-Schreibweise und geben jeweils den Schlüsselnamen an, dessen Wert Sie abrufen möchten. Der Schlüsselname darf dabei sogar aus einer Variablen stammen.

Die eckigen Klammern können genau wie bei Feldern gleichzeitig mehrere Werte abrufen, wenn Sie mehrere Schlüssel angeben und diese durch Kommata voneinander trennen. Beachten Sie aber, dass Schlüsselnamen in eckigen Klammern in Anführungszeichen stehen müssen, bei der Punkt-Schreibweise dagegen nicht.

Felder in Hashtables speichern

Vielleicht fragen Sie sich gerade, warum Hashtables beim Anlegen zwischen den Schlüssel-Wert-Paaren ausgerechnet Semikola als Trennzeichen verwenden und nicht Kommata wie bei normalen Feldern. Der Grund ist einfach (und wichtig), was deutlich wird, wenn man etwas darüber nachdenkt. Mit Kommata legen Sie normale Felder an, und das gilt auch bei Hashtables. Einem Schlüssel innerhalb einer Hashtable kann selbstverständlich anstelle eines einfachen Wertes auch ein Feld zugewiesen werden. Deshalb muss das Komma für das Anlegen von Feldern reserviert bleiben, sodass Hashtables gezwungen sind, ein anderes eigenes Trennzeichen zu verwenden:

```
# Hashtable mit Feldern als Wert anlegen:
$test = @{ Wert1 = 12; Wert2 = 1,2,3 }

# Werte abrufen (Wert 2 ist ein Feld mit drei Elementen):
$test.Wert1
12

$test.Wert2
1
2
3
```

Neue Schlüssel in eine bestehende Hashtable einfügen

Möchten Sie neue Schlüssel-Wert-Paare in eine bestehende Hashtable einfügen, geben Sie einfach den neuen Schlüssel und den Wert an, der dem neuen Schlüssel zugeordnet werden soll. Wieder können Sie zwischen den beiden Schreibweisen wählen und entweder eckige Klammern oder den Punkt einsetzen.

```
# Eine neue Hashtable mit Schlüssel-Wert-Paaren anlegen
$liste = @{Name = "PC01"; IP="10.10.10.10"; User="Tobias Weltner"}

# Zwei neue Schlüssel-Wert-Paare in die Liste einfügen (zwei verschiedene Schreibweisen möglich):
$liste.Datum = Get-Date
$liste["Ort"] = "Hannover"

# Ergebnis kontrollieren:
$liste

Name                      Value
----                      -----
Name                      PC01
Ort                       Hannover
Datum                     21.08.2007 13:00:18
IP                        10.10.10.10
User                      Tobias Weltner
```

Weil es so einfach ist, neue Schlüssel in eine bestehende Hashtable einzufügen, können Sie Hashtables auch vollkommen leer anlegen und alle notwendigen Schlüssel bei Bedarf darin einfügen:

```
# leere Hashtable anlegen
$liste = @{}

# Schlüssel-Wert-Paare bei Bedarf nachträglich einfügen
$liste.Name = "PC01"
$liste.Ort = "Hannover"
(...)
```

Werte ändern und entfernen

Wollen Sie lediglich den Wert eines vorhandenen Schlüssels in Ihrer Hashtable ändern, dann überschreiben Sie den Wert einfach:

```
# Wert eines vorhandenen Schlüssels durch einen neuen Wert überschreiben (zwei mögliche Schreibweisen):
$liste["Datum"] = (Get-Date).AddDays(-1)
$liste.Ort = "New York"
Name                      Value
----                      -----
Name                      PC01
Ort                       New York
Datum                     20.08.2007 13:10:12
IP                        10.10.10.10
User                      Tobias Weltner
```

Möchten Sie einen Schlüssel ganz aus der Hashtable löschen, dann verwenden Sie *Remove()* und geben als Argument den Schlüssel an, den Sie entfernen wollen:

```
$liste.remove("Datum")
```

Hashtables zur Ausgabeformatierung verwenden

Ein interessanter Einsatzbereich für Hashtables ist die Textformatierung, denn mit Hashtables können Sie darauf Einfluss nehmen. Normalerweise gibt PowerShell das Ergebnis der meisten Befehle tabellenartig aus und ruft dazu intern das Cmdlet *Format-Table* auf.

```
# beide Zeilen liefern dasselbe Ergebnis:
Dir
Dir | Format-Table
```

Auf den ersten Blick scheint es keinen Vorteil zu ergeben, wenn Sie *Format-Table* an einen Befehl anhängen, denn PowerShell würde das ohnehin tun, und beide Zeilen ergeben dasselbe Resultat. Wenn Sie allerdings *Format-Table* selbst angeben, können Sie diesem Cmdlet eine Hashtable mit Formatierungsinformationen übergeben und so selbst bestimmen, wie das Ergebnis des Befehls formatiert wird.

Jede Spalte wird mit einer eigenen Hashtable definiert. Innerhalb der Hashtable werden den folgenden vier Schlüsseln Werte zugewiesen:

- **Expression:** Name der Objekteigenschaft, die in dieser Spalte angezeigt werden soll.
- **Width:** Breite der Spalte in Zeichen.
- **Label:** Spaltenüberschrift.
- **Alignment:** Rechts- oder Linksbündigkeit der Spalte.

Nun brauchen Sie Ihre Formatdefinitionen nur noch an *Format-Table* zu übergeben, um dafür zu sorgen, dass z. B. die Auflistung des Inhalts eines Ordners zweispaltig mit dem Namen und dem Datum der letzten Änderung ausgegeben wird:

```
# Formatierungsinformationen pro Spalte in einer Hashtable festlegen:
$spalte1 = @{expression="Name"; width=30; label="Dateiname"; alignment="left"}
$spalte2 = @{expression="LastWriteTime"; width=40; label="letzte Änderung"; alignment="right"}

# Inhalt einer Hashtable ausgeben:
$spalte1

Name                          Value
----                          -----
alignment                     left
label                         Dateiname
width                         30
expression                    Name

# Dir-Befehlsergebnis mit Format-Table und der gewählten Formatierung ausgeben:
Dir | Format-Table $spalte1, $spalte2

Dateiname                                        letzte Änderung
---------                                        ---------------
Application Data                                 01.10.2007 16:09:57
Backup                                           26.07.2007 11:03:07
Contacts                                         13.04.2007 15:05:30
Debug                                            28.06.2007 18:33:29
Desktop                                          04.10.2007 14:21:20
Documents                                        04.10.2007 21:23:10
(...)
```

Mehr zu den Formatierungs-Cmdlets wie *Format-Table* erfahren Sie übrigens im nächsten Kapitel, wenn es um die Pipeline geht.

Felder und Hashtables kopieren

Spätestens, wenn Sie Felder oder Hashtables von einer Variablen in eine andere kopieren wollen, werden Sie erstaunt feststellen: Das funktioniert zwar, führt aber möglicherweise zu sonderbaren Effekten. Der Grund: Felder und Hashtables werden nicht direkt in Variablen gespeichert. Variablen können immer nur einen einzelnen Wert speichern. Bei Feldern und Hashtables handelt es sich um einen *Verweis* auf das Feld oder die Hashtable. Kopieren Sie also den Inhalt einer Variablen in eine andere, wird nur der Verweis kopiert, aber nicht das Feld oder die Hashtable. Das kann zu diesen sonderbaren Effekten führen:

```
$feld1 = 1,2,3
$feld2 = $feld1
$feld2[0] = 99
$feld1[0]
99
```

Obwohl in diesem Beispiel der Inhalt in *$feld2* geändert wurde, hat dies auch Einfluss auf *$feld1*, denn in Wirklichkeit sind beide identisch. Die Variablen *$feld1* und *$feld2* zeigen intern auf genau denselben Speicherbereich. Wenn Sie also Felder oder Hashtables kopieren wollen, muss dazu ausdrücklich eine Kopie angelegt werden:

```
$feld1 = 1,2,3
$feld2 = $feld1.Clone()
$feld2[0] = 99
$feld1[0]
1
```

Manchmal allerdings werden Kopien auch ohne Ihr Zutun angelegt, und Sie haben auch schon gelesen, wann das passiert: Immer, wenn Sie einem Feld (oder einer Hashtable) neue Elemente hinzufügen oder bestehende entfernen, wird hinter den Kulissen eine größere Kopieraktion gestartet und das Ergebnis in einem neuen Feld oder einer neuen Hashtable gelagert. Die Konsequenzen macht das folgende Beispiel deutlich:

```
# Feld anlegen und Zeiger auf das Feld in $feld2 speichern:
$feld1 = 1,2,3
$feld2 = $feld1

# $feld2 ein neues Element zuweisen. Dabei wird ein neues Feld angelegt und in $feld2 gespeichert:
$feld2 += 4
$feld2[0]=99

# $feld1 zeigt weiterhin auf das alte Feld:
$feld1[0]
1
```

Streng typisierte Felder

Normalerweise sind Felder polymorph und Sie können also in jedem Element ganz beliebige und auch unterschiedliche Werte speichern. PowerShell wählt also für jedes Element jeweils automatisch den geeigneten Variablentyp aus. Im Kapitel über Variablen haben Sie bereits gelesen, dass das nicht so sein muss. Wenn Sie einem Feld vorschreiben wollen, welche Daten darin gespeichert werden können, setzen Sie genau wie bei Variablen die »strenge Typisierung« ein und geben einen bestimmten Variablentyp vor.

Geben Sie dazu den gewünschten Variablentyp in eckigen Klammern an. Weil es sich um ein Feld und nicht eine normale Variable handelt, geben Sie hinter dem Variablentyp zusätzlich eine geöffnete und eine geschlossene eckige Klammer an:

```
# Ein streng typisiertes Feld anlegen, das nur noch Integer-Ganzzahlen speichern kann:
[int[]]$feld = 1,2,3
```

```
# alles, was sich in eine Zahl umwandeln lässt, ist erlaubt (auch Texte):
$feld += 4
$feld += 12.56
$feld += "123"

# kann ein Wert nicht in eine Ganzzahl umgewandelt werden, tritt ein Fehler auf:
$feld += "Hello"
Der Wert "Hello" kann nicht in den Typ "System.Int32" konvertiert werden. Fehler: "Die
Eingabezeichenfolge hat das falsche Format."
Bei Zeile:1 Zeichen:6
+ $feld  <<<< += "Hello"
```

Im Beispiel wurde *$feld* als ein Feld vom Typ *Integer* definiert. Jetzt kann das Feld nur noch Ganzzahlen speichern. Versuchen Sie, Werte darin zu speichern, die sich nicht in Ganzzahlen umwandeln lassen, erhalten Sie einen Fehler.

Zusammenfassung

Felder und Hashtables speichern beliebig viele separate Elemente. Felder weisen den Elementen dabei eine laufende Indexzahl zu, die immer bei 0 beginnt. Hashtables verwenden anstelle der Indexzahl einen frei wählbaren Schlüsselnamen. Bei Hashtables besteht jedes Element deshalb aus einem Schlüssel-Wert-Paar.

Neue Felder legen Sie mit *@(Element1, Element2, ...)* an. Bei Feldern können Sie *@()* auch weglassen und nur den Komma-Operator verwenden. Neue Hashtables legen Sie mit *@{Schlüssel1=Wert1; Schlüssel2=Wert2; ...}* an. Bei Hashtables muss *@()* immer angegeben werden. Semikola allein reichen nicht aus, um neue Hashtables anzulegen.

Die einzelnen Elemente eines Feldes oder einer Hashtable sprechen Sie über eckige Klammern an. Geben Sie in den eckigen Klammern entweder die Indexzahl (Felder) oder den Schlüssel (Hashtables) des gewünschten Elementes an. Auf diese Weise können Sie auch mehrere Elemente auf einmal auswählen und abrufen.

Kapitel 5

Die PowerShell-Pipeline

In diesem Kapitel:

Die PowerShell-Pipeline einsetzen	110
Objekte in Text verwandeln	115
Pipeline-Ergebnisse sortieren und gruppieren	123
Pipeline-Ergebnisse filtern	128
Ergebnisse analysieren und vergleichen	136
Pipeline-Ergebnisse exportieren	144
Das Extended Type System (Teil 1)	149
Zusammenfassung	157

Nur wenige Aufgaben sind so einfach, dass man sie mit einem einzelnen PowerShell-Befehl meistern kann. In den letzten Kapiteln haben Sie deshalb Variablen kennen gelernt, mit denen Sie das Ergebnis eines Befehls zwischenspeichern und dann an einen zweiten Befehl zur Weiterbearbeitung weiterleiten können. Noch einfacher geht die Befehlsverkettung mit der PowerShell-Pipeline, die Sie in diesem Kapitel einsetzen.

Die Pipeline verknüpft Befehle direkt miteinander, ohne den Umweg über die Variablen. Das Ergebnis eines Befehls wird also von der Pipeline direkt an den nächsten Befehl weitergereicht, und auf diese Weise bilden Sie sehr einfach beliebig lange Befehlsketten, die man sich wie ein Fabrikfließband vorstellen kann: Am Anfang stehen die Rohdaten, die dann von verschiedenen Befehlen bearbeitet werden. Am Ende steht das fertige Resultat.

Die Ergebnisse, die dabei durch die Pipeline flitzen und von den verschiedenen Pipeline-Befehlen geformt und verarbeitet werden, sind Objekte, und diese Tatsache ist revolutionär, denn solange die Pipeline Befehlsergebnisse verarbeitet, behalten diese die ganze Zeit über ihre Struktur und Informationsfülle. Erst am Ende der Pipeline werden die Objekte schließlich in lesbaren Text umgewandelt. Wie das alles im Detail funktioniert, erfahren Sie jetzt.

Die PowerShell-Pipeline einsetzen

Befehlsketten sind nicht wirklich etwas Neues und schon in der klassischen Konsole konnten Sie das Ergebnis eines Befehls mit Hilfe des Pipe-Operators »|« an den nächsten Befehl weiterreichen, zum Beispiel, um die Informationen seitenweise anzuzeigen:

```
Dir | more
```

In PowerShell wurde dieses jahrzehntealte und sehr erfolgreiche Konzept aufgegriffen und mit der PowerShell-Pipeline perfektioniert. Im Gegensatz zu den klassischen Konzepten arbeitet die PowerShell-Pipeline objektorientiert und in Echtzeit. Was das bedeutet, zeigt die folgende Befehlskette:

```
Dir | Sort-Object Length | Select-Object name, length | ConvertTo-HTML | Out-File report.htm
.\report.htm
```

Sie liefert einen HTML-Bericht zum aktuellen Ordnerinhalt und zwar nach Dateigröße sortiert. Die Ergebnisse der beteiligten Befehle werden mit dem Pipe-Operator »|« von Befehl zu Befehl weitergereicht. Allerdings reicht PowerShell dabei vollwertige .NET-Objekte weiter und nicht wie in klassischen Konsolen einfachen Text.

Objektorientierte Pipeline

Das wird deutlich, wenn Sie sich im vorherigen Beispiel den Befehl *Sort-Object* anschauen. Er sortiert den Inhalt des jeweiligen Ordners nach Dateigröße. Wäre das, was *Dir* an *Sort-Object* zurückgibt, reiner Text, müssten Sie *Sort-Object* aufwändig mitteilen, wo genau im Rohtext die Dateigröße zu finden ist. Sie müssten *Sort-Object* auch anweisen, diese Informationen numerisch und nicht alphabetisch zu sortieren. Bei PowerShell können Sie sich das alles sparen.

Weil PowerShell die Ergebnisse als vollwertige .NET-Objekte über die Pipeline schickt, brauchen Sie *Sort-Object* nur zu sagen, nach welcher Objekteigenschaft sortiert werden soll. Für den Rest sorgt das Cmdlet automatisch. Ersetzen Sie *Length* einfach durch eine andere Objekteigenschaft wie zum Beispiel *Name* oder *LastWriteTime*, um nach diesen Kriterien zu sortieren. Anders als bei Text sind die Informationen in einem Objekt übersichtlich strukturiert – ein entscheidender Vorteil der PowerShell-Pipeline.

Textumwandlung erst am Schluss

Die PowerShell-Pipeline ist immer aktiv, selbst dann, wenn Sie nur einen einzelnen Befehl eingeben. Intern hängt PowerShell nämlich an alles, was Sie in die Konsole eingeben, das Cmdlet *Out-Default* an, das das Ergebnis anschließend als sichtbaren Text in der Konsole ausgibt. Erst am Ende der Pipeline werden also die Objekte auf lesbaren Text reduziert.

Selbst ein einfacher *Dir*-Befehl wird intern somit in eine Pipeline umgewandelt:

```
Dir | Out-Default
```

Das wahre Potenzial der Pipeline schöpfen Sie natürlich erst aus, wenn Sie selbst damit beginnen, mehrere Befehle miteinander zu verknüpfen. Liefert ein Befehl zum Beispiel sehr viele Informationen, die in rasanter Geschwindigkeit über den Bildschirm sausen, leiten Sie diese Informationen einfach wie in der klassischen Konsole zum Befehl *more* um:

```
get-help Get-Process -full
get-help Get-Process -full | more
```

More ist darauf spezialisiert, Informationen seitenweise auszugeben und hält die Ausgabe nach jeder Seite an. Sie können dann ⎵ drücken, um die nächste Seite zu sehen, oder ↵ drücken, um nur die nächste Zeile auszugeben. Mit Q brechen Sie die Ausgabe ab. Die Verknüpfung mehrerer Befehle erlaubt Ihnen somit, Befehle quasi wie Legosteine einzusetzen, um aus den einzelnen Befehlen eine kleine Gesamtlösung zu erstellen. Die nächste Anweisung würde nur die Textdateien eines Verzeichnisses in alphabetischer Reihenfolge ausgeben:

```
Dir *.txt | Sort-Object
```

Grundsätzlich dürfen Sie in der Pipeline beliebige Befehle miteinander verknüpfen. Die Cmdlets aus Tabelle 5.1 sind allerdings speziell für die Pipeline und darin häufig anfallende Aufgaben entwickelt worden. Sie alle werden gleich in diesem Kapitel in Aktion treten.

HINWEIS Achten Sie lediglich darauf, dass die Befehle, die Sie in der Pipeline einsetzen, auch tatsächlich Informationen aus der Pipeline aufnehmen. Die folgende Zeile ist zwar technisch vollkommen einwandfrei, aber sinnlos, denn das Programm *notepad.exe* kümmert sich nicht um die Ergebnisse der Pipeline:

```
Dir | Sort-Object | notepad
```

Möchten Sie die Ergebnisse der Pipeline in einem Editor öffnen, geben Sie die Ergebnisse zuerst in einer Datei aus und öffnen die danach mit dem Editor:

```
Dir | Sort-Object | Out-File ergebnis.txt; notepad ergebnis.txt
```

Cmdlet/Funktion	Beschreibung
Compare-Object	vergleicht zwei Objekte oder Objektlisten und markiert die Unterschiede
ConvertTo-HTML	konvertiert Objekte in HTML-Code
Export-Clixml	speichert Objekte in einer Datei (Serialisierung)
Export-Csv	speichert Objekte als kommaseparierte Liste
Foreach-Object	durchläuft der Reihe nach alle Elemente der Pipeline
Format-List	gibt Ergebnisse als Liste aus
Format-Table	gibt Ergebnisse als Tabelle aus
Format-Wide	gibt Ergebnisse mehrspaltig aus
Get-Unique	entfernt Doppelgänger aus einer Werteliste
Group-Object	gruppiert Ergebnisse nach einem Kriterium
Import-Clixml	lädt Daten aus einer Datei und erstellt daraus Objekte (Deserialisierung)
Measure-Object	berechnet die statistische Häufigkeitsverteilung von Objekteigenschaften oder Texten
more	gibt Text seitenweise aus
Out-File	schreibt Ergebnisse in eine Datei
Out-Host	gibt Ergebnisse in die Konsole aus
Out-Host -paging	gibt Text seitenweise aus
Out-Null	löscht Ergebnisse
Out-Printer	sendet Ergebnisse an den Drucker
Out-String	wandelt Ergebnisse in reinen Text um
Select-Object	filtert Eigenschaften eines Objekts und begrenzt auf Wunsch die Anzahl von Ergebnissen
Sort-Object	sortiert Ergebnisse
Tee-Object	erstellt eine Kopie des Pipelineinhalts und speichert diese in einer Datei oder einer Variablen
Where-Object	filtert Ergebnisse nach einem Kriterium

Tabelle 5.1 Typische Pipeline-Cmdlets und -Funktionen

Streaming: Echtzeitbearbeitung oder nicht?

Sobald Sie mehrere Befehle in der Pipeline miteinander kombinieren, stellt sich die Frage, *wann* die einzelnen Befehle eigentlich bearbeitet werden: Nacheinander oder gleichzeitig? Wenn Sie Befehle mit Hilfe von

Variablen miteinander verknüpfen, werden diese Befehle der Reihe nach ausgeführt. Erst wenn ein Befehl seine Arbeit erledigt hat, können die Ergebnisse an den nächsten weitergereicht werden. Die Pipeline verarbeitet die Ergebnisse dagegen in Echtzeit, jedenfalls dann, wenn die in der Pipeline miteinander verknüpften Befehle die Echtzeitbearbeitung auch unterstützen. Deshalb gibt es zwei Pipeline-Modi:

- **Sequentieller (langsamer) Modus:** Im sequentiellen Modus werden die Befehle der Pipeline einzeln hintereinander ausgeführt. Erst wenn also ein Befehl seine Arbeit komplett erledigt hat, werden seine Ergebnisse an den nächsten Befehl weitergegeben. Dieser Modus ist langsam und speicherintensiv, denn Sie erhalten erst dann ein Ergebnis, wenn alle Befehle der Pipeline ihre Arbeit abgeschlossen haben, und die Pipeline muss jeweils die gesamten Ergebnisse eines Befehls speichern. Im Grunde entspricht der Modus dem Variablen-Konzept, bei dem Sie das Ergebnis eines Befehls zuerst in einer Variablen speichern und diese danach an den nächsten Befehl weiterreichen.

- **Streaming Modus (schnell):** Der Streaming-Modus verarbeitet die einzelnen Ergebnisse der Befehle sofort. Jedes einzelne Ergebnis wird also unmittelbar an den nachfolgenden Befehl übergeben, flitzt quasi durch die gesamte Pipeline und wird sofort ausgegeben. Dieser Modus ist schnell und speichereffizient, weil Ergebnisse ausgegeben werden, noch während die Pipeline-Befehle ihre Aufgaben bearbeiten und weil die Pipeline nicht die Gesamtergebnisse eines Befehls speichern muss, sondern nur jeweils ein einzelnes Ergebnis.

Blockierende Pipeline-Befehle

Welcher Modus verwendet wird, hängt ausschließlich von den Befehlen ab, die Sie in der Pipeline verwenden. Möchten Sie zum Beispiel das Ergebnis der Pipeline sortieren, dann kann das natürlich erst geschehen, wenn alle Ergebnisse vorliegen. *Sort-Object* wartet also, bis sämtliche Ergebnisse der vorausgehenden Befehle eingetroffen sind. Das kann zu längeren Wartezeiten führen, wenn die vorausgehenden Befehle umfangreiche Aufgaben zu erledigen haben, und sogar regelrecht gefährlich werden, wenn Sie keine Rücksicht auf die Speicheranforderungen nehmen:

```
# Achtung: gefährlich!
Dir C:\ -recurse | Sort-Object
```

ACHTUNG Wenn Sie dieses Extrembeispiel ausführen, sehen Sie längere Zeit kein Lebenszeichen mehr von PowerShell. Lassen Sie das Beispiel zu lange laufen, werden Sie unter Umständen sogar die Kontrolle über Ihren Computer verlieren und ihn neu starten müssen. Was passiert hier?

Dir wird in diesem Beispiel beauftragt, alle Dateien und Ordner des Laufwerks *C:* zurückzugeben. An sich gar nichts Ungewöhnliches. Diese Ergebnisse werden über die Pipeline jedoch an *Sort-Object* übergeben. Weil *Sort-Object* die Ergebnisse erst sortieren kann, wenn diese vollständig vorliegen, sammelt es zunächst die eintreffenden Ergebnisse. Es kommt also in der Pipeline zu einer Art »Daten-Stau«. Und genau dies sind die beiden problematischen Bereiche der Pipeline im sequenziellen Modus:

Erstes Problem: Solange die Daten in der Pipeline gesammelt werden, sehen Sie kein Lebenszeichen. Je mehr Daten beschafft werden müssen, desto länger dauert diese Wartezeit und beträgt in obigem Beispiel mehrere Minuten. Zweites Problem: Weil enorme Datenmengen zwischengespeichert werden müssen, bevor *Sort-Object* sie weiterverarbeitet, ist der Speicherplatzverbrauch sehr hoch und in diesem Fall sogar so hoch, dass das gesamte Windows-System immer schwerfälliger reagiert und schließlich gar nicht mehr gesteuert werden kann.

Ein zusätzliches Problem in diesem konkreten Fall sind verwirrende Fehlermeldungen: Wenn Sie *Dir* beauftragen, den gesamten Inhalt eines Ordners auszugeben, kann es dabei auf Ordner stoßen, für die keine Zugriffsberechtigungen bestehen. Dies führt zu (gutartigen) Fehlermeldungen, die aber generell immer sofort ausgegeben werden. Da die Ergebnisse des *Dir*-Befehls jedoch über die Pipeline an den folgenden Befehl weitergeleitet werden, der sie sammelt und (noch) nicht ausgibt, erscheinen die Fehlermeldungen wie aus heiterem Himmel und lassen sich auf den ersten Blick nicht zuordnen.

Wenn Sie also Befehle in der Pipeline einsetzen, die sequentiell arbeiten und nicht das Streaming unterstützen, achten Sie unbedingt darauf, nicht zu große Datenmengen auf diese Weise zu verarbeiten. Die Daten sollten von den Vorgängerbefehlen in wenigen Sekunden lieferbar sein.

Ob ein Befehl das Streaming unterstützt oder nicht, bestimmt sein Programmierer. Bei *Sort-Object* gibt es logische Gründe, warum dieser Befehl erst alle Ergebnisse abwarten muss (sonst könnte er die Ergebnisse nicht sortieren). Bei anderen Befehlen sind historische Gründe schuld, denn wenn Sie Befehle verwenden, die nicht für PowerShell konzipiert wurden, konnten deren Programmierer natürlich keine Rücksicht auf die PowerShell-Pipeline nehmen. Verwenden Sie zum Beispiel den klassischen Befehl *more.com*, um Informationen seitenweise auszugeben, dann funktioniert das zwar, aber *more.com* ist ein blockierender Befehl, der das Streaming der Pipeline unterbricht:

```
# kann der Vorgängerbefehl seine Arbeit schnell erledigen, fällt der blockierende Charakter nicht auf:
Dir | more.com
```

```
# benötigt der Vorgängerbefehl viel Zeit, wird der blockierende Charakter zum Problem:
Dir c:\ -recurse | more.com
```

Aber auch echte PowerShell-Cmdlets, -Funktionen oder -Skripte können die Pipeline blockieren, wenn der Programmierer das Streaming nicht verwendet. Erstaunlicherweise haben die PowerShell-Entwickler bei der eingebauten Funktion *more* ebenfalls die Streaming-Unterstützung vergessen, und deshalb benimmt sich *more* in der Pipeline nicht wesentlich anders als das uralte *more.com*:

```
# die more-Funktion unterstützt ebenfalls kein Streaming, es kommt zu Wartezeiten:
Dir c:\ -recurse | more
```

Dass Wartezeiten nicht nötig wären, beweist das Cmdlet *Out-Host*, das mit seinem Parameter *-paging* ebenfalls eine seitenweise Ausgabe ermöglicht. Weil dieses Cmdlet das Streaming unterstützt, kommt es hierbei nicht zu den unerwünschten Wartezeiten:

```
Dir c:\ -recurse | Out-Host -paging
```
(handschriftlich: besser als more)

TIPP Was ein Programmierer beachten muss, damit seine PowerShell-Cmdlets, -Funktionen oder -Skripte den Streamingmodus der Pipeline unterstützen, erfahren Sie in den Kapiteln 9 und 10.

Objekte in Text verwandeln

Die besonderen Vorteile der *objektorientierten* PowerShell-Pipeline können Sie natürlich nur nutzen, wenn Sie wissen, was Objekte eigentlich sind und wie Sie auf Objekte zugreifen. Im letzten Kapitel haben Sie bereits gelesen, dass PowerShell-Befehle ihre Ergebnisse als .NET-Objekte zurückgeben. Geben Sie diese Objekte in die Konsole aus, werden sie auf Text reduziert und angezeigt. Solange Sie also die Ergebnisse nicht in der Konsole ausgeben, bleiben sie vollwertige Objekte.

Objekte enthalten immer das Maximum an Informationen, denn sie beinhalten ein Abbild der *Struktur* der Informationen. Wenn Sie zum Beispiel mit *Dir* die Auflistung des Inhalts eines Ordners anfordern, dann liefert *Dir* für jede Datei ein *Datei*-Objekt. In diesem Objekt lagern die unterschiedlichsten Informationen über diese Datei, zum Beispiel, wann sie angelegt wurde, wie groß sie ist, welche Dateierweiterung sie trägt. Geben Sie das Ordnerlisting in die Konsole aus, verwandelt PowerShell es in Text und reduziert dabei den Informationsgehalt erheblich. Jetzt werden nur noch die wichtigsten vier Dateieigenschaften angezeigt. Sobald also Objekte in Text verwandelt werden, verlieren Sie Informationen. Dies ist vergleichbar mit der Verkleinerung eines hochauflösenden Fotos. Diese Informationen bekommen Sie nicht mehr zurück, wenn Sie das Bild später wieder vergrößern, und auch der Informationsverlust bei der Konvertierung von Objekten zu Text ist endgültig und nicht reversibel.

Deshalb zögert PowerShell diesen unvermeidlichen Informationsverlust so lange wie möglich heraus und nimmt die Umwandlung in Text erst dann vor, wenn das Ergebnis der Pipeline unmittelbar in die Konsole ausgegeben werden soll – am Ende der Pipeline. Technisch gesehen realisiert die Pipeline das, indem Sie an all Ihre Eingaben das Cmdlet *Out-Default* anhängt. Die PowerShell-Pipeline ist somit immer aktiv, und selbst wenn Sie nur einen einzelnen Befehl in die Konsole eingeben, macht PowerShell daraus eine kurze Befehlskette:

```
Dir
Dir | Out-Default
```

Out-Default hat die Aufgabe, das Ergebnis der Pipeline in sichtbaren Text umzuwandeln und ruft dazu intern zuerst *Format-Table* und danach *Out-Host* auf. *Format-Table* wandelt die Ergebnisse der Pipeline in Text um und stellt diesen Text tabellenartig dar. *Out-Host* gibt den Text in die Konsole aus. Die folgende Anweisung unterscheidet sich deshalb im Ergebnis nicht von den vorangegangenen beiden:

```
Dir | Format-Table | Out-Host
```

Objekteigenschaften sichtbar machen

Die Objekte in der Pipeline sind gar nicht so einfach zu Gesicht zu bekommen, denn immer, wenn Sie sie sichtbar machen wollen, schlägt die automatische Textumwandlung von PowerShell zu und reduziert die Objekte zu Text. Sie wissen inzwischen aber, wo diese Textumwandlung passiert, nämlich am Ende der Pipeline. Zuständig ist das Cmdlet *Format-Table*. Dieses Cmdlet können Sie beauftragen, die Objekte möglichst vollständig in Text umzuwandeln, damit Sie wirklich alle darin enthaltenen Informationen sehen:

```
Dir | Format-Table *
```

PSPat h	PSPar entPa th	PSChi ldNam e	PSDri ve	PSPro vider	PSIsC ontai ner	Mode	Name	Pare nt	Exis ts	Root	Full Name	Exte nsio n	Crea tion Time Utc	Crea tion Time	Last Acce ssTi me	Last Acce ssTi meUt c	Last Writ eTim e	Last Writ eTim eUtc	Attr ibut es
-----	-----	-----	-----	-----	-----	----	----	----	----	----	----	----	----	----	----	----	----	----	----
Mi...	Mi...	Ap...	C	Mi...	True	d...	A...	T...	True	C:\	C...		2...	2...	2...	2...	2...	2...	...y
Mi...	Mi...	Ba...	C	Mi...	True	d...	B...	T...	True	C:\	C...		2...	2...	2...	2...	2...	2...	...y
Mi...	Mi...	Co...	C	Mi...	True	d...	C...	T...	True	C:\	C...		1...	1...	1...	1...	1...	1...	...y
Mi...	Mi...	Debug	C	Mi...	True	d...	D...	T...	True	C:\	C...		2...	2...	2...	2...	2...	2...	...y
Mi...	Mi...	De...	C	Mi...	True	d...	D...	T...	True	C:\	C...		1...	1...	3...	3...	3...	3...	...y

Durch den Stern hinter *Format-Table* haben Sie dafür gesorgt, dass nicht nur die üblichen Eigenschaften des Objekts in Text umgewandelt werden, sondern sämtliche. Nun sehen Sie zum ersten Mal den wahren Informationsgehalt, der in den Dateiobjekten schlummert, die *Dir* zurückgibt. Spätestens jetzt wird aber auch klar, warum es eine gute Idee war, nicht sämtliche Eigenschaften eines Objekts routinemäßig in Text umzuwandeln.

Weil es so viele sind, reicht die Bildschirmdarstellung nicht aus, und die einzelnen Spalten müssen gekürzt werden. Allerdings richten sich die Formatierungs-Cmdlets durchaus nach dem verfügbaren Bildschirmspeicher, und wenn Sie Ihr PowerShell-Fenster größer machen, können mehr Daten angezeigt werden.

TIPP Möchten Sie nicht, dass die Darstellung wegen Platzmangels abgekürzt wird, dann verwenden Sie den Parameter *-wrap*, zum Beispiel so:

```
Dir | Format-Table * -wrap
```

Die Tabellendarstellung von *Format-Table* ist nur dann sinnvoll, wenn Sie wenige Eigenschaften eines Objekts anzeigen. Bei vielen Eigenschaften ist es übersichtlicher, die Informationen untereinander anstatt nebeneinander aufzulisten, und genau das leistet *Format-List*. Möchten Sie also herausfinden, welche Eigenschaften ein beliebiges Objekt enthält, geben Sie diesen Befehl:

```
Dir | Format-List *
```

Jetzt sehen Sie pro Objekt eine mehrzeilige Aufstellung seiner Eigenschaften. Für einen Ordner sieht das zum Beispiel so aus:

```
PSPath           : Microsoft.PowerShell.Core\FileSystem::C:\Users\Tobias Weltner\Music
PSParentPath     : Microsoft.PowerShell.Core\FileSystem::C:\Users\Tobias Weltner
PSChildName      : Music
PSDrive          : C
PSProvider       : Microsoft.PowerShell.Core\FileSystem
PSIsContainer    : True
Mode             : d-r--
Name             : Music
Parent           : Tobias Weltner
Exists           : True
Root             : C:\
```

```
FullName            : C:\Users\Tobias Weltner\Music
Extension           :
CreationTime        : 13.04.2007 01:54:53
CreationTimeUtc     : 12.04.2007 23:54:53
LastAccessTime      : 10.05.2007 21:37:26
LastAccessTimeUtc   : 10.05.2007 19:37:26
LastWriteTime       : 10.05.2007 21:37:26
LastWriteTimeUtc    : 10.05.2007 19:37:26
Attributes          : ReadOnly, Directory
```

Für eine Datei stehen teilweise andere Eigenschaften zur Verfügung:

```
PSPath              : Microsoft.PowerShell.Core\FileSystem::C:\Users\Tobias Weltner\views.PS1
PSParentPath        : Microsoft.PowerShell.Core\FileSystem::C:\Users\Tobias Weltner
PSChildName         : views.PS1
PSDrive             : C
PSProvider          : Microsoft.PowerShell.Core\FileSystem
PSIsContainer       : False
Mode                : -a---
Name                : views.PS1
Length              : 4045
DirectoryName       : C:\Users\Tobias Weltner
Directory           : C:\Users\Tobias Weltner
IsReadOnly          : False
Exists              : True
FullName            : C:\Users\Tobias Weltner\views.PS1
Extension           : .PS1
CreationTime        : 18.09.2007 16:30:13
CreationTimeUtc     : 18.09.2007 14:30:13
LastAccessTime      : 18.09.2007 16:30:13
LastAccessTimeUtc   : 18.09.2007 14:30:13
LastWriteTime       : 18.09.2007 16:46:12
LastWriteTimeUtc    : 18.09.2007 14:46:12
Attributes          : Archive
```

Links stehen jeweils die Namen der Eigenschaften und rechts die Inhalte. Sie wissen nun, wie Sie feststellen können, welche Eigenschaften ein Objekt in sich trägt.

Pipeline-Ergebnisse formatieren

Die Pipeline bearbeitet intern stets Objekte, aber am Ende der Pipeline sollen die Ergebnisse als lesbarer Text in der Konsole angezeigt werden. Deshalb müssen die Objekte am Ende der Pipeline in Text umgewandelt werden, und diese Aufgabe übernehmen Formatierungs-Cmdlets, von denen es vier zur Auswahl gibt:

```
Get-Command -verb format

CommandType     Name                Definition
-----------     ----                ----------
Cmdlet          Format-Custom       Format-Custom [[-Property] <Object[]>] [-De...
Cmdlet          Format-List         Format-List [[-Property] <Object[]>] [-Grou...
Cmdlet          Format-Table        Format-Table [[-Property] <Object[]>] [-Aut...
Cmdlet          Format-Wide         Format-Wide [[-Property] <Object>] [-AutoSi...
```

Diese Formatierungs-Cmdlets sind nicht nur nützlich, wenn Sie sämtliche Eigenschaften eines Objekts in Text umwandeln wollen. Sie können damit auch Eigenschaften auswählen, also den Informationsgehalt auf die wesentlichen Informationen begrenzen.

Bestimmte Eigenschaften anzeigen

Dazu geben Sie hinter dem Cmdlet nicht einen Stern an, sondern die Eigenschaften, die Sie sehen wollen. Die nächste Anweisung gibt ein Verzeichnislisting aus, in dem nur die Eigenschaften *Name* und *Length* enthalten sind. Weil Ordner keine Eigenschaft namens *Length* besitzen, ist die Spalte *Length* für Ordner leer:

```
Dir | Format-Table Name, Length

Name                                                    Length
----                                                    ------
Sources
Test
172.16.50.16150.dat                                         16
172.16.50.17100.dat                                         16
ausgabe.htm                                              10834
ausgabe.txt                                               1338
```

Platzhalterzeichen verwenden

Platzhalterzeichen sind erlaubt, und so gibt die nächste Anweisung alle laufenden Prozesse aus, die mit »I« beginnen. Ausgegeben werden alle Eigenschaften, die mit »pe« beginnen und auf »64« enden:

```
Get-Process i* | Format-Table name,pe*64

Name          PeakPagedMemorySize64      PeakWorkingSet64    PeakVirtualMemorySize64
----          ---------------------      ----------------    -----------------------
IAAnotif                    3432448               6496256                   81596416
IAANTmon                     761856               2363392                   25346048
Idle                              0                     0                          0
ieuser                     12193792              25616384                  180887552
iexplore                   37224448              52764672                  203845632
IfxPsdSv                    1396736               3436544                   43646976
IFXSPMGT                    3670016               9932800                   73412608
IFXTCS                      3375104               7675904                   72654848
iPodService                 3231744               5177344                   57401344
iTunesHelper                2408448               5935104                   70582272
```

Wollen Sie komplexere Platzhalter verwenden, sind auch reguläre Ausdrücke erlaubt (Kapitel 13). WMI-Objekte, die von *Get-WMIObject* zurückgegeben werden, enthalten zum Beispiel eine Reihe von Eigenschaften, die PowerShell nachträglich einfügt und die alle mit zwei aufeinanderfolgenden Unterstrichen (__) beginnen. Um diese Eigenschaften auszuschließen, könnte Ihr Platzhalter so aussehen:

```
Get-WMIObject win32_Share | Format-List [a-z]*

Status       : OK
Type         : 2147483648
Name         : ADMIN$
AccessMask   :
AllowMaximum : True
```

```
Caption            : Remoteverwaltung
Description        : Remoteverwaltung
InstallDate        :
MaximumAllowed     :
Path               : C:\Windows

Status             : OK
Type               : 2147483648
Name               : C$
AccessMask         :
AllowMaximum       : True
Caption            : Standardfreigabe
Description        : Standardfreigabe
InstallDate        :
MaximumAllowed     :
Path               : C:\
(...)
```

Skriptblöcke und »synthetische« Eigenschaften

Sie dürfen als Spalte sogar Skriptblöcke verwenden. Skriptblöcke sind PowerShell-Anweisungen, die in geschweiften Klammern stehen, sozusagen synthetische Eigenschaften. Ihr Wert wird von den PowerShell-Anweisungen errechnet. Innerhalb des Skriptblocks enthält die Variable $_ das aktuelle Objekt. Möchten Sie zum Beispiel die Größe von Dateien nicht in Bytes ausgeben, sondern in Kilobytes, dann könnte der Skriptblock die Eigenschaft *Length* in Kilobytes umwandeln:

```
Dir | Format-Table name, { [int]($_.Length/1KB) }

Name                                                                    [int]($_.Length/1KB)
----                                                                    --------------------
ausgabe.htm                                                                               11
ausgabe.txt                                                                               13
backup.pfx                                                                                 2
cmdlet.txt                                                                                23
```

Oder vielleicht möchten Sie in Ihrem Verzeichnislisting angeben, wie viele Tage seit der letzten Änderung einer Datei oder eines Ordners vergangen sind. Diese Information ist so im Datei-Objekt zwar nicht vorhanden, aber Sie könnten diese Information mit Hilfe der verfügbaren Eigenschaften berechnen und in einer neuen eigenen Eigenschaft bereitstellen. In der Eigenschaft *LastWriteTime* ist das Datum der letzten Änderung vermerkt. Mit dem Cmdlet *New-TimeSpan* berechnen Sie daraus die Zeitdifferenz zum heutigen Datum. Wie das prinzipiell funktioniert, zeigt die nächste Zeile, die den Zeitunterschied als Beispiel zwischen dem 1.1.2000 und dem heutigen Datum berechnet:

```
New-TimeSpan "1.1.2000" (get-date)

Days              : 2818
Hours             : 11
Minutes           : 59
Seconds           : 3
Milliseconds      : 699
Ticks             : 2435183436996134
TotalDays         : 2818,49934837516
```

```
TotalHours        : 67643,9843610037
TotalMinutes      : 4058639,06166022
TotalSeconds      : 243518343,699613
TotalMilliseconds : 243518343699,613
```

Um den Zeitunterschied in Tagen zwischen der Eigenschaft *LastWriteTime* und heute zu berechnen und in einer eigenen Spalte auszugeben, verwenden Sie diesen Skriptblock:

```
{(New-TimeSpan $_.LastWriteTime (get-date)).Days}
```

Dir würde jetzt ein Ordnerlisting liefern, in dem das Alter der Datei in Tagen angegeben wird:

```
Dir | Format-Table Name, Length, {(New-TimeSpan $_.LastWriteTime (get-date)).Days} -autosize

Name             Length (New-TimeSpan $_.LastWriteTime (get-date)).Days
----             ------ -------------------------------------------------
Application Data                                                      61
Backup                                                                55
Contacts                                                             158
Debug                                                                 82
Desktop                                                               19
Documents                                                              1
(...)
```

Spaltenüberschriften ändern

Spätestens wenn Sie synthetische Eigenschaften verwenden, sehen die Spaltenüberschriften merkwürdig aus, denn PowerShell gibt darin den PowerShell-Code an, der den Spalteninhalt berechnet hat. Aus dem letzten Kapitel wissen Sie aber bereits, dass Sie die Spalten mit einer Hashtable besser formatieren und auch umbenennen können:

```
$spalte = @{Expression={ [int]($_.Length/1KB) }; Label="KB" }
Dir | Format-Table name, $spalte
Name                                                                  KB
----                                                                  --
ausgabe.htm                                                           11
ausgabe.txt                                                           13
backup.pfx                                                             2
cmdlet.txt                                                            23
```

Spaltenbreite optimieren

Die Textausgabe richtet sich dabei nach der Breite des Bildschirmpuffers Ihrer PowerShell-Konsole und versucht, darin so viele Informationen unterzubringen wie möglich. Weil die Pipeline die Ergebnisse in Echtzeit bearbeitet, kann *Format-Table* nicht wissen, wie breit die Elemente einer Spalte sein werden und dimensioniert die Spalten deshalb eher großzügig. Geben Sie den Parameter *-auto* an, sammelt *Format-Table* zuerst alle Ergebnisse und bestimmt dann die maximale Breite aller Elemente. So kann die Ausgabe optimiert werden. Die Ergebnisse werden jetzt aber nicht mehr in Echtzeit ausgegeben:

Objekte in Text verwandeln

```
$spalte = @{Expression={ [int]($_.Length/1KB) }; Label="KB" }
Dir | Format-Table name, $spalte –auto

Name          KB
----          --
ausgabe.htm   11
ausgabe.txt   13
backup.pfx     2
cmdlet.txt    23
```

PropertySets und Ansichten (Views)

Legen Sie selbst hinter dem Formatierungs-Cmdlet keine besonderen Eigenschaften fest, bestimmt PowerShell selbst, welche Eigenschaften des Objekts es in Text verwandelt. Diese Automatik stammt vom so genannten *Extended Type System*, das Sie etwas später noch genauer kennen lernen. Für viele Befehle hat PowerShell so genannte *PropertySets* hinterlegt. PropertySets sind Zusammenstellungen besonders wichtiger Objekteigenschaften, sodass Sie die Eigenschaften nicht selbst von Hand einzugeben brauchen und trotzdem nur die wesentlichen Informationen erhalten.

Geben Sie das Ergebnis von *Get-Process* ohne weitere Angaben in der Konsole aus, wandelt PowerShell zum Beispiel standardmäßig die folgenden Eigenschaften der *Process*-Objekte in Text um:

```
Get-Process

Handles  NPM(K)   PM(K)    WS(K) VM(M)   CPU(s)     Id ProcessName
-------  ------   -----    ----- -----   ------     -- -----------
     36       2     712       48    21             2616 agrsmsvc
    328       9   16620     3752   114              464 AppSvc32
    105       3    1044      592    37             1228 Ati2evxx
```

Einen ganz anderen Schwerpunkt legen Sie fest, wenn Sie hinter *Format-Table* ein PropertySet wie *PSResources* angeben:

```
Get-Process | Format-Table PSResources
Name             Id HandleCount WorkingSet PagedMemorySi PrivateMemory VirtualMemory TotalProcess
                                                      ze          Size          Size     orTime
----             -- ----------- ---------- ------------- ------------- ------------- ------------
agrsmsvc       2616          36      49152        729088        729088      21884928
AppSvc32        464         328    3842048      17018880      17018880     119091200
Ati2evxx       1228         105     606208       1069056       1069056      38473728
Ati2evxx       1732         130    3743744       2097152       2097152      50249728
ATSwpNav       2064          79    1069056       4808704       4808704      60739584 00:00:09....
(...)
```

Und wiederum andere Eigenschaften werden automatisch für Sie ausgewählt, wenn Sie das PropertySet *PSConfiguration* verwenden:

```
Get-Process | Format-Table PSConfiguration

Name                                     Id PriorityClass       FileVersion
----                                     -- -------------       -----------
agrsmsvc                               2616
AppSvc32                                464
Ati2evxx                               1228
Ati2evxx                               1732
ATSwpNav                               2064 Normal              7, 7, 0, 25
```

Das wirft die Frage auf, was ein PropertySet eigentlich ist und wie man herausfindet, welche es gibt. PropertySets werden für einzelne Cmdlets definiert, und wenn Sie sehen wollen, welche PropertySets es für das Cmdlet *Get-Process* gibt, beauftragen Sie *get-member*, alle Mitglieder vom Typ *PropertySet* aufzulisten:

```
Get-Process | Get-Member -MemberType PropertySet

   TypeName: System.Diagnostics.Process

Name            MemberType  Definition
----            ----------  ----------
PSConfiguration PropertySet PSConfiguration {Name, Id, PriorityClass, FileVersion}
PSResources     PropertySet PSResources {Name, Id, Handlecount, WorkingSet, NonPagedMemorySize,
PagedMemory...
```

Hinter dem jeweiligen PropertySet werden die Eigenschaften aufgeführt, die dieses PropertySet sichtbar macht. Wie Sie sehen, existieren für das Cmdlet *Get-Process* zwei PropertySets. Für die meisten anderen Cmdlets sind keine praktischen PropertySets definiert, aber das können Sie nachholen. Im Abschnitt über das Extended Type System am Ende des Kapitels erfahren Sie, wie Sie die für Sie wichtigsten Eigenschaften eines Befehls als PropertySet definieren.

Ähnlich funktionieren Ansichten (engl. *View*). Ansichten legen nicht nur die Eigenschaften fest, die in Text verwandelt werden sollen, sondern können außerdem Spaltennamen oder -Breite festlegen und die Informationen sogar gruppieren.

```
# Alle laufenden Prozesse gruppiert nach Startzeit:
Get-Process | Format-Table -view StartTime

# Alle laufenden Prozesse gruppiert nach Priorität:
Get-Process | Format-Table -view Priority
```

Ansichten sind hochspezifisch und gelten immer für bestimmte Objekttypen und bestimmte Formatierungs-Cmdlets. Die Ansicht *Priority* gilt zum Beispiel nur für *Format-Table* und nur, wenn Sie *Process*-Objekte damit darstellen. Mit *Format-List* funktioniert diese Ansicht nicht:

```
Get-Process | Format-List -view Priority
Format-List : Der Ansichtsname Priority kann nicht gefunden werden.
Bei Zeile:1 Zeichen:26
+ Get-Process | Format-List  <<<< -view Priority
```

Versuchen Sie damit, ein Dateilisting zu formatieren und nicht Prozesse, kassieren Sie ebenfalls einen Fehler:

```
Dir | Format-Table -view Priority
Format-Table : Der Ansichtsname Priority kann nicht gefunden werden.
Bei Zeile:1 Zeichen:19
+ Dir | Format-Table  <<<< -view Priority
```

Leider gibt es keine eingebaute Möglichkeit, um festzustellen, welche Ansichten es gibt. Im Abschnitt über das Extended Type System werden Sie aber Lösungen dazu finden und auch lesen, wie Sie eigene Ansichten definieren.

Pipeline-Ergebnisse sortieren und gruppieren

Da PowerShell-Befehle häufig viele Informationen liefern, ist eine erste wichtige Aufgabe, diese Informationen aufzubereiten und zu konzentrieren. Mit den Cmdlets *Sort-Object* und *Group-Object* sortieren und gruppieren Sie die Ergebnisse anderer Befehle. Im einfachsten Fall hängen Sie einfach *Sort-Object* an einen Pipeline-Befehl an, und schon wird seine Ausgabe sortiert. Es ist wirklich ganz einfach:

```
Dir | Sort-Object
```

Wenn Sie das tun, sucht *Sort-Object* sich selbst die Eigenschaft aus, nach der es die Liste sortiert. Besser ist, das Sortierkriterium selbst auszuwählen. Jede Objekteigenschaft darf als Sortierkriterium eingesetzt werden. So könnten Sie damit genauso gut auch eine absteigende Liste der größten Dateien eines Ordners anlegen:

```
Dir | Sort-Object -Property length -Descending
```

TIPP   Damit Sie *Sort-Object* und all die anderen nun folgenden Cmdlets optimal einsetzen können, müssen Sie also wissen, welche Eigenschaften die Objekte zur Verfügung stellen, die durch die Pipeline laufen. Im letzten Abschnitt haben Sie erfahren, wie das geht. Senden Sie das Ergebnis von *Dir* zuerst an *Format-List **, dann sehen Sie alle Eigenschaften und können sich eine davon aussuchen, nach der Sie anschließend sortieren:

```
Dir | Format-List *
```

Mit dem Parameter *-Property* kann jede beliebige Objekteigenschaft als Sortierkriterium verwendet werden. In diesem Fall wurde die Eigenschaft *Length* als Kriterium benutzt. Den Rest erledigt *Sort-Object* von selbst. Sie brauchen nicht zu beschreiben, wo die Dateigröße zu finden ist (denn die liegt in der Objekteigenschaft *Length* eindeutig vor). Sie müssen auch nicht explizit angeben, dass die Dateigröße eine Zahl ist und deshalb numerisch anstatt alphabetisch zu sortieren ist. Auch das »weiß« *Sort-Object* schon längst von selbst.

Sort-Object kann auch nach mehreren Eigenschaften gleichzeitig sortieren. Möchten Sie zum Beispiel alle Dateien in einem Ordner zuerst nach dem Typ (Eigenschaft *Extension*) und danach namentlich (Eigenschaft *Name*) alphabetisch sortieren, geben Sie beide Eigenschaften an:

```
Dir | Sort-Object Extension, Name
```

Sort-Object und Hashtables

Sort-Object akzeptiert nicht nur Eigenschaften, nach denen es dann sortiert. Alternativ dürfen Sie auch Hashtables angeben. Angenommen, Sie wollen ein Ordnerlisting nach Dateigröße und Name sortieren, allerdings soll die Dateigröße in absteigender und die Namen in aufsteigender Reihenfolge sortiert werden. Wie geht das? So jedenfalls nicht:

```
Dir | Sort-Object Length, Name -Descending, -Ascending
Sort-Object : Es wurde kein Parameter gefunden, der dem Parameternamen "System.Object[]" entspricht.
Bei Zeile:1 Zeichen:18
+ Dir | Sort-Object  <<<< Length, Name -Descending, -Ascending
```

Sie lösen das Problem, indem Sie *Sort-Object* eine Hashtable übergeben (Kapitel 4).

```
Dir | sort @{expression="Length";Descending=$true},@{expression="Name";Ascending=$true}
```

Die Hashtable macht es möglich, einer Eigenschaft zusätzliche Informationen anzuhängen und so pro Eigenschaft separat festzulegen, welche Sortierreihenfolge Sie wünschen.

Apropos Hashtables: Kann man diese ebenfalls sortieren? Auf den ersten Blick nicht:

```
$hash=@{"Tobias"=90;"Martina"=90;"Cofi"=80;"Zumsel"=100}
$hash | Sort-Object value –descending

Name                           Value
----                           -----
Tobias                         90
Zumsel                         100
Cofi                           80
Martina                        90
```

Es funktioniert jedoch, wenn Sie den so genannten Enumerator direkt an *Sort-Object* weitergeben. Der Enumerator ist ein Objekt, das die Inhalte der Hashtable in einer Form liefert, die von folgenden Cmdlets wie *Sort-Object* bearbeitet werden können. Den Enumerator einer Hashtable liefert *GetEnumerator()*:

```
$hash.GetEnumerator() | Sort-Object value –descending

Name                           Value
----                           -----
Zumsel                         100
Martina                        90
Tobias                         90
Cofi                           80
```

Informationen gruppieren

Group-Object gruppiert gleichartige Objekte und meldet dann deren Anzahl. Übergeben Sie *Group-Object* dazu lediglich die Eigenschaft, nach der Sie die Liste gruppieren wollen. Die nächste Zeile liefert eine gute Übersicht über den Status der Dienste:

```
Get-Service | Group-Object Status
Count Name                      Group
----- ----                      -----
   91 Running                   {AeLookupSvc, AgereModemAudio, Appinfo, Ati External Event Utility...}
   67 Stopped                   {ALG, AppMgmt, Automatisches LiveUpdate - Scheduler, BthServ...}
```

Group-Object gibt in diesem Fall für jede Gruppe ein Objekt zurück. Wie viele Gruppen es gibt, hängt nur davon ab, wie viele unterschiedliche Werte in der Eigenschaft gefunden werden konnten, die Sie beim Gruppieren angegeben haben. Bei Diensten findet sich in der Eigenschaft *Status* immer entweder der Wert *Running* oder *Stopped*, und deshalb liefert *Group-Object* hier genau zwei Objekte zurück.

Die Ergebnisobjekte enthalten stets die Eigenschaften *Count*, *Name* und *Group*. In der Eigenschaft *Group* sind die Dienste nach dem gewünschten Kriterium gruppiert. Auf folgende Art könnten Sie so eine Liste sämtlicher Dienste erhalten, die gerade ausgeführt werden:

```
$ergebnis = Get-Service | Group-Object Status
$ergebnis[0].Group
```

Ganz ähnlich funktioniert das bei anderen Objekten. Im Dateisystem würde *Group-Object* zählen, welche Dateitypen sich wie oft in einem Ordner befinden, wenn Sie als Gruppierungseigenschaft *Extension* verwenden:

```
Dir | Group-Object Extension
```

Das Ergebnis könnten Sie anschließend natürlich noch sortieren:

```
Dir | Group-Object Extension | Sort-Object Count –Descending
Count Name                      Group
----- ----                      -----
   22                           {Application Data, Backup, Contacts, Debug...}
   16 .ps1                      {filter.ps1, findview.PS1, findview2.PS1, findview3.PS1...}
   12 .txt                      {ausgabe.txt, cmdlet.txt, ergebnis.txt, error.txt...}
    4 .csv                      {ergebnis.csv, history.csv, test.csv, test1.csv}
    3 .bat                      {ping.bat, sicherheitskopie.bat, test.bat}
    2 .xml                      {export.xml, now.xml}
    2 .htm                      {ausgabe.htm, report.htm}
```

Gruppierungs-Ausdrücke verwenden

Group-Object gruppiert aber nicht nur nach festen Eigenschaften, sondern kann auch PowerShell-Ausdrücke verwenden. Diese müssen dann in geschweiften Klammern hinter *Group-Object* angegeben werden. Das jeweilige Objekt steht innerhalb des Ausdrucks wie üblich in der Variablen $_ zur Verfügung. Der Ausdruck kann jetzt beliebige Ergebnisse zurückmelden. *Group-Object* gruppiert die Objekte dann entsprechend.

In der folgenden Zeile liefert der Ausdruck zum Beispiel *True* (Wahr), wenn die Dateigröße 100KB übersteigt, ansonsten *False* (Falsch). Die Zeile liefert also zwei Gruppen, *True* und *False*. In der Gruppe *True* befinden sich alle Dateien, die größer sind als 100KB

```
Dir | Group-Object {$_.Length -gt 100KB}

Count Name                      Group
----- ----                      -----
   67 False                     {Application Data, Backup, Contacts, Debug...}
    2 True                      {export.xml, now.xml}In der Spalte Count wird gemeldet, welche
```

Der Rückgabewert des Ausdrucks muss aber nicht *True* oder *False* sein, sondern ist beliebig. In der nächsten Zeile ermittelt der Ausdruck zum Beispiel den Anfangsbuchstaben des Dateinamens und gibt diesen in Großbuchstaben zurück. Das Ergebnis: *Group-Object* gruppiert den Ordnerinhalt nach Anfangsbuchstaben:

```
Dir | Group-Object {$_.name.SubString(0,1).toUpper()}

Count Name                      Group
----- ----                      -----
    4 A                         {Application Data, alias1, ausgabe.htm, ausgabe.txt}
    2 B                         {Backup, backup.pfx}
    2 C                         {Contacts, cmdlet.txt}
    5 D                         {Debug, Desktop, Documents, Downloads...}
    5 F                         {Favorites, filter.ps1, findview.PS1, findview2.PS1...}
    3 L                         {Links, layout.lxy, liste.txt}
    3 M                         {MSI, Music, meinskript.ps1}
    3 P                         {Pictures, p1.nrproj, ping.bat}
    7 S                         {Saved Games, Searches, Sources, SyntaxEditor...}
   15 T                         {Test, test.bat, test.csv, test.ps1...}
    2 V                         {Videos, views.PS1}
    1 [                         {[test]}
    1 1                         {1}
    4 E                         {ergebnis.csv, ergebnis.txt, error.txt, export.xml}
    4 H                         {hauptskript.ps1, help.txt, hilfe.txt, history.csv}
    1 I                         {info.txt}
    2 N                         {netto.ps1, now.xml}
    3 R                         {rechenfunktionen.ps1, report.htm, root.cer}
    2 U                         {unsigned.ps1, unterskript.ps1}
```

Wenn Sie sich das Ergebnis von *Group-Object* näher ansehen, fällt wieder auf: Hinter jedem Gruppennamen wird in *Group* ein Feld angezeigt, in dem die einzelnen Objekte dieser Gruppe zusammengefasst sind. Sie könnten also aus diesem Ergebnis eine praktische alphabetisch-gruppierte Ordneransicht ausgeben:

```
Dir | Group-Object {$_.name.SubString(0,1).toUpper()} | Foreach-Object { ($_.Name)*7; "======="; $_.Group}
(...)
BBBBBBB
=======
d----           26.07.2007      11:03                Backup
-a---           17.09.2007      16:05           1732 backup.pfx
CCCCCCC
=======
d-r--           13.04.2007      15:05                Contacts
-a---           13.08.2007      13:41          23586 cmdlet.txt
DDDDDDD
=======
```

```
d----        28.06.2007    18:33          Debug
d-r--        30.08.2007    15:56          Desktop
d-r--        17.09.2007    13:29          Documents
d-r--        24.09.2007    11:22          Downloads
-a---        26.04.2007    11:43     1046 drive.vbs
(...)
```

Natürlich kostet es etlichen Speicherplatz, die gruppierten Objekte in Feldern zu speichern. Benötigen Sie die gruppierten Objekte nicht, verwenden Sie den Parameter *-noelement*. So erhalten Sie zum Beispiel eine schnelle Auflistung, wie viele Prozesse gerade von welchem Hersteller auf Ihrem Computer ausgeführt werden. Welche Prozesse dies im Einzelnen sind, sehen Sie wegen des Parameters *-noelement* jetzt allerdings nicht mehr:

```
Get-Process | Group-Object -property company –noelement
Count Name
----- ----
   50
    1 AuthenTec, Inc.
    2 LG Electronics Inc.
    1 Symantec Corporation
    2 ATI Technologies Inc.
   30 Microsoft Corporation
    1 Adobe Systems, Inc.
    1 BIT LEADER
    1 LG Electronics
    1 Intel Corporation
    2 Apple Inc.
    1 BlazeVideo Company
    1 ShellTools LLC
    2 Infineon Technologies AG
    1 Just Great Software
    1 Realtek Semiconductor
    1 Synaptics, Inc.
```

Gruppen bilden mit den Formatierungs-Cmdlets

Group-Object ist nicht die einzige Möglichkeit, Informationen zu gruppieren. Auch die Formatierungs-Cmdlets wie *Format-Table* oder *Format-List* können Informationen gruppieren, wenn Sie den Parameter *-groupBy* verwenden. Geben Sie dahinter die Eigenschaft an, nach der Sie gruppieren wollen. Möchten Sie zum Beispiel den Inhalt eines Ordners nach Dateityp gruppieren, verwenden Sie dafür die Eigenschaft *Extension*:

```
Dir | Format-Table -groupby Extension
```

Das Ergebnis erscheint allerdings nur auf den ersten Blick korrekt gruppiert. Wenn Sie genauer hinschauen, werden Sie wahrscheinlich viele Gruppen gleich mehrfach entdecken. Das liegt daran, dass *Format-Table* versucht, das Pipeline-Streaming nicht zu stören und die von *Dir* über die Pipeline einlaufenden Dateien in Echtzeit zu bearbeiten. Dadurch werden ständig neue Gruppen gebildet, wenn die aktuell einlaufende Datei nicht mehr in die aktuell gebildete Gruppe passt. Wenn Sie also Gruppen bilden wollen, müssen Sie das

Pipeline-Streaming unterbrechen und die Daten zuerst nach dem Kriterium sortieren, nach dem Sie anschließend gruppieren wollen:

```
Dir | Sort-Object Extension, Name | Format-Table -groupby Extension

    Verzeichnis: Microsoft.PowerShell.Core\FileSystem::C:\Users\Tobias Weltner

Mode            LastWriteTime     Length Name
----            -------------     ------ ----
-a---      10.08.2007   11:28        116 ping.bat
-a---      18.09.2006   23:43         24 sicherheitskopie.bat
-a---      15.08.2007   20:00        569 test.bat

    Verzeichnis: Microsoft.PowerShell.Core\FileSystem::C:\Users\Tobias Weltner

Mode            LastWriteTime     Length Name
----            -------------     ------ ----
-a---      15.08.2007   08:44        307 history.csv
-a---      15.08.2007   09:35       8160 test.csv

    Verzeichnis: Microsoft.PowerShell.Core\FileSystem::C:\Users\Tobias Weltner

Mode            LastWriteTime     Length Name
----            -------------     ------ ----
-a---      17.09.2007   13:59       1961 filter.ps1
-a---      17.09.2007   14:25       1565 hauptskript.ps1
-a---      17.09.2007   13:59       1833 meinskript.ps1
-a---      17.09.2007   13:59       1866 netto.ps1
-a---      17.09.2007   13:59       1613 rechenfunktionen.ps1
(...)
```

> **TIPP** In diesem Beispiel wurde das Ergebnis von *Dir* mit *Sort-Object* gleich nach zwei Eigenschaften sortiert, nämlich zuerst nach *Extension*, danach nach *Name*. Das führt dazu, dass die Gruppen alphabetisch nach dem Namen sortiert sind.

Pipeline-Ergebnisse filtern

Pipeline-Filter lassen nur bestimmte Objekte oder Objekteigenschaften durch die Pipeline hindurch, und das ist praktisch, denn häufig benötigen Sie nicht sämtliche Ergebnisse, die ein Befehl liefert. *Where-Object* lässt nur die Objekte passieren, die bestimmte Kriterien erfüllen. Und *Select-Object* lässt nur bestimmte Objekteigenschaften hindurch. Mit *Foreach-Object* bearbeiten Sie sämtliche Objekte in der Pipeline der Reihe nach – und können so ganz eigene Filter erstellen. *Get-Unique* schließlich entfernt Doppelgänger aus der Pipeline. Schauen wir uns das mal näher an.

Objekte aus der Pipeline herausfiltern

Sind Sie nur an bestimmten Objekten interessiert, dann beauftragen Sie *Where-Object*, alle Objekte genau zu untersuchen und nur diejenigen durchzulassen, die Ihren Kriterien entsprechen. Die Kriterien setzen sich aus den Objekteigenschaften zusammen. Möchten Sie zum Beispiel nicht sämtliche Dienste sehen, die *Get-Service* liefert, sondern nur Dienste, die gerade laufen, dann müssen Sie zunächst wissen, welche Eigenschaft eines Dienst-Objekts verrät, ob der Dienst läuft oder nicht. Sie benötigen also genauere Kenntnisse über die Eigenschaften, die ein jeweiliges Objekt unterstützt.

Wie Sie diese Eigenschaften herausfinden, wissen Sie bereits. Erinnern Sie sich? *Format-List* listet sämtliche Eigenschaften eines Objekts feinsäuberlich auf, wenn Sie als Argument einen Stern verwenden. Sie brauchen also nur noch ein Beispielobjekt, das Sie mit *Format-List* untersuchen können.

Dazu verwenden Sie einfach denselben Befehl, den Sie später auch in Ihrer Pipeline verwenden wollen, also zum Beispiel *Get-Service*. Speichern Sie sein Ergebnis in einer Variablen. Weil Befehle ihre Ergebnisse in Feldern zurückliefern und die einzelnen Objekte darin als Feldelemente lagern, greifen Sie sich aus diesem Feld das erstbeste Element heraus und senden dieses an *Format-List*:

```
$ergebnis = Get-Service
$ergebnis[0] | Format-List *
Name                : AeLookupSvc
CanPauseAndContinue : False
CanShutdown         : False
CanStop             : True
DisplayName         : Anwendungserfahrung
DependentServices   : {}
MachineName         : .
ServiceName         : AeLookupSvc
ServicesDependedOn  : {}
ServiceHandle       :
Status              : Running
ServiceType         : Win32ShareProcess
Site                :
Container           :
```

Schon sehen Sie alle Eigenschaften dieses Objekts und dahinter die aktuellen Werte. Schnell wird klar, dass die gesuchte Information in der Eigenschaft *Status* zu finden ist. Sie wollen also nur die Objekte sehen, bei denen die Eigenschaft *Status* den Wert *Running* enthält. Jetzt sind Sie bereit, den Pipeline-Filter einzusetzen:

```
Get-Service | Where-Object { $_.Status -eq "Running" }

Status   Name               DisplayName
------   ----               -----------
Running  AeLookupSvc        Anwendungserfahrung
Running  AgereModemAudio    Agere Modem Call Progress Audio
Running  Appinfo            Anwendungsinformationen
Running  AppMgmt            Anwendungsverwaltung
Running  Ati External Ev... Ati External Event Utility
Running  AudioEndpointBu... Windows-Audio-Endpunkterstellung
Running  Audiosrv           Windows-Audio
Running  BFE                Basisfiltermodul
Running  BITS               Intelligenter Hintergrundübertragun...
(...)
```

Tatsächlich sorgt der wie gewünscht dafür, dass Sie nun nur noch die Dienste sehen, die tatsächlich ausgeführt werden. Wie funktioniert *Where-Object*? Das Cmdlet erwartet von Ihnen eine PowerShell-Anweisung in geschweiften Klammern und wertet diese für jedes Objekt in der Pipeline aus. Das Objekt, das *Where-Object* gerade untersucht, befindet sich dabei immer in der Variablen *$_*. *$_.Status* liefert also den Inhalt der Eigenschaft *Status* und braucht nur noch mit dem Wert verglichen zu werden, den Sie durchlassen wollen.

In Wirklichkeit funktioniert die Anweisung hinter *Where-Object* also wie eine Bedingung. Bedingungen werden in Kapitel 7 ausführlich behandelt und sind Ausdrücke, die entweder *$true* oder *$false* ergeben, also entweder erfüllt oder eben nicht erfüllt sind. Ergibt der Ausdruck der Bedingung *$true*, wird das Objekt durch die Pipeline hindurchgelassen, sonst herausgefiltert. Deshalb dürfen Sie beliebig komplexe Bedingungen verwenden. Es muss nur gewährleistet sein, dass die Anweisung entweder *$true* oder *$false* ergibt.

Das Prinzip des Pipeline-Filters lässt sich auf alle Objekttypen übertragen und funktioniert überall identisch. Als erfahrener Administrator sind Sie vielleicht etwas enttäuscht, dass die Dienst-Objekte, die *Get-Service* liefert, nur relativ wenige Informationen enthalten. Vielleicht würden Sie gern alle Dienste auflisten, die normalerweise automatisch starten, aber augenblicklich nicht laufen. Leider enthalten die Dienstobjekte, die *Get-Service* liefert, keinen Hinweis auf den Starttyp des Dienstes. Glücklicherweise gibt es aber eine auskunftsfreudigere Informationsquelle, nämlich den in Windows eingebauten WMI-Dienst. Fragen Sie diesen nach Diensten, erhalten Sie sehr viel mehr Informationen:

```
$dienste = Get-WMIObject Win32_Service
$dienste[0] | Format-List *

Name                    : AeLookupSvc
Status                  : OK
ExitCode                : 0
DesktopInteract         : False
ErrorControl            : Normal
PathName                : C:\Windows\system32\svchost.exe -k netsvcs
ServiceType             : Share Process
StartMode               : Auto
__GENUS                 : 2
__CLASS                 : Win32_Service
__SUPERCLASS            : Win32_BaseService
__DYNASTY               : CIM_ManagedSystemElement
__RELPATH               : Win32_Service.Name="AeLookupSvc"
__PROPERTY_COUNT        : 25
__DERIVATION            : {Win32_BaseService, CIM_Service, CIM_LogicalElement, CIM_ManagedSystemElement}
__SERVER                : TOBIASWELTNE-PC
__NAMESPACE             : root\cimv2
__PATH                  : \\TOBIASWELTNE-PC\root\cimv2:Win32_Service.Name="AeLookupSvc"
AcceptPause             : False
AcceptStop              : True
Caption                 : Anwendungserfahrung
CheckPoint              : 0
CreationClassName       : Win32_Service
Description             : Verarbeitet Anwendungskompatibilitäts-Cacheanforderungen beim Start von
                          Anwendungen.
DisplayName             : Anwendungserfahrung
InstallDate             :
ProcessId               : 1276
ServiceSpecificExitCode : 0
```

Pipeline-Ergebnisse filtern

```
Started                  : True
StartName                : localSystem
State                    : Running
SystemCreationClassName  : Win32_ComputerSystem
SystemName               : TOBIASWELTNE-PC
TagId                    : 0
WaitHint                 : 0
```

Die Informationen, die Sie für Ihr Kriterium benötigen, finden sich in den Eigenschaften *Started* und *StartMode*. Und weil der Pipeline-Filter *Where-Object* sehr häufig verwendet wird, gibt es eine praktische Abkürzung dafür: das Fragezeichen. So könnte Ihr Pipeline-Filter aussehen:

```
Get-WMIObject Win32_Service | ? {($_.started -eq $false) -and ($_.StartMode -eq "Auto")} | Format-Table

ExitCode Name                  ProcessId StartMode    State      Status
-------- ----                  --------- ---------    -----      ------
       0 Automatisches Li...           0 Auto         Stopped    OK
       0 ehstart                       0 Auto         Stopped    OK
       0 LiveUpdate Notic...           0 Auto         Stopped    OK
       0 WinDefend                     0 Auto         Stopped    OK
```

Wenn alles in Ordnung ist, sollte diese Zeile gar keinen Dienst melden, denn Dienste im Startmodus *Auto* werden automatisch gestartet und sollten deshalb laufen. Werden Dienste gemeldet, sollten Sie überprüfen, warum diese Dienste trotz Autostarts nicht (mehr) laufen. Ein Grund dafür könnte sein, dass der Dienst seine Aufgabe erledigt hat und anschließend planmäßig beendet wurde.

Weil WMI-Objekte übrigens nicht in der internen PowerShell-Spickliste vorkommen, werden Ergebnisse hier immer in der Listendarstellung geliefert. Aus diesem Grund legt die Beispielzeile zum Schluss ausdrücklich das Tabellenformat mit *Format-Table* fest, was sehr viel übersichtlicher ist.

HINWEIS Der interne WMI-Dienst liefert Ihnen zu fast jeder Fragestellung rund um Ihren Computer hilfreiche Informationen und wird in Kapitel 18 genau erklärt. Mit dem Parameter *-query* können Sie diesem Dienst auch SQL-artige Abfragen senden, sodass der Befehl dann von sich aus nur die gewünschten Informationen liefert und der Pipeline-Filter überflüssig wird. Das sollten Sie grundsätzlich bei allen Befehlen im Hinterkopf behalten: Der Pipeline-Filter ist praktisch und leicht zu verwenden, aber nicht besonders ökonomisch. Er begrenzt Ergebnisse, die bereits vorliegen. Besser ist, von vornherein nur die Informationen zu erfragen, die man benötigt. Nur ist das eben nicht bei allen Befehlen so einfach möglich wie bei *Get-WMIObject*:

```
Get-WMIObject -Query "select * from win32_Service where Started=false and StartMode='Auto'" | Format-Table

ExitCode Name                  ProcessId StartMode    State      Status
-------- ----                  --------- ---------    -----      ------
       0 Automatisches Li...           0 Auto         Stopped    OK
       0 ehstart                       0 Auto         Stopped    OK
       0 LiveUpdate Notic...           0 Auto         Stopped    OK
       0 WinDefend                     0 Auto         Stopped    OK
```

Objekteigenschaften auswählen

Auch die Informationen in den einzelnen Objekten lassen sich begrenzen. Gerade haben Sie gesehen, dass Objekte je nach Typ teils sehr viele Eigenschaften enthalten, von denen Sie häufig nur wenige benötigen. Mit *Select-Object* wählen Sie aus, an welchen Eigenschaften Sie wirklich interessiert sind. Alle übrigen Eigenschaften werden von *Select-Object* nicht durchgelassen. Die folgende Zeile beschafft sich zum Beispiel das User-Objekt für das eingebaute *Gast*-Konto Ihres Computers.

```
Get-WMIObject Win32_UserAccount -filter "LocalAccount=True AND Name='Gast'"

AccountType : 512
Caption     : TobiasWeltne-PC\Gast
Domain      : TobiasWeltne-PC
SID         : S-1-5-21-3347592486-2700198336-2512522042-501
FullName    :
Name        : Gast
```

Die meisten dieser Eigenschaften sind aber für Sie vermutlich völlig uninteressant, und deshalb könnte *Select-Object* diese entfernen. Es werden jetzt nur noch die drei von Ihnen angegebenen Eigenschaften angezeigt.

```
Get-WMIObject Win32_UserAccount -filter "LocalAccount=True AND Name='Gast'" | Select-Object Name,
disabled, description

Name                                                      disabled description
----                                                      -------- -----------
Gast                                                         True Vordefiniertes Konto für Gastz...
```

Dasselbe Resultat hätten Sie allerdings auch mit einem der Formatierungs-Cmdlets erreichen können. Das wäre sogar noch vorteilhafter, weil Sie dann den Parameter *-autosize* verwenden können, um die Spaltenbreiten zu optimieren:

```
Get-WMIObject Win32_UserAccount -filter "LocalAccount=True AND Name='Gast'" | Format-Table name,
disabled, description –AutoSize

name disabled description
---- -------- -----------
Gast     True Vordefiniertes Konto für Gastzugriff auf den Computer bzw. die Domäne
```

Der wesentliche Unterschied ist: *Format-Table* wandelt nur die angegebenen Eigenschaften des Objekts in Text um. *Select-Object* dagegen legt ein vollkommen neues Objekt an, das nur noch die angegebenen Eigenschaften enthält:

```
Get-WMIObject Win32_UserAccount -filter "LocalAccount=True AND Name='Gast'" | Select-Object Name,
disabled, description | Format-Table *

Name disabled description
---- -------- -----------
Gast *    True Vordefiniertes Konto für Gastzugriff auf den Computer bzw. die Domäne
```

> **TIPP** Weil es ein unverhältnismäßig hoher Aufwand ist, ein neues Objekt anzulegen, sollten Sie *Select-Object* sparsam einsetzen und lieber die Formatierungs-Cmdlets verwenden, um zu kontrollieren, welche Eigenschaften eines Objekts angezeigt werden. *Select-Object* wird vor allem dann benötigt, wenn Sie das Ergebnis der Pipeline überhaupt nicht in Text umwandeln wollen, sondern zum Beispiel mit *Export-Csv* als kommaseparierte Liste oder mit *ConvertTo-HTML* als HTML-Code ausgeben wollen.

Geben Sie hinter *Select-Object* einen Stern als Platzhalterzeichen an, werden alle Eigenschaften als relevant markiert. Die Formatter-Cmdlets geben nun sämtliche Eigenschaften der Objekte aus:

```
Dir | Select-Object * | Format-Table -wrap
```

Möchten Sie fast alle Eigenschaften eines Objekts anzeigen, dann ist es einfacher, nur die unerwünschten Eigenschaften anzugeben. Dazu schließen Sie zuerst mit dem Platzhalterzeichen alle Eigenschaften ein und geben dann mit dem Parameter *-exclude* die Eigenschaften an, die Sie aus dem Objekt entfernen möchten. Die nächste Zeile gibt alle Eigenschaften der Datei- und Ordnerobjekte aus bis auf die Eigenschaften, die mit »PS« beginnen (und interne Hilfseigenschaften für PowerShell darstellen):

```
Dir | Select-Object * -exclude PS*
```

Objektanzahl begrenzen

Select-Object filtert nicht nur die Objekteigenschaften, sondern kann auf Wunsch auch die Anzahl der Objekte begrenzen, die die Pipeline passieren dürfen. Diese Funktion ist schon wesentlich interessanter, denn zusammen mit *Sort-Object* sehen Sie auf diese Weise zum Beispiel die fünf größten Dateien eines Ordners oder die fünf am längsten ausgeführten Prozesse:

```
# die fünf größten Dateien in einem Ordner auflisten:
Dir | Sort-Object length -Descending | Select-Object -First 5

# die fünf am längsten laufenden Prozesse auflisten:
Get-Process | Sort-Object starttime | Select-Object -Last 5 | Format-Table ProcessName, StartTime

# Alias-Abkürzungen machen die Zeile kürzer, aber auch schlechter lesbar:
gps | sort starttime -ea SilentlyContinue | Select -Last 5 | ft ProcessName, StartTime

ProcessName                                StartTime
-----------                                ---------
iexplore                                   20.09.2007 15:00:20
iexplore                                   20.09.2007 15:05:26
iexplore                                   20.09.2007 15:30:51
PowerShellPlus.vshost                      20.09.2007 16:07:54
iexplore                                   20.09.2007 16:56:20
```

Dabei fallen ein paar Dinge auf. Wenn Sie zum Beispiel die Liste der Prozesse nach *StartTime* sortieren, erhalten Sie vermutlich eine Reihe von Fehlermeldungen. Verfügen Sie nicht über Administrator-Berechtigungen, dann dürfen Sie diese Information von einigen Prozessen nicht abrufen. Dieses Problem können Sie umgehen, indem Sie *Sort-Object* mit dem Parameter *-ErrorAction* (kurz: *-ea*) auf *SilentlyContinue* einstellen. Diese Option steht bei fast jedem Cmdlet zur Verfügung und sorgt dafür, dass Fehlermeldungen nicht angezeigt werden.

Das Resultat dieser Zugriffsbeschränkung besteht darin, dass nicht alle Prozesse einen *StartTime*-Wert aufweisen. Überall dort, wo Sie die Startzeit wegen mangelnder Berechtigungen nicht lesen konnten, wird ein Nullwert zurückgeliefert. Der bringt das Sortierergebnis durcheinander. Würden Sie sich nämlich mit *-First* die Prozesse anschauen wollen, die zuletzt gestartet wurden, erhielten Sie nicht die richtigen Ergebnisse:

```
Get-Process | Sort-Object starttime | Select-Object -First 5 | Format-Table ProcessName, StartTime

ProcessName                                          StartTime
-----------                                          ---------
services
SLsvc
SearchIndexer
opvapp
sdclt
```

Sort-Object verwendet für leere Eigenschaften den Wert *0*, und deshalb würde es Ihnen zuerst die Prozesse liefern, für die keine Startzeit ermittelt werden konnte (interessanterweise wären das übrigens genau die Prozesse, auf die Sie keinen vollen Zugriff haben). Auch dieses Problem können Sie aber lösen, und Sie wissen auch schon wie: Mit dem Pipeline-Filter von eben! Filtern Sie einfach alle Objekte aus der Pipeline heraus, bei denen die Eigenschaft *StartTime* leer ist. Und damit Sie besser verstehen, was für Prozesse das eigentlich sind, fügen Sie in der Ausgabe die Eigenschaft *Description* hinzu. Hier vermerken Prozess-Objekte eine kurze Beschreibung des Prozesses:

```
Get-Process | Where-Object {$_.StartTime -ne $null} | Sort-Object starttime | Select-Object -First 5 |
Format-Table ProcessName, StartTime, Description

ProcessName              StartTime                    Description
-----------              ---------                    -----------
taskeng                  19.09.2007 09:35:19          Aufgabenplanungsmodul
dwm                      19.09.2007 09:35:19          Desktopfenster-Manager
explorer                 19.09.2007 09:35:19          Windows-Explorer
GiljabiStart             19.09.2007 09:35:21          Giljabi Start
ATSwpNav                 19.09.2007 09:35:21          ATSwpNav Application
```

TIPP Wenn Sie mehrere Befehle in der Pipeline miteinander verketten, können Sie mit *Tee-Object* Zwischenergebnisse der Pipeline abzapfen – entweder weil Sie diese Informationen an anderer Stelle noch einmal brauchen, oder weil Sie prüfen wollen, wie die Pipeline funktioniert.

```
Get-Process | Tee-Object -Var a1 | Select-Object name, description | Tee-Object -Var a2 | Sort-Object name
```

In dieser Pipeline liefert *Get-Process* zunächst alle laufenden Prozesse. *Select-Object* entfernt daraus alle Objekteigenschaften bis auf *Name* und *Description*. Danach werden die Prozesse nach dem Namen sortiert. An zwei Stellen in dieser Pipeline greift *Tee-Object* das aktuelle Pipeline-Ergebnis ab und speichert es in einer Variablen, ohne die Ausführung der Pipeline weiter zu stören oder zu beeinflussen. Nachdem die Pipeline ihre Arbeit erledigt hat, finden Sie in den Variablen *$a1* und *$a2* das Zwischenergebnis und können es näher analysieren oder an anderer Stelle wiederverwenden.

Verzichten Sie bei *Tee-Object* auf den Parameter *-Variable*, wird das Zwischenergebnis in einer Datei gespeichert, und *Tee-Object* erwartet von Ihnen einen Datei-Pfadnamen. Dasselbe gilt, wenn Sie ausdrücklich den Parameter *-filepath* angeben.

Alle Ergebnisse der Pipeline einzeln bearbeiten

Auf Wunsch können Sie sich die Ergebnisse in der Pipeline auch einzeln vorlegen lassen und dann von Fall zu Fall selbst entscheiden, was Sie damit tun. Zuständig ist das Cmdlet *Foreach-Object*, mit dem Sie beispielsweise Objekte auf eigene Faust in Text umwandeln könnten:

```
Get-Service | Foreach-Object { "Der Dienst {0} heißt '{1}': {2}" -f $_.name, $_.DisplayName, $_.Status}
Der Dienst AeLookupSvc heißt 'Anwendungserfahrung': Running
Der Dienst AgereModemAudio heißt 'Agere Modem Call Progress Audio': Running
Der Dienst ALG heißt 'Gatewaydienst auf Anwendungsebene': Stopped
Der Dienst Appinfo heißt 'Anwendungsinformationen': Running
Der Dienst AppMgmt heißt 'Anwendungsverwaltung': Stopped
Der Dienst Ati External Event Utility heißt 'Ati External Event Utility': Running
Der Dienst AudioEndpointBuilder heißt 'Windows-Audio-Endpunkterstellung': Running
(...)
```

Hinter *Foreach-Object* folgt ein Anweisungsblock in geschweiften Klammern, in dem Sie beliebig viele PowerShell-Befehle ausführen können, solange Sie die Befehle durch Semikola (;-) voneinander trennen. Dieser Anweisungsblock wird für jedes einzelne Objekt der Pipeline ausgeführt, und innerhalb des Blocks steht das aktuelle Objekt in der Variablen $_ zur Verfügung. Im Beispiel hat *Foreach-Object* also für jeden Dienst, der von *Get-Service* geliefert wird, einen Text ausgegeben und darin die drei Eigenschaften *Name*, *DisplayName* und *Status* eingefügt.

> **HINWEIS** Falls Sie sich gerade fragen, was *-f* ist und wie man Informationen in Texte einfügt: Schlagen Sie in Kapitel 13 nach, dort werden alle Aufgaben rund um Texte genau erklärt.

Tatsächlich ist *Foreach-Object* übrigens nur der große Bruder von *Where-Object* und könnte genau wie *Where-Object* Objekte in der Pipeline nach Kriterien herausfiltern. Dazu müsste *Foreach-Object* lediglich eine Bedingung verwenden, und nur wenn die Bedingung erfüllt ist, das betreffende Objekt zurück in die Pipeline legen. Die folgenden Zeilen führen alle zu demselben Ergebnis:

```
Get-Service | Where-Object { $_.Status -eq "Running" }
Get-Service | ? { $_.Status -eq "Running" }
Get-Service | Foreach-Object { if ($_.Status -eq "Running") { $_ } }
Get-Service | % { if ($_.Status -eq "Running") { $_ } }
```

Alle vier Zeilen liefern eine Liste mit Diensten, die gerade laufen. Sie sehen, dass *Where-Object* mit dem Fragezeichen (?) und *Foreach-Object* mit dem Prozentzeichen (%) abgekürzt werden kann. Und Sie sehen auch, dass *Where-Object* eigentlich nur ein *Foreach-Object* mit einer eingebauten Bedingung ist. Die Bedingung, die sich bei *Where-Object* direkt in geschweiften Klammern findet, steht bei *Foreach-Object* in den runden Klammern hinter der *If*-Anweisung. *Where-Object* existiert deshalb hauptsächlich aus Gründen der Bequemlichkeit und Übersichtlichkeit.

> **Profitipp** *Foreach-Object* führt in Wirklichkeit drei Skriptblöcke aus und nicht nur einen. Geben Sie hinter *Foreach-Object* nur einen Skriptblock in geschweiften Klammern an, wird der für jedes Objekt der Pipeline einmal ausgeführt. Geben Sie zwei Skriptblöcke an, wird der erste vor dem ersten Pipeline-Objekt einmal ausgeführt. Geben Sie drei Skriptblöcke an, wird der letzte nach dem letzten Pipeline-Objekt einmal ausgeführt. Damit können Sie Initialisierungs- und Aufräumungsarbeiten durchführen oder einfach Anfangs- und Endmeldungen ausgeben:

```
Get-Service | Foreach-Object {"Laufende Dienste:"}{ if ($_.Status -eq "Running") { $_ } }{"Fertig!"}
```

Die drei Skriptblöcke von *Foreach-Object* entsprechen in Wirklichkeit den Skriptblöcken *begin, process* und *end*, die Sie in den Kapiteln 9 und 12 ausführlicher untersuchen. Dort werden Sie auch feststellen, dass Funktionen, Cmdlets wie *Foreach-Object* und Skriptblöcke im Grunde alle drei dasselbe sind.

Doppelgänger entfernen

Get-Unique entfernt doppelte Einträge aus einer sortierten Liste. Dieses Cmdlet setzt also voraus, dass die Liste zuerst nach dem Kriterium sortiert wurde, denn es macht sich anschließend das Leben relativ leicht: Es geht jedes Element der Liste durch und vergleicht es mit dem vorangegangenen. Sind beide identisch, wird das neue Objekt weggeworfen. Ohne Sortierung funktioniert *Get-Unique* also nicht:

```
1,2,3,1,2,3,1,2,3 | Get-Unique
1,2,3,1,2,3,1,2,3
```

Erst wenn Sie die Liste - in diesem Fall ein Feld - sortieren, werden die Doppelgänger entfernt:

```
1,2,3,1,2,3,1,2,3 | Sort-Object | Get-Unique
1,2,3
```

Interessant wird diese Technik besonders, wenn Sie den Inhalt von Textdateien in einzelne Worte umbrechen. Das erledigt die folgende Zeile:

```
$dateiname = "c:\autoexec.bat"
$(foreach ($line in Get-Content $dateiname) {$line.tolower().split(" ")})
```

Diese Liste der einzelnen Worte einer Datei könnten Sie nun sortieren und dann entweder an *Get-Unique* senden (Liste sämtlicher Worte, die im Text vorkommen) oder an *Group-Object* (Anzahl der verwendeten Worte im Text):

```
$dateiname = "c:\autoexec.bat"
$(foreach ($line in Get-Content $dateiname) {$line.tolower().split(" ")}) | Sort-Object | Get-Unique
$(foreach ($line in Get-Content $dateiname) {$line.tolower().split(" ")}) | Sort-Object | Group-Object
```

Ergebnisse analysieren und vergleichen

Mit den Cmdlets *Measure-Object* und *Compare-Object* messen und bewerten Sie das Ergebnis von PowerShell-Befehlen. Mit *Measure-Object* bestimmen Sie zum Beispiel die Häufigkeitsverteilung bestimmter Objekteigenschaften. Mit *Compare-Object* vergleichen Sie Vorher-Nachher-Schnappschüsse.

Statistische Berechnungen

Mit dem Cmdlet *Measure-Object* führen Sie statistische Häufigkeitsberechnungen durch, können sich also Minimal-, Maximal- und Durchschnittswerte für eine bestimmte Objekteigenschaft ausrechnen lassen. Wollen Sie zum Beispiel wissen, wie die Größenverteilung von Dateien in einem Ordner aussieht, lassen Sie sich von *Dir* ein Ordnerlisting geben und untersuchen die Eigenschaft *Length*:

```
Dir | Measure-Object Length
Count    : 50
Average  :
Sum      :
Maximum  :
Minimum  :
Property : Length
```

Als Vorgabe zählt *Measure-Object* nur die Häufigkeit der angegebenen Eigenschaft. Sie wissen nun zumindest schon, dass es 50 Objekte mit der Eigenschaft *Length* gibt. Möchten Sie auch die übrigen statistischen Angaben erhalten, verwenden Sie die entsprechenden Parameter:

```
Dir | Measure-Object Length -Average -Maximum -Minimum –Sum
Count    : 50
Average  : 36771,76
Sum      : 1838588
Maximum  : 794050
Minimum  : 0
Property : Length
```

Measure-Object kann aber auch Textdateien untersuchen und darin die Häufigkeit von Zeichen, Wörtern und Zeilen bestimmen:

```
Get-Content c:\autoexec.bat | Measure-Object -character -line –word
            Lines            Words            Characters Property
            -----            -----            ---------- --------
                1                5                    24
```

Objekte vergleichen

Häufig möchte man »Vorher-Nachher«-Zustände vergleichen und zum Beispiel herausfinden, welche Prozesse seit einem bestimmten Zeitpunkt neu gestartet wurden oder Dienste finden, die sich im Vergleich zu einem bestimmten Ausgangszustand verändert haben. Diese Aufgabe leistet das Cmdlet *Compare-Object*, das sich dabei die Tatsache zunutze macht, dass PowerShell-Befehle intern eben gerade keinen Text, sondern echte Objekte liefern.

Vorher-Nachher-Zustände vergleichen

Wenn Sie zum Beispiel erfahren möchten, ob während eines bestimmten Zeitraums neue Prozesse gestartet oder laufende Prozesse beendet wurden, dann legen Sie sich zunächst einen Schnappschuss an:

```
$vorher = Get-Process
```

In der Variablen *$vorher* sind nun sämtliche Prozesse gespeichert. Genau genommen ist *$vorher* ein Feld, in dem jeder Prozess mit einem *Process*-Objekt repräsentiert wird. Sie können nun den aktuellen Zustand jederzeit mit diesem Schnappschuss vergleichen. Dazu übergeben Sie *Compare-Object* die Schnappschuss-Liste und die Liste der aktuell laufenden Prozesse. *Compare-Object* ermittelt dann die Unterschiede zwischen den beiden Listen.

```
Compare-Object -ReferenceObject $vorher -DifferenceObject (Get-Process)

InputObject                                    SideIndicator
-----------                                    -------------
System.Diagnostics.Process (regedit)           =>
System.Diagnostics.Process (SearchFilterHost)  <=
System.Diagnostics.Process (SearchProtocolHost) <=
```

TIPP   Falls Sie sich gerade wundern, warum die aktuelle Liste der Prozesse hinter *-DifferenceObject* in runde Klammern gestellt ist, dann denken Sie daran: als Parameter werden immer die tatsächlichen Ergebnisse erwartet. Im Beispiel wurde die Liste der aktuell laufenden Prozesse frisch vom Cmdlet *Get-Process* ermittelt. Weil *Get-Process* ein Cmdlet ist und nicht die gefragte Liste, gehört dieser Befehl in runde Klammern. Alles, was in runden Klammern steht, wird von PowerShell zuerst ausgeführt und danach das Ergebnis dieses Aufrufs zurückgeliefert. Mit diesem Ergebnis kann *Compare-Object* arbeiten. Hätten Sie die runden Klammern weggelassen, wüsste *-DifferenceObject* nichts mit der Angabe *Get-Process* anzufangen.

Alternativ könnten Sie natürlich die Liste der aktuellen Prozesse auch zuerst in einer Variablen speichern und dann diese Variable auch ohne runde Klammern an *Compare-Object* weitergeben. Auch die Angabe der Parameternamen ist nicht zwingend nötig, wenn Sie die Argumente von vornherein in der richtigen Reihenfolge angeben, also zuerst die Liste mit dem Vorher-Zustand, danach die Liste mit dem Nachher-Zustand:

```
$nachher = Get-Process
Compare-Object $vorher $nachher
```

Die Spalte *SideIndicator* meldet, ob ein Prozess neu hinzugekommen ist (=>) oder inzwischen beendet wurde (<=). *Compare-Object* liefert also nur die Prozesse zurück, die sich unterscheiden. Wollen Sie auch die Prozesse sehen, die sich nicht verändert haben, verwenden Sie zusätzlich den Parameter *-includeequal*. Möchten Sie nur die Prozesse sehen, die sich nicht geändert haben, verwenden Sie zusätzlich den Parameter *-excludeDifferent*.

Änderungen an Objekten feststellen

Wenn Sie *Compare-Object* wie eben einsetzen, prüft es nur, ob es für jedes Objekt in der einen Liste eine Entsprechung in der anderen Liste gibt. Für viele Fälle genügt das, denn so finden Sie bequem heraus, ob Objekte im Vergleich zum Ausgangszustand entfernt wurden oder hinzugekommen sind. Sie können so aber nicht feststellen, ob sich der innere Zustand eines Objekts verändert hat.

Möchten Sie zum Beispiel überprüfen, ob Dienste im Vergleich zu einem definierten Ausgangszustand gestartet oder gestoppt wurden, hilft Ihnen *Compare-Object* zunächst nicht weiter, denn wenn ein Dienst angehalten wird, ist er nach wie vor vorhanden. Nur sein innerer Zustand hat sich geändert. In diesem Fall

Ergebnisse analysieren und vergleichen

weisen Sie *Compare-Object* deshalb an, eine oder mehrere Eigenschaften des Objekts zu vergleichen. Welche Eigenschaften Ihnen dabei zur Verfügung stehen, finden Sie leicht über *Format-List* heraus. Dazu beschaffen Sie sich zuerst ein Dienst-Objekt, mit dem Sie gleich etwas herumexperimentieren:

```
# den Windows-Update-Dienst herauspicken:
$dienst = Get-Service wuauserv

# alle Eigenschaften dieses Dienstes untersuchen:
$dienst | Format-List *

Name                : wuauserv
CanPauseAndContinue : False
CanShutdown         : True
CanStop             : True
DisplayName         : Windows Update
DependentServices   : {}
MachineName         : .
ServiceName         : wuauserv
ServicesDependedOn  : {rpcss}
ServiceHandle       :
Status              : Running
ServiceType         : Win32ShareProcess
Site                :
Container           :
```

Schnell zeigt sich, dass die Eigenschaft *Status* die gewünschte Information liefert. Sie könnten nun also zunächst wieder einen Schnappschuss aller Dienste anlegen, danach einen Dienst anhalten und dann *Compare-Object* beauftragen, die *Status*-Eigenschaft zu verwenden, um Unterschiede festzustellen:

```
# aktuellen Zustand speichern:
$vorher = Get-Service

# Einen Dienst herauspicken und diesen Dienst stoppen:
# (Achtung: dies erfordert meist Administratorrechte. Stoppen Sie nur Dienste, wenn Sie sicher
# sind, dass diese Dienste nicht zwingend erforderlich sind!)
$dienst = Get-Service wuauserv
$dienst.Stop()

# Nachher-Zustand aufzeichnen:
$nachher = Get-Service

# Ein einfacher Vergleich findet die Unterschiede nicht, denn der Dienst existierte vorher und nachher:
Compare-Object $vorher $nachher

# Ein Vergleich der Eigenschaft Status meldet den gestoppten Dienst, aber nicht seinen Namen:
Compare-Object $vorher $nachher -Property Status
```

```
                      Status SideIndicator
                      ------ -------------
                     Stopped =>
                     Running <=

# Ein Vergleich mit den Eigenschaften Status und Name liefert die benötigten Informationen:
Compare-Object $vorher $nachher -Property Status, Name
             Status Name                      SideIndicator
             ------ ----                      -------------
             Stopped wuauserv                 =>
             Running wuauserv                 <=
```

Wenn Sie *Compare-Object* mit dem Parameter *-Property* beauftragen, die Eigenschaften *Status* und *Name* zu vergleichen, erhalten Sie die gewünschten Informationen: Der Dienst *wuauserv* wurde in der Liste in *$vorher* ausgeführt, in der Liste in *$nachher* aber nicht. Er wurde also angehalten.

HINWEIS Das Beispiel zeigt, wie man Dienste anhalten kann. Mehr zu den eingebauten Methoden (Befehlen) in Objekten erfahren Sie im nächsten Kapitel. Wichtig ist hier nur, dass Sie den Zustand eines beliebigen Dienstes ändern. Das könnten Sie natürlich auch mit dem Microsoft Management Console-Snapin für Dienste tun:

```
services.msc
```

Starten oder stoppen Sie aber nur Dienste, die Sie kennen und von denen keine Gefahr ausgeht, wenn Sie sie starten oder stoppen. Sollte bei dem Versuch, einen Dienst zu ändern, eine Fehlermeldung erscheinen, fehlen Ihnen meist Administratorrechte. Denken Sie daran: Bei Vista und eingeschalteter Benutzerkontensteuerung müssen Sie PowerShell ausdrücklich mit Administratorrechten starten. Andernfalls sind Sie nur normaler Anwender, selbst wenn Sie sich mit einem Administrator-Konto anmelden.

Da das Ergebnis von *Compare-Object* seinerseits aus Objekten besteht, könnten Sie das Ergebnis weiter analysieren. Vielleicht interessieren Sie sich nur für die durchgeführten Änderungen. Verwenden Sie in der Pipeline einen Filter, also *Where-Object*, und geben Sie dem Filter an, dass Sie sich nur für Objekte interessieren, in denen die Eigenschaft *SideIndicator* dem Wert => entspricht:

```
Compare-Object $vorher $nachher -Property Status, Name | Where-Object { $_.SideIndicator -eq "=>" }
             Status Name                      SideIndicator
             ------ ----                      -------------
             Stopped wuauserv                 =>
```

Möchten Sie das Ergebnis lieber in Klartext formulieren, verwenden Sie anschließend eine Schleife, um die einzelnen Ergebnisse so auszugeben, wie Sie es benötigen. Eine solche Schleife ist *Foreach-Object*: Sie durchläuft alle Ergebnisse, die die Pipeline liefert. Innerhalb der Schleife steht das jeweilige Ergebnis in der Variablen $_ zur Verfügung. So können Sie innerhalb der Schleife auf jedes einzelne Pipeline-Ergebnis zugreifen und zum Beispiel nur bestimmte Eigenschaften des Objekts als Text ausgeben:

```
Compare-Object $vorher $nachher -Property Status, Name | Where-Object { $_.SideIndicator -eq "=>" } |
Foreach-Object { "Der Dienst {0} hat seinen Status geändert auf {1}" -f $_.Name, $_.Status}
Der Dienst wuauserv hat seinen Status geändert auf Stopped
```

Die gleiche Technik kann von Ihnen für die unterschiedlichsten Überwachungsaufgaben eingesetzt werden. Sie müssen sich vorher nur überlegen, mit welchem Befehl Sie den Zustand der zu überwachenden Objekte ermitteln könnten und welche Eigenschaften der Objekte den Zustand beschreiben. Wollen Sie zum Beispiel herausfinden, ob sich Dateien in einem Ordner verändert haben, wäre der richtige Befehl *Dir*, und die Eigenschaft könnte entweder *Length* sein (die Dateigröße hat sich geändert) oder *LastWriteTime* (der Inhalt wurde verändert, kann aber genauso groß sein wie vorher). Hier ein Beispiel:

```
# Testdatei anlegen und Vorher-Schnappschuss des Ordners anlegen:
"Hallo" > test.txt
$vorher = Dir

# Testdatei ändern und Nachher-Schnappschuss des Ordners anlegen:
"Hallo Welt" > test.txt
$nachher = Dir

# Compare-Object meldet alle Dateien, deren Größe sich geändert hat:
Compare-Object $vorher $nachher -Property Length, Name

         Length Name                              SideIndicator
         ------ ----                              -------------
             26 test.txt                          =>
             16 test.txt                          <=


# Dateien, deren Größe sich nicht ändert, werden allerdings nicht erkannt, obwohl sie sich geändert haben:
"Huhu!" > test.txt
$nachher = Dir
Compare-Object $vorher $nachher -Property Length, Name

# es kommt also darauf an, bei dem Vergleich eine aussagekräftige Eigenschaft auszuwählen, z.B.
LastWriteTime:
Compare-Object $vorher $nachher -Property Length, LastWriteTime, Name

         Length LastWriteTime          Name          SideIndicator
         ------ -------------          ----          -------------
             16 20.09.2007 14:13:09    test.txt      =>
             16 20.09.2007 14:13:02    test.txt      <=
```

Datei-Inhalte vergleichen

Eine besondere Form des Schnappschusses ist der Textinhalt einer Datei. Lesen Sie den Textinhalt mit *Get-Content*, erhalten Sie ein Feld mit Textzeilen. Dieses Feld kann *Compare-Object* wieder vergleichen und so zum Beispiel feststellen, welche Zeilen innerhalb von Textdateien sich geändert haben. Auch hier ein Beispiel:

```
# Erste Testdatei anlegen:
@"
>> Hallo
>> Welt
>> "@ > test1.txt
>>

# zweite Testdatei anlegen:
@"
>> Hallo
>> schöne
>> Welt
>> "@ > test2.txt
>>

# beide Dateien miteinander vergleichen und nur unterschiedliche Zeilen anzeigen:
Compare-Object -ReferenceObject $(Get-Content test1.txt) -DifferenceObject $(Get-Content test2.txt)

InputObject                        SideIndicator
-----------                        -------------
schöne                             =>


diff -ReferenceObject $(Get-Content test1.txt) -DifferenceObject $(Get-Content test2.txt) -includeequal

InputObject                        SideIndicator
-----------                        -------------
Hallo                              ==
Welt                               ==
schöne                             =>
```

Schnappschüsse speichern und später wiederverwenden

Manche Vorher-Nachher-Vergleiche lassen sich nicht an einem Tag erledigen. Vielleicht möchten Sie Betriebszustände über einen längeren Zeitraum miteinander vergleichen und können nicht sicher sein, dass der Computer (und Ihr PowerShell) die ganze Zeit über unterbrechungsfrei laufen. Oder Sie möchten als Vergleich immer wieder denselben fest definierten Ausgangszustand verwenden. In diesem Fall serialisieren Sie die Objekte im Ausgangszustand. Damit ist gemeint: Die Objekte werden in einem besonderen Datenformat als Datei gespeichert, quasi »eingefroren«. Sie können die Objekte später jederzeit wieder aus der Datei laden und für Vergleiche einsetzen.

Die Serialisierung wird vom Cmdlet *Export-Clixml* erledigt. Sie brauchen nur noch einen Dateinamen anzugeben, unter dem die Objekte gespeichert werden. Die folgende Zeile speichert zum Beispiel eine Liste aller laufenden Prozesse in der Datei *vorher.xml*:

Ergebnisse analysieren und vergleichen

```
Get-Process | Export-Clixml vorher.xml
```

Weil der Ausgangszustand nun als Datei gespeichert ist, könnten Sie PowerShell beenden oder sogar den Computer neu starten. Sobald Sie die aktuellen Prozesse mit dem gespeicherten Ausgangszustand vergleichen wollen, laden Sie die Datei zurück in PowerShell:

```
$vorher = Import-Clixml vorher.xml
```

Wenn Sie nun allerdings versuchen würden, den Inhalt von *$vorher* mit der aktuellen Prozessliste zu vergleichen, würde *Compare-Object* eine endlose Liste von Abweichungen melden:

```
$nachher = Get-Process
Compare-Object $vorher $nachher
```

Können Sie sich vorstellen, wieso? Im einfachsten Fall prüft *Compare-Object* nur, ob es die Objekte in beiden Listen gibt. Sobald Sie Objekte serialisieren (oder »einfrieren«), ändert sich allerdings ihr Objekttyp. Lesen Sie diese Objekte später mit *Import-Clixml* wieder ein, enthalten die Objekte zwar nach wie vor alle Informationen, werden aber in einem anderen Typ wiederbelebt. Und warum? Weil die wiedereingelesenen Objekte natürlich jetzt nicht mehr laufenden Prozessen entsprechen, sondern aufgetauten alten Prozessen.

Die Lösung des Problems kennen Sie bereits: Weil die wiederbelebten Objekte nach wie vor alle wichtigen Informationen enthalten, weisen Sie *Compare-Object* lediglich an, bestimmte Eigenschaften zu vergleichen. Sobald Sie Eigenschaften vergleichen, ist *Compare-Object* der Objekttyp völlig egal, solange die zu vergleichenden Objekte dieselben Eigenschaften unterstützen:

```
Compare-Object $vorher $nachher -property Name

Name                                    SideIndicator
----                                    -------------
notepad                                 =>
regedit                                 <=
```

Sie wüssten in diesem Fall, dass seit dem Schnappschuss ein Prozess namens *notepad* hinzugefügt und ein Prozess namens *regedit* beendet wurde. Sie wüssten allerdings noch nicht, ob die Prozesse mit gleichem Namen auch tatsächlich identisch sind. Hierzu müssten Sie weitere Objekteigenschaften in den Vergleich mit einschließen, zum Beispiel die Prozess-ID. Sie ist für jeden Prozess eindeutig:

```
Compare-Object $basis (Get-Process) -Property id, name
          id name                      SideIndicator
          -- ----                      -------------
        7788 notepad                   =>
        8004 PowerShellPlus.vshost     =>
        3032 PowerShellPlus.vshost     <=
         344 regedit                   <=
```

Jetzt erkennen Sie, dass außerdem PowerShell einmal neu gestartet wurde. Die PowerShell-Instanz mit der Prozess-ID *8004* wurde beendet und dafür eine neue PowerShell-Instanz mit der Prozess-ID *3032* gestartet.

Pipeline-Ergebnisse exportieren

Sie wissen inzwischen, dass die Ergebnisse der Pipeline spätestens am Ende der Pipeline in Text umgewandelt und in die Konsole ausgegeben werden, weil PowerShell ans Ende jeder Eingabe das Cmdlet *Out-Default* anhängt. Dieses Cmdlet entscheidet also, wo die Ergebnisse der Pipeline ausgegeben werden. Neben *Out-Default* gibt es eine Reihe weiterer Ausgabe-Cmdlets, und wenn Sie eines davon an das Ende Ihrer Pipeline hängen, wird das Ergebnis nicht in die Konsole ausgegeben, sondern zum Beispiel in eine Datei umgeleitet oder ausgedruckt. Die Pipeline bricht nämlich beim ersten Ausgabe-Cmdlet die Arbeit ab, und wenn Sie selbst eines angeben, kommt das von PowerShell automatisch angefügte *Out-Host* gar nicht mehr zum Einsatz.

```
Get-Command -verb out

CommandType     Name                 Definition
-----------     ----                 ----------
Cmdlet          Out-Default          Out-Default [-InputObject <PSObject>] [-Ve...
Cmdlet          Out-File             Out-File [-FilePath] <String> [[-Encoding]...
Cmdlet          Out-Host             Out-Host [-Paging] [-InputObject <PSObject...
Cmdlet          Out-Null             Out-Null [-InputObject <PSObject>] [-Verbo...
Cmdlet          Out-Printer          Out-Printer [[-Name] <String>] [-InputObje...
Cmdlet          Out-String           Out-String [-Stream] [-Width <Int32>] [-In...

Dir | Out-File ausgabe.txt

.\ausgabe.txt

Dir | Out-Printer
```

TIPP *Out-File* unterstützt den Parameter *-encoding*, mit dem Sie festlegen, in welchem Format die Informationen in eine Datei geschrieben werden. Wissen Sie nicht auswendig, welche Encoding-Formate erlaubt sind, geben Sie einfach einen garantiert falschen Wert an und erfahren dann in der Fehlermeldung, welche Werte erlaubt sind:

```
Dir | Out-File -encoding Weissauchnicht
Out-File : Das Argument "Weissauchnicht" kann nicht überprüft werden, da es nicht zum Satz "unicode,
utf7, utf8, utf32, ascii, bigendianunicode, default, oem" gehört.
Bei Zeile:1 Zeichen:25
+ Dir | Out-File -encoding  <<<< Weissauchnicht
```

Eine Alternative zu *Out-File* ist *Export-Csv*. Mit diesem Cmdlet legen Sie kommaseparierte Listen an. Mehr dazu lesen Sie in einem Moment.

Ergebnisse unterdrücken

Wollen Sie die Ausgabe eines Befehls »verschlucken«, senden Sie seine Ausgabe an *Out-Null*:

```
# Dieser Befehl legt nicht nur einen neuen Ordner an, sondern gibt den neuen Ordner auch zurück:
md testordner

    Verzeichnis: Microsoft.PowerShell.Core\FileSystem::C:\Users\Tobias Weltner
Mode                LastWriteTime     Length Name
----                -------------     ------ ----
d----         19.09.2007     14:31            testordner
```

```
rm testordner

# Die Ausgabe des Befehls wird hier ins "Nichts" geschickt
md testordner | Out-Null
rm testordner

# das entspricht der folgenden Umleitung:
md testordner > $null
rm testordner
```

Formatierungen in der Pipeline verändern

Out-Host wirkt auf den ersten Blick etwas überflüssig, denn wenn Sie selbst kein Ausgabe-Cmdlet angeben, landen alle Ergebnisse sowieso in der Konsole. Wofür könnte *Out-Host* also gut sein? Einerseits unterstützt dieses Cmdlet optionale Parameter, wie z.B. *-paging*, mit dem Sie Informationen seitenweise ausgeben. Das hatten Sie bereits am Anfang dieses Kapitels ausprobiert. Außerdem können Sie mit *Out-Host* die Formatierung der Pipeline beeinflussen. Das ist schon sehr viel wichtiger.

Alle Ausgabe-Cmdlets geben die Ergebnisse der Pipeline nämlich nicht nur an das jeweilige Ausgabegerät aus, sondern wandeln die Objekte der Pipeline außerdem vorher automatisch um in lesbaren Text. Wie diese Umwandlung funktioniert, haben Sie bereits gesehen: Zuständig dafür sind die Formatierungs-Cmdlets wie *Format-Table*. Interessant wird das, wenn Sie selbst weder ein Formatierungs- noch ein Ausgabe-Cmdlet in Ihrer Pipeline angeben. Dann nämlich handelt PowerShell automatisch und das Ergebnis kann manchmal verwirrend sein.

Können Sie sich zum Beispiel erklären, warum die nächste Anweisung alle Dienste in Tabellendarstellung ausgibt, die folgende aber in Listendarstellung?

```
# gibt Dienste in Tabellendarstellung aus:
Get-Service

# gibt Dienste in Listendarstellung aus:
Get-Location; Get-Service
```

In der zweiten Zeile wurden die Ergebnisse von zwei Befehlen gemischt. Das ist erlaubt, und Sie brauchen nur daran zu denken, einzelne Befehle durch ein Semikolon voneinander zu trennen. Keiner der beiden Befehle gibt seine Ergebnisse selbst mit einem Ausgabe-Cmdlet aus. Deshalb bleiben alle Ergebnisse in der Pipeline und werden am Schluss automatisch von *Out-Host* verarbeitet. Genau das führt zum Problem. PowerShell erweitert die Zeile nämlich hinter den Kulissen folgendermaßen:

```
& {Get-Location; Get-Service} | Out-Default
```

Out-Default schaut nach, ob Sie der Pipeline mit einem der Formatierungs-Cmdlets ein bestimmtes Format zugewiesen haben. Falls nicht, versucht es, selbst ein geeignetes Format zu finden. Dazu richtet es sich nach dem ersten Objekt im Ergebnis, der Pfadangabe von *Get-Location*. Darauf folgen dann allerdings in unerwartet bunter Reihenfolge die Dienste von *Get-Service*. Weil es kein vordefiniertes Format gibt, mit dem diese bunte Objektmischung angezeigt werden könnte, greift *Out-Default* auf das Listenformat zurück. Das hier beschriebene Problem kann Ihnen an vielen Stellen begegnen. Es gilt zum Beispiel auch für Funktionen oder Skripte:

```
# Problem am Beispiel einer Funktion:
function test {
>> Get-Location
>> Get-Service
>> }
>>
Test

# Problem am Beispiel eines Skripts:
@"
>> Get-Location
>> Get-Service
>> "@ > test.ps1
>>
.\test.ps1
```

Die Lösung lautet: Legen Sie entweder selbst ein Format für die Pipeline fest, oder senden Sie die Ergebnisse einzelner Befehle selbst an die Konsole:

```
# bestimmen Sie selbst das Ausgabeformat, damit PowerShell das Format nicht festzulegen braucht:
Get-Location | Format-Table; Get-Service

# oder senden Sie Zwischenergebnisse selbst zur Konsole, damit keine gemischten Ergebnisse auftreten:
Get-Location | Out-Host; Get-Service
```

Textdarstellungen erzwingen

Weil bei der Umwandlung von Objekten zu Text immer Informationen verloren gehen, verschiebt PowerShell diese Umwandlung auf den letzten möglichen Zeitpunkt und wandelt die Objekte in der Pipeline erst jeweils am Ende der Pipeline in Text um. Sie können diese Umwandlung in die Textdarstellung mit *Out-String* allerdings auch jederzeit vorher erzwingen. *Out-String* ist das einzige Ausgabe-Cmdlet, das die Pipeline nicht beendet, sondern fortführt. Als Ergebnis legt *Out-String* die Objekte, die es empfängt, als Text zurück auf die Pipeline. Weil es sich also wie ein gewöhnlicher Pipeline-Befehl verhält, können Sie das Ergebnis einer Variablen zuweisen:

```
$text = Dir | Out-String
$text.toUpper()
```

Das Ergebnis von *Out-String* ist also immer ein einzelner Gesamttext. Das bedeutet auch: *Out-String* blockiert den Pipeline-Stream und wartet, bis alle Ergebnisse eingetroffen sind. Möchten Sie den Text lieber zeilenweise in einem Feld erhalten, verwenden Sie den Parameter *-stream*. Jetzt wandelt *Out-String* die einlaufenden Objekte in Echtzeit in einzelne Texte um und blockiert die Pipeline nicht:

```
Dir | Out-String -stream | Foreach-Object { $_.toUpper() }
```

HINWEIS Falls möglich, sollten Sie vermeiden, Objekte in Texte umzuwandeln, weil Sie dadurch die Struktur und viele Möglichkeiten verlieren, die Ihnen nur die Originalobjekte bieten.

Excel: Objekte exportieren

Alle Ausgabe-Cmdlets konvertieren die Ergebnisse der Pipeline in eine wie auch immer geartete Textdarstellung. Eine Alternative dazu sind kommaseparierte Listen, die von *Export-Csv* erstellt werden. CSV-Dateien lassen sich anschließend in Programme wie Microsoft Excel laden, sodass Sie darin mit den Daten, die PowerShell geliefert hat, nahtlos weiterarbeiten und zum Beispiel aus Zahlenkolonnen aussagekräftige Grafiken erzeugen könnten.

```
Dir | Export-Csv test.csv
.\test.csv
```

Die Objekte, die *Dir* liefert, werden mit all ihren Eigenschaften in Text umgewandelt. Öffnen Sie die resultierende CSV-Datei und haben Sie Microsoft Excel installiert, werden diese Informationen sofort spaltenweise als Excel-Tabelle angezeigt. Ohne Excel können die Informationen in einem Texteditor zumindest angezeigt werden.

TIPP Falls Excel die CSV-Datei zwar öffnet, aber die Spalten nicht richtig identifiziert, kann das an Ihren Ländereinstellungen liegen. *Export-Csv* verwendet als Trennzeichen immer das international hierfür übliche Komma (,) als Listentrennzeichen. In den Ländereinstellungen der Windows-Systemsteuerung wird für deutsche Systeme allerdings das (eher unübliche) Tabulatorzeichen als Listentrennzeichen verwendet. Damit Excel kommaseparierte Listen korrekt importiert, ändern Sie entweder die Einstellung des Listentrennzeichens in Ihren Regionaleinstellungen, oder Sie wandeln in der resultierenden CSV-Datei das Trennzeichen von Komma um in Tabulator:

```
# eine kommaseparierte Liste erstellen
Dir | Export-Csv test1.csv

# in dieser Liste jeweils ein Komma durch einen Tabulator ersetzen
Get-Content test1.csv | Foreach-Object { $_.replace(',', "`t") } | Out-File test2.csv

# jetzt ordnet auch ein deutsches System in Excel die Spalten richtig zu:
.\test2.csv
```

Allerdings handelt es sich hier um eine sehr einfache Ersetzung. Sie berücksichtigt nicht Kommata, die im Spaltentext vorkommen.

Export-Csv kümmert sich also selbst um die Formatierung der Daten, indem es alle Objekteigenschaften als Felder in die kommaseparierte Datei schreibt. Was passiert, wenn Sie hier mit einem Formatter-Cmdlet dazwischenfunken, zeigt das nächste Beispiel:

```
Dir | Format-Table | Export-Csv test.csv
.\test.csv
```

Die Informationen in der *csv*-Datei sind nun beinahe unleserlich, und es wird deutlich, wie die Formatter-Cmdlets hinter den Kulissen ihre Arbeit tun. Sie betten die Objekte nämlich in eigenen Formatierungsanweisungen ein. Deshalb dürfen Sie die Formatter-Cmdlets keinesfalls verwenden, wenn Sie die rohen Informationen mit *Export-Csv* in einer Datei speichern möchten. Generell sollten Sie die Formatter-Cmdlets darüber hinaus nur am Ende Ihrer Pipeline verwenden, damit die Formatierungsanweisungen nicht andere Befehle stören können.

Eine Frage bleibt: Wenn man die Formatter-Cmdlets nicht einsetzen darf, um zum Beispiel anzugeben, an welchen Eigenschaften eines Objekts man interessiert ist, wie kann man dann bestimmen, welche Eigenschaften in die *csv*-Datei geschrieben werden? Indem Sie die Objekte zuvor der unerwünschten Eigenschaften berauben. Das erledigt *Select-Object*. Dahinter geben Sie die Eigenschaften an, die Sie behalten wollen. Alle anderen werden aus dem Objekt entfernt. Das ist die Lösung, denn *Export-Csv* schreibt stets alle (verbliebenen) Eigenschaften in die *csv*-Datei:

```
Dir | Select-Object Name, Length, LastWriteTime | Export-Csv test.csv
.\test.csv
```

HTML-Ausgaben

Auf Wunsch verpackt PowerShell seine Ergebnisse auch in (rudimentäre) HTML-Dateien. Die Umwandlung der Objekte ins HTML-Format erledigt *ConvertTo-HTML*:

```
Get-Process | ConvertTo-HTML | Out-File ausgabe.htm
.\ausgabe.htm
```

Erschrecken Sie aber nicht: Der Vorgang kann eine Weile dauern, weil PowerShell nun sämtliche Eigenschaften der Objekte ausliest und als HTML-Tabelle speichert. Möchten Sie nur bestimmte Eigenschaften als HTML-Report sehen, dürfen Sie ähnlich wie bei *Export-Csv* keinesfalls die Formatter-Cmdlets verwenden. Setzen Sie auch hier lieber *Select-Object* ein. Bei der Gelegenheit könnten Sie mit dem Parameter *-title* der HTML-Seite noch gleich einen Titel geben. Der erscheint später in der Titelleiste des Browsers, der die Datei anzeigt. Weitergehende Formatierungsmöglichkeiten fehlen dem Cmdlet leider:

```
Get-Process | Select-Object Name, Description | ConvertTo-HTML -title "Prozess-Report" | Out-File ausgabe.htm
.\ausgabe.htm
```

Das Extended Type System (Teil 1)

Eine der bemerkenswertesten Fähigkeiten der PowerShell-Konsole ist, beliebige Objekte in Text umzuwandeln. Sie haben gesehen, wie die verschiedenen Formatierungs-Cmdlets dabei die Eigenschaften der Objekte in Text verwandeln und entweder neben- oder untereinander als Text ausgeben.

Bemerkenswert ist dabei vor allen Dingen, dass es PowerShell gelingt, nur die wesentlichen Eigenschaften eines Objekts in Text zu verwandeln. PowerShell wäre von vornherein zum Scheitern verurteilt, würde es grundsätzlich immer sämtliche Eigenschaften eines Objekts in Text verwandeln, denn dann würde selbst ein einfaches Ordnerlisting zu einem unüberschaubaren Informationswust führen:

```
Dir | Format-Table * -wrap
```

PSPath	PSParentPath	PSChildName	PSDrive	PSProvider	PSIsContainer	Mode	Name	Parent	Exists	Root	FullName	Extension	CreationTime	CreationTimeUtc	LastAccessTime	LastAccessTimeUtc	LastWriteTime	LastWriteTimeUtc	Attributes
Microsoft.PowerShell.Core\FileSystem::C:\Users\Tobias Weltner\Application Data	Microsoft.PowerShell.Core\FileSystem::C:\Users\Tobias Weltner	Application Data	C	Microsoft.PowerShell.Core\FileSystem	True	d----	Application Data	Tobias Weltner	True	C:\	C:\Users\Tobias Weltner\Application Data		20.07.2007 1:37:39	20.07.2007 9:37:39	01.10.2007 16:09:57	01.10.2007 14:09:57	01.10.2007 16:09:57	01.10.2007 14:09:57	Directory
Microsoft.PowerShell.Core\FileSystem::C:\Users\Tobias Weltner\Backup	Microsoft.PowerShell.Core\FileSystem::C:\Users\Tobias Weltner	Backup	C	Microsoft.PowerShell.Core\FileSystem	True	d----	Backup	Tobias Weltner	True	C:\	C:\Users\Tobias Weltner\Backup		25.07.2007 17:50:55	25.07.2007 15:50:55	26.07.2007 1:03:07	26.07.2007 9:03:07	26.07.2007 1:03:07	26.07.2007 9:03:07	Directory
(...)																			

Damit aus dieser rohen und völlig unbrauchbaren Umwandlung von Objekteigenschaften in Text eine sinnvolle Umwandlung wird, die man in der Praxis gebrauchen kann, gibt es das Extended Type System.

Erst das Extended Type System ermöglicht es PowerShell also überhaupt, intern Objekte zu verarbeiten und diese erst zum Schluss in (sinnvollen) Text zu verwandeln.

```
Dir
    Verzeichnis: Microsoft.PowerShell.Core\FileSystem::C:\Users\Tobias Weltner

Mode                LastWriteTime     Length Name
----                -------------     ------ ----
d----           01.10.2007     16:09         Application Data
d----           26.07.2007     11:03         Backup
(...)
```

Das Extended Type System besteht aus zwei Teilen. Der eine Teil kümmert sich um die Formatierung von Objekten und wird gleich beschrieben. Der andere Teil kümmert sich um Objekteigenschaften und wird im nächsten Kapitel erklärt.

Textdarstellung bleibt Textdarstellung

Das Extended Type System wird nur tätig, wenn Objekte in die Konsole ausgegeben werden. Liegen die Daten bereits als Text vor, ändert das Extended Type System daran gar nichts. Würden Sie also ein Verzeichnislisting mit *Out-String* bereits von vornherein in reinen Text umwandeln und die Liste anschließend durch eines der Formatter-Cmdlets schicken, so würde sich die Darstellung nicht mehr ändern:

```
# Die Objekte des Verzeichnislistings in reinen Text umwandeln:
$text = Dir | Out-String

# Alle weiteren Ausgaben liefern das identische Ergebnis, denn Text wird nicht umgewandelt:
$text
$text | Format-Table
$text | Format-List
```

Ihr Wunsch hat Vorrang

Geben Sie hinter einem Formatter-Cmdlet wie *Format-Table* selbst an, welche Eigenschaften in Text umgewandelt werden sollen, dann bleibt das Extended Type System ebenfalls untätig. Denn nicht die Umwandlung von Objekten in Text ist das Problem, sondern die Auswahl und Unterscheidung zwischen wichtigen und unwichtigen Eigenschaften. Wenn Sie selbst angeben, welche Eigenschaften umgewandelt werden sollen, haben Sie diese Entscheidung dem Extended Type System abgenommen:

```
# Wenn Sie die Eigenschaften angeben, braucht das ETS nicht mehr auszuwählen:
Dir | Format-Table Name, Length, LastWriteTime
```

Formatierung bei bekannten Objekten

Setzen Sie ein Formatierungs-Cmdlet wie *Format-Table* ein, ohne dahinter selbst die Eigenschaften auszuwählen, tritt erstmals das Extended Type System in Aktion, denn jetzt muss automatisch ausgewählt werden, in welcher Ansicht diese Objekte dargestellt und welche Eigenschaften angezeigt werden sollen. Dazu bestimmt das ETS (Extended Type System) zuerst, was für Objekte in Text umgewandelt werden sollen:

```
Dir | Foreach-Object { $_.GetType().FullName }
```

Dir liefert Dateien in Form von *System.IO.FileInfo*-Objekten und Ordner in Form von *System.IO.DirectoryInfo*-Objekten. Jetzt schaut das Extended Type System in seinen internen Spicklisten nach, wie diese Objekte in Text umgewandelt werden müssen. Die Spicklisten liegen in Form von XML-Dateien mit der Dateierweiterung »ps1xml« vor:

```
Dir $pshome\*.format.ps1xml

Mode                LastWriteTime     Length Name
----                -------------     ------ ----
-a---         13.04.2007     19:40     22120 Certificate.format.ps1xml
-a---         13.04.2007     19:40     60703 DotNetTypes.format.ps1xml
-a---         13.04.2007     19:40     19730 FileSystem.format.ps1xml
-a---         13.04.2007     19:40    250197 Help.format.ps1xml
-a---         13.04.2007     19:40     65283 PowerShellCore.format.ps1xml
-a---         13.04.2007     19:40     13394 PowerShellTrace.format.ps1xml
-a---         13.04.2007     19:40     13540 Registry.format.ps1xml
```

Innerhalb dieser XML-Dateien wird jedes Objekt genau definiert. In der Definition steht zum Beispiel, welche Eigenschaften des Objekts in Text umgewandelt werden sollen und ob das Objekt in Tabellen- oder Listendarstellung angezeigt wird.

Das Extended Type System kommt nur dann ins Schleudern, wenn Sie mehrere Objekttypen miteinander mischen, die eigentlich nicht zusammenpassen, so wie hier:

```
Get-Process; Dir | Format-Table
(...)
out-lineoutput : Das Objekt vom Typ "Microsoft.PowerShell.Commands.Internal.Format.FormatStartData" ist
ungültig oder befindet sich nicht an der richtigen Position in der Sequenz. Die Ursache hierfür ist
wahrscheinlich ein vom Benutzer angegebener Befehl "Format-Table", der zu Konflikten mit der Standard-
formatierung führt.
```

Die Dateien und Ordner, die *Dir* ausgibt, können nicht mit der Formatierung dargestellt werden, die PowerShell für *Prozesse* verwendet. Sie lassen sich also nicht miteinander mischen. Eine Lösung wäre, die Objekte einzeln an den passenden Formatierer zu senden:

```
Get-Process | Format-Table; Dir | Format-Table
```

Eine andere wäre, gar kein Formatierungs-Cmdlet einzusetzen. Dann nämlich ermittelt das Extended Type System automatisch das passende Format, wie Sie gleich sehen werden.

Unbekannte Objekte

Ist das Objekt, das das Extended Type System in Text umwandeln soll, unbekannt, weil es in keiner der *ps1xml*-Spicklisten definiert wird, wandelt das ETS kurzerhand sämtliche Eigenschaften des Objekts in Text um. Die Frage lautet jetzt nur noch, ob das Objekt in Tabellen- oder Listen-Darstellung angezeigt wird. Bei weniger als fünf Eigenschaften verwendet es die Tabellenansicht, andernfalls die Listendarstellung. Das können Sie mit einem »selbstgebastelten« Objekt leicht überprüfen:

```
# ein neues leeres Objekt anlegen:
$objekt = New-Object PSObject

# eine neue eigene Eigenschaft anfügen:
Add-Member NoteProperty "a" 1 -InputObject $objekt

# Powershell gibt das Objekt mit Format-Table aus und zeigt die einzelne Eigenschaft:
$objekt
a
-
1


# drei weitere Eigenschaften hinzufügen:
Add-Member NoteProperty "b" 1 -InputObject $objekt
Add-Member NoteProperty "c" 1 -InputObject $objekt
Add-Member NoteProperty "d" 1 -InputObject $objekt

# noch immer wird das Objekt in der Tabellenschreibweise dargestellt:
$objekt
a                          b                     c                     d
-                          -                     -                     -
1                          1                     1                     1

# die fünfte Eigenschaft macht einen Unterschied:

Add-Member NoteProperty "e" 1 -InputObject $objekt

# jetzt wird das Objekt mit Format-List umgewandelt (Eigenschaften untereinander anstatt nebeneinander):
$objekt
a : 1
b : 1
c : 1
d : 1
e : 1
```

Notfallmodus

Sollte das ETS während der Ausgabe einen kritischen Zustand entdecken, schaltet es automatisch in die Listendarstellung um. Solch ein kritischer Zustand kann zum Beispiel entstehen, wenn das ETS auf unerwartete Objekte trifft. Die folgende Anweisung gibt zunächst die Liste der aktuellen Prozesse wie gewohnt in Tabellendarstellung aus. Weil anschließend aber plötzlich und unerwartet auch noch Dateisystem-Objekte folgen, schaltet das ETS noch während der Ausgabe in den Notfallmodus und stellt die restlichen Objekte in Listendarstellung dar.

```
Get-Process; Dir
```

Der Fall der verschwundenen Spalte

Grundsätzlich richtet sich das ETS bei unbekannten Objekten nach dem ersten Objekt, das es ausgibt. Das kann zu sonderbaren Phänomenen führen. Bei einem unbekannten Objekt stellt das ETS immer sämtliche Objekteigenschaften dar, allerdings nur sämtliche Objekteigenschaften des *ersten* Objekts, das das ETS ausgibt. Folgen weitere Objekte, in denen mehr Eigenschaften vorhanden sind, bleibt es bei der Auswahl der Eigenschaften und es werden Informationen unterschlagen.

Hier ein Beispiel für solch eine Unterschlagung: *Get-Process* liefert eine Liste der laufenden Prozesse. Diese wird nach der Eigenschaft *starttime* sortiert, und anschließend werden nur die Eigenschaften *name* und *starttime* ausgegeben:

```
Get-Process | Sort-Object starttime | Select-Object name,starttime
```

Wenn Sie diese Zeile ausführen, erhalten Sie möglicherweise eine Menge Fehlermeldungen, die aber nicht Ihre Schuld sind. Als Nicht-Administrator dürfen Sie auf viele Prozesse nicht zugreifen und noch nicht einmal die Startzeit abfragen. Sie erhalten also eine Liste mit Prozessen, von denen nur einige eine Startzeit haben. Ausgegeben werden aber nur die Prozessnamen. Die Startzeit sämtlicher Prozesse wurde einfach unterschlagen. Warum?

Wann immer Sie mit *Select-Object* einem Objekt Eigenschaften wegnehmen, ändern Sie den Objekttyp. *Get-Process* liefert *Process*-Objekte, und diesen Objekten kann man nicht so ohne Weiteres Eigenschaften streichen. Deshalb verpackt *Select-Object* die Informationen der einlaufenden *Process*-Objekte in neue Objekte, die es selbst neu anlegt:

```
Get-Process | Sort-Object starttime | Select-Object name,starttime | Foreach-Object {
$_.GetType().FullName }
System.Management.Automation.PSCustomObject
(...)
```

Die neuen Objekte sind also vom Typ *PSCustomObject*. Für diesen Objekttyp gibt es keinen Eintrag in der Spickliste des Extended Type Systems, und deshalb gibt das ETS kurzerhand sämtliche Eigenschaften des Objekts aus – sämtliche Eigenschaften des *ersten* Objekts, um genau zu sein. Weil Sie die Ausgabe mit *Sort-Object* nach aufsteigender Startzeit sortiert hatten, beginnt die Liste mit den Objekten, die wegen der Zugriffsbeschränkungen gar keine Startzeit haben.

Das ETS erkennt im ersten Objekt deshalb nur eine Eigenschaft, nämlich *Name*. Die Startzeit wird im ersten Objekt nicht gefunden und deshalb auch für keines der folgenden Objekte ausgegeben. Sie lösen das Problem, indem Sie sich nicht auf das ETS verlassen, sondern selbst die gewünschten Objekteigenschaften auswählen:

```
Get-Process | Sort-Object starttime | Select-Object name,starttime | Format-Table Name, Starttime
```

Das Extended Type System erweitern

Kennt das Extended Type System einen bestimmten Objekttyp, kann es ihn optimal in Text umwandeln. Bei unbekannten Objekten ist die Umwandlung weit weniger elegant oder sogar unbrauchbar. Das Extended Type System ist allerdings erweiterbar, und so bräuchten Sie ihm nur neue Objekttypen beizubringen, um auch die optimal als Text darzustellen.

Eine Erweiterung planen

Der erste Schritt einer ETS-Erweiterung ist, den Objekttyp zu ermitteln, den Sie künftig besser darstellen wollen. Vielleicht setzen Sie häufiger *Get-WMIObject* ein, um sich vom WMI-Dienst Informationen zu beschaffen, und sind nicht damit zufrieden, wie diese Objekte in PowerShell dargestellt werden:

```
Get-WMIObject Win32_Processor
__GENUS                 : 2
__CLASS                 : Win32_Processor
__SUPERCLASS            : CIM_Processor
__DYNASTY               : CIM_ManagedSystemElement
__RELPATH               : Win32_Processor.DeviceID="CPU0"
__PROPERTY_COUNT        : 48
__DERIVATION            : {CIM_Processor, CIM_LogicalDevice, CIM_LogicalElement, CIM_ManagedS
                          ystemElement}
__SERVER                : TOBIASWELTNE-PC
__NAMESPACE             : root\cimv2
__PATH                  : \\TOBIASWELTNE-PC\root\cimv2:Win32_Processor.DeviceID="CPU0"
AddressWidth            : 32
Architecture            : 9
Availability            : 3
Caption                 : x64 Family 6 Model 15 Stepping 6
ConfigManagerErrorCode  :
ConfigManagerUserConfig :
CpuStatus               : 1
CreationClassName       : Win32_Processor
CurrentClockSpeed       : 1000
CurrentVoltage          : 12
DataWidth               : 64
Description             : x64 Family 6 Model 15 Stepping 6
DeviceID                : CPU0
ErrorCleared            :
ErrorDescription        :
ExtClock                :
Family                  : 1
InstallDate             :
L2CacheSize             : 4096
L2CacheSpeed            :
L3CacheSize             : 0
L3CacheSpeed            : 0
LastErrorCode           :
Level                   : 6
```

Das Extended Type System (Teil 1)

```
LoadPercentage             :
Manufacturer               : GenuineIntel
MaxClockSpeed              : 2167
Name                       : Intel(R) Core(TM)2 CPU        T7400  @ 2.16GHz
NumberOfCores              : 2
NumberOfLogicalProcessors  : 2
OtherFamilyDescription     :
PNPDeviceID                :
PowerManagementCapabilities :
PowerManagementSupported   : False
ProcessorId                : BFEBFBFF000006F6
ProcessorType              : 3
Revision                   : 3846
Role                       : CPU
SocketDesignation          : U1
Status                     : OK
StatusInfo                 : 3
Stepping                   : 6
SystemCreationClassName    : Win32_ComputerSystem
SystemName                 : TOBIASWELTNE-PC
UniqueId                   :
UpgradeMethod              : 8
Version                    : Modell 15, Stepping 6
VoltageCaps                :
```

Ermitteln Sie zuerst, was für ein Objekttyp vom Befehl zurückgeliefert wird:

```
$objekt = Get-WMIObject Win32_Processor | Select-Object -first 1
$objekt.GetType().FullName
System.Management.ManagementObject
```

Sie brauchen also eine ETS-Erweiterung für Objekte vom Typ *System.Management.ManagementObject*. Als nächstes schauen Sie sich die Eigenschaften dieses Objekts an und wählen diejenigen aus, die das ETS in Text umwandeln soll, zum Beispiel *DeviceID*, *Name* und *ProcessorID*. Danach formulieren Sie die Definition des Objekts in XML. Im Bereich *TableHeaders* legen Sie die Spaltenüberschriften und im Bereich *TableRowEntries* die Objekteigenschaften fest.

```xml
<Configuration>
  <ViewDefinitions>
    <View>
      <Name>CustomView</Name>
      <ViewSelectedBy>
        <TypeName>System.Management.ManagementObject</TypeName>
      </ViewSelectedBy>
      <TableControl>
        <TableHeaders>
          <TableColumnHeader>
            <Label>Name</Label>
            <Width>12</Width>
          </TableColumnHeader>
          <TableColumnHeader>
            <Label>Description</Label>
            <Width>30</Width>
```

```xml
              </TableColumnHeader>
              <TableColumnHeader>
                <Label>ID</Label>
              </TableColumnHeader>
            </TableHeaders>
            <TableRowEntries>
              <TableRowEntry>
                <TableColumnItems>
                  <TableColumnItem>
                    <PropertyName>DeviceID</PropertyName>
                  </TableColumnItem>
                  <TableColumnItem>
                    <PropertyName>Description</PropertyName>
                  </TableColumnItem>
                  <TableColumnItem>
                    <PropertyName>ProcessorID</PropertyName>
                  </TableColumnItem>
                </TableColumnItems>
              </TableRowEntry>
            </TableRowEntries>
          </TableControl>
        </View>
    </ViewDefinitions>
</Configuration>
```

Speichern Sie diesen XML-Code in einer Datei namens *Win32_Processor.Format.PS1xml* und lesen Sie sie dann mit *Update-Formatdata* ins Extended Type System ein:

```
Update-Formatdata Win32_Processor.format.ps1xml
```

Wenn Sie nun erneut die *Win32_Processor*-Objekte ausgeben, sieht das Ergebnis sehr viel übersichtlicher aus:

```
Get-WMIObject Win32_Processor

Name    Description                  ID
----    -----------                  --
CPU0    x64 Family 6 Model 15 Stepp... BFEBFBFF000006F6
```

Allerdings ist in diesem speziellen Fall ein Malheur passiert, denn wenn Sie sich andere WMI-Objekte beschaffen, werden diese nun ebenfalls in dem von Ihnen gerade definierten Format angezeigt:

```
Get-WMIObject Win32_Share

Name    Description                  ID
----    -----------                  --
        Remoteverwaltung
        Standardfreigabe
        Standardfreigabe
        Remote-IPC
        Standardfreigabe
```

Der Grund liegt an der Besonderheit der WMI. Sie liefert *sämtliche* WMI-Objekte in einem *System.Management.ManagementObject*-Typ zurück.

```
$objekt = Get-WMIObject Win32_Service | Select-Object -first 1
$objekt.GetType().FullName
System.Management.ManagementObject
```

Das ETS hat also gar keinen Fehler gemacht. WMI ist schuld. Bei WMI-Objekten (und nur bei diesen) müssen ETS-Erweiterungen deshalb spezifischer sein und der Typname allein genügt nicht. Deshalb sind WMI-Objekten weitere Objekttypen zugeordnet, die Sie in der Eigenschaft *PSTypeNames* finden:

```
$objekt = Get-WMIObject Win32_Processor | Select-Object -first 1
$objekt.PSTypeNames
System.Management.ManagementObject#root\cimv2\Win32_Processor
System.Management.ManagementObject
System.Management.ManagementBaseObject
System.ComponentModel.Component
System.MarshalByRefObject
System.Object
```

Der Objektname, der spezifisch für *Win32_Processor*-Objekte ist, heißt also *System.Management.ManagementObject#root\cimv2\Win32_Processor*. Sie müssen somit diesen Objektnamen in Ihrer ETS-Erweiterung angeben, damit die Erweiterung nur für *Win32_Processor*-WMI-Objekte gilt:

```
<Configuration>
  <ViewDefinitions>
    <View>
      <Name>CustomView</Name>
      <ViewSelectedBy>
        <TypeName>System.Management.ManagementObject#root\cimv2\Win32_Processor</TypeName>
      </ViewSelectedBy>
      <TableControl>
        <TableHeaders>
          <TableColumnHeader>
(...)
```

Ändern Sie Ihre Erweiterung entsprechend und lesen Sie sie mit *Update-Formatdata* erneut ein. Die dabei erscheinende Fehlermeldung können Sie getrost ignorieren. Nach dem Update gilt Ihre Erweiterung nur noch für *Win32_Process*-WMI-Objekte.

Zusammenfassung

PowerShell verwendet für alle Befehlseingaben seine Pipeline. Die Pipeline verkettet mehrere Befehle, indem sie die Ergebnisse des vorangehenden Befehls direkt in den nachfolgenden Befehl einspeist. Die Pipeline ist selbst dann aktiv, wenn Sie nur einen einzelnen Befehl eingeben. Ans Ende der Pipeline fügt PowerShell nämlich automatisch immer das Cmdlet *Out-Default* an, sodass stets eine mindestens zweigliedrige Befehlskette entsteht.

Innerhalb der Pipeline werden die Ergebnisse der einzelnen Befehle als Objekte weitergegeben. Die Cmdlets aus Tabelle 5.1 können die Elemente in der Pipeline filtern, sortieren, vergleichen, messen, erweitern und einschränken. All dies tun sie auf der Basis von Objekteigenschaften. Dabei unterscheidet die Pipeline zwischen einem sequenziellen und einem Streaming-Modus. Beim Streaming-Modus werden die einzelnen Ergebnisse in Echtzeit durch die Befehlskette gegeben. Beim sequenziellen Modus werden die Ergebnisse eines Befehls zuerst gesammelt und dann im Pulk an den nächsten Befehl weitergegeben. Welcher Modus verwendet wird, hängt allein von den Befehlen ab, die Sie in der Pipeline einsetzen.

Am Ende jeder Pipeline steht die Ausgabe der Ergebnisse. Diese Ausgabe erledigen die Ausgabe-Cmdlets. Geben Sie keines an, verwendet PowerShell automatisch *Out-Host* und gibt die Ergebnisse in der Konsole aus. Sie könnten die Ergebnisse aber ebenso gut in eine Datei oder zum Drucker senden.

Alle Ausgabe-Cmdlets wandeln die Objekte in lesbaren Text um. Die Umwandlung geschieht mit den Formatter-Cmdlets, die normalerweise nur die wichtigsten, auf Wunsch aber auch alle Eigenschaften der Objekte in Text umwandeln. Die Umwandlung der Objekte in Text geschieht mit Hilfe des Extended Type Systems, das Spicklisten verwendet, in denen vermerkt ist, wie sich ein bestimmter Objekttyp am besten in Text umwandeln lässt. Nur wenn ein Objekttyp nicht in diesen Spicklisten vermerkt ist, greift das Extended Type System zu einer heuristischen Methode, die sich unter anderem danach richtet, wie viele Eigenschaften das unbekannte Objekt enthält.

Neben den klassischen Ausgabe-Cmdlets gibt es außerdem Export-Cmdlets, die die Objekte entweder als kommaseparierte Liste speichern, die sich dann in Excel öffnen lässt, oder in einem XML-Format serialisieren. Serialisierte Objekte lassen sich zu einem späteren Zeitpunkt bequem wieder in Objekte zurückverwandeln. Weil beim Export im Gegensatz zur Ausgabe nur die reinen Objekteigenschaften ohne kosmetische Formatierung gespeichert werden, werden hier keine Formatierungs-Cmdlets eingesetzt.

Kapitel 6

Objekte verwenden

In diesem Kapitel:

Objekte = Eigenschaften + Methoden	160
Eigenschaften: Was das Objekt *ist*	163
Methoden: Was das Objekt *kann*	171
Mit vorhandenen Objekten arbeiten	177
Die Verbindung zum .NET Framework	182
Neue Objekte anlegen	196
Die .NET-Umgebung verlassen	210
Das Extended Type System (Teil 2)	220
Zusammenfassung	228

PowerShell arbeitet intern mit Objekten, und im letzten Kapitel haben Sie bereits auf Objekte zugegriffen und gesehen, wie PowerShell-Objekte in sichtbaren Text umwandelt. Sie haben auch gesehen, wie Sie auf die einzelnen Eigenschaften der Objekte zugreifen und diese Eigenschaften nutzen, um Objekte zu sortieren, zu gruppieren oder aus der PowerShell-Pipeline herauszufiltern.

Objekte enthalten aber nicht nur Informationen in Form ihrer Eigenschaften, sondern auch Befehle. In diesem Kapitel schauen wir uns deshalb das Konzept der Objekte sehr viel genauer an. Am Ende dieses Kapitels werden Sie ganz genau wissen, was Objekte eigentlich sind und wie Sie sie auch für andere Zwecke einsetzen, zum Beispiel als praktische Befehlserweiterung.

Objekte = Eigenschaften + Methoden

Was »Objekte« in der wirklichen Welt sind, in der wir leben, ist leicht zu beantworten: alles, was man anfassen kann. Da sich die Computerindustrie den Begriff »Objekt« aus der wirklichen Welt geborgt hat, sind Objekte in der Computerwelt etwas ganz ähnliches. Lassen Sie uns deshalb ein typisches Objekt der wirklichen Welt näher untersuchen, zum Beispiel ein Taschenmesser. Wie würden Sie dieses Objekt jemand anderem beschreiben, zum Beispiel am Telefon?

Sie würden das Objekt wahrscheinlich genau untersuchen und dann erzählen, was das Objekt *ist* und was das Objekt *kann*:

- **Eigenschaften** (*engl. Property*): Ein Taschenmesser hat gewisse Eigenschaften wie zum Beispiel seine Farbe, den Hersteller, seine Größe oder die Anzahl der Klingen. Das Objekt *ist* zum Beispiel rot, 55 Gramm schwer, ist mit drei Klingen ausgestattet und ist hergestellt von der Firma ShellTools. Diese Eigenschaften beschreiben das Objekt also. Alles, was das Objekt *ist*, nennt man auch seine *Eigenschaften*.

- **Methoden** (*engl. Method*): Außerdem kann man mit dem Objekt etwas tun, zum Beispiel schneiden, Korken aus Weinflaschen ziehen oder Schrauben drehen. Das Objekt *kann* schneiden, schrauben und Korken ziehen. Alles was ein Objekt *kann*, nennt man auch seine *Methoden*.

In der Computerwelt verfügen Objekte ebenfalls über Eigenschaften, die sie beschreiben. Und sie können Dinge tun. Objekte in der Computerwelt enthalten also genau zwei Dinge: Eigenschaften und Methoden. Beide zusammen nennt man Mitglieder oder *Member*.

Ein neues Objekt anlegen

Lassen Sie uns als nächstes das reale Taschenmesser in ein virtuelles Computerobjekt übersetzen, und zwar nicht als Gedankenmodell, sondern in der Praxis. PowerShell kann nämlich mit *New-Object* beliebige Objekte nach Ihren Wünschen generieren, auch ein virtuelles Taschenmesser. Das erste, was Sie dazu brauchen, ist ein neues und leeres Objekt:

```
$taschenmesser = New-Object Object
```

Dieses neue Objekt ist tatsächlich noch vollkommen leer und nutzlos. Wenn Sie es abrufen, liefert PowerShell im wahrsten Sinn des Wortes »nichts« zurück:

```
$taschenmesser
```

Eigenschaften hinzufügen

Jetzt soll das neue und noch völlig gestaltlose Objekt beschrieben werden. Legen Sie also fest, was das Objekt *ist*. Fügen Sie Eigenschaften hinzu, die das Wesen des Objekts beschreiben:

```
# Eine neue Eigenschaft "erfinden":
Add-Member -MemberType NoteProperty -Name Farbe -Value Rot -InputObject $taschenmesser
```

Neue Eigenschaften werden mit dem Cmdlet *Add-Member* hinzugefügt. Hier wurde zum Beispiel die Eigenschaft namens *Farbe* mit dem Wert *Rot* dem Objekt *$taschenmesser* hinzugefügt. Wenn Sie das Objekt jetzt abrufen, hat es bereits eine Eigenschaft:

```
$taschenmesser

Farbe
-----
Rot
```

Fügen Sie dem Objekt nun weitere Eigenschaften hinzu, so viele Sie wollen. Und erinnern Sie sich daran: Sie brauchen die Parameternamen nicht voll auszuschreiben. Es genügt, wenn die Parameternamen eindeutig sind:

```
# Parameternamen abkürzen:
Add-Member -Me NoteProperty -In $taschenmesser -Na Gewicht -Value 55
```

Sie müssen Parameternamen wie *MemberType*, *Name* und *Value* überhaupt nicht angeben, denn für diese Parameter gibt es Positionsangaben. Sorgen Sie nur dafür, dass *MemberType* das erste unbenannte Argument ist, *Name* das zweite und *Value* das dritte:

```
# Argumente ohne Parameternamen über Positionen angeben:
Add-Member -InputObject $taschenmesser NoteProperty Hersteller Shelltools
```

Und erinnern Sie sich daran, dass *Add-Member* den Parameter *-InputObject* stets auch über die Pipeline erhalten kann. Sie dürfen dem Objekt also auch auf diese Weise eine neue Eigenschaft hinzufügen:

```
# "InputObject" Direkt über die Pipeline angeben:
$taschenmesser | Add-Member NoteProperty Klingen 3
```

Inzwischen haben Sie das Objekt in *$taschenmesser* insgesamt mit vier Eigenschaften beschrieben. Geben Sie das Objekt in *$taschenmesser* in der PowerShell-Konsole aus, passiert dasselbe wie mit jedem anderen Objekt: die darin vorhandenen Eigenschaften werden als Text dargestellt:

```
# alle Eigenschaften des Objekts auf einmal anzeigen:
$taschenmesser

Farbe                          Gewicht Hersteller                                Klingen
-----                          ------- ----------                                -------
Rot                                 55 Shelltools                                      3
```

Allerdings ist diese automatische Textdarstellung der Objekteigenschaften nur ein Service von PowerShell, um sich schnell und bequem einen Überblick über ein Objekt zu verschaffen. Sie können die Eigenschaften eines Objekts auch gezielt ansprechen. Dazu schreiben Sie hinter das Objekt einen Punkt und geben dann die gewünschte Eigenschaft an:

```
# eine bestimmte Eigenschaft anzeigen:
$taschenmesser.Hersteller
ShellTools
```

Methoden hinzufügen

Ihr Objekt in *$taschenmesser* nimmt durch die hinzugefügten Eigenschaften allmählich Gestalt an, doch noch kann es nichts wirklich tun. Zeit, Ihrem Objekt ein paar nützliche Methoden beizubringen. Methoden sind die Dinge, die ein Objekt für Sie tun kann. Bei Objekten in der Computerwelt sind Methoden also Befehle. Bringen wir dem virtuellen Taschenmesser also ein paar Befehle bei:

```
# einen neuen Befehl hinzufügen:
Add-Member -MemberType ScriptMethod -In $taschenmesser -Name Schneide -Value { "Ich schnibble jetzt" }

# Argumente ohne Parameter über Positionsangaben angeben:
Add-Member -in $taschenmesser ScriptMethod Schraube { "Oinkoinkoink...drin!" }

# "InputObject" Direkt über die Pipeline angeben:
$taschenmesser | Add-Member ScriptMethod Korkenzieher { "Plong...zum Wohl!" }
```

Wieder wurde das Cmdlet *Add-Member* verwendet, aber diesmal nicht eine Eigenschaft hinzugefügt, sondern eine Methode (in diesem Fall eine *ScriptMethod*). Der Wert ist hier jeweils ein in geschweiften Klammern stehender Skriptblock mit PowerShell-Anweisungen, der in diesem Beispiel nur aus einem Text besteht. Wenn Sie Ihr Objekt jetzt ausgeben, hat sich zunächst scheinbar nichts getan:

```
$taschenmesser

Farbe                    Gewicht Hersteller                                    Klingen
-----                    ------- ----------                                    -------
Rot                           55 Shelltools                                          3
```

Allerdings beherrscht Ihr Objekt jetzt drei Befehle, nämlich *Schneide*, *Schraube* und *Korkenzieher*. Die Befehle des Objekts erreichen Sie genau wie die Eigenschaften, also indem Sie hinter dem Objekt einen Punkt und dann den Befehlsnamen angeben. Möchten Sie mit Ihrem virtuellen Taschenmesser zum Beispiel einen Korken ziehen, geben Sie diese Anweisung ein:

```
$taschenmesser.Korkenzieher()
Plong...zum Wohl!
```

Tatsächlich: Ihr Objekt führt genau die Befehle aus, die Sie für die Methode *Korkenzieher()* eben gerade hinterlegt haben. Methoden tun also etwas, während Eigenschaften nur Informationen ausgeben. Rein optisch unterscheiden sich Methoden von Eigenschaften außerdem durch die runden Klammern. Diese Klammern sind bei Methoden Pflicht. Wenn Sie sie allerdings vergessen, passiert erneut etwas Interessantes:

```
# Ohne runde Klammern rufen Sie Informationen zur Methode ab:
$taschenmesser.Korkenzieher

Script             : "Plong...zum Wohl!"
OverloadDefinitions : {System.Object Korkenzieher();}
MemberType         : ScriptMethod
TypeNameOfValue    : System.Object
Value              : System.Object Korkenzieher();
Name               : Korkenzieher
IsInstance         : True
```

Jetzt erhalten Sie nämlich die Minibedienungsanweisung des Befehls. Interessant ist darin vor allem die Eigenschaft *OverloadDefinitions*, denn Sie verrät Ihnen später bei beliebigen Methoden, wie man den Befehl genau bedient. Und tatsächlich steckt die Information *OverloadDefinitions* in einem weiteren Objekt. Bei PowerShell ist grundsätzlich alles ein Objekt. Sie könnten das Objekt also zum Beispiel in einer Variablen speichern und danach die Eigenschaft *OverloadDefinitions* gezielt erfragen:

```
# Die Informationen zu einer Methode werden in einem eigenen Objekt geliefert:
$info = $taschenmesser.Korkenzieher
$info.OverloadDefinitions
System.Object Korkenzieher();
```

An Ihrem virtuelle Taschenmesser haben Sie gesehen: Objekte sind nichts weiter als Container, die Informationen (Eigenschaften) und Befehle (Methoden) enthalten. Das gilt für alle Objekte. Zeit also, sich die Eigenschaften und Methoden anderer Objekte genauer anzuschauen. Das erste Anschauungsobjekt wird *$host* sein, eine automatische Variable, in der ein Objekt liegt, das Ihre PowerShell-Konsole beschreibt. Die Abschnitte danach beschreiben, wo überall in PowerShell Sie Objekte finden. Alle diese Objekte funktionieren nach demselben Prinzip und enthalten Eigenschaften und Methoden.

Eigenschaften: Was das Objekt *ist*

Sie wissen inzwischen, dass die Eigenschaften eines Objekts das Objekt beschreiben. Sie wissen auch, dass alle Eigenschaften eines Objekts automatisch in lesbaren Text umgewandelt werden, wenn Sie das Objekt in der Konsole ausgeben. Mit diesem Wissen können Sie nun beliebige Objekte untersuchen und sich mit ihren Möglichkeiten vertraut machen. Schauen Sie doch mal, welche Eigenschaften im *$host*-Objekt definiert sind und wie diese Eigenschaften Ihre PowerShell-Umgebung beschreiben:

```
$host
Name       : ConsoleHost
Version    : 1.0.0.0
InstanceId : e32debaf-3d10-4c4c-9bc6-ea58f8f17a8f
UI         : System.Management.Automation.Internal.Host.InternalHostUserInterface
```

```
CurrentCulture      : de-DE
CurrentUICulture    : de-DE
PrivateData         : Microsoft.PowerShell.ConsoleHost+ConsoleColorProxy
```

Das Objekt in *$host* enthält offenbar sieben Eigenschaften. Die Namen der Eigenschaften werden in der ersten Spalte aufgeführt. Wenn Sie also herausfinden wollen, welche PowerShell-Version Sie verwenden, könnten Sie die Eigenschaft *Version* abfragen:

```
$host.Version

Major  Minor  Build  Revision
-----  -----  -----  --------
1      0      0      0
```

Es klappt, die Version wird angezeigt. Wer genau hinschaut, wird sich aber vielleicht wundern: Wieso wird die Version jetzt feinsäuberlich in *Major*, *Minor*, *Build* und *Revision* aufgegliedert? Weil die Eigenschaft Version keinen simplen Text enthält, sondern wiederum ein Objekt, und zwar ein auf Versionsangaben spezialisiertes Objekt. Dieses Objekt hat vier Eigenschaften: *Major*, *Minor*, *Build* und *Revision*. Wenn Sie den Inhalt der Eigenschaft *Version* also ausgeben, verwandelt PowerShell dieses Objekt wie üblich in Text und stellt die vier Eigenschaften in separaten Spalten dar. Dass die Eigenschaft Version tatsächlich ein weiteres Objekt enthält und nicht nur Text, erkennen Sie, wenn Sie den Datentyp der Eigenschaft untersuchen:

```
$version = $host.Version
$version.GetType().FullName
System.Version
```

Die Version wird wie erwartet nicht in einem *String*-Objekt gespeichert, sondern in einem Objekt vom Typ *System.Version*. Es enthält die Versionsnummer in vier Eigenschaften. Deshalb können Sie die Versionsdetails auch individuell abfragen:

```
$host.Version.Major
1
$host.Version.Build
0
```

Probieren Sie dasselbe mit der Eigenschaft *CurrentCulture*! Rufen Sie diese Eigenschaft ab und finden Sie dann heraus, um was für einen Objekttyp es sich dabei handelt:

```
$host.CurrentCulture

LCID    Name    DisplayName
----    ----    -----------
1031    de-DE   Deutsch (Deutschland)        Length=21

$host.CurrentCulture.GetType().FullName
System.Globalization.CultureInfo
```

Eigenschaften: Was das Objekt ist

Auch die Ländereigenschaften werden also in Wirklichkeit in einem hochspezialisierten Objekt aufbewahrt, das diese Informationen in den Eigenschaften *LCID*, *Name* und *DisplayName* gruppiert. Wollten Sie also wissen, welche internationale Version von PowerShell Sie verwenden, könnten Sie das so tun:

```
$host.CurrentCulture.DisplayName
Deutsch (Deutschland)
$host.CurrentCulture.DisplayName.GetType().FullName
System.String
```

Die Eigenschaft *DisplayName* wird in einem *System.String*-Objekt gespeichert, ist also reiner Text. Dennoch verfügt auch ein Textobjekt über Eigenschaften, die Sie abfragen könnten, zum Beispiel die Länge des Textes in der Eigenschaft *Length*:

```
$host.CurrentCulture.DisplayName.Length
21
```

Wenn Sie sich gerade fragen, woher man eigentlich weiß, welche Eigenschaften ein Objekt bereitstellt, dann haben Sie noch einen kleinen Moment Geduld. Sie werden gleich sehen, wie das geht.

Eigenschaften enthalten Objekte

Die Eigenschaften eines Objekts speichern also Informationen, und diese Informationen werden ihrerseits in unterschiedlichen Objekten gespeichert. Dabei fallen zwei Eigenschaften des Objekts in *$host* besonders auf: *UI* und *PrivateData*. Hier gibt PowerShell in der ersten Übersicht nur Objekttypen an:

```
$host

Name             : ConsoleHost
Version          : 1.0.0.0
InstanceId       : e32debaf-3d10-4c4c-9bc6-ea58f8f17a8f
UI               : System.Management.Automation.Internal.Host.InternalHostUserInterface
CurrentCulture   : de-DE
CurrentUICulture : de-DE
PrivateData      : Microsoft.PowerShell.ConsoleHost+ConsoleColorProxy
```

Der Grund: Diese Eigenschaften enthalten ein Objekt, das als einzige Eigenschaft wiederum ein Objekt bereitstellt. Möchten Sie herausfinden, was in der Eigenschaft *UI* tatsächlich gespeichert ist, fragen Sie diese Eigenschaft ab:

```
$host.UI

RawUI
-----
System.Management.Automation.Internal.Host.InternalHostRawUserInterface
```

Sie sehen, dass die Eigenschaft *UI* nur eine einzelne Eigenschaft namens *RawUI* enthält, und in dieser ist wieder ein Objekt gespeichert.

HINWEIS Ist es Ihnen aufgefallen? Wenn Sie das Objekt in *$host* in der Konsole ausgeben, stellt PowerShell die Eigenschafen untereinander dar. Wenn Sie dagegen das Objekt in *$host.ui* abfragen, werden die Eigenschaften tabellarisch nebeneinander angezeigt. Den Grund kennen Sie, jedenfalls dann, wenn Sie den Abschnitt über das Extended Type System im letzten Kapitel gelesen haben. Weil beide Objekte im Extended Type System nicht näher beschrieben werden, wendet das ETS seine Automatik an. Da *$host* mehr als vier Eigenschaften besitzt, stellt es der Textkonverter der PowerShell-Pipeline als Liste dar. Und weil *$host.ui* weniger als fünf Eigenschaften enthält, wird es in Tabellendarstellung angezeigt. Fordern Sie PowerShell explizit auf, das Objekt in Listendarstellung anzuzeigen, werden auch die Eigenschaften in *$host.ui* untereinander angezeigt:

```
$host.ui | Format-List
RawUI : System.Management.Automation.Internal.Host.InternalHostRawUserInterface
```

Lassen Sie uns nachschauen, was für ein Objekt in der Eigenschaft *RawUI* gespeichert ist:

```
$host.ui.rawui
ForegroundColor       : DarkYellow
BackgroundColor       : DarkMagenta
CursorPosition        : 0,136
WindowPosition        : 0,87
CursorSize            : 25
BufferSize            : 120,3000
WindowSize            : 120,50
MaxWindowSize         : 120,62
MaxPhysicalWindowSize : 140,62
KeyAvailable          : False
WindowTitle           : PowerShell
```

Dieses Objekt ist zuständig für den PowerShell-Bildschirmpuffer und liefert interessante Informationen. Es kommt also häufig darauf an, zu wissen, wo ein nützliches Objekt zu finden ist. Und wenn Sie sich den letzten Befehl genauer anschauen, dann wird klar: Der Punkt (.) in der Objektschreibweise funktioniert so ähnlich wie der umgekehrte Schrägstrich (\) im Dateisystem. Sie hangeln sich also lediglich von der obersten Objektebene in das Unterobjekt Ihrer Wahl, geben quasi seinen »Pfadnamen« an, damit PowerShell weiß, welches Objekt Sie meinen.

Manche Eigenschaften lassen sich ändern

Kann man Eigenschaften eigentlich auch ändern? Und wenn ja, was passiert dann? Eigenschaften dürfen nicht lügen und müssen das zugrundeliegende Objekt immer korrekt beschreiben. Wenn Sie also eine Eigenschaft verändern, dann muss sich auch das zugrundeliegende Objekt entsprechend verändern können. Geht das nicht, dann darf die Eigenschaft auch nicht geändert werden.

Weil die PowerShell-Konsole nicht auf eine bestimmte Farbe festgelegt ist, dürfen Sie die Farbeigenschaften ändern. Sobald Sie das tun, wechselt PowerShell seine Farbe, sodass der Inhalt der beschreibenden Eigenschaft und die Realität wieder in Einklang sind. So könnten Sie sich Ihr PowerShell farblich so einrichten, wie es Ihnen gefällt. Möchten Sie einen anderen Farbwert zuweisen, verwenden Sie wie bei Variablen das Gleichheitszeichen (=) als Zuweisungsoperator. Lassen Sie uns die Farbe der Konsole verändern:

Eigenschaften: Was das Objekt ist

```
$host.ui.rawui.BackgroundColor = "Green"
$host.ui.rawui.ForegroundColor = "White"
```

Schon erstrahlt die PowerShell-Konsole in grün mit weißer Schrift. Geben Sie *cls* ein, damit die gesamte Konsole in dieser Farbe erscheint. Andere Eigenschaften dürfen nicht geändert werden. Versuchen Sie es trotzdem, kassieren Sie eine Fehlermeldung:

```
$host.ui.rawui.keyavailable = $true
"KeyAvailable" ist eine ReadOnly-Eigenschaft.
Bei Zeile:1 Zeichen:16
+ $host.ui.rawui.k <<<< eyavailable = $true
```

Das ist auch nicht weiter verwunderlich, denn ob die Konsole einen Tastendruck empfangen hat oder nicht, bestimmt sie selbst und lässt nicht zu, dass Sie die Eigenschaft auf einen Wert verstellen, der dem Zustand der Konsole nicht entspricht.

Eigenschaft	Beschreibung
ForegroundColor	Textfarbe. Mögliche Werte sind "Black", "DarkBlue", "DarkGreen", "DarkCyan", "DarkRed", "DarkMagenta", "DarkYellow", "Gray", "DarkGray", "Blue", "Green", "Cyan", "Red", "Magenta", "Yellow" und "White".
BackgroundColor	Hintergrundfarbe. Mögliche Werte sind "Black", "DarkBlue", "DarkGreen", "DarkCyan", "DarkRed", "DarkMagenta", "DarkYellow", "Gray", "DarkGray", "Blue", "Green", "Cyan", "Red", "Magenta", "Yellow" und "White".
CursorPosition	aktuelle Position der Eingabemarke
WindowPosition	aktuelle Position des Fensters
CursorSize	Größe des Cursors
BufferSize	Größe des Bildschirmpuffers
WindowSize	Größe des sichtbaren Fensters
MaxWindowSize	maximal erlaubte Fenstergröße
MaxPhysicalWindowSize	maximal mögliche Fenstergröße
KeyAvailable	Tastendruck empfangen
WindowTitle	Text in der Titelleiste des Fensters

Tabelle 6.1 Eigenschaften des RawUI-Objekts

Welche Werte sind für Eigenschaften erlaubt?

Spätestens wenn Sie die Eigenschaften eines Objekts verändern, stellt sich die Frage: Welche Werte sind überhaupt erlaubt? Für Eigenschaften gilt dasselbe wie für streng typisierte Variablen. Jeder Eigenschaft ist ein Datentyp zugewiesen, und wenn das, was Sie der Eigenschaft zuweisen, nicht dem Datentyp der Eigenschaft entspricht, erhalten Sie eine Fehlermeldung. Schauen wir uns das an ein paar Beispielen an.

Manche Eigenschaften enthalten Zahlenwerte. Die Größe (Höhe) des blinkenden Eingabecursors wird zum Beispiel als Zahl zwischen *0* und *100* angegeben und entspricht dem Prozentsatz der Füllung. Die nächste

Zeile stellt einen Cursor ein, der das aktuelle Feld zu 75% ausfüllt. Werte außerhalb des Zahlenbereichs 0–100 führen zu einem Fehler:

```
# Ein Wert zwischen 0 und 100 ist erlaubt:
$host.ui.rawui.cursorsize = 75
# Werte außerhalb dieses Bereichs führen zu einem Fehler:
$host.ui.rawui.cursorsize = 1000
Ausnahme beim Festlegen von "CursorSize": ""CursorSize" kann nicht verarbeitet werden, da die angegebene
Cursorgröße ungültig ist.
Parametername: value
Der tatsächliche Wert war 1000."
Bei Zeile:1 Zeichen:16
+ $host.ui.rawui.c <<<< ursorsize = 1000
```

Andere Eigenschaften erwarten einen Text, zum Beispiel die Farbeinstellungen. Allerdings ist hier nicht jeder Text erlaubt:

```
# Farben werden als Text (in Anführungszeichen) angegeben:
$host.ui.rawui.ForegroundColor = "yellow"

# nicht alle Farben sind erlaubt:
$host.ui.rawui.ForegroundColor = "pink"
Ausnahme beim Festlegen von "ForegroundColor": "Der Wert "pink" kann aufgrund von ungültigen
Enumerationswerten nicht in den Typ "System.ConsoleColor" konvertiert werden. Geben Sie einen der
folgenden Enumerationswerte an, und versuchen Sie es erneut. Mögliche Enumerationswerte sind "Black,
DarkBlue, DarkGreen, DarkCyan, DarkRed, DarkMagenta, DarkYellow, Gray, DarkGray, Blue, Green, Cyan, Red,
Magenta, Yellow, White"."
Bei Zeile:1 Zeichen:16
+ $host.ui.rawui.F <<<< oregroundColor = "pink"
```

TIPP Der erste Tipp lautet also: Wenn Sie nicht wissen, was eine Eigenschaft für Werte erwartet, weisen Sie ihr einfach einen beliebigen Wert zu. Zwar kassieren Sie dann eine Fehlermeldung, die aber verrät Ihnen meist, welche Werte erlaubt sind. Allerdings nicht immer, und wenn Sie sich gerade fragen, warum die Fehlermeldung bei *ForegroundColor* eine detaillierte Liste erlaubter Werte enthielt, die bei *CursorSize* aber nicht, dann liegt die Antwort im Datentyp der jeweiligen Eigenschaft. Diesen Datentyp kann man sich mit *Get-Member* anzeigen lassen.

```
$host.ui.RawUI | Get-Member -MemberType Property

   TypeName: System.Management.Automation.Internal.Host.InternalHostRawUserInterface

Name              MemberType Definition
----              ---------- ----------
BackgroundColor   Property   System.ConsoleColor BackgroundColor {get;set;}
BufferSize        Property   System.Management.Automation.Host.Size BufferSize {get;set;}
CursorPosition    Property   System.Management.Automation.Host.Coordinates CursorPosition {get;set;}
CursorSize        Property   System.Int32 CursorSize {get;set;}
ForegroundColor   Property   System.ConsoleColor ForegroundColor {get;set;}
KeyAvailable      Property   System.Boolean KeyAvailable {get;}
```

Eigenschaften: Was das Objekt ist

```
MaxPhysicalWindowSize  Property   System.Management.Automation.Host.Size MaxPhysicalWindowSize {get;}
MaxWindowSize          Property   System.Management.Automation.Host.Size MaxWindowSize {get;}
WindowPosition         Property   System.Management.Automation.Host.Coordinates WindowPosition {get;set;}
WindowSize             Property   System.Management.Automation.Host.Size WindowSize {get;set;}
WindowTitle            Property   System.String WindowTitle {get;set;}
```
Leer Zeichen/Kein Punkt.

Wie Sie sehen, enthält *ForegroundColor* einen Wert vom Typ *System.ConsoleColor*. Das ist eine so genannte Enumeration (Aufzählung), in der alle erlaubten Werte aufgeführt werden. Geben Sie etwas Falsches an, liefert die Fehlermeldung einfach den Inhalt dieser Aufzählung zurück.

CursorSize speichert seine Daten in einem *System.Int32*-Objekt. Ihr Versuch, die Cursorgröße auf *1000* festzulegen, war also eigentlich vollkommen in Ordnung, denn der Wert *1000* kann in einem *System.Int32*-Objekt problemlos gespeichert werden. Dass Sie dennoch eine Fehlermeldung erhielten, lag am Validierungscode, den die Eigenschaft *CursorSize* intern ausführt. Ob und wenn ja, wie ausführlich Sie in so einem Fall Hilfestellung erhalten, liegt beim Programmierer der Eigenschaft. Im Falle von *CursorSize* erhalten Sie zum Beispiel nur den Hinweis, dass Ihr Wert ungültig ist, aber nicht, warum.

Wieder andere Eigenschaften verlangen Informationen, die in eher unüblichen Objekten gespeichert werden. Möchten Sie zum Beispiel die Größe des PowerShell-Fensters mit der Eigenschaft *WindowSize* ändern, verlangt PowerShell ein Objekt vom Typ *System.Management.Automation.Host.Size*. Wo bekommt man so ein Objekt her?

```
$host.ui.rawui.WindowSize = 100,100

Ausnahme beim Festlegen von "WindowSize": ""System.Object[]" kann nicht in
"System.Management.Automation.Host.Size" konvertiert werden."
Bei Zeile:1 Zeichen:16
+ $host.ui.rawui.W <<<< indowSize = 100,100
```

TIPP   Der zweite Tipp lautet: Wenn eine Eigenschaft ein sonderbares Objekt verlangt, dann fragen Sie zuerst den aktuellen Wert der Eigenschaft ab. Dann erhalten Sie nämlich das gewünschte Objekt und können das in aller Ruhe abändern. Danach weisen Sie der Eigenschaft das geänderte Objekt wieder zu. So würden Sie zum Beispiel die Fenstergröße von PowerShell auf 80x30 Zeichen verändern:

```
$wert = $host.ui.rawui.WindowSize
$wert

Width     Height
-----     ------
  110         64

$wert.Width = 80
$wert.Height = 30
$host.ui.rawui.WindowSize = $wert
```

Etwas später in diesem Kapitel erfahren Sie, wie man mit *New-Object* neue Objekte selbst anlegt. Spätestens dann hätten Sie das passende Objekt auch direkt der Eigenschaft zuweisen können:

$wert ist das Neue Object

```
$wert = New-Object System.Management.Automation.Host.Size(80, 30)
$host.ui.rawui.WindowSize = $wert
```

Oder in einer Zeile:

```
$host.ui.rawui.WindowSize = New-Object System.Management.Automation.Host.Size(80, 30)
```

Alle Eigenschaften eines Objekts in der Übersicht

Weil Eigenschaften und Methoden insgesamt die Mitglieder (oder *Member*) eines Objekts sind, liefert das Cmdlet *Get-Member* detaillierte Informationen über sie. Schauen wir uns zunächst die Informationen an, die *Get-Member* über die Eigenschaften des *$host*-Objekts liefert. Dazu geben Sie im Parameter *-memberType* den Wert *property* an. Er sorgt dafür, dass *Get-Member* nicht alle Member auflistet, sondern nur Eigenschaften (engl. *Property*).

```
$host | Get-Member -memberType property

Name              MemberType Definition
----              ---------- ----------
CurrentCulture    Property   System.Globalization.CultureInfo CurrentCulture {get;}
CurrentUICulture  Property   System.Globalization.CultureInfo CurrentUICulture {get;}
InstanceId        Property   System.Guid InstanceId {get;}
Name              Property   System.String Name {get;}
PrivateData       Property   System.Management.Automation.PSObject PrivateData {get;}
UI                Property   System.Management.Automation.Host.PSHostUserInterface UI {get;}
Version           Property   System.Version Version {get;}
```

In der Spalte *Name* sind jetzt sämtliche Eigenschaften aufgeführt, die *$host* unterstützt. In der Spalte *Definition* steht zuerst der Objekttyp, der in dieser Eigenschaft gespeichert wird. Sie sehen zum Beispiel, dass die Eigenschaft *Name* einen Text als Objekt vom Typ *System.String* speichert. Die Eigenschaft *Version* dagegen speichert Objekte vom Typ *System.Version*. Das deckt sich mit den Ergebnissen Ihrer ersten Tests am Anfang dieses Abschnitts.

Am Ende jeder Definition findet sich außerdem eine Angabe in geschweiften Klammern. Sie meldet, ob die Eigenschaft nur gelesen *{get;}* oder auch verändert *{get;set;}* werden darf. Sie sehen auf einen Blick: sämtliche Eigenschaften des *$host*-Objekts sind nur lesbar. Jetzt schauen Sie sich dasselbe für das *$host.ui.rawui*-Objekt an:

```
$host.ui.rawui | Get-Member -membertype property

BackgroundColor     Property   System.ConsoleColor BackgroundColor {get;set;}
BufferSize          Property   System.Management.Automation.Host.Size BufferSize {get;set;}
CursorPosition      Property   System.Management.Automation.Host.Coordinates CursorPosition {get;set;}
CursorSize          Property   System.Int32 CursorSize {get;set;}
ForegroundColor     Property   System.ConsoleColor ForegroundColor {get;set;}
KeyAvailable        Property   System.Boolean KeyAvailable {get;}
MaxPhysicalWindowSize Property System.Management.Automation.Host.Size MaxPhysicalWindowSize {get;}
MaxWindowSize       Property   System.Management.Automation.Host.Size MaxWindowSize {get;}
WindowPosition      Property   System.Management.Automation.Host.Coordinates WindowPosition {get;set;}
WindowSize          Property   System.Management.Automation.Host.Size WindowSize {get;set;}
WindowTitle         Property   System.String WindowTitle {get;set;}
```

Hier sieht die Lage schon differenzierter aus, und einige Eigenschaften lassen sich ändern, andere nicht.

Profitipp   Es gibt verschiedene Sorten von Eigenschaften. Die meisten Eigenschaften sind vom Typ *Property*, aber PowerShell kann weitere Eigenschaften nachträglich hinzufügen, zum Beispiel vom Typ *ScriptProperty*. Wenn Sie also wirklich alle Eigenschaften eines Objekts auflisten wollen, geben Sie beim Cmdlet *Get-Member* als Parameter *-memberType* nicht *Property* an, sondern **Property*. So berücksichtigen Sie alle Eigenschaftstypen, die es gibt.

Methoden: Was das Objekt *kann*

Objekte enthalten nicht nur Eigenschaften, die beschreiben, was das Objekt *ist*. Objekte können auch Befehle enthalten, die *Methoden* genannt werden. Die Methoden sind also die Dinge, die das Objekt *(tun)* kann. Geben Sie ein Objekt in der Konsole aus, werden nur seine Eigenschaften in lesbaren Text umgewandelt. Die Methoden bleiben unsichtbar. Aber nicht mehr lange. Um die Methoden eines Objekts aufzulisten, verwenden Sie wie bei den Eigenschaften *Get-Member* und übergeben dem *-memberType*-Parameter diesmal den Wert *method* anstelle von *property* ein.

```
$host | Get-Member -memberType Method

Name                    MemberType    Definition
----                    ----------    ----------
EnterNestedPrompt       Method        System.Void EnterNestedPrompt()
Equals                  Method        System.Boolean Equals(Object obj)
ExitNestedPrompt        Method        System.Void ExitNestedPrompt()
GetHashCode             Method        System.Int32 GetHashCode()
GetType                 Method        System.Type GetType()
get_CurrentCulture      Method        System.Globalization.CultureInfo get_CurrentCulture()
get_CurrentUICulture    Method        System.Globalization.CultureInfo get_CurrentUICulture()
get_InstanceId          Method        System.Guid get_InstanceId()
get_Name                Method        System.String get_Name()
get_PrivateData         Method        System.Management.Automation.PSObject get_PrivateData()
get_UI                  Method        System.Management.Automation.Host.PSHostUserInterface get_UI()
get_Version             Method        System.Version get_Version()
NotifyBeginApplication  Method        System.Void NotifyBeginApplication()
NotifyEndApplication    Method        System.Void NotifyEndApplication()
SetShouldExit           Method        System.Void SetShouldExit(Int32 exitCode)
ToString                Method        System.String ToString()
```

Die Eigenschaften des $host Objekts sind nur lesbar

Überflüssige Methoden aussortieren

Leider listet *Get-Member* wahllos sämtliche Befehle auf, die ein Objekt unterstützt, und darunter sind etliche, die für Sie keine besondere Bedeutung haben und nur intern benötigt werden. Lassen Sie uns zuerst diese uninteressanten Methoden ausfindig machen und streichen:

Get_- und Set_-Methoden

Einige Methodennamen beginnen mit *get_*. Dies sind so genannte Getter-Methoden, die in Wirklichkeit den Wert einer Eigenschaft abrufen, und tatsächlich steht hinter *get_* jeweils der Name einer Eigenschaft, die Sie schon kennen. Die PowerShell-Version lässt sich also auf zwei Arten bestimmen:

```
# Eigenschaft abfragen:
$host.version

Major  Minor  Build  Revision
-----  -----  -----  --------
1      0      0      0

# Wert der Eigenschaft über Getter-Methode abfragen:
```

```
$host.get_Version()

Major  Minor  Build  Revision
-----  -----  -----  --------
1      0      0      0
```

Analog verwenden Sie die *Set_*-Methoden, um den Wert einer Eigenschaft zu verändern, und da das *$host*-Objekt in diesem Beispiel keine einzige *Set_*-Methode anbietet, wissen Sie nebenbei, dass alle Eigenschaften des *$host*-Objekts nur lesbar und nicht veränderbar sind.

Standard-Methoden des Systems

Zusätzlich enthält (fast) jedes Objekt eine Reihe »geerbter« Methoden, die also ebenfalls nicht spezifisch für das Objekt sind, sondern bei jedem Objekt allgemeine Aufgaben erfüllen:

Methode	Beschreibung
Equals	prüft, ob das Objekt mit einem Vergleichsobjekt identisch ist
GetHashCode	liefert einen digitalen Fingerabdruck des Objekts
GetType	liefert den zugrundeliegenden Objekttyp
ToString	wandelt das Objekt in lesbaren Text um

Tabelle 6.2 Standardmethoden eines .NET-Objekts

Damit bleiben diese speziellen Methoden des *$host*-Objekts übrig:

```
Name                   MemberType  Definition
----                   ----------  ----------
EnterNestedPrompt      Method      System.Void EnterNestedPrompt()
ExitNestedPrompt       Method      System.Void ExitNestedPrompt()
NotifyBeginApplication Method      System.Void NotifyBeginApplication()
NotifyEndApplication   Method      System.Void NotifyEndApplication()
SetShouldExit          Method      System.Void SetShouldExit(Int32 exitCode)
```

Eine Methode aufrufen

Zunächst eine Warnung: Bevor Sie eine Methode eines Objekts aufrufen, sollten Sie wissen, was *danach* passiert. Methoden sind Befehle, die etwas tun. Das, was ein Befehl tut, kann gefährlich sein. Geben Sie den Befehl also nur ein, wenn Sie wissen, was der Befehl auslöst.

Wie Sie Objektmethoden aufrufen, haben Sie schon zu Anfang des Kapitels am Beispiel des virtuellen Taschenmessers gesehen. Wissen Sie noch, wie das ging? Genau: Fügen Sie an das Objekt einen Punkt und dann den Namen der Methode an. Schreiben Sie dahinter eine geöffnete und geschlossene runde Klammer, zum Beispiel so:

```
$host.EnterNestedPrompt()
```

Methoden: Was das Objekt kann

Huch, der PowerShell-Prompt ändert sich zu »>>«. Sie haben mit *EnterNestedPrompt()* eine verschachtelte Eingabeaufforderung geöffnet. Die nützt Ihnen in der normalen Konsole herzlich wenig, sodass Sie sie mit dem Befehl *exit* oder mit *$host.ExitNestedPrompt()* sofort wieder verlassen können. Innerhalb von Funktionen oder Skripten sind verschachtelte Eingabeaufforderungen dagegen sehr nützlich, denn sie funktionieren wie Breakpoints und halten die Funktion oder das Skript vorübergehend an. So könnten Sie innerhalb der verschachtelten Eingabeaufforderung Variableninhalte überprüfen oder Änderungen vornehmen und die Funktion oder das Skript danach mit *exit* fortsetzen. Mehr dazu erfahren Sie in Kapitel 11.

Eine Methode mit Argumenten aufrufen

Sehr viel interessantere Methoden finden sich im *UI*-Objekt. So listen Sie die Übersicht auf:

```
$host.ui | Get-Member -membertype Method

   TypeName: System.Management.Automation.Internal.Host.InternalHostUserInterface

Name                   MemberType Definition
----                   ---------- ----------
Equals                 Method     System.Boolean Equals(Object obj)
GetHashCode            Method     System.Int32 GetHashCode()
GetType                Method     System.Type GetType()
get_RawUI              Method     System.Management.Automation.Host.PSHostRawUserInterface get_RawUI()
Prompt                 Method     System.Collections.Generic.Dictionary`2[[System.String, mscorlib,
Versio...
PromptForChoice        Method     System.Int32 PromptForChoice(String caption, String message,
Collection`...
PromptForCredential    Method     System.Management.Automation.PSCredential PromptForCredential(String
cap...
ReadLine               Method     System.String ReadLine()
ReadLineAsSecureString Method     System.Security.SecureString ReadLineAsSecureString()
ToString               Method     System.String ToString()
Write                  Method     System.Void Write(String value), System.Void Write(ConsoleColor
foregrou...
WriteDebugLine         Method     System.Void WriteDebugLine(String message)
WriteErrorLine         Method     System.Void WriteErrorLine(String value)
WriteLine              Method     System.Void WriteLine(), System.Void WriteLine(String value),
System.Voi...
WriteProgress          Method     System.Void WriteProgress(Int64 sourceId, ProgressRecord record)
WriteVerboseLine       Method     System.Void WriteVerboseLine(String message)
WriteWarningLine       Method     System.Void WriteWarningLine(String message)
```

Sortieren Sie zuerst wieder die uninteressanten Standardmethoden gedanklich aus. Übrig bleibt eine Reihe von Methoden, die sich damit beschäftigen, Informationen aus der Konsole zu lesen oder in die Konsole zu schreiben. Die meisten Methoden verlangen dafür zusätzliche Argumente von Ihnen, also Zusatzinformationen, die der Methode verraten, was genau Sie wünschen. Welche Argumente eine Methode von Ihnen verlangt, ist in der Spalte *Definition* aufgeführt.

Prozeduren liefern keine Ergebnisse!

Kapitel 6: Objekte verwenden

Welche Argumente werden verlangt?

Suchen Sie sich eine Methode aus der Liste aus und fordern Sie diesmal von *Get-Member* nur die Informationen zu dieser einen Methode an, zum Beispiel zu *WriteDebugLine()*:

```
# Informationen zur Methode WriteDebugLine in $host.ui anfordern:
$info = $host.UI | Get-Member WriteDebugLine

# $info enthält alle Informationen zu dieser Methode:
$info

   TypeName: System.Management.Automation.Internal.Host.InternalHostUserInterface

Name           MemberType  Definition
----           ----------  ----------
WriteDebugLine Method      System.Void WriteDebugLine(String message)

# Definition verrät, welche Argumente erforderlich sind und welches Ergebnis geliefert wird:
$info.Definition
System.Void WriteDebugLine(String message)
```

Void!! nichts

Anschließend erfragen Sie die *Definition*-Eigenschaft, die Ihnen eine knappe, aber vollständige Definition der Methode liefert. Sie beginnt mit dem Objekttyp, den diese Methode als Ergebnis zurückgibt, in diesem Fall *System.Void*. *System.Void* ist ein spezieller Typ und meldet, dass die Methode gar nichts zurückgibt. Die Methode ist also technisch gesehen eine Prozedur und keine Funktion. Wichtig wird diese Unterscheidung nur, wenn Sie versuchen, das Ergebnis einer Methode weiterzubearbeiten, zum Beispiel in einer Variablen zu speichern. Das gelingt nur bei Funktionen, aber nicht bei Prozeduren, die ja kein Ergebnis liefern.

Dahinter folgen der Name der Methode und dann die erforderlichen Argumente. *WriteDebugLine* verlangt genau ein Argument namens *message*, das vom Typ *String* ist, also der Nachrichtentext als Text. Der folgende Befehl gibt einen Text in der typischen Debug-Farbe in der Konsole aus:

```
$host.ui.WriteDebugLine("Guten Tag!")
Guten Tag!
```

> **HINWEIS** Der Begriff »Debug« steht für »Entwanzen«, und tatsächlich waren es echte Käfer (engl. *Bug*) und Insekten, die sich in den Computern der 40er und 50er Jahre in Schaltrelais verhakten und für Kurzschlüsse sorgten. Heute sind keine Käfer mehr für Fehler verantwortlich, sondern fehlerhafte Programmanweisungen, und damit man die besser finden kann, fügen Programmierer in die ersten Testversionen ihrer Programme Debug-Meldungen ein. So können sie nachvollziehen, welche Anweisung gerade ausgeführt wird. In PowerShell ist *Write-Debug* für diese Meldungen zuständig. Mehr zum Debugging erfahren Sie in Kapitel 11.

Exkurs: Hilfsfunktionen des PowerShell-Hosts

Vielleicht kommt Ihnen die Ausgabe von *Write-Debug* bekannt vor, und tatsächlich sind die meisten Methoden des *$host.ui*-Objekts in Wirklichkeit Hilfsfunktionen für eingebaute PowerShell-Cmdlets. *$host* ist also zwar ein gutes erstes Anschauungsobjekt, aber viele der darin enthaltenen Methoden werden Sie nie direkt verwenden, weil das über Cmdlets viel bequemer geht. So hätten Sie die Debug-Meldung auch über das folgende Cmdlet ausgeben können:

Methoden: Was das Objekt kann

```
Write-Debug "Guten Tag!"
```

Allerdings gibt es einen Unterschied zwischen beiden, der Ihnen spätestens dann auffällt, wenn *Write-Debug* partout keinen Text ausgibt. Die Ausgabe-Cmdlets lassen sich nämlich über Variablen steuern. *Write-Debug* gibt Debug-Meldungen nur aus, wenn in der automatischen Variable *$DebugPreference* nicht *SilentlyContinue* steht. Der Sinn: So können Sie zentral alle Debug-Meldungen ein- oder ausschalten, je nachdem, ob Sie einen Fehler jagen oder nicht. Hätten Sie die Debug-Meldung direkt über die Low-Level-Funktion *Write-DebugLine()* ausgegeben, würde sie immer erscheinen.

Ganz analog gilt das für die Methoden *WriteErrorLine*, *WriteVerboseLine* und *WriteWarningLine*, die die Low-Level-Funktionen für die Cmdlets *write-error*, *write-verbose* und *write-warning* sind. Und auch hier liegt der Vorteil der Cmdlets darin, dass Sie über eine automatische Variable von Fall zu Fall steuern können, ob die Cmdlets ihren Text tatsächlich ausgeben oder verschlucken: *$ErrorActionPreference*, *$VerbosePreference* und *$WarningPreference*.

Eine Methode mit mehreren Signaturen

Manche Methoden lassen sich auf mehr als eine Art aufrufen. Man spricht dann von Methoden mit unterschiedlichen Signaturen oder von *Überladungen*, und *WriteLine()* ist ein Beispiel dafür. Beschaffen Sie sich zuerst wieder die Informationen über diese Methode und geben die Definition aus:

```
$info = $host.UI | Get-Member WriteLine
$info.Definition
System.Void WriteLine(), System.Void WriteLine(String value), System.Void WriteLine(ConsoleColor
foregroundColor, ConsoleColor backgroundColor, String value)
```

Sie müssen nun schon sehr genau hinschauen, um festzustellen, dass die Eigenschaft *Definition* tatsächlich mehrere verschiedene Aufruf-Formen beschreibt. Eine übersichtlichere Darstellung bekommen Sie, wenn Sie sich die Methode *Replace()* zunutze machen, die jedes Textobjekt anbietet, und dann die Zeichenfolge »)«, «« ersetzen durch »)`n«. Ein Komma hinter einer runden Klammer wird also zu einem Zeilenumbruch.

> **TIPP** Denken Sie an das sonderbare Backtick-Zeichen, das Sie auf der deutschen Tastatur über ⇧ ` erhalten. Es leitet Sonderzeichen ein, und »`n« steht für einen Zeilenumbruch.

```
$info.Definition.Replace("), ", ")`n")
System.Void WriteLine()
System.Void WriteLine(String value)
System.Void WriteLine(ConsoleColor foregroundColor, ConsoleColor backgroundColor, String value)
```

Im einfachsten Fall wird *WriteLine()* also ganz ohne Argument aufgerufen:

```
$host.ui.WriteLine()
```

Das Ergebnis ist eine leere Zeile. Als nächste Variante lässt sich ein Ausgabetext angeben:

```
$host.ui.WriteLine("Hallo Welt!")
Hallo Welt!
```

Die dritte Variante erlaubt Farben:

```
$host.ui.WriteLine("Red", "White", "Alarm!")
```

Sicher haben Sie es sich schon gedacht: *WriteLine()* ist die Low-Level-Funktion des Cmdlets *Write-Host*:

```
Write-Host
Write-Host "Hallo Welt!"
Write-Host -ForegroundColor Red -BackgroundColor White Alarm!
```

Etwas Neues: PromptForChoice

Alle Methoden, die Sie sich bisher angeschaut haben, entpuppten sich bei näherem Hinsehen als Low-Level-Funktionen für bereits vorhandene Cmdlets, und das gilt auch für die Methoden *Write()* (entspricht *Write-Host -nonewline*) oder *ReadLine()/ReadLineAsSecureString()* (*read-host -asSecureString*) oder *PromptForCredential()* (*get-credential*). Das liegt natürlich daran, dass das *$host.ui*-Objekt ausdrücklich erfunden wurde, um Cmdlets zu unterstützen.

Bei allen anderen Objekten, die Sie noch in diesem Kapitel kennen lernen werden, ist das anders, und dort bieten die Methoden echte neue Funktionalitäten. Eine wirklich neue Funktion gibt es allerdings auch in *$host.ui* zu entdecken: *PromptForChoice()*, mit der Sie dem Anwender eine Reihe von Auswahlmöglichkeiten anbieten. Schauen Sie zunächst wieder, wie die Methode aufgerufen wird:

```
$info = $host.UI | Get-Member PromptForChoice
$info.Definition
System.Int32 PromptForChoice(String caption, String message, Collection`1 choices, Int32 defaultChoice)
```

TIPP   Dieselbe Information erhalten Sie für Methoden auch, wenn Sie die Methode ohne runde Klammern aufrufen:

```
$host.ui.PromptForChoice
MemberType         : Method
OverloadDefinitions : {System.Int32 PromptForChoice(String caption, String message, Collection`1
choices, Int
                     32 defaultChoice)}
TypeNameOfValue    : System.Management.Automation.PSMethod
Value              : System.Int32 PromptForChoice(String caption, String message, Collection`1 choices,
Int3
                     2 defaultChoice)
Name               : PromptForChoice
IsInstance         : True
```

Die Definition verrät, dass diese Methode einen Zahlenwert (*System.Int32*) zurückliefert. Es handelt sich somit um eine Funktion. Die Methode verlangt eine Überschrift und eine Nachricht, jeweils als Text (*String*). Das dritte Argument allerdings ist etwas eigentümlich: *Collection`1 choices*. Das vierte Argument ist wieder verständlich, nämlich eine Zahl (*Int32*), die die Standardauswahl festlegt. Spätestens hier werden die Grenzen der eingebauten Beschreibung deutlich, denn *Collection`1 choices* lässt sich nicht wirklich in einen brauchbaren Objekttyp entziffern. Sie müssten schon wissen, dass dahinter ein Feld von *ChoiceDescription*-Objekten steckt. Haben Sie allerdings erst einmal ein funktionsfähiges Beispiel wie das folgende, können Sie künftig Anwendern bequem Auswahlmöglichkeiten anbieten:

```
$Ja = ([System.Management.Automation.Host.ChoiceDescription]"&Ja")
$Nein = ([System.Management.Automation.Host.ChoiceDescription]"&Nein")
$auswahl = [System.Management.Automation.Host.ChoiceDescription[]]($Ja,$Nein)
$antwort = $host.ui.PromptForChoice('Reboot', 'Darf das System jetzt neu gestartet werden?',$auswahl,1)
$auswahl[$antwort]
if ($auswahl -eq 0) {
  "Starte neu"
} else {
  "OK, dann nicht"
}
```

Mit vorhandenen Objekten arbeiten

Jeder PowerShell-Befehl liefert seine Ergebnisse in Form von Objekten zurück. Aus dem letzten Kapitel wissen Sie, dass die Ergebnisse im Konsolenfenster nur deshalb wie simpler Text aussehen, weil PowerShell die Objekte am Ende der Pipeline in Text umwandelt.

Durch Ihr neues Wissen über Objekte und die darin enthaltenen Eigenschaften und Methoden könnten Sie mit diesen Objekten nun aber auch direkt arbeiten, bevor PowerShell die Objekte auf simplen Text reduziert.

Ergebnisse in Variablen zwischenspeichern

Dazu lassen Sie sich zum Beispiel ein Ordnerlisting ausgeben und speichern es in einer Variable:

```
$listing = Dir
```

Weil Sie das Ergebnis des Befehls in einer Variablen gespeichert haben, bleiben die Objekte erhalten. Objekte werden von PowerShell erst dann auf Text reduziert, wenn Sie sie ausgeben. Geben Sie also den Inhalt von *$listing* in die Konsole aus, werden die darin gespeicherten Objekte doch noch zu Text:

```
$listing

    Verzeichnis: Microsoft.PowerShell.Core\FileSystem::C:\Users\Tobias Weltner

Mode                LastWriteTime     Length Name
----                -------------     ------ ----
d----         20.07.2007     11:37            Application Data
d----         26.07.2007     11:03            Backup
d-r--         13.04.2007     15:05            Contacts
d----         28.06.2007     18:33            Debug
(...)
```

Objekte aus Ergebnissen lesen

Möchten Sie lieber die echten Objekte sehen, dann greifen Sie sie aus dem gespeicherten Ergebnis heraus. *Dir* hat sein Ordnerlisting zum Beispiel in *$listing* gespeichert. Weil das Ordnerlisting aus mehr als einem Eintrag besteht, wurde es in einem Feld verpackt und Sie brauchen nur auf ein Feldelement zuzugreifen – schon haben Sie das betreffende Objekt.

```
# Auf erstes Element im Listing zugreifen
$objekt = $listing[0]

# Objekt wird in Text verwandelt, wenn Sie es auf die Konsole ausgeben
$objekt

    Verzeichnis: Microsoft.PowerShell.Core\FileSystem::C:\Users\Tobias Weltner

Mode            LastWriteTime     Length Name
----            -------------     ------ ----
d----        20.07.2007    11:37         Application Data
```

Das Objekt, das wir uns zufällig aus dem Ordnerlisting herausgepickt haben, entspricht dem Ordner *Application Data*, repräsentiert also einen Unterordner. Bei Ihnen kann das Objekt natürlich auch einem anderen Ordner oder einer Datei entsprechen. Möchten Sie lieber einen ganz bestimmten Ordner oder eine ganz bestimmte Datei ansprechen, dann versorgen Sie *Dir* mit genug Informationen, damit es genau die gewünschte und nur diese eine Datei (oder Ordner) liefert:

```
# eine bestimmte Datei ansprechen:
$objekt = Dir c:\autoexec.bat

# den Windows-Ordner ansprechen:
$objekt = Get-Item $env:winDir
```

Eigenschaften des Objekts verwenden

Sie können nun genau wie in den letzten Abschnitten dieses Kapitels auf sämtliche Eigenschaften und Methoden dieses Objekts zugreifen. Lassen Sie sich zum Beispiel alle verfügbaren Eigenschaften anzeigen:

```
# in $objekt liegt ein vollwertiges Objekt, das den Ordner "Application Data" beschreibt
# zunächst alle Eigenschaften des Objekts auflisten:
$objekt | Get-Member -membertype *property

   TypeName: System.IO.DirectoryInfo

Name             MemberType     Definition
----             ----------     ----------
PSChildName      NoteProperty   System.String PSChildName=Application Data
PSDrive          NoteProperty   System.Management.Automation.PSDriveInfo PSDrive=C
PSIsContainer    NoteProperty   System.Boolean PSIsContainer=True
PSParentPath     NoteProperty   System.String
PSParentPath=Microsoft.PowerShell.Core\FileSystem::C:\Users...
```

Mit vorhandenen Objekten arbeiten

```
PSPath              NoteProperty   System.String
PSPath=Microsoft.PowerShell.Core\FileSystem::C:\Users\Tobia...
PSProvider          NoteProperty   System.Management.Automation.ProviderInfo
PSProvider=Microsoft.PowerShell...
Attributes          Property       System.IO.FileAttributes Attributes {get;set;}
CreationTime        Property       System.DateTime CreationTime {get;set;}
CreationTimeUtc     Property       System.DateTime CreationTimeUtc {get;set;}
Exists              Property       System.Boolean Exists {get;}
Extension           Property       System.String Extension {get;}
FullName            Property       System.String FullName {get;}
LastAccessTime      Property       System.DateTime LastAccessTime {get;set;}
LastAccessTimeUtc   Property       System.DateTime LastAccessTimeUtc {get;set;}
LastWriteTime       Property       System.DateTime LastWriteTime {get;set;}
LastWriteTimeUtc    Property       System.DateTime LastWriteTimeUtc {get;set;}
Name                Property       System.String Name {get;}
Parent              Property       System.IO.DirectoryInfo Parent {get;}
Root                Property       System.IO.DirectoryInfo Root {get;}
Mode                ScriptProperty System.Object Mode {get=$catr = "";...
```

Rufen Sie zum Beispiel den Wert einer einzelnen Eigenschaft ab. Eigenschaften, die in der Spalte *Definition* mit *{get;set;}* markiert sind, dürfen auch geändert werden:

```
# Datum des letzten Zugriffs bestimmen:
$objekt.LastAccessTime
Freitag, 20. Juli 2007 11:37:39

# Datum ändern:
$objekt.LastAccessTime = Get-Date

# Änderung wurde übernommen:
$objekt.LastAccessTime
Montag, 1. Oktober 2007 15:31:41
```

Verschiedene Eigenschaftstypen

Haben Sie es bemerkt? In diesem Beispiel wurde *Get-Member* beauftragt, alle Member des Objekts auszugeben, die auf *Property* enden, denn als *MemberType* wurde **Property* angegeben und nicht *Property*. Das war gut so, denn wie sich herausstellt, enthält das Objekt nicht nur Eigenschaften vom Typ *Property*, sondern auch Eigenschaften vom Typ *NoteProperty* und *ScriptProperty*. Hätten Sie als *MemberType* nur *Property* angegeben und den Stern weggelassen, wären diese Eigenschaften nicht aufgeführt worden. Alle Eigenschaften funktionieren unabhängig von ihrem jeweiligen Typ vollkommen gleich, sodass Sie sich um den Typ einer Eigenschaft nicht zu kümmern brauchen.

Eigenschaften, die nicht vom Typ *Property* sind, wurden nachträglich von PowerShell hinzugefügt. Eine *NoteProperty* wie *PSChildName* enthält statische Zusatzangaben, in diesem Fall interne PowerShell-Zuordnungsdaten. Eine *ScriptProperty* wie *Mode* führt PowerShell-Skriptcode aus, der den Inhalt der Eigenschaft berechnet. Etwas später werden Sie erfahren, wie Sie Objekten selbst zusätzliche Eigenschaften hinzufügen und wofür das gut sein könnte. Es funktioniert genauso wie bei Ihrem virtuellen Taschenmesser am Anfang des Kapitels.

Wenn Sie mal nachschauen wollen, welcher Skriptcode ausgeführt wird, wenn Sie die Mode-Eigenschaft abrufen, dann besorgen Sie sich ähnlich wie bei den Methoden zuerst ein Info-Objekt und geben dessen Eigenschaft Definition aus:

```
$info = $objekt | Get-Member Mode
$info.Definition
System.Object Mode {get=$catr = "";
                   if ( $this.Attributes -band 16 ) { $catr += "d" } else { $catr += "z" };
                   if ( $this.Attributes -band 32 ) { $catr += "a" } else { $catr += "-" } ;
                   if ( $this.Attributes -band 1  ) { $catr += "r" } else { $catr += "-" } ;
                   if ( $this.Attributes -band 2  ) { $catr += "h" } else { $catr += "-" } ;
                   if ( $this.Attributes -band 4  ) { $catr += "s" } else { $catr += "-" } ;
                   $catr;}
```

Wie sich herausstellt, wertet Mode die Eigenschaft Attributes aus. In dieser Eigenschaft ist eine schwer leserliche Bitmaske gespeichert, die angibt, welche Dateiattribute gesetzt sind. Der Skriptcode in Mode wertet die Bitmaske aus und sorgt dafür, dass die Bits in lesbare Buchstaben verwandelt werden.

Eine vollständige Übersicht über alle Eigenschaften-Typen liefert Tabelle 6.3.

MemberType	Beschreibung
AliasProperty	alternativer Name für eine schon vorhandene Eigenschaft
CodeProperty	Inhalt der Eigenschaft wird von einer statischen .NET-Methode geliefert
Property	echte Eigenschaft
NoteProperty	nachträglich hinzugefügte Eigenschaft mit einem festen Datenwert
ScriptProperty	nachträglich hinzugefügte berechnete Eigenschaft
ParameterizedProperty	Eigenschaft, die zusätzlich Argumente verlangt

Tabelle 6.3 Verschiedene Typen von Eigenschaften

Methoden des Objekts verwenden

Ob das Objekt auch Methoden anbietet, finden Sie mit Get-Member heraus. Übergeben Sie dazu dem Parameter -memberType den Wert *method:

```
# Alle Methoden des Objekts auflisten:
$objekt | Get-Member -membertype *method

   TypeName: System.IO.DirectoryInfo

Name                      MemberType Definition
----                      ---------- ----------
Create                    Method     System.Void Create(), System.Void Create(DirectorySecurity
DirectoryS...
```

Mit vorhandenen Objekten arbeiten

CreateObjRef	Method	System.Runtime.Remoting.ObjRef CreateObjRef(Type requestedType)
CreateSubDirectory	Method	System.IO.DirectoryInfo CreateSubDirectory(String path), System.IO.Di...
Delete	Method	System.Void Delete(), System.Void Delete(Boolean recursive)
Equals	**Method**	**System.Boolean Equals(Object obj)**
GetAccessControl	Method	System.Security.AccessControl.DirectorySecurity GetAccessControl(), S...
GetDirectories	Method	System.IO.DirectoryInfo[] GetDirectories(), System.IO.DirectoryInfo[]...
GetFiles	Method	System.IO.FileInfo[] GetFiles(String searchPattern), System.IO.FileIn...
GetFileSystemInfos	Method	System.IO.FileSystemInfo[] GetFileSystemInfos(String searchPattern), ...
GetHashCode	**Method**	**System.Int32 GetHashCode()**
GetLifetimeService	Method	System.Object GetLifetimeService()
GetObjectData	Method	System.Void GetObjectData(SerializationInfo info, StreamingContext co...
GetType	**Method**	**System.Type GetType()**
get_Attributes	Method	System.IO.FileAttributes get_Attributes()
get_CreationTime	Method	System.DateTime get_CreationTime()
get_CreationTimeUtc	Method	System.DateTime get_CreationTimeUtc()
get_Exists	Method	System.Boolean get_Exists()
get_Extension	Method	System.String get_Extension()
get_FullName	Method	System.String get_FullName()
get_LastAccessTime	Method	System.DateTime get_LastAccessTime()
get_LastAccessTimeUtc	Method	System.DateTime get_LastAccessTimeUtc()
get_LastWriteTime	Method	System.DateTime get_LastWriteTime()
get_LastWriteTimeUtc	Method	System.DateTime get_LastWriteTimeUtc()
get_Name	Method	System.String get_Name()
get_Parent	Method	System.IO.DirectoryInfo get_Parent()
get_Root	Method	System.IO.DirectoryInfo get_Root()
InitializeLifetimeService	Method	System.Object InitializeLifetimeService()
MoveTo	Method	System.Void MoveTo(String destDirName)
Refresh	Method	System.Void Refresh()
SetAccessControl	Method	System.Void SetAccessControl(DirectorySecurity DirectorySecurity)
set_Attributes	Method	System.Void set_Attributes(FileAttributes value)
set_CreationTime	Method	System.Void set_CreationTime(DateTime value)
set_CreationTimeUtc	Method	System.Void set_CreationTimeUtc(DateTime value)
set_LastAccessTime	Method	System.Void set_LastAccessTime(DateTime value)
set_LastAccessTimeUtc	Method	System.Void set_LastAccessTimeUtc(DateTime value)
set_LastWriteTime	Method	System.Void set_LastWriteTime(DateTime value)
set_LastWriteTimeUtc	Method	System.Void set_LastWriteTimeUtc(DateTime value)
ToString	**Method**	**System.String ToString()**

> **HINWEIS** Fett hervorgehoben sind wieder jene Standardmethoden, die Sie getrost ignorieren können, weil sie in jedem Objekt vorhanden sind oder Eigenschaften entsprechen.

Auch die Methoden wenden Sie genau wie in den vorangegangenen Beispielen an. Möchten Sie zum Beispiel einen neuen Unterordner im Ordner anlegen, verwenden Sie die Methode *CreateSubDirectory*. Finden Sie zuerst wieder heraus, welche Argumente diese Methode verlangt und was sie zurückliefert:

```
$info = $objekt | Get-Member CreateSubDirectory
$info.Definition.Replace("), ", ")`n")
System.IO.DirectoryInfo CreateSubDirectory(String path)
System.IO.DirectoryInfo CreateSubDirectory(String path, DirectorySecurity DirectorySecurity)
```

Die Methode verfügt also über zwei Signaturen. Mit der ersten erstellen Sie einen Unterordner und mit der zweiten könnte dieser außerdem mit Zugriffsberechtigungen ausgerüstet werden. Die nächste Zeile legt im Ordner einen Unterordner namens *Mein neuer Ordner* ohne besondere Zugriffsberechtigungen an.

```
$objekt.CreateSubDirectory("Mein neuer Ordner")

Mode            LastWriteTime      Length Name
----            -------------      ------ ----
d----           01.10.2007  15:49         Mein neuer Ordner
```

Weil die Methode als Ergebnis ein *DirectoryInfo*-Objekt zurückgibt und Sie dieses Objekt nicht in einer Variablen aufgefangen haben, wird es von der Pipeline in Text umgewandelt und ausgegeben. Sie hätten das Ergebnis der Methode also ebenso gut auch zwischenspeichern und weiterverarbeiten können:

```
$unterordner = $objekt.CreateSubDirectory("Noch ein Unterordner")
$unterordner.CreationTime = "1. September 1980"
$unterordner.CreationTime
Montag, 1. September 1980 00:00:00
```

Verschiedene Methodentypen

Ähnlich wie bei Eigenschaften gibt es auch bei Methoden verschiedene Typen. Wird als *MemberType* der Wert *Method* genannt, dann wissen Sie, dass es sich um eine fest vorgegebene Methode handelt. PowerShell kann einem Objekt aber auch nachträglich mit dem Cmdlet *Add-Member* Methoden hinzufügen. Auf diese Weise hatten Sie zu Anfang des Kapitels Ihrem »virtuellen Taschenmesser« eigene Methoden hinzugefügt. Eine Übersicht über die möglichen Methodentypen liefert Tabelle 6.4.

MemberType	Beschreibung
CodeMethod	Methode stammt aus einer statischen .NET-Methode
Method	echte Methode des Objekts
ScriptMethod	Methode ruft PowerShell-Code auf

Tabelle 6.4 Verschiedene Typen von Methoden

Die Verbindung zum .NET Framework

Woher stammen die Objekte eigentlich, die Sie gerade untersucht haben? Diese Frage ist außerordentlich wichtig, denn nur wenn Sie verstehen, was (oder genauer: *wer*) hinter den Objekten steckt, werden Sie wirklich alle Möglichkeiten ausschöpfen. Jedes Objekt, das Sie in PowerShell verwenden, hat einen bestimmten Typ, und dieser Typ kann über die Methode *GetType()* ermittelt werden:

Die Verbindung zum .NET Framework

```
$text = "Hallo!"
$text.GetType()

IsPublic IsSerial Name                                          BaseType
-------- -------- ----                                          --------
True     True     String                                        System.Object
```

Geben Sie die Informationen, die *GetType()* liefert, einfach in der Konsole aus, verwandelt PowerShell die Informationen wie immer in Text und wählt dabei automatisch nur die Eigenschaften aus, die es als besonders wichtig erachtet. Das ist schade, denn eine der wichtigsten Eigenschaften wird so nicht ausgegeben: *FullName*. Möchten Sie also den Typ eines Objekts ganz genau bestimmen, rufen Sie entweder selbst explizit die Eigenschaft *FullName* ab, oder Sie weisen die Pipeline an, alle (und nicht nur die wichtigsten) Eigenschaften in Text umzuwandeln:

```
$text.GetType().FullName
System.String

$text.GetType() | Format-List *

Module              : CommonLanguageRuntimeLibrary
Assembly            : mscorlib, Version=2.0.0.0, Culture=neutral, PublicKeyToken=b77a5c561934e089
TypeHandle          : System.RuntimeTypeHandle
DeclaringMethod     :
BaseType            : System.Object
UnderlyingSystemType : System.String
FullName            : System.String
(...)
```

Der vollständige Name des Objekttyps lautet also: *System.String*. Was genau ist *System.String*?

Sämtliche Objekte, mit denen Sie es in PowerShell jemals zu tun bekommen, stammen vom .NET Framework. Das .NET Framework ist eine Sammlung von Bibliotheken, den so genannten Assemblies. Diese Assemblies definieren die Objekte, mit denen Sie in PowerShell arbeiten. Sie also stecken hinter sämtlichen Objekten, die Ihnen in PowerShell jemals begegnen. Das .NET Framework wird kostenlos von Microsoft zur Verfügung gestellt und bildet die Grundlage für die meisten modernen Windows-Programme. Die Programmautoren solcher Programme können sich also im .NET Framework bedienen und daraus genau die Objekte und Methoden verwenden, die sie für ihr Programm benötigen.

PowerShell selbst ist ebenfalls eine .NET-Anwendung, allerdings eine besondere. PowerShell nutzt das .NET Framework nämlich nicht nur selbst, sondern teilt es mit Ihnen. Sie haben also über die Konsole ebenfalls vollen Zugriff auf die Low-Level-Funktionen des .NET Frameworks. Immer, wenn Sie mit einem Objekt arbeiten, haben Sie in Wirklichkeit bereits direkt mit dem .NET Framework gearbeitet, und wer mag, kann sogar noch mehr damit tun.

Profitipp Die Objekte und Klassen des .NET Frameworks sind ausführlich dokumentiert, aber es ist nicht immer leicht, die entsprechende Beschreibung eines Objekts im Internet zu finden. Mit einem kleinen Trick werden Objekte in PowerShell allerdings künftig selbstbeschreibend. Dazu legen Sie sich eine so genannte Typ-Erweiterung an. So gehen Sie vor:

```
# Notepad starten
Cd $home
notepad msdn.type.ps1xml
```

Notepad startet und bietet an, ein neues Dokument anzulegen. Stimmen Sie zu. Geben Sie dann in den Editor sorgfältig den folgenden Code ein:

```xml
<Types>
<Type>
    <Name>System.Object</Name>
    <Members>
      <ScriptMethod>
        <Name>MSDN</Name>
        <Script>
if (($global:IEMSDN -eq $null) -or ($global:IEMSDN.HWND -eq $null))
{   $global:IEMSDN = New-Object -ComObject InternetExplorer.Application
}
$Uri = "http://msdn2.microsoft.com/library/" + $this.GetType().FullName + ".ASPX"
$global:IEMSDN.Navigate2($Uri)
$global:IEMSDN.Visible = $true
        </Script>
      </ScriptMethod>
    </Members>
</Type>
</Types>
```

Speichern Sie den Text und fügen Sie ihn dann mit *Update-Typedata* in das PowerShell Extended Type System ein:

```
Update-Typedata msdn.type.ps1xml
```

Fertig! Ab sofort hat jedes Objekt einen neuen Befehl namens *MSDN()*. Möchten Sie die Dokumentation eines String-Objekts im Internet nachschlagen? Kein Problem:

```
"Text".MSDN()
```

Oder interessiert Sie ein DateTime-Objekt näher? Bitte sehr:

```
(Get-Date).MSDN()
```

Wie die Typerweiterung genau funktioniert, erfahren Sie am Ende dieses Kapitels. Bis dahin steht Ihnen zumindest schon einmal der praktische *MSDN()*-Befehl zur Verfügung.

Die Verbindung zum .NET Framework

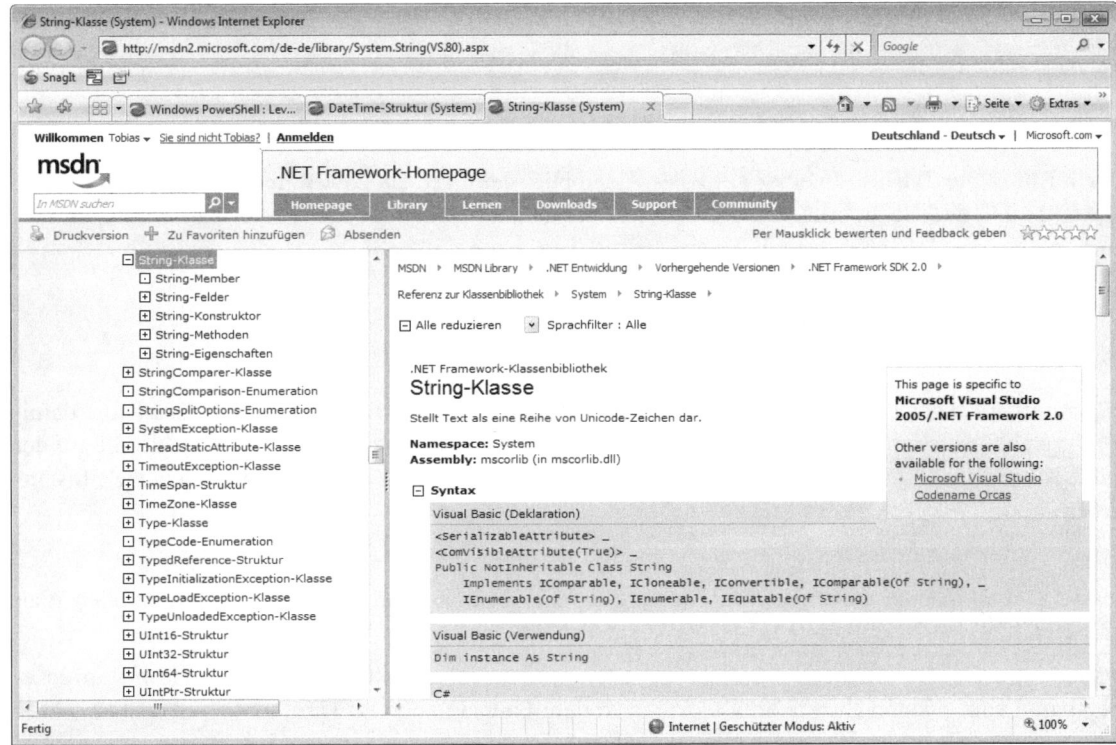

Abbildung 6.1 Automatisch beliebige .NET-Objekte im Internet nachschlagen

Typen, Klassen und Instanzen

Damit es in den folgenden Abschnitten keine Mißverständnisse gibt, sollten zunächst einige Begriffe erklärt werden, die immer wieder durch den Raum geistern. Jedes Objekt hat einen Typ, und diesen Typ ermitteln Sie mit der Methode *GetType()*. Diese Methode ist fest in jedes Objekt eingebaut.

```
$a = "Hallo"
$typ = $a.GetType()
```

GetType() liefert ein Objekt mit sämtlichen Typinformationen zurück. Eine wichtige Information darin ist der vollständige Name des Typs, der in der Eigenschaft *FullName* steht:

```
$typ.FullName
System.String
```

Der Typ verrät auch, welche .NET-Assembly diesen Typ definiert hat. Fragen Sie dazu die Eigenschaft *Assembly* ab:

```
$typ.Assembly
GAC    Version      Location
---    -------      --------
True   v2.0.50727   C:\Windows\Microsoft.NET\Framework\v2.0.50727\mscorlib.dll
```

In diesem Fall ist der Typ also in einer der Basis-Assemblies definiert, die PowerShell auch selbst für eigene Zwecke nutzt und deshalb automatisch geladen hat. Was genau ist der Typ? Meist ist er eine Klasse, und ob das auch in diesem Fall so ist, verrät die Eigenschaft *isClass*:

```
$typ.isClass
True
```

Eine Klasse ist ein allgemeiner Bauplan für ein Objekt. Der Typ *System.String* ist also eine Klasse und damit der Masterplan für diesen Objekttyp. Der Masterplan existiert nur ein einziges Mal. Alle Objekte, die auf der Basis dieses Bauplans angelegt werden, sind »Instanzen«. Von einer Klasse kann es also beliebig viele Instanzen geben.

- **Typ:** Beschreibt, wer das Objekt hergestellt hat und was das Objekt ist.
- **Klasse:** Der Bauplan eines Objekttyps. Diesen Bauplan gibt es nur ein einziges Mal. In der realen Welt wäre eine Klasse also der Bauplan eines VW Golf Typ V.
- **Instanz:** Ein Objekt, das nach einem bestimmten Bauplan hergestellt wurde. Wie viele Instanzen es gibt, hängt einzig davon ab, wie oft Objekte nach dem Bauplan angelegt wurden. In der Realität wären Instanzen also alle herumfahrenden VW Golfs Typ V.

Statische Methoden verwenden

Nicht nur Objekte stellen Methoden bereit, sondern auch Klassen. Die Methoden eines Objekts werden *dynamische Methoden* genannt und beziehen sich meist auf die Informationen, die direkt in dem jeweiligen Objekt gespeichert sind. Die Methoden einer Klasse werden *statische Methoden* genannt und beziehen sich allgemein auf Aufgaben rund um das Thema der Klasse. Schauen wir uns das mal an einem Beispiel an.

Legen Sie zuerst ein *System.String*-Objekt an (also genauer: eine Instanz der Klasse *System.String*). Das ist einfach: Weisen Sie einer Variablen Text zu. PowerShell speichert diesen dann automatisch in einem *System.String*-Objekt. Schauen Sie sich danach an, welche Methoden das *System.String*-Objekt anbietet:

```
# Ein System.String-Objekt anlegen:
$text = "Hallo!"
$text.GetType().FullName
System.String

# Die dynamischen Methoden dieses Objekts auflisten:
$text | Get-Member -memberType *method
   TypeName: System.String
```

Methoden von Objekten = dynamisch
Methoden von Klassen = statisch

Die Verbindung zum .NET Framework

```
Name              MemberType  Definition
----              ----------  ----------
Clone             Method      System.Object Clone()
CompareTo         Method      System.Int32 CompareTo(Object value), System.Int32 CompareTo(String strB)
Contains          Method      System.Boolean Contains(String value)
CopyTo            Method      System.Void CopyTo(Int32 sourceIndex, Char[] destination, Int32 destina...
EndsWith          Method      System.Boolean EndsWith(String value), System.Boolean EndsWith(String v...
Equals            Method      System.Boolean Equals(Object obj), System.Boolean Equals(String value),...
GetEnumerator     Method      System.CharEnumerator GetEnumerator()
GetHashCode       Method      System.Int32 GetHashCode()
GetType           Method      System.Type GetType()
GetTypeCode       Method      System.TypeCode GetTypeCode()
get_Chars         Method      System.Char get_Chars(Int32 index)
get_Length        Method      System.Int32 get_Length()
IndexOf           Method      System.Int32 IndexOf(Char value, Int32 startIndex, Int32 count), System...
IndexOfAny        Method      System.Int32 IndexOfAny(Char[] anyOf, Int32 startIndex, Int32 count), S...
Insert            Method      System.String Insert(Int32 startIndex, String value)
IsNormalized      Method      System.Boolean IsNormalized(), System.Boolean IsNormalized(Normalizatio...
LastIndexOf       Method      System.Int32 LastIndexOf(Char value, Int32 startIndex, Int32 count), Sy...
LastIndexOfAny    Method      System.Int32 LastIndexOfAny(Char[] anyOf, Int32 startIndex, Int32 count...
Normalize         Method      System.String Normalize(), System.String Normalize(NormalizationForm no...
PadLeft           Method      System.String PadLeft(Int32 totalWidth), System.String PadLeft(Int32 to...
PadRight          Method      System.String PadRight(Int32 totalWidth), System.String PadRight(Int32 ...
Remove            Method      System.String Remove(Int32 startIndex, Int32 count), System.String Remo...
Replace           Method      System.String Replace(Char oldChar, Char newChar), System.String Replac...
Split             Method      System.String[] Split(Params Char[] separator), System.String[] Split(C...
StartsWith        Method      System.Boolean StartsWith(String value), System.Boolean StartsWith(Stri...
Substring         Method      System.String Substring(Int32 startIndex), System.String Substring(Int3...
ToCharArray       Method      System.Char[] ToCharArray(), System.Char[] ToCharArray(Int32 startIndex...
ToLower           Method      System.String ToLower(), System.String ToLower(CultureInfo culture)
ToLowerInvariant  Method      System.String ToLowerInvariant()
ToString          Method      System.String ToString(), System.String ToString(IFormatProvider provider)
ToUpper           Method      System.String ToUpper(), System.String ToUpper(CultureInfo culture)
ToUpperInvariant  Method      System.String ToUpperInvariant()
Trim              Method      System.String Trim(Params Char[] trimChars), System.String Trim()
TrimEnd           Method      System.String TrimEnd(Params Char[] trimChars)
TrimStart         Method      System.String TrimStart(Params Char[] trimChars)
```

Die dynamischen Methoden des Objekts beziehen sich normalerweise auf den Inhalt, der im Objekt aufbewahrt wird, und das trifft auch hier zu: Die Methoden manipulieren alle in irgendeiner Weise den Text, der im Objekt gespeichert ist. Möchten Sie zum Beispiel einen Text in Kleinbuchstaben umwandeln, ist die Methode *toLower()* zuständig:

```
$text.toLower()
hallo!

"Hallo Welt!".toLower()
hallo welt!
```

Wie Sie sehen, funktionieren die dynamischen Methoden des *System.String*-Objekts sogar direkt mit Text in Anführungszeichen, weil auch dieser intern von PowerShell in einem *System.String*-Objekt aufbewahrt wird.

Wie kommt man an die statischen Methoden heran, also die, die direkt von der *System.String*-Klasse bereitgestellt werden? Dazu schreiben Sie den Klassennamen in eckige Klammern. Das Ganze senden Sie dann erneut an *Get-Member*. Vergessen Sie diesmal aber nicht den Parameter *-static*. Er ist erforderlich, um die statischen Mitglieder der Klasse zu sehen. Ohne ihn würden Sie die Mitglieder der Klasse selbst aufgelistet bekommen, und die sind für Sie nutzlos:

```
[system.string] | Get-Member -Static -MemberType *method

Name            MemberType Definition
----            ---------- ----------
Compare         Method     static System.Int32 Compare(String strA, String strB), static System.Int...
CompareOrdinal  Method     static System.Int32 CompareOrdinal(String strA, String strB), static Sys...
Concat          Method     static System.String Concat(Object arg0), static System.String Concat(Ob...
Copy            Method     static System.String Copy(String str)
Equals          Method     static System.Boolean Equals(String a, String b), static System.Boolean ...
Format          Method     static System.String Format(String format, Object arg0), static System.S...
Intern          Method     static System.String Intern(String str)
IsInterned      Method     static System.String IsInterned(String str)
IsNullOrEmpty   Method     static System.Boolean IsNullOrEmpty(String value)
Join            Method     static System.String Join(String separator, String[] value), static Syst...
op_Equality     Method     static System.Boolean op_Equality(String a, String b)
op_Inequality   Method     static System.Boolean op_Inequality(String a, String b)
ReferenceEquals Method     static System.Boolean ReferenceEquals(Object objA, Object objB)
```

Alle diese neuen Methoden beziehen sich nicht auf irgendeinen konkreten Text. Es sind allgemeine Textbefehle, die mit irgendwelchen Texten funktionieren, die nicht in einem bestimmten Objekt gespeichert sein müssen. Möchten Sie eine statische Methode verwenden, schreiben Sie wieder den Klassennamen in eckige Klammern und fügen zwei Doppelpunkte an. Danach folgt dann wie gewohnt der Methodenname mit seinen Argumenten in runden Klammern. Mit der Methode *isNullOrEmpty()* finden Sie zum Beispiel heraus, ob in einer Textvariablen tatsächlich ein Wert gespeichert ist:

```
[system.string]::isNullOrEmpty($neu)
True
$neu = ""
[system.string]::isNullOrEmpty($neu)
True
$neu = "Hallo!"
[system.string]::isNullOrEmpty($neu)
False
```

Dieses Prinzip funktioniert bei jedem Objekt und jeder Klasse. Schauen Sie es sich noch einmal am Beispiel von Datums- und Zeitangaben an.

Die Verbindung zum .NET Framework

```
$datum = Get-Date
$datum.GetType().FullName
System.DateTime
[System.DateTime] | Get-Member -static -memberType *method

   TypeName: System.DateTime

Name                  MemberType Definition
----                  ---------- ----------
Compare               Method     static System.Int32 Compare(DateTime t1, DateTime t2)
DaysInMonth           Method     static System.Int32 DaysInMonth(Int32 year, Int32 month)
Equals                Method     static System.Boolean Equals(DateTime t1, DateTime t2), static Sys...
FromBinary            Method     static System.DateTime FromBinary(Int64 dateData)
FromFileTime          Method     static System.DateTime FromFileTime(Int64 fileTime)
FromFileTimeUtc       Method     static System.DateTime FromFileTimeUtc(Int64 fileTime)
FromOADate            Method     static System.DateTime FromOADate(Double d)
get_Now               Method     static System.DateTime get_Now()
get_Today             Method     static System.DateTime get_Today()
get_UtcNow            Method     static System.DateTime get_UtcNow()
IsLeapYear            Method     static System.Boolean IsLeapYear(Int32 year)           Schaltjahr o. nicht
op_Addition           Method     static System.DateTime op_Addition(DateTime d, TimeSpan t)
op_Equality           Method     static System.Boolean op_Equality(DateTime d1, DateTime d2)
op_GreaterThan        Method     static System.Boolean op_GreaterThan(DateTime t1, DateTime t2)
op_GreaterThanOrEqual Method     static System.Boolean op_GreaterThanOrEqual(DateTime t1, DateTime t2)
op_Inequality         Method     static System.Boolean op_Inequality(DateTime d1, DateTime d2)
op_LessThan           Method     static System.Boolean op_LessThan(DateTime t1, DateTime t2)
op_LessThanOrEqual    Method     static System.Boolean op_LessThanOrEqual(DateTime t1, DateTime t2)
op_Subtraction        Method     static System.DateTime op_Subtraction(DateTime d, TimeSpan t), sta...
Parse                 Method     static System.DateTime Parse(String s), static System.DateTime Par...
ParseExact            Method     static System.DateTime ParseExact(String s, String format, IFormat...
ReferenceEquals       Method     static System.Boolean ReferenceEquals(Object objA, Object objB)
SpecifyKind           Method     static System.DateTime SpecifyKind(DateTime value, DateTimeKind kind)
TryParse              Method     static System.Boolean TryParse(String s, DateTime& result), static...
TryParseExact         Method     static System.Boolean TryParseExact(String s, String format, IForm...
```

> **HINWEIS** In der Liste der Methoden findet sich eine ganze Gruppe, deren Name mit *op_* beginnt. Wenn Sie etwas zurückblättern, werden Sie feststellen, dass auch die Klasse *System.String* solche Methoden enthielt. Das Präfix *op* steht für *Operator*. Hier finden sich also die Methoden, die intern aufgerufen werden, wenn Sie diesen Datentyp mit einem Operator verwenden. *op_GreaterThanOrEqual* ist also die Methode, die intern die Arbeit leistet, wenn Sie den PowerShell-Vergleichsoperator *-ge* mit Datumswerten verwenden.

Die Klasse *System.DateTime* liefert Ihnen also alle erdenklichen Datumsfunktionen als statische Methoden. Damit könnten Sie zum Beispiel eine Textangabe in ein Datum verwandeln:

```
[System.DateTime]::Parse("12. März 1999")
Freitag, 12. März 1999 00:00:00
```

Oder Sie könnten herausfinden, ob ein bestimmtes Jahr ein Schaltjahr ist:

```
[System.DateTime]::isLeapYear(2010)
False

for ($x=2000; $x -lt 2010; $x++) { if( [System.DateTime]::isLeapYear($x) ) { "$x ist ein Schaltjahr!" } }
2000 ist ein Schaltjahr!
2004 ist ein Schaltjahr!
2008 ist ein Schaltjahr!
```

Oder vielleicht möchten Sie Ihren Kindern endlich einmal wirklich absolut präzise sagen können, wie lange es noch bis zur Weihnachtsbescherung dauert:

```
[DateTime]"12/24/2007 18:00" - [DateTime]::now

Days              : 74
Hours             : 6
Minutes           : 28
Seconds           : 49
Milliseconds      : 215
Ticks             : 64169292156000
TotalDays         : 74,2700140694444
TotalHours        : 1782,48033766667
TotalMinutes      : 106948,82026
TotalSeconds      : 6416929,2156
TotalMilliseconds : 6416929215,6
```

Hier wurden zwei Daten voneinander subtrahiert. Sie wissen inzwischen recht genau, was dabei passiert:

- Die erste Zeitangabe ist eigentlich ein Text. Damit Sie zu einem *DateTime*-Objekt wird, haben Sie in eckigen Klammern den gewünschten Objekttyp angegeben.
- Die zweite Zeitangabe stammt von der statischen Eigenschaft *Now*, die die *DateTime*-Klasse enthält. *Now* liefert das aktuelle Datum und die aktuelle Zeit, entspricht also dem Cmdlet *Get-Date*.
- Die beiden Zeiten wurden mit dem üblichen Subtraktionsoperator (-) voneinander abgezogen. Möglich war das, weil die *DateTime*-Klasse die für diesen Operator zuständige statische Methode *op_Subtraction()* definiert hat.

Sie hätten diese statische Methode natürlich auch selbst aufrufen können und dasselbe Ergebnis erhalten:

```
[DateTime]::op_Subtraction("12/24/2007 18:00", [DateTime]::Now)
```

Nun sind Sie an der Reihe! In der Klasse *System.Math* finden Sie alle nur erdenklichen mathematischen Berechnungsfunktionen. Lassen Sie sich die statischen Methoden dieser Klasse ausgeben, und versuchen Sie, einige der Methoden einmal einzusetzen.

Funktion	Beschreibung	Beispiel
Abs	Gibt den Absolutbetrag einer angegebenen Zahl zurück (ohne Vorzeichen).	*[Math]::Abs(–5)*
Acos	Gibt einen Winkel zurück, dessen Kosinus die angegebene Zahl ist.	*[Math]::Acos(0.6)*
Asin	Gibt einen Winkel zurück, dessen Sinus die angegebene Zahl ist.	*[Math]::Asin(0.6)*

Die Verbindung zum .NET Framework

Funktion	Beschreibung	Beispiel
Atan	Gibt einen Winkel zurück, dessen Tangens die angegebene Zahl ist.	[Math]::Atan(90)
Atan2	Gibt einen Winkel zurück, dessen Tangens der Quotient zweier angegebener Zahlen ist.	[Math]::Atan2(90, 15)
BigMul	Berechnet das vollständige Produkt aus zwei 32-Bit-Zahlen.	[Math]::BigMul(1gb, 6)
Ceiling	Gibt die kleinste Ganzzahl zurück, die größer oder gleich der angegebenen Zahl ist.	[Math]::Ceiling(5.7)
Cos	Gibt den Kosinus des angegebenen Winkels zurück.	[Math]::Cos(90)
Cosh	Gibt den Hyperbelkosinus des angegebenen Winkels zurück.	[Math]::Cosh(90)
DivRem	Berechnet den Quotienten zweier Zahlen und gibt außerdem den Rest als Ausgabeparameter zurück.	$a = 0 [Math]::DivRem(10,3,[ref]$a) $a
Exp	Gibt die angegebene Potenz von e zurück.	[Math]::Exp(12)
Floor	Gibt die größte Ganzzahl zurück, die kleiner oder gleich der angegebenen Zahl ist.	[Math]::Floor(5.7)
IEEERemainder	Gibt den Rest der Division zweier angegebener Zahlen zurück.	[Math]::IEEERemainder(5,2)
Log	Gibt den Logarithmus der angegebenen Zahl zurück.	[Math]::Log(1)
Log10	Gibt den Logarithmus einer angegebenen Zahl zur Basis 10 zurück.	[Math]::Log10(6)
Max	Gibt die größere von zwei angegebenen Zahlen zurück.	[Math]::Max(−5, 12)
Min	Gibt die kleinere von zwei angegebenen Zahlen zurück.	[Math]::Min(−5, 12)
Pow	Potenziert eine angegebene Zahl mit dem angegebenen Exponenten.	[Math]::Pow(6,2)
Round	Rundet einen Wert auf die nächste Ganzzahl oder auf die angegebene Anzahl von Dezimalstellen.	[Math]::Round(5.51)
Sign	Gibt einen Wert zurück, der das Vorzeichen einer Zahl angibt.	[Math]::Sign(−12)
Sin	Gibt den Sinus des angegebenen Winkels zurück.	[Math]::Sin(90)
Sinh	Gibt den Hyperbelsinus des angegebenen Winkels zurück.	[Math]::Sinh(90)
Sqrt	Gibt die Quadratwurzel einer angegebenen Zahl zurück.	[Math]::Sqrt(64)
Tan	Gibt den Tangens des angegebenen Winkels zurück.	[Math]::Tan(45)
Tanh	Gibt den Hyperbeltangens des angegebenen Winkels zurück.	[Math]::Tanh(45)
Truncate	Berechnet den ganzzahligen Teil einer Zahl.	[Math]::Truncate(5.67)

Tabelle 6.5 Mathematik-Funktionen aus der [Math]-Bibliothek

PowerShell »borgt« sich nicht etwa nur Objekte aus dem .NET Framework. Alles, was in PowerShell passiert, geschieht auf der Grundlage des .NET Frameworks. Kommen Sie also einmal mit den üblichen PowerShell-Befehlen und Ansätzen nicht weiter, brauchen Sie nicht aufzugeben. Programmieren Sie einfach im .NET Framework weiter!

PowerShell kann zum Beispiel Dateien mit *out-printer* ausdrucken, aber nur, wenn die Dateien reinen Text enthalten. Komplexere Dokumente wie zum Beispiel Word-Briefe müssen vom zuständigen Programm geladen, angezeigt und ausgedruckt werden. Das .NET Framework ermöglicht das, weil Sie damit beliebige Kontextmenübefehle beliebiger Dateitypen ansprechen. Der folgende Codeschnippsel in VB.NET druckt auf diese Weise die Datei *brief.doc* aus, die sich im *Dokumente*-Ordner befinden muss:

```
Dim einProzess As New Process
Try
  Dim DokumenteOrdner As String = Environment.GetFolderPath(Environment.SpecialFolder.Personal)
  einProzess.StartInfo.FileName = DokumenteOrdner & "\brief.doc"
  einProzess.StartInfo.Verb = "Print"
  einProzess.StartInfo.CreateNoWindow = True
  einProzess.Start()

Catch ex As Exception
  Console.WriteLine("Konnte Datei nicht drucken: " & ex.Message)
End Try
```

Dasselbe ist auch direkt in PowerShell möglich:

```
$einProcess = New-Object System.Diagnostics.Process

Trap [ComponentModel.Win32Exception]
  {
     Write-Host ("Konnte Datei nicht drucken: " + $_.Message)
  }

$DokumenteOrdner = [Environment]::GetFolderPath("Personal")
$einProzess.StartInfo.FileName = $DokumenteOrdner + "\brief.doc"
$einProzess.StartInfo.Verb = "Print"
$einProzess.StartInfo.CreateNoWindow = $true
$einProzess.Start()
```

Welche Klassen gibt es sonst noch?

Vielleicht hat Sie das Beispiel von eben neugierig gemacht. Es hat unter anderem gezeigt, wie man mit der statischen Methode *GetFolderPath()* der Klasse *Environment* den Pfad des *Dokumente*-Ordners herausfindet. Im .NET Framework schlummern also unzählige Schätze, die zu heben sich lohnt. Nur wo findet man die? Ein guter Verbündeter ist die Methode *GetType()*. Fragen Sie künftig bei allen Objekten, die Ihnen begegnen, mit *GetType()* die Eigenschaft *FullName* ab. So erfahren Sie genau wie in den Beispielen von eben den Klassennamen, von dem das Objekt abstammt. Als nächstes lassen Sie sich dann mit *Get-Member* und dem Parameter *-static* die statischen Methoden der Klasse auflisten.

Oder Sie lassen sich alle Klassen, die es gibt, einfach auflisten. Das ist aber längst nicht so eine gute Idee, wie es zunächst klingt, denn im .NET Framework gibt es tausende von Klassen, und nur die wenigsten davon sind wirklich für Sie nützlich. Wenn Sie allerdings ein paar Filterregeln integrieren und nicht wahllos sämtliche Klassen auflisten lassen, sondern vielleicht nur diejenigen, die interessant klingende Methoden enthalten, sind die Ergebnisse brauchbar.

Assemblies auflisten

Die Suche nach interessanten Klassen und Methoden beginnt bei den Assemblies, denn diese enthalten die Klassen schließlich. Sie brauchen also zuerst eine Liste sämtlicher Assemblies, die PowerShell geladen hat. Zuständig hierfür ist die Klasse *AppDomain,* die über alle Aspekte eines .NET-Programms Bescheid weiß. Ihre statische Methode *CurrentDomain()* liefert den Zugang zum internen .NET Framework von PowerShell. Darin wiederum findet sich die dynamische Methode *GetAssemblies(),* mit der Sie die Liste der geladenen Assemblies bekommen:

```
[AppDomain]::CurrentDomain

FriendlyName            : DefaultDomain
Id                      : 1
ApplicationDescription  :
BaseDirectory           : C:\WINDOWS\system32\WindowsPowerShell\v1.0\
DynamicDirectory        :
RelativeSearchPath      :
SetupInformation        : System.AppDomainSetup
ShadowCopyFiles         : False

[AppDomain]::CurrentDomain.GetAssemblies()

GAC    Version       Location
---    -------       --------
True   v2.0.50727    C:\Windows\Microsoft.NET\Framework\v2.0.50727\mscorlib.dll
True   v2.0.50727    C:\Windows\assembly\GAC_MSIL\Microsoft.PowerShell.ConsoleHost\...
True   v2.0.50727    C:\Windows\assembly\GAC_MSIL\System\2.0.0.0__b77a5c561934e089\...
True   v2.0.50727    C:\Windows\assembly\GAC_MSIL\System.Management.Automation\1.0....
True   v2.0.50727    C:\Windows\assembly\GAC_MSIL\System.Configuration.Install\2.0....
True   v2.0.50727    C:\Windows\assembly\GAC_MSIL\Microsoft.PowerShell.Commands.Man...
True   v2.0.50727    C:\Windows\assembly\GAC_MSIL\Microsoft.PowerShell.Security\1.0...
True   v2.0.50727    C:\Windows\assembly\GAC_MSIL\Microsoft.PowerShell.Commands.Uti...
True   v2.0         C:\Windows\assembly\GAC_MSIL\Microsoft.PowerShell.ConsoleHost....
True   v2.0.50727    C:\Windows\assembly\GAC_32\System.Data\2.0.0.0__b77a5c561934e0...
True   v2.0.50727    C:\Windows\assembly\GAC_MSIL\System.Xml\2.0.0.0__b77a5c561934e...
True   v2.0.50727    C:\Windows\assembly\GAC_MSIL\System.DirectoryServices\2.0.0.0_...
True   v2.0.50727    C:\Windows\assembly\GAC_MSIL\System.Management\2.0.0.0__b03f5f...
True   v2.0         C:\Windows\assembly\GAC_MSIL\System.Management.Automation.reso...
True   v2.0.50727    C:\Windows\Microsoft.NET\Framework\v2.0.50727\mscorlib.dll
True   v2.0         C:\Windows\assembly\GAC_MSIL\Microsoft.PowerShell.Security.res...
True   v2.0         C:\Windows\assembly\GAC_MSIL\Microsoft.PowerShell.Commands.Uti...
True   v2.0.50727    C:\Windows\assembly\GAC_MSIL\System.Configuration\2.0.0.0__b03...
```

> **TIPP** Falls bei Ihnen mehr Assemblies aufgelistet werden, haben Sie nachträglich weitere Assemblies geladen. Das müssen Sie nicht selbst getan haben: Einige PowerShell-Erweiterungen wie zum Beispiel die *PowerShell Community Extensions* (PSCX) laden beim Start automatisch zusätzliche eigene Assemblies nach. Die Auflistung zeigt Ihnen übrigens genau, wo die einzelnen Assemblies auf Ihrem Computer gespeichert sind.

Interessante Klassen (Typen) finden

Die Assemblies an sich interessieren Sie eigentlich gar nicht. Sie möchten wissen, welche Klassen darin definiert sind. Klassen werden im .NET Framework auch als *Typen* bezeichnet, und jede Assembly verfügt über die Methode *GetExportedTypes(),* die die Typen auflistet. Sämtliche Klassen aufzulisten ist allerdings unsinnig, weil es sehr viele sind. Besser ist, die Klassennamen zusätzlich nach einem Suchbegriff zu filtern. Die nächsten Anweisungen listen alle Klassen auf, die das Wort »environment« (engl. für Umgebung) enthalten:

```
$suchtext = "*Environment*"
[AppDomain]::CurrentDomain.GetAssemblies() | foreach-object { $_.GetExportedTypes() } | where-object {
$_ -like $suchtext } | foreach-object { $_.FullName }
System.EnvironmentVariableTarget
System.Environment
System.Environment+SpecialFolder
System.Runtime.InteropServices.RuntimeEnvironment
System.Security.Permissions.EnvironmentPermissionAccess
System.Security.Permissions.EnvironmentPermission
System.Security.Permissions.EnvironmentPermissionAttribute
System.ComponentModel.Design.Data.IDataEnvironment
Microsoft.PowerShell.Commands.EnvironmentProvider
System.Web.Configuration.HostingEnvironmentSection
System.Web.Hosting.HostingEnvironment
```

Und tatsächlich ist die Klasse *System.Environment* ausgesprochen nützlich, weil sie viele wichtige statische Methoden und Eigenschaften enthält:

```
[System.Environment] | Get-Member -static

   TypeName: System.Environment

Name                      MemberType Definition
---                       ---------- ----------
Exit                      Method     static System.Void Exit(Int32 exitCode)
ExpandEnvironmentVariables Method    static System.String ExpandEnvironmentVariables(String name)
FailFast                  Method     static System.Void FailFast(String message)
GetCommandLineArgs        Method     static System.String[] GetCommandLineArgs()
GetEnvironmentVariable    Method     static System.String GetEnvironmentVariable(String variable),...
GetEnvironmentVariables   Method     static System.Collections.IDictionary GetEnvironmentVariables...
GetFolderPath             Method     static System.String GetFolderPath(SpecialFolder folder)
GetLogicalDrives          Method     static System.String[] GetLogicalDrives()
SetEnvironmentVariable    Method     static System.Void SetEnvironmentVariable(String variable, St...
CommandLine               Property   static System.String CommandLine {get;}
CurrentDirectory          Property   static System.String CurrentDirectory {get;set;}
ExitCode                  Property   static System.Int32 ExitCode {get;set;}
HasShutdownStarted        Property   static System.Boolean HasShutdownStarted {get;}
MachineName               Property   static System.String MachineName {get;}
NewLine                   Property   static System.String NewLine {get;}
OSVersion                 Property   static System.OperatingSystem OSVersion {get;}
ProcessorCount            Property   static System.Int32 ProcessorCount {get;}
StackTrace                Property   static System.String StackTrace {get;}
SystemDirectory           Property   static System.String SystemDirectory {get;}
TickCount                 Property   static System.Int32 TickCount {get;}
UserDomainName            Property   static System.String UserDomainName {get;}
UserInteractive           Property   static System.Boolean UserInteractive {get;}
UserName                  Property   static System.String UserName {get;}
Version                   Property   static System.Version Version {get;}
WorkingSet                Property   static System.Int64 WorkingSet {get;}
```

Die Verbindung zum .NET Framework

Möchten Sie zum Beispiel innerhalb eines PowerShell-Skripts wissen, welcher Benutzer das Skript an welcher Maschine ausführt, liefern die statischen Methoden der Klasse *System.Environment* die Antwort:

```
[system.Environment]::UserDomainName + "\" + [System.Environment]::UserName + " an " +
[System.Environment]::MachineName
ShellTools\Tobias Weltner an PC12
```

Die Klasse verrät Ihnen mit *GetFolderPath()* auch den Pfad zu allen wichtigen Windows-Ordnern, jedenfalls dann, wenn Sie wissen, unter welchem Begriff der Windows-Ordner verwaltet wird. Weil Sie das sicher ebenso wenig auswendig wissen wie wir, gibt es einen Trick - erinnern Sie sich? Geben Sie einfach ein beliebiges Argument an. Wenn es falsch ist, verrät spätestens die Fehlermeldung, welche Argumente richtig sind:

```
[System.Environment]::GetFolderPath("HH")
Das Argument "0" mit dem Wert  "HH" für "GetFolderPath" kann nicht in den Typ
"System.Environment+SpecialFolder" konvertiert werden: "Der Wert "HH" kann aufgrund von ungültigen
Enumerationswerten nicht in den Typ "System.Environment+SpecialFolder" konvertiert werden. Geben Sie
einen der folgenden Enumerationswerte an und versuchen Sie es erneut. Mögliche Enumerationswerte sind
"Desktop, Programs, Personal, MyDocuments, Favorites, Startup, Recent, SendTo, StartMenu, MyMusic,
DesktopDirectory, MyComputer,Templates, ApplicationData, LocalApplicationData, InternetCache, Cookies,
History, CommonApplicationData, System, ProgramFiles, MyPictures, CommonProgramFiles"."
```

Möchten Sie also wissen, wo sich auf Ihrem Computer der Bilderordner befindet, wissen Sie nun, dass dieser Ordner höchstwahrscheinlich mit dem Begriff *MyPictures* angesprochen wird. Und tatsächlich: es funktioniert.

```
[System.Environment]::GetFolderPath("MyPictures")
C:\Users\Tobias Weltner\Pictures
```

Nach Befehlen suchen

In den Assemblies des .NET Frameworks lässt sich aber nicht nur nach Klassen mit interessant klingenden Namen suchen, sondern auch nach Methoden. Die Methode *GetFolderPath()* aus dem letzten Beispiel hätten Sie auch folgendermaßen finden können:

```
$suchtext = "*getfolder*"
[AppDomain]::CurrentDomain.GetAssemblies() | foreach-object { $_.GetExportedTypes() } | foreach-object {
$_.getmembers() } | where-object { $_.isStatic} | where-object { $_ -like $suchtext } | foreach-object {
"[{0}]::{1} --> {2}" -f $_.declaringtype, $_.toString().SubString($_.toString().IndexOf(" ")+1),
$_.ReturnType }
[System.Environment]::GetFolderPath(SpecialFolder) --> System.String
```

Allerdings kann die Suche durchaus ein paar Minuten dauern, denn PowerShell listet in der Pipeline zunächst alle Assemblies auf. Danach werden für jede Assembly mit *GetExportedTypes()* alle Klassen aufgelistet. Mit *GetMembers()* werden für alle Klassen alle Methoden und Eigenschaften aufgelistet. Dann werden alle Methoden und Eigenschaften aussortiert, die das Suchwort nicht enthalten, und schließlich werden die Ergebnisse ausgegeben.

Neue Objekte anlegen

Es kann ungeheuer nützlich sein, neue Objekte selbst anzulegen, denn neue Objekte bedeuten neue Eigenschaften (Informationen) und neue Methoden (Befehle). Selbst angelegte Objekte beschaffen Ihnen also neue Informationen oder funktionieren sogar wie Befehlserweiterungen. Neue Objekte legen Sie entweder explizit mit dem Cmdlet *New-Object* an, oder Sie verwenden die interne PowerShell-Typumwandlung dazu.

Neue Objekte mit New-Object

Mit dem Cmdlet *New-Object* legen Sie jedes beliebige .NET-Objekt an. Wenn Sie wollen, könnten Sie zum Beispiel ein neues *System.String*-Objekt anlegen, also einen neuen Text. Den erhalten Sie zwar völlig automatisch, sobald Sie Text in Anführungszeichen stellen:

```
"Hallo"
Hallo
"Hallo".GetType().FullName
System.String
```

Mit *New-Object* haben Sie aber vollen Zugriff auf sämtliche Konstruktoren eines Typs, und natürlich können Sie auch .NET-Objekte anlegen, die sich nicht so leicht beschaffen lassen wie *System.String*-Objekte.

Konstruktoren verwenden

So zum Beispiel erzeugen Sie ein neues *System.String*-Objekt, das einhundert Punkte enthält:

```
New-Object System.String(".", 100)
....................................................................................................
```

Hinter dem .NET-Typ *System.String* folgen gleich Argumente in Klammern, beinahe wie bei einer Methode. Was Sie hier sehen, ist der Aufruf eines *Konstruktors,* der tatsächlich eine Methode ist, wenn auch eine besondere.

Ein Konstruktor ist dafür zuständig, das neue Objekt anzulegen. Es muss also für jede Klasse mindestens einen Konstruktor geben, und welche zur Auswahl stehen, verrät deshalb immer die statische Methode *GetConstructors(),* die es in jeder .NET-Klasse gibt. So finden Sie zum Beispiel heraus, welche Konstruktoren die Klasse *System.String* anzubieten hat, um *System.String*-Objekte zu produzieren:

```
[System.String].GetConstructors() | ForEach-Object { $_.toString() }
Void .ctor(Char*)
Void .ctor(Char*, Int32, Int32)
Void .ctor(SByte*)
Void .ctor(SByte*, Int32, Int32)
Void .ctor(SByte*, Int32, Int32, System.Text.Encoding)
Void .ctor(Char[], Int32, Int32)
Void .ctor(Char[])
Void .ctor(Char, Int32)
```

Neue Objekte anlegen

Tatsächlich gibt es acht verschiedene Möglichkeiten, ein neues Objekt vom Typ *System.String* anzulegen, und Sie haben gerade die letzte Variante verwendet: Das erste Argument ist ein Zeichen, das zweite eine Zahl, die angibt, wie oft das Zeichen wiederholt werden soll. PowerShell selbst verwendet den vorletzten Konstruktor, wenn Sie Text in Anführungszeichen angeben, interpretiert Text in Anführungszeichen also als Feld mit lauter Zeichen (*Char[]*).

> **TIPP** Wenn Sie genauer wissen wollen, was die einzelnen Konstruktoren tun und wie man sie verwendet, schlagen Sie einfach nach. Die Klassen im .NET Framework sind hervorragend dokumentiert. Geben Sie in einer Internet-Suchseite wie http://search.live.com einen Suchbegriff ein wie diesen: *System.String Class site:msdn.microsoft.com*. Suchen Sie dann nach den Konstruktoren der Klasse. Falls Sie den praktischen *MSDN()*-Befehl am Anfang des Kapitels nachgerüstet haben, geht es sogar noch leichter (siehe dort).

Konstruktoren erhalten in der Übersicht immer den Namen *ctor*, den Sie aber niemals angeben. Fügen Sie einfach nur an den Klassennamen in runden Klammern die notwendigen Argumente an. Natürlich ist es relativ witzlos, direkt über das .NET Framework *System.String*-Objekte anzulegen, denn das geht mit PowerShell wesentlich bequemer:

```
"." * 100
....................................................................................................
```

Mit *New-Object* haben Sie allerdings nicht nur Zugriff auf die Konstruktoren einer Klasse, sondern natürlich auch auf alle Klassen des .NET Frameworks.

Beispiel: Dateien aus dem Internet downloaden

Wirklich interessant werden .NET-Objekte, wenn sie Ihnen neue Methoden liefern. Wenn Sie zum Beispiel eine Datei aus dem Internet herunterladen möchten, kann Ihnen kein Cmdlet helfen. Das .NET Framework dagegen schon:

```
$objekt = New-Object Net.WebClient
```

Diesmal wurden hinter dem Klassennamen gar keine Argumente angegeben, und das ist für die meisten Klassen auch die Regel: Der Konstruktor benötigt also in diesem Fall keine zusätzlichen Angaben. Trotzdem könnten Sie auch in diesem Fall mal nachschauen:

```
[Net.WebClient].GetConstructors() | ForEach-Object { $_.toString() }
Void .ctor()
```

Stimmt, der Konstruktor erfordert keine zusätzlichen Argumente. Sie könnten dieses Objekt nun wie jedes andere auch genauer untersuchen und mit *Get-Member* feststellen, welche Eigenschaften und Methoden es zu bieten hat. Die gesuchte Methode, mit der sich Dateien aus dem Internet herunterladen lassen, heißt *DownloadFile()*:

```
$objekt = New-Object Net.WebClient
$info = $objekt | Get-Member DownloadFile
$info.Definition.Replace("), ", ")`n")
```

```
System.Void DownloadFile(String address, String fileName)
System.Void DownloadFile(Uri address, String fileName)
```

Die Methode *DownloadFile* kann also auf zwei Arten aufgerufen werden, die sich im ersten Argument unterscheiden. Das erste Argument darf entweder eine Webadresse als Text (String) sein, oder eine Adresse als URI-Objekt. Versuchen Sie, eine Datei aus dem Internet herunterzuladen:

```
# Downloadadresse einer Datei:
$adresse = http://www.powershell.com/downloads/powershellplus.zip

# Hier soll die Datei gespeichert werden:
$ziel = "$home\psplus.zip"

# Download wird durchgeführt:
$objekt = New-Object Net.WebClient
$objekt.DownloadFile($adresse, $ziel)
"Datei wurde heruntergeladen!"
```

Der Download funktioniert. Sie erhalten zwar keine Fortschrittsanzeige, aber sobald die Datei vollständig empfangen ist, wird sie unter dem von Ihnen angegebenen Dateinamen gespeichert.

Neue Objekte durch Umwandlung

Objekte lassen sich häufig auch ohne *New-Object* neu anlegen, und zwar durch Typkonversion. Diese haben Sie schon bei den Variablen in Kapitel 3 erlebt:

```
# Text wird von PowerShell normalerweise als System.String verpackt:
$datum = "1. November 2007"
$datum.GetType().FullName
System.String
$datum
1. November 2007

# mit strenger Typisierung legen Sie den Objekttyp von $datum fest:
[System.DateTime]$datum = "1. November 2007"
$datum.GetType().FullName
System.DateTime
$datum
Donnerstag, 1. November 2007 00:00:00
```

Wenn Sie also vor einen Variablennamen den gewünschten .NET-Typ (Klassenname) in eckigen Klammern setzen, verpflichten Sie PowerShell dazu, für diese Variable genau den angegebenen Objekttyp zu verwen-

Neue Objekte anlegen

den. Weisen Sie der Variablen danach einen Wert zu, legt PowerShell automatisch ein neues Objekt von dem von Ihnen angegebenen Typ an und versucht, den Wert in diesem Objekt zu speichern. Etwas anderes passiert hier:

```
$wert = [DateTime]"1. November 2007"
$wert
Donnerstag, 1. November 2007 00:00:00
$wert = "Zumsel"
```

Hier steht der Objekttyp auf der *rechten* Seite des Zuweisungsoperators (=). PowerShell würde den Text also wegen der Typangabe zuerst in ein Datum umwandeln und danach *$wert* zuweisen. *$wert* selbst bleibt dabei eine ganz normale und nicht typisierte Variable. Sie enthält nur einfach zufälligerweise ein Datum und kann dieses ausgeben. Weil *$wert* aber nicht auf Datumswerte festgelegt ist, kann man der Variablen später aber auch andere Datentypen zuweisen.

Auf dieselbe Weise können Sie auch ganz neue Objekte anlegen und somit auf *New-Object* verzichten. Schauen Sie mal:

```
New-Object system.diagnostics.eventlog("System")

Max(K) Retain OverflowAction     Entries Name
------ ------ --------------     ------- ----
20.480      0 OverwriteAsNeeded   64.230 System
```

Dasselbe hätten Sie aber auch ohne *New-Object* wie folgt erreicht:

```
[System.Diagnostics.EventLog]"System"

Max(K) Retain OverflowAction     Entries Name
------ ------ --------------     ------- ----
20.480      0 OverwriteAsNeeded   64.230 System
```

Im zweiten Beispiel wird also der Text *System* in den Typ *System.Diagnostics.Eventlog* umgewandelt – eine ziemlich abenteuerliche Umwandlung, die aber funktioniert. Das Ergebnis ist das *EventLog*-Objekt des *System*-Ereignislogbuchs. Diese Umwandlung funktioniert allerdings immer nur mit einem fest vorgegebenen Konstruktor. Wie Sie inzwischen wissen, verfügt der *System.String*-Typ über eine ganze Reihe unterschiedlicher Konstruktoren. Wollen Sie also ein Objekt mit einem ganz bestimmten Konstruktor anlegen, setzen Sie *New-Object* ein. Bei der Typkonversion dagegen sucht PowerShell den Konstruktor immer automatisch aus.

```
# mit New-Object können Sie den gewünschten Konstruktor des Typs selbst auswählen:
New-Object System.String(".", 100)
..................................................................................

# bei der Typkonversion sucht PowerShell den Konstruktor automatisch aus
# beim Typ System.String wird der Konstruktor gewählt, der keine Argumente verlangt
# Ihre Argumente werden also als PowerShell-Unterausdruck interpretiert, in dem ein Feld angelegt wird
# dieses Feld wird von PowerShell in den Typ System.String umgewandelt
```

```
# Felder wandelt PowerShell in Text um, indem die einzelnen Elemente mit Leerzeichen getrennt werden:
[system.string](".", 100)
. 100
# Ohne runde Klammern würden Ihre Argumente als Feld interpretiert und das erste Feldelement
# in den Typ System.String umgewandelt:
[system.string]".", 100
.
100
```

> **TIPP** Die Typkonversion kann auch Felder und mehrere hintereinandergeschaltete Typen umfassen. So wandeln Sie auf folgende Weise einen Text in ein Feld mit Zeichen um:

```
[char[]]"Guten Tag!"
G
u
t
e
n

T
a
g
!
```

Wandeln Sie einen String zuerst wie gerade gezeigt in einzelne Zeichen um, können Sie die einzelnen Zeichen anschließend weiter umwandeln, z. B. in Integer, also den Zeichencode. Die Umwandlung von String zu Integer muss somit über den Zwischenschritt Zeichen erfolgen:

```
[Int[]][Char[]]"Hallo Welt!"
72
97
108
108
111
32
87
101
108
116
33
```

Umgekehrt könnten Sie aus einem Zahlenfeld eine Zeichenaufzählung und daraus einen String machen:

```
[string][char[]](65..90)
A B C D E F G H I J K L M N O P Q R S T U V W X Y Z
$OFS = ","      ← Normalerweise ein Leerzeichen
[string][char[]](65..90)
A,B,C,D,E,F,G,H,I,J,K,L,M,N,O,P,Q,R,S,T,U,V,W,X,Y,Z
```

Denken Sie daran: Wenn Felder ausgegeben werden, verwendet PowerShell das Zeichen in der automatischen Variable *$ofs* als Trennzeichen zwischen den Feldelementen.

Welche Klassen und Befehle gibt es sonst noch?

Spätestens an dieser Stelle stellt sich die berechtigte Frage, woher man weiß, dass es eine Klasse namens *Net.WebClient* und eine Methode namens *DownloadFile* überhaupt gibt. Im letzten Abschnitt haben Sie bereits gesehen, wie man das .NET Framework durchsuchen kann, und diese Suche hilft auch jetzt.

Geben Sie in *$suchtext* den Namen einer Methode oder Schlüsselbegriffe ein, die Sie im Methodennamen erwarten. Als Ergebnis erhalten Sie alle statischen und dynamischen Methoden, die sich in den aktuell geladenen Assemblies finden:

```
$suchtext = "*download*file*"
[AppDomain]::CurrentDomain.GetAssemblies() | foreach-object { $_.GetExportedTypes() } | foreach-object {
$_.getmembers() } | where-object { $_ -like $suchtext } | where-object { ($_.memberType -eq "method") -
or ($_.memberType -eq "property") } | foreach-object { if ($_.isStatic) {"[{0}]::{1} --> {2}" -f
$_.declaringtype, $_.toString().SubString($_.toString().IndexOf(" ")+1), $_.ReturnType } else {
"`$objekt = New-Object {0}`n`$objekt.{1} --> {2}" -f $_.declaringtype,
$_.toString().SubString($_.toString().IndexOf(" ")+1), $_.ReturnType }; "" }

$objekt = New-Object System.Net.WebClient
$objekt.DownloadFile(System.String, System.String) --> System.Void

$objekt = New-Object System.Net.WebClient
$objekt.DownloadFile(System.Uri, System.String) --> System.Void

$objekt = New-Object System.Net.WebClient
$objekt.add_DownloadFileCompleted(System.ComponentModel.AsyncCompletedEventHandler) --> System.Void

$objekt = New-Object System.Net.WebClient
$objekt.remove_DownloadFileCompleted(System.ComponentModel.AsyncCompletedEventHandler) --> System.Void

$objekt = New-Object System.Net.WebClient
$objekt.DownloadFileAsync(System.Uri, System.String) --> System.Void

$objekt = New-Object System.Net.WebClient
$objekt.DownloadFileAsync(System.Uri, System.String, System.Object) --> System.Void
```

Weitere Assemblies nachladen: Besserer Internet-Download

Anfangs stehen Ihnen nur die Assemblies (Bibliotheken) zur Verfügung, die PowerShell für seinen eigenen Gebrauch ohnehin schon geladen hat. Möchten Sie Objekte aus anderen Assemblies verwenden, müssen die nur nachgeladen werden. Das erledigt die statische Methode *LoadWithPartialName()*, der Sie nur den Namen der Assembly anzugeben brauchen.

Vielleicht fanden Sie zum Beispiel die Möglichkeit aus dem letzten Beispiel interessant, Dateien aus dem Internet herunterzuladen. Dumm nur, dass die Standardmethode *DownloadFile()* weder einen Fortschritt anzeigt noch sich abbrechen lässt. Das haben sich die Entwickler des .NET Frameworks auch gedacht und in der Klasse *Microsoft.VisualBasic.Devices.Network* eine bessere *DownloadFile()*-Methode hinterlegt, die es Visual Basic-Programmierern erleichtern sollte, Dateien herunterzuladen. Diese Methode können Sie natürlich auch nutzen, denn Visual Basic ist dafür nicht erforderlich:

```
# benötigte Assembly nachladen:
[void][reflection.assembly]::LoadWithPartialName("Microsoft.VisualBasic")

# Downloadadresse einer Datei:
$adresse = http://www.powershell.com/plus/powershellplusdemo_media/powershellplusdemo.wmv

# Hier soll die Datei gespeichert werden:
$ziel = "$home\psplus.zip"

# Download wird durchgeführt:
$objekt = New-Object Microsoft.VisualBasic.Devices.Network
$objekt.DownloadFile($adresse, $ziel, "", "", $true, 500, $true, "DoNothing")
```

Die neue *DownloadFile()*-Methode akzeptiert bis zu acht Argumente. Die ersten beiden sind mit der Standard-Methode von vorhin identisch und geben die Webadresse an, von der die Datei heruntergeladen werden soll, sowie den Namen, unter dem die Datei auf Ihrem Computer gespeichert wird. Die nächsten beiden Argumente könnten einen Benutzernamen und ein Kennwort aufnehmen, falls Sie sich beim Webserver zuerst anmelden müssten.

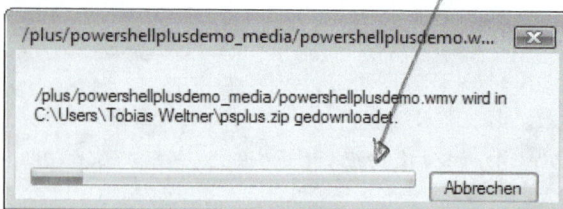

Abbildung 6.2 Internet-Download mit Dialogfeld

Für anonyme Downloads können beide Argumente leer bleiben. Das fünfte Argument legt mit *$true* fest, dass Sie eine Fortschrittsanzeige wünschen. Es folgt das maximale Timeout in Millisekunden. Reagiert der Webserver in dieser Zeit nicht, wird der Download abgebrochen. Das siebte Argument bestimmt, ob die Methode eine Datei überschreiben darf, falls es unter dem angegebenen Namen schon eine gibt. Das letzte Argument schließlich legt fest, was bei einem Fehler passieren soll.

> **TIPP** Vielleicht fragen Sie sich, wo man dieses Detailwissen zu einer Methode findet. Im Internet! Es ist ganz leicht, denn alle Methoden des .NET Frameworks sind ausführlich dokumentiert. Navigieren Sie also zu einer Suchseite wie *www.google.de*, und geben Sie diese Suchbegriffe ein: »Microsoft.VisualBasic.Devices.Network DownloadFile site:msdn2.microsoft.com«. Google sucht daraufhin nur in der Microsoft-Referenz MSDN und findet auf Anhieb die richtige Dokumentation.

Windows-Fenster erstellen

Dass PowerShell durch die enge .NET-Verzahnung wirklich (fast) keine Grenzen gesetzt sind, zeigt das letzte Beispiel, bei dem PowerShell dieselben Befehle gibt wie »echte« Windows-Programme und sich auf diese Weise ein kleines Dialogfeld bastelt. Da PowerShell normalerweise keine Fenster verwendet, müssen die dafür nötigen Assemblies zuerst wieder nachgeladen werden. Danach stellt PowerShell den Fensterinhalt zusammen.

```
[void][reflection.assembly]::LoadWithPartialName("System.Windows.Forms")
[void][reflection.assembly]::LoadWithPartialName("System.Drawing")

$form = New-Object Windows.Forms.Form
$form.Text = "Treffen Sie eine Entscheidung!"
$form.Size = New-Object Drawing.Point(300,100)
$form.FormBorderStyle = "FixedSingle"

$label = New-Object Windows.Forms.Label
$label.Text = "Stimmen Sie zu?"
$label.Location = New-Object Drawing.Point(10,10)
$label.Size = New-Object Drawing.Point(250,15)
$label.Anchor = "Top"

$buttonJa = New-Object Windows.Forms.Button
$buttonJa.Text = "Ja"
$buttonJa.Location = New-Object Drawing.Point(100,30)
$buttonJa.Anchor = "bottom,left"
$buttonJa.add_Click( {$form.DialogResult = "Yes"; $form.Close() } )

$buttonNein = New-Object Windows.Forms.Button
$buttonNein.Text = "Nein"
$buttonNein.Location = New-Object Drawing.Point(200,30)
$buttonNein.Anchor = "bottom,right"
$buttonNein.add_Click( {$form.DialogResult = "No"; $form.Close() } )
```

```
$form.Controls.AddRange(($label, $buttonJa, $buttonNein))
$form.Add_Shown( {$form.Activate() } )
$form.ShowDialog()
```

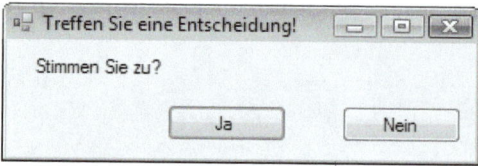

Abbildung 6.3 Ein Windows-Fenster mit PowerShell gestalten

> **HINWEIS** Die Programmierung von Fenstern gehört sicher eher zu den Randbereichen von PowerShell und wird deshalb nicht näher vertieft. Interessieren Sie sich dafür, dann sollten Sie sich unbedingt eine der kostenlosen Microsoft Express Editions zu .NET-Programmiersprachen anschauen, zum Beispiel *VisualBasic Express*. Nicht alles, was in PowerShell möglich ist, macht auch Sinn, und die Fensterprogrammierung ist etwas, das mit »echten« Programmiersprachen sehr viel einfacher bewerkstelligt wird.

Type Acceleratoren einsetzen

Der Typname eines .NET-Objekts kann unter Umständen lang und kompliziert sein. Das führt nicht nur zu mehr Tipparbeit, sondern macht den PowerShell-Code auch unübersichtlich. Deshalb enthält PowerShell so genannte »Type Acceleratoren«. Die sind tatsächlich genau das, was ihr Name nahelegt, nämlich »Tipp-Beschleuniger«. Anstelle von unhandlichen .NET-Typennamen verwenden Sie einfach den entsprechenden Type Accelerator. PowerShell hat solche Abkürzungen für die meisten wichtigen .NET-Objekte implementiert. Zuerst ein Beispiel ohne Type Accelerator:

```
$prozessklasse = [System.Management.ManagementClass]"Win32_Process"
[Void]$prozessklasse.Create("notepad.exe")
```

Und nun dasselbe Beispiel mit der Abkürzung:

```
$prozessklasse = [wmiclass]"Win32_Process"
[Void]$prozessklasse.Create("notepad.exe")
```

Type Acceleratoren lassen sich also anstelle des langen und unhandlichen .NET-Typnamens einsetzen, liefern aber nichts wirklich Neues. Type Acceleratoren sollen lediglich das Tippen erleichtern und den PowerShell-Code besser lesbar machen.

> **TIPP** Falls Sie sich gerade fragen, was das *[void]* vor dem Methodenaufruf zu suchen hat, lassen Sie es einfach weg und schauen, was dann passiert. *[void]* ist ebenfalls ein Type Accelerator, und zwar für *System.Void*. *System.Void* ist ein besonderer Datentyp, der alles, was man ihm zuweist, vernichtet. Indem Sie also vor den Methodenaufruf *[void]* schreiben, sorgen Sie dafür, dass alle Rückgabewerte dieser Methode verworfen und nicht ausgegeben werden.

Neue Objekte anlegen

Type Accelerator	zugrundeliegender .NET-Typ
[ADSI]	System.DirectoryServices.DirectoryEntry
[hashtable]	System.Collections.Hashtable
[psobject]	System.Management.Automation.PSObject
[ref]	System.Management.Automation.PSReference
[regex]	System.Text.RegularExpressions.Regex
[scriptblock]	System.Management.Automation.ScriptBlock
[switch]	System.Management.Automation.SwitchParameter
[wmi]	System.Management.ManagementObject
[wmiclass]	System.Management.ManagementClass
[wmisearcher]	System.Management.ManagementObjectSearcher
[xml]	System.Xml.XmlDocument

Tabelle 6.6 Abkürzungen für häufig benötigte .NET-Objekte

Eigene Type Acceleratoren

Die Type Acceleratoren sind leider fest in PowerShell verdrahtet und können nicht erweitert werden. Das ist schade, denn wenn Sie mit bestimmten Datentypen häufiger zu tun haben, würden Sie sie vielleicht ebenfalls gern abkürzen. Glücklicherweise benötigen Sie in diesem Fall aber womöglich gar keine eigenen Type Acceleratoren, denn mit Funktionen erreichen Sie beinahe dasselbe.

Funktionen erhalten von Ihnen einen Namen, und wenn Sie diesen Namen aufrufen, führt PowerShell den Code der Funktion aus, der in geschweiften Klammern steht. Im einfachsten Fall sieht das so aus:

```
function Hallo { "Guten Tag auch!" }
Hallo
Guten Tag auch!
```

Eine Funktion muss nun allerdings nicht unbedingt Text zurückgeben. Ebenso gut können Sie Funktionen beauftragen, einen .NET-Typ zurückzuliefern, und genau das ist die Grundlage Ihrer »selbstgemachten« Type Acceleratoren:

```
function eineListe {[system.collections.arraylist]}
```

Ab sofort generieren Sie .NET-Objekte vom Typ *System.Collections.Arraylist* auf diese Weise sehr viel bequemer:

```
# herkömmlicher Aufruf:
$liste = New-Object System.Collections.ArrayList

# abgekürzter Aufruf:
$liste = New-Object (eineListe)
```

Hinter *New-Object* wird Ihre neue Funktion in runden Klammern aufgerufen, und das ist wichtig. Erinnern Sie sich an runde Klammern? Sie sind bei PowerShell ein Unterausdruck, der stets zuerst und isoliert ausgewertet wird. Ihre Funktion wird also aufgerufen und liefert den gewünschten Typ zurück. Der wird an *New-Object* übergeben. Das ist der ganze Trick. Ihre Funktion kann übrigens auch Objekttypen umwandeln:

```
$liste = 1,2,3,4
$liste.GetType().FullName
System.Object[]

$liste = 1,2,3,4 -as (eineListe)
$liste.GetType().FullName
System.Collections.ArrayList
```

Dabei machen Sie sich den Operator *-as* zunutze, der das Objekt auf seiner linken Seite in den Typ auf seiner rechten Seite verwandelt. Wieder kann der Typ durch das Ergebnis Ihrer Funktion abgekürzt werden.

Eigene Abkürzungen für statische Methoden

Falls Sie früher schon mit anderen Skriptsprachen wie zum Beispiel VisualBasic Script (VBS) Erfahrungen gesammelt haben, fehlen Ihnen vielleicht einige liebgewonnene Befehle, zum Beispiel im Umgang mit Texten. Da das .NET Framework die fehlenden Visual Basic-Befehle enthält, brauchen Sie sie nur aus der richtigen Assembly zu laden. Die Assembly heißt *Microsoft.VisualBasic*.

Darin finden Sie die Klasse *Microsoft.VisualBasic.Strings*, die Ihnen all die vertrauten Visual Basic-Befehle als statische Methoden zur Verfügung stellt:

```
[void] [reflection.assembly]::LoadWithPartialName("microsoft.visualbasic")
[Microsoft.VisualBasic.Strings]::Asc("A")
65
[Microsoft.VisualBasic.Strings]::Split("Eine,kommaseparierte,Liste", ",")
Eine
Kommaseparierte
Liste
```

Natürlich ist diese Schreibweise sehr mühselig und deshalb sollten Sie auch hier eine kleine Helferfunktion einsetzen, die das Skript lesbarer macht:

```
function VBString { [Microsoft.VisualBasic.Strings] }
```

Sie müssen nun nur noch daran denken, anfangs die benötigte Assembly nachzuladen und die neue Funktion zu definieren. Danach setzen Sie die VB-Textfunktionen bequem ein:

Neue Objekte anlegen

```
# Assembly laden und Abkürzungsfunktion definieren:
[void] [reflection.assembly]::LoadWithPartialName("microsoft.visualbasic")
function VBString { [Microsoft.VisualBasic.Strings] }

# mit (VBString) greifen Sie auf die VB Textfunktionen zu:
(VBString)::Asc("A")
65
(VBString)::Instr("Ein Wort", "Wort")
5
```

Visual Basic-Befehle nachrüsten

Eben haben Sie sich eine Abkürzung zu einem der Typen in *Microsoft.VisualBasic* geschaffen und gesehen, dass dieser Typ eine Reihe nützlicher Textfunktionen bereitstellt. Sicher haben Sie schon vermutet, dass dieser Typ nur einer von vielen ist, und dass es in *Microsoft.VisualBasic* noch sehr viel mehr Befehlserweiterungen zu entdecken gibt. Sie haben bereits gesehen, wie man den Inhalt (die Mitglieder) einer Assembly sichtbar macht, und genau das nutzt die folgende PowerShell-Zeile. Sie legt Hilfsfunktionen für alle Typen in *Microsoft.VisualBasic* an:

```
$VBAssembly = [reflection.assembly]::LoadWithPartialName("Microsoft.VisualBasic")
$VBAssembly.GetExportedTypes() | Where-Object { $_.basetype.fullname -ceq "System.Object" } | Where-Object { $_.isPublic } | foreach-object { $funcname = "my" + $_.name; $typename = $_.FullName; invoke-expression "function global:$funcname { [$typename] }" }
```

Wenn Sie sich danach die Liste der neu angelegten Funktionen ausgeben lassen, werden Sie überrascht sein, für wieviele Bereiche es VB-Klassen gibt, die Sie nun sehr bequem nutzen können:

```
Dir function:my*
CommandType     Name                    Definition
-----------     ----                    ----------
Function        myApplicationBase       [Microsoft.VisualBasic.ApplicationServi...
Function        myAssemblyInfo          [Microsoft.VisualBasic.ApplicationServi...
Function        myUser                  [Microsoft.VisualBasic.ApplicationServi...
Function        myCollection            [Microsoft.VisualBasic.Collection]
Function        myConstants             [Microsoft.VisualBasic.Constants]
Function        myControlChars          [Microsoft.VisualBasic.ControlChars]
Function        myConversion            [Microsoft.VisualBasic.Conversion]
Function        myDateAndTime           [Microsoft.VisualBasic.DateAndTime]
Function        myAudio                 [Microsoft.VisualBasic.Devices.Audio]
Function        myClock                 [Microsoft.VisualBasic.Devices.Clock]
Function        myComputerInfo          [Microsoft.VisualBasic.Devices.Computer...
Function        myKeyboard              [Microsoft.VisualBasic.Devices.Keyboard]
Function        myMouse                 [Microsoft.VisualBasic.Devices.Mouse]
Function        myNetwork               [Microsoft.VisualBasic.Devices.Network]
Function        myPorts                 [Microsoft.VisualBasic.Devices.Ports]
Function        myServerComputer        [Microsoft.VisualBasic.Devices.ServerCo...
Function        myErrObject             [Microsoft.VisualBasic.ErrObject]
```

Function	myFileSystem	[Microsoft.VisualBasic.FileSystem]
Function	mySpecialDirectories	[Microsoft.VisualBasic.FileIO.SpecialDi...
Function	myTextFieldParser	[Microsoft.VisualBasic.FileIO.TextField...
Function	myFinancial	[Microsoft.VisualBasic.Financial]
Function	myGlobals	[Microsoft.VisualBasic.Globals]
Function	myBooleanType	[Microsoft.VisualBasic.CompilerServices...
Function	myByteType	[Microsoft.VisualBasic.CompilerServices...
Function	myCharArrayType	[Microsoft.VisualBasic.CompilerServices...
Function	myCharType	[Microsoft.VisualBasic.CompilerServices...
Function	myConversions	[Microsoft.VisualBasic.CompilerServices...
Function	myDateType	[Microsoft.VisualBasic.CompilerServices...
Function	myDecimalType	[Microsoft.VisualBasic.CompilerServices...
Function	myDoubleType	[Microsoft.VisualBasic.CompilerServices...
Function	myExceptionUtils	[Microsoft.VisualBasic.CompilerServices...
Function	myFlowControl	[Microsoft.VisualBasic.CompilerServices...
Function	myObjectFlowControl	[Microsoft.VisualBasic.CompilerServices...
Function	myHostServices	[Microsoft.VisualBasic.CompilerServices...
Function	myIntegerType	[Microsoft.VisualBasic.CompilerServices...
Function	myLateBinding	[Microsoft.VisualBasic.CompilerServices...
Function	myLikeOperator	[Microsoft.VisualBasic.CompilerServices...
Function	myLongType	[Microsoft.VisualBasic.CompilerServices...
Function	myNewLateBinding	[Microsoft.VisualBasic.CompilerServices...
Function	myObjectType	[Microsoft.VisualBasic.CompilerServices...
Function	myOperators	[Microsoft.VisualBasic.CompilerServices...
Function	myProjectData	[Microsoft.VisualBasic.CompilerServices...
Function	myShortType	[Microsoft.VisualBasic.CompilerServices...
Function	mySingleType	[Microsoft.VisualBasic.CompilerServices...
Function	myStaticLocalInitFlag	[Microsoft.VisualBasic.CompilerServices...
Function	myStringType	[Microsoft.VisualBasic.CompilerServices...
Function	myUtils	[Microsoft.VisualBasic.CompilerServices...
Function	myVersioned	[Microsoft.VisualBasic.CompilerServices...
Function	myInformation	[Microsoft.VisualBasic.Information]
Function	myInteraction	[Microsoft.VisualBasic.Interaction]
Function	myLog	[Microsoft.VisualBasic.Logging.Log]
Function	myVBMath	[Microsoft.VisualBasic.VBMath]
Function	myClipboardProxy	[Microsoft.VisualBasic.MyServices.Clipb...
Function	myFileSystemProxy	[Microsoft.VisualBasic.MyServices.FileS...
Function	myContextValue1	[Microsoft.VisualBasic.MyServices.Inter...
Function	myRegistryProxy	[Microsoft.VisualBasic.MyServices.Regis...
Function	mySpecialDirectoriesProxy	[Microsoft.VisualBasic.MyServices.Speci...
Function	myStrings	[Microsoft.VisualBasic.Strings]

Möchten Sie zum Beispiel Informationen zu Ihrem Computer in Erfahrung bringen, verwenden Sie die Funktion *myComputerInfo*:

```
$objekt = New-Object (myComputerInfo)
$objekt

TotalPhysicalMemory     : 2145124352
AvailablePhysicalMemory : 893177856
TotalVirtualMemory      : 2147352576
AvailableVirtualMemory  : 1807777792
```

Neue Objekte anlegen

```
InstalledUICulture       : de-DE
OSFullName               : Microsoft® Windows VistaT Ultimate
OSPlatform               : Win32NT
OSVersion                : 6.0.6000.0
```

Wollen Sie lieber in einem Netzwerk überprüfen, ob ein anderer Computer online ist, dann nutzen Sie *myNetwork* und die darin enthaltene Methode *Ping()*:

```
$objekt = New-Object (myNetwork)
$objekt.Ping("10.10.10.10")
True
$objekt.Ping("www.microsoft.com")
True
$objekt.Ping("gibtsnicht")
Ausnahme beim Aufrufen von "Ping" mit 1 Argument(en):  "Während einer Pinganforderung ist eine Ausnahme
aufgetreten."
Bei Zeile:1 Zeichen:13
+ $objekt.Ping( <<<< "gibtsnicht")
```

Allerdings wird schnell deutlich, dass es sich um Low-Level-Funktionen handeln kann, die erst noch eine vernünftige Fehlerbehandlung benötigen, damit sie sich »benehmen«. *Ping()* liefert zum Beispiel einen Fehler, wenn der angegebene Computername nicht aufgelöst werden kann. Mit *Trap* fangen Sie diesen Fehler ab und geben zum Beispiel eine eigene Fehlermeldung aus:

```
# Fehler auffangen und eine eigene Fehlermeldung ausgeben:
Trap { "Kenn ich nicht!"; continue } $objekt.Ping("gibtsnicht")
Kenn ich nicht!
```

Die Hilfsfunktionen sind allerdings nicht immer der übersichtlichste Weg zu nützlichen .NET-Klassen. Der .NET-Typ *Microsoft.VisualBasic.Devices.Computer* liefert Ihnen zum Beispiel ein Objekt, über das alle wichtigen anderen Visual Basic-Klassen bequem zu erreichen sind:

```
# Assembly laden:
[void] [reflection.assembly]::LoadWithPartialName("microsoft.visualbasic")

# Computerobjekt beschaffen:
$computer = New-Object Microsoft.VisualBasic.Devices.Computer
# Netzwerk-Ping:
$computer.Network.Ping("www.microsoft.com")
True

# Audiodatei abspielen:
$computer.Audio.Play("$env:winDir\media\chimes.wav")
```

```
# GMT-Zeit erfragen:
$computer.Clock.GmtTime
Donnerstag, 4. Oktober 2007 10:02:54

# einen Zufalls-Dateinamen abrufen:
$computer.FileSystem.GetTempFileName()
C:\Users\Tobias Weltner\AppData\Local\Temp\tmp355C.tmp

# Informationen über den Computer erfragen:
$computer.Info

TotalPhysicalMemory      : 2145124352
AvailablePhysicalMemory  : 896286720
TotalVirtualMemory       : 2147352576
AvailableVirtualMemory   : 1784606720
InstalledUICulture       : de-DE
OSFullName               : Microsoft® Windows VistaT Ultimate
OSPlatform               : Win32NT
OSVersion                : 6.0.6000.0

# verfügbare Ports abfragen:
$computer.Ports
{COM4, COM5, COM6, COM7...}

# Bildschirminformationen erfragen:
$computer.Screen

BitsPerPixel : 32
Bounds       : {X=0,Y=0,Width=1680,Height=1050}
DeviceName   : \\.\DISPLAY1
Primary      : True
WorkingArea  : {X=0,Y=0,Width=1680,Height=1020}

# nicht alles funktioniert: Clipboardtext setzen:
Ausnahme beim Aufrufen von "SetText" mit 1 Argument(en): "Für den aktuellen Thread muss der STA-Modus
(Single Thread Apartment) festgelegt werden, bevor OLE-Aufrufe ausgeführt werden können. Stellen Sie
sicher, dass die Hauptfunktion mit STAThreadAttribute gekennzeichnet ist."
Bei Zeile:1 Zeichen:28
+ $computer.Clipboard.SetText( <<<< "Hallo!")
```

Die .NET-Umgebung verlassen

Falls selbst das .NET Framework nicht den richtigen Befehl für Ihre Aufgabe anbieten kann, können Sie die »verwaltete« Umgebung des .NET Frameworks auch verlassen und sich in den »unverwalteten« (engl. unmanaged) Bereich von Windows wagen. Er heißt »unverwaltet«, weil hier jeder für sich selbst verantwortlich

Die .NET-Umgebung verlassen

ist. Niemand kontrolliert im unverwalteten Teil von Windows, ob Ihre Aufrufe korrekt sind, und wenn Sie sich vertan haben und einen Befehl falsch aufrufen, kann PowerShell oder schlimmstenfalls Ihr gesamtes Windows abstürzen.

Wieso gibt es diesen unverwalteten Teil überhaupt? Das .NET Framework ist nur eine Abstraktionsebene und baut auf dem unverwalteten Teil auf. Die eigentliche Arbeit wird immer von den so genannten API-Funktionen (*Application Programming Interface*) des Betriebssystems erledigt. Die API werden Sie nur selten direkt ansprechen müssen, denn für fast alle Aufgaben gibt es verwaltete Befehle im .NET Framework.

Interessanter ist eine andere Abstraktionsebene, sozusagen eine Parallelwelt des .NET Frameworks. Bevor Microsoft das .NET Framework erfunden hat, gab es bereits eine ältere Form der Abstraktion, die so genannten COM-Objekte (*Component Object Model*). Diese Objekte leben also zwar ebenfalls außerhalb des .NET Frameworks im unverwalteten Bereich, enthalten aber eine eigene Art der Verwaltung, die Fehler auffängt.

API-Aufrufe aus PowerShell

Damit PowerShell die internen API-Funktionen von Windows nutzen kann, muss jeder einzelne API-Befehl zuerst genau deklariert werden. Das ist an sich nicht neu und üblich in allen Programmiersprachen, die die API verwenden. Während der Deklaration wird festgelegt, wie der API-Befehl heißt, aus welcher DLL-Bibliothek er stammt, welche Argumente er verlangt und was er zurückliefert. Dummerweise nur enthält PowerShell keine eingebaute Möglichkeit, API-Funktionen zu deklarieren. Das .NET Framework dagegen schon.

API-Befehle deklarieren

Vor langer Zeit bereitete Juoku Kynsijarvi den Weg für einen solchen Ansatz, und dieser Weg wurde vom Microsoft-Mitarbeiter Lee Holmes zu einer Funktion namens *Invoke-Win32* perfektioniert. Diese Funktion erlaubt Ihnen, jede beliebige API-Funktion in PowerShell einzubinden. Es genügt, dass diese Funktion existiert. Verstehen müssen Sie sie im Rahmen dieses Buches nicht, weil sie weniger PowerShell-Themen berührt als vielmehr die Art, wie das .NET Framework API-Funktionen aufruft. Es folgt der Quellcode dieser Funktion:

```
function Invoke-Win32([string] $dllName, [Type] $returnType,
    [string] $methodName, [Type[]] $parameterTypes, [Object[]] $parameters)
{
    $domain = [AppDomain]::CurrentDomain
    $name = New-Object Reflection.AssemblyName 'PInvokeAssembly'
    $assembly = $domain.DefineDynamicAssembly($name, 'Run')
    $module = $assembly.DefineDynamicModule('PInvokeModule')
    $type = $module.DefineType('PInvokeType', "Public,BeforeFieldInit")

    $inputParameters = @()
    $refParameters = @()

    for($counter = 1; $counter -le $parameterTypes.Length; $counter++)
    {
        if($parameterTypes[$counter - 1] -eq [Ref])
        {
            $refParameters += $counter
            $parameterTypes[$counter - 1] = $parameters[$counter - 1].Value.GetType().MakeByRefType()
            $inputParameters += $parameters[$counter - 1].Value
        }
```

```
        else
        {
            $inputParameters += $parameters[$counter - 1]
        }
    }

    $method = $type.DefineMethod($methodName, 'Public,HideBySig,Static,PinvokeImpl', $returnType,
$parameterTypes)
    foreach($refParameter in $refParameters)
    {
        $method.DefineParameter($refParameter, "Out", $null)
    }

    $ctor = [Runtime.InteropServices.DllImportAttribute].GetConstructor([string])
    $attr = New-Object Reflection.Emit.CustomAttributeBuilder $ctor, $dllName
    $method.SetCustomAttribute($attr)

    $realType = $type.CreateType()
    $realType.InvokeMember($methodName, 'Public,Static,InvokeMethod', $null, $null, $inputParameters)

    foreach($refParameter in $refParameters)
    {
        $parameters[$refParameter - 1].Value = $inputParameters[$refParameter - 1]
    }
}
```

Text in die Zwischenablage kopieren

Lassen Sie uns nun einen Blick darauf werfen, was man mit *Invoke-Win32* alles anstellen kann. Eine wichtige Funktionalität fehlt PowerShell zum Beispiel. Es scheint unmöglich, Text in die Zwischenablage zu kopieren. Zwar haben Sie gesehen, dass einige .NET-Klassen Befehle hierzu anbieten, aber diese scheitern am Threadingmodell von PowerShell. Findige Spezialisten haben sich deshalb in den vergangenen Monaten die unterschiedlichsten Lösungswege einfallen lassen und zum Beispiel von PowerShell aus externe Programme kompiliert oder Drittanbieter-Cmdlets eingesetzt. Und auch im Rahmen dieses Buches haben Sie schon gesehen, dass ab Windows Vista ein neuer Konsolenbefehl namens *clip.exe* existiert, der Text in die Zwischenablage kopiert und von PowerShell bequem einsetzbar ist.

Dabei kann PowerShell auch ohne solche Add-Ons Text in die Zwischenablage kopieren, denn die API hält alle dafür nötigen Befehle bereit. Die folgende Funktion *Copy-TextToClipboard* zeigt, wie das geht. Sie reserviert zuerst für den angegebenen Text einen globalen Speicher bei Windows und sperrt diesen dann. Danach wird der Text in den Speicher kopiert, der Speicher wieder entsperrt und dann der Zwischenablage zugewiesen. Sie sehen schon: die Funktion geht das Problem auf unterster Ebene an. Genauso machen es auch alle Programme und Add-Ons, die Text in die Zwischenablage kopieren.

```
# Text mit Hilfe der API in die Zwischenablage kopieren:
function Copy-TextToClipboard([string]$text)
{
  $result = $false
  # einen globalen Speicherbereich reservieren, der groß genug ist, den Text aufzunehmen:
  $mem = GlobalAlloc(($text.length+1))
```

Die .NET-Umgebung verlassen

```
# Speicher sperren, um einen globalen Zeiger zu erhalten
$lockedmem = GlobalLock $mem

# Text in den Speicher kopieren:
lstrcpy $lockedmem $text > $null

# Sperre des globalen Speichers aufheben:
if ((GlobalUnlock $mem) -eq 0)
{
  # Zwischenablage öffnen:
  if (OpenClipboard)
  {
    # Inhalt löschen:
    EmptyClipboard > $null

    # neuen Inhalt setzen:
    $result = (SetClipboardData $mem)

    # Zwischenablage schließen:
    CloseClipboard > $null
  }
}

# melden, ob die Aktion erfolgreich war:
$result
}
```

Damit *Copy-TextToClipboard* funktionieren kann, benötigt es Zugriff auf eine Reihe von API-Befehlen. Diese Befehle werden in den folgenden Minifunktionen mit Hilfe von *Invoke-Win32* definiert. Das Prinzip dabei ist immer gleich: Wenn die API-Funktion Argumente verlangt, müssen die beiden Felder *$parameterTypes* und *$parameters* angegeben werden. In *$parameterTypes* stehen die Objekttypen der Argumente und in *$parameters* die Inhalte der Argumente. Verlangt die API-Funktion keine Argumente, lassen Sie die beiden Felder einfach weg.

Danach wird *Invoke-Win32* aufgerufen. Geben Sie an, aus welcher DLL der Befehl stammt, von welchem Typ der Rückgabewert ist und wie der Befehl heißt. Dann übergeben Sie noch die beiden Felder mit den Informationen zu den Argumenten des Befehls.

```
# Clipboard öffnen:
function OpenClipboard
{
    $parameterTypes = @([IntPtr])
    $parameters = @($null)
    Invoke-Win32 "user32.dll" ([Bool]) "OpenClipboard" $parameterTypes $parameters
}

# Clipboard löschen:
function EmptyClipboard
{
    Invoke-Win32 "user32.dll" ([Bool]) "EmptyClipboard" $parameterTypes $parameters
}
```

```
# Clipboard-Daten setzen:
function SetClipboardData([Int]$memory)
{
   $parameterTypes = @([Int], [Int])
   $parameters = @(1, $memory)
   Invoke-Win32 "user32.dll" ([Bool]) "SetClipboardData" $parameterTypes $parameters
}

# Clipboard schließen:
function CloseClipboard
{
   Invoke-Win32 "user32.dll" ([Bool]) "CloseClipboard" $parameterTypes $parameters
}

# globalen Speicher reservieren:
function GlobalAlloc([Int]$Size)
{
   $parameterTypes = @([Int], [Int])
   $parameters = @(0x42, $Size)
   Invoke-Win32 "kernel32.dll" ([Int]) "GlobalAlloc" $parameterTypes $parameters
}

# globalen Speicher sperren:
function GlobalLock ([Int]$memory)
{
   $parameterTypes = @([Int])
   $parameters = @($memory)
   Invoke-Win32 "kernel32.dll" ([Int]) "GlobalLock" $parameterTypes $parameters
}

# Sperre des globalen Speichers aufheben:
function GlobalUnlock([Int]$lockedmemory)
{
   $parameterTypes = @([Int])
   $parameters = @($lockedmemory)
   Invoke-Win32 "kernel32.dll" ([Int]) "GlobalUnlock" $parameterTypes $parameters
}

# Speicherbereiche kopieren:
function lstrcpy([Int]$lockedmemory, [string]$text)
{
   $parameterTypes = @([Int], [string])
   $parameters = @($lockedmemory, $text)
   Invoke-Win32 "kernel32.dll" ([Int]) "lstrcpy" $parameterTypes $parameters
}
```

Wenn Sie also all diese Funktionen an PowerShell verfüttert haben, kopieren Sie künftig Text sehr bequem in die Zwischenablage:

```
Copy-TextToClipboard "Hier ist der Text!"
```

Die .NET-Umgebung verlassen

> **TIPP** Natürlich wäre es ein wenig aufwändig, all diese Funktionen einzugeben, nur um einmal Text in die Zwischenablage zu kopieren. Weil man das aber häufiger tut, könnten Sie die Funktionen (einschließlich *Invoke-Win32*) in Ihr Profilskript aufnehmen. So werden diese Funktionen automatisch bei jedem PowerShell-Start aktiviert. Mehr zu Ihrem Profilskript erfahren Sie in Kapitel 10.
>
> Wichtig ist das Beispiel aber auch, weil Sie auf gleiche Weise ganz beliebige andere API-Funktionen von PowerShell aus erreichen und damit Quellcodes aus anderen Programmiersprachen mit überschaubarem Aufwand nach PowerShell portieren können, falls das unbedingt nötig sein sollte.

COM-Objekte verwenden

Vielleicht fanden Sie den Abstecher in die unverwaltete Welt der API-Befehle ganz spannend, aber zu aufwändig. Sehr viel Code war nötig, um die API-Befehle korrekt zu deklarieren, und wenn Sie bei der Deklaration einen Fehler machen, kann das sogar zu Abstürzen führen. Das war auch Microsoft bewusst, und deshalb hat man schon viele Jahren vor Einführung des .NET Frameworks eine erste verwaltete Abstraktionsebene erfunden: *COM*. COM steht für *Component Object Model*, und einer seiner Vorteile ist, dass man die Befehle von COM-Objekten nicht mehr zu deklarieren braucht. Sie lassen sich (beinahe) genauso einfach verwenden wie .NET-Methoden.

Zwar ist COM seit Einführung des .NET Frameworks überholt und deshalb eine aussterbende Spezies, war aber seinerzeit so erfolgreich, dass es noch immer tausende von COM-Anwendungen und –Erweiterungen gibt. Dazu gehören zum Beispiel bis heute alle Microsoft Office-Versionen.

Welche COM-Objekte gibt es?

COM-Objekte tragen einen jeweils eindeutigen und unverwechselbaren Namen, unter dem man sie ansprechen kann. Dieser Name wird auch *ProgID* oder *Programmatic Identifier* genannt und ist in der Registrierungsdatenbank gespeichert. Wenn Sie also nachschauen möchten, welche COM-Objekte es auf Ihrem Computer gibt, statten Sie der Registrierungsdatenbank einen Besuch ab:

```
Dir REGISTRY::HKEY_CLASSES_ROOT\CLSID -include PROGID -recurse | foreach {$_.GetValue("")}
```

Wenn Sie etwas mehr Zeit haben, erstellt der WMI-Dienst auch eine Liste mit Programmbeschreibungen für Sie, was aber einige Sekunden dauert:

```
Get-WMIObject Win32_ProgIDSpecification | Sort ProgID | Format-Table ProgID,Description -auto
```

Die *ProgIDs*, die Sie auf diese Weise erfahren, helfen Ihnen aber oft nicht wirklich weiter, wenn Sie wissen wollen, was ein bestimmtes COM-Objekt für Sie tun kann. Tatsächlich sind viele der tausenden COM-Objekte für interne Zwecke bestimmt und uninteressant für Sie. Manche allerdings sind sehr nützlich. Schauen wir uns ein paar davon näher an.

Wie verwendet man COM-Objekte?

Sobald Sie die *ProgID* einer COM-Komponente kennen, können Sie sie mit *New-Object* in PowerShell nutzen. Dazu geben Sie nur den zusätzlichen Parameter *-COMObject* an:

```
$objekt = New-Object -ComObject WScript.Shell
```

Sie erhalten ein Objekt, und dieses Objekt verhält sich nun wieder wie jedes andere Objekt auch. Es enthält also Eigenschaften mit Informationen und Methoden, die Sie ausführen könnten. Und wie immer verrät Ihnen das Cmdlet *Get-Member*, welche Eigenschaften und Methoden das Objekt bereitstellt. Schauen wir uns zunächst seine Methoden an:

```
# Methoden des COM-Objekts sichtbar machen:
$objekt | Get-Member -memberType *method

   TypeName: System.__ComObject#{41904400-be18-11d3-a28b-00104bd35090}

Name                   MemberType Definition
----                   ---------- ----------
AppActivate            Method     bool AppActivate (Variant, Variant)
CreateShortcut         Method     IDispatch CreateShortcut (string)
Exec                   Method     IWshExec Exec (string)
ExpandEnvironmentStrings Method   string ExpandEnvironmentStrings (string)
LogEvent               Method     bool LogEvent (Variant, string, string)
Popup                  Method     int Popup (string, Variant, Variant, Variant)
RegDelete              Method     void RegDelete (string)
RegRead                Method     Variant RegRead (string)
RegWrite               Method     void RegWrite (string, Variant, Variant)
Run                    Method     int Run (string, Variant, Variant)
SendKeys               Method     void SendKeys (string, Variant)
```

TIPP Wenn Sie ein COM-Objekt mit *Get-Member* untersuchen, fällt eine sonderbare Zahl in geschweiften Klammern am Anfang der Ausgabe auf. Das ist der GUID (*Globally Unique Identifier*) der Typelibrary dieses Objekts. GUIDs sind eigentlich Zufallszahlen, die aus 32 Bytes bestehen. Weil es wahrscheinlicher ist, einhundert Mal hintereinander sechs richtige im Lotto zu tippen als ein zweites Mal eine identische GUID zu erstellen, verwenden Programmierer und Firmen GUIDs dazu, ihre Produkte und Produktbestandteile weltweit eindeutig zu kennzeichnen. Jede Typelibrary trägt zum Beispiel eine eigene eindeutige GUID, die überall auf der Welt identisch ist. Sie könnten sich übrigens selbst ebenfalls sehr leicht GUIDs beschaffen, wenn Sie weltweit eindeutige Kennzeichner benötigen. Die Funktion dazu liefert das .NET Framework:

```
[System.Guid]::NewGuid().ToString()
f12db4fd-c1bb-4843-bcb7-43b8f9f80db5
```

In der Registrierungsdatenbank könnten Sie nun nachschlagen, welche Datei auf Ihrem Computer hinter der Bandwurmzahl steckt, die das COM-Objekt gemeldet hatte. Wichtig ist das nicht, jedenfalls so lange diese Typelibrary auf Ihrem System vorhanden ist. Sie nämlich erledigt die aufwändigen Befehlsdeklarationen, die Sie bei API-Befehlen noch von Hand erledigen mussten. Fehlt die Typelibrary für ein COM-Objekt, können Sie es nicht mit PowerShell verwenden.

Leider sind die Angaben zu den Argumenten, die eine Methode verlangt, mehr als dürftig. Es werden nur die erwarteten Objekttypen angegeben, nicht aber, wofür die Argumente da sind. Wenn Sie zum Beispiel mit *LogEvent* einen Eintrag in das Ereignislogbuch schreiben wollten, wüssten Sie nur, dass der Befehl drei Argumente verlangt, wovon der erste beliebig und die anderen beiden Texte sein müssen. Der Befehl liefert einen booleschen Wert zurück.

```
bool LogEvent (Variant, string, string)
```

Wollen Sie mehr zu einem COM-Befehl wissen, hilft das Internet. Suchen Sie auf einer Suchseite Ihrer Wahl nach zwei Schlüsselbegriffen: der *ProgID* der COM-Komponente (in diesem Fall also *WScript.Shell*) und dem Namen des Befehls, den Sie einsetzen wollen (also hier *LogEvent*).

Schnell erfahren Sie auf diese Weise, dass das erste Argument eine Zahl ist und die Art des Ereigniseintrags bestimmt: 0=Erfolg, 1=Fehler, 2=Warnung, 4=Information, 8=Überwachungserfolg und 16=Überwachungsfehler. Das zweite Argument ist der Text, der im Ereigniseintrag stehen soll. Das dritte Argument schließlich ist keine Pflicht. Wenn Sie es angeben, entspricht es dem Namen oder der IP-Adresse eines Netzwerkcomputers, auf dem Sie den Eintrag anlegen wollen (sofern Sie dort über Administratorrechte verfügen).

Und so schreiben Sie einen Ereignislogbuch-Eintrag:

```
$objekt = New-Object -ComObject WScript.Shell
$objekt.LogEvent(4, "Ereigniseintrag von PowerShell")
True
```

Das Ergebnis ist wie erwartet *True*, wenn alles geklappt hat. Schauen Sie mal nach:

```
eventvwr.msc
```

Sie finden Ihr Ereignis im Anwendungslogbuch. Dort ist als Quelle immer »WSH« angegeben, denn *WScript.Shell* ist eine COM-Komponente des klassischen Windows Script Hosts.

Traditionelle Skriptsprachen portieren

Leider funktionieren nicht alle COM-Objekte einwandfrei in PowerShell. Schuld daran hat nicht unbedingt PowerShell selbst, sondern das .NET Framework, das nicht alle COM-Komponenten richtig verwaltet. Ein Beispiel ist das Excel-Objekt *Excel.Application*. In traditionellen Skriptsprachen wie VBScript kann man damit wunderbar Ergebnisse direkt in ein Tabellenblatt schreiben:

```
' Achtung: VBScript-Code!
set excel = CreateObject("Excel.Application")
excel.Visible = True
excel.Workbooks.Add
excel.Cells(1,1) = "Hallo"
```

Würden Sie diesen Code in eine Textdatei schreiben und diese dann mit der Dateierweiterung *.vbs* speichern, zum Beispiel als *Excel.vbs*, dann könnten Sie diese Skriptdatei per Doppelklick starten und ausführen. Microsoft Excel würde gestartet (sofern bei Ihnen installiert), und in die erste Zelle eines Tabellenblatts würde ein Gruß geschrieben. Prinzipiell müsste dieses Skript genauso auch in PowerShell funktionieren, denn COM-Objekten ist es egal, wer sie aufruft. Versuchen Sie, das VBScript in PowerShell zu übersetzen – es ist gar nicht so schwierig:

```
# übersetztes VBScript in PowerShell:
$excel = New-Object -comObject Excel.Application
$excel.Visible = $True
$excel.Workbooks.Add()
$excel.Cells(1,1) = "Hallo"
```

Sie müssen also vor allen Dingen daran denken, dass bei PowerShell alle Variablen mit dem Dollarzeichen ($) beginnen und alle Methoden mit () enden. Ansonsten hat sich das Skript kaum geändert. Leider funktioniert es aber nicht so wie geplant. Zwar startet Excel wie vorher, aber dann kassieren Sie Fehler wie diesen:

Ausnahme beim Aufrufen von "Add" mit 0 Argument(en): "Altes Format oder ungültige Typbibliothek. (Ausnahme von HRESULT: 0x80028018 (TYPE_E_INVDATAREAD))"
Bei Zeile:1 Zeichen:21
+ $excel.Workbooks.Add(<<<<)

Dieser Fehler wurde nicht von PowerShell verursacht, sondern vom .NET Framework. Es hat die so unendlich wichtige Typbibliothek von Excel nicht finden können. Meist sind dafür unterschiedliche Sprachversionen verantwortlich, zum Beispiel ein deutsches Excel auf einem englischen Windows. Falls Sie nicht auf eine Lösung dieses Problems warten können und auch nicht auf eine ältere Skriptsprache wie VBScript ausweichen möchten, gibt es eine weitere Lösung: das COM-Objekt *ScriptControl*. Damit führen Sie klassischen VBScript-Code innerhalb von PowerShell aus:

```
# VBScript-Code festlegen:
$code = @'
' Achtung: VBScript-Code!
set excel = CreateObject("Excel.Application")
excel.Visible = True
excel.Workbooks.Add
excel.Cells(1,1) = "Hallo"
'@

# ScriptControl beschaffen und als Sprache VBScript festlegen:
$scriptcontrol = New-Object -comObject ScriptControl
$scriptcontrol.Language = "VBScript"

# VBScript-Code aus PowerShell heraus ausführen:
$scriptcontrol.AddCode($code)
```

Informationen zwischen VBScript und PowerShell austauschen

Wenn Sie häufiger ältere Skripte mit PowerShell mischen wollen, stellt sich bald die Frage, ob Informationen aus dem VBScript an PowerShell übergeben werden können. Normalerweise geht das nicht, denn das Skript ist innerhalb des ScriptControls hermetisch von PowerShell abgeriegelt. Mit einem Kniff kann das VBScript aber dennoch beliebige Daten an PowerShell übergeben. Dazu legen Sie zuerst ein COM-Objekt vom Typ *Scripting.Dictionary* an. Es funktioniert wie eine Hashtable, speichert also Schlüssel-Wert-Paare. Dieses Objekt binden Sie mit *AddObject()* in das ScriptControl ein und geben ihm einen Namen, zum Beispiel PowerShell. Unter diesem Namen wird das Objekt im VBScript sichtbar. Das VBScript kann nun also alle Ergebnisse mit *Add()* in das Objekt einfügen. Sobald das VBScript endet, besitzt PowerShell noch immer das zugrundeliegende Objekt und kann daraus die übergebenen Informationen wieder auslesen:

```
# Dieses Objekt nimmt die Ergebnisse des VBScript auf:
$objekt = New-Object -comObject Scripting.Dictionary

# VBScript-Code festlegen:
$code = @'
' Achtung: VBScript-Code!

' Hier setzt das VBScript zwei Schlüssel-Wert-Paare im "PowerShell"-Objekt:
powershell.Add "Hallo", True
powershell.Add 12345, True
MsgBox "Werte gesetzt!"
'@

# ScriptControl beschaffen und als Sprache VBScript festlegen:
$scriptcontrol = New-Object -comObject ScriptControl
$scriptcontrol.Language = "VBScript"

# Das Objekt für die Rückgabewerte einfügen:
$scriptcontrol.AddObject("powershell", $objekt)

# VBScript-Code aus PowerShell heraus ausführen:
$scriptcontrol.AddCode($code)

# Ergebnisse des VBScript ausgeben:
$objekt
```

Das Extended Type System (Teil 2)

Im letzten Kapitel haben Sie bereits das Extended Type System kennen gelernt und gesehen, wie es dabei hilft, Objekte in sinnvollen Text umzuwandeln. Das Extended Type System hat außerdem eine zweite Aufgabe, denn es kann Objekte um zusätzliche Eigenschaften und Methoden erweitern.

Dass man Objekte um zusätzliche Eigenschaften und Methoden ergänzen kann, haben Sie bereits ganz am Anfang dieses Kapitels bei Ihrem virtuellen Taschenmesser gesehen. Zuständig ist das Cmdlet *Add-Member*. *Add-Member* kann allerdings nur ein einzelnes Objekt erweitern. Möchten Sie grundsätzlich und generell einem bestimmten Objekttyp neue Eigenschaften oder Methoden beibringen, verwenden Sie statt *Add-Member* das Extended Type System und verraten diesem, welche Eigenschaften und Methoden welchem Objekttyp hinzugefügt werden sollen. Schauen wir uns das Schritt für Schritt an einem Beispiel an.

Ein ausgewähltes Objekt erweitern

Wofür könnten zusätzliche Eigenschaften überhaupt gut sein? Zum Beispiel, weil die bestehenden Eigenschaften nicht ausreichen. Im Dateisystem gibt es beispielsweise keinen Weg, herauszufinden, ob der Inhalt einer Datei identisch mit dem einer anderen Datei ist.

Wollen Sie Doppelgänger-Dateien entlarven, brauchen Sie einen so genannten Datei-Hash. Ein Hash ist gewissermaßen der digitale Fingerabdruck einer Datei. Haben Sie erst einmal solch einen Fingerabdruck, können Sie später sehr leicht Doppelgänger einer Datei finden, denn der Hash-Wert ist bei allen Dateien gleich, die denselben Inhalt haben.

Normalerweise würden Sie in so einem Fall zuerst eine Funktion schreiben, die den Hash-Wert einer Datei errechnet. PowerShell selbst bietet keine Möglichkeit dazu, aber das .NET Framework enthält umfangreiche Sicherheits- und Verschlüsselungsalgorithmen, unter anderem auch eine Methode namens *ComputeHash()*. Die folgende Funktion berechnet für eine beliebige Datei den Hashwert ihres Dateiinhaltes:

```
function Get-MD5([System.IO.FileInfo] $file = $(throw 'Usage: Get-MD5 [System.IO.FileInfo]'))
{
  $stream = $null;
  $cryptoServiceProvider = [System.Security.Cryptography.MD5CryptoServiceProvider];
  $hashAlgorithm = New-Object $cryptoServiceProvider
  $stream = $file.OpenRead();
  $hashByteArray = $hashAlgorithm.ComputeHash($stream);
  $stream.Close();
  Trap
  {
    if ($stream -ne $null)
    {
      $stream.Close();
    }
    break;
  }
  return [string]$hashByteArray;
}
```

Versuchen Sie als nächstes, mit dieser Funktion den Hash einer beliebigen Datei zu errechnen:

Das Extended Type System (Teil 2)

```
Get-MD5 (Dir c:\autoexec.bat)
217 235 236 102 104 166 9 47 203 209 113 60 52 122 165 224
```

Es funktioniert: Sie erhalten den digitalen Fingerabdruck der Datei *C:\autoexec.bat*.

Damit Sie diese Funktion nun nicht für jede Datei separat aufrufen müssen, können Sie sie als Eigenschaft in ein Datei-Objekt integrieren. Fügen Sie dem Dateiobjekt zum Beispiel eine *ScriptProperty* namens *Hash* hinzu:

```
$datei = Dir c:\autoexec.bat
Add-Member -MemberType ScriptProperty -Name Hash -Value { Get-MD5 $this } -InputObject $datei
```

Geben Sie den Inhalt des Objekts *$datei* aus, hat sich scheinbar nichts geändert:

```
$datei

    Verzeichnis: Microsoft.PowerShell.Core\FileSystem::C:\

Mode              LastWriteTime     Length Name
----              -------------     ------ ----
-a---         18.09.2006     23:43       24 autoexec.bat
```

Das täuscht allerdings, und Sie wissen auch, warum. Im letzten Kapitel haben Sie erfahren, dass PowerShell nur die wichtigsten Eigenschaften automatisch in Text umwandelt. Möchten Sie alle Eigenschaften sehen, leiten Sie das Ergebnis weiter an *Format-List* und geben dahinter einen Stern an. Oder Sie fragen Ihre neue Eigenschaft direkt ab:

```
$datei.Hash
217 235 236 102 104 166 9 47 203 209 113 60 52 122 165 224
$datei | Format-List *

PSPath            : Microsoft.PowerShell.Core\FileSystem::C:\autoexec.bat
PSParentPath      : Microsoft.PowerShell.Core\FileSystem::C:\
PSChildName       : autoexec.bat
PSDrive           : C
PSProvider        : Microsoft.PowerShell.Core\FileSystem
PSIsContainer     : False
Hash              : 217 235 236 102 104 166 9 47 203 209 113 60 52 122 165 224
Mode              : -a---
Name              : autoexec.bat
Length            : 24
DirectoryName     : C:\
Directory         : C:\
IsReadOnly        : False
Exists            : True
FullName          : C:\autoexec.bat
Extension         : .bat
CreationTime      : 02.11.2006 11:23:09
CreationTimeUtc   : 02.11.2006 10:23:09
LastAccessTime    : 02.11.2006 11:23:09
LastAccessTimeUtc : 02.11.2006 10:23:09
LastWriteTime     : 18.09.2006 23:43:36
LastWriteTimeUtc  : 18.09.2006 21:43:36
Attributes        : Archive
```

Tatsächlich: Das neue Objekt hat nun eine neue Eigenschaft namens *Hash*, die den digitalen Fingerabdruck des Dateiinhalts ausgibt. Immer, wenn Sie die Eigenschaft *Hash* abrufen, wird der darin enthaltene PowerShell-Code ausgeführt. Innerhalb der ScriptProperty enthält die Variable *$this* das aktuelle Objekt, auf das Sie so Bezug nehmen können.

Alle Objekte eines Typs erweitern

Die neue Eigenschaft *Hash* existiert allerdings nur in dem einen Objekt, das Sie erweitert haben. Das ist schade, denn wenn Sie Dateien vergleichen, werden Sie nicht extra zuvor bei jeder Datei eine *Hash*-Eigenschaft hinzufügen wollen. Das müssen Sie auch gar nicht, denn das *Extended Type System* von PowerShell erledigt das auf Wunsch vollautomatisch. Sie brauchen PowerShell nur zu sagen, dass Dateiobjekte künftig *immer* eine *Hash*-Eigenschaft haben sollen.

Dazu legen Sie eine XML-Datei an. Genauer gesagt braucht es sich lediglich um eine Textdatei im XML-Format zu handeln. Öffnen Sie also einfach den Windows-Editor *notepad.exe*, wenn Sie keinen XML-Editor zur Hand haben. Dann geben Sie diesen Text ein:

```
<Types>
  <Type>
  <Name>System.IO.FileInfo</Name>
  <Members>
    <ScriptProperty>
      <Name>Hash</Name>
      <GetScriptBlock>
        get-md5 $this
      </GetScriptBlock>
    </ScriptProperty>
  </Members>
  </Type>
</Types>
```

Speichern Sie den Text als *hash.ps1xml*. Schauen Sie sich den Text dann genauer an:

- **Typ festlegen:** Im Bereich *<Type>* legen Sie fest, für welchen Objekttyp die Erweiterung gelten soll. Weil Sie Dateiobjekte erweitern wollen, lautet der korrekte Typ *System.IO.FileInfo*. Den Typnamen eines Objekts erhalten Sie im Zweifelsfall immer über *GetType().FullName*, also zum Beispiel *$datei.GetType().FullName*.
- **Mitglieder festlegen:** Im Bereich *<Members>* legen Sie die zusätzlichen Eigenschaften und Methoden fest, die dem Objekt angefügt werden sollen. Hier stehen Ihnen alle Eigenschaften aus Tabelle 6.3 und alle Methoden aus Tabelle 6.4 zur Verfügung.
- **Eigenschaft definieren:** Im Beispiel wird im Bereich *<ScriptProperty>* eine neue ScriptProperty festgelegt. Dazu geben Sie den Namen und den Skriptblock an, also den Code, der ausgeführt werden soll, wenn die Eigenschaft abgerufen wird. Denken Sie daran, dass *$this* innerhalb des Skriptblocks für das Objekt steht, dessen Eigenschaft gerade abgerufen wird.

Nun brauchen Sie Ihre *ps1xml*-Datei nur noch an PowerShell zu übergeben. Das erledigt das Cmdlet *Update-Typedata*:

Das Extended Type System (Teil 2)

Update-Typedata hash.ps1xml

TIPP Im letzten Kapitel haben Sie mit *update-formatdata* neue Formatierungsdaten in das ETS eingespeist. Mit *Update-Typedata* fügen Sie dem ETS neue Typdefinitionen hinzu.

Das ist alles. Ab sofort enthalten alle Datei-Objekte eine *Hash*-Eigenschaft und Sie könnten bequem eine Übersicht ausgeben:

```
Dir c:\ | Format-Table name, hash

Name                                    hash
----                                    ----
Dokumente und Einstellungen
Programme
Temp
Windows
autoexec.bat                            217 235 236 102 104 166 9 47 203 209 113 60 52 ...
BOOTSECT.BAK                            194 200 196 215 248 43 176 118 188 146 197 134 ...
BOOTVIS.exe                             138 193 15 181 240 137 186 202 33 221 21 223 92...
config.sys                              237 79 197 152 11 216 177 173 134 159 247 37 19...
RHDSetup - Kopie.log                    63 66 152 216 10 147 194 7 191 78 71 12 137 178...
RHDSetup.log                            63 66 152 216 10 147 194 7 191 78 71 12 137 178...
```

Dir liefert nun für alle Dateien (nicht für Ordner) einen digitalen Fingerabdruck in der Eigenschaft *Hash*. Auf den ersten Blick wird deutlich, dass die Dateien *RHDSetup - Kopie.log* und *RHDSetup.log* vollkommen identisch sind, denn beide tragen denselben Hash.

Exkurs: Doppelte Dateien finden

Sie könnten mit Hilfe dieser *Hash*-Eigenschaft nun sehr bequem doppelte Dateien finden. Weil die Berechnung des Hashs zeitaufwändig ist, sollten Sie zuerst überprüfen, welche Dateien gleich groß sind, denn das geht schneller. Anschließend verwenden Sie den Hash, um zu prüfen, ob die gleich großen Dateien auch tatsächlich einen identischen Inhalt haben oder nur zufällig gleich groß sind. So bestimmen Sie alle Dateien, von denen es mindestens zwei gleich große Versionen gibt:

```
Dir | ? { $_ -is [System.IO.FileInfo] } | Group-Object Length | ? { $_.Count -gt 1 } | % { $_.Group }
    Verzeichnis: Microsoft.PowerShell.Core\FileSystem::C:\Users\Tobias Weltner

Mode           LastWriteTime          Length Name
----           -------------          ------ ----
-a---          26.09.2007    01:10        16 172.16.50.16150.dat
-a---          26.09.2007    01:10        16 172.16.50.17100.dat
-a---          20.09.2007    14:13        16 test.txt
-a---          28.09.2007    00:57         0 all
-a---          23.08.2007    15:53         0 SilentlyContinue
-a---          29.09.2007    13:12         0 test docu.txt
-a---          20.09.2007    15:57       144 ergebnis.csv
-a---          25.09.2007    10:00       144 test3.csv
-a---          10.10.2007    10:26       730 hashall.ps1xml
-a---          05.10.2007    14:45       730 hashcomplete.ps1xml
-a---          09.10.2007    18:35      1271 process.ps1xml
```

```
-a---        08.10.2007     17:30          1271 Win32_Processor.Format.ps1xml
-a---        25.09.2007     09:34         28345 test.csv
-a---        25.09.2007     09:52         28345 test1.csv
-a---        17.09.2007     16:08          1713 test3.ps1
-a---        17.09.2007     16:08          1713 [174 81 95 157 8 253 24 254 251 181 61 73 101 81 28
162].ps1
```

Sie filtern mit *where-object* (Kurzform: ?) zuerst alle Dateien aus dem Verzeichnislisting heraus. Danach gruppieren Sie die Dateien mit *Group-Object* nach Größe. Danach filtern Sie mit *where-object* alle Gruppen heraus, die mehr als ein Element enthalten und geben zum Schluss mit *foreach-object* (Kurzform: %) alle Elemente der Gruppen aus. Das Ergebnis sind Dateien mit einer Größe, die mindestens in einer anderen Datei vorkommt.

Sie haben den Kreis der Verdächtigen also mit wenig aufwändigen Mitteln erheblich reduziert. Als nächstes prüfen Sie, ob die verbliebenen Dateien inhaltlich gleich sind. Dazu gruppieren Sie die Dateien nach der neuen Eigenschaft *Hash* und filtern wieder die Gruppen heraus, die mehr als ein Element enthalten – die Doppelgänger also:

```
$dateien = Dir | ? {$_ -is [System.IO.FileInfo]} | Group-Object Length | ? {$_.Count -gt 1} | %
{$_.Group}
$gruppen = $dateien | Group-Object Hash | ? {$_.Count -gt 1}
$gruppen

Count Name                      Group
----- ----                      -----
    2 19 15 145 64 205 226 1... {172.16.50.16150.dat, 172.16.50.17100.dat}
    3 212 29 140 217 143 0 1... {all, SilentlyContinue, test docu.txt}
    2 62 11 237 131 64 244 2... {hashall.ps1xml, hashcomplete.ps1xml}
    2 241 78 199 92 179 107 ... {process.ps1xml, Win32_Processor.Format.ps1xml}
    2 174 81 95 157 8 253 24... {test3.ps1, [174 81 95 157 8 253 24 254 251 181 61 73 101 81 28
162].ps1}
```

Das Ergebnis sind in diesem Fall die Gruppen mit den Doppelgängern. In der Spalte *Name* findet sich der eindeutige Hashwert des Datei-Inhalts, und in der Spalte *Group* stehen die Dateien, für die dieser Hashwert gilt. Jetzt fehlt also nur noch die Ausgabe des Reports:

```
$dateien = Dir | ? {$_ -is [System.IO.FileInfo]} | Group-Object Length | ? {$_.Count -gt 1} | %
{$_.Group}
$gruppen = $dateien | Group-Object Hash | ? {$_.Count -gt 1}
$gruppen | % { Write-Host -fore red -back white "Identisch " $_.Name; $_.Group} | % { "  -" +
$_.FullName }
Identisch  19 15 145 64 205 226 149 222 95 86 107 87 242 113 83 199
  -C:\Users\Tobias Weltner\172.16.50.16150.dat
  -C:\Users\Tobias Weltner\172.16.50.17100.dat
Identisch  212 29 140 217 143 0 178 4 233 128 9 152 236 248 66 126
  -C:\Users\Tobias Weltner\all
  -C:\Users\Tobias Weltner\SilentlyContinue
  -C:\Users\Tobias Weltner\test docu.txt
Identisch  62 11 237 131 64 244 237 173 122 74 144 254 159 93 150 43
```

Das Extended Type System (Teil 2)

```
-C:\Users\Tobias Weltner\hashall.ps1xml
-C:\Users\Tobias Weltner\hashcomplete.ps1xml
Identisch 241 78 199 92 179 107 183 121 240 96 121 27 120 109 203 43
-C:\Users\Tobias Weltner\process.ps1xml
-C:\Users\Tobias Weltner\Win32_Processor.Format.ps1xml
Identisch 174 81 95 157 8 253 24 254 251 181 61 73 101 81 28 162
-C:\Users\Tobias Weltner\test3.ps1
-C:\Users\Tobias Weltner\[174 81 95 157 8 253 24 254 251 181 61 73 101 81 28 162].ps1
```

Dazu geben Sie für jede Gruppe identischer Dateien mit *foreach-object* eine Überschrift mit dem jeweiligen Hash-Wert aus und legen die einzelnen Dateien in der Gruppe mit *$_.Group* auf die Pipeline. Mit einem weiteren *foreach-object* geben Sie dann für jede Datei den vollen Pfadnamen in der Eigenschaft *FullName* aus. Fertig ist die Liste der Doppelgänger.

Wegen des Baukastenprinzips ist es nun sehr leicht, auch ganze Festplatten nach Doppelgängern abzugrasen, denn Sie können *Dir* mehrere Laufwerke durchsuchen lassen und mit dem Parameter *-recurse* dies auch für Unterordner tun. Sie dürfen auch Platzhalterzeichen verwenden. Das nächste Beispiel findet identische PowerShell-Skripte in Ihrem Benutzerprofil:

```
$dateien = Dir $home -filter *.ps1 | ? {$_ -is [System.IO.FileInfo]} | Group-Object Length | ? {$_.Count -gt 1} | % {$_.Group}
$gruppen = $dateien | Group-Object Hash | ? {$_.Count -gt 1}
$gruppen | % { Write-Host -fore red -back white "Identisch " $_.Name; $_.Group} | % { " -" + $_.FullName }
```

ACHTUNG Die Typerweiterung gilt nur so lange, wie PowerShell läuft. Sobald Sie PowerShell beenden und neu starten, werden alle Änderungen am Extended Type System gelöscht. Nützliche Erweiterungen lesen Sie deshalb mit *Update-Typedata* in Ihren Profilskripten ein, wenn PowerShell startet (Kapitel 10).

Ihre Typerweiterung legt dabei nur fest, dass es eine Eigenschaft namens Hash gibt, die den Hash der jeweiligen Datei mit Hilfe der Funktion *get-md5* bestimmt. Die Funktion *get-hash* muss dafür natürlich existieren. Da Sie die Funktion vorhin selbst angelegt haben, funktioniert die Typerweiterung nur, wenn Sie auch diese Funktion im Rahmen Ihres Profils jedesmal automatisch definieren, wenn PowerShell startet.

Weil Ihre Funktion *get-md5* jedoch ihrerseits nur aus PowerShell-Code besteht, könnten Sie diesen Code auch direkt in die Typerweiterung integrieren und brauchen dann die externe Funktion überhaupt nicht mehr:

```
<Types>
  <Type>
    <Name>System.IO.FileInfo</Name>
    <Members>
      <ScriptProperty>
        <Name>Hash</Name>
        <GetScriptBlock>
          $stream = $null;
          $cryptoServiceProvider = [System.Security.Cryptography.MD5CryptoServiceProvider];
          $hashAlgorithm = New-Object $cryptoServiceProvider
          $stream = $this.OpenRead();
          $hashByteArray = $hashAlgorithm.ComputeHash($stream);
          $stream.Close();
          Trap
```

```
      {
        if ($stream -ne $null)
        {
          $stream.Close();
        }
        break;
      }
      [string]$hashByteArray;
    </GetScriptBlock>
   </ScriptProperty>
  </Members>
 </Type>
</Types>
```

Speichern Sie diese Typerweiterung als *hashintegrated.ps1xml*. Welche Variante leistungsfähiger ist, finden Sie mit *Measure-Command* heraus, der meldet, wie viel Zeit der Befehl für seine Ausführung benötigt:

```
(Measure-Command {Dir | Format-List *   }).totalmilliseconds
4800
```

Lesen Sie die Typerweiterung mit *Update-Typedata* ein und führen Sie den Befehl einige Male aus, um einen Mittelwert zu bestimmen. Danach wiederholen Sie das Experiment mit der zweiten integrierten Typerweiterung. Geben Sie diesmal bei *Update-Typedata* den Parameter *-prependPath* an, damit die neue Typerweiterung die alte überschreibt. Ignorieren Sie die irreführenden Fehlermeldungen:

```
Update-Typedata -prependPath hashintegrated.ps1xml

Update-Typedata : Fehler beim Laden der Datendatei des erweiterten Typs: Microsoft.PowerShell,
C:\Users\Tobias Weltner\hashcomplete.ps1xml: Die Datei wurde übersprungen, da sie bereits aus
"Microsoft.PowerShell" vorhanden war. Microsoft.PowerShell, C:\Users\Tobias Weltner\hash.ps1xml(4):
Fehler im Typ "System.IO.FileInfo": Der Member "Hash" ist bereits vorhanden.
Bei Zeile:1 Zeichen:16
+ Update-Typedata  <<<< -PrependPath hashcomplete.ps1xml
```

Lassen Sie den Testbefehl nun noch einmal ausführen:

```
(Measure-Command {Dir | Format-List *   }).totalmilliseconds
564
```

Dabei werden Sie feststellen, dass die integrierte Lösung um ein Vielfaches schneller ausgeführt wird. Es lohnt sich also, den Skriptcode direkt in die Typerweiterung zu schreiben und darauf zu verzichten, externe Funktionen aufzurufen.

PropertySets – die besonderen Eigenschaften

Grundsätzlich können Sie Objekten alle Eigenschaftentypen aus Tabelle 6.3 und natürlich auch Methoden aus Tabelle 6.4 hinzufügen. Eine weitere besondere Eigenschaft ist ein *PropertySet*. Ein PropertySet fasst mehrere Eigenschaften eines Objekts zusammen, und wofür das gut sein könnte, haben Sie schon im letzten Kapitel gesehen: Ist für einen bestimmten Objekttyp ein PropertySet definiert, können Sie seinen Namen hinter einem Formatierungs-Cmdlet wie *Format-Table* angeben, und PowerShell gibt dann nur die Eigen-

Das Extended Type System (Teil 2)

schaften des Objekts aus, die im PropertySet definiert sind. Auf diese Weise könnten Sie sich also eigene Textansichten erstellen.

Das folgende Beispiel definiert eine Typerweiterung für den Objekttyp *System.ServiceProcess.ServiceController*. Solche Objekte sind Dienste, die Sie zum Beispiel von *get-service* erhalten, und falls Sie sich gerade fragen, woher Sie wissen, dass Dienste mit *System.ServiceProcess.ServiceController*-Objekten repräsentiert werden, schauen Sie sich noch einmal *GetType()* in den vorangegangenen Beispielen an.

Die Erweiterung definiert ein neues PropertySet namens *Kurzform*. In diesem PropertySet werden drei Eigenschaften zusammengefasst: *Status*, *Name* und *DisplayName*. Alle drei sind Eigenschaften des Dienst-Objekts. Sie brauchen diese Erweiterung nur unter einem Namen wie *service.type.ps1xml* zu speichern und mit *Update-Typedata service.type.ps1xml* ins ETS einzuspeisen.

```
<Types>
  <Type>
    <Name>System.ServiceProcess.ServiceController</Name>
    <Members>
      <PropertySet>
        <Name>Kurzform</Name>
        <ReferencedProperties>
          <Name>Status</Name>
          <Name>Name</Name>
          <Name>DisplayName</Name>
        </ReferencedProperties>
      </PropertySet>
    </Members>
  </Type>
</Types>
```

Anschließend können Sie Ihre neu definierte Ansicht mit allen Formatierungs-Cmdlets verwenden. Es werden nun genau die Eigenschaften angezeigt, die im PropertySet *Kurzform* festgelegt sind, und Sie erhalten eine schnelle Kurzübersicht über alle Dienste:

```
get-service | Format-Table Kurzform –autoSize

Status  Name                        DisplayName
------  ----                        -----------
Running AeLookupSvc                 Anwendungserfahrung
Running AgereModemAudio             Agere Modem Call Progress Audio
Stopped ALG                         Gatewaydienst auf Anwendungsebene
Running Appinfo                     Anwendungsinformationen
Stopped AppMgmt                     Anwendungsverwaltung
Running Ati External Event Utility  Ati External Event Utility
(...)
```

Zusammenfassung

Alles in PowerShell wird von Objekten repräsentiert. Objekte verfügen über genau zwei Dinge: Eigenschaften und Methoden, die beide zusammen die Member (Mitglieder) des Objekts bilden. Während Eigenschaften Daten speichern, sind Methoden ausführbare Befehle.

Die Ergebnisse sämtlicher PowerShell-Befehle bestehen aus Objekten, die erst dann zu lesbarem Text umgewandelt werden, wenn Sie die Objekte in der Konsole ausgeben. Speichern Sie das Ergebnis eines Befehls dagegen in einer Variablen, kommen Sie an die ursprünglichen Objekte heran und können deren Eigenschaften auswerten oder deren Befehle aufrufen. Möchten Sie alle Eigenschaften eines Objekts sehen, dann leiten Sie das Objekt an *Format-List* und geben dahinter einen Stern an. So werden alle – und nicht wie sonst üblich nur die wichtigsten – Eigenschaften als Text ausgegeben.

Noch mehr Informationen liefert das Cmdlet *Get-Member*, mit dem Sie sich detaillierte Informationen zu den Eigenschaften und Methoden eines beliebigen Objekts ausgeben lassen.

Alle Objekte, mit denen Sie in PowerShell arbeiten, stammen vom .NET Framework, auf dem PowerShell aufbaut. Neben den Objekten, die PowerShell-Befehle Ihnen als Ergebnis liefern, lassen sich auch Objekte direkt aus dem .NET Framework abrufen. So erhalten Sie Zugriff auf ein gewaltiges Arsenal neuer Befehle, denn alle Objekte aus dem .NET Framework bringen neue Befehle in Form ihrer Methoden mit. Neben den dynamischen Methoden, die ein Objekt bereitstellt, gibt es außerdem die statischen Methoden. Statische Methoden werden direkt von der Klasse bereitgestellt, von der auch Objekte abgeleitet werden.

Beim Zugriff auf Objekte aus dem .NET Framework geben Sie normalerweise den Objekttyp an, den Sie wünschen. Weil Objekttypen lange und unhandliche Namen tragen können, enthält PowerShell so genannte Type Acceleratoren, also Abkürzungen für die gebräuchlichsten .NET-Typennamen. Sie dürfen beide verwenden, entweder die langen offiziellen .NET-Typennamen oder die kurzen Abkürzungsnamen der Type Acceleratoren.

Lässt sich eine Aufgabe weder mit den Cmdlets, den regulären Konsolenbefehlen noch mit den Methoden des .NET Frameworks lösen, steht Ihnen auch die unverwaltete Welt außerhalb des .NET Frameworks zur Verfügung. Entweder greifen Sie direkt auf die Low-Level-API-Funktionen zu, auf denen auch das .NET Framework beruht, oder Sie nutzen COM-Komponenten.

Reichen Ihnen die Eigenschaften und Methoden eines Objekts nicht aus, lassen sich mit dem Cmdlet *Add-Member* weitere eigene Eigenschaften und Methoden anfügen. Diese zusätzlichen Eigenschaften und Methoden könnten aus fest hinterlegten Daten oder aus PowerShell-Code bestehen, der beim Abruf automatisch ausgeführt wird und ein Ergebnis liefert.

Möchten Sie nicht ein einzelnes, sondern alle Objekte eines bestimmten Typs mit neuen Eigenschaften oder Methoden versehen, verwenden Sie das Extended Type System und hinterlegen dort mit dem Cmdlet *Update-Typedata* die Erweiterung. Sie gilt dann für alle Objekte des betreffenden Typs.

Kapitel 7

Bedingungen

In diesem Kapitel:

Bedingungen formulieren	230
Where-Object	238
If...ElseIf...Else	242
Switch	244
Zusammenfassung	250

Die Basis von Intelligenz sind Entscheidungen, und die Basis von Entscheidungen sind wiederum Bedingungen. Um intelligenten PowerShell-Code zu verfassen, der eigenständige Entscheidungen treffen kann, benötigen Sie also zuerst eine Bedingung. Im ersten Teil dieses Kapitels erfahren Sie deshalb, wie Fragen als Bedingungen formuliert werden.

Im zweiten Teil setzen Sie Bedingungen ein, um PowerShell-Anweisungen nur dann auszuführen, wenn eine bestimmte Bedingung auch tatsächlich erfüllt ist.

Bedingungen formulieren

Eine Bedingung ist nichts weiter als eine Frage, die sich eindeutig mit Ja (*true*) oder Nein (*false*) beantworten lässt. Fast alle diese Fragen werden mit Hilfe von Vergleichen formuliert. Möchten Sie zum Beispiel unter einem bestimmten Laufwerksbuchstaben ein neues Netzlaufwerk einrichten, dann lautet die Frage: Ist das Laufwerk X überhaupt noch frei? Um diese Frage in eine für PowerShell verständliche Bedingung zu übersetzen, würden Sie vergleichen, ob der gewählte Laufwerksbuchstabe einem belegten Laufwerksbuchstaben entspricht oder nicht. Sie werden gleich sehen, wie man das formulieren könnte, aber zuerst brauchen Sie Ihr Werkzeug, nämlich die Vergleichsoperatoren. Die liefert Tabelle 7.1.

Operator	klassisch	Beschreibung	Beispiel	Ergebnis
-eq, -ceq, -ieq	=	Gleichheit	*10 -eq 15*	*$false*
-ne, -cne, -ine	<>	Ungleichheit	*10 -ne 15*	*$true*
-gt, -cgt, -igt	>	Größer	*10 -gt 15*	*$false*
-ge, -cge, -ige	>=	Größer oder gleich	*10 -ge 15*	*$false*
-lt, -clt, -ilt	<	Kleiner	*10 -lt 15*	*$true*
-le, -cle, -ile	<=	Kleiner oder gleich	*10 -le 15*	*$true*
-contains, -ccontains, -icontains		Enthält	*1,2,3 -contains 1*	*$true*
-notcontains, -cnotcontains, -inotcontains		Nicht enthalten	*1,2,3 -notcontains 1*	*$false*
-is		Typgleichheit	*$feld -is [array]*	*$true*

Tabelle 7.1 Vergleichsoperatoren

ACHTUNG PowerShell verwendet nicht die klassischen Vergleichsoperatoren, die Sie vielleicht aus anderen Programmiersprachen kennen und die zur Referenz in der Spalte *klassisch* aufgeführt sind. Bei PowerShell beginnen alle Vergleichsoperatoren immer mit einem Bindestrich und bestehen aus Text. Insbesondere das Gleichheitszeichen (=) als Operator ist bei PowerShell ein reiner Zuweisungsoperator, mit dem Sie zum Beispiel Variablen neue Werte zuweisen. Er ist aber kein Vergleichsoperator.

Alle Vergleichsoperatoren gibt es in drei Varianten. Die Basisvariante berücksichtigt beim Vergleich nicht die Groß- und Kleinschreibung. Möchten Sie explizit festlegen, ob die Groß- und Kleinschreibung beachtet werden soll oder nicht, verwenden Sie die Varianten, die mit »c« oder »i« beginnen. Das »c« steht für »case-sensitive« und unterscheidet zwischen Groß- und Kleinschreibung. Das »i« steht für »insensitive« und behandelt Groß- und Kleinschreibung gleich. Sie entspricht damit der Basisvariante.

```
"Hallo" -eq "hallo"
True
"Hallo" -ceq "hallo"
False
```

Einen Vergleich durchführen

Mit Hilfe der Vergleichsoperatoren aus Tabelle 7.1 können Sie sofort und direkt in der PowerShell-Konsole Vergleiche durchführen und sich so ein wenig mit den einzelnen Operatoren vertraut machen. Geben Sie zuerst den ersten Wert ein, danach den Vergleichsoperator und dann den zweiten Wert, den Sie mit dem ersten vergleichen wollen. Sobald Sie ⏎ drücken, wird der Vergleich durchgeführt. Das Ergebnis sollte immer *True* (Bedingung entspricht der Wahrheit) oder *False* sein (Bedingung ist nicht erfüllt).

```
4 -eq 10
False
"geheim" -ieq "GEHEIM"
True
```

Solange Sie ausschließlich Zahlen oder ausschließlich Text miteinander vergleichen, sind Vergleiche sehr überschaubar und liefern genau das Ergebnis, das man erwartet:

```
123 -lt 123.5
True
```

Sie können jedoch auch unterschiedliche Datentypen miteinander vergleichen. Dann allerdings sind die Ergebnisse nicht immer so einleuchtend wie bisher:

```
12 -eq "Hallo"
False
12 -eq "000012"
True
"12" -eq 12
True
"12" -eq 012
True
"012" -eq 012
False
123 -lt 123.4
True
123 -lt "123.4"
False
```

```
123 -lt "123.5"
True
```

Unterschiedliche Datentypen miteinander vergleichen

Hätten Sie das Ergebnis so erwartet? Einige Vergleiche ergaben sonderbare Ergebnisse. Genau das passiert, wenn Sie *unterschiedliche* Datentypen miteinander vergleichen, und zwar, weil PowerShell unterschiedliche Datentypen eigentlich überhaupt nicht miteinander vergleichen kann. Deshalb versucht PowerShell, die Datentypen in einen vergleichbaren gemeinsamen Datentyp umzuwandeln. Diese automatische Umwandlung ergibt allerdings nicht immer das Ergebnis, das man intuitiv erwarten würde, und deshalb sind Vergleiche mit unterschiedlichen Datentypen nur dann für Sie sinnvoll, wenn Sie auch Lust haben, sich die zugrundeliegenden Datentypen näher anzuschauen.

HINWEIS Wenn Sie es lieber einfach mögen, dann sorgen Sie nur dafür, dass Sie in Ihren Vergleichen unterschiedliche Datentypen nicht grob miteinander mischen. Solange Sie nur Texte mit Texten oder Zahlen mit Zahlen vergleichen, entspricht das Ergebnis immer genau dem, was man intuitiv erwarten würde.

Wir schauen uns nun an, wie es zu den sonderbaren Vergleichsergebnissen gekommen ist.

Der Datentyp des ersten Wertes zählt

Wenn Sie prüfen, ob zwei Werte gleich sind, sollte es eigentlich egal sein, in welcher Reihenfolge Sie die beiden Werte miteinander vergleichen. Bei PowerShell spielt diese Reihenfolge aber offensichtlich eine Rolle, denn der erste Vergleich ergibt *True*, der zweite *False*:

```
012 -eq "012"
True

"012" -eq 012
False
```

Schuld daran ist die Tatsache, dass die beiden Werte, die hier verglichen werden, unterschiedlichen Typs sind. Der Wert *012* ist eine Ganzzahl (Typ: *Integer*), und der Wert »012« ist ein Text (Typ: *String*). Damit beide verglichen werden können, muss PowerShell sie passend machen, also in denselben Typ umwandeln. Dabei richtet sich PowerShell immer nach dem Datentyp des *ersten* Wertes und das erklärt die Unterschiede.

Im ersten Beispiel wurde zuerst die Zahl angegeben. Deshalb wandelt PowerShell den zweiten Wert ebenfalls in eine Zahl um. Weil der Text »012« als Zahl dem Wert *12* entspricht, ergibt der Vergleich *True*: beide sind gleich. Ganz anders im zweiten Beispiel: Hier wurde zuerst der Text angegeben, und also verwandelt PowerShell die Zahl ebenfalls in einen Text. Die Zahl *12* ergibt als Text allerdings »12« und entspricht damit nicht dem Text »012«: das Ergebnis des Vergleichs lautet jetzt *False*.

Im Zweifelsfall steuern Sie die automatische Umwandlung also über den Variablentyp des ersten Wertes, und tatsächlich: Geben Sie hier als Variablentyp ausdrücklich *Integer* an, ergibt der Vergleich wieder *True*, weil jetzt der erste Wert in eine Zahl verwandelt wird. Der Vergleich braucht danach keine automatische Anpassung mehr vorzunehmen, weil beide Werte nun schon im gleichen Datentyp vorliegen:

```
# Erster Wert ist eine Zahl: Die Zahl 12 entspricht der Zahl 12:
[int]"012" -eq 012
True
```

Automatisches Widening

Natürlich hat niemand wirklich Lust, sich mit diesen Datentypen ständig auseinanderzusetzen, und deshalb versucht PowerShell mit cleveren Strategien, von vornherein das erwartete Ergebnis zu liefern. Das gilt vor allem für den Vergleich von Zahlen, denn normalerweise gäbe es hier genau dieselben Typkonflikte wie in den Beispielen eben gerade, und umso erstaunlicher ist es eigentlich, dass der folgende Vergleich das erwartete Ergebnis liefert: *123* ist kleiner als *123,3*, das stimmt.

```
123 -lt 123.3
True
```

Eigentlich hätte das Ergebnis *False* lauten müssen, denn auch hier werden zwei verschiedene Datentypen miteinander verglichen: Auf der linken Seite eine Ganzzahl (Typ: *Integer*), auf der rechten Seite eine Fließkommazahl (Typ: *Double*). Nach allem, was Sie wissen, hätte PowerShell sich wieder nach dem Datentyp des ersten Wertes richten und also den zweiten in *Integer* umwandeln müssen:

```
[int]123.3
123
```

Weil der umgewandelte zweite Wert 123 nun aber nicht mehr kleiner ist als der erste Wert 123, hätte das Ergebnis tatsächlich *False* lauten müssen. Es nützt natürlich wenig, wenn PowerShell technisch einwandfrei falsch rechnet. Damit die Anwender erhalten, was sie erwarten, wendet PowerShell bei Zahlen automatisch das so genannte *Widening* an, erweitert also den Datentyp auf den größten gemeinsamen Nenner. Bei Zahlen kann es dadurch auch vorkommen, dass nicht der *zweite* Wert umgewandelt wird, sondern der *erste*. Hier zählt, welcher Datentyp die Zahlen genauer repräsentieren kann. Das erklärt auch, warum der erste der folgenden Vergleiche das erwartete Ergebnis liefert, die anderen beiden aber nicht:

```
123 -lt 123.4
True
123 -lt "123.4"
False
123 -lt "123.5"
True
```

Im ersten Fall wurde der erste Wert als *Integer* und der zweite als *Double* angegeben. Weil beide Werte Zahlen sind, wendet PowerShell das Widening an und wandelt den ersten Wert ins *Double*-Format um. Danach wird verglichen, ob *123,0* kleiner ist als *123,4*. Ergebnis: *True*.

Im zweiten Fall wurde der erste Wert als *Integer* und der zweite als *String* angegeben. Weil einer der Datentypen keine Zahl ist, sondern Text, gibt es kein eindeutig »optimales« Datenformat, und PowerShell richtet sich jetzt stur nach dem Datentyp des ersten Wertes, wandelt den Text also um in eine Ganzzahl (Typ: *Integer*). Aus »123.4« wird so die Ganzzahl *123*. Danach wird verglichen, ob *123* kleiner ist als *123*. Ergebnis: *False*.

Im letzten Fall passiert im Grunde dasselbe, nur ergibt die Umwandlung des Textes »123.5« diesmal die Ganzzahl *124*, weil bei der Konvertierung automatisch gerundet wird. Danach wird verglichen, ob *123* kleiner ist als *124*: Ergebnis: *True*.

Vergleiche umkehren

Ein Vergleich liefert als Ergebnis immer entweder *True* oder *False*, und Sie haben gesehen, dass es für die meisten Vergleiche komplementäre Vergleichsoperatoren gibt: *-eq* und *-ne* (gleich oder ungleich) oder beispielsweise *-gt* und *-lt* (größer oder kleiner). Durch die Auswahl des passenden Vergleichsoperators bestimmen Sie also, ob ein Vergleich *True* oder *False* ergibt.

Zusätzlich haben Sie aber auch die Möglichkeit, das Ergebnis eines Vergleichs »umzudrehen«, also aus *True* ein *False* zu machen und umgekehrt. Zuständig dafür ist der logische Operator *-not*. Er erwartet auf seiner rechten Seite einen Ausdruck, der entweder *True* oder *False* ist, und dreht diesen um. Anstelle von *-not* dürfen Sie auch die Kurzform »!« verwenden:

```
$a = 10
$a -gt 5
True
-not ($a -gt 5)
False


# Kurzform: anstelle von -not kann auch "!" verwendet werden:
!($a -gt 5)
False
```

ACHTUNG Setzen Sie runde Klammern großzügig ein, wenn Sie mit logischen Operatoren wie *-not* arbeiten! Logische Operatoren beziehen sich immer auf das Resultat eines Vergleichs, nicht auf den Vergleich selbst. Der Vergleich gehört deshalb immer in runde Klammern. Sie erinnern sich? Runde Klammern sind Unterausdrücke, die zuerst für sich ausgeführt werden und danach nur das Ergebnis zurückliefern. Wenn Sie die Klammern vergessen, erhalten Sie schnell sonderbare Resultate:

```
$a = 10
$a -gt 10
False

# Dieses Ergebnis stimmt nicht:
-not $a -gt 10
False

# So lautet das richtige Ergebnis:
```

Bedingungen formulieren

```
-not ($a -gt 10)
True
```

Ohne Klammern würde *-not* den unmittelbar folgenden Ausdruck auswerten, also *$a*. Weil *$a* weder *$true* noch *$false* ist, würde PowerShell *$a* in einen boolschen Wert umwandeln. Das Ergebnis wäre erstaunlicherweise *$true*:

```
[bool]$a
True
```

Der Grund: alle Zahlenwerte ungleich *0* werden zu *$true*, nur der Zahlenwert *0* wird zu *$false* konvertiert:

```
$a = 0
[bool]$a
False
```

Was Sie in Wirklichkeit auswerten wollten, war das Ergebnis des Vergleichs *$a -gt 10*. Damit nur dieses Ergebnis an *-not* geliefert wird, muss der Ausdruck in runde Klammern gestellt werden. Er wird dann zuerst von PowerShell ausgewertet und nur sein Ergebnis an *-not* weitergereicht.

Vergleiche kombinieren

Weil jeder Vergleich entweder *True* oder *False* ergibt, können Sie mehrere Vergleiche mit logischen Operatoren verknüpfen, also kombinieren. Möchten Sie zum Beispiel eine Bedingung erstellen, die aus zwei Fragestellungen besteht, verknüpfen Sie das Ergebnis der beiden Einzelvergleiche mit dem logischen Operator *-and*. Die folgende Bedingung ergäbe nur *True*, wenn beide Teilvergleiche *True* ergeben:

```
( ($alter -ge 18) -and ($geschlecht -eq "m") )
```

Im Kopf eines Disko-Türstehers könnte also unter Umständen die folgende PowerShell-Bedingung ablaufen:

```
( ($alter -ge 18) -and ($geschlecht -eq "m") ) -or ($geschlecht -eq "w")
```

Achten Sie bei logischen Operatoren darauf, dass diese nur *True* und *False* verknüpfen. Stellen Sie also einzelne Vergleiche in runde Klammern, weil Sie nur die Ergebnisse dieser Vergleiche verknüpfen wollen und nicht etwa die Vergleiche selbst.

Operator	Beschreibung	Linker Wert	Rechter Wert	Ergebnis
-and	Beide Bedingungen müssen erfüllt sein	True False False True	False True False True	False False False True
-or	Eine der beiden Bedingungen muss mindestens erfüllt sein	True False False True	False True False True	True True False True

Operator	Beschreibung	Linker Wert	Rechter Wert	Ergebnis
-xor	Die eine oder die andere Bedingung muss erfüllt sein, aber nicht beide	True False False True	True False True False	False False True True
-not	Dreht das Ergebnis um	(entfällt)	True False	False True

Tabelle 7.2 Logische Operatoren

Vergleiche mit Feldern

Bislang haben Sie die Vergleichsoperatoren aus Tabelle 7.1 nur dazu verwendet, einzelne Werte miteinander zu vergleichen. In Kapitel 4 haben Sie allerdings bereits Variablenfelder kennen gelernt, also Variablen, die mehr als einen Wert enthalten. Die Frage ist: Wie reagieren Vergleichsoperatoren auf Felder? Auf welches Element eines Feldes wird der Vergleich angewendet? Einfache Antwort: auf alle!

Das Ergebnis ist aber nicht etwa eine lange Ergebnisliste mit *True* und *False*, sondern hier liefern die Vergleichsoperatoren ein Feld zurück, in dem sich genau die Elemente des Ausgangsfeldes wiederfinden, die dem Vergleich entsprochen haben – quasi eine Art Filter. Im einfachsten Fall verwenden Sie den Vergleichsoperator *-eq* (*equal*), um alle Elemente in einem Feld zu finden, die dem angegebenen Element entsprechen:

```
1,2,3,4,3,2,1 -eq 3
3
3
```

Im Feld befanden sich zwei Elemente mit dem Wert 3. Diese beiden Elemente wurden zurückgeliefert. Umgekehrt geht es auch: Möchten Sie nur die Elemente eines Feldes sehen, die nicht dem Vergleichswert entsprechen, dann verwenden Sie zum Beispiel *-ne* (*not equal*):

```
1,2,3,4,3,2,1 -ne 3
1
2
4
2
1
```

Die übrigen Vergleichsoperatoren funktionieren entsprechend: Mit *-ge* (*greater or equal*) finden Sie zum Beispiel alle Elemente, die mindestens so groß sind wie das Vergleichselement:

```
1,2,3,4,3,2,1 -ge 3
3
4
3
```

Bedingungen formulieren

Interessiert Sie nur, wie viele Elemente Ihrem Vergleich entsprachen? Das, was der Vergleichsoperator in diesen Beispielen zurückliefert, ist wiederum ein Feld, dessen *Count*-Eigenschaft Ihnen die gesuchte Anzahl verrät. Speichern Sie dazu das Ergebnis des Vergleichs entweder in einer neuen Variablen, oder setzen Sie den gesamten Ausdruck in runde Klammern, damit er ausgewertet wird und das Ergebnisfeld liefert, bevor Sie anschließend dessen *Count*-Eigenschaft abfragen:

```
$ergebnis = 1,2,3,4,3,2,1 -ge 3
$ergebnis.Count
3

(1,2,3,4,3,2,1 -ge 3).Count
3
```

Prüfen, ob ein Feld ein bestimmtes Element enthält

Die Erkenntnisse von eben werfen allerdings früher oder später die Frage auf, wie man herausfindet, ob ein Feld ein bestimmtes Element enthält. Wie Sie gesehen haben, liefert *-eq* keine Antwort auf diese Frage, sondern nur eine Liste mit den Elementen selbst, die dem Vergleich entsprachen. Deshalb gibt es außerdem die Vergleichsoperatoren *-contains* und *-notcontains*. Sie prüfen, ob in einem Feld (oder allgemein: Datencontainer) ein bestimmter Wert vorhanden ist. Mit ihrer Hilfe könnten Sie zum Beispiel prüfen, ob ein bestimmter Laufwerksbuchstabe noch frei ist. Schauen Sie sich das Grundprinzip zuerst an einem einfachen Beispiel an:

```
# -eq liefert nur die Elemente zurück, die dem Kriterium entsprechen:
1,2,3 -eq 5

# -contains beantwortet die Frage, ob das gesuchte Element im Feld enthalten ist:
1,2,3 -contains 5
False
1,2,3 -notcontains 5
True
```

Hier wird geprüft, ob im Feld mit den Elementen *1*, *2* und *3* der Wert *5* vorkommt oder nicht. Um dieses Beispiel auf Laufwerksbuchstaben auszudehnen, bräuchten Sie also nur ein Feld, in dem alle belegten Laufwerksbuchstaben liegen, und könnten dann mit *-contains* und *-notcontains* prüfen, ob ein bestimmter Laufwerksbuchstabe darin enthalten, also schon belegt ist. Die Frage ist also: Wer liefert so ein Feld?

Zum Beispiel das Cmdlet *Get-PSDrive*. Es liefert alle Laufwerksbuchstaben, die PowerShell kennt, und wenn Sie es zusammen mit der Option *-psprovider FileSystem* aufrufen, erhalten Sie die gesuchten belegten Laufwerke aus dem Dateisystem:

```
Get-PSDrive -PSProvider FileSystem
Name      Provider      Root
----      --------      ----
C         FileSystem    C:\
D         FileSystem    D:\
E         FileSystem    E:\
```

```
G         FileSystem    G:\
S         FileSystem    S:\
Z         FileSystem    Z:\
```

Wie immer, wenn ein Befehl mehr als ein Ergebnis zurückliefert, wird dieses Ergebnis in einem Feld verpackt. Sie könnten das Ergebnis also in einer Variablen speichern und dann mit *-contains* schauen, ob ein bestimmter Eintrag schon darin enthalten ist. Nur leider funktioniert das noch nicht wie geplant:

```
# Liste mit belegten Laufwerken speichern:
$laufwerke = Get-PSDrive -PSProvider FileSystem

# prüfen, ob ein Laufwerksbuchstabe im Feld vorhanden ist:
$laufwerke -contains "C"
False

# nachschauen, was tatsächlich im Feld $laufwerke gespeichert ist:
$laufwerke[0].GetType().Name
PSDriveInfo
```

Tatsächlich liefert *Get-PSDrive* nämlich nicht ein Feld mit Laufwerksbuchstaben, sondern jedes Laufwerk wird mit einem *PSDriveInfo*-Objekt repräsentiert. Damit *-contains* wie geplant Laufwerksbuchstaben findet, müsste der Inhalt des Feldes also auch tatsächlich aus Laufwerksbuchstaben bestehen.

Glücklicherweise können Sie das Feld leicht in diese Form bringen. Dazu beauftragen Sie zuerst *Get-PSDrive*, die Liste mit den *PSDriveInfo*-Laufwerksobjekten auszugeben. Danach füttern Sie dieses Ergebnis über das Pipeline-Zeichen »|« in das Cmdlet *Foreach-Object*. Dieses Cmdlet gibt dann für jedes *PSDriveInfo*-Objekt nur noch die Eigenschaft *Name* aus.

```
$laufwerke = Get-PSDrive -PSProvider FileSystem | Foreach-Object { $_.name }
$laufwerke -contains "C"
True
```

Falls Sie sich gerade die (berechtigte) Frage stellen, wie Sie darauf von allein hätten kommen sollen: Dies war ein Vorgriff, um Ihnen schon jetzt ein lebendiges Beispiel für den Nutzen der Vergleichsoperatoren zu liefern. Das Beispiel nutzt ein allgemeines Prinzip, wie Sie ganz beliebige Feldinhalte in simple Informationsfelder verwandeln. Mehr zu Schleifen erfahren Sie in Kapitel 8.

Where-Object

Lassen Sie uns nun Bedingungen in der Realität anwenden, und der erste Einsatzbereich ist die PowerShell-Pipeline, die Sie schon in Kapitel 5 kennen gelernt haben. In der Pipeline werden die Ergebnisse eines Befehls direkt an den nächsten weitergereicht, und das Cmdlet *Where-Object* funktioniert wie ein Filter. Es lässt nur die Objekte durch die Pipeline hindurch, die einer bestimmten Bedingung entsprechen. Dazu übergeben Sie *Where-Object* Ihre Bedingung.

Ergebnisse in der Pipeline filtern

Das Cmdlet *Get-Process* liefert Ihnen alle laufenden Prozesse. Meist sind Sie aber gar nicht an wirklich sämtlichen Prozessen interessiert, sondern wollen eine bestimmte Fragestellung klären. Möchten Sie zum Beispiel herausfinden, ob – und wenn ja, wie viele – Instanzen des Windows-Editors gerade ausgeführt werden, dann verschaffen Sie sich zuerst einen Überblick, welche Eigenschaften die Prozesse enthalten, die *Get-Process* liefert. Das ist wichtig, denn diese Eigenschaften verwenden Sie danach als Grundlage für Ihre Bedingung. So finden Sie die zur Verfügung stehenden Eigenschaften heraus:

```
Get-Process | Select-Object -first 1 | Format-List *
__NounName                 : Process
Name                       : agrsmsvc
Handles                    : 36
VM                         : 21884928
WS                         : 57344
PM                         : 716800
NPM                        : 1768
Path                       :
Company                    :
CPU                        :
FileVersion                :
ProductVersion             :
Description                :
Product                    :
Id                         : 1316
PriorityClass              :
HandleCount                : 36
WorkingSet                 : 57344
PagedMemorySize            : 716800
PrivateMemorySize          : 716800
VirtualMemorySize          : 21884928
TotalProcessorTime         :
BasePriority               : 8
ExitCode                   :
HasExited                  :
ExitTime                   :
Handle                     :
MachineName                : .
MainWindowHandle           : 0
MainWindowTitle            :
MainModule                 :
MaxWorkingSet              :
MinWorkingSet              :
Modules                    :
NonpagedSystemMemorySize   : 1768
NonpagedSystemMemorySize64 : 1768
PagedMemorySize64          : 716800
PagedSystemMemorySize      : 24860
PagedSystemMemorySize64    : 24860
PeakPagedMemorySize        : 716800
PeakPagedMemorySize64      : 716800
PeakWorkingSet             : 2387968
PeakWorkingSet64           : 2387968
```

```
PeakVirtualMemorySize       : 21884928
PeakVirtualMemorySize64     : 21884928
PriorityBoostEnabled        :
PrivateMemorySize64         : 716800
PrivilegedProcessorTime     :
ProcessName                 : agrsmsvc
ProcessorAffinity           :
Responding                  : True
SessionId                   : 0
StartInfo                   : System.Diagnostics.ProcessStartInfo
StartTime                   :
SynchronizingObject         :
Threads                     : {1964, 1000}
UserProcessorTime           :
VirtualMemorySize64         : 21884928
EnableRaisingEvents         : False
StandardInput               :
StandardOutput              :
StandardError               :
WorkingSet64                : 57344
Site                        :
Container                   :
```

Eine Bedingung formulieren

Der Name eines Prozesses ist also in der Eigenschaft *Name* zu finden, und wenn Sie nur die Prozesse der Windows-Editoren suchen, lautet Ihre Bedingung *name -eq 'notepad'* oder noch genauer *name -ieq 'notepad'*, denn die Groß- und Kleinschreibung ist Ihnen in diesem Fall ausdrücklich egal. Verfüttern Sie diese Bedingung nun an *Where-Object*:

```
Get-Process | Where-Object { $_.name -ieq 'notepad' }

Handles  NPM(K)    PM(K)     WS(K) VM(M)   CPU(s)     Id ProcessName
-------  ------    -----     ----- -----   ------     -- -----------
     68       4     1636      8744    62     0,14   7732 notepad
     68       4     1632      8764    62     0,05   7812 notepad
```

Es funktioniert: Die Pipeline gibt nun nur noch Prozesse zurück, die Ihrer Bedingung entsprechen. Sollten Sie keinen Windows-Editor ausführen, wird auch nichts zurückgeliefert. Wenn Sie sich *Where-Object* näher anschauen, sehen Sie, dass Ihre Bedingung hinter dem Cmdlet in geschweiften Klammern angegeben wird. Die Variable *$_* entspricht dabei jeweils dem Objekt, das die Pipeline gerade durchläuft, also den einzelnen Prozessen, die *Get-Process* liefert.

Spielen Sie nun ein wenig mit den Vergleichsoperatoren aus Tabelle 7.1 und den Eigenschaften, die Prozess-Objekte bieten. Die nächste Zeile würde zum Beispiel alle Prozesse liefern, deren Herstellername mit »Micro« beginnt, und für jeden Prozess den Namen, seine Beschreibung und den Hersteller ausgeben:

```
Get-Process | Where-Object { $_.company -like 'micro*' } | Format-Table name, description, company

Name                    Description                     Company
----                    -----------                     -------
conime                  Console IME                     Microsoft Corporation
dwm                     Desktopfenster-Manager          Microsoft Corporation
```

```
ehmsas                     Media Center Media Status Aggr...  Microsoft Corporation
ehtray                     Media Center Tray Applet           Microsoft Corporation
EXCEL                      Microsoft Office Excel             Microsoft Corporation
explorer                   Windows-Explorer                   Microsoft Corporation
GrooveMonitor              GrooveMonitor Utility              Microsoft Corporation
ieuser                     Internet Explorer                  Microsoft Corporation
iexplore                   Internet Explorer                  Microsoft Corporation
msnmsgr                    Messenger                          Microsoft Corporation
notepad                    Editor                             Microsoft Corporation
notepad                    Editor                             Microsoft Corporation
sidebar                    Windows-Sidebar                    Microsoft Corporation
taskeng                    Aufgabenplanungsmodul              Microsoft Corporation
WINWORD                    Microsoft Office Word              Microsoft Corporation
wmpnscfg                   Windows Media Player Network S...  Microsoft Corporation
wpcumi                     Windows-Jugendschutzbenachrich...  Microsoft Corporation
```

Und wie könnte man die Anzahl der Prozesse bestimmen? Speichern Sie dazu das Ergebnis der Pipeline in einer Variablen. Mit der Konstruktion @() sorgen Sie dafür, dass das Ergebnis auf jeden Fall als Feld geliefert wird, also auch dann, wenn Ihre Bedingung nur einen oder gar keinen Prozess ergibt. Anschließend fragen Sie die Count-Eigenschaft des Feldes ab:

```
$prozesse = Get-Process | Where-Object { $_.company -like 'micro*' } | Format-Table name, description, Company
$prozesse.Count
17
```

TIPP Aus Kapitel 6 wissen Sie, dass jeder einzelne Prozess in dieser Liste eigentlich ein Objekt ist, das nicht nur über die Eigenschaften verfügt, die Sie in den Beispielen eben sichtbar gemacht haben, sondern auch über Methoden. Sie könnten das Ergebnis Ihrer Bedingung also auch Objekt für Objekt weiterbearbeiten und dabei für jedes Objekt Methoden aufrufen. Dazu benötigen Sie allerdings Schleifen, die im nächsten Kapitel genauer erklärt werden. Hier schon einmal eine kleine Vorschau: Die nächste Zeile beendet alle Windows-Editor-Prozesse. Aufpassen: Die Prozesse werden sofort und ohne Rückfrage beendet. Alle nicht gespeicherten Inhalte gehen dabei verloren:

```
# Achtung: Alle Windows-Editor Programme werden sofort und ohne Rückfrage geschlossen:
Get-Process | Where-Object { $_.name -eq 'notepad' } | Foreach-Object { $_.Kill() }
```

Abkürzung verwenden

Weil Sie Bedingungen in der Pipeline häufig brauchen, gibt es für *Where-Object* eine prägnante Abkürzung: das Fragezeichen (?). Anstelle von *Where-Object* dürfen Sie also auch dieses Zeichen verwenden:

```
# die beiden folgenden Anweisungen liefern dasselbe Resultat: alle laufenden Dienste
Get-Service | Where-Object {$_.Status -eq 'Running' }
Get-Service | ? {$_.Status -eq 'Running' }
```

If...ElseIf...Else

Where-Object funktioniert innerhalb der Pipeline hervorragend, eignet sich aber nicht, wenn Sie größere Codeteile von einer Bedingung abhängig machen wollen. Hier funktioniert die *If...ElseIf...Else*-Struktur sehr viel besser. Im einfachsten Fall sieht diese Struktur so aus:

```
If (Bedingung) {# Wenn die Bedingung zutrifft, wird dieser Code ausgeführt}
```

Ihre Bedingung folgt also in runden Klammern hinter dem Schlüsselwort *If*. Trifft die Bedingung zu, wird der Code in den geschweiften Klammern dahinter ausgeführt, sonst nicht. Probieren Sie es aus:

```
If ($a -gt 10) { "$a ist größer als 10" }
```

Vermutlich sehen Sie allerdings (noch) gar kein Ergebnis. Die Bedingung war nicht erfüllt, und deshalb wurde der Code in den geschweiften Klammern auch nicht ausgeführt. Damit Sie mehr sehen, sorgen Sie zuerst dafür, dass die Bedingung erfüllt ist:

```
$a = 11
If ($a -gt 10) { "$a ist größer als 10" }
11 ist größer als 10
```

Der Vergleich trifft jetzt zu, und die *If*-Struktur sorgt dafür, dass nun der Code in den geschweiften Klammern ein Ergebnis meldet. Das zeigt allerdings auch bereits, dass die einfachste *If*-Struktur meist nicht genügt, denn man möchte in der Regel *immer* ein Ergebnis ausgeben, auch dann, wenn die Bedingung nicht erfüllt war. Dazu erweitern Sie die *If*-Struktur um *Else*:

```
If ($a -gt 10)
{
  "$a ist größer als 10"
}
Else
{
  "$a ist kleiner oder gleich 10"
}
```

Jetzt wird der Code in den geschweiften Klammern hinter *If* ausgeführt, wenn die Bedingung erfüllt ist, andernfalls der Code in den geschweiften Klammern hinter *Else*. Und was, wenn man mehrere Bedingungen verwenden möchte? Auch das ist möglich, denn Sie dürfen zwischen *If* und *Else* beliebig viele *ElseIf*-Blöcke hinzufügen:

```
If ($a -gt 10)
{
  "$a ist größer als 10"
}
ElseIf ($a -eq 10)
{
  "$a ist genau 10"
}
```

If...ElseIf...Else

```
Else
{
  "$a ist kleiner als 10"
}
```

Die *If*-Struktur führt dabei also immer den Code in geschweiften Klammern hinter der Bedingung aus, die erfüllt ist. Nur wenn keine Bedingung zutrifft, wird der Code hinter *Else* ausgeführt. Code, der nach der gesamten *If*-Struktur folgt, wird wieder in jedem Fall (»bedingungslos«) ausgeführt. Und was passiert, wenn mehrere Bedingungen zutreffen? Dann wird immer der Code hinter der ersten zutreffenden Bedingung ausgeführt. Alle weiteren zutreffenden Bedingungen werden dann ignoriert.

```
If ($a -gt 10)
{
  "$a ist größer als 10"
}
ElseIf ($a -eq 10)
{
  "$a ist genau 10"
}
ElseIf ($a –ge 10)
{
  "$a ist größer oder gleich 10"
}
Else
{
  "$a ist kleiner als 10"
}
```

HINWEIS Tatsächlich ist der *If*-Struktur die Bedingung vollkommen egal, die Sie angeben. Die *If*-Struktur verlangt im Grunde nur *$true* oder *$false*. Geben Sie *$true* an, dann wird der Code in geschweiften Klammern dahinter ausgeführt, sonst nicht. Bedingungen stellen nur eine von mehreren Möglichkeiten dar, den verlangten Wert *$true* oder *$false* zu liefern. Er könnte aber auch aus einer anderen Quelle stammen, zum Beispiel von einer anderen Funktion oder aus einer Variablen:

```
# liefert True ab 14 Uhr, sonst False:
Function isNachMittag { (get-date).Hour -gt 13 }
isNachMittag
True

# Ergebnis der Funktion bestimmt, welchen Code die If-Struktur ausführt:
If (isNachMittag) { "Pause!" } Else { "is noch früh" }
Pause!
```

Das Beispiel zeigt: Das Fortsetzungskriterium hinter *If* muss immer in runden Klammern stehen, kann aber prinzipiell aus beliebiger Quelle stammen, solange es *$true* oder *$false* ist. Und: Sie dürfen die Elemente der *If*-Struktur auch in einer einzelnen Zeile zusammenfassen. Möchten Sie innerhalb der geschweiften Klammern mehr als einen Befehl ausführen, ohne dafür jeweils neue Zeilen zu verwenden, dann trennen Sie die Befehle mit dem Semikolon (;).

Switch

Möchten Sie einen Wert mit vielen anderen Werten vergleichen, wird die *If*-Konstruktion schnell unübersichtlich. Übersichtlicher und schneller ist hier die Anweisung *Switch*:

```
# einen Wert mit vielen anderen Werten vergleichen (mit If):
$wert = 1
If ($wert -eq 1)
{
  "Wert 1"
}
ElseIf ($wert -eq 2)
{
  "Wert 2"
}
ElseIf ($wert -eq 3)
{
  "Wert 3"
}
Wert 1

# einen Wert mit vielen anderen Werten vergleichen (mit Switch):
$wert = 1
Switch ($wert)
{
  1 { "Zahl 1" }
  2 { "Zahl 2" }
  3 { "Zahl 3" }
}
Zahl 1
```

Und so funktioniert *Switch*: Geben Sie hinter *Switch* in runden Klammern den Wert an, den Sie auswerten möchten. Innerhalb des *Switch*-Blocks werden dann die Vergleiche durchgeführt. Diese Vergleiche brauchen Sie bei *Switch* allerdings im Gegensatz zu *If* nicht auszuformulieren. Es genügt, Vergleichswerte anzugeben. *Switch* vergleicht automatisch die angegebenen Vergleichswerte mit dem Operator *-eq* auf Gleichheit, und wenn der Vergleich *$true* ergibt, wird der Code hinter dem Vergleichswert ausgeführt. Die Bequemlichkeit und Übersichtlichkeit »erkauft« sich *Switch* allerdings mit einer Einschränkung: Wegen des fest eingebauten *-eq*-Vergleichs eignet sich *Switch* zunächst wirklich nur für Gleichheitsvergleiche mit der einen hinter Switch angegebenen Variablen.

Das muss allerdings nicht so bleiben, denn anstelle der Vergleichswerte dürfen auch Skriptblöcke in geschweiften Klammern angegeben werden. Jetzt dürfen Sie den Vergleich wieder ähnlich wie bei *If* vollkommen selbst formulieren. Allerdings ist das Ergebnis nun auch wieder ähnlich unleserlich wie bei *If*:

```
$wert = 1
Switch ($wert)
{
  {$_ -eq 1}  { "Zahl 1" }
  {$_ -eq 2}  { "Zahl 2" }
```

```
    {$_ -eq 3}  { "Zahl 3" }
}
Zahl 1
```

Wenn also der Code in der ersten geschweiften Klammer *True* ergibt, dann wird der Code in der zweiten geschweiften Klammer ausgeführt. Innerhalb des *Switch*-Blocks finden Sie den Ausgangswert, mit dem die Vergleiche durchgeführt werden, stets in der Variablen *$_*.

Möchten Sie nur eine Handvoll fester Vorgabewerte überprüfen, dann ist der letzte Ansatz natürlich Unsinn, und Sie sollten die jeweils erste geschweifte Klammer besser wie im Beispiel davor direkt durch den festen Vergleichswert ersetzen. Wenn Sie aber innerhalb Ihres *Switch*-Blocks andere Vergleiche als den Standardvergleich mit *-eq* durchführen wollen, dann sind die Codeblocks eine prima Lösung.

Wertebereiche testen

Vielleicht möchten Sie, dass *Switch* bei mehreren Werten dieselbe Aktion durchführt und wollen deshalb nicht testen, ob der Ausgangswert *gleich* einem Vorgabewert ist, sondern vielleicht größer oder kleiner. In diesem Fall formulieren Sie einfach Ihre eigene Bedingung und setzen diese wie eben in geschweifte Klammern. Wichtig ist nur, dass Ihre Bedingung entweder *True* oder *False* ergibt:

```
$wert = 8
Switch ($wert)
{
  # anstelle eines Vorgabewerts wird ein Codeblock verwendet, der für Zahlen kleiner als 5 True ergibt:
  {$_ -le 5}  { "Zahl 1-5" }

  # hier wird ein fester Vorgabewert verwendet; Switch prüft, ob dieser Wert dem Wert in $wert
entspricht:
  6  { "Zahl 6" }

  # komplexe Bedingungen sind erlaubt, wie hier, wo zwei Vergleiche mit -and kombiniert werden:
  {(($_ -gt 6) -and ($_ -le 10))}  { "Zahl 7-10" }
}
Zahl 7-10
```

- Der Codeblock *{$_ -le 5}* umfasst zum Beispiel alle Zahlen kleiner oder gleich 5.
- Der Codeblock *{(($_ -gt 6) -and ($_ -le 10))}* kombiniert zwei Bedingungen und ergibt *True*, wenn die Zahl entweder größer ist als 6 oder kleiner/-gleich 10. Sie können innerhalb der Codeblöcke also beliebige PowerShell-Anweisungen kombinieren und dazu auch die logischen Operatoren aus Tabelle 7.2 verwenden.

Hier haben Sie den in *$_* gespeicherten Ausgangswert für Ihre Bedingung verwendet, aber weil *$_* generell überall innerhalb des Switch-Blocks zur Verfügung steht, könnten Sie ihn ebenso gut auch im Ergebniscode einsetzen:

```
$wert = 8
Switch ($wert)
{
  # der Ausgangswert (hier in $wert) steht in der Variablen $_ zur Verfügung:
  {$_ -le 5}  { "$_ ist eine Zahl zwischen 1-5" }
```

```
    6    { "Zahl 6" }
    {(($_ -gt 6) -and ($_ -le 10))}   { "$_ ist eine Zahl zwischen 7-10" }
}
8 ist eine Zahl zwischen 7-10
```

Keine zutreffende Bedingung

Switch führt ähnlich wie *If* nur dann Code aus, wenn mindestens eine der angegebenen Bedingungen erfüllt ist. Allerdings gibt es bei *Switch* ähnlich wie bei *If* auch eine Möglichkeit, Code auszuführen, wenn gar keine Bedingung zutrifft. Das Schlüsselwort, das bei der *If*-Konstruktion *Else* hieß, heißt bei Switch *default*:

```
$wert = 50
Switch ($wert)
{
    {$_ -le 5}   { "$_ ist eine Zahl zwischen 1-5" }
    6    { "Zahl 6" }
    {(($_ -gt 6) -and ($_ -le 10))}   { "$_ ist eine Zahl zwischen 7-10" }
    # der Code hinter der nächsten Anweisung wird ausgeführt, wenn keine andere Bedingung zutraf:
    default {"$_ ist eine Zahl außerhalb des Bereichs 1-10" }
}
50 ist eine Zahl außerhalb des Bereichs 1-10
```

Mehrere zutreffende Bedingungen

Trifft mehr als eine Bedingung zu, dann verhält sich *Switch* anders als *If*. Bei *If* wurde nur die erste zutreffende Bedingung ausgeführt. Bei *Switch* werden sämtliche zutreffenden Bedingungen ausgeführt:

```
$wert = 50
Switch ($wert)
{
    50   { "Die Zahl 50" }
    {$_ -gt 10}   {"Größer als 10"}
    {$_ -is [int]}   {"Integer-Zahl"}

}
Die Zahl 50
Größer als 10
Integer-Zahl
```

Alle zutreffenden Bedingungen sorgen also dafür, dass der Code dahinter ausgeführt wird und so erhalten Sie unter Umständen mehr als ein Ergebnis.

TIPP   Probieren Sie das Beispiel von eben einmal aus, wenn Sie *$wert* den Wert *50.0* zugewiesen haben. In diesem Fall erhalten Sie anstelle von drei nur noch zwei Ergebnisse. Können Sie sich vorstellen, warum? Richtig: Die dritte Bedingung ist nun nicht mehr erfüllt, weil die Zahl in *$wert* jetzt keine Integer-Zahl (Ganzzahl ohne Nachkommastellen) mehr ist. Die übrigen beiden Bedingungen bleiben aber nach wie vor erfüllt.

Möchten Sie auf jeden Fall nur ein Ergebnis erhalten und somit dafür sorgen, dass nur die erste zutreffende Bedingung ausgeführt wird, dann fügen Sie dem Code die Anweisung *break* hinzu.

```
$wert = 50
Switch ($wert)
{
  50  { "Die Zahl 50"; break }
  {$_ -gt 10}  {"Größer als 10"; break}
  {$_ -is [int]}  {"Integer-Zahl"; break}
}
Die Zahl 50
```

Tatsächlich erhalten Sie nun nur noch das erste zutreffende Ergebnis. *Break* sorgt nämlich dafür, dass der *Switch*-Block sofort beendet wird.

Textvergleiche verwenden

Bisher haben die Beispiele stets Zahlen verglichen. Da Sie nun aber wissen, dass *Switch* dabei hinter den Kulissen nur den normalen *-eq*-Vergleichsoperator einsetzt und damit auch Textvergleiche erlaubt sind, könnten Sie natürlich auch Texte vergleichen. Der folgende Code könnte die Grundstruktur einer Befehlsauswertung sein. Je nach angegebenem Befehl wird eine andere Aktion ausgeführt.

```
$aktion = "spEICHern"
Switch ($aktion)
{
  "speichern"  { "Ich speichere..." }
  "oeffnen"    { "Ich öffne..." }
  "drucken"    { "Ich drucke..." }
  Default      { "Unbekannter Befehl" }
}
Ich speichere...
```

Groß- und Kleinbuchstaben

Da der Vergleichsoperator *-eq* nicht zwischen Groß- und Kleinschrift unterscheidet, spielen Groß- und Kleinbuchstaben beim Vergleich offensichtlich auch keine Rolle. Es ist egal, ob der auszuwertende Text in Groß- oder Kleinbuchstaben vorliegt. Möchten Sie Groß- und Kleinbuchstaben unterscheiden, dann verwenden Sie die Option *-case*. Sie ersetzt hinter den Kulissen den Vergleichsoperator *-eq* durch *-ceq*, und nun kommt es plötzlich auf die richtige Schreibweise an:

```
$aktion = "spEICHern"
Switch -case ($aktion)
{
  "speichern"  { "Ich speichere..." }
  "oeffnen"    { "Ich öffne..." }
  "drucken"    { "Ich drucke..." }
  Default      { "Unbekannter Befehl" }
}
Unbekannter Befehl
```

Jokerzeichen

Tatsächlich können Sie den Standard-Vergleichsoperator auch durch die Operatoren *-like* und *-match* austauschen und damit Jokervergleiche durchführen. Wie das grundsätzlich funktioniert, erfahren Sie noch ausführlich in Kapitel 13. Mit der Option *-wildcard* aktivieren Sie den *-like*-Operator, der unter anderem das Sternchen (*) als Jokerzeichen kennt:

```
$text = "IP-Adresse: 10.10.10.10"
Switch -wildcard ($text)
{
  "IP*"   { "Der Text beginnt mit IP: $_" }
  "*.*.*.*"   { "Der Text enthält ein IP-artiges Textmuster: $_" }
  "*dress*"   { "Der Text enthält an beliebiger Stelle den Begriff 'dress': $_" }
}

Der Text beginnt mit IP: IP-Adresse: 10.10.10.10
Der Text enthält ein IP-artiges Textmuster: IP-Adresse: 10.10.10.10
Der Text enthält an beliebiger Stelle den Begriff 'dress': IP-Adresse: 10.10.10.10
```

Reguläre Ausdrücke

Die einfachen Jokerzeichen sind zur Mustererkennung oft nicht wirklich zu gebrauchen. Wesentlich leistungsfähiger sind reguläre Ausdrücke. Die allerdings setzen deutlich mehr Grundwissen voraus, weswegen Sie an dieser Stelle unauffällig in Kapitel 13 schielen sollten; dort werden reguläre Ausdrücke ausführlich vorgestellt.

Mit der Option *-regex* sorgen Sie dafür, dass *Switch* anstelle von *-eq* den Vergleichsoperator *-match* verwendet und damit reguläre Ausdrücke einsetzt. Mit regulären Ausdrücken identifizieren Sie ein Muster nicht nur sehr viel genauer als mit den einfachen Jokerzeichen. Sie erhalten außerdem wie beim *-match*-Operator üblich den Text, der dem Muster entsprach, in der Variablen *$matches* zurück. Auf diese Weise können Sie sogar Informationen aus dem Text heraussparsen:

```
$text = "IP-Adresse: 10.10.10.10"
Switch -regex ($text)
{
  "^IP"   { "Der Text beginnt mit IP: $($matches[0])" }
  "\d{1,3}\.\d{1,3}\.\d{1,3}\.\d{1,3}"   { "Der Text enthält ein IP-artiges Textmuster: $($matches[0])" }
  "\b.*?dress.*?\b"   { "Der Text enthält an beliebiger Stelle den Begriff 'dress': $($matches[0])" }
}

Der Text beginnt mit IP: IP
Der Text enthält ein IP-artiges Textmuster: 10.10.10.10
Der Text enthält an beliebiger Stelle den Begriff 'dress': IP-Adresse
```

HINWEIS Das Ergebnis des *-match*-Vergleichs mit dem regulären Ausdruck wird in *$matches* zurückgeliefert. Darin befindet sich eine Hashtable mit den einzelnen Ergebnissen, denn reguläre Ausdrücke können je nach Gestaltung auch mehrere Ergebnisse liefern. Im Beispiel interessiert nur das erste Ergebnis, das Sie mit *$matches[0]* erhalten. Damit dieses Ergebnis (und nicht etwa die Hashtable selbst) im Ausgabetext erscheint, wird der gesamte Ausdruck in *$(...)* eingebettet.

Falls Ihnen das gerade etwas spanisch vorkommt, sollten Sie sich definitiv Kapitel 13 und die regulären Ausdrücke näher ansehen.

Mehrere Werte gleichzeitig verarbeiten

Bisher haben Sie *Switch* stets einen einzelnen Wert zur Auswertung übergeben. *Switch* kann aber auch mehrere Werte auf einmal verarbeiten. Dazu übergeben Sie *Switch* die Werte in einem Feld. Im folgenden Beispiel wird *Switch* ein Feld mit fünf Elementen übergeben. Automatisch entnimmt *Switch* dem Feld der Reihe nach alle Elemente und führt für jedes Element einen Einzelvergleich durch:

```
$feld = 1..5
Switch ($feld)
{
  {$_ % 2} { "$_ ist ungerade."}
  Default { "$_ ist gerade."}
}
1 ist ungerade.
2 ist gerade.
3 ist ungerade.
4 ist gerade.
5 ist ungerade.
```

Switch in der Pipeline einsetzen

Gerade haben Sie gesehen: *Switch* akzeptiert klaglos nicht nur einzelne Werte, sondern auch ganze Felder. Damit wäre *Switch* eigentlich ein idealer Kandidat, um die Ergebnisse auf der PowerShell-Pipeline auszuwerten, denn auch dort werden mit dem Pipeline-Zeichen (|) Ergebnisse als Felder von einem Befehl zum nächsten weitergereicht.

Und tatsächlich könnte *Switch* dafür auch eingesetzt werden. Die nächste Zeile erfragt von *Get-Process* alle laufenden Prozesse und füttert das Ergebnis in einen Skriptblock (& {...}) Innerhalb des Skriptblocks wertet Switch das Ergebnis der Pipeline aus, das in *$input* zur Verfügung steht. Wenn die Eigenschaft WS eines Prozesses größer als ein Megabyte ist, wird dieser Prozess ausgegeben. *Switch* »verschluckt« also alle Prozesse, deren WS-Eigenschaft kleiner oder gleich einem Megabyte ist, und benimmt sich wie ein Filter:

```
Get-Process | & { Switch($input) { {$_.WS -gt 1MB} { $_ }}}
```

Allerdings ist diese Zeile extrem unleserlich und wirkt kompliziert. Mit *Where-Object* lässt sich die Bedingung sehr viel übersichtlicher formulieren:

```
Get-Process | Where-Object { $_.WS -gt 1MB }
```

Schneller ist diese Variante noch dazu, denn während *Switch* im ersten Beispiel zuerst darauf warten muss, bis die Pipeline die gesamten Ergebnisse des vorangegangenen Befehls in *$input* eingesammelt hat, bearbeitet *Where-Object* die Ergebnisse des vorangegangenen Befehls genau so, wie die Ergebnisse eintreffen, also in Echtzeit. Der Unterschied wird besonders deutlich bei langwierigen Befehlen:

```
# Switch liefert alle Dateien, die mit "a" beginnen:
Dir | & { Switch($input) { {$_.name.StartsWith("a")} { $_ } }}

# Allerdings erst, wenn Dir alle Daten geliefert hat, und das kann sehr lange dauern:
Dir -Recurse | & { Switch($input) { {$_.name.StartsWith("a")} { $_ } }}
```

```
# Where-Object bearbeitet die einlaufenden Ergebnisse sofort, also in Echtzeit:
Dir -recurse | Where-Object { $_.name.StartsWith("a") }

# Die Kurzform von Where-Object ("?") funktioniert genauso:
Dir -recurse | ? { $_.name.StartsWith("a") }
```

Switch hat sich in diesem letzten Beispiel nicht mehr nur wie eine Bedingung verhalten, sondern außerdem deutliche Anzeichen einer Schleife entwickelt: die Auswertung im *Switch*-Block wurde für jedes Element im Feld wiederholt. Und tatsächlich kann *Switch* auch wie eine Schleife verwendet werden. Damit ist *Switch* die ideale Überleitung zum nächsten Kapitel, in dem Sie alle Formen von Schleifen kennen lernen.

Zusammenfassung

Intelligente Entscheidungen beruhen auf Bedingungen, die sich im einfachsten Fall auf simple *Ja*- oder *Nein*-Antworten reduzieren lassen. Mit den Vergleichsoperatoren aus Tabelle 7.1 formulieren Sie solche Bedingungen und können diese sogar mit den logischen Operatoren aus Tabelle 7.2 zu komplexen Fragestellungen kombinieren.

Die simplen Ja/Nein-Antworten Ihrer Bedingungen bestimmen anschließend, ob bestimmte PowerShell-Anweisungen ausgeführt werden sollen oder nicht. Im einfachsten Fall setzen Sie das Cmdlet *Where-Object* innerhalb der Pipeline ein. Es funktioniert dort wie ein Filter und lässt nur solche Ergebnisse die Pipeline passieren, die Ihrer Bedingung entsprechen.

Möchten Sie mehr Kontrolle oder größere Codeteile abhängig von Bedingungen ausführen, verwenden Sie die *If*-Konstruktion, die beliebig viele verschiedene Bedingungen auswertet und je nach Ergebnis den zugeordneten Code ausführt. Dies ist das typische Wenn-dann-Szenario: *wenn* bestimmte Bedingungen erfüllt sind, *dann* wird bestimmter Code ausgeführt.

Eine Alternative zur *If*-Konstruktion ist die *Switch*-Konstruktion: Hierbei vergleichen Sie einen festen Ausgangswert mit verschiedenen infrage kommenden Möglichkeiten. Wenn Sie also eine bestimmte Variable gegen viele verschiedene mögliche Werte prüfen wollen, ist *Switch* die richtige Wahl.

Kapitel 8

Schleifen

In diesem Kapitel:

Foreach-Object	252
ForEach	255
Do und While	260
For	262
Switch	265
Schleifen vorzeitig verlassen	270
Zusammenfassung	273

Dass Wiederholungen ganz und gar nicht langweilig zu sein brauchen, beweisen Schleifen. Sie wiederholen bestimmte PowerShell-Anweisungen, und ein erster wichtiger Einsatzbereich dafür ist die PowerShell-Pipeline. Die meisten PowerShell-Befehle verpacken ihre Ergebnisse in Feldern, und wenn Sie die einzelnen Elemente im Feld näher untersuchen wollen, brauchen Sie eine Schleife.

Schleifen machen aber auch außerhalb der Pipeline viel Sinn. Vielleicht möchten Sie einem Anwender so lange eine Frage stellen, bis er die richtige Antwort gibt. Oder Sie suchen den nächsten freien Laufwerksbuchstaben. All das sind Einsatzbereiche von Schleifen, die Sie jetzt einzusetzen lernen.

Foreach-Object

In der PowerShell-Pipeline (Kapitel 5) werden Befehle miteinander verknüpft, und die Ergebnisse eines Befehls flitzen durch die Befehlskette, bis sie den letzten Befehl der Pipeline erreichen und ausgegeben werden. Möchten Sie die Objekte, die dabei durch die Pipeline flitzen, näher untersuchen, benötigen Sie das Cmdlet *Foreach-Object*. Es führt den Code, den Sie dahinter angeben, für jedes Objekt aus, das durch die Pipeline geleitet wird und ist einer der wichtigsten Wege, um an native PowerShell-Objekte zu gelangen. Gleichzeitig ist es die einfachste Form einer Schleife.

Pipeline-Objekte einzeln auswerten

Wenn Sie zum Beispiel mit *Get-WMIObject* alle Informationen über alle laufenden Dienste abrufen, werden die Dienste von *Get-WMIObject* als Objekte beschafft und durch die Pipeline geleitet. Normalerweise konvertiert PowerShell diese Objekte am Ende der Pipeline automatisch in Text und Sie könnten höchstens über die Formatierer-Cmdlets aus Kapitel 5 Einfluss auf die Gestaltung nehmen:

```
Get-WMIObject Win32_Service | Format-Table Name, StartMode, PathName
Name                             StartMode              PathName
----                             ---------              --------
AeLookupSvc                      Auto                   C:\Windows\system32\svchost.ex...
AgereModemAudio                  Auto                   C:\Windows\system32\agrsmsvc.exe
ALG                              Manual                 C:\Windows\System32\alg.exe
Appinfo                          Manual                 C:\Windows\system32\svchost.ex...
AppMgmt                          Manual                 C:\Windows\system32\svchost.ex...
Ati External Event Utility       Auto                   C:\Windows\system32\Ati2evxx.exe
AudioEndpointBuilder             Auto                   C:\Windows\System32\svchost.ex...
Audiosrv                         Auto                   C:\Windows\System32\svchost.ex...
Automatisches LiveUpdate - Sche… Auto                   "C:\Program Files\Symantec\Liv...
(...)
```

Mit *Foreach-Object* haben Sie sehr viel mehr Möglichkeiten und können auf alle Eigenschaften und Methoden der einzelnen Objekte zugreifen. Dabei wird der Code, der hinter *Foreach-Object* in geschweiften Klammern steht, für jedes einzelne Objekt ausgeführt, das durch die Pipeline läuft. Innerhalb dieser geschweiften Klammern wird das aktuelle Objekt von der Variablen $_ repräsentiert. So ließen sich zum Beispiel ganz eigene Ausgaben generieren:

```
Get-WMIObject Win32_Service | Foreach-Object { "{0} ({1}): Pfad: {2}" -f $_.Name, $_.StartMode,
$_.PathName }

AeLookupSvc (Auto): Pfad: C:\Windows\system32\svchost.exe -k netsvcs
AgereModemAudio (Auto): Pfad: C:\Windows\system32\agrsmsvc.exe
ALG (Manual): Pfad: C:\Windows\System32\alg.exe
Appinfo (Manual): Pfad: C:\Windows\system32\svchost.exe -k netsvcs
AppMgmt (Manual): Pfad: C:\Windows\system32\svchost.exe -k netsvcs
(...)
```

Bedingungen integrieren

Innerhalb des Skriptblocks hinter *Foreach-Object* sind alle PowerShell-Befehle und -Anweisungen erlaubt, sodass Sie dort zum Beispiel auch Bedingungen einsetzen könnten, zum Beispiel, um nur die laufenden Dienste einschließlich ihrer Beschreibungen auszugeben:

```
Get-WMIObject Win32_Service | Foreach-Object {
  if ($_.Started) {
  "{0}({1}) = {2}" -f $_.Caption, $_.Name, $_.Description  }
}

Windows-Audio-Endpunkterstellung(AudioEndpointBuilder) = Verwaltet Audiogeräte für den Windows-
Audiodienst. Wenn dieser Dienst beendet wird, funktionieren Audiogeräte und -effekte nicht
ordnungsgemäß. Wenn dieser Dienst deaktiviert wird, können die Dienste, die von diesem Dienst explizit
abhängig sind, nicht mehr gestartet werden.
Windows-Audio(Audiosrv) = Verwaltet Audioinhalte für Windows-basierte Programme. Wenn dieser Dienst
beendet wird, funktionieren Audiogeräte und -effekte nicht ordnungsgemäß. Wenn dieser Dienst deaktiviert
wird, können die Dienste, die von diesem Dienst explizit abhängig sind, nicht mehr gestartet werden.
Basisfiltermodul(BFE) = Das Basisfiltermodul ist ein Dienst, der Firewall- und IPsec-Richtlinien
überwacht und eine Benutzermodusfilterung implementiert. Durch das Beenden oder Deaktivieren des BFM-
Dienstes wird die Sicherheit des Systems erheblich beeinträchtigt. Darüber hinaus zeigen die IPsec-
Verwaltungs- und Firewallanwendungen ein unerwartetes Verhalten.
```

TIPP Denken Sie an die Modulbauweise der Pipeline und halten Sie sie simpel und modular! Während es zwar erlaubt ist, Bedingungen und komplexe Anweisungen im Skriptblock hinter *Foreach-Object* anzugeben, bleibt die Pipeline lesbarer und flexibler, wenn Sie die einzelnen Aufgaben in separate Schritte unterteilen und als Bedingung das Cmdlet *Where-Object* aus dem letzten Kapitel verwenden:

```
Get-WMIObject Win32_Service | Where-Object { $_.Started -eq $true } | Foreach-Object {"{0}({1}) = {2}" -
f $_.Caption, $_.Name, $_.Description}
```

Und denken Sie an die Bedingungen aus dem letzten Kapitel: Sie müssen *$true* oder *$false* ergeben, das ist die einzige Bedingung. Enthält eine Variable bereits *$true* oder *$false*, lässt sich auch ihr Ergebnis direkt verwenden. Ob Sie also als Bedingung *$_.Started -eq $true* formulieren oder kürzer *$_.Started*, ist vollkommen egal, denn in beiden Fällen ist das Ergebnis entweder *$true* oder *$false*.

Weil die Bausteine *Where-Object* und *Foreach-Object* in der Praxis sehr häufig verwendet werden, gibt es dafür Abkürzungen: Das Fragezeichen steht für *Where-Object* und das Prozentzeichen steht für *Foreach-Object*. Lesbarer werden die Zeilen dadurch nicht, aber kürzer und einfacher einzugeben:

```
Get-WMIObject Win32_Service | ? { $_.Started -eq $true } | % {"{0}({1}) = {2}" -f $_.Caption, $_.Name,
$_.Description}
```

Methoden aufrufen

Weil Ihnen *Foreach-Object* die einzelnen Objekte der Pipeline zugänglich macht, haben Sie vollen Zugriff darauf und können deshalb auch die Methoden dieser Objekte aufrufen. Im letzten Kapitel haben Sie schon gesehen, wie Sie auf diese Weise alle Instanzen eines Programms wie dem Windows Editor schließen. Erinnern Sie sich?

```
Get-Process notepad | Foreach-Object { $_.Kill() }
```

Diese Anweisung schließt allerdings sämtliche Prozesse, die *notepad* heißen, also auch Notepads, die Sie viel früher geöffnet haben. Weil PowerShell stets mit Objekten arbeitet und weil Sie innerhalb des *Foreach-Object*-Cmdlets Zugriff auf sämtliche Objekteigenschaften und -Methoden haben, ließe sich die Auswahl leicht einschränken. Sie könnten zum Beispiel nur die Notepad-Prozesse beenden, die noch nicht länger laufen als 2 Minuten. Wie findet man heraus, wie lange ein Prozess bereits ausgeführt wird? Zum Beispiel so:

```
Notepad
$prozess = @(Get-Process notepad)[0]
$prozess.StartTime
Donnerstag, 20. September 2007 08:17:27
```

Die Zeitdifferenz zwischen jetzt und der Startzeit berechnet das Cmdlet *New-Timespan*:

```
New-Timespan $prozess.StartTime (get-date)

Days              : 0
Hours             : 0
Minutes           : 3
Seconds           : 7
Milliseconds      : 766
Ticks             : 1877660000
TotalDays         : 0,00217321759259259
TotalHours        : 0,0521572222222222
TotalMinutes      : 3,129433333333333
TotalSeconds      : 187,766
TotalMilliseconds : 187766
```

Und so könnte die Befehlszeile aussehen, die alle Prozesse namens Notepad beendet, die noch nicht länger als 3 Minuten laufen:

```
Get-Process notepad | Foreach-Object { $time = (New-Timespan $_.StartTime (get-date)).TotalSeconds; if
($time -lt 180) { "Beende Prozess $($_.id) nach $time Sekunden..."; $_.Kill()} else { "Prozess $($_.id)
läuft schon seit $time Sekunden und wird nicht beendet."} }
```

Diese Zeile funktioniert zwar bestens, ist aber etwas unübersichtlich. Die *Foreach-Object*-Schleife enthält eine Bedingung. Das ist eigentlich ein Fall für *Where-Object*:

```
Get-Process notepad | Where-Object { $time = (New-Timespan $_.StartTime (get-date)).TotalSeconds; ($time 
-lt 180) } | Foreach-Object { "Beende Prozess $($_.id) nach $time Sekunden..."; $_.Kill() }
```

Auch das funktioniert. Nun haben Sie zwar Bedingung und Schleife voneinander separiert, aber lernen gleich einen Nachteil von *Where-Object* kennen: dieses Cmdlet lässt nur die Objekte passieren, die Ihrer Bedingung entsprechen. Alle übrigen werden stillschweigend verschluckt. Deshalb ist bei diesem Ansatz keine Möglichkeit gegeben, eine Nachricht für Prozesse auszugeben, die schon längere Zeit laufen und deshalb nicht beendet werden. Aus dem letzten Kapitel wissen Sie vielleicht noch, dass *Switch* die Merkmale einer Schleife und einer Bedingung kombiniert. Brauchen Sie also beides, kann *Switch* eine interessante Lösung sein:

```
Switch (Get-Process notepad) {
  {$time = (New-Timespan $_.StartTime (get-date)).TotalSeconds; $time -le 180} {"Beende Prozess 
$($_.id) nach $time Sekunden..."; $_.Kill()}
  default {"Prozess $($_.id) läuft schon längere Zeit und wird nicht beendet."}
}
```

ForEach

Neben *Foreach-Object* kennt PowerShell außerdem die Anweisung *ForEach*. Beide scheinen auf den ersten Blick ziemlich identisch zu funktionieren. Während *Foreach-Object* seine Eingaben allerdings aus der Pipeline bezieht und das aktuelle Objekt innerhalb der Schleife in der Variablen *$_* bereitstellt, geben Sie bei *ForEach* den Container mit den Daten selbst an und legen auch selbst fest, unter welchem Namen das aktuelle Element in der Schleife angesprochen wird:

```
# Foreach-Object listet die einzelnen Elemente in der Pipeline auf:
Dir C:\ | Foreach-Object { $_.name }
# Foreach-Schleife listet die einzelnen Elemente eines Containers auf:
Foreach ($element in Dir C:\) { $element.name }
```

Und genau darin liegt ihr fundamentaler Unterschied. *Foreach-Object* funktioniert am besten in der Pipeline, wo die einzelnen Ergebnisse in Echtzeit vom vorangehenden Befehl geliefert werden. Hier muss *Foreach* passen, denn es kann nur Daten bearbeiten, die bereits komplett vorliegen. Die Bearbeitung selbst erfolgt dann aber in rasanter Geschwindigkeit. *ForEach* blockiert PowerShell so lange, bis alle Ergebnisse vorliegen, und das kann bei aufwändigeren Befehlen sehr lange sein. Es bearbeitet die Ergebnisse also erst, *nachdem Dir* sie geliefert hat:

```
# Foreach-Schleife listet die einzelnen Elemente eines Containers auf:
Foreach ($element in Dir C:\ -recurse) { $element.name }
```

Jetzt werden Sie lange Zeit überhaupt nichts sehen, höchstens ein paar sonderbare Fehlermeldungen. Sie haben *Dir* nämlich beauftragt, das Verzeichnislisting rekursiv für das gesamte Laufwerk C:\ zu liefern, und das kann dauern. Die möglicherweise auftretenden Fehlermeldungen stammen von Ordnern, für die Sie keine Leseberechtigung besitzen. Die *Foreach*-Schleife kann erst in Aktion treten, *nachdem* das Ergebnis von *Dir komplett* vorliegt. Das ist nicht gut.

Die PowerShell-Pipeline macht das besser. Hier legt *Dir* seine Ergebnisse der Reihe nach ab, und *Foreach-Object* kann damit bereits weiterarbeiten, noch während *Dir* seine Aufgabe erledigt. Hier kommt es also nicht zu einer Verzögerung, sondern alles läuft in Echtzeit ab. Oder anders gesagt: *Foreach-Object* bearbeitet die Ergebnisse von *Dir*, noch während *Dir* sie liefert:

```
# Foreach-Object listet die einzelnen Elemente in der Pipeline auf:
Dir C:\ -recurse | Foreach-Object { $_.name }
```

Wo liegen nun also die besonderen Stärken von *ForEach*? Immer, wenn die Ergebnisse, die Sie auswerten wollen, bereits komplett vorliegen, zum Beispiel in einer Variablen, ist *ForEach* die bessere, weil erheblich schnellere Wahl. Im einfachsten Fall fischt die *foreach*-Schleife zum Beispiel alle Elemente eines Variablenfelds heraus. Dazu übergeben Sie der *foreach*-Schleife eine (beliebige) Laufvariable (hier: *$element*) sowie den Container (hier: *$feld*). Die Schleife legt dann bei jedem Durchlauf in der Laufvariablen *$element* ein neues Element aus dem Container *$feld* ab.

```
# Ein eigenes Feld anlegen:
$feld = 3,6,"Hallo", 12

# Dieses Feld Element für Element auslesen:
Foreach ($element in $feld) {
"Aktuelles Element: $element"
}

Aktuelles Element: 3
Aktuelles Element: 6
Aktuelles Element: Hallo
Aktuelles Element: 12
```

TIPP   *Foreach-Object* und die Pipeline hätten das Problem ebenfalls meistern können:

```
$feld = 3,6,"Hallo", 12
$feld | Foreach-Object { "Aktuelles Element: $_" }
```

Allerdings ist *ForEach* bedeutend schneller. Den dramatischen Zeitvorteil ermitteln Sie zum Beispiel mit *Measure-Command*:

```
(Measure-Command {$feld | Foreach-Object { "Aktuelles Element: $_" }}).totalmilliseconds
2,8
(Measure-Command {Foreach ($element in $feld) {"Aktuelles Element: $element"}}).totalmilliseconds
0,2
```

Auch wenn die Zahlen bei Ihnen abweichen, zeigen sie doch das grundsätzliche Verhältnis. Liegen die Daten bereits in einer Variablen, ist es mehr als zehnmal schneller, sie direkt mit *ForEach* auszuwerten anstatt sie mit allem verbundenen Overhead über die Pipeline zu jagen.

Aus den gewonnenen Erkenntnissen ergeben sich die folgenden Regeln:

- **Foreach-Object:** Müssen Sie die Ergebnisse, die die Schleife auswerten soll, erst noch beschaffen, und dauert diese Beschaffung mehr als ein paar Millisekunden, dann verwenden Sie *Foreach-Object* und die Pipeline, damit es zu keinen längeren Wartezeiten kommt und die Ergebnisse sofort in dem Moment bearbeitet werden, wo sie vorliegen.
- **Foreach:** Haben Sie die Ergebnisse bereits in einer Variablen vorliegen oder geht die Beschaffung blitzschnell, dann verwenden Sie *Foreach* mit seinem Geschwindigkeitsvorteil, denn *Foreach* spart sich den Overhead der Pipeline.

Foreach funktioniert prinzipiell mit allen Arten von Containern. Sie könnten sich zum Beispiel mit *Dir* ein Ordnerlisting geben lassen und die einzelnen Dateien und Ordner dann mit *Foreach* näher bearbeiten:

```
# Alle Dateien und Ordner in einem Verzeichnis einzeln bearbeiten:
Foreach ($eintrag in dir c:\) {

# entweder betten Sie die Daten als Unterausdrücke in einen Text ein:
"Datei $($eintrag.Name) ist $($eintrag.length) Bytes groß!"

# oder Sie verwenden Platzhalter und den Formatierungsoperator -f:
"Datei {0} ist {1} Bytes groß!" -f $eintrag.name, $eintrag.length
}
Datei autoexec.bat ist 24 Bytes groß!
Datei autoexec.bat ist 24 Bytes groß!
Datei BOOTSECT.BAK ist 8192 Bytes groß!
Datei BOOTSECT.BAK ist 8192 Bytes groß!
(...)
```

HINWEIS Die *Foreach*-Schleife kommt auch mit leeren Containern und sogar mit Objekten zurecht, die gar keine Container sind. Falls *Dir* zum Beispiel gar keine Dateien zurückgibt, wird die Schleife wie erwartet kein einziges Mal durchlaufen. Gibt *Dir* nur eine Datei zurück, dann erkennt *Foreach* automatisch, dass es sich gar nicht um einen Container handelt, sondern um ein einzelnes Objekt, und durchläuft die Schleife genau einmal.

Ebenso gut könnten Sie mit dem Cmdlet *Get-WMIObject* nach Instanzen einer WMI-Klasse suchen und zum Beispiel einen Container mit allen Diensten des Systems zurückgeben lassen. *Foreach* würde dann die darin enthaltenen Dienste einzeln untersuchen und zum Beispiel eine Liste mit den allgemeinen (englischen) und den lokalisierten (deutschen) Dienstnamen generieren:

```
# alle Dienste des Systems von der WMI erfragen und in $container speichern:
$container = Get-WMIObject Win32_Service

# für jeden Dienst die Eigenschaften Name und Caption ausgeben:
Foreach ($instanz in $container) { $instanz.Name + " = " + $instanz.Caption }
AeLookupSvc = Anwendungserfahrung
AgereModemAudio = Agere Modem Call Progress Audio
ALG = Gatewaydienst auf Anwendungsebene
Appinfo = Anwendungsinformationen
(...)
```

Das allerdings ist schon ein Grenzbereich, weil *Get-WMIObject* unter Umständen einige Sekunden benötigt. Hier sollten Sie eventuell besser *Foreach-Object* verwenden.

Prinzipiell benötigt *Foreach* nur einen Container mit Objekten. Solche Container sind weit verbreitet, wenn man genau hinsieht. Das Cmdlet *Resolve-Path* verwandelt zum Beispiel eine Pfadangabe mit Jokerzeichen in ein Feld mit allen tatsächlichen Pfaden, die den Jokerzeichen entsprechen. Das nächste Beispiel listet alle Textdateien in Ihrem Benutzerprofil auf:

```
Resolve-Path -Path "$home\*.txt"
Path
----
C:\Users\Tobias Weltner\ausgabe.txt
C:\Users\Tobias Weltner\cmdlet.txt
C:\Users\Tobias Weltner\error.txt
C:\Users\Tobias Weltner\liste.txt
C:\Users\Tobias Weltner\schnappschuss.txt
```

Die *Foreach*-Schleife könnte nun das Ergebnis von *Resolve-Path* durchlaufen und jede einzelne gefundene Datei im Editor öffnen.

```
function open-editor ([string]$pfad="$home\*.txt") {

  $liste = Resolve-Path -Path $pfad
  Foreach ($datei in $liste) {
    "Öffne Datei $datei..."
    notepad $datei
  }
}
```

Diese Zeile würde dann alle Log-Dateien in Ihrem Windows-Ordner im Editor öffnen:

```
open-editor $env:windir\*.log
```

Mitunter liefern Befehle wie *Dir* (bzw. *Get-Childitem*) mehrere unterschiedliche Objekttypen, zum Beispiel *FileInfo*-Objekte für Dateien und *DirectoryInfo*-Objekte für Ordner. *Foreach* ist das egal: Es liefert bei jedem Schleifendurchlauf ein Objekt, bis alle Objekte bearbeitet sind. Ihnen muss das weniger egal sein, und so könnten Sie mit einer Bedingung testen, ob das gelieferte Objekt dem gewünschten Typ entspricht. Die folgende Schleife liefert zum Beispiel unterschiedliche Angaben, je nachdem, ob es sich um einen Ordner oder eine Datei handelt:

```
# Alle Dateien und Ordner in einem Verzeichnis einzeln bearbeiten:
Foreach ($eintrag in dir c:\) {

  # handelt es sich um ein FileInfo-Objekt?
  if ($eintrag –is [System.IO.FileInfo]) {
    # ja, also Name und Größe ausgeben:
    "Datei {0} ist {1} Bytes groß!" -f $eintrag.name, $eintrag.length
  }
  # oder handelt es sich etwa um ein DirectoryInfo-Objekt?
  elseif ($eintrag –is [System.IO.DirectoryInfo]) {
    # ja, also Name und Anlagezeitpunkt ausgeben:
    "Ordner {0} wurde am {1:} angelegt!" –f $eintrag.name, $eintrag.CreationTime
```

```
 }
}
Ordner Dokumente und Einstellungen wurde am 28.08.2006 19:15:14 angelegt!
Ordner Program Files wurde am 02.11.2006 12:18:33 angelegt!
Ordner Programme wurde am 28.08.2006 19:15:47 angelegt!
Ordner Users wurde am 02.11.2006 12:18:33 angelegt!
Ordner Windows wurde am 02.11.2006 12:18:34 angelegt!
Datei autoexec.bat ist 24 Bytes groß!
Datei BOOTSECT.BAK ist 8192 Bytes groß!
Datei config.sys ist 10 Bytes groß!
```

Der interne Foreach-Zähler

Normalerweise hangelt sich die *Foreach*-Schleife vollkommen automatisch durch die Elemente in dem Container, den Sie der Schleife übergeben haben. Solange die Schleife läuft, haben Sie mit der Variablen *$Foreach* allerdings Zugriff auf diesen Mechanismus und könnten Elemente im Container überspringen oder ein zweites Mal durchlaufen. Sinnvoll ist das meistens nicht, interessant aber schon. Die folgende *Foreach*-Schleife würde zum Beispiel nur ungerade Zahlen ausgeben:

```
Foreach ($i in 1..30) {
$i
[void] $Foreach.MoveNext()
}
1
3
5
(...)
```

$Foreach.MoveNext() überspringt also jeweils ein Element. Weil *MoveNext* ein Befehl ist, steht dahinter »()«, und weil dieser Befehl einen Wert zurückmeldet, für den wir uns nicht interessieren und den wir nicht ausgeben wollen, wird der Rückgabewert von *MoveNext* dem Datentyp *[void]* zugeordnet. Der ist eigentlich gar kein echter Datentyp, sondern vernichtet alles, was man ihm zuweist. Der aktuelle Wert der Schleife wird in *$Foreach.Current* ausgegeben. Sie hätten also auch schreiben können:

```
Foreach ($i in 1..30) {
$Foreach.Current
[void] $Foreach.MoveNext()
}
```

Wirklich praktisch kann das sein, wenn das Feld, das Sie auswerten wollen, Informationen paarweise gruppiert. Dann nämlich könnte die *Foreach*-Schleife zuerst das erste Element lesen, dann mit *$Foreach.MoveNext()* zum nächsten Element gehen und dieses dann mit *$Foreach.Current* ebenfalls lesen. Im Endeffekt würde die Schleife so bei jedem Durchlauf gleich zwei Elemente verarbeiten, so wie hier, wo die aktuellen Netzwerkdruckerzuordnungen sichtbar gemacht werden:

```
# Die COM-Befehlsbibliothek für einfache Netzwerkaufgaben laden:
$network = New-Object -ComObject WScript.Network


# mit EnumPrinterConnections die aktuellen Netzwerkdruckerzuordnungen abrufen:
```

```
$druckerliste = $network.EnumPrinterConnections()

# weil das Feld die Informationen paarweise speichert (Verbindung, Druckername), werden pro Schleifendurchlauf
# zwei Einträge des Feldes auf einmal verarbeitet:

Foreach ($element in $druckerliste) {
  [void] $Foreach.MoveNext()
  "Drucker {0} entspricht {1}" -f $Foreach.Current, $element
}

Drucker SnagIt 8 entspricht C:\ProgramData\TechSmith\SnagIt 8\PrinterPortFile
Drucker Microsoft XPS Document Writer entspricht XPSPort:
Drucker Microsoft Office Document Image Writer entspricht Microsoft Document Imaging Writer Port:
Drucker HP LaserJet 4300 PCL 5 entspricht 10.10.10.5
Drucker Fax entspricht SHRFAX:
Drucker Canon Inkjet iP4200 entspricht USB001
Drucker An OneNote 2007 senden entspricht Send To Microsoft OneNote Port:
```

Do und While

Do und *While* erzeugen Endlosschleifen. Endlosschleifen sind praktisch, wenn Sie selbst nicht so genau wissen, wie lange die Schleife eigentlich wiederholt werden soll. Damit die Endlosschleife nicht tatsächlich endlos läuft, formulieren Sie zusätzlich Abbruchbedingungen. Erst wenn die erfüllt sind, endet die Schleife. So können Sie flexibel auf die jeweilige Situation reagieren.

Fortsetzungs- und Abbruchbedingungen

Ein typisches Beispiel für eine Endlosschleife ist eine Anwender-Frage, die Sie so oft wiederholen können, bis der Anwender eine gültige Antwort gibt. Wie lange das dauert und wie häufig die Frage wiederholt werden muss, hängt vom Anwender und seiner Auffassungsgabe ab. Niemand weiß das im Voraus.

```
Do {
  $eingabe = Read-Host "Ihre Homepage"
} While (!($eingabe -like "www.*.*"))
```

Diese Schleife fragt den Anwender nach seiner Homepage-Webadresse. Am Ende der Schleife hinter *While* steht das Kriterium, das *erfüllt* sein muss, damit die Schleife noch einmal wiederholt wird. Im Beispiel wird mit *-like* geprüft, ob die Eingabe dem Muster *www.*.** entspricht. Das ist zwar nur eine grobe Prüfung, genügt aber meistens. Möchten Sie genauer prüfen, können Sie an dieser Stelle auch reguläre Ausdrücke einsetzen. Beide Verfahren werden ausführlich in Kapitel 13 erklärt.

Ist die Bedingung erfüllt, dann hat der Anwender eine gültige Webadresse eingegeben. Das ist dumm, denn die Schleife wird ja gerade dann wiederholt, wenn die Bedingung *erfüllt* ist. Sie soll aber nur dann wiederholt werden, wenn die Eingabe *falsch* war. Deshalb wird das Ergebnis der Bedingung mit dem Ausrufezeichen einfach umgedreht. Die Schleife wird jetzt also solange wiederholt, wie die Eingabe *nicht* einer Webadresse entspricht.

Do und While

Bei dieser Art der Endlosschleife findet die Überprüfung des Schleifenkriteriums erst am Schluss statt. Die Schleife wird also mindestens einmal durchlaufen, und das ist auch gut so, denn bevor Sie das Kriterium überprüfen können, müssen Sie den Anwender mindestens einmal gefragt haben.

Es gibt aber auch Fälle, wo das Kriterium am Anfang und nicht am Ende der Schleife überprüft werden sollte, nämlich dann, wenn die Schleife unter bestimmten Voraussetzungen überhaupt nicht durchlaufen werden darf. Ein Beispiel könnte eine Textdatei sein, die Sie zeilenweise auslesen möchten. Da es sein kann, dass die Datei völlig leer ist und überhaupt keinen Text enthält, den man lesen könnte, muss die Schleife vor dem ersten Durchlauf prüfen, ob es überhaupt etwas zu Lesen gibt. Dazu stellen Sie die *While*-Anweisung mit ihrem Kriterium einfach an den Anfang der Schleife (und lassen das nutzlos geworden *Do* weg):

```
# Eine Datei zum Lesen öffnen:
$file = [system.io.file]::OpenText("C:\autoexec.bat")

# Schleife nur fortsetzen, wenn das Ende der Datei noch nicht erreicht ist:
While (!($file.EndOfStream)) {

  # aktuelle Zeile aus der Datei lesen und ausgeben:
  $file.ReadLine()
}

# Datei wieder schließen:
$file.close()
```

HINWEIS Komisch, oder? Auch diese Schleife musste beim Kriterium hinter *While* den Umkehroperator (!) einsetzen. Tatsächlich ist es in der Praxis oft viel einfacher, ein *Abbruch*kriterium als ein *Fortsetzungs*kriterium festzulegen. *While* verlangt stets ein *Fortsetzungs*kriterium, aber mit »!« verwandeln Sie das in ein *Abbruch*kriterium, das erfüllt sein muss, damit die Schleife abbricht – und eben nicht fortgesetzt wird. Das Beispiel an sich ist natürlich nur konstruiert, denn PowerShell macht es Ihnen mit dem Cmdlet *Get-Content* sehr viel einfacher, eine Textdatei auszulesen.

```
Get-Content c:\autoexec.bat
```

Oder einfach:

```
$(c:\autoexec.bat)
```

Variablen als Fortsetzungskriterium verwenden

Tatsächlich funktioniert das Fortsetzungskriterium hinter *While* wie ein simpler Schalter. Ist der Ausdruck *$true*, dann wird die Schleife wiederholt, ist es *$false*, dann nicht. Bedingungen sind also keine Pflicht, sondern liefern einfach nur das benötigte *$true* oder *$false*. Genauso gut könnten Sie der Schleife auch eine Variable als Kriterium präsentieren, solange die Variable *$true* oder *$false* enthält.

Auf diese Weise könnten Sie die Überprüfung des Kriteriums also auch innerhalb der Schleife vornehmen und das Ergebnis in einer Variablen speichern. Sie könnten das Prüfergebnis dann auch innerhalb der Schleife verwenden und zum Beispiel einen Hinweistext ausgeben, wenn der Anwender eine falsche Eingabe gemacht hat, damit er weiß, wieso er ein zweites Mal gefragt wird:

```
Do {
  $eingabe = Read-Host "Ihre Homepage"
  if ($eingabe –like "www.*.*") {
    # Eingabe stimmt, nicht weiter fragen:
    $nachfragen = $false
  } else {
    # Eingabe stimmt nicht, Hinweis ausgeben und weiter nachfragen:
    Write-Host –Fore "Red" "Eine gültige Webadresse bitte!"
    $nachfragen = $true
  }
} While ($nachfragen)

Ihre Homepage: hjkh
Eine gültige Webadresse bitte!
Ihre Homepage: www.powershell.de
```

Endlosschleifen ohne Fortsetzungskriterium

Im Extremfall verwenden Sie gar kein Fortsetzungskriterium, sondern geben hinter *While* einfach den festen Wert *$true* an. Die Schleife wird so zu einer echten Endlosschleife, die nun von allein gar nicht mehr beendet wird. Das ist natürlich nur sinnvoll, wenn Sie die Schleife dafür auf andere Weise verlassen. Das ist mit der Anweisung *break* möglich:

```
While ($true) {
  $eingabe = Read-Host "Ihre Homepage"
  if ($eingabe –like "www.*.*") {
    # Eingabe stimmt, nicht weiter fragen:
    break
  } else {
    # Eingabe stimmt nicht, Hinweis ausgeben und weiter nachfragen:
    Write-Host –Fore "Red" "Eine gültige Webadresse bitte!"
  }
}

Ihre Homepage: hjkh
Eine gültige Webadresse bitte!
Ihre Homepage: www.powershell.de
```

For

Wissen Sie genau, wie oft Sie einen bestimmten Codeteil wiederholen wollen, dann setzen Sie die *For*-Schleife ein. *For*-Schleifen zählen nämlich mit, und wenn die Schleife oft genug wiederholt wurde, beendet sie von allein die Wiederholungen. Dazu geben Sie an, bei welcher Zahl die Schleife beginnen und bei welcher sie wieder aufhören soll und in welcher Schrittweite gezählt wird. Die folgende Schleife liefert Ihnen zum Beispiel genau sieben Lottozahlen. Sie beginnt bei 0 zu zählen, zählt solange der Wert kleiner ist als 7 und erhöht den Wert bei jedem Durchlauf um 1.

```
# Zufallszahlengenerator anlegen
$zufall = New-Object system.random

# sieben Zufallszahlen zwischen 1 und 49 ausgeben
For ($i=0; $i -lt 7; $i++) {
  $zufall.next(1,49)
}
32
29
44
43
6
38
9
```

Ebenso gut hätte die Schleife auch rückwärts zählen und als Schrittweite *0.45* verwenden können. Dazu legen Sie im ersten Ausdruck die Zählvariable (hier: *$x*) und ihren Ausgangswert fest. Im zweiten Ausdruck bestimmen Sie, bis zu welchem Wert gezählt werden soll. Und im dritten Ausdruck legen Sie die Schrittweite fest:

```
For ($x=10; $x -gt 7; $x -= 0.45) { $x }
10
9,55
9,1
8,65
8,2
7,75
7,3
```

For-Schleife: Nur Sonderform der While-Schleife

Wenn Sie sich die *For*-Schleife näher anschauen, werden Sie schnell feststellen, dass sie eigentlich nur eine spezialisierte Form der *While*-Schleife ist. Die *For*-Schleife wertet anders als die *While*-Schleife nicht nur einen, sondern drei Ausdrücke aus:

- **Initialisierung:** Der erste Ausdruck wird ausgewertet, wenn die Schleife beginnt.
- **Fortsetzungskriterium:** Der zweite Ausdruck wird vor jedem Durchlauf ausgewertet. Er entspricht im Grunde dem Fortsetzungskriterium der *While*-Schleife. Ist dieser Ausdruck *$true*, wird die Schleife wiederholt.
- **Schrittweite:** Der dritte Ausdruck wird ebenfalls bei jedem Durchlauf ausgewertet, spielt aber für die Wiederholung keine Rolle. Achtung: Dieser Ausdruck kann keine Ausgaben generieren. Sie können in diesem Ausdruck also keinen sichtbaren Text ausgeben.

Normalerweise werden diese drei Ausdrücke dazu verwendet, eine (beliebige) Laufvariable mit einem Ausgangswert zu initialisieren, zu prüfen, ob der Endwert erreicht ist, und die Laufvariable bei jedem Schleifendurchlauf mit einer bestimmten Schrittweite zu verändern. Niemand schreibt Ihnen allerdings vor, dass Sie die *For*-Schleife allein für diesen Zweck einsetzen können.

Eine *For*-Schleife kann beispielsweise zu einer *While*-Schleife werden, wenn Sie den ersten und den dritten Ausdruck ignorieren und nur den zweiten Ausdruck – das Fortsetzungskriterium – verwenden:

```
# Erstes Beispiel: die einfache While-Schleife:
$i = 0
While ($i -lt 5) {
  $i++
  $i
}
1
2
3
4
5

# Zweites Beispiel: Die For-Schleife verhält sich wie die While-Schleife:
$i = 0
For (;$i -lt 5;)
{
  $i++
  $i
}
1
2
3
4
5
```

Ungewöhnliche Einsatzbereiche für die For-Schleife

Natürlich hätten Sie in diesem Fall besser von vornherein die *While*-Schleife verwendet. Schon sinnvoller ist, die übrigen beiden Ausdrücke der *For*-Schleife nicht zu ignorieren, sondern für andere Zwecke einzusetzen. Der erste Ausdruck der *For*-Schleife kann generell für Initialisierungsarbeiten verwendet werden. Der dritte Ausdruck könnte nicht nur die Schrittweite einer Zählervariablen festlegen, sondern auch ganz andere Aufgaben innerhalb der Schleife übernehmen. Damit könnten Sie die Benutzerabfrage von eben tatsächlich auch mit der (viel kürzeren) *For*-Schleife realisieren:

```
For ($eingabe=""; !($eingabe -like "www.*.*"); $eingabe = Read-Host "Ihre Homepage") {
  Write-Host -fore "Red" "Geben Sie eine gültige Webadresse ein!"
}
```

Im ersten Ausdruck wird die Variable *$eingabe* auf einen leeren Text gesetzt. Der zweite Ausdruck prüft, ob in *$eingabe* eine gültige Webadresse steht, und falls ja, wird das Ergebnis mit »!« umgedreht, ist also *$true*, wenn keine gültige Webadresse in *$eingabe* steht. In diesem Fall wird die Schleife also wiederholt. Im dritten Ausdruck wird der Anwender nach einer Webadresse gefragt. Innerhalb der Schleife braucht eigentlich gar nichts mehr zu stehen. Im Beispiel wird ein Hinweistext ausgegeben.

Und auch das zeilenweise Auslesen einer Textdatei kann von einer *For*-Schleife mit weniger Code erledigt werden:

```
For ($file = [system.io.file]::OpenText("C:\autoexec.bat"); !($file.EndOfStream); $zeile = $file.ReadLine())
{
  # gelesene Zeile ausgeben:
  $zeile
}
$file.close()
REM Dummy file for NTVDM
```

In diesem Beispiel öffnet der erste Ausdruck der Schleife die Datei zum Lesen. Im zweiten Ausdruck wird geprüft, ob das Dateiende erreicht ist. Der Umkehroperator (!) dreht das Ergebnis wieder um, sodass es *$true* ergibt, wenn das Dateiende noch nicht erreicht ist, damit die Schleife in diesem Fall wiederholt wird. Der dritte Ausdruck liest eine Zeile aus der Datei. Innerhalb der Schleife wird dann die gelesene Zeile ausgegeben.

ACHTUNG Der dritte Ausdruck der *For*-Schleife wird vor jedem Schleifendurchlauf ausgeführt. Im Beispiel wird hier die aktuelle Zeile aus der Textdatei gelesen. Dieser dritte Ausdruck wird immer ohne die Möglichkeit einer sichtbaren Ausgabe ausgeführt. Sie können darin also keine Textausgaben vornehmen. Deshalb wird der Inhalt der Zeile innerhalb der Schleife ausgegeben.

Switch

Erinnern Sie sich noch an die *Switch*-Konstruktion aus dem letzten Kapitel? Switch ist nicht nur eine Bedingung, sondern funktioniert außerdem auch wie eine Schleife. Damit ist *Switch* eine der mächtigsten Konstruktionen in PowerShell. *Switch* funktioniert fast genauso wie die *Foreach*-Schleife, kann darüber hinaus aber außerdem Bedingungen auswerten. Zum Beweis schauen Sie sich die folgende einfache *Foreach*-Schleife an:

```
$feld = 1..5
Foreach ($element in $feld)
{
  "Aktuelles Element: $element"
}
Aktuelles Element: 1
Aktuelles Element: 2
Aktuelles Element: 3
Aktuelles Element: 4
Aktuelles Element: 5
```

Diese Schleife würde mit *Switch* so aussehen:

```
$feld = 1..5
Switch ($feld)
{
  Default { "Aktuelles Element: $_" }
}
```

```
Aktuelles Element: 1
Aktuelles Element: 2
Aktuelles Element: 3
Aktuelles Element: 4
Aktuelles Element: 5
```

Die Laufvariable, die bei jedem Schleifendurchlauf das aktuelle Element des Feldes aufnimmt, kann bei *Switch* im Gegensatz zu *Foreach* nicht benannt werden, sondern heißt immer *$_*. Ansonsten funktioniert der äußere Teil der Schleife genau gleich. Im Inneren der Schleife gibt es einen weiteren Unterschied: Während *Foreach* für jeden Schleifendurchlauf immer denselben Code ausführt, kann *Switch* hier mit Hilfe von Bedingungen wahlweise unterschiedlichen Code ausführen. Im einfachsten Fall enthält die *Switch*-Schleife nur die *default*-Anweisung. Dahinter steht in geschweiften Klammern der Code, der ausgeführt werden soll.

Wenn Sie also bei jedem Schleifendurchlauf ohnehin genau dieselben Anweisungen ausführen wollen, ist *Foreach* die richtige Wahl. Möchten Sie dagegen die einzelnen Elemente des Feldes je nach Inhalt unterschiedlich behandeln, verwenden Sie besser *Switch*:

```
$feld = 1..5
Switch ($feld)
{
  1 { "Die Zahl 1" }
  {$_ -lt 3} { "$_ ist kleiner als 3" }
  {$_ % 2} { "$_ ist ungerade" }
  Default { "$_ ist gerade" }
}
Die Zahl 1
1 ist kleiner als 3
1 ist ungerade
2 ist kleiner als 3
3 ist ungerade
4 ist gerade
5 ist ungerade
```

Sollten Sie sich gerade am Hinterkopf kratzen und fragen, wieso *Switch* dieses Ergebnis geliefert hat, dann blättern Sie noch einmal kurz zurück zum letzten Kapitel, denn dort wurde bereits erklärt, wie Switch Bedingungen auswertet. Hier geht es um den anderen, schleifenartigen Aspekt von *Switch*.

Befehlszeilenparameter mit Switch auswerten

Sicher haben Sie inzwischen schon einige Erfahrungen mit den PowerShell-Cmdlets gesammelt und dabei festgestellt, dass man den Cmdlets viele Zusatzinformationen in Form von Parametern mit auf den Weg geben kann. Diese haben die Form *-Parametername Parameterwert*. Möchten Sie für eigene Zwecke Ihren Anwendern ebenfalls die Möglichkeit geben, auf diese Weise Informationen an Ihre Skripte zu übergeben, könnte Switch die Auswertung für Sie übernehmen. Hier ist der Plan:

- **Schleife:** Der Rohtext des Anwenders wird in einzelne Wörter zerteilt und dabei das Leerzeichen als Trennzeichen verwendet. Das Ergebnis ist ein Feld mit den einzelnen Wörtern, die *Switch* danach als Schleife durchlaufen und einzeln untersuchen kann.

- **Bedingung:** Falls das gerade untersuchte Wort ein Parametername ist, also mit einem Bindestrich beginnt, wird der zum Parameternamen gehörende Parameterwert aus dem folgenden Feld gelesen und beide dann als Schlüssel-Wert-Paar in einer Hashtable gespeichert.

Wie kann man einen Rohtext in ein Feld mit einzelnen Wörtern verwandeln und dabei das Leerzeichen als Trennzeichen verwenden? In Kapitel 6 haben Sie bereits *Split()* kennen gelernt. Dieser Befehl trennt den Text an einem beliebigen Trennzeichen auf und verpackt das Ergebnis in einem Feld. Damit das Feld keine leeren Einträge enthält, wenn der Anwender aus Versehen mehrere Leerzeichen hintereinander angibt, wird *Split()* mit einer Zusatzoption aufgerufen, die leere Einträge aus dem Feld entfernt:

```
$argumente = "-logon 10.10.10.10 -username tobias -password secret"
$feld = $argumente.Split(" ", [StringSplitOptions]"RemoveEmptyEntries")
$feld
-logon
10.10.10.10
-username
tobias
-password
secret
```

Der erste Teil des Plans ist bereits umgesetzt: Sie erhalten aus einem Rohtext eine Liste von Einzelwörtern in einem Feld. Nun kann *Switch* die Elemente im Feld einzeln auswerten und prüfen, ob ein Wort mit einem Bindestrich beginnt:

```
$argumente = "-logon 10.10.10.10 -username tobias -password secret"
$feld = $argumente.Split(" ", [StringSplitOptions]"RemoveEmptyEntries")
Switch ($feld)
{
   { $_.StartsWith("-") } { "Parametername gefunden: $_" }
}
$ergebnis
Parametername gefunden: -logon
Parametername gefunden: -username
Parametername gefunden: -password
```

Auch dieser Teil klappt einwandfrei. *Switch* hat gezeigt, dass es sowohl als Schleife als auch als Bedingung funktioniert. Nur, wie kann man die Parameterwerte den Parameternamen zuordnen? Das war doch das eigentliche Ziel. Immer, wenn Sie Schlüssel-Wert-Paare verarbeiten, sind Hashtables ein guter Aufbewahrungsort. Hashtables haben Sie in Kapitel 4 kennengelernt. Wir brauchen also eine leere Hashtable, in der *Switch* dann die Parameternamen und die zugehörigen Werte speichert. Mal sehen:

```
$argumente = "-logon 10.10.10.10 -username tobias -password secret"
$feld = $argumente.Split(" ", [StringSplitOptions]"RemoveEmptyEntries")
$ergebnis = @{}
Switch ($feld)
{
   { $_.StartsWith("-") } { $ergebnis.Add($_, "Wert") }
}
```

```
$ergebnis

Name                      Value
----                      -----
-username                 Wert
-password                 Wert
-logon                    Wert
```

Die Hashtable wurde einwandfrei angelegt. Allerdings hat sich *Switch* bisher noch darum gedrückt, die tatsächlichen Parameterwerte darin einzutragen und stattdessen den Platzhaltertext *Wert* in die Hashtable geschrieben. Wie also gelangen wir an den Wert hinter dem Parameternamen?

Das funktioniert ähnlich wie bei *Foreach*. Dort haben Sie bereits gelesen, dass es innerhalb der Schleife die besondere Variable *$Foreach* gibt, mit der man zu folgenden Elementen im Feld springen kann. Genau dasselbe gibt es auch bei *Switch*, nur heißt die Variable hier richtig: *$switch*. Wenn Sie also das nächstfolgende Feldelement ansprechen wollen, verwenden Sie *$switch.MoveNext()* und lesen das folgende Element dann mit *$switch.Current* aus. *MoveNext()* ist dabei übrigens eine Funktion und meldet *True*, wenn es ein folgendes Element gibt, und *False*, wenn gar kein folgendes Element mehr vorhanden ist, weil das aktuelle Feldelement das letzte im Feld ist.

Ihr Code könnte also *$switch.MoveNext()* aufrufen und prüfen, ob das *True* ergibt. Falls ja, liefert *$switch.Current* den zum Parameter gehörenden Wert:

```
$argumente = "-logon 10.10.10.10 -username tobias -password secret"
$feld = $argumente.Split(" ", [StringSplitOptions]"RemoveEmptyEntries")
$ergebnis = @{}
Switch ($feld)
{
  { $_.StartsWith("-") }  { if ($switch.MoveNext()) {$ergebnis.Add($_.SubString(1),$switch.Current)} }
}
$ergebnis

Name                      Value
----                      -----
username                  tobias
password                  secret
logon                     10.10.10.10
```

Das hat wunderbar geklappt. Der Code hat nicht nur die tatsächlichen Parameterwerte in die Hashtable eingetragen, sondern auch gleich mit *SubString()* den störenden Bindestrich am Anfang des Parameternamens entfernt. Sie haben nun eine saubere Zuordnung zwischen Parameternamen und Parameterwert und könnten diese Informationen aus der Hashtable jetzt bequem einzeln abrufen, so wie Sie die Informationen gerade brauchen:

```
$ergebnis.logon
10.10.10.10
$ergebnis.username
Tobias
```

Switch ist also eine clevere Kombination aus Schleife und Bedingung und immer dann richtig, wenn Sie beide kombiniert benötigen. Es hindert Sie niemand daran, stattdessen Schleife und Bedingung separat zu verwenden. *Switch* ist nur eine bequeme Komplettlösung, aber das Ergebnis von eben hätten Sie ohne *Switch* auch so formulieren können:

```
$argumente = "-logon 10.10.10.10 -username tobias -password secret"
$feld = $argumente.Split(" ", [StringSplitOptions]"RemoveEmptyEntries")
$ergebnis = @{}
Foreach ($element in $feld)
{
  If ( $element.StartsWith("-") )
  {
    if ($Foreach.MoveNext())
    {
      $ergebnis.Add($element.SubString(1),$Foreach.Current)
    }
  }
}
```

***Switch* als kombinierte Schleife und Bedingung**

Falls Sie jetzt einwerfen, dass *Switch* im letzten Beispiel ja ebenfalls zusätzlich eine *If*-Bedingung verwendet hat und Sie deshalb gegenüber *Foreach* ja nur eine *If*-Bedingung eingespart hätten, haben Sie sehr gut aufgepasst. Das Beispiel verwendete die *If*-Bedingung allerdings nur aus Gründen der besseren Lesbarkeit. Gebraucht wurde die zusätzliche Bedingung nicht:

```
$argumente = "-logon 10.10.10.10 -username tobias -password secret"
$feld = $argumente.Split(" ", [StringSplitOptions]"RemoveEmptyEntries")
$ergebnis = @{}

Switch ($feld)
{
  { (($_.StartsWith("-")) -and ($switch.MoveNext())) } { $ergebnis.Add($_.SubString(1),$switch.Current) }
}
```

Übrigens werden Sie in Kapitel 9 beginnen, eigene PowerShell-Funktionen zu schreiben. Spätestens dann blüht Ihnen ein Deja-Vu, denn PowerShell-Funktionen enthalten bereits genau diesen Parsing-Mechaismus, den Sie gerade selbst entwickelt haben.

Dateiinhalte zeilenweise bearbeiten

Wenn Sie innerhalb Ihrer Schleife mit Bedingungen arbeiten müssen, ist *Switch* eine clevere Alternative zu *Foreach*. Dasselbe gilt, wenn Sie Textinhalte aus Dateien verarbeiten wollen. Denn auf Wunsch betrachtet *Switch* eine Textdatei wie ein Variablenfeld und die darin enthaltenen Textzeilen wie die Elemente in diesem Feld. So brauchen Sie sich überhaupt nicht darum zu kümmern, wie man Dateien zum Lesen öffnet, sondern überlassen das ganz einfach *Switch*.

Eine interessante Textdatei ist zum Beispiel *windowsupdate.log* im *Windows*-Ordner, denn hier werden sämtliche Updates des Betriebssystems protokolliert. Weil diese Datei häufig im exklusiven Zugriff des Systems ist, kopiert der nächste Code die Datei und gibt dann mit *Switch* den Inhalt zeilenweise aus. Danach wird die Kopie wieder gelöscht:

```
Copy-Item $env:windir\windowsupdate.log beispiel.log
Switch -file beispiel.log
{
  Default { "gelesen: $_" }
}
Remove-Item beispiel.log
```

Natürlich ist *Switch* eigentlich viel zu schade, um damit Textdateien zu öffnen und ihren Inhalt zeilenweise auszugeben. Wäre es Ihnen nur um den gesamten Textinhalt der Datei gegangen, hätten Sie den auch einfacher ausgeben können:

```
Get-Content $env:windir\windowsupdate.log
```

Die Stärke von *Switch* liegt darin, jede einzelne Zeile der Textdatei auswerten zu können und so zum Beispiel nur bestimmte Informationen daraus auszugeben. Weil das ein Fall für reguläre Ausdrücke ist, finden Sie zahlreiche Beispiele dazu in Kapitel 13.

Schleifen vorzeitig verlassen

Alle Schleifen können mit *break* außerplanmäßig abgebrochen werden. Damit gewinnen Sie die zusätzliche Möglichkeit, innerhalb der Schleife ein zusätzliches Abbruchkriterium festzulegen. Sie könnten also zum Beispiel auf das reguläre Fortsetzungskriterium der Schleife verzichten und stattdessen mit *break* innerhalb der Schleife selbst festlegen, wann die Schleife verlassen werden soll. Hier ein kleines Beispiel, das auf sehr simple Art nach einem Kennwort fragt und die Schleife mit *break* verlässt, sobald das Kennwort *geheim* eingegeben wird.

```
While ($true)
{
  $kennwort = Read-Host "Kennwort eingeben"
  If ($kennwort -eq "geheim") {break}
}
```

Allerdings ist die *break*-Anweisung in dieser Schleife eigentlich überflüssig, denn Sie hätten diese Schleife auch ohne Not über das normale Fortsetzungskriterium abbrechen können. Sie müssen hier nur überlegen, ob das Wiederholungskriterium am Anfang der Schleife geprüft werden soll (dann verwenden Sie *While*) oder am Ende (dann verwenden Sie *Do...While*):

```
Do
{
  $kennwort = Read-Host "Kennwort eingeben"
} While ($kennwort -ne "geheim")
```

Sinnvoller ist *Break* aber zum Beispiel in *For*-Schleifen, denn hier können Sie das außerplanmäßige *Break* mit dem planmäßigen Wiederholungskriterium der Schleife gut kombinieren. Vielleicht möchten Sie dem Anwender nur drei Möglichkeiten geben, sein Kennwort einzugeben. Die folgende Schleife fragt maximal dreimal nach dem Kennwort, kann aber dank *Break* auch schon früher verlassen werden, sobald das Kennwort stimmt:

```
For ($i=0; $i -lt 3; $i++)
{
  $kennwort = Read-Host "Kennwort eingeben ($i. Versuch)"
  If ($kennwort -eq "geheim") {break}
}
```

Allerdings würde die *For*-Schleife nach maximal drei Versuchen nicht nur aufgeben, sondern Sie auch ohne das richtige Kennwort einlassen. Damit das nicht passiert, sollten Sie nach dem dritten vergeblichen Versuch einen Fehler auslösen:

```
For ($i=1; $i -lt 4; $i++)
{
  $kennwort = Read-Host "Kennwort eingeben ($i. Versuch)"
  If ($kennwort -eq "geheim") {break}
  If ($i -ge 3) { Throw "Das eingegebene Kennwort war falsch!" }
}
```

> **TIPP** Natürlich sehen Sie hier nur eine sehr einfache Kennwortabfrage, bei der das Kennwort im Klartext erscheint. Sichere Kennwortabfragen mit verschlüsselten Eingaben lernen Sie in Kapitel 13 im Zusammenhang mit den so genannten *SecureStrings* kennen.

Continue: Schleifendurchläufe überspringen

Etwas milder als *break* agiert die Anweisung *continue*, denn mit dieser verlassen Sie nicht gleich die ganze Schleife, sondern überspringen nur den aktuellen Schleifendurchlauf. Als Beispiel wählen wir diesmal die *Foreach*-Schleife, die alle Elemente eines Containers durchläuft. Der Container wird in diesem Fall von *Dir* geliefert und besteht aus dem Inhalt eines Ordners. Dieser Inhalt kann aus Dateien und Ordnern bestehen, und wie Sie inzwischen wissen, werden Dateien mit einem *FileInfo*- und Ordner mit einem *DirectoryInfo*-Objekt repräsentiert.

Wenn Sie also innerhalb der *Foreach*-Schleife nur Dateien, aber keine Ordner verarbeiten wollen, dann prüfen Sie am Anfang den Typ des jeweiligen Objekts. Entspricht der Typ nicht dem *FileInfo*-Objekt, geben Sie die Anweisung *continue*. Die Schleife bricht den aktuellen Durchlauf dann sofort ab und macht mit dem nächsten Element weiter:

```
Foreach ($file in Dir $env:windir)
{
  # entspricht das aktuelle Element nicht dem gewünschten Typ, sofort mit dem nächsten Element
fortfahren:
  If (!($file -is [System.IO.FileInfo])) { Continue }
```

```
    "Datei {0} ist {1} Bytes groß." -f $file.name, $file.length
}
```

Sie hätten dasselbe natürlich auch erreichen können, indem Sie den gesamten Inhalt der Schleife mit einer Bedingung unterteilt hätten, aber das ist meist wesentlich unübersichtlicher:

```
Foreach ($file in Dir $env:windir)
{
  If ($file -is [System.IO.FileInfo]) {
    "Datei {0} ist {1} Bytes groß." -f $file.name, $file.length
  }
}
```

Verschachtelte Schleifen und Sprungmarken

Selbstverständlich dürfen Schleifen ineinander verschachtelt werden. Wenn Sie das allerdings tun, stellt sich die Frage, wie die Anweisungen *break* und *continue* sich nun verhalten. Und natürlich verhalten sie sich zunächst wie erwartet und wirken sich immer auf die aktuelle Schleife aus, in der sie aufgerufen wurden.

Das nächste Beispiel verschachtelt dazu zwei *Foreach*-Schleifen. Die erste (äußere) Schleife durchläuft ein Feld mit drei WMI-Klassennamen. Die zweite (innere) Schleife durchläuft alle Instanzen der jeweiligen WMI-Klasse. Sie würden so also alle Instanzen aller drei WMI-Klassen ausgeben. Die innere Schleife prüft allerdings, ob der Name der aktuellen Instanz mit »a« beginnt. Falls nicht, ruft die innere Schleife *continue* auf und überspringt damit also alle Instanzen, die nicht mit »a« beginnen. Das Ergebnis ist eine Liste aller Dienste, Benutzerkonten und laufenden Prozesse, die mit »a« beginnen:

```
Foreach ($wmiclass in "Win32_Service","Win32_UserAccount","Win32_Process")
{
  Foreach ($instanz in Get-WMIObject $wmiclass) {
    If (!(($instanz.name.toLower()).StartsWith("a"))) {continue}
    "{0}: {1}" -f $instanz.__CLASS, $instanz.name
  }
}
Win32_Service: AeLookupSvc
Win32_Service: AgereModemAudio
Win32_Service: ALG
Win32_Service: Appinfo
Win32_Service: AppMgmt
Win32_Service: Ati External Event Utility
Win32_Service: AudioEndpointBuilder
Win32_Service: Audiosrv
Win32_Service: Automatisches LiveUpdate - Scheduler
Win32_UserAccount: Administrator
Win32_Process: Ati2evxx.exe
Win32_Process: audiodg.exe
Win32_Process: Ati2evxx.exe
Win32_Process: AppSvc32.exe
Win32_Process: agrsmsvc.exe
Win32_Process: ATSwpNav.exe
```

Die Anweisung *continue* in der inneren Schleife hat sich dabei wie erwartet auf die innere Schleife ausgewirkt, in der die Anweisung stand. Wie aber müsste man vorgehen, wenn man von allen Diensten, Benutzerkonten und Prozessen nur jeweils das erste Element sehen möchte, das mit »a« beginnt? Eigentlich fast genauso, nur müsste sich *continue* in diesem Fall auf die äußere Schleife auswirken. Sobald also ein Element gefunden ist, das mit »a« beginnt, sollte die äußere Schleife zur nächsten WMI-Klasse wechseln.

Damit Anweisungen wie *continue* oder *break* wissen, auf welche Schleife sie sich beziehen sollen, können Sie Schleifen eindeutige Sprungmarken zuweisen und dann den Namen der gewünschten Sprungmarke hinter *continue* oder *break* nennen. Der Name einer Sprungmarke beginnt stets mit einem Doppelpunkt:

```
:WMIKlassen Foreach ($wmiclass in "Win32_Service","Win32_UserAccount","Win32_Process") {
  :KlasseUntersuchen Foreach ($instanz in Get-WMIObject $wmiclass) {
    If (($instanz.name.toLower()).StartsWith("a")) {
      "{0}: {1}" -f $instanz.__CLASS, $instanz.name
      continue WMIKlassen
    }
  }
}
Win32_Service: AeLookupSvc
Win32_UserAccount: Administrator
Win32_Process: Ati2evxx.exe
```

Zusammenfassung

Mit dem Cmdlet *Foreach-Object* haben Sie die Möglichkeit, die Objekte der PowerShell-Pipeline einzeln zu bearbeiten, zum Beispiel, um die in den Objekteigenschaften enthaltenen Informationen als Text auszugeben oder Methoden des Objekts aufzurufen. Auf diese Weise haben Sie zum Beispiel am Kapitelanfang alle laufenden Windows-Editoren geschlossen. *Foreach* ist eine ähnliche Schleifenform, bei der der Inhalt aber nicht aus der Pipeline stammt, sondern aus einem Feld.

Daneben gibt es Endlosschleifen, die einen Codebereich so lange wiederholen, wie eine bestimmte Bedingung erfüllt ist. Die einfachste Form dieser Schleife ist *While*, bei der das Fortsetzungskriterium am Anfang der Schleife überprüft wird. Wollen Sie die Überprüfung am Ende der Schleife vornehmen, wählen Sie *Do...While*. Die *For*-Schleife ist eine erweiterte *While*-Schleife, denn sie kann die Schleifendurchläufe zusätzlich zählen und die Schleife nach der gewünschten Anzahl von Wiederholungen automatisch enden lassen. Damit eignet sich *For* vor allem für Schleifen, in denen gezählt werden soll oder die eine festgelegte Anzahl von Wiederholungen durchführen müssen. *Do...While* und *While* eignen sich dagegen für Schleifen, die situationsabhängig so lange wiederholt werden sollen, wie es im jeweiligen Fall unter Laufzeitbedingungen gerade erforderlich ist.

Switch schließlich ist eine kombinierte *Foreach*-Schleife mit eingebauten Bedingungen, sodass Sie abhängig vom gelesenen Element sofort unterschiedliche Aktionen ausführen können. *Switch* kann außerdem den Inhalt von Textdateien zeilenweise durchlaufen und auf diese Weise selbst größere Logbuchdateien auswerten.

Alle Schleifen können mit *break* vorzeitig verlassen werden und überspringen mit *continue* den aktuellen Schleifendurchlauf. Bei ineinander verschachtelten Schleifen kann man den Schleifen außerdem einen eindeutigen Namen zuweisen und dann mit diesem Namen *break* oder *continue* auch auf übergeordnete Schleifen zielen lassen.

Kapitel 9

Funktionen

In diesem Kapitel:

Neue Funktionen anlegen	276
Argumente an Funktionen übergeben	282
Rückgabewerte einer Funktion festlegen	296
Vorhandene Funktionen untersuchen	305
Funktionen, Filter und die Pipeline	313
Zusammenfassung	317

PowerShell ist dazu da, Aufgaben zu lösen, und die kleinste Einheit dafür sind Befehle. Inzwischen wissen Sie, wie vielfältig das Befehlsrepertoire von PowerShell ist: Schon in den ersten beiden Kapiteln haben Sie die eingebauten PowerShell-Befehle (Cmdlets) sowie die zahllosen externen Befehle wie zum Beispiel *ping* oder *ipconfig* eingesetzt. In Kapitel 6 kamen die Objekte des .NET Frameworks, API-Aufrufe und Befehle aus COM-Komponenten hinzu, sodass Sie jetzt über ein gewaltiges Befehlsarsenal verfügen.

Aus diesen zahllosen Einzelbefehlen bildeten die Kapitel 3 bis 5 Befehlsketten, kombinierten also Befehle entweder über Variablen oder über die PowerShell Pipeline. Die nächsthöhere Stufe der Automation sind Funktionen. Funktionen sind selbstdefinierte Befehle, die intern sämtliche PowerShell-Mechanismen nutzen dürfen, die Sie bisher kennen gelernt haben, also auch die Bedingungen und Schleifen aus den letzten beiden Kapiteln. Mit Funktionen bewältigen Sie auch komplexere Aufgaben, die aus vielen Einzelbefehlen und Abläufen bestehen.

Neue Funktionen anlegen

Funktionen sind selbstdefinierte neue Befehle, die aus den allgemeinen Bausteinen von PowerShell bestehen. Funktionen haben drei prinzipielle Aufgaben:

- **Abkürzen:** Sie können sehr einfache Abkürzungen für Befehle sein und diesen Befehlen gleich Argumente mit auf den Weg geben.
- **Zusammenfassen:** Funktionen können zum Beispiel die Arbeit erleichtern, indem Sie mehrere Schritte zusammenfassen.
- **Kapseln und Erweitern:** Und sie können auch hochkomplexe kleine Programme sein, die aus vielen hundert Einzelanweisungen bestehen und ganz neue Funktionalitäten bereit stellen.

Der Grundaufbau einer Funktion ist in allen drei Fällen gleich: Hinter der Anweisung *Function* folgt der Name der Funktion und danach in geschweiften Klammern der PowerShell-Code, den die Funktion ausführen soll. Schauen wir uns aus allen drei Kategorien Beispiele an.

Beispiel 1: Abkürzungsfunktionen

Vielleicht möchten Sie sich einfach nur bequeme Abkürzungen schaffen, zum Beispiel für gebräuchliche Konsolenbefehle, die Sie von früher her kennen. Wenn PowerShell die Eingabe »Cd..« nicht akzeptiert, weil darin zwischen Befehl und Argument das zwingende Leerzeichen fehlt, dann erstellen Sie sich kurzerhand eine entsprechende Abkürzungsfunktion, und schon ist das Problem gemeistert:

```
Function Cd.. { Cd .. }
Cd..
```

Geben Sie künftig den Befehl *Cd..* ein, kassieren Sie keinen Fehler mehr, weil PowerShell jetzt Ihre gleichnamige Funktion aufruft. Die Funktion führt aus, was in den geschweiften Klammern dahinter steht, gibt also den Befehl mit dem erforderlichen Leerzeichen.

Ihrer Phantasie sind keine Grenzen gesetzt. Wenn Sie sich künftig dabei ertappen, immer wieder dieselben langwierigen Befehle einzugeben, ist das vielleicht ein Fall für Funktionen. Verwenden Sie zum Beispiel häufiger *ping.exe* mit bestimmten Parametern wie zum Beispiel *ping.exe -w 100 -n 1 10.10.10.10*, dann spart diese Funktion künftig Zeit und Nerven:

```
Function myPing { ping.exe -w 100 -n 1 10.10.10.10 }
myPing
Ping wird ausgeführt für 10.10.10.10 mit 32 Bytes Daten:
Antwort von 88.70.64.1: Zielnetz nicht erreichbar.
```

Diese Funktion wäre allerdings reichlich unflexibel und würde stets dieselbe Netzwerkadresse anpingen. Deshalb verwenden die meisten Funktionen Argumente, also Zusatzinformationen, die der Anwender hinter dem Befehl angibt. Das funktioniert natürlich auch mit PowerShell-Funktionen. Alles, was der Aufrufer hinter dem Funktionsnamen angibt, findet sich in der Variablen *$args*, und so könnte Ihre *myPing*-Funktion in wenigen Sekunden beliebige Adressen anpingen:

```
Function myPing { ping.exe -w 100 -n 1 $args }
myPing www.microsoft.com
Ping wird ausgeführt für lb1.www.ms.akadns.net [207.46.193.254] mit 32 Bytes Daten:
Zeitüberschreitung der Anforderung.
Ping-Statistik für 207.46.193.254:
    Pakete: Gesendet = 1, Empfangen = 0, Verloren = 1 (100% Verlust),
```

Wie Sie sehen, brauchen Sie eine Funktion einfach nur neu einzugeben, um die alte Version zu überschreiben.

Beispiel 2: Mehrere Schritte zusammenfassen

Funktionen können auch ganz neue Dinge tun und dazu die vorhandenen Befehle verwenden. Häufig benötigt man zum Beispiel den nächsten noch nicht belegten Laufwerksbuchstaben. Den findet die Funktion *NextFreeDrive* heraus. Bevor Sie die Funktion allerdings ausprobieren und sich überlegen können, wie sie funktioniert, stellt sich zuerst die Frage, wie man diese schon etwas längere Funktion am besten eingibt. Schließlich besteht sie aus mehreren Zeilen.

```
Function NextFreeDrive
{
  For ($x=67; $x -le 90; $x++)
  {
    $driveletter = [char]$x + ":"
    If (!(Test-Path $driveletter))
    {
      $driveletter
      break
    }
  }
}
```

Mehrzeilige Funktionen bequem eingeben

Bei kurzen Funktionen ist die Eingabe kein Problem, aber spätestens, wenn eine Funktion aus mehr als einer Zeile besteht, aktiviert PowerShell den Mehrzeilenmodus und kennzeichnet ihn in der Eingabeaufforderung mit einem »>>«:

```
Function NextFreeDrive
>> {
>>   For ($x=67; $x -le 90; $x++)
(...)
```

Ist der Mehrzeilenmodus erst aktiv, müssen Sie die gesamte Funktion bis zu Ende eingeben. Selbst dann erscheint noch ein letztes Mal »>>«, aber wenn Sie nun ⏎ drücken, ist die Funktion betriebsbereit. Wirklich benutzerfreundlich ist diese Art der Eingabe allerdings nicht, und spätestens, wenn Sie sich irgendwo vertippen und eine Klammer oder ein Anführungszeichen vergessen, gelangen Sie überhaupt nicht mehr aus dem Mehrzeilenmodus heraus. Häufigste Ursache: Ein Ungleichgewicht aus geöffneten und geschlossenen Klammern oder Anführungszeichen. Dann wird es Zeit, den Mehrzeilenmodus mit Strg C abzubrechen und von vorn anzufangen. Oder über Alternativen nachzudenken.

Funktion auf eine einzige Zeile reduzieren

Sie könnten die Funktion zum Beispiel in einer einzigen Zeile eingeben. Möglich ist das schon, clever aber nicht unbedingt, weil die Funktion jetzt kaum noch zu verstehen ist. Wollen Sie Funktionen auf eine Zeile reduzieren, dann fügen Sie hinter jedem Befehl ein Semikolon ein:

```
Function NextFreeDrive{For($x=67;$x -le 90;$x++){$driveletter=[char]$x+":";If(!(Test-Path $driveletter)){$driveletter;break}}}
```

Texteditoren verwenden

Bequemer lassen sich Funktionen in Texteditoren erfassen. Selbst der einfache Windows-Editor ist dazu geeignet. Starten Sie ihn mit dem Befehl *Notepad* , und geben Sie die Funktion darin in Ruhe ein. Ist sie fertig, markieren Sie den gesamten Text, zum Beispiel mit Strg A und kopieren ihn mit Strg C in die Zwischenablage. Danach wechseln Sie zur PowerShell Konsole und klicken mit der rechten Maustaste hinein. Wenn der *QuickEdit*-Modus aktiv ist (siehe Kapitel 1), wird der Funktionscode sofort eingefügt, andernfalls wählen Sie im Kontextmenü *Einfügen*. Noch mehr Komfort bieten spezielle PowerShell-Editoren wie zum Beispiel *PowerShell Plus* von *ShellTools* (http://www.powershell.com).

NextFreeDrive verstehen

NextFreeDrive ist ein Beispiel für eine Funktion, die zwar keine Argumente verlangt, dafür aber einen Rückgabewert liefert:

```
NextFreeDrive
D:
$lw = NextFreeDrive
$lw
D:
```

Schauen wir also einmal, wie *NextFreeDrive* den nächsten freien Laufwerksbuchstaben ermittelt und dann als Rückgabewert zurückmeldet. Dabei ist wichtig zu verstehen, dass PowerShell-Funktionen aus nichts weiter bestehen als aus regulärem PowerShell-Code. Den dürfen Sie natürlich auch auseinandernehmen und einzeln ausführen, wenn Ihnen das beim Verständnis hilft. Und es hilft meistens. Kernstück der Funktion ist eine *For*-Schleife (Kapitel 8), die von *67* bis *90* zählt:

```
For ($x=67; $x -le 90; $x++)
{ $x }
67
68
69
(...)
89
90
```

Die Frage ist nur, warum macht die Schleife das? Weil die Funktion Laufwerksbuchstaben benötigt. Da Schleifen nur mit Zahlen umgehen, macht sich die Funktion zunutze, dass jedem Buchstaben ein ANSI-Code zugrundeliegt, und die Buchstaben »C« bis »Z« tragen die ANSI-Codes 67 bis 90. Um aus den Zahlen echte Buchstaben zu machen, verwendet die Funktion die Typkonversion aus Kapitel 6 und wandelt die Zahl um in ein Zeichen vom Typ *Char* um:

```
For ($x=67; $x -le 90; $x++)
{ [char]$x }
C
D
E
F
(...)
X
Y
Z
```

Die Schleife liefert also in Wirklichkeit Buchstaben, aus denen die Funktion in *$driveletter* einen Laufwerksbuchstaben macht, indem sie einen Doppelpunkt anfügt. Anschließend kann *Test-Path* überprüfen, ob es diesen Pfad schon gibt. Falls ja, ist der Buchstabe bereits vergeben. Damit ist *Test-Path* zugleich die Bedingung, die von *If* ausgewertet wird (Kapitel 7), jedenfalls fast. Zuerst muss das Ergebnis mit dem Umkehroperator (!) noch umgedreht werden: aus *True* wird *False* und umgekehrt. Schließlich soll die Funktion den ersten Buchstaben zurückliefern, der *nicht* belegt ist.

Liefert *Test-Path* also *False*, ist der Laufwerksbuchstabe noch nicht belegt. Durch den Umkehroperator (!) erhält *If* ein *True*, die Bedingung ist erfüllt, sodass hinter *If* der Code in geschweiften Klammern ausgeführt wird. Der legt den Rückgabewert der Funktion fest, indem er den Inhalt von *$driveletter* ausgibt. Weil der Laufwerksbuchstabe gefunden ist, kann die *For*-Schleife jetzt mit *break* abgebrochen werden – die Funktion war erfolgreich.

Beispiel 3: Kapseln und Erweitern

Etwas völlig Neues macht das nächste Skript. Es fasst nicht etwa *nur* bestehende Befehle zu etwas Neuem zusammen, sondern greift wie in Kapitel 6 gezeigt auf die Low-Level-Funktionen des .NET Frameworks zu, um einen universellen Bildkonverter namens *convert-image* bereitzustellen.

```
function convert-image( $inFile, $type = "gif" )
{
  # Pfad auflösen:
  $files = Resolve-Path $inFile -ea silentlycontinue
  If (!$?) { "Keine Datei gefunden."; break }

  # Codecs ermitteln:
  $codecs = [System.Drawing.Imaging.ImageCodecInfo]::GetImageEncoders() | `
      Foreach { $h = @{} } { $h.($_.formatdescription) = $_ } { $h }

  # Prüfen, ob Zieltyp vorhanden ist:
  $encoder = $codecs.$type
  If (!$encoder)
  {
    "Kann Dateien vom Typ '$type' nicht verarbeiten."
    "Unterstützte Typen sind: " + [string]::Join(", ", $codecs.keys)
    break
  }

  # jede einzelne Datei umwandeln:
  Foreach ($file in $files)
  {
    $targetfile = [System.IO.Path]::GetDirectoryName($file) + "\" + `
        [System.IO.Path]::GetFileNameWithoutExtension($file) + ".$type"
    $image = [system.drawing.image]::FromFile($file)
    $image.Save($targetFile, $encoder.FormatId)
    $image.Dispose()
  }
}
```

Um ein Bild oder eine Serie von Bildern in ein anderes Format zu konvertieren, rufen Sie die Funktion folgendermaßen auf:

```
convert-image a*.png gif
```

Dieser Befehl kopiert sämtliche *.png*-Grafiken, die mit »a« beginnen und im aktuellen Ordner liegen, in *.gif*-Grafiken. Bereits vorhandene Dateien werden überschrieben.

Funktionen bearbeiten und verändern

Möchten Sie an einer vorhandenen Funktion etwas verändern, dann heißt es normalerweise: Geben Sie die Funktion noch einmal ein. Neue Funktionen überschreiben automatisch alte Funktionen. Nur, besonders bei umfangreicheren Funktionen hat niemand Lust, den Code ständig erneut einzugeben. Wenn Sie den Code Ihrer Funktion nicht zufällig noch in einem externen Editor gespeichert haben, können Sie ihn mit relativ wenig Aufwand allerdings wieder in einen Editor laden, jedenfalls dann, wenn Sie mindestens Windows

Server 2003 oder Windows Vista einsetzen. Dort (und leider nicht bei Windows XP) gibt es den praktischen externen Befehl *clip*, der beliebige Textinformationen in die Zwischenablage kopiert. Wie Sie den Quellcode einer Funktion ausgeben, wissen Sie bereits aus dem letzten Abschnitt. Mit den folgenden Zeilen kopieren Sie nun also den Quellcode einer Funktion in die Zwischenablage und starten den Windows-Editor. Darin fügen Sie den Quellcode mit [Strg] [V] einfach aus der Zwischenablage ein – fertig:

```
# Quellcode einer Funktion (hier: tabexpansion) in die Zwischenablage kopieren:
$function:tabexpansion | clip

# Editor starten und dort den Quellcode aus der Zwischenablage einfügen
Notepad
```

TIPP Der praktische Befehl *clip* war zwar noch nicht erfunden, als Windows XP entwickelt wurde, aber Windows XP-Anwender brauchen nur die Datei *clip.exe* aus dem Systemordner von Windows Server 2003 in den eigenen Windows XP-Systemordner zu kopieren. Dieses Werkzeug ist nicht nur für das Editieren von PowerShell-Funktionen nützlich, sondern erleichtert die Weiterverarbeitung beliebiger Daten:

```
ipconfig | clip
```

Sie können Funktionen auch in ein Skript verwandeln, also in einer externen Datei mit der Dateierweiterung *.ps1* speichern. Am einfachsten geht das so ähnlich wie mit der Zwischenablage:

```
# die nächsten beiden Anweisungen speichern beide den Inhalt der Funktion tabexpansion in einer Datei:
$function:tabexpansion | Out-File meinskript.ps1
$function:tabexpansion > meinskript.ps1

# die Datei wird anschließend von Notepad geöffnet:
notepad $$
```

Etwas ungewöhnlich ist die letzte Zeile, mit der die Datei im Windows-Editor geöffnet wird. Zwar hätten Sie hinter *notepad* auch den Namen der Datei angeben können, aber *$$* ist kürzer und bequemer. Diese besondere Variable enthält immer das letzte Token der zuletzt ausgeführten Pipeline. Ein Token ist dabei stets eine zusammengehörende Informationseinheit, zum Beispiel ein Text oder ein Befehlsname. In diesem Fall war das letzte Token der Name der Datei.

Ist es eigentlich egal, ob Sie den Code der Funktion mit *Out-File* oder dem Umleitungszeichen in eine Datei schreiben? Meistens ja, aber nicht immer. Probleme kann es beim so genannten *Encoding* geben (der Zuordnung von Zeichencodes zu Zeichen), denn für Textzeichen existieren ganz unterschiedliche Zeichentabellen, und welche bei der Umleitung verwendet wird, hängt von den Spracheinstellungen der Konsole ab. Wenn die Umleitung also Sonderzeichen wie »ä«, »ö« oder »ü« durch andere Zeichen ersetzt, sollten Sie sich besser auf *Out-File* verlassen. Dort können Sie mit dem Parameter *-Encoding* das Encoding außerdem selbst festlegen.

> **Profitipp** Erinnern Sie sich noch, wie Sie in Kapitel 3 Variablen mit einem Schreibschutz versehen oder als Konstante deklariert haben? Das klappt auch mit Funktionen, und so erhalten Sie schreibgeschützte Funktionen, die sich nachträglich nicht ändern lassen:

```
Set-Item function:test {"Diese Funktion kann weder gelöscht noch verändert werden."} -option constant
test
```

Versuchen Sie, die Funktion mit *Del function:test* zu löschen oder mit *function test { »Hallo« }* zu überschreiben – beides scheitert. Die Funktion wird erst gelöscht, wenn PowerShell endet. Legen Sie die Funktion also direkt beim PowerShell-Start im Rahmen eines selbststartenden Profilskripts an (nächstes Kapitel), kann die Funktion von niemandem mehr verändert werden.

Funktionen entfernen

Normalerweise brauchen Sie Funktionen nicht selbst zu entfernen. Das erledigt PowerShell spätestens, wenn Sie es beenden. Möchten Sie dennoch eine Funktion hier und jetzt löschen, dann geschieht dies so:

```
# Funktion namens "test" entfernen:
Del function:test

# Funktion "test" ist gelöscht und wird nicht mehr gefunden:
test
Die Benennung "test" wurde nicht als Cmdlet, Funktion, ausführbares Programm oder Skriptdatei erkannt.
Überprüfen Sie die Benennung und versuchen Sie es erneut.
Bei Zeile:1 Zeichen:4
+ test <<<<
```

Argumente an Funktionen übergeben

Zwar können Funktionen vollkommen autonom arbeiten, also bei jedem Aufruf genau dieselben Befehle ausführen. Sinnvoll ist das meistens aber nicht. Viel häufiger sollen Funktionen gegebene Informationen verarbeiten oder vom Anwender in gewissem Maße steuerbar sein. Das geschieht über Argumente, also Zusatzinformationen, die der Anwender beim Aufruf der Funktion übergibt. Wie Sie diese Argumente an Ihre Funktion übergeben, ist Geschmackssache, denn PowerShell kennt viele verschiedene Wege, die Sie alle gleich in Aktion sehen:

- **Beliebige Argumente:** Die Variable *$args* enthält alle Argumente, die einer Funktion übergeben wurden. Weil es keine Vorschrift gibt, ob und wenn ja, wie viele Argumente der Funktion übergeben werden müssen, ist dies ein guter Weg, um optionale (freiwillige) Argumente zu realisieren.

- **Benannte Argumente:** Eine Funktion kann Argumenten auch einen festen Namen zuweisen und so dafür sorgen, dass diese Argumente zwingend sind, also nicht weggelassen werden dürfen. Benannte Argumente lassen sich außerdem vom Anwender über Parameter benennen, müssen also nicht in einer festen Folge angegeben werden.

Argumente an Funktionen übergeben

- **Vordefinierte Argumente:** Auf Wunsch können Argumente einen Vorgabewert erhalten. Gibt der Aufrufer der Funktion keine eigenen Argumente an, dann wird der jeweilige Vorgabewert verwendet. Eine besondere Form des Vorgabewerts sind Fehlermeldungen, die ausgegebenen werden, wenn der Anwender das Argument nicht angibt.
- **Typisierte Argumente:** Argumente können auf bestimmte Datentypen festgelegt werden, damit sichergestellt ist, dass die Argumente einem bestimmten Datentyp entsprechen. Das funktioniert prinzipiell ganz genauso wie bei den typisierten Variablen aus Kapitel 3.
- **Besondere Argumenttypen:** Neben den üblichen Datentypen können Argumente auch als Schalter funktionieren: Wird der Schalter (also der Name des Arguments) angegeben, enthält das Argument den Wert *$true*, sonst *$false*.

$args – beliebige Argumente

Die einfachste Art, Argumente an eine Funktion zu übergeben, ist die Variable *$args*. Darin liegen die Argumente, die beim Funktionsaufruf angegeben wurden, und nun liegt es ganz bei der Funktion selbst, was diese mit dem Inhalt von *$args* anstellt.

Weil die Funktion keine Argumente zwingend verlangt, müssen auch keine angegeben werden. Argumente sind hier also freiwillig oder optional. Und weil *$args* beliebig viele Argumente aufnimmt, ist die Funktion auch nicht auf eine bestimmte Anzahl von Argumenten festgelegt. Hier ist eine Testfunktion, die Ihnen einen ersten Überblick gibt, wie *$args* funktioniert:

```
function GutenTag {
  If ($args -ne $null)
  {
    "Sie haben angegeben: $args"
    "Anzahl Argumente: $($args.count)"
    $args | Foreach-Object { $i++; "$i. Argument: $_" }
  } Else {
    "Sie haben keine Argumente angegeben!"
  }
}
```

Wenn Sie die Funktion ohne Argumente aufrufen, stellt sie fest, dass *$args* leer ist und gibt einen entsprechenden Text aus. Probieren Sie jetzt aus, wie sich die Funktion mit verschiedenen Argumenten verhält:

```
# Die Funktion merkt, wenn keine Argumente angegeben wurden:
GutenTag
Sie haben keine Argumente angegeben!

# Argumente werden direkt hinter dem Funktionsnamen angegeben:
GutenTag Tobias
Sie haben angegeben: Tobias
Anzahl Argumente: 1
1. Argument: Tobias
```

```
# Mehrere Argumente werden durch Leerzeichen voneinander getrennt:
GutenTag Tobias Weltner
Sie haben angegeben: Tobias Weltner
Anzahl Argumente: 2
1. Argument: Tobias
2. Argument: Weltner

# Text in Anführungszeichen wird wie ein einzelnes Argument gewertet:
GutenTag "Tobias Weltner"
Sie haben angegeben: Tobias Weltner
Anzahl Argumente: 1
1. Argument: Tobias Weltner

# Das Komma erstellt generell bei PowerShell ein Variablenfeld
GutenTag Tobias, Weltner
Sie haben angegeben: System.Object[]
Anzahl Argumente: 1
1. Argument: Tobias Weltner
```

Die wichtigste Erkenntnis lautet: Argumente werden durch Leerzeichen voneinander getrennt, und wenn in einem Text Leerzeichen vorkommen, dann muss der Text in Anführungszeichen gestellt werden. Diese Regel ist gar nicht neu, denn sie gilt überall in PowerShell und auch für Cmdlets und ihre Parameter. Die einzelnen Argumente finden Sie als Elemente im Feld *$args*. Das erste Argument findet sich also in *$args[0]*, das zweite in *$args[1]*, und so fort.

Wenn Sie dagegen Argumente mit Kommata trennen, dann erstellen Sie ein Variablenfeld (Kapitel 4). Das gesamte Variablenfeld findet sich dann also als ein einzelnes Argument in *$args*. Schauen Sie mal:

```
function test {
  Foreach ($element in $args) {
  $i++
  If ($element -is [array]) {
    "$i. Argument ist ein Feld: $element"
    } Else {
    "$i. Argument ist kein Feld: $element"
    }
  }
}

test hallo test
```

```
1. Argument ist kein Feld: hallo
2. Argument ist kein Feld: test
test hallo,test wert1 wert2
1. Argument ist ein Feld: hallo test
2. Argument ist kein Feld: wert1
3. Argument ist kein Feld: wert2
```

Auch das ist nicht neu und in Kapitel 4 haben Sie bereits ausführlich mit Feldern gearbeitet, aber die Erkenntnis ist wichtig: Möchten Sie einem Argument mehr als einen Wert zuweisen, dann listen Sie die Werte kommasepariert auf und übergeben dem Argument dieses Feld. Auch das funktioniert bei Cmdlets ganz genauso und ist ein ganz wichtiges PowerShell-Grundprinzip. Die folgende Zeile würde zum Beispiel den Ordnerinhalt von *C:* und *C:\Users* sowie alle DLL-Dateien, die mit »p« beginnen, aus dem Systemordner von Windows auflisten:

```
Dir c:\, c:\users, $env:windir\system32\p*.dll
```

Möglich ist das, weil *Dir* in diesem Fall nur ein einzelnes Argument von Ihnen erhält, das aber ein Feld mit drei Elementen ist. Wenn Sie also Ihre eigenen Funktionen ebenfalls in die Lage versetzen wollen, Felder als Argumente zu akzeptieren, dann könnten Sie das folgendermaßen realisieren:

```
function SagWas {
  # es wurde kein Argument angegeben:
  If ($args -eq $null)
  {
    "Keine Argumente"
    # es wurde ein Variablenfeld als erstes Argument angegeben, also ruft sich die Funktion
    # für jedes Argument im Feld noch einmal selbst auf:
  }
  ElseIf ($args[0] -is [array])
  {
    Foreach ($element in $args[0])
    {
      SagWas $element
    }
    # das erste Argument ist kein Feld, die eigentliche Aufgabe wird erledigt:
  }
  Else
  {
    "Guten Tag, $args"
  }
}
```

Übergeben Sie der Funktion eine kommaseparierte Liste, dann erkennt die Funktion, dass das erste Argument (*$args[0]*) ein Feld ist. Es liest dann in einer *Foreach*-Schleife die Feldelemente einzeln aus und ruft sich selbst mit jedem einzelnen Element noch einmal auf. Jetzt ist Ihre Funktion genauso flexibel wie die meisten Cmdlets und kann ein einzelnes Argument genauso verarbeiten wie eine kommaseparierte Liste:

```
SagWas Tobias
Guten Tag, Tobias
SagWas Tobias, Martina, Cof
Guten Tag, Tobias
Guten Tag, Martina
Guten Tag, Cof
```

Möchten Sie bestimmte Argumente ansprechen, dann denken Sie nur erneut daran, dass *$args* ein Feld ist. Die einzelnen Argumente sprechen Sie also wie bei Feldern üblich über ihre Indexzahl an, die immer bei 0 beginnt. Das erste Argument findet sich also in *$args[0]*. Mit diesem Wissen könnten Sie bereits eine kleine Funktion basteln, die zwei Zahlen miteinander addiert:

```
function Addiere
{
  $args[0] + $args[1]
}
Addiere 1 2
3
```

Weil *$args* ein Feld ist und Sie jederzeit herausfinden können, welche Elemente in diesem Feld liegen, könnten Sie die Funktion auch umformulieren und dafür sorgen, dass sie *beliebig* viele Zahlen addiert:

```
function Addiere
{
  Foreach ($zahl in $args)
  {
    $ergebnis += $zahl
  }
  "Summe: $ergebnis"
}
Addiere 1 4 5 12 436
Summe: 458
```

Den Argument-Parser von $args verwenden

Damit *$args* fein säuberlich die angegebenen Argumente enthält, leistet hinter den Kulissen der eingebaute Argument-Parser die schwierige Arbeit, die rohen Argumente richtig aufzutrennen und auch kommaseparierte Felder in den Argumenten richtig einzuordnen. Sie brauchen sich darum glücklicherweise nicht zu kümmern. Erlaubt ist das aber durchaus, denn der interne Argument-Parser arbeitet auf Wunsch auch direkt für Sie. So könnten Sie einer Dummy-Funktion Argumente übergeben mit dem einzigen Ziel, dass der Argument-Parser sie ordentlich und postwendend in *$args* an Sie zurückliefert. Im einfachsten Fall sieht eine Funktion dann so aus:

```
function toArray { $args }
```

Argumente an Funktionen übergeben

Wenn Sie diese Funktion aufrufen, werden Ihre Argumente durch den Argument-Parser gejagt und anschließend das Ergebnis in *$args* sofort wieder zurückgeliefert. Und was bringt das? Weil *$args* immer ein Feld ist, könnten Sie so sehr bequem beliebige Informationen in einem Feld speichern:

```
$feld = toArray Hallo dies ist ein kleines Feld 1 2 4
$feld
Hallo
dies
ist
ein
kleines
Feld
1
2
4
```

Fast genauso simpel, aber ganz anders funktioniert die nächste Funktion. Diesmal gibt die Funktion nämlich *$args* nicht als Feld zurück, sondern bettet *$args* in einen Text ein. Damit spannen Sie gleich zwei interne PowerShell-Mechanismen für Ihre Zwecke ein: Der Argument-Parser liefert die angegebenen Argumente fein säuberlich in *$args* zurück, und der ebenfalls interne Textparser wandelt den Inhalt des Feldes *$args* in einen lesbaren Text um:

```
function toString { "$args" }
```

Weil Feldelemente vom Textparser automatisch mit *einem* Leerzeichen getrennt ausgegeben werden, der Argument-Parser aber *beliebig viele* Leerzeichen als Trenner zwischen Argumenten akzeptiert, könnten Sie so sehr simpel überflüssige Leerzeichen aus einem Text entfernen:

```
toString Hallo    dies    ist    ein    kleiner Test
Hallo dies ist ein kleiner Test
```

Das Trennzeichen, das PowerShell bei der Umwandlung eines Feldes in einen Text verwendet, ist zwar normalerweise ein Leerzeichen, aber das muss nicht so bleiben. Genau genommen verwendet PowerShell stets das Zeichen, das in der Variablen *$ofs* hinterlegt ist. Das macht sich die nächste Funktion zunutze. Sie erwartet als erstes Argument *($args[0])* das gewünschte Trennzeichen. Die übrigen Argumente werden dann von diesem Trennzeichen getrennt ausgegeben:

```
function toList { $OFS = $args[0]; "$($args[ 1 .. ($args.length-1) ])" }

# ein einfaches Trennzeichen verwenden:
toList - Hallo dies ist ein Test
Hallo-dies-ist-ein-Test
toList + Hallo dies ist ein Test
Hallo+dies+ist+ein+Test

# Komma muss entweder mit Backtick maskiert oder in einfache Anführungszeichen gestellt werden:
```

```
toList `, Hallo dies ist ein Test
```
Hallo,dies,ist,ein,Test
```
toList ',' Hallo dies ist ein Test
```
Hallo,dies,ist,ein,Test

```
# Das Trennzeichen kann aus mehreren Zeichen bestehen:
toList '","' Hallo dies ist ein Test
```
Hallo","dies","ist","ein","Test
```
toList "</td>`n<td>" Hallo dies ist ein Test
```
Hallo</td>
<td>dies</td>
<td>ist</td>
<td>ein</td>
<td>Test

Parameter festlegen

$args enthält zwar alle Argumente, die Sie einer Funktion übergeben, aber wirklich bequem ist das nicht. Weil *$args* ein Feld ist, sind Sie ständig gezwungen, auf die unleserlichen Feldelemente zuzugreifen. Schöner wäre es, wenn die übergebenen Argumente unter eigenständigen Namen in separaten Variablen zur Verfügung stünden. Genau das ist ohne größeren Aufwand möglich, und zwar mit einem Kniff. In Kapitel 3 haben Sie bereits gelesen, dass man Variablen nicht nur einzeln Werte zuweisen, sondern auch mehrere Variablen gleichzeitig mit verschiedenen Werten füllen kann.

Der Trick dabei sind Felder. Geben Sie auf der linken Seite eines Zuweisungsoperators eine kommaseparierte Variablenliste an, dann wird den einzelnen Variablen der Inhalt eines Feldes auf der rechten Seite zugewiesen. *$args* ist ein Feld, und deshalb könnten Sie diese Art der Zuweisung verwenden, um den Inhalt von *$args* auf besser zu handhabende einzelne Variablen aufzuteilen:

```
function Addiere {
$Wert1, $Wert2 = $args
$Wert1 + $Wert2

}

Addiere 1 6
7
```

Innerhalb der Funktion brauchen Sie nun nicht mehr auf die Elemente in *$args* zuzugreifen, sondern können die benannten Variablen verwenden, auf die Sie *$args* aufgeteilt haben. Allerdings sind die Argumente bei diesem Ansatz immer noch optional. Der Anwender kann also auch weniger oder mehr als zwei Argumente angeben. Das wird zum Problem, sobald der Anwender mehr als zwei Argumente angibt.

```
Addiere 1 2 3
"System.Object[]" kann nicht in "System.Int32" konvertiert werden.
Bei Zeile:3 Zeichen:9
+ $Wert1 +  <<<< $Wert2
```

Warum das so ist, sehen Sie am folgenden Beispiel. Der Anwender hatte drei Argumente angegeben. *$args* enthielt also drei Elemente. Die Funktion hat diese drei Elemente auf zwei Variablen verteilt. Die erste Variable erhielt das erste Element. Die zweite Variable erhielt alle übrigen:

```
$wert1, $wert2 = 1,2,3
$wert1
1
$wert2
2
3
```

Weil PowerShell beim besten Willen nicht eine Zahl mit einem Feld addieren kann, kassieren Sie einen Fehler. Die Ursache lag daran, dass die Funktion eine beliebige Anzahl von Argumenten akzeptiert. Möchten Sie anstelle von beliebig vielen Argumenten lieber eine feste Anzahl von Argumenten vorschreiben, dann legen Sie die erwarteten Argumente in der Funktionsbeschreibung fest, indem Sie Parameter definieren:

```
function Subtrahiere($Wert1, $Wert2) {
   $wert1 - $wert2
}
Subtrahiere 5 2
3
Subtrahiere 5
5
```

HINWEIS Argumente und Parameter sind übrigens nicht dasselbe, stehen aber zumindest in freundschaftlichem Kontakt. Das, was der Anwender einer Funktion an Zusatzinformationen übergibt, sind die Argumente. Sie stammen von demjenigen, der die Funktion aufruft. Die Funktion selbst kann Parameter definieren. Die Argumente des Anwenders werden dann den Parametern der Funktion zugeordnet.

Wirklich zwingend sind die beiden Parameter allerdings nicht. Sie sorgen nur dafür, dass die Argumente des Anwenders nicht mehr im allgemeinen Container *$args* landen, sondern eindeutig bestimmten Parametern zugeordnet werden (*Parameter Binding*). Gibt der Anwender ein von Ihnen eigentlich verlangtes Argument nicht an, dann erscheint kein Fehler, sondern dem Parameter wird automatisch ein leerer Wert zugewiesen (*$null*). Wie Sie dafür sorgen können, dass die von Ihnen verlangten Argumente auch wirklich angegeben werden müssen, lesen Sie etwas später.

Ein großer Vorzug der Parameter ist, dass die Argumente nun nicht mehr in einer festen Reihenfolge angegeben werden müssen. Wollen Sie von der vorgegebenen Reihenfolge abweichen und zum Beispiel zuerst das Argument für den Parameter *Wert2* und danach erst das Argument für den Parameter *Wert1* angeben, dann schreiben Sie vor jedes Argument den Namen des Parameters, für den es gedacht ist. Diese Schreibweise ist übrigens gar nicht neu: alle Cmdlets arbeiten ebenfalls nach diesem Prinzip.

```
# Benannte Argumente können über Parameter zugewiesen werden, eine feste Reihenfolge ist nicht nötig:
Subtrahiere -Wert1 12 2
10
Subtrahiere -Wert2 12 2
-10
```

Dabei bindet PowerShell zuerst die Argumente an den angegebenen Parameter. Alle übrigen Argumente, die danach noch nicht einem Parameter zugewiesen sind, werden in der angegebenen Reihenfolge an die noch unversorgten Parameter gebunden. Wenn Sie also im Beispiel das erste Argument an den Parameter *Wert2* binden, bleibt das zweite Argument, die Zahl 2, übrig. Sie wird nun dem ersten noch unversorgten Parameter zugewiesen, also *Wert1*.

Ein zweiter Vorzug ist, dass Ihre Funktion jetzt unempfindlich gegenüber zusätzlich angegebenen Argumenten wird. Gibt der Anwender mehr Argumente an, als Sie gefordert haben, passiert nichts Schlimmes. Die zusätzlichen Angaben werden einfach ignoriert.

```
# Überflüssige Argumente werden ignoriert:
Subtrahiere 5 2 3
3
```

Wirklich ignoriert werden Sie allerdings nicht. Alle Argumente, die Sie nicht benannten Argumenten zuordnen, landen wieder in *$args*. Damit können Sie also auch hier beliebig viele zusätzliche freiwillige Angaben erfragen oder prüfen, ob zusätzliche Argumente angegeben wurden, und dann mit *Throw* eine entsprechende Fehlermeldung ausgeben:

```
# Diese Funktion akzeptiert keine optionalen Argumente:
function Subtrahiere($Wert1, $Wert2)
{
   # Überprüfen, ob zusätzliche Angaben gemacht wurden, und falls ja, Fehler ausgeben:
   If ($args.Count -ne 0) { Throw "Ich brauche nur zwei Angaben, nicht mehr!"}

   $wert1 - $wert2
}
Subtrahiere 1 2
-1

# bei mehr als den zwei verlangten Argumenten wirft die Funktion einen Fehler aus:
Subtrahiere 1 2 3
Ich brauche nur zwei Angaben, nicht mehr!
Bei Zeile:2 Zeichen:31
+ If ($args.Count -ne 0) { Throw  <<<< "Ich brauche nur zwei Angaben, nicht mehr!"}
```

Argumente mit fest vorgegebenen Werten

Gerade haben Sie gesehen, dass Funktionen mit festen Parametern keinen Fehler ausgeben, wenn *weniger* als die geforderten Argumente angegeben wurden. Stattdessen werden die unversorgten Parameter dann ganz einfach leer gelassen. Leer müssen sie aber nicht bleiben, denn mit Vorgabewerten bestimmen Sie, welchen Wert ein Parameter haben soll, wenn der Anwender dieses Argument ausgelassen hat.

```
# Diese Funktion verwendet für ihre Parameter feste Vorgabewerte:
function Subtrahiere($Wert1=10, $Wert2=20)
{
  $wert1 - $wert2
}
# wird kein Argument angegeben, verwendet die Funktion die hinterlegten Vorgabewerte:
Subtrahiere
-10

# bei unvollständigen Argumenten verwendet die Funktion für die fehlenden Argumente die Vorgaben:
Subtrahiere -Wert1 30
10
Subtrahiere -Wert2 100
-90
```

Kann man aber auch festlegen, dass der Anwender die verlangten Argumente angeben *muss*? Auch das funktioniert, denn als Vorgabewerte sind nicht nur feste Werte erlaubt, sondern auch Unterausdrücke. Sie erinnern sich? Unterausdrücke stehen immer in runden Klammern und werden isoliert für sich ausgewertet. Das Ergebnis des Unterausdrucks wird danach zurückgemeldet, wenn Sie ein Dollarzeichen ($) davor setzen. Damit also für einen Parameter zwingend ein Argument angegeben werden muss, machen Sie sich das zunutze: Sie weisen den Parametern, für die Sie zwingend ein Argument verlangen, als Vorgabewert einen Unterausdruck zu, der eine Fehlermeldung ausgibt.

Wird die Funktion ohne das zwingende Argument aufgerufen, dann versucht die Funktion, den Vorgabewert zu verwenden und wertet dazu den Unterausdruck aus. Die darin enthaltene Fehlermeldung wird ausgegeben. Nur wenn der Anwender das zwingende Argument tatsächlich angibt, wird dieses und nicht der Vorgabewert verwendet, und es kommt zu keinem Fehler. Das klingt viel komplexer als es eigentlich ist, wie das nächste Beispiel beweist:

```
# Diese Funktion meldet einen Fehler, wenn das Argument für "Wert1" nicht angegeben wird:
function Subtrahiere($Wert1=$(Throw "Wert1 wurde nicht angegeben!"), $Wert2=20)
{
  $wert1 - $wert2
}

# das zweite Argument darf weggelassen werden, der Vorgabewert wird verwendet:
Subtrahiere 10
-10
```

```
# das erste Argument darf nicht weggelassen werden, weil der Vorgabewert eine Fehlermeldung ist:
Subtrahiere

Wert1 wurde nicht angegeben!
Bei Zeile:1 Zeichen:36
+ function Subtrahiere($Wert1=$(Throw  <<<< "Wert1 wurde nicht angegeben!"), $Wert2=20) {
```

Die Tatsache, dass Sie komplette Unterausdrücke als Vorgabewert für Parameter verwenden dürfen, ist auch in anderen Situationen nützlich. So lassen sich Parameter zum Beispiel auf tagesaktuelle Vorgaben einstellen wie zum Beispiel Daten, Anmeldenamen oder beliebige andere Informationen, die just in dem Moment als Vorgabewert ermittelt werden, in dem die Funktion aufgerufen wird:

```
function Wochentag($Datum=$(Get-Date))
{
   $Datum.DayOfWeek
}
```

Rufen Sie Ihre Funktion *Wochentag* ohne ein Argument auf, dann gibt sie den aktuellen Wochentag aus. Der Vorgabewert des Parameters *$Datum* wird nämlich bei jedem Aufruf der Funktion durch den Unterausdruck mit Hilfe von *Get-Date* frisch gesetzt. Geben Sie hinter Ihrer Funktion ein anderes Datum an, dann erfahren Sie den Wochentag, auf den dieses Datum fällt. Jedenfalls theoretisch. Praktisch passiert rein gar nichts. Warum die Funktion mit Ihren eigenen Argumenten (noch) nicht funktioniert, erfahren Sie im nächsten Abschnitt.

Streng typisierte Argumente verwenden

Gerade haben Sie gesehen, dass es beim Aufruf einer Funktion zu einem bunten Treiben kommt, bei dem die Argumente des Benutzers den Parametern der Funktion zugeordnet werden. Federführend hierbei ist der Argument-Parser, der die rohen Argumente des Benutzers entgegennimmt und auf die Parameter der Funktion aufteilt.

Der Argument-Parser der Funktion ist normalerweise ein ignoranter Kerl, dem es völlig egal ist, was für Informationen Sie als Argument angeben. Der Argument-Parser kümmert sich nur darum, die hinter der Funktion angegebenen Rohdaten sauber in einzelne Argumente aufzutrennen und diese dann an die Parameter der Funktion zu übergeben.

Die Funktion sieht das natürlich ganz anders. Weil die Funktion mit den übergebenen Argumenten eine ganz bestimmte Aufgabe lösen muss, ist es ihr ganz und gar nicht egal, was für Argumente das sind. Das führt spätestens dann zum Knall, wenn die Funktion Argumente eines bestimmten Datentyps erwartet und plötzlich von ganz anderen Datentypen überrascht wird. Dieses Problem ist sogar schon in den vergangenen Beispielen aufgetreten, und in diesem Abschnitt erfahren Sie, wie man es lösen kann.

Nur Zahlen erlaubt

Die vorhin gezeigte *Subtrahiere*-Funktion kommt zum Beispiel schlagartig aus dem Tritt, wenn Sie ihr Texte anstelle von Zahlen übergeben, denn mit Texten kann man nicht rechnen:

```
Subtrahiere Hallo Welt
Fehler beim Aufrufen der Methode, da [System.String] keine Methode mit dem Namen "op_Subtraction"
enthält.
Bei Zeile:3 Zeichen:9
+ $wert1 -  <<<< $wert2
```

Fehler, die durch unpassende Datentypen verursacht werden, sind dummerweise schwer zu finden und zu beheben, weil die resultierende Fehlermeldung verwirrend klingt und der Fehler eigentlich an der ganz falschen Stelle gemeldet wird, nämlich dort, wo das Kind bereits in den Brunnen gefallen ist, also bei dem Vorgang, der versucht, mit den unpassenden Datentypen etwas zu tun.

Viel sinnvoller wäre es, wenn der Argument-Parser der Funktion die unpassenden Argumente erst gar nicht angenommen hätte. Und genau das ist die Lösung, denn Sie können dem Argument-Parser verraten, was für Datentypen die Parameter Ihrer Funktion gebrauchen können. Gibt der Anwender dann trotzdem die falschen Datentypen als Argument an, lehnt der Argument-Parser die Annahme ab und meldet den Fehler bereits an dieser Stelle mit einer sehr viel klareren Fehlermeldung:

```
# Diese Funktion akzeptiert nur noch Zahlen als Argument:
function Subtrahiere([int]$Wert1, [int]$Wert2)
{
   $wert1 - $wert2
}
Subtrahiere 5 2
3

# Solange das Argument in eine Zahl umgewandelt werden kann, ist die Funktion zufrieden:
Subtrahiere "5" 2
3

# Die Funktion akzeptiert keine Angaben, die nicht in Zahlen umgewandelt werden können
Subtrahiere Hallo Welt
Subtrahiere : Der Wert "Hallo" kann nicht in den Typ "System.Int32" konvertiert werden. Fehler: "Die
Eingabezeichenfolge hat das falsche Format."
Bei Zeile:1 Zeichen:12
+ Subtrahiere  <<<< Hallo Welt
```

Damit der Argument-Parser nur noch ganz bestimmte Datentypen annimmt, setzen Sie die strenge Typisierung ein, die Sie bei Variablen schon ausführlich in Kapitel 3 kennen gelernt haben. Dazu wird vor dem Parameter in eckigen Klammern der gewünschte Datentyp vermerkt. Ab sofort akzeptiert der Parameter nur noch Zahlen oder Informationen, die sich in Zahlen umwandeln lassen. Gibt der Anwender einen falschen Datentyp an, kommt es zu einem Fehler, der die Ursache nun wesentlich besser beschreibt. Allerdings müssen Sie bei der Auswahl des Datentyps für Ihre Argumente aufpassen. Haben Sie eine Idee, warum Ihre Funktion die folgenden Ergebnisse liefert?

```
Subtrahiere 8.2 0.2
8
Subtrahiere 8.2 1.4
7
Subtrahiere 8.2 1.9
6
```

Weil Ihre Funktion als Argumente den Datentyp *Integer* erwartet, also Ganzzahlen, werden die angegebenen Fließkommazahlen automatisch in Ganzzahlen umgewandelt und dabei auch gerundet. Dabei passiert in etwa dasselbe wie hier:

```
[int]1.4
1
[int]1.9
2
```

Möchten Sie also, dass Ihre Funktion korrekt mit Fließkommazahlen umgeht, dann dürfen Sie den Datentyp der Argumente nicht auf Integer (*[int]*) festlegen, sondern verwenden stattdessen den Fließkomma-Datentyp *([double])*. Jetzt stimmen die Rechenergebnisse wieder:

```
function Subtrahiere([double]$Wert1, [double]$Wert2)
{
  $wert1 - $wert2
}
Subtrahiere 8.2 0.2
8
Subtrahiere 8.2 1.4
6,8
Subtrahiere 8.2 1.9
6,3
```

Eine Übersicht über die gebräuchlichsten Datentypen finden Sie in Kapitel 3.

Datum erforderlich

Die strenge Typisierung ist aber nicht nur nützlich, um unpassende Datentypen abzulehnen. Sie kann auch dazu verwendet werden, um Datentypen in ein besseres Format umzuwandeln. Sicher erinnern Sie sich noch an die mysteriöse *Wochentag*-Funktion, die zwar den Wochentag für das aktuelle Datum ausgegeben hat, aber nicht für Daten, die Sie selbst angegeben hatten. Die Ursache wird jetzt klarer, denn ohne die strenge Typisierung hat PowerShell Ihr Argument automatisch in den vermeintlich passenden Datentyp umgewandelt, nämlich einen String, also einen Text.

Gebraucht hätte Ihre Funktion das Argument allerdings als echte Datumsangabe im Datentyp *DateTime*, denn nur dieser Typ enthält die Methode *DayOfWeek*, mit der die Funktion den Wochentag bestimmt. Weil der Datentyp *String* diese Methode nicht enthält, hat die Funktion auch kein Ergebnis geliefert. Die Lösung kennen Sie inzwischen: verlangen Sie das Argument vom Typ *DateTime*. Jetzt wandelt der Argument-Parser die Eingabe automatisch in diesen Typ um, falls möglich. Kann er das Argument nicht umwandeln, wird ein Fehler ausgegeben:

```
# Diese Funktion meldet einen Fehler, wenn das Argument für "Wert1" nicht angegeben wird:
function Wochentag([datetime]$Datum=$(Get-Date))
{
  $Datum.DayOfWeek
}

Wochentag 1.1.1980
Tuesday
Wochentag 2.1.1980
Friday
Wochentag irgendwann
Wochentag : Der Wert "irgendwann" kann nicht in den Typ "System.DateTime" konvertiert werden. Fehler:
"Die Zeichenfolge wurde nicht als gültige DateTime erkannt. Ein unbekanntes Wort beginnt bei Index 0."
Bei Zeile:1 Zeichen:10
+ Wochentag  <<<< irgendwann
```

Switch-Parameter funktionieren wie Schalter

Der einfachste denkbare Parameter einer Funktion enthält nur einen binären Ja/Nein-Wert. Dieser einfache Inhalt kann (ausnahmsweise) auch ganz ohne Argument dargestellt werden: Ist der Parameter vorhanden, dann enthält er den Wert *$true* (für Ja), ansonsten *$false* (für Nein). Wenn Ihre Funktion solche Ja/Nein-Entscheidungen gebrauchen kann, dann kann sie die vereinfachten *Switch*-Parameter einsetzen. Am häufigsten werden diese verwendet, um spezielle Optionen auszuwählen. Die folgende Funktion *WriteText* schreibt Text in die Konsole. Geben Sie den Schalter *-invers* an, dann wird der Text invers ausgeben.

```
Function WriteText([Switch]$invers, $text)
{
  If ($invers) {
    Write-Host -ForegroundColor "Black" -BackgroundColor "White" $text
  } Else {
    $text
  }
}
```

Wird als Argument *-invers* angegeben, dann passiert im Grunde nichts Neues: der Argument-Parser erkennt, dass es sich um den Namen eines Parameters handelt. Normalerweise würde er jetzt das Argument hinter *-invers* dem Parameter *$invers* zuordnen. Weil dieser Parameter aber vom Typ *[Switch]* ist, »weiß« der Argument-Parser, dass es sich um einen simplen Parameter handelt, der nur *$true* oder *$false* enthalten kann, und weist ihm den Wert *$true* zu. Geben Sie dagegen *-invers* nicht an, dann ist der automatische Vorgabewert des Parameters *$false*.

Rückgabewerte einer Funktion festlegen

Natürlich soll eine Funktion am Ende ein Ergebnis an denjenigen zurückliefern, der die Funktion aufgerufen hat. Die Beispielfunktionen aus diesem Kapitel haben das auch bereits eifrig getan. Wie Funktionen allerdings ganz genau Ergebnisse zurückliefern, ist eine höchst interessante Angelegenheit, weil sie bei PowerShell völlig anders funktioniert als bei allen anderen Programmiersprachen. Grund genug, sich diesen Aspekt der Funktionen jetzt etwas genauer anzuschauen.

Ein Rückgabewert oder mehrere?

Tatsächlich geben PowerShell-Funktionen nicht einen einzelnen bestimmten Rückgabewert zurück. Sie liefern schlichtweg alles zurück, was Sie im Verlauf der Funktion an irgendeiner Stelle ausgegeben haben. Im einfachsten Fall ist das nur ein einzelner Wert wie im folgenden Beispiel. Rufen Sie die Funktion interaktiv auf, wird das Ergebnis in die Konsole ausgegeben. Ebenso gut könnten Sie das Ergebnis der Funktion aber auch in einer Variablen speichern und weiterverarbeiten:

```
Function MwSt([double]$Betrag=0)
{
  $Betrag * 0.19
}


# Funktion interaktiv aufgerufen gibt das Ergebnis in die Konsole aus:
MwSt 130.67
24,8273

# Das Ergebnis der Funktion kann aber auch in einer Variablen "aufgefangen" werden:
$ergebnis = MwSt 130.67
$ergebnis
24,8273

# Das Ergebnis ist ein einzelner Zahlenwert vom Typ "Double":
$ergebnis.GetType().Name
Double
```

In diesem Beispiel hat die Funktion wie erwartet einen einzelnen Zahlenwert zurückgeliefert. Was aber passiert, wenn die Funktion mehr als ein Ergebnis liefert? Um das zu testen, brauchen wir nur eine Funktion, die mehr als ein Ergebnis ausgibt:

```
Function MwSt([double]$Betrag=0)
{
  $Faktor = 0.19
  $Summe = $Betrag * $Faktor
  "Mehrwertsteuer {0:C}" -f $Summe
  "Mehrwertsteuersatz: {0:P}" -f $Faktor
}
```

```
# Die Funktion gibt zwei Ergebnisse zurück:
MwSt 130.67
Mehrwertsteuer 24,83 €
Mehrwertsteuersatz: 19,00%

# Alle Ergebnisse werden in einer einzelnen Variablen gespeichert:
$ergebnis = MwSt 130.67
$ergebnis
Mehrwertsteuer 24,83 €
Mehrwertsteuersatz: 19,00%

# Mehrere Ergebnisse werden automatisch in einem Feld gespeichert:
$ergebnis.GetType().Name
Object[]

# Über die Indexzahl können Sie die einzelnen Ergebnisse der Funktion einzeln ansprechen:
$ergebnis[0]
Mehrwertsteuer 24,83 €

# Der Datentyp des jeweiligen Feldelements entspricht den darin enthaltenen Daten:
$ergebnis[0].GetType().Name
String
```

Zusammenfassend kann man also sagen: Gibt eine Funktion nur einen Wert aus, dann wird dieser Wert direkt zurückgeliefert. Hier verhalten sich die Funktionen also ganz ähnlich wie Funktionen in anderen Programmiersprachen. Gibt die Funktion dagegen mehr als einen Wert zurück, dann werden alle Werte in einem Feld verpackt. Nur bemerken Sie das oft gar nicht, denn wenn Sie dieses Feld ausgeben, ist PowerShell clever genug, die einzelnen Elemente im Feld automatisch in Text zu verwandeln und gibt diesem untereinander aus. Auf den ersten Blick sieht es also so aus, als wären alle Ausgaben der Funktion zu einem gemeinsamen Text verschmolzen.

Dass das nicht so ist, zeigt das Beispiel von eben. Die einzelnen Ergebnisse der Funktion liegen im zurückgelieferten Feld noch immer fein säuberlich getrennt als einzelne Ergebnisse vor, und Sie könnten sich aus dem Feld also ein bestimmtes Ergebnis herauspicken und ausgeben.

Die Return-Anweisung

Sie wissen nun, dass Funktionen grundsätzlich alles als Ergebnis zurückliefern, was Sie innerhalb der Funktion irgendwo ausgeben. Wie ist dann die besondere *return*-Anweisung zu verstehen, die Sie im nächsten Beispiel finden? Hat sie etwa Einfluss darauf, was eine Funktion als Ergebnis liefert, oder legt sie das Ergebnis sogar fest?

```
Function Addiere([double]$Wert1, [double]$Wert2)
{
  return $Wert1 + $Wert2
}

# Die Funktion liefert den Wert zurück, der hinter "return" steht:
Addiere 1 6
7
```

Es scheint fast so – zunächst. Tatsächlich aber funktioniert *return* ganz anders. Die Funktion gibt nämlich nach wie vor alles als Ergebnis zurück, was innerhalb der Funktion ausgegeben wird. Zusätzlich (und nicht etwa stattdessen) wird auch das als Ergebnis zurückgegeben, was hinter *return* steht. Sie hätten *return* also auch ebenso gut weglassen können. Was die Frage aufwirft, wofür man *return* dann überhaupt erfunden hat.

- Erstens gibt es *return* aus kosmetischen Gründen, denn in vielen anderen Programmiersprachen ist es üblich, den Rückgabewert einer Funktion ausdrücklich mit einer Anweisung wie *return* anzugeben. Leider stiftet *return* dabei mehr Verwirrung als es hilft, denn es verschleiert die Tatsache, dass außerdem auch alle anderen Ausgaben der Funktion zurückgeliefert werden und eben nicht nur das, was hinter *return* steht.

- Zweitens funktioniert *return* aber auch in etwa wie eine *Break*-Anweisung, beendet die Funktion also an dieser Stelle außerplanmäßig. Alle weiteren Anweisungen nach *return* werden ignoriert. So könnten Sie zum Beispiel innerhalb einer Schleife oder einer Bedingung die Funktion sofort verlassen, wenn ein bestimmtes Abbruchkriterium erfüllt ist.

```
Function Addiere([double]$Wert1, [double]$Wert2)
{
  # diesmal gibt die Funktion eine ganze Reihe von bunt zusammengewürfelten Ergebnissen zurück:
  "Hier folgt das Ergebnis:"
  1
  2
  3

  # return gibt außerdem ein weiteres Ergebnis zurück:
  return $Wert1 + $Wert2

  # diese Anweisung wird nicht mehr ausgeführt, weil die Funktion bei return verlassen wird:
  "Noch ein Text"
}

Addiere 1 6
Hier folgt das Ergebnis:
1
2
3
7

$ergebnis = Addiere 1 6
$ergebnis
```

```
Hier folgt das Ergebnis:
1
2
3
7
```

Auf die Rückgabewerte zugreifen

Ob eine Funktion ein oder mehrere Ergebnisse zurückliefert, überprüfen Sie mit dem zurückgegebenen Datentyp. Ist dieser ein Feld, dann wurden mehrere Ergebnisse geliefert, ansonsten nur einer. Um das genauer zu untersuchen, brauchen wir eine Funktion, die je nach Fall entweder ein oder mehrere Ergebnisse liefert. Das leistet der folgende Lottozahlengenerator, der zufällige Lottozahlen zwischen 1 und 49 ausgibt. Über den Parameter *$anzahl* bestimmen Sie, wie viele Lottozahlen geliefert werden sollen. Geben Sie nichts an, wird genau eine Lottozahl errechnet. Die Aufgabe lautet nun: Wie findet man heraus, ob eine Funktion genau ein oder mehrere Ergebnisse liefert?

```
Function Lotto([int]$anzahl=1)
{
  $rand = New-Object system.random
  For ($i=1; $i -le $anzahl; $i++) {
    $rand.next(1,49)
  }
}

# wird nur eine Lottozahl erfragt, ist das Ergebnis kein Feld:
$ergebnis = Lotto
$ergebnis -is [array]
False

# bei mehreren Lottozahlen ist das Ergebnis ein Feld:
$ergebnis = Lotto 10
$ergebnis -is [array]
True
```

Warum allerdings sollte man sich überhaupt dafür interessieren, ob das Ergebnis einer Funktion ein Ergebnis oder mehrere umfasst? Zum Beispiel, weil Sie herausfinden wollen, wie viele Elemente genau ein Befehl geliefert hat. Im Fall des Lottozahlengenerators ist das natürlich weniger sinnvoll, weil Sie selbst angegeben haben, wie viele Lottozahlen er generieren soll. Bei anderen Funktionen und Cmdlets kann die Frage jedoch entscheidend sein. Nehmen Sie zum Beispiel den Befehl *Dir*, der den Inhalt eines Ordners auflistet. Wenn Sie wissen wollen, wie viele Dateien sich tatsächlich in einem Ordner befinden, dann müssen Sie sich unweigerlich mit der Frage beschäftigen, ob *Dir* keine, genau eine oder viele Dateien gefunden hat.

Enthält der Ordner mehr als eine Datei, dann liefert *Dir* ein Feld zurück, und die Anzahl der Elemente (also Dateien) in dem Feld ermitteln Sie bequem mit *Count*:

```
(Dir c:\).Count
25
```

Die runden Klammern sind dabei wieder wie immer bei PowerShell ein Unterausdruck, der zuerst ausgewertet wird. Sie hätten ebenso gut schreiben können:

```
$liste = Dir c:\
$liste.Count
25
```

Problematisch wird die Sache, wenn *Dir* nur eine oder gar keine Datei findet, denn dann liefert es kein Feld mehr zurück, und deshalb können Sie auch *Count* nicht mehr verwenden. Ein Fehler wird nicht gemeldet, sondern einfach gar nichts:

```
(Dir *.zumsel).Count
```

Sie könnten jetzt wie oben gezeigt prüfen, ob *Dir* ein Feld liefert oder nicht, und falls es sich nicht um ein Feld handelt, schauen, ob eine oder gar keine Datei gefunden wurde. Es gibt aber noch einen sehr viel eleganteren Weg. Auf Wunsch wird das Ergebnis einer Funktion (oder eines Cmdlets) immer in einem Feld verpackt, selbst dann, wenn es sich nur um ein oder gar kein Ergebnis handelt. Dazu setzen Sie die Konstruktion @(...) ein, die Sie bereits aus Kapitel 4 kennen. Mit dieser Konstruktion kann man normalerweise neue Felder anlegen, und genau das passiert auch hier. Das Ergebnis der Funktion oder des Cmdlets wird in einem Feld verpackt. Ist das Ergebnis sowieso ein Feld, dann bleibt es natürlich ein Feld, aber wenn das Ergebnis kein Feld war, dann ist es nun eines.

```
@(Dir c:\).Count
25
@(Dir *.zumsel).Count
0
```

Ausgaben aus dem Funktionsergebnis ausschließen

Alles, was eine Funktion als Ergebnis zurückliefern soll, braucht also nur innerhalb der Funktion irgendwo ausgegeben zu werden. Das hört sich bequem an und ist es auch. Nur müssen Sie wie ein Luchs aufpassen, dass Sie nicht versehentlich Dinge ausgeben, die nicht ins Ergebnis der Funktion gehören.

Textausgaben vom Ergebnis ausschließen

Viele Skriptautoren fügen während der Entwicklung kleine Textausgaben in den Code ein, damit sie so besser nachvollziehen können, ob eine Funktion auch wirklich tut, was sie soll. Sie wissen nun: diese Textausgaben landen ebenfalls im Ergebnis der Funktion und können erhebliche Verwirrung stiften. Schauen Sie mal:

Rückgabewerte einer Funktion festlegen

```
Function Test
{
  "Berechnung wird durchgeführt"
  $a = 12 * 10
  "Ergebnis wird ausgegeben"
  "Ergebnis lautet: $a"
  "Fertig"
}

Test
Berechnung wird durchgeführt
Ergebnis wird ausgegeben
Ergebnis lautet: 120
Fertig
```

Zunächst sieht alles ganz wunderbar aus, und die Funktion dokumentiert ihren internen Ablauf durch die zusätzlichen Textausgaben. Sobald Sie die Funktion aber nicht interaktiv einsetzen, sondern das Ergebnis in einer Variablen speichern, ändert sich das schlagartig, denn Ihre Hinweistexte werden jetzt nicht mehr ausgegeben, wenn die Funktion läuft, sondern landen im Ergebnis:

```
# Ihre Debugmeldungen werden nicht ausgegeben:
$ergebnis = Test

# Tatsächlich finden sich die Debugmeldungen wie alle anderen Ausgaben im Ergebnis:
$ergebnis
Berechnung wird durchgeführt
Ergebnis wird ausgegeben
Ergebnis lautet: 120
Fertig
```

Wenn Sie also Text ausgeben wollen, der sofort erscheinen soll und nicht ins Ergebnis der Funktion einfließt, dann müssen diese Ausgaben direkt an die Konsole gesendet werden, zum Beispiel mit dem Cmdlet *Write-Host*:

```
Function Test
{
  Write-Host "Berechnung wird durchgeführt"
  $a = 12 * 10
  Write-Host "Ergebnis wird ausgegeben"
  "Ergebnis lautet: $a"
  Write-Host "Fertig"
}
```

```
# Diesmal werden Ihre Debug-Meldungen bereits bei der Ausführung der Funktion ausgegeben:
$ergebnis = test

Berechnung wird durchgeführt
Ergebnis wird ausgegeben
Fertig
```

```
# Das Ergebnis enthält Ihre Debug-Meldungen nicht mehr:
$ergebnis
Ergebnis lautet: 120
```

Debug-Meldungen verwenden

Handelt es sich nur um vorübergehende Textmeldungen, die Sie für interne Zwecke brauchen, zum Beispiel, um den Ablauf einer Funktion besser zu testen, dann müssten Sie diese Hinweise spätestens dann mühsam wieder entfernen, wenn die Funktion fertig ist und produktiv eingesetzt werden soll. Das können Sie sich sparen, wenn Sie für vorübergehende Textausgaben anstelle von *Write-Host* das Cmdlet *Write-Debug* einsetzen.

```
Function Test
{
  Write-Debug "Berechnung wird durchgeführt"
  $a = 12 * 10
  Write-Debug "Ergebnis wird ausgegeben"
  "Ergebnis lautet: $a"
  Write-Debug "Fertig"
}


# Debug-Meldungen bleiben in der Produktivumgebung vollkommen unsichtbar:
$ergebnis = Test


# Möchten Sie Ihre Funktion debuggen, schalten Sie die Meldungen ein:
$DebugPreference = "Continue"


# Ihre Debug-Meldungen werden jetzt mit dem Präfix "DEBUG:" und in gelb ausgegeben:
$ergebnis = Test
DEBUG: Berechnung wird durchgeführt
DEBUG: Ergebnis wird ausgegeben
DEBUG: Fertig
# Sie sind nicht im Ergebnis enthalten:
$ergebnis
Ergebnis lautet: 120


# Läuft alles wie gewünscht, schalten Sie das Debugging wieder aus:
$DebugPreference = "SilentlyContinue"
$ergebnis = Test
```

Write-Debug hat gleich eine Reihe von Vorteilen: erstens werden Ihre Debug-Meldungen klar gekennzeichnet und in einer anderen Farbe ausgegeben. Zweitens erscheinen diese Meldungen nur, wenn Sie den Debug-Modus ausdrücklich einschalten. Wird die Funktion in der normalen Produktivumgebung verwendet, ignoriert PowerShell die *Write-Debug*-Anweisung einfach. Damit entfällt die Notwendigkeit, Ihre Debug-Ausgaben mühsam zu entfernen, wenn das Skript fertig ist und produktiv eingesetzt werden soll. Falls Sie neugierig geworden sind, finden Sie viele weitere spannende Details zum Debuggen in Kapitel 11.

Funktionsergebnisse unterdrücken

Verwenden Sie innerhalb Ihrer Funktion andere Funktionen oder Befehle, die ein Ergebnis zurückliefern, dann müssen Sie ebenfalls festlegen, was mit diesem Ergebnis geschehen soll. Fangen Sie es in einer eigenen Variable auf, dann wird es nicht ausgegeben und gelangt auch nicht in das Ergebnis Ihrer Funktion. Kümmern Sie sich dagegen nicht darum, dann wird das Ergebnis der fremden Funktion in das Ergebnis Ihrer Funktion integriert. Hier ein Beispiel:

```
Function Stop-ServiceXYZ
{
  # hier könnte z.B. ein Dienst angehalten werden
  "Dienst angehalten"
}

Function Main
{
  Stop-ServiceXYZ
  # hier könnten weitere Aufgaben folgen
  "OK"
}

# Das Ergebnis enthält auch die Meldung der Funktion Stop-ServiceXYZ:
$ergebnis = Main
Dienst angehalten
OK
```

Die Funktion *Main* verwendet intern die Funktion *Stop-ServiceXYZ*. Die Textmeldung dieser zweiten Funktion wird von *Main* aber nicht aufgefangen und deshalb ausgegeben, erscheint also im Ergebnis der Funktion *Main*. Das könnten Sie ändern, indem Sie das Ergebnis entweder in einer eigenen Variablen speichern oder an die automatische Variable *$null* senden, die das Ergebnis »verschluckt«:

```
Function Main
{
  $null = Stop-ServiceXYZ
  # hier könnten weitere Aufgaben folgen
  "OK"
}

# Das Ergebnis enthält die Meldung von Stop-ServiceXYZ nicht mehr:
$ergebnis = Main
OK
```

HINWEIS Liefert eine Funktion mehr Ergebnisse als Sie eigentlich erwartet haben, dann ist die häufigste Ursache, dass Ergebnisse anderer Befehle nicht ordentlich aufgefangen wurden.

Fehlermeldungen ausblenden

Fehler, die innerhalb Ihrer Funktion auftreten, führen normalerweise zu Fehlermeldungen, und diese Fehlermeldungen werden immer sofort ausgegeben. Fehlermeldungen werden also nicht wie normale Ausgaben in das Ergebnis Ihrer Funktion integriert.

```
Function Test
{
  Stop-Process -name "NichtvorhandenerProzess"
}


# Fehlermeldungen werden normalerweise immer sofort ausgegeben:
$ergebnis = Test

Stop-Process : Es kann kein Prozess mit dem Namen "NichtvorhandenerProzess" gefunden werden. Überprüfen
Sie den Prozessnamen, und rufen Sie das Cmdlet erneut auf.
Bei Zeile:2 Zeichen:13
+ Stop-Process    <<<< -name "NichtvorhandenerProzess"
```

Das ist natürlich sehr sinnvoll, denn Fehler sollten nicht auftreten, und wenn das dennoch passiert, müssen Sie sofort darauf hingewiesen werden. Möchten Sie die Fehlermeldung ausdrücklich »verschlucken«, weil sie Ihnen egal ist, dann schalten Sie die Ausgabe von Fehlermeldungen innerhalb Ihrer Funktion aus. Jetzt allerdings werden sämtliche Fehlermeldungen innerhalb der Funktion nicht mehr ausgegeben:

```
Function Test
{
  # Ab jetzt alle Fehlermeldungen unterdrücken:
  $ErrorActionPreference = "SilentlyContinue"
  Stop-Process -name "NichtvorhandenerProzess"
}

# Alle Fehlermeldungen innerhalb der Funktion werden verschluckt:
$ergebnis = Test
```

Sinnvoll ist das natürlich nur, wenn Sie absolut sicher sind, dass der Fehler ignoriert werden kann. Selbst dann sollten Sie Fehler nicht generell in Ihrer Funktion verschlucken, sondern nur an den wirklich notwendigen Stellen, damit Sie andere (und vielleicht völlig unerwartete) Fehler nicht übersehen:

```
Function Test
{
  # Ab jetzt alle Fehlermeldungen unterdrücken:
  $ErrorActionPreference = "SilentlyContinue"
  Stop-Process -name "NichtvorhandenerProzess"
  # Ab jetzt alle Fehlermeldungen wieder ausgeben:
  $ErrorActionPreference = "Continue"
  1/$null
}
```

```
# Fehlermeldungen innerhalb der Funktion werden an bestimmten Stellen verschluckt, an anderen nicht:
$ergebnis = Test
Es wurde versucht, durch 0 (null) zu teilen.
Bei Zeile:5 Zeichen:3
+ 1/$ <<<< null
```

Ein sehr viel besserer Weg ist allerdings, Fehler nicht pauschal zu ignorieren, sondern sie wahrzunehmen und darauf dann selbst zu reagieren. Mehr dazu erfahren Sie in Kapitel 11.

Vorhandene Funktionen untersuchen

PowerShell enthält bereits einige vordefinierte Funktionen, die Sie sich mit dem virtuellen Laufwerk *function:* auflisten lassen können:

```
Dir function:

CommandType     Name                Definition
-----------     ----                ----------
Function        prompt              'PS ' + $(Get-Location) + $(If ($nested...
Function        TabExpansion        param($line, $lastWord) &{...
Function        Clear-Host          $spaceType = [System.Management.Automat...
Function        more                param([string[]]$paths); If(($paths -n...
Function        help                param([string]$Name,[string[]]$Category...
Function        man                 param([string]$Name,[string[]]$Category...
Function        mkdir               param([string[]]$paths); New-Item -type...
Function        md                  param([string[]]$paths); New-Item -type...
Function        A:                  Set-Location A:
Function        B:                  Set-Location B:
(...)
```

Das Ergebnis verrät Ihnen nicht nur die Namen der bereits vorhandenen Funktionen, sondern auch deren Inhalt in der Spalte *Definition*. Möchten Sie die Definition einer bestimmten Funktion genauer untersuchen, dann greifen Sie direkt auf die Funktion zu:

```
$function:prompt
'PS ' + $(Get-Location) + $(If ($nestedpromptlevel -ge 1) { '>>' }) + '> '
```

Viele der vordefinierten Funktionen erfüllen bereits wichtige Aufgaben in PowerShell. Diese Funktionen schauen wir uns jetzt an einigen Beispielen etwas genauer an.

Funktion	Beschreibung
Clear-Host	Löscht den Bildschirmspeicher
help, man	Ruft intern *get-help* auf und gibt die Hilfetexte seitenweise aus, wenn Sie die Schalter *-detailed* oder *-full* verwenden
mkdir, md	Legt mit *new-item* einen neuen Unterordner an

Funktion	Beschreibung
more	Gibt entweder den Inhalt der Pipeline seitenweise aus oder – wenn Sie einen oder mehrere Pfadnamen hinter *more* angeben – gibt den Inhalt der angegebenen Dateien seitenweise aus
prompt	Liefert den Text der Eingabeaufforderung
TabExpansion	Diese Funktion wird aufgerufen, wenn Sie ⇥ drücken und damit die Autovervollständigung aktivieren. Die Funktion verwendet die beiden Variablen *$line* und *$lastword*, in denen Sie anschließend die Zeile und das Wort finden, für die Autovervollständigung angefordert wurde. Neben der Originalfunktion *TabExpansion* von Microsoft, die mit PowerShell mitgeliefert wird, gibt es inzwischen zahlreiche bessere Alternativen von engagierten PowerShell-Anwendern, die damit die Autovervollständigung um unzählige neue Möglichkeiten und Funktionen erweitern.
X:	Ruft für den angegebenen Laufwerksbuchstaben *set-location* auf. Ein reiner Alias würde dies nicht leisten können; Funktionen können Cmdlets zusammen mit Argumenten aufrufen, Alias-Namen dagegen nicht.

Tabelle 9.1 Vordefinierte PowerShell-Funktionen

TIPP Möchten Sie wissen, wie viele Funktionen aktuell in Ihrer PowerShell-Umgebung definiert sind? So finden Sie es heraus:

```
(Dir Function:).Count
```

Prompt: Eine bessere Eingabeaufforderung

PowerShell ruft die Funktion *Prompt* jedesmal auf, wenn ein Befehl erfolgreich ausgeführt wurde und wieder der blinkende Eingabecursor erscheint, um neue Befehle entgegenzunehmen. Der Prompt zeigt in der Voreinstellung den Text *PS*, den Pfadnamen des aktuellen Ordners (geliefert von *get-location*) und danach ein > oder >> an, je nachdem, ob sich die Konsole im Normalmodus oder in einem verschachtelten Prompt befindet. Weil der Prompt also von einer öffentlich zugänglichen Funktion geliefert wird, können Sie die Eingabeaufforderung beliebig ändern. Dazu müssen Sie lediglich die Funktion *Prompt* neu festlegen. Sofort ändert sich die Eingabeaufforderung entsprechend:

```
Function Prompt { "Geben Sie was ein! >" }
Geben Sie was ein! >
```

HINWEIS Huch! Und wie bekommen Sie den alten Prompt zurück? Zunächst einmal gar nicht. Wenn Sie eine Funktion ändern, dann wird die alte Funktion überschrieben. Sie können die alte Funktion also nicht einfach zurückbekommen. Allerdings werden alle Funktionen gelöscht, sobald Sie PowerShell beenden. Spätestens also, wenn Sie PowerShell beenden und neu starten, erhalten Sie Ihren gewohnten Prompt zurück.

Was natürlich sofort die Frage aufwirft, wie man den Prompt dauerhaft verändert, und woher PowerShell die ursprüngliche *Prompt*-Funktion erhalten hat. Dauerhafte Änderungen an den Funktionen legen Sie in einem Ihrer PowerShell-Profile fest. Darin befinden sich Skripte, die beim Start von PowerShell automatisch ausgeführt werden. Alle Funktionen, die Sie darin also festlegen, stehen Ihnen automatisch nach dem Start zur Verfügung. PowerShell definiert seine eigenen Funktionen ebenfalls dort, und dort könnten Sie sie auch dauerhaft ändern. Mehr zu den Profilen lesen Sie in Kapitel 10.

Farbige Eingabeaufforderungen

Die *Prompt*-Funktionen von eben haben es sich leicht gemacht: Das Ergebnis der Funktion bestand einfach aus dem Text, der innerhalb der geschweiften Klammern angegeben wurde. Möchten Sie mehr Kontrolle über die Ausgabe, zum Beispiel, weil Sie einen farbigen Prompt ausgeben wollen, müssen Sie etwas mehr tun und den Text mit dem Cmdlet *Write-Host* ausgeben. Dieses Cmdlet unterstützt den Parameter *-foregroundcolor*, mit dem Sie sich eine Ausgabefarbe aussuchen. Erlaubte Farbangaben sind *Black*, *DarkBlue*, *DarkGreen*, *DarkCyan*, *DarkRed*, *DarkMagenta*, *DarkYellow*, *Gray*, *DarkGray*, *Blue*, *Green*, *Cyan*, *Red*, *Magenta*, *Yellow* und *White*.

TIPP Welche Farben sich tatsächlich hinter diesen Farbangaben verbergen, kann niemand genau sagen, denn die einzelnen Bezeichner sind nur die Namen der sechzehn Farbtöpfe, die die Konsole bereit stellt. Jeden Farbtopf kann man mit einer eigenen selbstangemischten Farbe füllen. Dazu öffnen Sie die Konsoleneigenschaften: Klicken Sie im PowerShell-Fenster in der Titelleiste ganz links auf das PowerShell-Symbol und wählen Sie *Eigenschaften*. Auf der Registerkarte *Farben* sehen Sie nun die 16 Farbspeicher der Konsole und können rechts oben für jeden davon neue Farbtöne mischen.

Write-Host schreibt den Text nun zwar brav in der gewünschten Farbe, gibt in der Funktion aber kein Ergebnis zurück. Das ist schlecht, denn PowerShell verwendet Ihre neue *Prompt*-Funktion nur, wenn sie auch ein Textergebnis liefert. Andernfalls gibt PowerShell einen Standardprompt aus, weil es denkt, Ihre *Prompt*-Funktion sei defekt. Deshalb gibt die Funktion wenigstens ein Leerzeichen zurück. Damit dieses Leerzeichen hinter der von *Write-Host* ausgegebenen Eingabeaufforderung erscheint, wird noch der Parameter *-nonewline* verwendet. Mit diesem Grundgerüst können Sie sich nun farbige Eingabeaufforderungen basteln.

```
function prompt
{
    Write-Host ("PS " + $(get-location) +">") -nonewline -foregroundcolor Magenta
    " "
}
```

Lieben Sie Farben und möchten Sie bei jeder Eingabeaufforderung eine zufällige Farbe verwenden, dann probieren Sie die nächste Funktion. Sie beschafft sich mit *new-object* zunächst einen neuen Zufallszahlengenerator und lässt sich dann eine zufällige Zahl zwischen 1 und 16 geben. Die wird in einen Konsolen-Farbtopf umgewandelt (Typ *ConsoleColor*) und dann als Vordergrundfarbe verwendet:

```
function prompt
{
    $random = new-object random
    $color=[System.ConsoleColor]$random.next(1,16)
    Write-Host ("PS " + $(get-location) +">") -nonewline -foregroundcolor $color
    " "
}
```

Informationstexte an beliebiger Stelle ausgeben

Weil der Inhalt der Konsole tatsächlich in einem Bildschirmspeicher untergebracht ist, auf den Sie zeilen- und zeichenweise zugreifen können, haben Sie sogar die Möglichkeit, Zusatzinformationen wie Uhrzeit oder Datum an beliebiger Position innerhalb des Bildschirmspeichers einzublenden. Die nächste Funktion zeigt, wie das geht. Zugriff auf den Bildschirmspeicher erhalten Sie über *$host.ui.rawui*. Die Funktion

CursorPosition liefert die aktuelle Position des blinkenden Eingabecursors als X- (Spalte) und Y-Wert (Zeile). Die Funktion merkt sich die aktuelle Position in *$curPos* und legt die neue Position sechzig Zeichen weiter rechts fest. Danach setzt sie den Eingabecursor an die neue Position und gibt dort das Datum und die Uhrzeit aus. Zum Schluss wird die alte Cursorposition wiederhergestellt, damit der Prompt an gewohnter Stelle erscheint:

```
function prompt
{
    $curPos = $host.ui.rawui.CursorPosition
    $newPos = $curPos
    $newPos.X+=60
    $host.ui.rawui.CursorPosition = $newPos
    Write-Host ("{0:D} {0:T}" -f (Get-Date)) -foregroundcolor Yellow
    $host.ui.rawui.CursorPosition = $curPos
    Write-Host ("PS " + $(get-location) +">") -nonewline -foregroundcolor Green
    " "
}
```

Windows-Titelleiste verwenden

Auch in der Titelleiste der Windows-Konsole ist Raum für Informationen und Ihre *Prompt*-Funktion könnte dort nützliche Angaben hinterlegen, zum Beispiel den Namen des gerade angemeldeten Anwenders oder die aktuelle Zeile. Den Text der Windows-Titelleiste setzen Sie über *$host.ui.rawui.WindowTitle*.

Das nächste Beispiel gibt darin unter anderem den Namen des gerade angemeldeten Anwenders an. Diesen Namen bringt PowerShell über die .NET-Funktion *GetCurrent* aus dem Objekt *WindowsIdentity* in Erfahrung. Weil der Aufruf dieser Funktion einige Sekunden Rechenzeit verschlingen kann und deshalb nicht bei jedem neuen Prompt erneut ausgeführt werden soll, wird der Benutzername außerhalb der Funktion als globale Variable angelegt, muss also nur einmal definiert werden:

```
$global:CurrentUser = [System.Security.Principal.WindowsIdentity]::GetCurrent()
function prompt
{
    $host.ui.rawui.WindowTitle = "Line: " + $host.UI.RawUI.CursorPosition.Y + " " `
         + $CurrentUser.Name + " " + $Host.Name + " " + $Host.Version
    Write-Host ("PS " + $(get-location) +">") -nonewline -foregroundcolor Green
    return " "
}
```

WICHTIG   Das Beispiel zeigt nebenbei, wie besonders lange Zeilen in mehrere kürzere Zeilen unterteilt werden. Schreiben Sie ans Ende einer Zeile ein Backtick-Zeichen (`), dann wird diese Zeile in der nächsten Zeile fortgesetzt.

Administrator-Warnung

Die *Prompt*-Funktion kann Sie auch warnen, wenn Sie PowerShell mit vollen aktivierten Administratorrechten einsetzen. Ob Sie aktuell über Administratorrechte verfügen oder nicht, ermitteln Sie über den *WindowsPrincipal* ihrer aktuellen Benutzeridentität. Verstehen brauchen Sie den .NET-Code nicht. Er liefert Ihnen aber in *$Admin* eine globale Variable, die *$true* enthält, wenn Sie über Administratorrechte verfügen.

Vorhandene Funktionen untersuchen

Diese Variable wertet die *Prompt*-Funktion aus. Arbeiten Sie mit vollen Administratorrechten, dann wird in der Windows-Titelleiste das Wort *Administrator:* eingeblendet, und das Zeichen der Eingabeaufforderung (>) erscheint in roter Farbe:

```
$CurrentUser = [System.Security.Principal.WindowsIdentity]::GetCurrent()
$principal = new-object System.Security.principal.windowsprincipal($CurrentUser)
$global:Admin = $principal.IsInRole([System.Security.Principal.WindowsBuiltInRole]::Administrator)
Function prompt
{

# Standard-Eingabeaufforderung ausgeben:
Write-Host ("PS " + $(get-location)) -nonewline

# der Rest hängt davon ab, ob Sie Adminrechte haben oder nicht:
If ($admin) {
  $oldtitle = $host.ui.rawui.WindowTitle
  # "Administrator: " in Titelleiste einblenden, wenn diese nicht bereits den Hinweis enthält:
  If (!$oldtitle.StartsWith("Administrator: ")) {$host.ui.rawui.WindowTitle = "Administrator: " + $oldtitle}

  # Eingabeaufforderung mit rotem Zeichen abschließen
  Write-Host ">" -nonewline -foregroundcolor Red
} Else {
  Write-Host ">" -nonewline
}
return " "
}
```

Ladezustand der Notebook-Batterie

Ein letztes Beispiel soll zeigen, wie flexibel Ihr neuer Prompt werden kann, denn prinzipiell stehen Ihnen in der *Prompt*-Funktion alle Befehle und Informationen des gesamten Systems zur Verfügung. Wenn Sie also häufig mit dem Notebook unterwegs sind und bei der intensiven PowerShell-Arbeit manchmal vergessen, den Akkuzustand im Auge zu behalten, dann hilft die folgende *Prompt*-Funktion. Sie ermittelt mit *get-wmiobject* direkt von der Windows-WMI den aktuellen Ladezustand des Akkus und färbt den Prompt entsprechend ein. Weil nun allerdings bei jeder Eingabeaufforderung der Akkuzustand abgefragt wird, kann es jeweils zu einer kleinen Verzögerung kommen:

```
function prompt
{
   $ladung = get-wmiobject Win32_Battery -property EstimatedChargeRemaining

   If ($ladung.EstimatedChargeRemaining -lt 25)
   {
      $farbe = "Red"
   } ElseIf ($ladung.EstimatedChargeRemaining -lt 50)
   {
      $farbe = "Yellow"
   } Else
   {
      $farbe = "White"
   }
```

```
$prompttext = "PS {0} ({1}%)>" -f (get-location), $ladung.EstimatedChargeRemaining
Write-Host $prompttext -nonewline -foregroundcolor $farbe
""
}
```

Clear-Host: Den Bildschirmpuffer löschen

Sicher haben Sie bereits registriert, dass der Befehl *cls* den Bildschirmspeicher löscht. Tatsächlich ist *cls* nur ein Alias für die Funktion *Clear-Host*. Den Inhalt dieser Funktion können Sie sich allerdings zunächst gar nicht ansehen:

```
$function:Clear-Host
Sie müssen auf der rechten Seite des Operators "-" einen Wertausdruck angeben.
Bei Zeile:1 Zeichen:17
+ $function:clear-h <<<< ost
```

Der Bindestrich (-) ist für PowerShell ein Sonderzeichen, und wie immer, wenn Namen Sonderzeichen enthalten, setzen Sie den gesamten Ausdruck in geschweifte Klammern:

```
${function:Clear-Host}
$spaceType = [System.Management.Automation.Host.BufferCell]; $space =
[System.Activator]::CreateInstance($spaceType); $space.Character = ' '; $space.ForegroundColor =
$host.ui.rawui.ForegroundColor; $space.BackgroundColor = $host.ui.rawui.BackgroundColor; $rectType =
[System.Management.Automation.Host.Rectangle]; $rect = [System.Activator]::CreateInstance($rectType);
$rect.Top = $rect.Bottom = $rect.Right = $rect.Left = -1; $Host.UI.RawUI.SetBufferContents($rect,
$space); $coordType = [System.Management.Automation.Host.Coordinates]; $origin =
[System.Activator]::CreateInstance($coordType); $Host.UI.RawUI.CursorPosition = $origin;
```

Diese Funktion ist sehr unleserlich, weil hier pro Zeile gleich mehrere Anweisungen stehen. Erlaubt ist das schon. Sie brauchen die einzelnen Anweisungen in diesem Fall nur mit einem Semikolon voneinander zu trennen. Besser zu lesen ist die Funktion allerdings so:

```
$spaceType = [System.Management.Automation.Host.BufferCell]
$space = [System.Activator]::CreateInstance($spaceType)
$space.Character = ' '
$space.ForegroundColor = $host.ui.rawui.ForegroundColor
$space.BackgroundColor = $host.ui.rawui.BackgroundColor
$rectType = [System.Management.Automation.Host.Rectangle]
$rect = [System.Activator]::CreateInstance($rectType)
$rect.Top = $rect.Bottom = $rect.Right = $rect.Left = -1
$Host.UI.RawUI.SetBufferContents($rect, $space)
$coordType = [System.Management.Automation.Host.Coordinates]
$origin = [System.Activator]::CreateInstance($coordType)
$Host.UI.RawUI.CursorPosition = $origin
```

Vorhandene Funktionen untersuchen

Es macht wenig Sinn, die *Clear-Host*-Funktion anzupassen, denn das, was sie tun soll – den Konsoleninhalt löschen – tut sie gut. Trotzdem könnten Sie die Funktion mit Leichtigkeit außer Kraft setzen:

```
function Clear-Host { }
cls
```

Weil *Clear-Host* nun »leer« ist und nichts mehr tut, könnten Sie ab sofort den Bildschirm nicht mehr löschen – auch nicht mit *cls*, weil dieser Alias intern ja dieselbe nun leere Funktion aufruft. Um *Clear-Host* zurückzubekommen, starten Sie PowerShell neu.

Interessanter ist der Inhalt der Funktion, denn der verrät Ihnen, wie Sie auf den Inhalt des Konsolen-Bildschirmspeichers zugreifen und mit diesem Wissen sogar interaktive kleine Bildschirmspiele schreiben können. Schlüssel sind die Funktionen *GetBufferContent* und *SetBufferContent*, die beide von *$host.ui.rawui* zur Verfügung gestellt werden. Beide Funktionen erwarten ein *Rectangle*-Objekt, in dem genau festgelegt wird, welchen (rechteckigen) Teil des Bildschirmspeichers Sie auslesen oder setzen wollen. *GetBufferContent* liefert dann in einem zweidimensionalen Feld das oder die Zeichen als *BufferCell*-Objekte zurück, während *SetBufferContent* neben dem Bereich ein *BufferCell*-Objekt verlangt, das es in den Bildschirmspeicher zurückschreibt.

Kompliziert wird die Angelegenheit nur dadurch, dass sowohl *Rectangle*- als auch *BufferCell*-Objekte nicht allzu leicht neu angelegt werden können. Deshalb besteht die Hauptaufgabe von *Clear-Host* darin, beide Objekte zu beschaffen:

```
# ein BufferCell-Objekt anlegen:
$spaceType = [System.Management.Automation.Host.BufferCell]
$space = [System.Activator]::CreateInstance($spaceType)
$space.Character = ' '
$space.ForegroundColor = $host.ui.rawui.ForegroundColor
$space.BackgroundColor = $host.ui.rawui.BackgroundColor

# ein Rectangle-Objekt anlegen:
$rectType = [System.Management.Automation.Host.Rectangle]
$rect = [System.Activator]::CreateInstance($rectType)
$rect.Top = $rect.Bottom = $rect.Right = $rect.Left = -1
```

Mit diesem Wissen könnten Sie nun tatsächlich den Bildschirmpuffer auslesen und neu setzen:

```
# Ein Rectangle-Objekt erstellen:
$rectType = [System.Management.Automation.Host.Rectangle]
$rect = [System.Activator]::CreateInstance($rectType)

# Das erste Zeichen im Bildschirmpuffer interessiert uns:
$rect.Top = 1
$rect.Bottom = 1
$rect.Right = 1
$rect.Left = 1

# Dieses Zeichen auslesen
$zellen = $host.ui.rawui.GetBufferContents($rect)
$zellen

      Character          ForegroundColor        BackgroundColor      BufferCellType
      ---------          ---------------        ---------------      --------------
              >                     Gray                  Black            Complete#
```

das Zeichen befindet sich in einem zweidimensionalen Feld, dem Koordinatensystem des Rechtecks:

```
$zeichen = $zellen[0,0]

# dieses Zeichen verändern:
$zeichen.BackgroundColor = "White"
$zeichen.ForegroundColor = "Red"
$zeichen.Character = "X"

# Zeichen wieder ausgeben:
$host.UI.RawUI.SetBufferContents($rect, $zeichen)
```

```
# den gesamten Bildschirm mit dem Zeichen füllen:
$rect.Top = $rect.Bottom = $rect.Right = $rect.Left = –1
$host.UI.RawUI.SetBufferContents($rect, $zeichen)
```

A:, B:, C: – vordefinierte Funktionen

Die Funktionsliste offenbart, dass sogar die Laufwerksbuchstaben eigenständige Funktionen sind. Warum ist das wohl so? Und vor allem: *Wann* ist das so? Lassen Sie uns zuerst nachschauen, was die Funktion *D:* eigentlich macht:

```
${function:D:}
```
Set-Location D:

Die Funktion tut also nichts anderes als zum Laufwerk *D:* zu wechseln, ähnlich wie *Cd d:*. Jetzt bleibt die Frage: wann genau wird das gemacht? Oder anders gesagt: Wann ruft PowerShell die Funktion *D:* eigentlich auf? Wenn Sie hinter einem Befehl zum Beispiel *D:* eingeben, dann wird diese Eingabe als normaler Text verstanden. Die eingebaute *D:*-Funktion wird also nicht aufgerufen:

```
Write-Host D:
D:
Dir D:
```

Erst wenn *D:* selbst zum Befehl wird, zum Beispiel, weil der Begriff der erste in einer Zeile ist, oder weil der Begriff als Unterausdruck in runden Klammern steht, wird nun die Funktion *D:* ausgeführt:

```
PS C:\> Dir (D:)

    Verzeichnis: Microsoft.PowerShell.Core\FileSystem::D:\
Mode                LastWriteTime     Length Name
----                -------------     ------ ----
d----         03.08.2007     16:17            M
d----         26.07.2007     10:29            n1
d----         26.07.2007     09:16            nst
PS E:\>
```

Das verblüffende Resultat: Die Funktion *D:* wird aufgerufen und wechselt zuerst zum Laufwerk *D:*. *Dir* listet dann das aktuelle Laufwerk auf, also *D:*. Anschließend bleibt *D:* das aktuelle Laufwerk. Sie haben also in einer Zeile sowohl das aktuelle Laufwerk gewechselt als auch dieses Laufwerk dann aufgelistet. Wirklich spektakulär ist das allerdings eigentlich nicht, denn die runden Klammern werden generell zuerst ausgeführt, und darin hätten Sie auch folgendes schreiben können:

```
Dir (Cd e:)
```

Interessant sind die *X:*-Funktionen eher deshalb, weil sie zeigen, wie man Befehle samt Argument unter einem neuen kurzen Namen erreichbar macht. Alias-Namen wie *Cd* (für *set-location*) können zwar unhandliche Befehlsnamen abkürzen, aber keine weiteren Argumente vorgeben. Funktionen dagegen sind frei und können unter dem Namen, unter dem Sie die Funktion aufrufen, tun und lassen, was ihnen gefällt – also auch andere Befehle mit fest vorgegebenen Argumenten aufrufen. Und genau das ist der tiefere Sinn bei den *X:*-Funktionen. Sie sollen dafür sorgen, dass Sie genau wie bei der klassischen Konsole einfach durch Eingabe eines Laufwerksnamens zu diesem Laufwerk wechseln können:

```
# eigentlich wird hier eine Funktion aufgerufen:
e:
Dir
```

Funktionen, Filter und die Pipeline

Können Funktionen eigentlich auch die Ergebnisse anderer Befehle lesen und weiterverarbeiten? Gemeint ist die Pipeline, mit der PowerShell mehrere Befehle wie Legobausteine untereinander verkettet (Kapitel 5). Auch Funktionen können zu Bausteinen in dieser Pipeline werden, und zwar gleich auf unterschiedlichen Wegen. In Kapitel 5 haben Sie erfahren, dass die Pipeline zwei Modi beherrscht: einen langsamen sequentiellen Modus und einen schnellen Streaming-Modus. In welchem der beiden Modi die Pipeline betrieben werden kann, hängt von den Befehlen ab, die Sie in der Pipeline verwenden, und also auch von Ihnen, beziehungsweise der Art, wie Sie Ihre Funktionen gestalten.

$input – langsamer sequentieller Modus

Im einfachsten Fall unterstützt Ihre Funktion die Pipeline nicht wirklich. Ihre Funktion beschränkt sich einfach darauf, die Ergebnisse des vorangegangenen Pipeline-Befehls zu bearbeiten, wenn der seine Arbeit erledigt hat. Die Ergebnisse des Vorgängerbefehls finden sich immer in der automatischen Variable *$input*. *$input* ist ein Feld, denn diese Variable kann je nach Fall entweder gar kein Element, genau ein Element oder viele Elemente enthalten. Im einfachsten Fall würde eine Funktion den Inhalt von *$input* einfach wieder ausgeben:

```
Function Ausgeben
{
  $input
}
```

```
# isoliert aufgerufen gibt die Funktion nichts zurück, weil keine Pipeline-Ergebnisse vorhanden sind:
Ausgeben

# legen Sie ein Feld in die Pipeline, gibt die Funktion das Feld aus:
1,2,3 | Ausgeben
1
2
3

# Der Funktion ist es völlig egal, welcher Art die Daten in der Pipeline sind:
Dir | Ausgeben
    Verzeichnis: Microsoft.PowerShell.Core\FileSystem::C:\Users\Tobias
    Weltner
Mode              LastWriteTime      Length Name
----              -------------      ------ ----
d----        20.07.2007    11:37            Application Data
d----        26.07.2007    11:03            Backup
d-r--        13.04.2007    15:05            Contacts
(...)
```

Bis jetzt hat die Funktion die Ergebnisse der Pipeline lediglich ausgegeben, und das Ergebnis war nicht eben spektakulär. Als nächstes soll die Funktion die Ergebnisse der Pipeline einzeln bearbeiten. Wir wollen eine Funktion namens *MarkEXE* erstellen, die das Ergebnis von *Dir* untersucht und ausführbare Programme mit der Dateierweiterung *.exe* in feuerrot hervorhebt:

```
Function MarkEXE
{
  # alte Vordergrundfarbe merken
  $oldcolor = $host.ui.rawui.ForegroundColor

  # alle Elemente der Pipeline einzeln in einer Schleife untersuchen
  Foreach ($element in $input) {

    # wenn der Name mit ".exe" endet, die Vordergrundfarbe auf rot umstellen:
    If ($element.name.toLower().endsWith(".exe")) {
      $host.ui.Rawui.ForegroundColor = "red"
    } Else {
      # andernfalls die normale Vordergrundfarbe verwenden:
      $host.ui.Rawui.ForegroundColor = $oldcolor
    }
    # Element ausgeben
    $element
  }

  # zum Schluss die alte Vordergrundfarbe wiederherstellen:
  $host.ui.Rawui.ForegroundColor = $oldcolor
}
```

Wenn Sie das Ergebnis von *Dir* an diese Funktion weiterreichen, erhalten Sie ab sofort tatsächlich Ordnerlistings, in denen ausführbare Programme in rot dargestellt werden:

```
Dir $env:windir | MarkEXE
```

Filter: Schneller Streaming-Modus

Der langsame sequentielle Modus der Pipeline, den Sie gerade verwendet haben, ist spätestens dann ein Problem, wenn sehr viele Daten verarbeitet werden müssen, weil es zu Wartezeiten und einem enormen Speicherverbrauch kommt. Soll Ihre Funktion den schnellen Streaming-Modus der Pipeline unterstützen, bei dem die Ergebnisse des Vorgängerbefehls in Echtzeit und mit minimalem Speicheraufwand weiterverarbeitet werden, brauchen Sie nur einen kleinen Trick. Verwenden Sie anstelle des Schlüsselworts *Function* das Schlüsselwort *Filter*.

Tatsächlich bräuchten Sie in Ihrer Funktion *MarkEXE* lediglich das erste Schlüsselwort *Function* durch *Filter* zu ersetzen, und schon würde die Funktion den schnellen Streaming-Modus verwenden. Jetzt könnten Sie auch ohne längere Wartezeiten und Crashgefahr sogar riesige rekursive Ordnerlistings mit Ihrem Filter bearbeiten:

```
Dir c:\ -recurse | MarkEXE
```

Während Ihre Funktion *MarkEXE* nur ein einziges Mal aufgerufen wurde, nämlich *nachdem Dir* seine Arbeit erledigt hat, wird der Filter *MarkEXE* für jedes einzelne Element in *Dir* neu aufgerufen. *$input* enthält bei Filtern also immer nur ein einzelnes, nämlich das aktuelle Ergebnis. Deshalb ist *$input* in Filtern eigentlich gar nicht sinnvoll. Verwenden Sie in Filtern besser die Variable *$_*, die direkt das gerade aktuelle Ergebnis des vorangegangenen Befehls enthält. Dadurch vereinfacht sich der Code, weil Sie nun keine Schleife mehr benötigen:

```
Filter MarkEXE {
  # alte Vordergrundfarbe merken
  $oldcolor = $host.ui.rawui.ForegroundColor

  # das aktuelle Element der Pipeline liegt in $_ vor
  # wenn der Name mit ".exe" endet, die Vordergrundfarbe auf rot umstellen:
  If ($_.name.toLower().endsWith(".exe")) {
    $host.ui.Rawui.ForegroundColor = "red"
  } Else {
    # andernfalls die normale Vordergrundfarbe verwenden:
    $host.ui.Rawui.ForegroundColor = $oldcolor
  }
  # Element ausgeben
  $_

  # zum Schluss die alte Vordergrundfarbe wiederherstellen:
  $host.ui.Rawui.ForegroundColor = $oldcolor
}
```

Echte Pipeline-Funktionen entwickeln

Filter sind den normalen Funktionen in Pipelines überlegen, weil sie jedes einzelne Resultat des vorangegangenen Befehls sofort bearbeiten und nicht darauf warten müssen, bis der vorangegangene Befehl seine Arbeit erledigt hat. Allerdings werden Filter für jedes einzelne Ergebnis des vorangegangenen Befehls neu aufgerufen. Das ist schlecht, weil bestimmte Arbeiten wie die Initialisierung oder das Aufräumen bei jedem einzelnen Aufruf erneut durchgeführt werden. Die Funktion *MarkEXE* zum Beispiel merkt sich zu Anfang die aktuelle Vordergrundfarbe der Konsole und stellt diese zum Schluss wieder her. Diese Arbeit führt der Filter nun für jedes einzelne Ergebnis des vorangegangenen Befehls erneut durch. Das kostet Zeit und Ressourcen. Zeit für eine (noch) bessere Lösung.

Filter sind in Wirklichkeit nichts weiter als besondere Funktionen. Wird eine Funktion innerhalb einer Pipeline verwendet, dann kann man drei grundsätzlich verschiedene Aufgabenbereiche definieren: Die Erstinitialisierung, in der die Funktion vorbereitende Schritte erledigt, die Bearbeitung der einzelnen Ergebnisse, die über die Pipeline vom vorangehenden Befehl einlaufen, und die Aufräumungsarbeiten am Ende. Diese drei Aufgabenbereiche können in Funktionen mit *begin*, *process* und *end* definiert werden.

Sobald eine Funktion mindestens den Block *process* definiert, wird sie zu einem Filter. Ein Filter ist also nichts weiter als eine Funktion mit einem *process*-Block. Anders als bei einem Filter kann eine Funktion darüber hinaus aber auch den *begin*- und *end*-Block definieren. Deshalb ist die folgende *MarkEXE*-Funktion von allen Beispielen der effizienteste Ansatz, weil nun die Initialisierungs- und die Aufräumungsarbeiten nur noch einmal ausgeführt zu werden brauchen:

```
Function MarkEXE {
  begin {
    # alte Vordergrundfarbe merken
    $oldcolor = $host.ui.rawui.ForegroundColor
  }

  process {
    # das aktuelle Element der Pipeline liegt in $_ vor
    # wenn der Name mit ".exe" endet, die Vordergrundfarbe auf rot umstellen:
    If ($_.name.toLower().endsWith(".exe")) {
      $host.ui.Rawui.ForegroundColor = "red"
    } Else {
      # andernfalls die normale Vordergrundfarbe verwenden:
      $host.ui.Rawui.ForegroundColor = $oldcolor
    }
    # Element ausgeben
    $_
  }

  end {
    # zum Schluss die alte Vordergrundfarbe wiederherstellen:
    $host.ui.Rawui.ForegroundColor = $oldcolor
  }
}
```

HINWEIS Dass ein Filter tatsächlich nur eine normale Funktion mit einem *process*-Block ist, zeigt das nächste Beispiel. Es definiert zunächst einen Filter:

```
filter Test { "Ausgabe: " + $_ }
```

Wenn Sie sich nun die Definition des Filters anschauen, also das, was PowerShell ausführt, wenn Sie *Test* aufrufen, zeigt sich dieser Code:

```
$function:Test
process {
"Ausgabe: " + $_
}
```

PowerShell hat Ihre Anweisung *Filter* also in eine normale Funktion übersetzt und den Code in einen *Process*-Block gestellt. Filter sind also Funktionen mit einem *Process*-Block, mehr nicht.

Zusammenfassung

Funktionen fassen einen oder mehrere PowerShell-Befehle unter einem Namen zusammen. Wird die Funktion aufgerufen, führt sie die in ihr definierten Befehle der Reihe nach aus.

PowerShell nutzt dieses Konzept für interne Zwecke und bringt deshalb bereits eine Reihe vordefinierter Funktionen mit (Tabelle 9.1). Diese vordefinierten Funktionen können Sie ändern, wenn Sie das Verhalten von PowerShell ändern möchten, zum Beispiel die Eingabeaufforderung.

Zusätzlich steht es Ihnen frei, weitere eigene Funktionen anzulegen, zum Beispiel, um sich bequeme Abkürzungen zu schaffen für Aufgaben, die sonst mehrere Schritte oder Befehle erfordern. Im einfachsten Fall geben Sie dazu hinter dem Schlüsselwort *Function* den Namen für Ihre neue Funktion an und fügen dann in geschweiften Klammern die Befehle an, die die Funktion ausführen soll.

Flexibler werden Funktionen, wenn man ihnen Argumente mit Zusatzinformationen übergeben kann, die der Funktion sagen, was genau sie tun soll. Auf diese Argumente kann die Funktion entweder in der Variablen *$args* zugreifen, oder die Funktion definiert eigene Parameter. Die Argumente werden dann automatisch diesen Parametern zugeordnet (*Parameter Binding*), und alle eventuell übrigbleibenden Argumente finden sich wieder in *$args*. Die Parameter einer Funktion lassen sich außerdem typisieren (und akzeptieren dann nur noch einen bestimmten Datentyp) und dürfen Vorgabewerte enthalten. Vorgabewerte können auch aus PowerShell-Befehlen bestehen.

Das Ergebnis einer Funktion umfasst alles, was die Funktion irgendwo innerhalb ihres Codes ausgegeben hat. Eine Funktion kann also kein, genau ein oder sehr viele Ergebnisse zurückliefern. Sobald das Ergebnis aus mehr als einem Wert besteht, verpackt die Funktion es automatisch in einem Variablenfeld. Daran ändert auch die optionale *return*-Anweisung nichts, die lediglich dazu dient, eine Funktion vorzeitig zu verlassen.

Funktionen spielen auch innerhalb der PowerShell-Pipeline eine Rolle und haben dann die Möglichkeit, die Ergebnisse des vorangegangenen Befehls einzulesen und weiterzubearbeiten. Die Ergebnisse des Vorgängerbefehls liegen in der Variablen *$input*. Damit Funktionen dabei nicht warten müssen, bis der vorangegangene Befehl seine Arbeit komplett erledigt hat, kann eine Funktion den *process*-Block implementieren. Dieser Block wird für jedes einzelne Ergebnis des vorangegangenen Befehls sofort durchlaufen, und das jeweilige Ergebnis des vorangegangenen Befehls steht dann in der Variablen $_ zur Verfügung. *Filter* funktionieren genauso wie Funktionen mit einem *process*-Block. Zusätzlich können Funktionen einen *begin*- und *end*-Block implementieren, der jeweils nur einmal ausgeführt wird und dazu dient, vorbereitende und nachbereitende Aufgaben durchzuführen.

Kapitel 10

Skripte

In diesem Kapitel:

PowerShell-Skripte verfassen und starten	320
Argumente an Skripte übergeben	324
Skripte übersichtlich gestalten	331
Pipeline-Skripte erstellen	336
Profile: die Autostart-Skripte	339
Digitale Signaturen für Ihre Skripte	341
Zusammenfassung	357

PowerShell-Skripte funktionieren so ähnlich wie Batch-Dateien in der klassischen Konsole: Skripte sind also Textdateien, die beliebigen PowerShell-Code enthalten. Öffnen Sie ein PowerShell-Skript, dann liest PowerShell die Anweisungen darin und führt sie aus. Skripte sind deshalb ideal für komplexe Automationsaufgaben. In diesem Kapitel erfahren Sie, wie man Skripte anlegt und ausführt.

Weil Skripte potenziell gefährliche Anweisungen enthalten können, erlaubt PowerShell die Ausführung nur unter bestimmten Voraussetzungen. Je nach Sicherheitseinstellung und Speicherort müssen Skripte zum Beispiel eine gültige digitale Signatur tragen oder mit absolutem oder relativem Pfadnamen angegeben werden. Auch diese Sicherheitsaspekte sind Thema in diesem Kapitel.

PowerShell-Skripte verfassen und starten

Ein PowerShell-Skript ist nicht mehr als eine Textdatei, in der PowerShell-Code steht. Wird die Textdatei ausgeführt, liest PowerShell die Anweisungen darin und führt sie aus. PowerShell-Skripte funktionieren also ganz ähnlich wie Batchdateien älterer Konsolen, und genauso einfach legen Sie ein PowerShell-Skript auch an.

Skripte per Umleitung anlegen

Ist Ihr Skript nur kurz, könnten Sie es direkt aus der Konsole heraus anlegen, indem Sie den Skriptcode in eine Datei umleiten:

```
' "Hallo Welt!" ' > meinskript.ps1
```

Weil Sie Text allerdings mit Anführungszeichen begrenzen müssen, kann das zu Missverständnissen führen, wenn Sie innerhalb des Skriptcodes Anführungszeichen verwenden. Außerdem möchten Sie vielleicht mehrzeilige Texte angeben. Besser funktionieren deshalb so genannte *Here*-Strings:

```
@'
"Hallo Welt!"
"Noch eine Zeile"
Get-Process
Dir
'@ > meinskript.ps1
```

Here-Strings beginnen immer mit @' und enden mit '@. Alles dazwischen wird als Text gespeichert, einschließlich sämtlicher Sonderzeichen und Zeilenumbrüche. Verwenden Sie anstelle des einfachen Anführungszeichens ein doppeltes, ersetzt PowerShell in Ihrem Here-String alle Variablen durch ihre Werte.

Skripte mit einem Editor anlegen

Wesentlich bequemer sind echte Texteditoren, zum Beispiel der Windows-Editor. Beauftragen Sie diesen, eine neue Datei anzulegen:

PowerShell-Skripte verfassen und starten

```
Notepad meinskript.ps1
```

Notepad öffnet sich und bietet an, die Datei *meinskript.ps1* anzulegen. Klicken Sie auf *Ja*. Nun verfassen Sie im Editor Ihr Skript. Dabei geben Sie einfach dieselben Anweisungen in den Editor ein, die Sie sonst interaktiv in der Konsole eingetippt hätten, also beispielsweise:

```
"Guten Tag!"
```

Speichern Sie dann Ihr Skript mit *Datei/Speichern* und schließen Sie den Editor.

Skripte starten

Ihr Skript wurde zwar angelegt, lässt sich aber nicht ohne weiteres starten. Geben Sie den Dateinamen Ihrer Skriptdatei an, kassieren Sie eine Fehlermeldung:

```
Meinskript.ps1
Die Benennung "meinskript.ps1" wurde nicht als Cmdlet, Funktion, ausführbares Programm oder Skriptdatei
erkannt. Überprüfen Sie die Benennung und versuchen Sie es erneut.
Bei Zeile:1 Zeichen:14
+ meinskript.ps1 <<<<
```

Das gelingt erst, wenn Sie mindestens den relativen Pfadnamen des Skripts angeben, also *.\meinskript.ps1*:

```
.\meinskript.ps1
Guten Tag!
```

Ausführungsbeschränkungen

Und selbst wenn Sie das tun, kann sich PowerShell noch immer sträuben, denn ob Skripte gestartet werden dürfen oder nicht, bestimmt die *Execution Policy* (Ausführungsrichtlinien), und die verbietet Skripte anfangs:

```
.\meinskript.ps1
Die Datei "C:\Users\Tobias Weltner\meinskript.ps1" kann nicht geladen werden, da die Ausführung von
Skripts auf diesem System deaktiviert ist. Weitere Informationen erhalten Sie mit "get-help
about_signing".
Bei Zeile:1 Zeichen:16
+ .\meinskript.ps1 <<<<
```

Nur ein Administrator kann diese Einstellung ändern. Die aktuelle Einstellung Ihrer Execution Policy verrät das Cmdlet *Get-ExecutionPolicy*:

```
Get-ExecutionPolicy
Restricted
```

Damit Sie Skripte ausführen können, wählen Sie aus Tabelle 10.1 eine andere Einstellung für die Execution Policy und legen diese mit *Set-ExecutionPolicy* fest. Diese Einstellung brauchen Sie nur einmal vorzunehmen, denn PowerShell merkt sie sich permanent.

Einstellung	Beschreibung
Restricted	Skripte dürfen grundsätzlich nicht ausgeführt werden
Default	Standardeinstellung des Systems, entspricht in der Regel *Restricted*
AllSigned	Nur Skripte mit einer einwandfreien digitalen Signatur dürfen ausgeführt werden. Signaturen stellen sicher, dass das Skript aus einer vertrauenswürdigen Quelle stammt und nicht verändert wurde. Mehr zu Signaturen lesen Sie etwas später.
RemoteSigned	Skripte, die Sie aus dem Internet laden oder die von anderen öffentlichen Orten stammen, müssen signiert sein. Lokal gespeicherte Skripte dürfen auch ohne Signatur ausgeführt werden. Ob ein Skript »remote« (im Netz) oder lokal vorliegt, wird anhand der so genannten Zone Identifier bestimmt, hängt also davon ab, dass Ihr Mail-Client oder Internetbrowser diese Zonenmarkierung korrekt vornimmt. Sie funktioniert außerdem nur, wenn heruntergeladene Skripte auf Laufwerken mit NTFS-Dateisystem gespeichert werden.
Unrestricted	Alle Skripte dürfen ausgeführt werden

Tabelle 10.1 Einstellmöglichkeiten der Execution Policy

Die übliche beste »liberale« Einstellung lautet *RemoteSigned*, weil Sie so zwar Ihre eigenen lokal gespeicherten Skripte ausführen dürfen, aber potenziell gefährliche Skripte aus dem Internet verboten bleiben:

```
Set-ExecutionPolicy RemoteSigned
.\meinskript.ps1
Guten Tag!
```

TIPP Damit PowerShell nicht wahllos irgendwelche Skripte ausführt, sondern nur Skripte, die Sie zulassen wollen, können Sie Skripte digital signieren. Wie das geschieht, lesen Sie am Ende des Kapitels. In der Einstellung *RemoteSigned* müssen alle Skripte, die Sie aus dem Internet geladen haben, signiert sein. Wählen Sie *AllSigned*, gilt das auch für lokale Skripte. Digitale Signaturen sind ein hervorragender Weg für Firmen, eine Art Gütesiegel für PowerShell-Skripte einzuführen. Nur überprüfte und zugelassene Skripte sind dann erlaubt, Wildwuchs wird ebenso vermieden wie möglicherweise gefährliche Skripte aus unbekannten Quellen.

Skripte wie Befehle aufrufen

Damit Skripte tatsächlich genauso einfach aufrufbar werden wie normale Befehle – ohne relative oder absolute Pfadangabe und ohne die Dateierweiterung *.ps1* - gibt es zwei einfache Tricks. Der einfachste Weg sind Aliasnamen. Sie könnten also für den Skriptaufruf einen neuen Aliasnamen definieren, zum Beispiel so:

```
Set-Alias machwas .\meinskript.ps1
```

Ab sofort könnten Sie Ihr Skript mit dem Befehl *machwas* starten:

```
Machwas
Guten Tag!
```

PowerShell-Skripte verfassen und starten

Dieser Alias würde allerdings nur in demselben Ordner funktionieren, in dem das Skript aufbewahrt wird, weil er einen relativen Pfadnamen verwendet. Speichern Sie Ihre Skripte an festen Orten, dann geben Sie besser einen absoluten Pfadnamen an oder verwenden Umgebungsvariablen. Sie könnten Ihr Skript zum Beispiel in einen zentralen Ordner im Profil für alle Benutzer legen:

```
md $env:appdata\PSScripts

    Verzeichnis: Microsoft.PowerShell.Core\FileSystem::C:\Users\Tobias Weltner\AppData\Roaming
Mode                LastWriteTime     Length Name
----                -------------     ------ ----
d----        14.09.2007     10:00            PSScripts
```

Danach kopieren Sie das Skript in diesen Ordner:

```
copy meinskript.ps1 $env:appdata\PSScripts\meinskript.ps1
```

Nun könnten Sie im Alias einen festen Zielpfad angeben, der unabhängig vom aktuellen Ordner ist:

```
Set-Alias machwas $env:appdata\PSScripts\meinskript.ps1
```

Oder aber Sie erklären den Ordner, in dem Ihre Skripte lagern, zu einem vertrauenswürdigen Ort. Dazu nehmen Sie diesen Ordner in die Windows-Umgebungsvariable *Path* auf. Alle PowerShell-Skripte, die in einem solchen Ordner liegen, brauchen nicht mehr über den relativen oder absoluten Pfad angegeben zu werden. Auch die Dateierweiterung *.ps1* brauchen Sie hier nicht mehr anzugeben. Probieren Sie auch das aus:

```
# Einen Ordner für Ihre Skripte anlegen
md c:\PSSkriptef

    Verzeichnis: Microsoft.PowerShell.Core\FileSystem::C:\
Mode                LastWriteTime     Length Name
----                -------------     ------ ----
d----        14.09.2007     10:08            PSSkripte

# Skript unter anderem Namen in diesen Ordner kopieren
copy meinskript.ps1 c:\PSSkripte\meinskript.ps1

# Aufruf schlägt fehl:
Meinskript
Die Benennung "meinskript" wurde nicht als Cmdlet, Funktion, ausführbares Programm oder Skriptdatei
erkannt. Überprüfen Sie die Benennung und versuchen Sie es erneut.
Bei Zeile:1 Zeichen:4
+ meinskript <<<< 100

# Ordner in die PATH-Umgebungsvariable aufnehmen:
$env:path += "; c:\PSSkripte"
```

$env:path += "; c:\ScriptVerzeichnis-Name"

```
# Aufruf gelingt
Meinskript
Guten Tag!
```

> **ACHTUNG**   Änderungen an den Windows-Umgebungsvariablen können gefährlich sein, weil sie sich auch außerhalb der PowerShell-Konsole auswirken können. Deshalb speichert PowerShell Änderungen an den Windows-Umgebungsvariablen stets nur temporär für die laufende Sitzung. Das bedeutet: Selbst wenn Sie Unsinn anstellen, hat dieser Unsinn keine Auswirkung auf Programme *außerhalb* der PowerShell-Konsole. Und spätestens wenn Sie die PowerShell-Konsole schließen und neu öffnen, sind die Änderungen wieder aufgehoben.

Umgekehrt bedeutet das: wollen Sie dauerhafte Änderungen an Umgebungsvariablen wie *Path* vornehmen, dann tun Sie dies entweder außerhalb der PowerShell-Konsole. Oder besser: Sie legen Ihre Wunscheinstellung jedesmal neu fest, wenn PowerShell startet. Damit Sie das nicht von Hand tun müssen, gibt es Profilskripte, die automatisch laufen, wenn PowerShell startet. Die lernen Sie als nächstes kennen.

Argumente an Skripte übergeben

Damit Skripte nicht einfach blind die Anweisungen ausführen, die Sie darin festgelegt haben, sondern auf die Wünsche der Anwender eingehen, können Skripte mit dem Anwender kommunizieren. Der Anwender kann einem Skript nämlich Argumente übergeben. Das funktioniert bei Skripten genauso wie bei den Funktionen aus dem letzten Kapitel. Schauen wir einmal, wie wir unser einfaches erstes Skript so ändern könnten, dass es nicht einen festen, sondern einen beliebigen Begrüßungstext ausgibt, den der Anwender festlegen kann.

$args liefert alle Argumente

Argumente, die Sie einer Funktion oder einem Skript übergeben, finden sich in der Variable *$args*. Damit Ihr Skript also den Text ausgibt, den der Anwender hinter dem Skriptnamen beim Aufruf angegeben hat, ändern Sie Ihr Skript entsprechend. Laden Sie es zuerst zurück in den Windows-Editor. Wenn Sie diesen schon wieder geschlossen haben, zum Beispiel so:

```
notepad meinskript.ps1
```

Ändern Sie dann Ihr Skript jetzt im Editor und ersetzen Sie die Zeile darin durch diese hier:

```
"Guten Tag, $args!"
```

Speichern Sie die Änderung und probieren Sie Ihr geändertes Skript aus.

```
.\meinskript.ps1
Guten Tag, !
```

Das Skript funktioniert, aber ein besonderer Text wurde nicht ausgegeben. Das ist klar, denn Sie haben noch gar kein Argument angegeben. Probieren Sie das Skript jetzt mit einem Argument aus:

```
# Das Argument wird in den Text eingebaut:
.\meinskript.ps1 Tobias
Guten Tag, Tobias!
```

Es funktioniert, und alles, was Sie hinter dem Skriptnamen angeben, wird als Argument an Ihr Skript übergeben.

$args ist ein Feld

Die Informationen, die Sie beim Aufruf hinter Ihrem Skript angeben, werden *Argumente* genannt. PowerShell wertet diese Argumente aus und verwendet das Leerzeichen dazu, die einzelnen Argumente voneinander zu trennen. Das erklärt, warum Ihr Skript mehrere aufeinanderfolgende Leerzeichen zusammenfasst:

```
# Leerzeichen trennen Argumente auf. Mehrere aufeinander folgende Leerzeichen werden zu einem
zusammengefasst:
.\meinskript.ps1 Dieser    Text    enthält    viele    Leerzeichen!
Guten Tag, Dieser Text enthält viele Leerzeichen!!
```

In Wirklichkeit hat PowerShell aus den Angaben hinter Ihrem Skript fünf einzelne Argumente identifiziert. Sie alle finden sich anschließend in *$args*. *$args* ist also in Wirklichkeit ein Feld. Weil PowerShell Felder automatisch in Text verwandelt, ist das bloß bisher nicht weiter aufgefallen. Möchten Sie Leerzeichen in Ihren Argumenten verwenden, ohne dass PowerShell die Leerzeichen als Begrenzer versteht, muss das Argument in Anführungszeichen gesetzt werden:

```
# Text in Anführungszeichen wird als genau ein Argument verstanden:
.\meinskript.ps1 "Dieser    Text    enthält    viele    Leerzeichen!"
Guten Tag, Dieser    Text    enthält    viele    Leerzeichen!!
```

Jetzt werden sämtliche Leerzeichen ausgegeben.

Einzelne Argumente in $args ansprechen

Weil *$args* ein Feld ist, könnten Sie die einzelnen Argumente aus dem Feld auch einzeln verarbeiten. In Kapitel 4 haben Sie Felder bereits kennengelernt und wissen, dass man die Elemente darin über ihren Index anspricht. Möchten Sie also das erste Argument verarbeiten, könnte Ihr Skript so aussehen:

```
"Guten Tag, $($args[0])!"
```

$args[0] darf nun allerdings nicht mehr einfach in den Ausgabetext integriert werden, weil PowerShell nur einfache Variablen auflöst. Der gesamte Ausdruck muss jetzt in eine Direktvariable verpackt werden, also in *$(...)*. Speichern Sie Ihr Skript und schauen Sie, wie das Skript jetzt mit Ihren Argumenten umgeht:

```
# Argumente werden durch Leerzeichen getrennt. "Weltner" ist das zweite Argument und wird nicht
ausgegeben:
.\meinskript.ps1 Tobias Weltner
Guten Tag, Tobias!

# Möchten Sie Argumente mit Leerzeichen verwenden, stellen Sie sie in Anführungszeichen:
.\meinskript.ps1 "Tobias Weltner"
Guten Tag, Tobias Weltner!
```

Parameter in Skripten einsetzen

$args ist zwar ein einfacher Weg, um Informationen vom Anwender an ein Skript zu übergeben, aber es liegt dann ganz bei Ihnen, herauszufinden, welches Argument der Anwender in welcher Reihenfolge angegeben hat. Gibt der Anwender seine Argumente nicht genau in der von Ihnen erwarteten Reihenfolge ein, kommt das Skript durcheinander und versteht die Argumente womöglich falsch. Umgekehrt erhält der Anwender vom Skript keine Rückmeldung, welche Argumente überhaupt erlaubt sind oder benötigt werden.

In älteren Skriptsprachen war es ein großer Aufwand, die übergebenen Argumente zu überprüfen und richtig zuzuordnen. Bei PowerShell ist diese Möglichkeit bereits eingebaut und funktioniert ganz ähnlich wie bei den Parametern der Funktionen aus dem letzten Kapitel. Bei Funktionen wurden dazu Parameter definiert, die in runden Klammern hinter dem Funktionsnamen angegeben werden:

```
function Test($pfad, $name) {
  "Der Pfad lautet: $pfad"
  "Der Name lautet: $name"
}
Test "Der Pfad" "Der Name"

Der Pfad lautet: Der Pfad
Der Name lautet: Der Name

Test -name "Der Name" -pfad "Der Pfad"

Der Pfad lautet: Der Pfad
Der Name lautet: Der Name
```

Bei Skripten funktioniert das genauso, allerdings ist die Frage, wo man bei einem Skript die Parameter festlegt. Während Funktionen immer in einem *function Name(Parameter) {...}*-Konstrukt stehen, gibt es einen solchen Rahmen für Skripte nicht. Skripte verwenden deshalb die Anweisung *param*.

Lassen Sie uns die Funktion mit den beiden Parametern *$pfad* und *$name* in ein Skript übersetzen. Dazu öffnen Sie Ihr Skript wieder zur Bearbeitung im Windows-Editor:

```
notepad meinskript.ps1
```

Geben Sie nun diesen Code ein:

Argumente an Skripte übergeben

```
param($pfad, $name)
"Der Pfad lautet: $pfad"
"Der Name lautet: $name"
```

Speichern Sie Ihr Skript und probieren Sie es aus:

```
.\meinskript.ps1 "Der Pfad" "Der Name"
```
Der Pfad lautet: Der Pfad
Der Name lautet: Der Name

```
.\meinskript.ps1 -name "Der Name" -pfad "Der Pfad"
```
Der Pfad lautet: Der Pfad
Der Name lautet: Der Name

Es funktioniert: Ihr Skript verhält sich jetzt genauso wie die Funktion und verwendet Parameter anstelle von unbenannten Argumenten. Die Angaben, die hinter *param* in runden Klammern stehen, entsprechen also ganz genau denselben Angaben, die Sie bei Funktionen hinter dem Funktionsnamen in runde Klammern stellen.

Parameter überprüfen

Aus dem letzten Kapitel wissen Sie auch, wie Sie Argumente formulieren müssen, damit PowerShell überprüft, ob sie angegeben wurden. Das nächste Skript verlangt ein Argument namens *Name* und eines namens *Alter*. Es legt genau fest, welcher Datentyp für jedes Argument erforderlich ist und bestimmt auch, das eine Fehlermeldung ausgegeben wird, wenn das Argument nicht angegeben wird:

```
param([string]$Name=$(Throw "Parameter fehlt: -name Name"), [int]$Alter=$(Throw "Parameter fehlt: -alter x als Zahl"))
"Hallo $name, Sie sind $alter Jahre alt!"
```

Speichern Sie dieses Skript und führen Sie es aus. Vergessen Sie nun, eines der beiden Argumente anzugeben, oder geben Sie den Parameter mit einem ungültigen Wert an, gibt PowerShell automatisch eine entsprechende Fehlermeldung aus:

```
# Parameter fehlt:
.\testskript.ps1
```
Parameter fehlt: -name Name
Bei C:\Users\Tobias Weltner\testskript.ps1:1 Zeichen:28
+ param([string]$Name=$(Throw <<<< "Parameter fehlt: -name Name"), [int]$Alter=$(Throw "Parameter fehlt: -alter x als Zahl"))

```
# Parameter fehlt:
.\testskript.ps1 -name Tobias
```
Parameter fehlt: -alter x als Zahl
Bei C:\Users\Tobias Weltner\testskript.ps1:1 Zeichen:80
+ param([string]$Name=$(Throw "Parameter fehlt: -name Name"), [int]$Alter=$(Throw <<<< "Parameter fehlt: -alter x als Zahl"))

```
# Parameter-Wert ist ungültig:

.\testskript.ps1 -name Tobias -alter willibald
C:\Users\Tobias Weltner\testskript.ps1 : Der Wert "willibald" kann nicht in den Typ "System.Int32"
konvertiert werden. Fehler: "Die Eingabezeichenfolge hat das falsche Format."
Bei Zeile:1 Zeichen:37
+ .\testskript.ps1 -name Tobias -alter  <<<< willibald


# Parameter sind in Ordnung:

.\testskript.ps1 -name Tobias -alter 212
Hallo Tobias, Sie sind 212 Jahre alt!
```

Profitipp   Genau genommen gibt es sogar *überhaupt keinen* Unterschied zwischen Funktionen und Skripten. Die Anweisungen in runden Klammern hinter dem Funktionsnamen werden auch bei Funktionen in genau dieselbe *param*-Anweisung übersetzt wie bei Skripten. Wenn Sie die Funktion *Test* im vorangegangenen Beispiel eingegeben haben, können Sie sich davon leicht überzeugen. Lassen Sie den Quellcode der Funktion ausgeben! Sie sehen: Der *function*-Rahmen ist verschwunden und im Skriptblock befindet sich jetzt die *param*-Anweisung:

```
$function:test
param($pfad, $name) "Der Pfad lautet: $pfad"
  "Der Name lautet: $name"
```

Scopes: Gültigkeitsbereiche in Skripten

Damit Skripte keine ungewollten Auswirkungen auf andere Skripte oder Ihre interaktive Konsole haben, werden sie normalerweise isoliert ausgeführt. Isoliert heißt: Alle Variablen und Funktionen, die Sie in einem Skript anlegen, gelten nur innerhalb dieses Skripts. Wollen Sie diese Isolation aufheben, rufen Sie Skripte und Funktionen *dot sourced* auf, stellen also beim Aufruf einen einzelnen Punkt voran – genau so haben Sie gerade Bibliotheksskripte geladen. Möchten Sie den Gültigkeitsbereich von Variablen oder Funktionen einzeln festlegen, verwenden Sie die Bezeichner aus Kapitel 3.

Alle Variablen in der interaktiven Konsole bewahrt PowerShell im Bereich *global:* auf. Alle Variablen, die ein Skript anlegt, werden im Bereich *script:* gespeichert. Ist das Skript fertig, wird sein *script:*-Bereich gelöscht. So entfernt PowerShell nur die Variablen, die das Skript angelegt hat. Variablen, die vorher schon da waren, bleiben im Bereich *global:* unangetastet.

Das wirft die interessante Frage auf, wie Skripte mit Variablen umgehen, die schon vorher definiert waren. Existiert eine Variable im aktuellen Gültigkeitsbereich nicht, versucht es PowerShell im übergeordneten Gültigkeitsbereich. Haben Sie also in der Konsole eine Variable namens *$test* angelegt, kann Ihr Skript diese Variable lesen. Veränderungen finden allerdings immer im aktuellen Gültigkeitsbereich statt. Ändern Sie also den Inhalt der Variablen *$test* innerhalb Ihres Skripts, legt PowerShell im Bereich *script:* eine neue Variable namens *$test* an. Jetzt gibt es zwei, eine im Bereich *global:* und eine im Bereich *script:*. Ihr Skript verwendet nun die neue Variable, denn wenn Sie innerhalb des Skripts *$test* abrufen, schaut PowerShell

Argumente an Skripte übergeben

immer zuerst im aktuellen Gültigkeitsbereich nach und weicht erst dann auf den übergeordneten aus, wenn es die gesuchte Variable nicht findet. Da *$test* im aktuellen Gültigkeitsbereich nun angelegt ist, wird diese Variable vom Skript gelesen. Hier ein kleines Testskript:

```
"Variableninhalt: $test"
$test = "Geändert"
"Variableninhalt: $test"
```

Schauen Sie sich nun an, wie das Skript mit der Variablen *$test* umgeht:

```
# rufen Sie Ihr Skript auf:
.\meinskript.ps1

# Variable $test war nicht im globalen Bereich definiert, ist also zunächst leer:
Variableninhalt:

# Danach ändert das Skript $test und verwendet jetzt im Bereich script: seine eigene Version:
Variableninhalt: Geändert

# Jetzt legen wir im globalen Bereich einen Wert für $test fest und starten das Skript erneut
$test = "Vorgabe"
.\meinskript.ps1

# Das Skript findet in $test den Wert, der außerhalb des Skripts festgelegt wurde:
Variableninhalt: Vorgabe

# Das Skript kann den Wert von $test ändern, verwendet also im Bereich script: nun seine eigene Version:
Variableninhalt: Geändert

# Sobald das Skript endet, enthält $test wieder den alten Wert, weil der Bereich script: gelöscht wurde:
$test
Vorgabe
```

TIPP Sie können selbst festlegen, welchen Variablenspeicher (oder Bereich) Sie ansprechen wollen, indem Sie den gewünschten Bereich vor den Variablennamen schreiben. Auf diese Weise kann ein Skript also durchaus permanente Variablenänderungen vornehmen, die auch nach Beendigung des Skripts weiter Bestand haben. Ändern Sie Ihr Skript zum Beispiel folgendermaßen und schauen Sie sich die Ergebnisse danach noch einmal an:

```
$test = "Vorgabe"

# Skript anlegen:
' "Variableninhalt: $test"; $global:test = "Geändert"; "Variableninhalt: $test" ' > meinskript.ps1
# Skript ausführen:
.\meinskript.ps1
```

```
Variableninhalt: Vorgabe
Variableninhalt: Geändert
$test
Geändert
```

Mehr Informationen zum direkten Ansprechen des Variablenspeichers finden Sie in Kapitel 3. Allerdings reicht es in der Praxis oft aus zu entscheiden, ob ein Skript generell isoliert oder nicht isoliert ausgeführt werden soll. Das bestimmen Sie sehr einfach über das »Dot Sourcing«, das Sie bereits im Zusammenhang mit Funktionen kennen gelernt haben und das gleich noch einmal aufgegriffen wird.

#requires – Skriptvoraussetzungen

Skripte verlangen möglicherweise gewisse Voraussetzungen, damit sie ausgeführt werden können. Die Cmdlets, die von Skripten verwendet werden beschränken sich nämlich nicht unbedingt nur auf die, die im Lieferumfang von PowerShell enthalten sind. Drittanbieter stellen weitere Cmdlets zur Verfügung, und wenn Sie beispielsweise *Microsoft Exchange* nutzen, stehen viele zusätzliche spezielle Exchange-Cmdlets zur Verfügung.

Die stammen aus einem zusätzlichen *Snap-In*, das Exchange mitbringt. Alle zusätzlichen Snap-Ins werden im Rahmen der automatisch startenden Profil-Skripte mit *Add-PSSnapin* geladen. *Get-PSSnapin* zeigt Ihnen, welche Snap-Ins Ihre PowerShell-Konsole aktuell nutzt:

```
get-pssnapin

Name        : Microsoft.PowerShell.Core
PSVersion   : 1.0
Description : Dieses Windows PowerShell-Snap-In enthält Windows PowerShell-Verwaltungs-Cmdlets zum
              Verwalten von Komponenten von Windows PowerShell.

Name        : Microsoft.PowerShell.Host
PSVersion   : 1.0
Description : Dieses Windows PowerShell-Snap-In enthält Cmdlets, die vom Windows PowerShell-Host
              verwendet werden.

Name        : Microsoft.PowerShell.Management
PSVersion   : 1.0
Description : Dieses Windows PowerShell-Snap-In enthält Verwaltungs-Cmdlets zum Verwalten von Windows-
              Komponenten.

Name        : Microsoft.PowerShell.Security
PSVersion   : 1.0
Description : Dieses Windows PowerShell-Snap-In enthält Cmdlets zum Verwalten der Windows PowerShell-
              Sicherheit.

Name        : Microsoft.PowerShell.Utility
PSVersion   : 1.0
Description : Dieses Windows PowerShell-Snap-In enthält Dienstprogramm-Cmdlets zum Bearbeiten von Daten.
```

Nutzt ein Skript Befehle aus einem zusätzlichen Snap-In, kann es das mit der Anweisung *#requires* anzeigen. Dahinter geben Sie beispielsweise ein Snap-In an, das für das Skript lebenswichtig ist. Fehlt das Snap-In, startet PowerShell das Skript nicht und gibt stattdessen eine Fehlermeldung aus. So könnte ein Skript aussehen:

```
#requires -PSSnapin Microsoft.PowerShell.Host
#requires -PSSnapin Nicht.vorhanden.Irgendwas
"funktioniert"
```

Während die erste Voraussetzung erfüllt sein dürfte, weil dieses Snap-In Teil der Basis-Snap-Ins ist, fehlt das zweite erforderliche Snap-In. Versuchen Sie, das Skript zu starten, erhalten Sie eine Fehlermeldung, die Sie darüber informiert, warum das Skript nicht gestartet werden kann:

```
.\test1.ps1
Das Skript "test1.ps1" kann nicht ausgeführt werden, da die folgenden in den #requires-Anweisungen
angegebenen Windows PowerShell-Snap-Ins fehlen: Nicht.vorhanden.Irgendwas.
Bei Zeile:1 Zeichen:11
+ .\test1.ps1 <<<<
```

Soll ein Skript auf eine bestimmte Version von PowerShell festgelegt sein, verwenden Sie anstelle von *-PSSnapin* den Parameter *-Version*. Da es bisher nur eine Version von PowerShell gibt, ist diese Möglichkeit noch nicht wichtig. Sobald in Zukunft eine zweite Version mit mehr Möglichkeiten erscheint, werden sich Skripte, die diese neuen Möglichkeiten nutzen, mit *#requires -Version 2* weigern können, auf der alten Version 1 ausgeführt zu werden.

Schließlich können Sie Skripte noch auf bestimmte PowerShell-Konsolen festlegen und dazu *-ShellID* verwenden. Die Shell-ID ist ein Kennzeichner der PowerShell-Konsole und findet sich in der automatischen Variable *$ShellID*. Für die Microsoft-Konsole lautet sie *Microsoft.PowerShell*. Möchten Sie dafür sorgen, dass ein Skript nur in der Microsoft-Konsole ausführbar ist, verwenden Sie *#requires -ShellID Microsoft.PowerShell*.

Skripte übersichtlich gestalten

Skripte dürfen beliebig lang sein, doch je länger ein Skript wird, desto unübersichtlicher wird es meistens auch. Deshalb verwenden umfangreichere Skripte zwei Mittel, um den Skriptcode überschaubar zu halten:

- **Funktionen:** Fassen Sie kleinere Aufgaben zu Funktionen zusammen. Funktionen machen den Code nicht nur übersichtlicher, sondern lassen sich auch bequem wiederverwenden. Haben Sie für eine bestimmte Aufgabe einmal eine Funktion verfasst, können Sie diese später auch in anderen Skripten verwenden.
- **Bibliotheken:** Binden Sie benötigte Funktionen als Bibliothek in Ihr Skript ein. So brauchen Sie Ihre Basisfunktionen nicht in jedes Skript zu kopieren und es künstlich aufzublähen. Ihre Basisfunktionen bleiben zum Beispiel in einem separaten Skript und Ihr aktuelles Skript konzentriert sich nur auf die Aufgabe, die es lösen soll.

Funktionen in Skripten verwenden

Um Funktionen innerhalb eines Skripts verwenden zu können, fügen Sie die Funktion einfach in den Skriptcode ein. Schauen Sie sich dazu ein etwas umfangreicheres Skript an. Öffnen Sie wieder den Windows-Editor:

```
notepad netto.ps1
```

Geben Sie dann das folgende Skript ein und speichern Sie es:

```
param ([double]$betrag = $(Throw "Sie müssen einen Geldbetrag angeben!"))

$steuer = MwSt($betrag)
$gesamt = $betrag + $steuer

"Auf den Betrag {0:C} fallen {1:C} MwSt an: {2:C}" -f $betrag, $steuer, $gesamt

function MwSt($netto)
{
  $faktor = 0.19
  $netto * $faktor
}
```

Dieses Skript definiert zuerst mit *param* den Parameter *Betrag*, denn es soll für einen Netto-Geldbetrag die Mehrwertsteuer berechnen. Dabei macht sich das Skript die strenge Typisierung aus Kapitel 3 zunutze, um den Parameter *Betrag* als Nachkommazahl festzulegen (Typ: *Double*). Gibt der Anwender keine Zahl an, wird eine Fehlermeldung ausgelöst. Das funktioniert auch einwandfrei:

```
.\netto.ps1
Sie müssen einen Geldbetrag angeben!
Bei C:\Users\Tobias Weltner\netto.ps1:1 Zeichen:33
+ param ([double]$betrag = $(Throw  <<<< "Sie müssen einen Geldbetrag angeben!"))
```

Wenn Sie dann aber tatsächlich einen Geldbetrag angeben, gibt das Skript trotzdem eine Fehlermeldung aus und liefert das falsche Ergebnis:

```
.\netto.ps1 100
Die Benennung "MwSt" wurde nicht als Cmdlet, Funktion, ausführbares Programm oder Skriptdatei erkannt.
Überprüfen Sie die Benennung und versuchen Sie es erneut.
Bei C:\Users\Tobias Weltner\netto.ps1:3 Zeichen:15
+ $steuer = MwSt( <<<< $betrag)
Auf den Betrag 100,00   fallen  MwSt an: 100,00
```

Offensichtlich konnte das Skript die Funktion *MwSt* nicht finden. Anders als bei den meisten anderen Skriptsprachen müssen Funktionen, die Sie innerhalb Ihres Skriptes definieren, am *Anfang* des Skripts stehen. Sie können erst verwendet werden, wenn PowerShell die Funktion gelesen und angelegt hat, und PowerShell liest Skripte streng von oben nach unten. Das korrekte Skript muss also so aussehen:

```
param ([double]$betrag = $(Throw "Sie müssen einen Geldbetrag angeben!"))

function MwSt($netto)
{
  $faktor = 0.19
  $netto * $faktor
}

$steuer = MwSt($betrag)
$gesamt = $betrag + $steuer

"Auf den Betrag {0:C} fallen {1:C} MwSt an: {2:C}" -f $betrag, $steuer, $gesamt
```

Nach dieser Umstellung funktioniert das Skript nun wie erwartet:

```
.\netto.ps1 100
Auf den Betrag 100,00   fallen 19,00   MwSt an: 119,00
```

Skripte in Arbeitsskripte und Bibliotheken trennen

Allerdings enthalten echte Skripte aus der Praxis meist sehr viel mehr als nur eine Funktion, und wenn die Funktionsdefinitionen am Anfang des Skripts stehen, werden Skripte trotzdem unübersichtlich. Funktionen, die Sie einmal erstellt, getestet und für gut befunden haben, sollten eigentlich aus dem Blickfeld verschwinden. Möglich wird das, wenn Sie Skriptbibliotheken verwenden. Sie speichern dazu Ihre Funktionen in einer separaten Skriptdatei, die danach von allen Skripten, die die darin enthaltenen Funktionen gebrauchen können, eingebunden wird. Probieren Sie es aus! Legen Sie zuerst die Skriptbibliothek an:

```
notepad rechenfunktionen.ps1
```

Geben Sie dann die Funktion in den Windows-Editor ein und speichern Sie das Skript:

```
function MwSt($netto)
{
  $faktor = 0.19
  $netto * $faktor
}
```

Danach legen Sie das Arbeitsskript an. Das Arbeitsskript sollte keine (allgemeinen) Funktionen mehr enthalten. Stattdessen lädt es die benötigten Funktionen einfach aus der Skriptbibliothek nach.

```
notepad netto.ps1
```

Geben Sie den folgenden Code ein und speichern Sie das Skript:

```
param ([double]$betrag = $(Throw "Sie müssen einen Geldbetrag angeben!"))

# Funktionen werden DOT SOURCED aus der Bibliothek geladen:
. .\rechenfunktionen.ps1

$steuer = MwSt($betrag)
$gesamt = $betrag + $steuer

"Auf den Betrag {0:C} fallen {1:C} MwSt an: {2:C}" -f $betrag, $steuer, $gesamt
```

Das Arbeitsskript führt zuerst das Skript mit den Funktionen aus, das die benötigten Funktionen anlegt. Allerdings sind alle Variablen und Funktionen, die ein Skript anlegt, normalerweise privat und gelten nur innerhalb des Skripts. Das ist wichtig, damit Skripte sich nicht ungewollt gegenseitig beeinflussen. Da Sie in diesem Fall aber ausdrücklich wollen, dass das Bibliotheksskript das Arbeitsskript beeinflusst (nämlich neue Funktionen anlegt, die im Arbeitsskript sichtbar sind), wird das Bibliotheksskript *dot sourced* aufgerufen: vor dem Aufruf steht ein einzelner Punkt. Durch ihn wird die Isolation aufgehoben, und alle Funktionen, die das Bibliotheksskript anlegt, gelten auch in Ihrem Arbeitsskript.

Sie können auf diese Weise beliebig viele Skriptbibliotheken in Ihr Arbeitsskript laden. So bleibt das Arbeitsskript schlank und übersichtlich, während die Funktionen in den Bibliotheken separat weiterentwickelt werden können und die Verbesserungen allen Skripten zugute kommen, die diese Bibliotheken nutzen. Trennen Sie umfangreichere Aufgaben deshalb wenn möglich auf in ein kurzes Arbeitsskript und separate Bibliotheksskripte:

- **Arbeitsskript:** Sollte keine allgemeinen Funktionen enthalten, sondern nur den Code, der zur Bewältigung der aktuellen Aufgabe nötig ist. Bindet die notwendigen Funktionen aus externen Skripten ein. Diese müssen dazu »dot sourced« aufgerufen werden, also mit einem vorangestellten Punkt und Leerzeichen, damit die Funktionsdefinitionen auch übernommen werden können.
- **Bibliothek:** Darf nur Funktionsdefinitionen enthalten, aber keinen Code außerhalb der Funktionsdefinitionen, weil dieser sonst beim Nachladen der Bibliothek sofort ausgeführt würde.

Zentrale Ordner für Bibliotheksskripte

Sobald Sie in Ihren Arbeitsskripten Bibliotheksskripte einsetzen, sollten Sie sich eine Strategie überlegen, wo die Bibliotheksskripte am besten gespeichert werden. Sie könnten die Bibliotheksskripte entweder in demselben Ordner speichern wie die Arbeitsskripte. Wenn Sie das tun, erreicht Ihr Arbeitsskript seine Bibliotheksskripte immer über die relative Pfadangabe, so wie im vorangegangenen Beispiel. Wenn Sie Ihre Arbeitsskripte an einen anderen Ort kopieren, müssen Sie nur daran denken, auch die Bibliotheksskripte mitzukopieren.

Wollen Sie die Bibliotheksskripte lieber an einem zentralen Ort speichern, zum Beispiel, weil Sie vermeiden wollen, dass jeder diese Skripte einsieht, oder weil die Bibliotheksskripte in einem Ordner gespeichert werden sollen, auf den der Anwender nur Leseberechtigung hat, dann verwenden Sie in Ihrem Arbeitsskript absolute Pfade. Setzen Sie Umgebungsvariablen ein, um den Ordner anzugeben, in dem das Bibliotheksskript liegt. Liegen die Bibliotheksskripte zum Beispiel im allgemeinen Benutzerprofil im Ordner *PSLib*, dann könnten Sie Ihr Arbeitsskript folgendermaßen ändern:

```
param ([double]$betrag = $(Throw "Sie müssen einen Geldbetrag angeben!"))

# Funktionen werden DOT SOURCED aus der Bibliothek geladen:
. $env:appdata\PSLib\rechenfunktionen.ps1

$steuer = MwSt($betrag)
$gesamt = $betrag + $steuer

"Auf den Betrag {0:C} fallen {1:C} MwSt an: {2:C}" -f $betrag, $steuer, $gesamt
```

Mit den folgenden Zeilen würden Sie den Ordner *PSLib* im Anwenderprofil anlegen und Ihre lokal gespeicherte Bibliothek in diesen für alle Benutzer zugänglichen Bereich kopieren:

```
# Ordner für gemeinsam genutzte Skriptbibliotheken anlagen:
md $env:appdata\PSLib
     Verzeichnis: Microsoft.PowerShell.Core\FileSystem::C:\Users\Tobias Weltner\AppData\Roaming
Mode              LastWriteTime      Length Name
----              -------------      ------ ----
d----          14.09.2007   09:42           PSLib

# lokal gespeicherte Bibliothek in den zentralen Ordner kopieren:
copy rechenfunktionen.ps1 $env:appdata\PSLib\rechenfunktionen.ps1
```

TIPP Möchten Sie innerhalb eines Skripts erfahren, in welchem Ordner das Skript gespeichert ist, zum Beispiel, um Bibliotheksskripte mit absolutem Pfadnamen anzugeben, die sich in demselben Ordner befinden, verwenden Sie die automatische Variable *$MyInvocation*. Hier ein Beispielskript, das bei Ausführung angibt, wie es heißt und in welchem Ordner es sich befindet:

```
function get-scriptname
{
    if($myInvocation.ScriptName) { $myInvocation.ScriptName }
    else { $myInvocation.MyCommand.Definition; "second" }
}

$myPath = get-scriptname
$myPath
$myParent = split-path $myPath
$myParent
```

Pipeline-Skripte erstellen

Auch PowerShell-Skripte lassen sich genau wie die Funktionen aus dem letzten Kapitel als Bausteine in der Pipeline einsetzen. Dabei gilt für Skripte dasselbe wie für Funktionen: Je nachdem, wie Sie das Skript programmieren, kann es die Pipeline in den langsamen und speicherintensiven sequentiellen Modus zwingen oder den schnellen Streaming-Modus ermöglichen.

Langsamer sequentieller Modus

Setzen Sie ein Skript innerhalb der Pipeline ein, empfängt es die Ergebnisse des Vorgängerbefehls in der automatischen Variable *$input*. Es blockiert so allerdings die Pipeline, weil die Pipeline zuerst darauf wartet, bis der Vorgängerbefehl seine Arbeit vollständig erledigt hat. Erst danach wird sein Ergebnis in *$input* an das Skript weitergereicht. Legen Sie sich dazu ein neues Testskript an:

```
notepad filter.ps1
```

Danach geben Sie diesen Code ein:

```
Foreach ($element in $input)
{
  If ($element.name.contains(".exe"))
  {
    Write-Host -fore "Red" $element
  }
  Else
  {
    Write-Host $element
  }
}
```

Das Skript liest die Ergebnisse in *$input* und markiert alle Zeilen in rot, die den Begriff *.exe* enthalten. Das Skript funktioniert in der Pipeline einwandfrei:

```
Dir $env:windir | .\filter.ps1
```

Weil das Skript erst dann aktiv wird, wenn *Dir* seine Arbeit erledigt hat, kommt es wie bei allen blockierenden Pipeline-Befehlen allerdings zu langen Wartezeiten, sobald der Vorgängerbefehl viel Zeit benötigt. Und weil alle Ergebnisse des Vorgängerbefehls zuerst zwischengespeichert werden müssen, ist der Speicherbedarf extrem hoch und kann sogar Windows instabil machen:

```
Dir c:\ -recurse | .\filter.ps1
```

Schneller Streaming-Modus

Skripte, die in der Pipeline eingesetzt werden sollen, sollten deshalb den schnellen Streaming-Modus unterstützen. Das funktioniert bei Skripten genauso wie bei Funktionen aus Kapitel 9, und Sie brauchen dafür nur die Skriptblöcke *begin*, *process* und *end* in Ihrem Skript zu definieren. Der Code im *begin*-Block wird einmal zu Anfang ausgeführt und kann Initialisierungen vornehmen oder Hinweise an den Benutzer ausgeben. Der Code im Block *process* wird für jedes einlaufende Ergebnis des Vorgängerbefehls in Echtzeit ausgeführt, und der Code im Block *end* wird zum Abschluss ausgeführt. Er könnte Aufräumungsarbeiten durchführen oder einfach melden, dass der Vorgang abgeschlossen ist. Ihr Filter-Skript funktioniert deshalb auf folgende Weise in Echtzeit:

```
begin
{
  "Beginne Auswertung... einen Moment Geduld!"
}
process
{
  if ($_.name.contains(".exe"))
  {
    Write-Host -fore "Red" $_
  }
  else
  {
    Write-Host $_
  }
}
end
{
  "Auswertung abgeschlossen"
}
```

> **TIPP** Ein normales Skript, das keinen der Blöcke *begin*, *process* oder *end* implementiert, erhält quasi automatisch einen *end*-Block. Kombinieren kann man das allerdings nicht. Sobald Sie einen der Blöcke *begin*, *process* oder *end* in Ihr Skript einfügen, darf kein Skriptcode mehr außerhalb einer dieser Blöcke stehen. Andernfalls erhalten Sie eine Fehlermeldung wie diese hier:

```
Es konnten keine kombinierten Begin/Process/End-Klauseln mit Befehlstext verarbeitet werden. Ein Skript
oder eine Funktion kann über begin/process/end-Klauseln oder über Befehlstext verfügen, jedoch nicht
über beides.
Bei C:\Users\Tobias Weltner\filter.ps1:23 Zeichen:9
+ "Fertig!" <<<<
```

Pipeline-Ergebnisse schreiben

Ihr Skript hat zwar die Ergebnisse des Vorgängerbefehls einwandfrei verarbeitet, dabei aber die Pipeline beendet. Das war nicht weiter aufgefallen, weil hinter Ihrem Skript keine weiteren Befehle in der Pipeline folgten. Der Grund: Ihr Skript hat die Ergebnisse des Vorgängerbefehls empfangen, bearbeitet und danach direkt mit *Write-Host* in die Konsole geschrieben. Die Ergebnisse wurden also nicht in der Pipeline weitergereicht. Das ist in Ordnung, wenn Ihr Skript die Pipeline abschließt.

Wollen Sie dagegen ein echtes Pipelineskript schreiben, das Pipeline-Daten nicht nur empfängt, sondern auch an den nächsten Befehl weiterreicht, dann brauchen Sie nur dafür zu sorgen, dass die bearbeiteten Daten anschließend zurück in die Pipeline gelegt werden. Das nächste Skript leistet das, indem es mit einer *Switch*-Bedingung eine Reihe von Dateinamenserweiterungen prüft und in diesem Fall den Namen in Großbuchstaben verwandelt, andernfalls in Kleinbuchstaben.

```
begin
{
  Write-Host "Beginne Auswertung... einen Moment Geduld!"
}

process
{
  $element = $_

  Switch($_.Extension.toLower())
  {
    ".ps1"   { $element.name.toUpper() }
    ".vbs"   { $element.name.toUpper() }
    ".txt"   { $element.name.toUpper() }
    ".xml"   { $element.name.toUpper() }
    default  { $element.name.toLower() }
  }
}

end
{
  Write-Host "Auswertung abgeschlossen"
}
```

Dieses Skript gibt die Ergebnisse im *process*-Block einfach wieder in die Pipeline aus und ermöglicht es so anderen folgenden Befehlen, mit diesen Ergebnissen weiterzuarbeiten. Deshalb könnten Sie die Ergebnisse anschließend mit *Out-File* in eine Textdatei verpacken lassen:

```
Dir | .\filter.ps1 | Out-File liste.txt
.\liste.txt
```

TIPP Vielleicht ist Ihnen aufgefallen, dass die Liste nur die Dateinamen enthält, aber nicht die Anfangs- und Endmeldung des Skripts. Diese beiden Meldungen wurden wie im vorangegangenen Beispiel mit *Write-Host* ausgegeben. Die Dateinamen dagegen wurden nicht mit *Write-Host* ausgegeben. Damit spielt *Write-Host* eine wichtige Rolle: Verwenden Sie es für alle Meldungen, die sofort erscheinen und niemals umgeleitet werden sollen.

Profile: die Autostart-Skripte

Viele Änderungen, die Sie in der PowerShell-Konsole festlegen, haben nur eine begrenzte Lebenszeit. Alle Alias-Definitionen, Funktionen und Änderungen an den Windows-Umgebungsvariablen gelten zum Beispiel nur solange, bis Sie die PowerShell-Konsole schließen. Damit Sie grundlegende Änderungen dauerhaft durchführen können, gibt es die Profile. Profile sind spezielle Skripte, die automatisch von PowerShell beim Start ausgeführt werden. Hier können Sie also alle Initialisierungsaufgaben hinterlegen, damit PowerShell stets in genau der gewünschten Konfiguration startet.

Vier verschiedene Profil-Skripte

Insgesamt unterstützt PowerShell vier verschiedene Profilskripte, sodass Sie sich für Ihre Initialisierungsarbeiten zunächst das passende Profil aussuchen sollten. Die erste Frage dazu lautet: Sollen die Initialisierungsarbeiten nur für Sie persönlich gelten oder für alle Benutzer? Möchten Sie, dass das Skript nur für Sie persönlich gilt, verwenden Sie das Profil *Aktueller Benutzer*. Sollen Ihre Anweisungen immer und für alle Benutzer beim Start von PowerShell ausgeführt werden, dann ist das richtige Profil *Alle Benutzer*.

Profil	Beschreibung	Ort
Alle Benutzer	Gemeinsames Profil für alle Benutzer	*$pshome\profile.ps1*
Alle Benutzer (privat)	Gemeinsames Profil für alle Benutzer, gültig nur in powershell.exe	*$pshome\Microsoft.PowerShell_profile.ps1*
Aktueller Benutzer	Profil des aktuellen Benutzers	*$((Split-Path $profile -Parent) + "\profile.ps1")*
Aktueller Benutzer (privat)	Profil des aktuellen Benutzers, gültig nur in powershell.exe	*$profile*

Tabelle 10.2 Die PowerShell-Profile

Für diese beiden Profile gibt es außerdem *private* Alternativen. Diese funktionieren nur, wenn Sie die Microsoft Windows PowerShell-Konsole einsetzen. Gibt es auch andere? Allerdings. PowerShell wird von immer mehr Herstellern unterstützt. Es gibt bereits die ersten Alternativkonsolen, die Sie anstelle von *powershell.exe* verwenden können. Möchten Sie also, dass Ihre Änderungen auch in PowerShell-Anwendungen anderer Hersteller beim Start ausgeführt werden, dann nutzen Sie die allgemeinen Profile. Sollen die Änderungen nur bei der Original-PowerShell-Konsole ausgeführt werden, verwenden Sie die privaten Profile.

WICHTIG Tabelle Tabelle 10.2 listet die vier PowerShell-Profile auf und gibt außerdem an, wo Sie das jeweilige Profil finden. Dabei zeigt sich eine Designschwäche von PowerShell: Das private Profil für den aktuellen Benutzer lässt sich bequem über die vordefinierte Variable *$profile* erreichen. Das führt dazu, dass viele Anwender (und Hersteller von Add-Ons) ihre Erweiterungen in diesem Profil speichern. Weil es aber ein privates Profil ist, wird es nur von der Microsoft-Originalkonsole ausgeführt. Spätestens wenn Sie auf ein PowerShell-Produkt eines anderen Herstellers ausweichen, wird das zum Problem.

Sie selbst sollten deshalb möglichst auf das private Profil verzichten, um für die Zukunft gerüstet zu sein, und stattdessen immer die allgemeinen Profile einsetzen, auch wenn die nicht ganz so bequem anzusprechen sind.

Ein eigenes persönliches Profil anlegen

Profile sind keine Pflicht. Deshalb kann es durchaus sein, dass bei Ihnen noch überhaupt keines der Profile existiert. Das macht aber nichts, denn Sie haben bereits gesehen, wie leicht sich neue PowerShell-Skripte anlegen lassen, und genauso einfach geschieht dies auch mit Profilskripten.

Vielleicht haben Sie einige nützliche Alias-Abkürzungen angelegt und möchten, dass diese Alias-Definitionen bei jedem PowerShell-Start automatisch aktiviert werden. Dazu legen Sie sich ein persönliches Profil an:

```
notepad $((Split-Path $profile -Parent) + "\profile.ps1")
```

Der Windows-Editor öffnet sich. Falls es das Profil schon gibt, zeigt er das Skript an. Falls nicht, bietet er an, ein neues leeres Skript zu erstellen. Klicken Sie dann auf *Ja*.

Falls es bereits ein Profilskript gibt, sollten Sie es sich zuerst näher ansehen. Höchstwahrscheinlich stammt es von irgendeiner PowerShell-Erweiterung, die Sie heruntergeladen und installiert haben. In diesem Fall erweitern Sie das bestehende Skript einfach um zusätzliche Befehle. Fügen Sie zum Beispiel in das Profil-Skript die folgende Anweisung ein, um den neuen Alias *edit* einzurichten, der künftig bequem den Windows-Editor startet:

```
Set-Alias edit notepad.exe
```

Speichern Sie danach das Skript, schließen Sie die PowerShell-Konsole und öffnen Sie sie. Unsichtbar im Hintergrund wurde beim Start Ihr Profilskript ausgeführt, und Ihr neuer Aliasbefehl steht automatisch zur Verfügung. Mit ihm können Sie künftig bequem PowerShell-Skripte editieren:

```
edit $((Split-Path $profile -Parent) + "\profile.ps1")
```

Ein globales Profil für alle Benutzer anlegen

Globale Profilskripte, die für alle Benutzer Ihres Computers gelten, lassen sich genauso einfach anlegen. Dazu geben Sie lediglich den Ort des Profils *Alle Benutzer* an:

```
notepad $pshome\profile.ps1
```

Allerdings ist das nur erlaubt, wenn Sie Administrator sind, weil andernfalls jeder Benutzer Einfluss auf den Start der PowerShell-Konsole eines anderen Benutzers hätte. Sind Sie kein Administrator, verweigert Windows Ihnen die Erlaubnis, an diesem Ort zu speichern.

Ein Sonderfall ist Windows Vista. Hier werden Sie bereits bei der Anmeldung Ihres Administrator-Status' beraubt, sind also normaler Benutzer – jedenfalls dann, wenn Sie die neue Benutzerkontensteuerung nicht abgeschaltet haben. Damit Sie ein globales Profil anlegen oder bearbeiten können, müssten Sie zuerst Ihre vollen Administratorrechte aktivieren. Das tun Sie, indem Sie PowerShell nicht auf normale Weise per Klick starten, sondern mit der rechten Maustaste klicken. Im Kontextmenü wählen Sie dann *Als Administrator ausführen*. Nun wird Ihre PowerShell-Konsole mit vollen Administratorrechten ausgeführt, und das gilt auch für alle Programme, die Sie aus der Konsole heraus aufrufen. Deshalb kann der Windows-Editor nun mit dem Befehl von oben das globale Profil bearbeiten.

Profitipp Manche Editoren melden kein Problem, wenn Sie ohne Administratorrechte das globale Profil bearbeiten. Scheinbar sind diese Editoren in der Lage, das globale Profil zu ändern, und tatsächlich wirken sich diese Änderungen auch beim nächsten Start von PowerShell aus. Eine Sicherheitslücke ist das jedoch nicht. Tatsächlich hat Windows Vista den Editor nur ausgetrickst und aus Kompatibilitätsgründen seinen Versuch, die (geschützte) Profildatei zu ändern, umgeleitet in einen versteckten Schattenbereich. Dort konnte der Editor die Profildatei nach Belieben ändern.

Beim Start von PowerShell passiert dasselbe: Die versteckte Schattendatei wird anstelle der geschützten Profildatei von PowerShell verarbeitet, wenn es keine echte globale Profildatei gibt. Könnte man auf diese Weise also anderen Benutzern ein Startskript unterschieben? Nein, diese Gefahr besteht nicht, denn die Schattendatei existiert nur im Benutzerprofil des Benutzers, der sie angelegt hatte. Sie hat keine Auswirkung auf andere Benutzer und verhält sich im Prinzip genauso wie die private Profildatei des Benutzers. Sie finden die Schattenkopien in diesem Ordner:

```
Cd $env:localappdata\VirtualStore
```

Die Schattenkopie des globalen Profils findet sich darin im Unterordner *Windows\System32\WindowsPowerShell\v1.0*.

Digitale Signaturen für Ihre Skripte

Da Skripte einfache Textdateien sind, lassen sie sich leicht fälschen oder verändern. Für mehr Sicherheit sorgen digitale Signaturen, denn sie bestätigen, von wem ein Skript stammt, und sie garantieren, dass das Skript seit der Signatur nicht verändert wurde. Sofern Sie dem Herausgeber des Skripts vertrauen, können Sie also sicher sein, dass Ihnen niemand bösartigen Code unterschieben will. Wie das allerdings genau funktioniert, ist selbst vielen Experten nicht ganz klar, was unter anderem daran liegt, dass den Vorgängen haarsträubend komplexe Theorien zugrundeliegen. Glücklicherweise kann man auf diese Theorien in der Praxis pfeifen. Wichtig ist, dass Sie die Abläufe und Verfahren kennen. Deshalb finden Sie in den folgenden Abschnitten alle wichtigen Signaturschritte eingebettet in leicht nachvollziehbare Beispiele.

Ein geeignetes Zertifikat finden

Da PowerShell-Skripte (und alle anderen digitalen Daten) wohl kaum mit einem klassischen Füllfederhalter unterschrieben werden können, benötigen Sie ein anderes Werkzeug dafür: Nämlich ein Zertifikat sowie einen (geheimen) privaten Schlüssel. Das Zertifikat ist Ihre elektronische Identität und sagt aus, wer die Unterschrift geleistet hat. Der geheime private Schlüssel sorgt dafür, dass nur der Eigentümer des Zertifikats damit Unterschriften leisten kann.

Bevor Sie also eigene PowerShell-Skripte digital signieren können, benötigen Sie ein geeignetes Zertifikat. In das Zertifikat muss der Verwendungszweck *Codesigning* eingetragen sein, und Sie benötigen den geheimen privaten Schlüssel für dieses Zertifikat. Ob sich Zertifikate mit diesen Voraussetzungen auf Ihrem Rechner befinden, kann PowerShell für Sie ermitteln, denn sämtliche Zertifikate liegen im virtuellen Laufwerk *cert:* vor:

```
Dir cert: -Recurse -codesigningcert

    Verzeichnis: Microsoft.PowerShell.Security\Certificate::CurrentUser\My

Thumbprint                                Subject
----------                                -------
E24D967BE9519595D7D1AC527B6449455F949C77  CN=PowerShellTestCert
```

Der Parameter *-codesigningcert* sorgt dafür, dass nur Zertifikate gefunden werden, die für den Bestimmungszweck Codesigning zugelassen sind *und* für die Sie über einen geheimen privaten Schlüssel verfügen.

In diesem Fall wurde genau ein Zertifikat gefunden, es hätten aber auch mehr oder gar keins sein können. Sofern Sie über genau ein persönliches Codesigning-Zertifikat verfügen, könnten Sie dies über diese Zeile ansprechen:

```
Dir cert:\CurrentUser\My -codesigningcert
```

ACHTUNG Wo liegt wohl der Unterschied zwischen *Dir cert:\CurrentUser\My* und *Dir cert:CurrentUser\My*? Antwort: Die erste Pfadangabe ist *absolut* und funktioniert deshalb immer, egal in welchem Verzeichnis Sie sich gerade befinden. Die zweite Pfadangabe ist *relativ* und schlägt fehl, wenn Sie das aktuelle Verzeichnis auf einen Unterordner des Zertifikatsspeichers eingestellt haben. Geben Sie deshalb immer hinter *cert:* ein Backslash (\) an!

Liegen mehrere Zertifikate zur Auswahl vor, müssen Sie sich für eines davon entscheiden. Verwenden Sie zum Beispiel zur Auswahl den Namen des Zertifikats:

```
$zertifikat = Dir cert:\CurrentUser\My | Where-Object { $_.Subject -eq "CN=PowerShellTestCert" }
```

Sie können sogar mit *SelectFromCollection()* ein Auswahldialogfeld öffnen und sich so bequem ein Zertifikat aussuchen, wenn Sie die internen Funktionen des .NET Frameworks von PowerShell aus ansprechen. Dazu muss allerdings die Bibliothek *System.Security.dll* mit *LoadWithPartialName()* vorher geladen werden:

```
$Store = New-Object system.security.cryptography.X509Certificates.x509Store("My", "CurrentUser")
$store.Open("ReadOnly")
[System.Reflection.Assembly]::LoadWithPartialName("System.Security")
$certificate =
[System.Security.Cryptography.x509Certificates.X509Certificate2UI]::SelectFromCollection($store.certificates, "Ihre Zertifikate", "Bitte wählen", 0)
$store.Close()
$certificate

Thumbprint                                Subject
----------                                -------
372883FA3B386F72BCE5F475180CE938CE1B8674  CN=MeinZertifikat
```

Abbildung 10.1 Ein Zertifikat über das entsprechende Auswahldialogfeld aussuchen

Ein neues Zertifikat anlegen

In den meisten Fällen werden Sie kein Codesigning-Zertifikat auf Ihrem Computer vorgefunden haben. In diesem Fall müssen Sie sich ein Codesigning-Zertifikat erst noch beschaffen. Dazu gibt es mehrere Quellen:

- **Eigene PKI:** Firmen, die eine eigene PKI betreiben (Public Key Infrastructure), stellen Ihnen auf Antrag ein solches Zertifikat aus. Weil eine PKI allerdings komplex und teuer ist, gibt es diese Möglichkeit in der Regel nur bei Unternehmen mit eigenem Rechenzentrum oder Universitäten. Außerdem gelten solche Zertifikate meist nur im Einflussbereich des Unternehmens oder der Universität, außerhalb aber nicht.

- **Zertifikat kaufen:** Renommierte und anerkannte Zertifizierungsunternehmen wie *VeriSign* oder *Thawte* verkaufen Ihnen gerne Codesigning-Zertifikate gegen Bezahlung. Sie brauchen in diesem Fall also keine eigene PKI, und außerdem gelten solche Zertifikate weltweit. Allerdings ist der Vorgang kostspielig und muss regelmäßig wiederholt werden, meist im Jahresrhythmus. Außerdem müssen Sie Ihre Identität gegenüber dem Zertifizierungsunternehmen in einem aufwändigen Verfahren nachweisen.

- **Selbst ausstellen:** Ein einzelnes Zertifikat benötigt im Grunde gar keine komplizierte PKI. Sie können es sich auch selbst ausstellen und damit alle Aspekte der Signatur durchspielen und testen. Es hindert Sie auch niemand daran, selbstsignierte Zertifikate produktiv einzusetzen. Selbstsignierte Zertifikate werden allerdings durch keine Zertifikatsautorität verwaltet. Sie allein sind für diese Zertifikate zuständig und auch für deren Integrität verantwortlich. Gerät ein selbstsigniertes Zertifikat in falsche Hände, hilft Ihnen niemand, den Schaden zu begrenzen. Aus diesem Grund werden selbstsignierte Zertifikate meist nur in Testumgebungen eingesetzt und später durch Zertifikate ersetzt, die von einer anerkannten PKI herausgegeben wurden.

Selbstsignierte Zertifikate erstellen

Der Schlüssel zu selbstsignierten Zertifikaten ist das Microsoft-Tool *makecert.exe*. Leider kann man dieses Tool nicht separat herunterladen, und auch die Weitergabe ist verboten. Sie müssen es also als Teil eines kostenlosen Software Development Kits (SDK) herunterladen. *Makecert.exe* ist beispielsweise im *.NET Framework SDK* enthalten, das Sie auf dieser Seite finden: *http://msdn2.microsoft.com/en-us/netframework/aa731542.aspx*. Wie alle SDKs ist es mit rund 400 MB Größe äußerst unhandlich.

Nach der Installation des SDK finden Sie *makecert.exe* auf Ihrem Computer und können sich mit den folgenden Zeilen ein neues Codesigning-Zertifikat mit dem von Ihnen angegebenen Namen ausstellen:

```
$name = "PowerShellTestCert"
pushd
Cd "$env:programfiles\Microsoft Visual Studio 8\SDK\v2.0\Bin"
.\makecert.exe -pe -r -n "CN=$name" -eku 1.3.6.1.5.5.7.3.3 -ss "my"
popd
```

Es wird automatisch im Zertifikatsspeicher *\CurrentUser\My* abgelegt. Von dort können Sie es nun wie jedes andere Zertifikat abrufen und einsetzen, zum Beispiel so:

```
$name = "PowerShellTestCert"
$zertifikat = Dir cert:\CurrentUser\My | Where-Object { $_.Subject -eq "CN=$name"}
```

Das Codesigning-Zertifikat untersuchen

Das Codesigning-Zertifikat repräsentiert Ihre digitale Identität. Schauen wir doch als erstes einmal, was das Zertifikat über Sie weiß. Dazu rufen Sie zuerst ein Zertifikat ab und speichern es in einer Variable:

```
# alle Codesigning-Zertifikate abrufen und in einem Feld speichern:
$certs = @(Dir cert:CurrentUser\My -codesigningcert)
"{0} Zertifikate gefunden." -f $certs.count
3 Zertifikate gefunden

# das erste gefundene Zertifikat verwenden:
$zertifikat = $certs[0]

# Wen repräsentiert dieses Zertifikat?
$zertifikat.Subject
CN=PowerShellTestCert

# Von wem wurde dieses Zertifikat ausgestellt?
$zertifikat.Issuer
CN=PowerShellTestCert
```

Zertifikate als vertrauenswürdig erklären

Wie Sie schnell erkennen, enthält das Zertifikat natürlich nicht mehr Informationen über Sie, als Sie während der Erstellung des Zertifikats selbst angegeben haben. Sogar Lügen ist erlaubt. Niemand hindert Sie daran, sich beim Anlegen eines Zertifikats als ganz jemand anderes auszugeben. Zertifikate an sich sind nicht fälschungssicher. Dessen ist sich das Zertifikat auch bewusst, denn wenn Sie mit *Verify()* prüfen, ob Sie den Angaben im Zertifikat vertrauen dürfen, meldet PowerShell bei selbstsignierten Zertifikaten *False* – das Zertifikat ist nicht vertrauenswürdig.

```
$zertifikat.Verify()
False
```

Und warum ist das Zertifikat nicht vertrauenswürdig? Die Antwort erhalten Sie mit einem kleinen Trick. PowerShell kann auf die Möglichkeiten der Bibliothek *System.Security.dll* des .NET Frameworks zugreifen, um mit *DisplayCertificate()* alle Informationen über das Zertifikat in einem übersichtlichen Dialogfeld anzuzeigen. Allerdings muss diese Bibliothek zuerst mit *LoadWithPartialName()* nachgeladen werden:

```
# Alle Angaben im Zertifikat in einem Dialog anzeigen:
[System.Reflection.Assembly]::LoadWithPartialName("System.Security")
[System.Security.Cryptography.x509Certificates.X509Certificate2UI]::DisplayCertificate($zertifikat)
```

Digitale Signaturen für Ihre Skripte

Das Dialogfeld meldet, was mit dem Zertifikat nicht stimmt: »Dieses Zertifizierungsstellen-Stammzertifikat ist nicht vertrauenswürdig.

Installieren Sie das Zertifikat in den Speicher vertrauenswürdiger Stammzertifizierungsstellen, um die Vertrauensstellung zu aktivieren«. Im Bereich darunter meldet das Dialogfeld, dass *Ausgestellt von* und *Ausgestellt für* identisch sind: Es handelt sich also um ein selbstsigniertes Zertifikat, das von keiner externen PKI herausgegeben wurde. Damit dieses Zertifikat vertrauenswürdig wird, muss es zusätzlich in den Zertifikatspeicher der vertrauenswürdigen Stammzertifizierungsstellen kopiert werden.

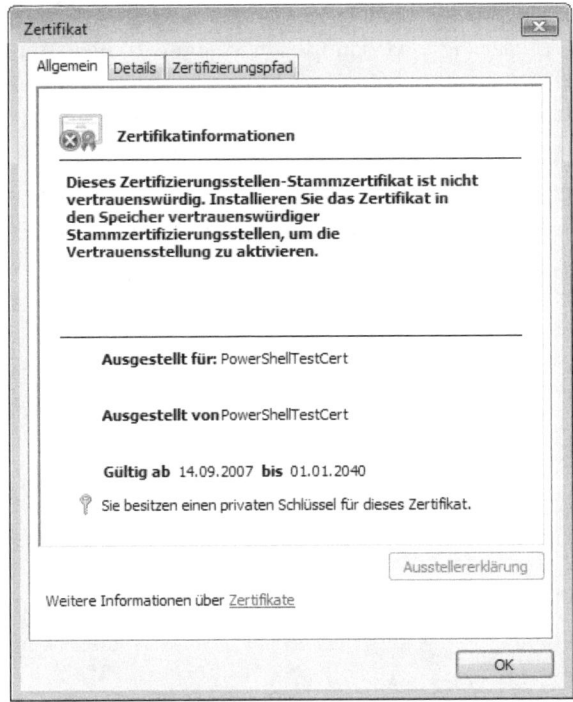

Abbildung 10.2 Zertifikate müssen als vertrauenswürdig erklärt werden

---

HINWEIS Bei Zertifikaten, die von einer PKI ausgestellt wurden, unterscheiden sich die Angaben *Ausgestellt von* und *Ausgestellt für*. Hier findet sich hinter *Ausgestellt von* der Name des Herausgebers. Und genau das ist ein großer Vorteil einer PKI: Hier genügt es, den Herausgeber ein einziges Mal in den Speicher der vertrauenswürdigen Stammzertifizierungsstellen zu kopieren. Fortan gelten sämtliche Zertifikate, die dieser Herausgeber ausstellt, automatisch als vertrauenswürdig. Weil die wichtigsten kommerziellen Zertifizierungsstellen bereits im Speicher der vertrauenswürdigen Stammzertifizierungsstellen eingetragen sind, können Sie deren Zertifikate sofort einsetzen. Sie gelten also standardmäßig als vertrauenswürdig.

Das können Sie entweder manuell erledigen oder PowerShell dafür einsetzen. Die folgenden Zeilen kopieren das Zertifikat in *$zertifikat* in den Speicher für vertrauenswürdige Stammzertifizierungsstellen:

```
$Store = New-Object system.security.cryptography.X509Certificates.x509Store("root", "CurrentUser")
$Store.Open("ReadWrite")
$Store.Add($zertifikat)
$Store.Close()
```

HINWEIS Immer, wenn Sie neue Zertifikate in den Zertifikatspeicher aufnehmen, erscheint ein Dialogfeld und fragt nach, ob Sie dies wirklich tun wollen. Sie können dieses Skript also nicht unbeaufsichtigt ausführen.

Ab sofort ist das Zertifikat vertrauenswürdig, und die Prüfung mit *Verify()* ergibt jetzt *True*:

```
$zertifikat.Verify()
True
```

Öffnen Sie die Zertifikateigenschaften noch einmal als Dialogfeld, meldet dieses nun ebenfalls, dass das Zertifikat in Ordnung ist. Klicken Sie auf das Register *Zertifizierungspfad*, dann sehen Sie die Vertrauensstellung. Bei selbstsignierten Zertifikaten besteht diese aus dem Zertifikat selbst. Bei Zertifikaten, die von einer PKI ausgegeben wurden, sehen Sie, über welche Vertrauensstellung das Zertifikat auf Ihrem Computer als vertrauenswürdig erklärt wurde. Das oberste Zertifikat in dieser Ansicht befindet sich dabei immer in Ihrem Speicher der vertrauenswürdigen Stammzertifizierungsstellen.

Abbildung 10.3 Das vertrauenswürdige Zertifikat kann nun für Signaturen eingesetzt werden

Was eben genau passiert ist und wie Sie dieses Verfahren auch manuell durchführen können, sehen Sie, wenn Sie einen Blick in Ihren Zertifikatspeicher werfen:

```
certmgr.msc
```

Es öffnet sich die *Microsoft Management Console* (MMC) und zeigt Ihren Zertifikatspeicher. Im Zweig *Eigene Zertifikate\Zertifikate* sehen Sie alle eigenen Zertifikate, also auch die Codesigning-Zertifikate, die Sie sich angelegt haben. Im Zweig *Vertrauenswürdige Stammzertifizierungsstellen\Zertifikate* finden sich die Zertifikate sämtlicher Herausgeber, von denen Sie Zertifikate akzeptieren. Darin befindet sich nun auch eine Kopie Ihres selbstsignierten Zertifikates. Würden Sie das Zertifikat dort wieder löschen, gälte es wieder als nicht vertrauenswürdig. Würden Sie Ihr selbstsigniertes Zertifikat mit der rechten Maustaste aus dem Zweig *Eigene Zertifikate\Zertifikate* in den Zweig *Vertrauenswürdige Stammzertifizierungsstellen\Zertifikate* ziehen und dort fallenlassen, bräuchten Sie nur noch im Kontextmenü *Hierher kopieren* zu wählen, um denselben Kopiervorgang auszulösen, den Ihr PowerShell-Code gerade eben automatisiert für Sie vorgenommen hat.

PowerShell-Skripte signieren

Für die Signatur von PowerShell-Skripten sind nur zwei Dinge nötig: Ein gültiges Codesigning-Zertifikat und ein Skript, das Sie signieren wollen. Den Rest erledigt das Cmdlet *Set-AuthenticodeSignature*.

Signatur mit erstbestem Zertifikat

Geeignete Codesigning-Zertifikate liefert *Dir* mit dem Parameter *-codesigningcert*, und im einfachsten Fall verwenden Sie das erstbeste Zertifikat, um damit ein – oder sogar alle – PowerShell-Skript(e) in Ihrem aktuellen Ordner zu signieren. Die folgenden Zeilen legen ein einfaches PowerShell-Skript unter dem Namen *test.ps1* an und signieren diese Skriptdatei dann mit dem ersten verfügbaren Codesigning-Zertifikat:

```
' "Hallo Welt!" ' > test.ps1
$zertifikat = @(Dir cert:CurrentUser\My -codesigningcert -recurse)[0]
Set-AuthenticodeSignature test.ps1 $zertifikat

    Verzeichnis: C:\Users\Tobias Weltner

SignerCertificate                         Status     Path
-----------------                         ------     ----
E24D967BE9519595D7D1AC527B6449455F949C77  Valid      test.ps1
```

Die Signatur wird als ein Datenblock direkt ins Skript eingefügt und besteht aus einem digitalen Fingerabdruck des Skripts (ein so genannter Hash), der mit dem privaten Schlüssel des Zertifikates verschlüsselt wurde. Was Ihnen das nützt, erfahren Sie gleich im nächsten Abschnitt.

```
# Signatur in der Skriptdatei sichtbar machen:
type test.ps1
"Hallo Welt!"

# SIG # Begin signature block
# MIIEEQYJKoZIhvcNAQcCoIIEAjCCA/4CAQExCzAJBgUrDgMCGgUAMGkGCisGAQQB
# gjcCAQSgWzBZMDQGCisGAQQBgjcCAR4wJgIDAQAABBAfzDtgWUsITrckOsYpfvNR
# AgEAAgEAAgEAAgEAMCEwCQYFKw4DAhoFAAQUfO2ePVE/w2QMUVYbQhkeTs14
# AdqgggIqMIICJjCCAY+gAwIBAgIQO+Yc503n6LJKxel1bq1xtTANBgkqhkiG9w0B
# AQQFADAdMRswGQYDVQQDExJQb3dlc1NoZWxsVGVzdENlcnQwHhcNMDcwOTE0MTAz
# MTE0WhcNMzkxMjMxMjM1OTU5WjAdMRswGQYDVQQDExJQb3dlc1NoZWxsVGVzdENl
# cnQwgZ8wDQYJKoZIhvcNAQEBBQADgY0AMIGJAoGBAO99s+DoANjTbcx1AYfvlROq
# MnoWKkHm9oc+F8hLAXpI8fPiBnxlqrwhZcmiuE1dE1rYIFktomNNtSOi70G2d445
```

```
# o5mUKRtZ9THuwYGnCY+luDBM5cmNOsjcJK9iPHGgtIjFylYwMXhgHA8bBODc8zf0
# 54lSoH5NTOB7uZ4fijVfAgMBAAGjZzBlMBMGA1UdJQQMMAoGCCsGAQUFBwMDME4G
# A1UdAQRHMEWAEAtDyFcOPeNlfKpgXPlkDKahHzAdMRswGQYDVQQDExJQb3dlclNo
# ZWxsVGVzdENlcnSCENPmHOdN5+iySsXpdW6tcbUwDQYJKoZIhvcNAQEEBQADgYEA
# lkCaA6rqq9f/RJifhLY3gZPABVtymP6SGbm6LgASLKzYfdhcmsDxOnwQjAzo4xDk
# nLux4JccT9vFM+0tR/5d3alsY9rH8E+y8gs6opZNsgOls4CCDrEWCMD3BOk7Och5
# yVCvOPDqtLboO/O4dcJiGt9HViUNISHMEYnlR1qqBJExggFRMIIBTQIBATAxMBOx
# GzAZBgNVBAMTElBvd2VyU2hlbGxUZXN0Q2VydAIQO+Yc503n6LJKxellbq1xtTAJ
# BgUrDgMCGgUAoHgwGAYKKKwYBBAGCNwIBDDEKMAigAoAAoQKAADAZBgkqhkiG9wOB
# CQMxDAYKKwYBBAGCNwIBBDAcBgorBgEEAYI3AgELMQ4wDAYKKwYBBAGCNwIBFTAj
# BgkqhkiG9wOBCQQxFgQUwY+7iwxEhe2RiHMICRnV/mGny5gwDQYJKoZIhvcNAQEB
# BQAEgYAyscnxSQsTeqIkmh92ros8NBS+L7tvwRD18KwAwvBVsMTy7cFzz3lnqc5T
# /25KFjcVpOId6oKsQgHWO7zdlcR7mC9nfwSKPBTE2G1+tmLHNopMqlcwjHOYriBW
# f25oYXEKRMMgzsuwC4IjblrVGBe+MdcJylCmd2qR3UQXm3m6ZA==
# SIG # End signature block
```

Rekursiv sämtliche PowerShell-Skripte signieren

Set-AuthenticodeSignature kann nicht nur einzelne Skripte signieren, sondern auf Wunsch auch viele Skripte in einem Arbeitsgang. So könnten Sie in wenigen Zeilen alle Ihre eigenen PowerShell-Skripte mit Ihrer digitalen Unterschrift versehen. *Set-AuthenticodeSignature* akzeptiert nämlich als Dateinamen auch Felder, die beliebig viele einzelne Dateinamen enthalten können. Genau solche Felder werden zum Beispiel von *Dir* geliefert. Setzen Sie anstelle eines festen Dateinamens also in runden Klammern einen Unterausdruck in Ihre Anweisung und lassen Sie *Dir* alle PowerShell-Skripte im aktuellen Ordner auflisten. Schon werden sie alle signiert.

```
$zertifikat = @(Dir cert:CurrentUser\My -codesigningcert -recurse)[0]
Set-AuthenticodeSignature (Dir *.ps1) $zertifikat

SignerCertificate                          Status    Path
-----------------                          ------    ----
E24D967BE9519595D7D1AC527B6449455F949C77   Valid     filter.ps1
E24D967BE9519595D7D1AC527B6449455F949C77   Valid     meinskript.ps1
E24D967BE9519595D7D1AC527B6449455F949C77   Valid     netto.ps1
E24D967BE9519595D7D1AC527B6449455F949C77   Valid     rechenfunktionen.ps1
E24D967BE9519595D7D1AC527B6449455F949C77   Valid     test.ps1
E24D967BE9519595D7D1AC527B6449455F949C77   Valid     test1.ps1
E24D967BE9519595D7D1AC527B6449455F949C77   Valid     test3.ps1
E24D967BE9519595D7D1AC527B6449455F949C77   Valid     testskript.ps1
E24D967BE9519595D7D1AC527B6449455F949C77   Valid     unsigned.ps1
```

Möchten Sie nicht nur die Skripte im aktuellen Ordner signieren, sondern auch alle PowerShell-Skripte in sämtlichen untergeordneten Ordnern, ist der Aufruf ebenso übersichtlich, denn Sie brauchen nur den Parameter *-recurse* zu verwenden:

```
Set-AuthenticodeSignature (Dir -recurse -include *.ps1) $zertifikat
```

Zertifikat mittels Dialogfeld auswählen

Gibt es auf Ihrem Computer mehr als ein Codesigning-Zertifikat, zum Beispiel für unterschiedliche Zwecke, dann wollen Sie sicher nicht das erstbeste Zertifikat verwenden, sondern das passende auswählen. Entweder geben Sie dazu den Namen des Zertifikats an, wenn Sie den kennen:

```
$zertifikat = Dir cert:\CurrentUser\My | Where-Object { $_.Subject -eq "CN=PowerShellTestCert" }
```

Oder Sie verwenden ein internes .NET Framework-Dialogfeld. Es stellt alle Zertifikate zur Auswahl, die Sie *SelectFromCollection()* übergeben. Dazu müssen Sie die Zertifikate vorher in einem besonderen Container verpacken. Im einfachsten Fall bieten Sie sämtliche Codesigning-Zertifikate zur Auswahl an:

```
# Texte für Dialogfeld:
$titel = "Verfügbare Identitäten"
$text = "Bitte Zertifikat für Signatur auswählen"

# Zertifikate ermitteln:
$zertifikate = Dir cert:\ -recurse -codesigning

# System.Security laden und Zertifikate in Container verpacken:
[System.Reflection.Assembly]::LoadWithPartialName("System.Security")
$container = New-Object System.Security.Cryptography.X509Certificates.X509Certificate2Collection
$zertifikate | ForEach-Object { $container.Add($_) }

# Auswahlfeld anzeigen:
$zertifikat =
[System.Security.Cryptography.x509Certificates.X509Certificate2UI]::SelectFromCollection($container,
$titel, $text, 0)

# Signatur mit ausgewähltem Zertifikat durchführen
Set-AuthenticodeSignature -Certificate $zertifikat[0] -FilePath test.ps1

    Verzeichnis: C:\Users\Tobias Weltner
SignerCertificate                          Status                                              Path
-----------------                          ------                                              ----
372883FA3B386F72BCE5F475180CE938CE1B8674   Valid                                               test.ps1
```

Signierte PowerShell-Skripte überprüfen

Was genau nützt Ihnen (und anderen) die Signatur im Skript? Einfache Antwort: Sie kann überprüft werden, und zwar manuell ebenso wie automatisch, und Ihnen damit verraten, ob ein PowerShell-Skript vertrauenswürdig ist oder vielleicht bösartigen Code enthält.

- **Selbst nachschauen:** Bei der manuellen Überprüfung schauen Sie selbst nach, ob in einem PowerShell-Skript eine Signatur vorliegt, und falls ja, ob sie in Ordnung ist. Sie können unter anderem herausfinden, wer das Skript signiert hat, ob der Skriptcode seither verändert wurde und ob derjenige, der das Skript signiert hat, bei Ihnen als vertrauenswürdig gilt.

- **Automatisch überprüfen:** Setzen Sie die PowerShell Execution Policy auf *AllSigned*, dann führt PowerShell die Überprüfung selbst durch, sobald Sie versuchen, ein Skript zu starten. Nur wenn der Herausgeber des Skripts als vertrauenswürdig gilt und das Skript seit der Signatur nicht verändert wurde, kann das Skript ausgeführt werden.

Manuelle Überprüfung

Signaturen werden mit dem Cmdlet *Get-AuthenticodeSignature* überprüft. Dieses Cmdlet möchte von Ihnen den Namen der Skriptdatei wissen, die Sie untersuchen wollen. Die Skriptdatei braucht keine Signatur zu enthalten. Den Status erfahren Sie in jedem Fall mit der Eigenschaft *StatusMessage*:

```
' "Hallo" ' > unsigned.ps1
$check = Get-AuthenticodeSignature unsigned.ps1
$check.StatusMessage
Die Datei "C:\Users\Tobias Weltner\unsigned.ps1" ist nicht digital signiert. Das Skript wird auf dem
System nicht ausgeführt. Weitere Informationen erhalten Sie mit "get-help about_signing".
```

Siehe da: Dieser Text ist die genaue Meldung, die Sie erhalten, wenn Sie ein unsigniertes Skript ausführen, obwohl die Execution Policy auf *RemoteSigned* oder *AllSigned* eingestellt ist. Intern verwendet PowerShell also genau dieselbe Prüfung, wenn es abhängig von der aktuellen Execution Policy Skripte untersucht, die Sie zu starten versuchen. Eine ebenfalls nützliche Eigenschaft ist *Status*, denn darin wird die Situation in nur einem prägnanten Wort zusammengefasst:

```
$check.Status
NotSigned
```

Was passiert, wenn Sie ein Skript mit Signatur untersuchen? Eine Übersicht über die möglichen Prüfergebnisse (und die Gründe dafür) liefert Tabelle 10.3. Sie können mit *Get-AuthenticodeSignature* auf diese Weise leicht einen Sicherheitsstatus erheben und herausfinden, welche Ihrer Skripte gültig signiert sind und bei welchen Skripten Signaturen noch fehlen oder Inhalte geändert wurden:

```
Get-AuthenticodeSignature (Dir *.ps1)

    Verzeichnis: C:\Users\Tobias Weltner

SignerCertificate                         Status              Path
-----------------                         ------              ----
E24D967BE9519595D7D1AC527B6449455F949C77  Valid               filter.ps1
E24D967BE9519595D7D1AC527B6449455F949C77  Valid               hauptskript.ps1
E24D967BE9519595D7D1AC527B6449455F949C77  Valid               meinskript.ps1
E24D967BE9519595D7D1AC527B6449455F949C77  Valid               netto.ps1
E24D967BE9519595D7D1AC527B6449455F949C77  Valid               rechenfunktionen.ps1
E24D967BE9519595D7D1AC527B6449455F949C77  Valid               test.ps1
E24D967BE9519595D7D1AC527B6449455F949C77  HashMismatch        test1.ps1
E24D967BE9519595D7D1AC527B6449455F949C77  UnknownError        test3.ps1
E24D967BE9519595D7D1AC527B6449455F949C77  Valid               testskript.ps1
E24D967BE9519595D7D1AC527B6449455F949C77  Valid               unsigned.ps1
                                          NotSigned           unterskript.ps1
```

Möchten Sie nur potenziell bösartige Skripte sehen, also solche, bei denen sich entweder der Inhalt seit der Signatur geändert hat (*HashMismatch*) oder bei denen die Signatur von einem nicht vertrauenswürdigen Zertifikat stammt (*UnknownError*), dann filtern Sie das Ergebnis mit *Where-Object*:

Digitale Signaturen für Ihre Skripte

```
Get-AuthenticodeSignature (Dir *.ps1) | Where-Object {(($_.Status -eq "HashMismatch") -or ($_.Status -eq
"UnknownError"))}


    Verzeichnis: C:\Users\Tobias Weltner

SignerCertificate                          Status                        Path
-----------------                          ------                        ----
E24D967BE9519595D7D1AC527B6449455F949C77   HashMismatch                  test1.ps1
94FD1387CE1CA1340E59A7B16541C6179FDEEC7D   UnknownError                  test3.ps1
```

Status	Meldung	Beschreibung
NotSigned	Die Datei "xyz" ist nicht digital signiert. Das Skript wird auf dem System nicht ausgeführt. Weitere Informationen erhalten Sie mit "get-help about_signing".	Die Datei enthält keine digitale Signatur. Signieren Sie die Datei mit *Set-AuthenticodeSignature*.
UnknownError	Eine Zertifikatkette wurde zwar verarbeitet, endete jedoch mit einem Stammzertifikat, das beim Vertrauensanbieter nicht als vertrauenswürdig gilt.	Das verwendete Zertifikat ist unbekannt. Fügen Sie den Herausgeber des Zertifikats in den Speicher für vertrauenswürdige Stammzertifizierungsstellen ein.
HashMismatch	Der Inhalt der Datei "xyz" wurde möglicherweise manipuliert, da der Hash der Datei nicht mit dem in der digitalen Signatur gespeicherten Hash übereinstimmt. Das Skript wird auf dem System nicht ausgeführt. Weitere Informationen erhalten Sie mit "get-help about_signing".	Der Inhalt der Datei wurde verändert. Wenn Sie selbst den Inhalt verändert haben, signieren Sie die Datei neu.
Valid	Signatur wurde überprüft.	Der Dateiinhalt stimmt mit der Signatur überein, und die Signatur ist gültig

Tabelle 10.3   Statusmeldungen der Signaturüberprüfung und ihre Ursachen

Automatische Überprüfung

Sie brauchen die Signaturen Ihrer Skriptdateien nicht selbst zu überprüfen, denn auf Wunsch führt PowerShell genau diese Überprüfung automatisch durch, wenn Sie ein Skript zu starten versuchen. Nur wenn die Signatur der Skriptdatei in Ordnung ist, wird das Skript ausgeführt. In allen anderen Fällen erhalten Sie eine Fehlermeldung entsprechend Tabelle 10.3. Auf diese Weise stellen Sie sicher, dass nur Skripte ausgeführt werden, die von einer vertrauenswürdigen Instanz vorher durchgesehen und für in Ordnung befunden (also signiert) wurden. Die automatische Prüfung schlägt auch Alarm, wenn der Inhalt des Skripts nachträglich verändert wurde.

Die automatische Überprüfung ist immer dann aktiv, wenn Sie mit *Set-ExecutionPolicy* die Execution Policy entweder auf *AllSigned* oder *RemoteSigned* einstellen. Bei *AllSigned* werden grundsätzlich alle Skripte getestet.

ACHTUNG   Wenn Sie Ihre ExecutionPolicy auf *AllSigned* festlegen, sollten Sie sicher stellen, dass Ihre Profil-Skripte korrekt signiert sind. Andernfalls führt PowerShell die Profilskripte nicht mehr aus.

Bei *RemoteSigned* werden nur Skripte getestet, die Sie aus dem Internet heruntergeladen, als E-Mail-Anhang empfangen oder aus einer sonstigen unsicheren Quelle erhalten haben. Hier ein kleiner Test:

```
# Stellen Sie die ExecutionPolicy auf AllSigned ein. Alle Skripte müssen nun über eine gültige Signatur
verfügen:

Set-ExecutionPolicy AllSigned


# Legen Sie eine unsignierte Test-Skriptdatei an. Das Skript kann nicht ausgeführt werden:

' "Hallo Welt!" ' > test1.ps1

.\test1.ps1
```

*Die Datei "C:\Users\Tobias Weltner\test1.ps1" kann nicht geladen werden. Die Datei "C:\Users\Tobias
Weltner\test1.ps1" ist nicht digital signiert. Das Skript wird auf dem System nicht ausgeführt. Weitere
Informationen erhalten Sie mit "get-help about_signing"..*
Bei Zeile:1 Zeichen:11
+ .\test1.ps1 <<<<

```
# Signieren Sie die Skriptdatei mit einem nicht vertrauenswürdigen Zertifikat:

$zertifikat = Dir cert:\CurrentUser\My | Where-Object { $_.Subject -eq "CN=Böses Zertifikat" }

Set-AuthenticodeSignature test1.ps1 $zertifikat
```

Verzeichnis: C:\Users\Tobias Weltner

SignerCertificate	Status	Path
94FD1387CE1CA1340E59A7B16541C6179FDEEC7D	Valid	test1.ps1

```
# wenn das Zertifikat nicht vertrauenswürdig ist, erhalten Sie noch immer eine Fehlermeldung:

.\test1.ps1
```

*Die Datei "C:\Users\Tobias Weltner\test1.ps1" kann nicht geladen werden. Eine Zertifikatkette wurde zwar
verarbeitet, endete jedoch mit einem Stammzertifikat, das beim Vertrauensanbieter nicht als
vertrauenswürdig gilt.*
Bei Zeile:1 Zeichen:11
+ .\test1.ps1 <<<<

```
# signieren Sie das Skript mit einem vertrauenswürdigen Zertifikat:

$zertifikat = Dir cert:\CurrentUser\My | Where-Object { $_.Subject -eq "CN=PowerShellTestCert" }

Set-AuthenticodeSignature test1.ps1 $zertifikat
```

Verzeichnis: C:\Users\Tobias Weltner

SignerCertificate	Status	Path
E24D967BE9519595D7D1AC527B6449455F949C77	Valid	test1.ps1

```
# Haben Sie ein vertrauenswürdiges Zertifikat zur Signatur verwendet, kann das Skript ausgeführt werden:

.\test1.ps1
```

Hallo Welt!

Vertrauenswürdige Herausgeber

Der einzige Unterschied zwischen einem nicht vertrauenswürdigen und einem vertrauenswürdigen Zertifikat ist der Umstand, ob der Herausgeber des Zertifikats im besonderen Speicher *Vertrauenswürdige Stammzertifizierungsstellen* hinterlegt ist. Selbst wenn Sie allerdings ein Skript aufrufen, das mit einem vertrauenswürdigen Zertifikat signiert wurde, erscheint beim ersten Aufruf eine weitere Nachfrage:

Möchten Sie Software dieses nicht vertrauenswürdigen Herausgebers ausführen?

Die Datei "C:\Users\Tobias Weltner\testskript.ps1" wurde von "CN=PowerShellTestCert" veröffentlicht und gilt auf Ihrem System als nicht vertrauenswürdig. Führen Sie ausschließlich Skripts vertrauenswürdiger Herausgeber aus.

[E] Nie ausführen [N] Nicht ausführen [M] Einmal ausführen [A] Immer ausführen [?] Help (default is "N"):

Erst wenn Sie die Frage mit einem Druck auf die Taste [A] für »Immer ausführen« beantworten, wird der Herausgeber des Zertifikats zusätzlich im Speicher *Vertrauenswürdige Herausgeber* hinterlegt, und Sie erhalten für alle Skripte, die mit diesem Zertifikat signiert wurden, keine weiteren Nachfragen mehr. Möchten Sie diese Nachfrage von vornherein vermeiden, dann fügen Sie den Herausgeber Ihres Skripts nicht nur in die Liste der Vertrauenswürdigen Stammzertifizierungsstellen ein, sondern außerdem in die Liste der vertrauenswürdigen Herausgeber. Bei selbstsignierten Zertifikaten machen Sie das zum Beispiel so:

```
# Zertifikat auswählen:
$name = "PowerShellTestCert"
$zertifikat = Dir cert:\CurrentUser\My | Where-Object { $_.Subject -eq "CN=$name " }

# Zertifikatherausgeber für grundsätzlich vertrauensvoll erklären:
$Store = New-Object system.security.cryptography.X509Certificates.x509Store("root", "CurrentUser")
$Store.Open("ReadWrite")
$Store.Add($zertifikat)
$Store.Close()

# Zertifikate dieses Herausgebers aktivieren:
$Store = New-Object system.security.cryptography.X509Certificates.x509Store("TrustedPublisher", "CurrentUser")
$Store.Open("ReadWrite")
$Store.Add($zertifikat)
$Store.Close()
```

Eine Mini-PKI aufbauen

Auf den letzten Seiten haben Sie gesehen, dass Sie auch ohne aufwändige PKI allein mit selbstsignierten Zertifikaten die Sicherheitsfunktionen von PowerShell ausschöpfen können. Zwar ist eine verwaltete PKI sicher der bessere Weg, aber bevor Sie ganz auf die Sicherheit der digitalen Signaturen verzichten, nur weil keine PKI zur Verfügung steht, sollten Sie sich zum Abschluss anschauen, wie Sie allein mit Hilfe des Microsoft-Tools *makecert.exe* eine kleine eigene PKI aufbauen könnten.

Ziel soll sein, dass eine Abteilung die von ihr erstellten PowerShell-Skripte mit gültigen Signaturen versehen kann, und dass diese Signaturen unternehmensweit akzeptiert werden. Außerdem soll jeder Mitarbeiter dieser Abteilung ein eigenes Zertifikat erhalten, damit nachvollziehbar bleibt, wer welches Skript signiert hat.

Ein Stamm-Zertifikat erstellen

Der erste Schritt ist die Anlage eines Stammzertifikats für die Abteilung. Dieses Zertifikat selbst wird später nicht zur Signierung verwendet. Es dient vielmehr als Herausgeber für Mitarbeiter-Zertifikate. Das Stammzertifikat wird nicht im Zertifikatsspeicher des aktuellen Benutzers angelegt, sondern im Speicher *Local Machine*. Sie benötigen also Administratorrechte. So legen Sie das Stamm-Zertifikat an:

```
$abteilungsname = "IT Abteilung 23"
pushd
Cd "$env:programfiles\Microsoft Visual Studio 8\SDK\v2.0\Bin"
.\makecert -n "CN=$abteilungsname" -a sha1 -eku 1.3.6.1.5.5.7.3.3 -r -sv root.pvk root.cer -ss Root -sr localMachine
Succeeded
Popd
```

Makecert hat nicht nur das Stamm-Zertifikat angelegt, sondern außerdem die Dateien *root.pvk* und *root.cer* erzeugt. Beide werden später noch gebraucht. Überprüfen Sie zunächst, ob das Zertifikat korrekt angelegt wurde:

```
$zertifikat = Dir cert:\LocalMachine\Root | Where-Object { $_.Subject -eq "CN=$abteilungsname" }
$zertifikat

    Verzeichnis: Microsoft.PowerShell.Security\Certificate::LocalMachine\Root

Thumbprint                                Subject
----------                                -------
AD68EC74428B4F294B1FDF7EB8A64D5ED327F84B  CN=IT Abteilung 23
```

Mitarbeiterzertifikat anlegen

Mit Hilfe des Stammzertifikats können Sie nun beliebig viele Mitarbeiterzertifikate anlegen, wenn Sie das geheime Kennwort wissen, das Sie oben beim Anlegen des Stammzertifikats vereinbart hatten. Idealerweise ist dieses Kennwort nur dem Abteilungsleiter bekannt. So gehen Sie vor, um ein neues Mitarbeiter-Zertifikat anzulegen:

```
$mitarbeiter = "Tobias Weltner"
pushd
Cd "$env:programfiles\Microsoft Visual Studio 8\SDK\v2.0\Bin"
.\makecert -pe -n "CN=$mitarbeiter" -ss MY -a sha1 -eku 1.3.6.1.5.5.7.3.3 -iv root.pvk -ic root.cer
```

Digitale Signaturen für Ihre Skripte

```
Succeeded
popd
```

> **WICHTIG** *Makecert* trägt als Herausgeber in das neue Mitarbeiterzertifikat das Stammzertifikat von eben ein. Diese Informationen lädt *makecert* aus den Dateien *root.pvk* und *root.cer*, die beim Anlegen des Stammzertifikats erzeugt wurden. Sie sollten diese beiden Dateien an einem sicheren Ort speichern, sobald alle Mitarbeiterzertifikate angelegt wurden. Sie brauchen diese beiden Dateien, wenn Sie später zusätzliche Mitarbeiterzertifikate anlegen möchten. Schützen Sie insbesondere die Datei *root.pvk* vor unbefugtem Zugriff, denn wer diese Datei besitzt (und über den geheimen Zugangscode verfügt, den Sie beim Anlegen des Stammzertifikates festgelegt hatten), kann neue Mitarbeiterzertifikate anlegen.

Prüfen Sie auch hier, ob das Mitarbeiterzertifikat korrekt angelegt wurde:

```
$mitarbeiter = "Tobias Weltner"
$zertifikat = Dir cert:\CurrentUser\My | Where-Object { $_.Subject -eq "CN=$mitarbeiter" }
[System.Reflection.Assembly]::LoadWithPartialName("System.Security")
[System.Security.Cryptography.x509Certificates.X509Certificate2UI]::DisplayCertificate($zertifikat)
```

Das Dialogfeld zeigt nun für *Ausgestellt von* und *Ausgestellt für* unterschiedliche Angaben. Der Aussteller des Mitarbeiterzertifikats ist jetzt Ihr neues Stammzertifikat, und wenn Sie auf das Register *Zertifizierungspfad* klicken, sehen Sie nun eine echte Vertrauenskette, ausgehend vom Stammzertifikat für Ihre Abteilung. Das hat große Vorteile, weil nun unternehmensweit nur noch Ihr Stammzertifikat in den Speicher der vertrauenswürdigen Stammzertifizierungsstellen eingetragen zu werden braucht. Alle von Ihrem Stammzertifikat ausgehenden Mitarbeiterzertifikate sind jetzt automatisch vertrauenswürdig.

Backup anlegen

Jeder Mitarbeiter sollte sein Mitarbeiterzertifikat sichern und an einem geschützten Ort hinterlegen. Die Sicherung kann direkt aus PowerShell heraus geschehen. Die folgenden Zeilen legen eine kennwortgeschützte PFX-Datei unter dem Namen *backup.pfx* im aktuellen Ordner an. Das Kennwort ist im Beispiel auf *strenggeheim* festgelegt und sollte natürlich geändert werden. Nur wenn das bei der Sicherung angegebene Kennwort bekannt ist, kann das Zertifikat einschließlich seines geheimen privaten Schlüssels wieder importiert werden.

```
$filename = "$(get-location)\backup.pfx"
$pwd = "strenggeheim"

[System.Reflection.Assembly]::LoadWithPartialName("System.Security")
$container = New-Object System.Security.Cryptography.X509Certificates.X509Certificate2Collection
$container.Add($zertifikat)

$bytes = $container.Export(3, $pwd)
$filestream = New-Object System.IO.FileStream($filename, "Create")
$filestream.Write($bytes, 0, $bytes.Length)
$filestream.Close()
```

Falls Sie selbst die Rolle des Abteilungsleiters übernehmen, könnten Sie nun für jeden Mitarbeiter ein Codesigning-Zertifikat anlegen, jeweils eine *pfx*-Sicherheitskopie erzeugen und diese dann jedem Mitarbeiter übergeben. Der Mitarbeiter braucht diese *.pfx*-Datei nur per Doppelklick zu öffnen, das festgelegte Kennwort einzugeben und alle weiteren Vorgaben zu bestätigen. Anschließend ist das Zertifikat in seinem persönlichen Zertifikatspeicher installiert und der Mitarbeiter kann damit beginnen, Skripte zu signieren.

Stammzertifikat unternehmensweit installieren

Auf dem Computer, auf dem Sie das Stammzertifikat angelegt haben, funktioniert Ihre »Mini-PKI« bereits. Damit Ihre neuen Mitarbeiterzertifikate aber auch unternehmensweit anerkannt werden, tragen Sie das Stammzertifikat nun noch unternehmensweit in den Speicher der vertrauenswürdigen Stammzertifizierungsstellen ein. Das können Sie entweder einzeln von Hand tun, oder Sie verwenden in einem Active Directory die Gruppenrichtlinien für die automatisierte Verteilung.

Mit PowerShell wird das Stammzertifikat in der Datei *root.cer* auf folgende Weise in den computerweiten Speicher vertrauenswürdiger Stammzertifizierungsstellen installiert:

```
copy "$env:programfiles\Microsoft Visual Studio 8\SDK\v2.0\Bin\root.cer" "root.cer"
$Store = New-Object system.security.cryptography.X509Certificates.x509Store("root", "LocalMachine")
$filename = "$(get-location)\root.cer"
$store.Open("ReadWrite")
$container = New-Object System.Security.Cryptography.X509Certificates.X509Certificate2Collection
$container.Import($filename)
$store.Add($container[0])
$store.Close()
```

Sie könnten ebenso gut die Datei *root.cer* per Doppelklick öffnen oder aus PowerShell heraus aufrufen:

```
.\root.cer
```

In diesem Fall installieren Sie das Zertifikat assistentengesteuert interaktiv. Im Dialogfeld klicken Sie dazu auf die Schaltfläche *Zertifikat installieren*. Folgen Sie dem Assistenten, und wählen Sie dann die Option *Alle Zertifikate in folgendem Speicher speichern*. Klicken Sie auf *Durchsuchen*.

Ein weiteres Dialogfeld öffnet sich. Darin wählen Sie die Option *Physikalischen Speicher anzeigen*. Danach wählen Sie im oberen Baum diesen Zweig: *Vertrauenswürdige Stammzertifizierungsstellen/Lokaler Computer*. Klicken Sie auf *OK* und dann auf *Weiter*, um das Zertifikat zu installieren.

Zusammenfassung

PowerShell-Skripte sind Textdateien mit der Dateierweiterung *.ps1*. Sie funktionieren ähnlich wie Batch-Dateien älterer Konsolen und dürfen beliebige PowerShell-Anweisungen enthalten. Starten Sie ein PowerShell-Skript, führt PowerShell die darin enthaltenen Anweisungen aus.

Damit Sie Skripte starten können, muss die Execution Policy (Ausführungsrichtlinie) dies erlauben. Anfangs verbietet diese Einstellung den Start von Skripten, aber mit *Set-ExecutionPolicy* kann ein Administrator diese Einstellung ändern (Tabelle 10.1) und festlegen, welche Skripte gestartet werden dürfen. Die Execution Policy kann zum Beispiel festlegen, dass nur Skripte gestartet werden dürfen, die über eine gültige digitale Signatur verfügen und unterscheidet dabei auf Wunsch zwischen lokalen Skripten und solchen, die aus dem Internet stammen.

Um ein PowerShell-Skript auszuführen, muss das Skript mit seinem relativen oder absoluten Pfadnamen aufgerufen werden. Es genügt also nicht, nur den Skriptnamen anzugeben, es sei denn, das Skript befindet sich in einem vertrauenswürdigen Ordner. Vertrauenswürdige Ordner sind alle Ordner, die in der Umgebungsvariablen *Path* genannt werden. Ein anderer Weg, Skripte bequem zu starten, ist ein Aliasname, den Sie mit *Set-Alias* für das Skript vereinbaren.

Skripten können Argumente übergeben werden. PowerShell analysiert automatisch alle Informationen, die Sie beim Aufruf eines Skripts hinter dem Skriptnamen angeben, und verwendet das Leerzeichen als Trennzeichen für Argumente. Die Argumente stehen dem Skript danach in *$args* zur Verfügung. Alternativ kann das Skript Argumente auch an festgelegte Parameter binden. Dazu werden die Parameter ähnlich wie bei Funktionen mit der Anweisung *Params* innerhalb des Skripts definiert.

Damit auch umfangreichere Skripte übersichtlich bleiben, sollten einzelne Aufgaben als Funktion gekapselt werden. Funktionen müssen immer am Skriptanfang stehen. Sie lassen sich aber auch in ein externes Bibliotheksskript auslagern, das dann vom Arbeitsskript ähnlich einer *Include*-Anweisung nachgeladen wird.

PowerShell-Skripte dürfen auch innerhalb der Pipeline eingesetzt werden. Damit Skripte die Pipeline nicht blockieren, müssen sie ähnlich wie Funktionen mindestens einen *process*-Block definieren. Er wird für jedes Objekt in der Pipeline einzeln aufgerufen.

Alle Variablen und Funktionen, die ein Skript anlegt, sind privat und gelten nur innerhalb des Skripts. Möchten Sie diese Isolation abschalten, rufen Sie Skripte und Funktionen *dot sourced* auf, schreiben beim Aufruf also einen einzelnen Punkt davor. Auf einzelner Variablen- und Funktionsebene legen Sie die Gültigkeit mit Bereichsbezeichnern wie *script:* und *global:* fest.

Beim Start sucht PowerShell automatisch nach einer Reihe von Profilskripten. Sind sie vorhanden, führt PowerShell sie automatisch aus, sofern die Execution Policy die Ausführung erlaubt. In den Profilskripten kann man die PowerShell-Arbeitsumgebung einrichten und zum Beispiel Alias-Namen oder Funktionen definieren, die nach dem Start automatisch verfügbar sein sollen.

Digitale Signaturen stellen sicher, dass ein Skript von einem vertrauenswürdigen Herausgeber stammt und nicht nachträglich verändert wurde. Solche Signaturen kann man sich also wie ein Gütesiegel vorstellen. Je nach Execution Policy-Einstellung erlaubt PowerShell dann nur noch die Ausführung von Skripten, die über dieses Gütesiegel verfügen.

Kapitel 11

Fehler finden und vermeiden

In diesem Kapitel:

Was-wäre-wenn-Szenarien	360
Fehlertoleranz festlegen	363
Fehler erkennen und darauf reagieren	364
Error Records – Details zum Fehler	367
Exceptions verstehen	371
Fehler in Funktionen und Skripten abfangen	373
Code schrittweise ausführen: Haltepunkte	377
Zusammenfassung	382

Je komplexer Ihre Befehle, Befehlsketten, Funktionen oder Skripte werden, desto häufiger kann es vorkommen, dass sich Fehler einschleichen. PowerShell enthält Lösungen, um Fehler auf den unterschiedlichen Komplexitätsebenen zu entdecken und zu beheben.

Im einfachsten Fall überprüfen Sie mit Was wäre wenn-Szenarien, ob ein Befehl oder eine Befehlskette tatsächlich das tut, was Sie sich davon versprechen. So können Sie das Ergebnis von Befehlen simulieren, ohne die Befehle tatsächlich auszuführen. Erst wenn Sie überzeugt sind, dass die Befehle einwandfrei funktionieren, gestatten Sie ihnen, die Arbeit auch wirklich zu tun.

Haben Sie eigene Funktionen oder Skripte geschrieben, kann PowerShell Ihren Code außerdem schrittweise durchlaufen und an Haltepunkten, den so genannten Breakpoints, die Arbeit unterbrechen. Auf diese Weise erhalten Sie die Möglichkeit, Ihre Funktionen oder Skripte an diesen Stellen näher zu untersuchen und zum Beispiel zu prüfen, ob die Variablen auch tatsächlich das erwartete Ergebnis enthalten. Darüber hinaus bietet PowerShell die Möglichkeit, interne Debug-Meldungen in Funktionen oder Skripte zu integrieren. So kann Ihr Code im Entwicklungsstadium an Schlüsselpositionen Erfolgsmeldungen an Sie ausgeben.

Was-wäre-wenn-Szenarien

Automation ist eine enorme Erleichterung, kann bei Fehlern aber natürlich auch ebenso effizient Fehler automatisieren und so in die größte Katastrophe führen. Deshalb enthält PowerShell einige Techniken, mit denen Sie potenziell gefährliche Vorgänge prüfen und absichern: Simulation und Einzelbestätigung.

Trockentraining: Vorgänge simulieren

Möchten Sie sich zuerst informieren, welche Auswirkungen ein bestimmter Befehl *hätte*, wenn Sie ihn einsetzen würden, dann verwenden Sie die Simulation. Dabei nimmt PowerShell keinerlei Änderungen am System vor, zeigt aber, was passiert wäre, wenn Sie den Befehl ohne Simulation ausgeführt hätten. Die Simulation schalten Sie mit dem Parameter *-whatif* ein, den viele Cmdlets unterstützen:

```
# was genau würde passieren, wenn Stop-Process alle Prozesse beendet, die mit "c" beginnen?
Stop-Process -Name c* -WhatIf

WhatIf: Ausführen des Vorgangs "Stop-Process" für das Ziel "ccApp (920)".
WhatIf: Ausführen des Vorgangs "Stop-Process" für das Ziel "CCC (5612)".
WhatIf: Ausführen des Vorgangs "Stop-Process" für das Ziel "ccSvcHst (1848)".
WhatIf: Ausführen des Vorgangs "Stop-Process" für das Ziel "conime (5280)".
WhatIf: Ausführen des Vorgangs "Stop-Process" für das Ziel "csrss (632)".
WhatIf: Ausführen des Vorgangs "Stop-Process" für das Ziel "csrss (688)".
```

Ihre eigenen Funktionen und Skripte unterstützen die Simulation natürlich nur, wenn Sie sie eingebaut haben. Dazu definieren Sie einfach selbst einen Switch-Parameter namens *whatif*:

```
function MapDrive([string]$driveletter, [string]$target, [switch]$whatif)
{
  If ($whatif)
  {
    Write-Host "WhatIf: Anlegen eines Netzlaufwerks mit Buchstabe $driveletter: an Ziel $target"
  }
```

Was-wäre-wenn-Szenarien

```
  Else
  {
    New-PSDrive $driveletter FileSystem $target
  }
}


# Befehl zuerst simulieren, um zu sehen, was er tut:
MapDrive k \\127.0.0.1\c$ -whatif
WhatIf: Anlegen eines Netzlaufwerks mit Buchstabe  an Ziel \\127.0.0.1\c$


# Befehl ausführen:
MapDrive k \\127.0.0.1\c$
Name       Provider      Root                                           CurrentLocation
----       --------      ----                                           ---------------
k          FileSystem    \\127.0.0.1\c$
```

Einzelbestätigung: Einzeln nachfragen

Wie Sie gesehen haben, sind PowerShell-Befehle vor allem durch den Einsatz von Platzhaltern wie dem Sternchen (*) in der Lage, gleich mehrere Aufgaben auf einmal durchzuführen. Damit dabei keine unbeabsichtigten Aktionen durchgeführt werden, können Sie den Befehl beauftragen, vor jeder Einzelaktion nachzufragen. Anders als bei der Simulation haben Sie bei der Einzelbestätigung also die Möglichkeit, einzelne oder alle Aktionen tatsächlich durchführen zu lassen. Verwenden Sie für die Einzelbestätigung den Parameter *-Confirm*:

```
Stop-Service a* -Confirm
Bestätigung
Möchten Sie diese Aktion wirklich ausführen?
Ausführen des Vorgangs "Stop-Service" für das Ziel
"Anwendungserfahrung (AeLookupSvc)".
[J] Ja  [A] Ja, alle  [N] Nein  [K] Nein, keine  [H] Anhalten  [?] Help (default is "J"): N
Bestätigung
Möchten Sie diese Aktion wirklich ausführen?
Ausführen des Vorgangs "Stop-Service" für das Ziel "Agere Modem
 Call Progress Audio (AgereModemAudio)".
[J] Ja  [A] Ja, alle  [N] Nein  [K] Nein, keine  [H] Anhalten  [?] Help (default is "J"): K
```

Die Bestätigung bietet Ihnen für jeden Einzelvorgang sechs Alternativen, die Sie per Tastendruck auswählen.

Auswahl	Beschreibung
Ja [J]	Vorgang wird durchgeführt
Ja, alle [A]	Vorgang wird durchgeführt und alle verbleibenden Vorgänge werden ohne weitere Nachfrage ebenfalls durchgeführt
Nein [N]	Vorgang wird nicht durchgeführt

Auswahl	Beschreibung
Nein, keine	Vorgang wird nicht durchgeführt und die verbleibenden Vorgänge werden ohne weitere Nachfrage ebenfalls nicht durchgeführt (Abbruch)
Anhalten	Der Vorgang wird unterbrochen und Sie gelangen zurück zur Eingabeaufforderung. Hier könnten Sie weitere Überprüfungen vornehmen. Sobald Sie den Befehl *exit* eingeben, setzen Sie den unterbrochenen Vorgang fort.
Help	Liefert Hilfeinformationen

Tabelle 11.1 Auswahlmöglichkeiten bei der Einzelbestätigung

Automatische Bestätigung bei gefährlichen Vorgängen

Manche Vorgänge sind kritischer als andere, und deshalb legen die Entwickler von PowerShell-Cmdlets jeweils fest, für wie kritisch sie ihren Befehl halten. Zur Auswahl stehen drei Stufen: *Low*, *Medium* und *High*.

Das Cmdlet *Stop-Process*, mit dem man laufende Prozesse und Programme stoppen kann, ist zum Beispiel der Stufe *Medium* zugeordnet, weil es zwar einigermaßen kritisch ist, Prozesse zu stoppen, aber dadurch normalerweise kein unwiederbringlicher Schaden zu erwarten ist. Das Exchange-Cmdlet zum Entfernen eines Benutzerpostfachs dagegen fällt in die Kategorie *High*, denn wenn ein Postfach einmal gelöscht ist, sind die darin gespeicherten Daten verloren.

Zwar können Sie diese Bewertung nicht verändern, wohl aber darauf reagieren. In den Standardeinstellungen fragt PowerShell nämlich bei Vorgängen, die durch Cmdlets der Kategorie *High* ausgelöst werden, vollautomatisch nach, so als hätten Sie den Parameter *-Confirm* angegeben. Diese Voreinstellung ist in der Variablen *$ConfirmPreference* gespeichert, und Sie könnten die Vorgabe entweder ausdehnen oder einschränken. Setzen Sie *$ConfirmPreference* zum Beispiel auf »*Low*« (in Anführungszeichen), dann fragt PowerShell bei allen Vorgängen automatisch nach. Setzen Sie *$ConfirmPreference* dagegen auf »*None*«, dann fragt PowerShell überhaupt nicht mehr von selbst nach, auch nicht bei Cmdlets der Stufe *High*.

```
# Rechner starten und wieder beenden funktioniert ohne Nachfrage, weil Stop-Process zur Gruppe Medium
gehört:
Calc
Stop-Process -Name calc

# wird die Vorgabe von High auf Low umgestellt, fragt PowerShell bei jedem Vorgang automatisch nach:
$ConfirmPreference = "Low"
calc
Stop-Process -Name calc
Bestätigung
Möchten Sie diese Aktion wirklich ausführen?
Ausführen des Vorgangs "Stop-Process" für das Ziel "calc(2388)".
[J] Ja  [A] Ja, alle  [N] Nein  [K] Nein, keine  [H] Anhalten  [?] Help (default is "J"):
```

Daraus ergeben sich zwei Konsequenzen:

- **Hochkritische Umgebung:** Wenn Sie sich sehr unsicher sind oder in einer Umgebung arbeiten, bei der kleinste Fehler bereits größte Auswirkungen nach sich ziehen, dann stellen Sie *$ConfirmPreference* auf »*Low*« ein, damit Sie auch bei weniger kritischen Vorgängen gefragt werden.

- **Unbeaufsichtigte Ausführung:** Sollen Vorgänge unbeaufsichtigt ablaufen, dann dürfen keine interaktiven Nachfragen erscheinen, auch nicht bei kritischen Vorgängen. In diesem Fall schalten Sie die Nachfrage entweder für einen einzelnen Befehl mit dem Parameter *-Confirm:$false* aus. Oder Sie schalten die automatische Nachfrage generell aus, indem Sie *$ConfirmPreference=»None«* setzen. Möchten Sie die automatische Nachfrage nur bei Skripten ausschalten, aber in der interaktiven Konsole behalten, dann setzen Sie innerhalb Ihrer Skripte *$script:ConfirmPreference=»None«*.

Fehlertoleranz festlegen

Normalerweise ist PowerShell sehr nachsichtig, wenn Fehler passieren, und setzt die Ausführung einfach fort. Häufig ist genau das der gewünschte Modus. Stellen Sie sich zum Beispiel vor, Sie starten einen Datei-Kopierauftrag, der mehrere Stunden dauert. Wenn Sie einige Zeit später zur Maschine zurückkehren, wären Sie sicher nicht erfreut, wenn der Vorgang wegen eines Fehlers schon nach der fünften Datei abgebrochen worden wäre. In den PowerShell-Standardeinstellungen würde dieser Auftrag so weit wie möglich bearbeitet und nicht durch Fehler abgebrochen.

Führt ein Fehler nicht zum Abbruch des Gesamtauftrags, kann das aber auch zu unerwünschten Effekten führen. Obwohl PowerShell die im Beispiel angegebene Datei nicht finden und deshalb auch nicht löschen kann, wird der nächste Befehl trotzdem ausgeführt: PowerShell meldet freudig »Erledigt!«:

```
Del "gibtsnicht"; Write-Host "Erledigt!"
Remove-Item : Der Pfad "C:\Users\Tobias Weltner\gibtsnicht" kann nicht gefunden werden, da er nicht
vorhanden ist.
Bei Zeile:1 Zeichen:4
+ Del  <<<< "gibtsnicht"; Write-Host "Erledigt!"
Erledigt!
```

Profitipp Setzen Sie die automatische Variable *$ErrorView* auf den Wert *CategoryView*, fasst PowerShell Fehlermeldungen kurz und knapp in nur einer Zeile zusammen; für Profis die weitaus bessere Wahl:

```
$errorview
NormalView
1/$null
Es wurde versucht, durch 0 (null) zu teilen.
Bei Zeile:1 Zeichen:3
+ 1/$ <<<< null
$errorview = "categoryview"
1/$null
NotSpecified: (:) [], RuntimeException
```

Wie PowerShell mit Fehlern umgeht, bestimmen Sie über die so genannte *ErrorAction*, also die Aktion, die bei einem Fehler ausgeführt werden soll. Als Vorgabe lautet die Einstellung »*Continue*«: Fehler melden, aber weitermachen. Damit PowerShell bei Fehlern nicht einfach mit der nächsten Anweisung fortfährt, sondern abbricht, stellen Sie die *ErrorAction* um auf »*Stop*«. Entweder gilt diese Einstellung dann für alle folgenden Befehle – oder nur für einen bestimmten.

Soll die Einstellung nur für einen bestimmten Befehl gelten, dann setzen Sie die *ErrorAction* mit dem Parameter *-ErrorAction* des Befehls. Der nächste Befehl bricht den Vorgang also ab und gibt keine Erfolgsmeldung mehr aus:

```
Del "gibtsnicht" -ErrorAction "Stop"; Write-Host "Erledigt!"
Remove-Item : Die Ausführung des Befehls wurde beendet, da die Shellvariable "ErrorActionPreference" auf
"Stop" festgelegt ist: Der Pfad "C:\Users\Tobias Weltner\gibtsnicht" kann nicht gefunden werden, da er
nicht vorhanden ist.
Bei Zeile:1 Zeichen:4
+ Del  <<<< "gibtsnicht" -ErrorAction "Stop"; Write-Host "Erledigt!"
```

Soll die Einstellung dagegen allgemein als neue Vorgabe für alle Befehle gelten, dann weisen Sie sie der Variablen *$ErrorActionPreference* zu. Möchten Sie – zum Beispiel in einem Skript – generell, dass es bei Fehlern zu einem Abbruch kommt, dann schreiben Sie an den Anfang Ihres Skriptes diese Anweisung:

```
$script:ErrorActionPreference = "Stop"
```

HINWEIS Immer, wenn Sie ein Cmdlet ausführen lassen, schaut PowerShell zuerst, ob Sie die *ErrorAction* für dieses Cmdlet mit dem Parameter *-ErrorAction* festgelegt haben. Wenn nicht, dann verwendet PowerShell ersatzweise den Wert, der in *$ErrorActionPreference* hinterlegt ist. Möchten Sie die Vorgabe nur in Skripten und nicht in der interaktiven Konsole ändern, dann verwenden Sie wie im Beispiel oben im Skript eine lokale Variable. Lokale Variablen beginnen mit dem Präfix *script:*.

Einstellung	Beschreibung
SilentlyContinue	Fehlermeldung unterdrücken, nächsten Befehl fortsetzen
Continue	Fehlermeldung ausgeben, nächsten Befehl fortsetzen (Vorgabe)
Stop	Ausführung abbrechen
Inquire	Nachfragen

Tabelle 11.2 Einstellmöglichkeiten für ErrorAction und $ErrorActionPreference

Fehler erkennen und darauf reagieren

Wenn Sie auf Fehler selbst reagieren wollen, um zum Beispiel eigene und besser verständliche Fehlermeldungen auszugeben, dann brauchen Sie zwei Dinge: Erstens einen Weg, die eingebauten Fehlermeldungen zu unterdrücken, und zweitens jemanden, der Ihnen sagt, ob ein Fehler aufgetreten ist oder nicht. Wie Sie Fehlermeldungen unterdrücken, wissen Sie bereits, denn das ist erneut nur eine Frage der *ErrorAction*. Stellen Sie diese auf »*SilentlyContinue*« um, dann gibt PowerShell keine Fehlermeldung mehr aus. Erster Schritt der Mission ist bereits erledigt:

```
Del "gibtsnicht" -ErrorAction "SilentlyContinue"
```

Fehlerstatus in $?

Damit Sie nun dem Anwender noch eine Rückmeldung geben können, ob der Vorgang geklappt hat oder nicht, werten Sie außerdem die Variable $? aus. Sie verrät, ob ein Fehler passiert ist oder nicht. Falls ja, enthält die Variable den Wert *$false*, ansonsten *$true*. Damit könnten Sie nun eine kleine Auswertung schreiben:

```
Del "gibtsnicht" -ErrorAction "SilentlyContinue"
If (!$?) { "Hat nicht geklappt!"; break }; "Alles ok!"
```

Falls Sie sich gerade wundern was *(!$?)* für eine sonderbare Ansammlung ist, hier eine kurze Wiederholung: Das Ausrufezeichen (!) steht für das logische »Nicht«. Die Bedingung ist also erfüllt, wenn die Variable $? nicht den Wert *$true* enthält (und somit ein Fehler passiert ist). *Break* sorgt dafür, dass die Zeile nicht weiter ausgeführt wird. Der Text *Alles ok!* wird also nur ausgegeben, wenn kein Fehler aufgetreten ist.

Möchten Sie herausfinden, was für ein Fehler passiert ist, schauen Sie im Element *0* des Variablenfeldes *$error* nach. PowerShell protokolliert in *$error* alle Fehler. Der jeweils aktuellste befindet sich im Element *0*:

```
Del "gibtsnicht" -ErrorAction "SilentlyContinue"
If (!$?) { "Fehler: $($error[0])"; break }; "Alles ok!"
Fehler: Der Pfad "u:\gibtsnicht" kann nicht gefunden werden, da er nicht vorhanden ist.
```

Traps verwenden

Alternativ können Sie auch so genannte Traps (engl. für »Falle«) einsetzen. Wissen Sie zum Beispiel, dass ein bestimmter Befehl unter Laufzeitbedingungen vielleicht nicht erfolgreich ausgeführt werden kann, dann schreiben Sie davor, was im Fehlerfall passieren soll:

```
Trap { "Ein fürchterlicher Fehler ist passiert!"} 1/$null
Ein fürchterlicher Fehler ist passiert!
Es wurde versucht, durch 0 (null) zu teilen.
Bei Zeile:1 Zeichen:53
+ Trap { "Ein fürchterlicher Fehler ist passiert!"} 1/$ <<<< null
```

Die Anweisung *Trap* legt also PowerShell-Code fest, der ausgeführt werden soll, sobald ein nicht anderweitig behandelter Fehler auftritt.

Traps erfordern unbehandelte Ausnahmen

Damit das klappt, muss tatsächlich ein Fehler passieren, oder genauer: eine unbehandelte Ausnahme auftreten. Im nächsten Beispiel sehen Sie, dass das nicht immer so ist, denn der Code hinter *Trap* wird nicht ausgeführt, obwohl eine Fehlermeldung erscheint:

```
Trap { "Ein fürchterlicher Fehler ist passiert!"} 1/0
Es wurde versucht, durch 0 (null) zu teilen.
Bei Zeile:1 Zeichen:53
+ Trap { "Ein fürchterlicher Fehler ist passiert!"} 1/0 <<<<
```

Der Grund: Die Anweisung *1/0* besteht ausschließlich aus konstanten Werten und wird deshalb von PowerShell schon während der Kompilierung ausgewertet. Der Parser, der diese Arbeit leistet, erkennt von ganz allein, dass diese Anweisung kein gültiger Zahlenwert ist, und behandelt diesen Fehler selbst. Er wird also gar nicht erst an *Trap* gemeldet. Etwas ganz ähnliches passiert bei den meisten Cmdlets, denn wenn ein Cmdlet einen Fehler verursacht, wird der Fehler ebenfalls intern vom Cmdlet behandelt und nicht an *Trap* gemeldet:

```
Trap { "Ein fürchterlicher Fehler ist passiert!"} Del "gibtsnicht"

Remove-Item : Der Pfad "C:\Users\Tobias Weltner\gibtsnicht" kann nicht gefunden werden, da er nicht
vorhanden ist.
Bei Zeile:1 Zeichen:54
+ Trap { "Ein fürchterlicher Fehler ist passiert!"} Del  <<<< "gibtsnicht"
```

Kann man Fehler innerhalb eines Cmdlets etwa nicht abfangen? Doch, allerdings nur, wenn Sie die *ErrorAction* des Cmdlets auf »*Stop*« setzen und so dafür sorgen, dass der Fehler auch tatsächlich an den Aufrufer zurückgemeldet und nicht intern vom Cmdlet abgefangen wird:

```
Trap { "Ein fürchterlicher Fehler ist passiert!"} Del "gibtsnicht" -ErrorAction "Stop"

Ein fürchterlicher Fehler ist passiert!
Remove-Item : Die Ausführung des Befehls wurde beendet, da die Shellvariable "ErrorActionPreference" auf
"Stop" festgelegt ist: Der Pfad "C:\Users\Tobias Weltner\gibtsnicht" kann nicht gefunden werden, da er
nicht vorhanden ist.
Bei Zeile:1 Zeichen:54
+ Trap { "Ein fürchterlicher Fehler ist passiert!"} Del  <<<< "gibtsnicht" -ErrorAction "Stop"
```

Mit Break und Continue festlegen, was nach einem Fehler passiert

Nachdem *Trap* den Fehler behandelt hat, indem es den von Ihnen hinter Trap angegebenen Code ausgeführt hat, setzt es die Ausführung fort. Das bedeutet: PowerShell gibt die Fehlermeldung des aktuellen Fehlers aus und setzt die Ausführung mit dem nächsten Befehl fort, so als sei gar nichts geschehen. Deshalb wird im nächsten Beispiel zuerst Ihre eigene Fehlermeldung ausgegeben, dann die von PowerShell, und schließlich folgen alle weiteren Befehle, also in diesem Fall der Text *hallo*.

```
Trap { "Ein fürchterlicher Fehler ist passiert!"} Del "gibtsnicht" -ErrorAction "Stop"; "hallo"

Ein fürchterlicher Fehler ist passiert!
Remove-Item : Die Ausführung des Befehls wurde beendet, da die Shellvariable "ErrorActionPreference" auf
"Stop" festgelegt ist: Der Pfad "C:\Users\Tobias Weltner\gibtsnicht" kann nicht gefunden werden, da er
nicht vorhanden ist.
Bei Zeile:1 Zeichen:54
+ Trap { "Ein fürchterlicher Fehler ist passiert!"} Del  <<<< "gibtsnicht" -ErrorAction "Stop"; "hallo"
hallo
```

Möchten Sie ein anderes Verhalten, dann verwenden Sie in der *Trap*-Anweisung das Schlüsselwort *Break* oder *Continue*. Geben Sie *Continue* an, dann verhält sich Trap in etwa wie die *ErrorAction* »*SilentlyContinue*« und verschluckt die eingebaute PowerShell-Fehlermeldung.

```
Trap {"Ein fürchterlicher Fehler ist passiert!";Continue} Del "gibtsnicht" -ea "Stop"; "hallo"
Ein fürchterlicher Fehler ist passiert!
hallo
```

Trap setzt die Ausführung mit der nächsten Anweisung fort, die in demselben Block steht wie Trap selbst. Das hört sich sehr verklausuliert an und spielt in diesem Beispiel keine Rolle, weil es hier nur einen Bereich gibt. Sie werden aber etwas später sehen, dass es auf diese Feinheit sehr wohl ankommt.

Verwenden Sie anstelle von *Continue* die Anweisung *Break*, dann verhält sich Trap in etwa wie die *ErrorAction* »*Stop*« und gibt die eingebaute Fehlermeldung aus. Nachfolgende Anweisungen werden nicht mehr ausgeführt.

Details zum Fehler erfahren

Innerhalb des Codes hinter Trap blendet PowerShell automatisch die Variable $_ ein, die alle Details zum aktuellen Fehler enthält. Möchten Sie also einen Fehler abfangen und die Details ausgeben, könnte Ihre »Universal«-*Trap* so aussehen:

```
Trap { Write-Host -Fore Red -back White $_.Exception.Message; Continue }; 1/$null
```

Error Records – Details zum Fehler

Gerade haben Sie schon die Details zum Fehler ausgegeben, und zwar mit der automatischen Variable *$error* und mit *$_* innerhalb des *Trap*-Blocks. Nun schauen wir uns näher an, was in diesen Variablen eigentlich gespeichert wird und wie ein *Error Record* aussieht. *Error Records* sind genau das, was Sie normalerweise sehen, wenn in PowerShell ein Fehler passiert: die eigentliche Fehlermeldung, die PowerShell in rot darstellt:

```
Dir zumsel
Get-ChildItem : Der Pfad "C:\Users\Tobias Weltner\zumsel" kann nicht gefunden werden, da er nicht
vorhanden ist.
Bei Zeile:1 Zeichen:4
+ Dir  <<<< zumsel
```

So sehen *Error Records* allerdings nur aus, wenn man sie in die Konsole ausgibt, weil PowerShell dann wie immer das Objekt mit seinen reichhaltigen Informationen auf Text reduziert. Wie gelangt man an das eigentliche *Error Record*-Objekt? Dazu gibt es vier Wege:

- **Umleitung:** Leiten Sie den Error Stream in eine Variable um
- **Parameter -ErrorVariable:** Geben Sie mit dem Parameter *-ErrorVariable* einen Variablennamen an, wird der Error Record in dieser Variable gespeichert

> **Profitipp** Geben Sie vor dem Variablennamen ein Pluszeichen an, dann wird der Fehler der Variablen hinzugefügt, sodass Sie mehrere Fehler in einer Variablen speichern könnten: *-ErrorVariable +protokoll*

- **$error:** Sämtliche Fehler werden als Error Record in der Variablen *$error* gespeichert. Der letzte Fehler findet sich also in *$error[0]*.
- **Traps und $_:** Innerhalb der Trap-Anweisung steht der aktuelle Error Record in *$_* bereit.

> **TIPP** Haben Sie sich schon mal gefragt, wo PowerShell eigentlich die Farbe seiner Fehlermeldung festlegt? Diese Einstellung finden Sie in *$host.PrivateData*. Die folgenden Zeilen sorgen für rote Fehlermeldungen auf weißem Grund:
>
> ```
> $host.PrivateData.ErrorForegroundColor = "Red"
> $host.PrivateData.ErrorBackgroundColor = "White"
> ```
>
> Dort finden Sie auch weitere Eigenschaften, mit denen Sie die Farbe von Warn- und Debugmeldungen festlegen.

Error Records umleiten

Wenn Sie das Ergebnis eines Befehls umleiten wollen, verwenden Sie das Umleitungszeichen (>), zum Beispiel so:

```
Dir zumsel > error.txt
Get-Content error.txt
```

Dummerweise hilft das nicht, wenn der Befehl einen Fehler ausgibt, denn Fehler werden nicht in den Standard-Stream, sondern in den *Error*-Stream geschrieben. Wollen Sie diesen umleiten, dann lautet das Umleitungszeichen dafür *2>*:

```
Dir zumsel 2> error.txt
Get-Content error.txt
Get-ChildItem : Der Pfad "C:\Users\Tobias Weltner\zumsel" kann nicht gefunden werden, da er nicht
vorhanden ist.
Bei Zeile:1 Zeichen:4
+ Dir  <<<< zumsel 2> error.txt
```

Es klappt: Die Fehlermeldung – der *Error Record* – wurde tatsächlich umgeleitet und in eine Datei geschrieben, die *Get-Content* danach ausliest. Der *Error Record* ist allerdings eigentlich gar kein Text, sondern wie fast alles bei PowerShell ein Objekt mit sehr viel mehr Informationen, als in der reinen Textdarstellung zunächst sichtbar ist. Die Umleitung des *Error Records* in eine Datei ist deshalb nicht nur sehr umständlich, sondern auch unclever, weil dabei viele im *Error Record* enthaltenen Informationen verloren gehen. Der clevere Weg sieht so aus:

```
# Error Record umleiten und in die Pipeline schieben, danach $myerror zuweisen
$myerror = Del "gibtsnicht" 2>&1

# $myerror enthält nun den Error Record in Objektform, sodass Fehlerdetails erfragt werden können:
# Fehlermeldung:
$myerror.Exception.Message
Der Pfad "C:\Users\Tobias Weltner\gibtsnicht" kann nicht gefunden werden, da er nicht vorhanden ist.
```

Error Records – Details zum Fehler

```
# Fehlerauslöser:
$myerror.InvocationInfo
MyCommand        : Remove-Item
ScriptLineNumber : 1
OffsetInLine     : -2147483648
ScriptName       :
Line             : $myerror = Del "gibtsnicht" 2>&1
PositionMessage  :
                   Bei Zeile:1 Zeichen:15
                   + $myerror = Del  <<<< "gibtsnicht" 2>&1
InvocationName   : Del
PipelineLength   : 1
PipelinePosition : 1


# eindeutige Fehlerkennung:
$myerror.FullyQualifiedErrorId
PathNotFound,Microsoft.PowerShell.Commands.RemoveItemCommand
```

Kernpunkt dieses Beispiels ist die Umleitung an *&1*, wobei dieses Zeichen für die Ausgabe-Pipeline steht. Denken Sie einen Moment darüber nach. Hätten Sie dem Befehl *Dir* einen gültigen Ordnernamen übergeben, dann hätte der Befehl das Ordnerlisting über die Ausgabe-Pipeline zurückgeliefert, und Sie hätten dieses Ergebnis problemlos in einer Variablen speichern können. Niemand hätte sich gewundert:

```
$ergebnis = Dir
```

Über die Umleitung *2>&1* schicken Sie einfach nur die Fehlerinformationen – also den *Error Record* – über genau dieselbe Route, und deshalb können Sie so den *Error Record* direkt einer Variablen zuweisen und diese danach auswerten. Zur Verfügung stehen die Eigenschaften des Error Records aus Tabelle 11.3.

Eigenschaft	Beschreibung
CategoryInfo	Der Fehler wird kategorisiert nach allgemeiner Kategorie, Aktivität, Grund, Aufrufer und Aufruftyp. Auf diese Weise können ähnliche Fehler unterschiedlicher Herkunft erkannt und gemeinsam behandelt werden.
ErrorDetails	Häufig leer; hier können Entwickler zusätzliche Informationen über den Fehler hinterlegen
Exception	Die .NET-Ausnahme, die den zugrundeliegenden Fehler repräsentiert. Über *Exception.Message* erhalten Sie die Fehlermeldung.
FullyQualifiedErrorID	Eindeutige spezielle Fehlerkennung, über die Sie den Fehler identifizieren und entsprechende Folgehandlungen auslösen können
InvocationInfo	Liefert Informationen, an welcher Stelle der Fehler ausgelöst wurde, also beispielsweise der Name eines Skriptes sowie die Position im Skript
TargetObject	Das Objekt, mit dem gearbeitet wurde, als der Fehler auftrat. Oft leer oder Text, der dem Argument entsprach, das von einem Cmdlet nicht verarbeitet werden konnte.

Tabelle 11.3 Eigenschaften eines Error Records

Allerdings nur, wenn der *Error Record* ohne Umleitung auch tatsächlich sichtbar ausgegeben worden wäre. Die folgende Anweisung liefert »nichts« zurück:

```
$myerror = Del "gibtsnicht" -ea "SilentlyContinue" 2>&1
```

Error Record(s) über den Parameter -ErrorVariable

Es geht allerdings auch ohne Umleitung. Die meisten Cmdlets unterstützen den Parameter -*ErrorVariable*, hinter dem Sie dann den Namen einer Variablen angeben können. Der *Error Record* wird dann in dieser Variablen gespeichert, und zwar unabhängig von der gerade aktuellen *ErrorAction*, also auch bei unsichtbaren Fehlermeldungen:

```
Del "gibtsnicht" -ErrorVariable myError -ErrorAction "SilentlyContinue"
```

Allerdings ist das, was jetzt in *$myError* vorliegt, nicht ganz identisch zu dem, was die Umleitung in *$myError* gespeichert hatte. Bei der Umleitung wurde genau ein *Error Record* gespeichert – nämlich der, der ansonsten sichtbar als Fehlermeldung angezeigt worden wäre. Der Parameter -*ErrorVariable* liefert immer ein Feld zurück. Das hat zwar nur ein Element, aber wenn Sie den *Error Record* und seine vielfältigen Eigenschaften auswerten wollen, müssen Sie zuerst ausdrücklich auf dieses Feldelement zugreifen:

```
$myError[0].Exception.Message
Der Pfad "C:\Users\Tobias Weltner\gibtsnicht" kann nicht gefunden werden, da er nicht vorhanden ist.
```

Und warum wird der *Error Record* in einem Feld gespeichert? Ist das nicht völlig überflüssig, wo es doch nur einen *Error Record* gibt? Es kann durchaus auch mehrere *Error Records* geben. Im nächsten Beispiel werden die Ordnerlistings gleich von drei verschiedenen Ordnern abgerufen, die alle nicht existieren. Das Ergebnis sind drei *Error Records*:

```
Dir gibtsnicht,nichtda,woisder -ErrorVariable myError –ErrorAction "SilentlyContinue"
$myError.Count
3
```

Und: Sie können in Ihrer Variable auch die *Error Records* mehrerer Anweisungen sammeln, zum Beispiel, um ganze Fehlerfolgen zu dokumentieren. Dazu schreiben Sie beim Parameter -*ErrorVariable* vor den Variablennamen ein Pluszeichen (+).

```
Cd nichtda -ErrorVariable protokoll -ErrorAction "SilentlyContinue"
Del gibtsnicht -ErrorVariable +protokoll -ErrorAction "SilentlyContinue"

$protokoll
Set-Location : Der Pfad "C:\Users\Tobias Weltner\nichtda" kann nicht gefunden werden, da er nicht
vorhanden ist.
Bei Zeile:1 Zeichen:3
+ Cd  <<<< nichtda -ErrorVariable protokoll -ErrorAction "SilentlyContinue"
```

```
Remove-Item : Der Pfad "C:\Users\Tobias Weltner\gibtsnicht" kann nicht gefunden werden, da er nicht
vorhanden ist.
Bei Zeile:1 Zeichen:4
+ Del    <<<< gibtsnicht -ErrorVariable +protokoll -ErrorAction "SilentlyContinue"
```

TIPP Falls Sie sich gerade fragen, warum PowerShell alle *Error Records* auf einmal ausgibt, wenn Sie im Beispiel *$protokoll* ausgeben, dann denken Sie daran: PowerShell wandelt den Inhalt eines Feldes automatisch in Text um, wenn Sie nicht explizit ein bestimmtes Feld daraus auswählen.

Error Records über $Error

Und noch einen Weg gibt es, an *Error Records* zu gelangen. PowerShell schreibt nämlich penibel sämtliche Fehler mit und speichert diese Aufzeichnungen in der Variablen *$Error*. Selbst wenn Sie also vergessen haben, den *Error Record* rechtzeitig umzulenken oder den Parameter *-ErrorVariable* anzugeben, können Sie trotzdem noch zum *Error Record* eines Fehlers gelangen.

$Error ist ein Feld und speichert alle Fehler in einer Endlosschleife. Der aktuellste Fehler landet stets im ersten Eintrag (mit dem Index 0), und alle anderen Fehler rücken dann eine Position auf. Damit Ihnen bei vielen Fehlern nicht über kurz oder lang der Speicherplatz ausgeht, ist dieses Fehlergedächtnis begrenzt. Seine maximale Größe ist in *$MaximumErrorCount* festgelegt.

Error Record über Traps

Schließlich bietet auch die *Trap*-Anweisung einen Weg, um an den aktuellen *Error Record* zu gelangen. Der wird innerhalb der *Trap*-Anweisung über die Variable *$_* zugänglich gemacht, und so könnten Sie mit *Trap* sehr einfach Ihre eigenen Fehlermeldungen generieren:

```
Trap {"Ups, Fehler: $($_.Exception.Message)";Continue} Del gibtsnicht -ea Stop
Ups, Fehler: Die Benennung "Eingabe" wurde nicht als Cmdlet, Funktion, ausführbares Programm oder
Skriptdatei erkannt. Überprüfen Sie die Benennung und versuchen Sie es erneut.
```

Exceptions verstehen

Ausnahmen sind nicht alltägliche Dinge, und in der modernen Computerwelt spricht man nicht mehr so gerne von Fehlern oder Bugs, sondern nennt das vornehm *Ausnahmen* (engl. *Exception*). Wenn ein Fehler passiert, wird eine Ausnahme ausgelöst und muss »behandelt« werden. Entweder erledigt das der Befehl selbst, der den Fehler verursacht hat. Oder die Ausnahme eskaliert und muss dann von der nächsthöheren Ebene behandelt werden. Nimmt sich niemand des Fehlers an, landet dieser schließlich als roter Text in der PowerShell-Konsole.

Weil es unterschiedliche Sorten von Ausnahmen gibt, ist es interessant, sich die Art der Ausnahme eines Fehlers näher anzusehen. So könnten Sie je nach grober Ursache eines Fehlers unterschiedliche Aktionen einleiten und müssten nicht jeden einzelnen möglichen Fehler auch einzeln behandeln. Schauen Sie sich zuerst an, wie Sie die Exception eines Fehlers sichtbar machen:

```
# Typ der Exception des letzten Fehlers auflisten:
$error[0].Exception.GetType().Name
```
RuntimeException

```
# Für alle Fehler in dieser PS-Sitzung alle Exception-Typen ausgeben:
$error | Foreach-Object { $_.Exception.GetType().FullName }
```
System.Management.Automation.CommandNotFoundException
System.Management.Automation.RuntimeException
System.Management.Automation.ItemNotFoundException
Sie können keine Methode für einen Ausdruck mit dem Wert NULL aufrufen.
Bei Zeile:1 Zeichen:47
+ $error | Foreach-Object { $_.Exception.GetType(<<<<).FullName }

Beide Beispiele setzen voraus, dass zuvor auch tatsächlich Fehler protokolliert wurden, weil *$error* sonst leer ist.

HINWEIS Wenn Sie in der Aufstellung Fehler erhalten, die sich über einen *NULL*-Wert beklagen, dann wissen Sie, dass in *$error* einige Error Records enthalten sind, die nicht durch eine Ausnahme ausgelöst wurden. Der Fehler, den die Anweisung *1/0* auslöst, ist – wie Sie inzwischen wissen – ein Beispiel dafür.

Bestimmte Ausnahmen behandeln

Der durch *Trap* festgelegte Code wird normalerweise bei jeder beliebigen Ausnahme ausgeführt. Wie Sie gerade gesehen haben, gibt es Ausnahmegruppen, und wenn Sie lieber für eine oder mehrere Gruppen unterschiedliche Fehler-Handler (PowerShell-Code, der auf den jeweiligen Fehler reagiert) verwenden wollen, können Sie das tun. Legen Sie in diesem Fall einfach mehrere Trap-Anweisungen fest und bestimmen Sie für jede die Art von Ausnahme, für die sie zuständig sein soll:

```
function Test
{
  Trap [System.DivideByZeroException] { "Durch null geteilt!"; Continue }
  Trap [System.Management.Automation.ParameterBindingException] { "Falscher Parameter!"; Continue }
  1/$null
  Dir -zumsel
}
Test
```
Durch null geteilt!
Falscher Parameter!

Eigene Ausnahmen auslösen

Schreiben Sie selbst Funktionen oder Skripte, werden Sie früher oder später darin eigene Fehlermeldungen ausgeben wollen. Damit Ihre Funktionen und Skripte sich genauso modular in PowerShell einfügen wie alle bisherigen Cmdlets und Funktionen, sollten Sie allerdings niemals feste Fehlermeldungen ausgeben. Lösen Sie stattdessen besser mit *Throw* Ausnahmen aus und überlassen Sie es dem System, Ihre Ausnahme zu behandeln.

```
function Textausgabe([string]$text)
{
  If ($text -eq "")
  {
    Throw "Sie müssen Text angeben!"
  }
  Else
  {
    "AUSGABE: $text"
  }
}

# Ohne Textangabe wird eine Fehlermeldung ausgelöst:

Textausgabe

Sie müssen Text angeben!
Bei Zeile:5 Zeichen:10
+     Throw  <<<< "Sie müssen Text angeben!"

# Mit Textausgabe wird kein Fehler ausgegeben:

Textausgabe Hallo
AUSGABE: Hallo
```

Natürlich wissen Sie aus Kapitel 9 bereits, dass man Fehlermeldungen, die die Argumente einer Funktion betreffen, am besten als Vorgabewerte definiert. Das Beispiel eben sollte nur generell demonstrieren, wie innerhalb einer Funktion Ausnahmen ausgelöst werden. Geht es nur um die Überprüfung der korrekten Argumente, vereinfacht sich die Funktion erheblich:

```
function Textausgabe([string]$text = $(Throw "Sie müssen Text angeben!"))
{
    "AUSGABE: $text"
}
```

Die Hauptsache ist jedoch, dass Ihre Funktion im Fehlerfall keine eigene Fehlermeldung ausgibt, sondern eine Ausnahme auslöst. So bleibt es dem Anwender der Funktion überlassen, was er mit der von Ihnen ausgelösten Ausnahme anstellt:

```
Trap { "Oh, ein Fehler."; Continue} ; Textausgabe
Oh, ein Fehler.
```

Fehler in Funktionen und Skripten abfangen

In eigenen Funktionen oder Skripten funktioniert das Fehler-Handling im Grunde genauso wie in der Konsole. Setzen Sie Traps ein, wenn Sie Fehler abfangen möchten. Dabei spielt es keine Rolle, wo genau Sie in Ihrer Funktion die *Trap*-Anweisung unterbringen. Ganz gleich, ob Sie sie an den Anfang oder das Ende stellen: Sobald innerhalb der Funktion ein Fehler passiert, wird der Code der *Trap*-Anweisung ausgeführt. Die folgenden beiden Funktionen verhalten sich also genau gleich:

```
function Fehlfunktion1
{
  Trap { "Ein Fehler ist passiert!" }

  1/$null
  Get-Process "GibtsNicht"
  Dir xyz:
}

function Fehlfunktion2
{
  1/$null
  Get-Process "GibtsNicht"
  Dir xyz:

  Trap { "Ein Fehler ist passiert!" }
}
Fehlfunktion1
Ein Fehler ist passiert!
Es wurde versucht, durch 0 (null) zu teilen.
Bei Zeile:3 Zeichen:5
+    1/$ <<<< null
Get-Process : Es kann kein Prozess mit dem Namen "GibtsNicht" gefunden werden. Überprüfen Sie den
Prozessnamen, und rufen Sie das Cmdlet erneut auf.
Bei Zeile:4 Zeichen:14
+    Get-Process  <<<<  "GibtsNicht"Get-ChildItem : Das Laufwerk wurde nicht gefunden. Ein Laufwerk mit
dem
Namen "xyz" ist nicht vorhanden.
Bei Zeile:5 Zeichen:6
+    Dir  <<<< xyz:
```

Das Ergebnis der Beispielfunktion ist interessant und verwirrend zugleich. Die erste Anweisung innerhalb der Funktion verursacht einen Fehler. Deshalb wird der Code hinter *Trap* ausgeführt und gibt die Fehlermeldung *Ein Fehler ist passiert!* aus. Danach folgt die Fehlermeldung von PowerShell, weil *ErrorAction* nicht auf *SilentlyContinue* eingestellt ist. Die übrigen beiden fehlerhaften Befehle werden ebenfalls ausgeführt, und zwar diesmal, ohne dass der *Trap*-Block erneut ausgeführt würde.

Den Grund kennen Sie bereits: *Trap* kann nur Fehler abfangen, die es auch sehen kann. Cmdlets verwenden als *ErrorAction* standardmäßig die Einstellung *Continue*. In dieser Einstellung melden sie den Fehler nicht an den Aufrufer weiter, sondern kümmern sich selbst darum. Möchten Sie, dass Ihre Trap solche Fehler behandelt, müssen Sie die *ErrorAction* auf *Stop* umstellen:

```
function Fehlfunktion1
{
  Trap { "Ein Fehler ist passiert!"}
```

Fehler in Funktionen und Skripten abfangen

```
  1/$null
  Get-Process "GibtsNicht" -ea Stop
  Dir xyz: -ea Stop
}

Ein Fehler ist passiert!
Es wurde versucht, durch 0 (null) zu teilen.
Bei Zeile:4 Zeichen:5
+   1/$ <<<< null
Ein Fehler ist passiert!
Get-Process : Die Ausführung des Befehls wurde beendet, da die Shellvariable "ErrorActionPreference" auf
"Stop" festgelegt ist: Es kann kein Prozess mit dem Namen "GibtsNicht" gefunden werden. Überprüfen Sie
den Prozessnamen und rufen Sie das Cmdlet erneut auf.
Bei Zeile:5 Zeichen:14
+   Get-Process <<<< "GibtsNicht" -ea Stop
Ein Fehler ist passiert!
Get-ChildItem : Die Ausführung des Befehls wurde beendet, da die Shellvariable "ErrorActionPreference"
auf "Stop" festgelegt ist: Das Laufwerk wurde nicht gefunden. Ein Laufwerk mit dem Namen "xyz" ist nicht
vorhanden.
Bei Zeile:6 Zeichen:6
+   Dir  <<<< xyz: -ea Stop
```

Jetzt funktioniert die Funktion wie ursprünglich erwartet. Die Trap wird für jeden einzelnen Fehler aufgerufen. Allerdings werden immer noch anschließend die internen PowerShell-Fehlermeldungen ausgegeben. Weisen Sie Ihre Trap mit *Continue* an, nach dem Fehler fortzufahren, dann erscheinen die Fehlermeldungen nicht mehr. Damit Sie jetzt noch wissen, welcher Fehler eigentlich passiert ist, sollte Ihre Trap einen Hinweis darauf zurückliefern.

```
function Fehlfunktion1
{
  Trap {"Ups, Fehler: $($_.Exception.Message)";Continue}

  1/$null
  Get-Process "GibtsNicht" -ea Stop
  Dir xyz: -ea Stop
}

Ups, Fehler: Es wurde versucht, durch 0 (null) zu teilen.
Ups, Fehler: Die Ausführung des Befehls wurde beendet, da die Shellvariable "ErrorActionPreference" auf
 "Stop" festgelegt ist: Es kann kein Prozess mit dem Namen "GibtsNicht" gefunden werden. Überprüfen Sie
den Prozessnamen, und rufen Sie das Cmdlet erneut auf.
Ups, Fehler: Die Ausführung des Befehls wurde beendet, da die Shellvariable "ErrorActionPreference" auf
"Stop" festgelegt ist: Das Laufwerk wurde nicht gefunden. Ein Laufwerk mit dem Namen "xyz" ist nicht
vorhanden.
```

Möchten Sie dagegen, dass die Funktion beim ersten Fehler abbricht, verwenden Sie innerhalb der *Trap* anstelle von *Continue* die Anweisung *Break*:

```
function Fehlfunktion1
{
  Trap {"Ups, Fehler: $($_.Exception.Message)"; Break}
```

```
  1/$null
  Get-Process "GibtsNicht" -ea Stop
  Dir xyz: -ea Stop
}
Ups, Fehler: Es wurde versucht, durch 0 (null) zu teilen.
Es wurde versucht, durch 0 (null) zu teilen.
Bei Zeile:4 Zeichen:5
+   1/$ <<<< null
```

Jetzt wird die Funktion zwar beim ersten Fehler abgebrochen, allerdings erscheint nun wieder nach Ihrer eigenen Fehlermeldung die interne PowerShell-Fehlermeldung. *Break* beendet zwar die Ausführung im aktuellen Bereich, tut dies aber, indem es den ursprünglichen Fehler noch einmal auslöst und von PowerShell behandeln lässt. Bei *Break* erhalten Sie also immer die PowerShell-Fehlermeldung.

Möchten Sie, dass eine Funktion nach dem ersten Fehler abbricht, ohne dass PowerShell seine eigene Fehlermeldung hinzufügt, müssen Sie auf *Break* verzichten und etwas genauer verstehen, was die Anweisung *Continue* genau tut. *Continue* setzt die Ausführung nach einem Fehler mit der nächsten Anweisung fort, die in demselben Bereich liegt wie *Trap*. Befindet sich die *Trap*-Anweisung also innerhalb Ihrer Funktion, und kommt es zu einem Fehler, dann würde *Continue* mit dem nächsten Befehl innerhalb der Funktion fortsetzen. Da Sie aber möchten, dass die Funktion nach dem ersten fehlerhaften Befehl abbricht, müssen Sie *Trap* in den übergeordneten Bereich verlegen. Sie könnten die Funktion zum Beispiel von einer zweiten Funktion aus aufrufen:

```
function Aufrufer
{
  Trap {"Ups, Fehler: $($_.Exception.Message)"; Continue}
  Fehlfunktion
}

function Fehlfunktion
{
  1/$null
  Get-Process "GibtsNicht" -ea Stop
  Dir xyz: -ea Stop
}
Aufrufer
Ups, Fehler: Es wurde versucht, durch 0 (null) zu teilen.
```

Jetzt funktioniert der Ablauf wie gewünscht. *Trap* erkennt den ersten Fehler in der Funktion *Fehlfunktion* und setzt die Ausführung wegen *Continue* mit der nächsten Anweisung fort – aber nicht mit der nächsten Anweisung in *Fehlfunktion*, sondern mit der nächsten Anweisung in *Aufrufer*, denn dort wurde *Trap* definiert.

Natürlich ist diese Art des Aufrufs ein wenig sonderbar. Müssen Sie tatsächlich erst eine zweite separate Aufrufer-Funktion bemühen, nur damit Sie eine Funktion beim ersten auftretenden Fehler abbrechen und den Fehler selbst behandeln können? Müssen Sie nicht. Sie brauchen nur dafür zu sorgen, dass die *Trap*-Anweisung in einem anderen Bereich steht als der Rest der Funktion. Sie könnten zum Beispiel innerhalb Ihrer Funktion eine weitere definieren und diese dann aufrufen:

```
function Fehlfunktion
{
  # Trap wird im äußeren Bereich der Funktion definiert:
  Trap {"Ups, Fehler: $($_.Exception.Message)"; Continue}

  # Der Rest der Funktion ist eine eigene Funktion.
  function InnererKern
  {
    1/$null
    Get-Process "GibtsNicht" -ea Stop
    Dir xyz: -ea Stop
  }

  InnererKern
}
```

HINWEIS   Sie dürfen in PowerShell tatsächlich Funktionen ineinander verschachteln. Die Funktion *InnererKern* ist dann eine private Funktion, die nur innerhalb der Funktion *Fehlfunktion* gilt. Es genügt allerdings nicht, die Funktion *InnererKern* nur zu definieren. Anschließend muss die Funktion natürlich außerdem noch ausdrücklich aufgerufen werden, damit sie ihre Arbeit erledigt. Weil die fehlerhaften Zeilen nun in einer eigenen gekapselten Funktion verarbeitet werden und *Trap* außerhalb davon definiert ist, führt *Continue* nicht die nächste Anweisung in *InnererKern* aus, sondern die nächste Anweisung in *Fehlfunktion*.

Im nächsten Kapitel werden Sie ausführlicher erfahren, wie Funktionen in Wirklichkeit von PowerShell umgesetzt werden. Dort erfahren Sie mehr über Skriptblöcke. Sie müssen nämlich nicht unbedingt private verschachtelte Unterfunktionen anlegen. Es genügt, wenn Sie die kritischen Programmzeilen in einem eigenen Skriptblock unterbringen und diesen mit dem Call-Operator (&) ausführen:

```
function Fehlfunktion
{
  # Trap wird im äußeren Bereich der Funktion definiert:
  Trap {"Ups, Fehler: $($_.Exception.Message)"; Continue}

  # Der Rest der Funktion steht in einem eigenen Skriptblock, der mit "&" sofort ausgeführt wird:
  & {
    1/$null
    Get-Process "GibtsNicht" -ea Stop
    Dir xyz: -ea Stop
  }
}
Fehlfunktion
Ups, Fehler: Es wurde versucht, durch 0 (null) zu teilen.
```

Code schrittweise ausführen: Haltepunkte

Innerhalb Ihrer Funktionen und Skripte können Sie PowerShell-Code an jeder beliebigen Stelle unterbrechen, zum Beispiel, um nachzuschauen, ob alles wie gewünscht funktioniert. Dafür setzen Sie so genannte Haltepunkte ein. Haltepunkte sind selbst nichts weiter als Befehle, und im einfachsten Fall geben Sie den Befehl für den Haltepunkt direkt in die PowerShell-Konsole ein:

```
Write-Debug "Ich halte mal kurz an!"
```

Erstaunlicherweise scheint dieser Befehl vollkommen wirkungslos geblieben zu sein. Es passiert – nichts! Und zwar deshalb, weil die Variable *$DebugPreference* als Vorgabe auf den Wert »*SilentlyContinue*« eingestellt ist. *SilentlyContinue* entspricht genau dem, was Sie gesehen haben: nichts ausgeben, fortsetzen. Solange *$DebugPreference* also auf diesen Wert eingestellt ist, ist das Debugging ausgeschaltet. Wollen Sie es einschalten, dann setzen Sie *$DebugPreference* auf einen anderen der Werte aus Tabelle 11.4.

Einstellung	Beschreibung
SilentlyContinue	Debugging ist ausgeschaltet
Stop	Ausführung wird abgebrochen, beim Debugging wenig sinnvoll
Continue	Die Debug-Informationen werden ausgegeben und die Anweisung sofort fortgesetzt
Inquire	Sie erhalten die Auswahl und können die Ausführung zum Beispiel vorübergehend anhalten, um Ihren Code zu untersuchen

Tabelle 11.4   Einstellungen für $DebugPreference

Damit haben Sie das Werkzeug zusammen für einen kleinen Debug-Baukasten:

- **Haltepunkte einbauen:** Verwenden Sie *Write-Debug* an allen Stellen innerhalb einer Funktion oder eines Skriptes, die Sie genauer beobachten wollen, und lassen Sie *Write-Debug* einen sinnvollen Kommentar ausgeben.

- **Einfaches Debugging:** Schalten Sie *$DebugPreference* auf »*Continue*«, damit *Write-Debug* seinen Kommentartext ausgibt und Sie auf diese Weise den Ablauf des Codes verfolgen können.

- **Erweitertes Debugging:** Schalten Sie *$DebugPreference* auf »*Inquire*«, damit *Write-Debug* wie ein echter Haltepunkt funktioniert. Die Ausführung wird jetzt bei jedem *Write-Debug* unterbrochen, und Sie können mit der Option *Anhalten* zur Eingabeaufforderung gelangen, um dort mit den üblichen PowerShell-Befehlen zum Beispiel Variableninhalte zu überprüfen. Sobald Sie den Befehl *exit* eingeben, wird die Ausführung fortgesetzt.

- **Debugging wieder abschalten:** Möchten Sie das Debugging wieder beenden, dann setzen Sie *$DebugPreference* einfach wieder auf den Ausgangswert »*SilentlyContinue*«. Schon werden alle *Write-Debug*-Anweisungen ignoriert, und Sie brauchen diese Anweisungen also nicht zu entfernen. Vielleicht wollen Sie später den Code noch einmal debuggen. Solange *$DebugPreference* auf »*SilentlyContinue*« eingestellt ist, haben diese Anweisungen keine Wirkung.

Wie sich Ihre Haltepunkte bei unterschiedlichen Vorgaben für *$DebugPreference* verhalten, illustriert die folgende Schleife. Führen Sie das Debugging mit der Vorgabe aus, dann werden zehn Zahlen ausgegeben:

```
For ($i=0; $i -lt 10; $i++) { Write-Debug "Zähler ist bei $i"; $i }
0
1
2
3
(...)
```

Code schrittweise ausführen: Haltepunkte

Schalten Sie das einfache Debugging ein, dann werden die Kommentare von *Write-Debug* in gelb eingeblendet:

```
$Debug-Preference = "Continue"
For ($i=0; $i -lt 10; $i++) { Write-Debug "Zähler ist bei $i"; $i }
DEBUG: Zähler ist bei 0
0
DEBUG: Zähler ist bei 1
1
DEBUG: Zähler ist bei 2
2
(...)
```

Mit dem erweiterten Debugging verwandeln sich die *Write-Debug*-Anweisungen in echte Haltepunkte, und Sie könnten die Ausführung unterbrechen, Variablen untersuchen und sogar Änderungen vornehmen. Sobald Sie den Befehl *exit* eingeben, wird die Ausführung fortgesetzt:

```
# volles Debugging aktivieren:
$Debug-Preference = "Inquire"
For ($i=0; $i -lt 10; $i++) { Write-Debug "Zähler ist bei $i"; $i }
DEBUG: Zähler ist bei 0
Bestätigung
Vorgang fortsetzen?
[J] Ja  [A] Ja, alle  [B] Befehl anhalten  [H] Anhalten  [?] Help (default is "J"): [H]
>> # Ausführung wird angehalten, Sie können z.B. Variablen untersuchen und auch ändern:
>> $i
0
>> $i=7
>> # Mit dem Befehl exit setzen Sie die Ausführung fort.
>> exit
Bestätigung
Vorgang fortsetzen?
[J] Ja  [A] Ja, alle  [B] Befehl anhalten  [H] Anhalten  [?] Help (default is "J"): [A]
7
(...)
```

Neben der automatischen Variable *$DebugPreference*, mit der Sie festlegen, ob und wie Debug-Meldungen ausgegeben werden, gibt es eine Reihe weiterer automatischer Variablen, die in ähnlicher Weise funktionieren und festlegen, wie PowerShell sich verhalten soll, wenn Sie nichts anderes festlegen (Tabelle 11.5).

Variable	Beschreibung
ConfirmPreference	Gibt an, wann die Bestätigung angefordert werden soll. Die Bestätigung wird angefordert, wenn "ConfirmImpact" des Vorgangs größer oder gleich "$ConfirmPreference" ist. Wenn "$ConfirmPreference" auf "None" festgelegt ist, werden Aktionen nur bestätigt, wenn "Confirm" angegeben wurde.
DebugPreference	Gibt an, welche Aktion ausgeführt wird, wenn eine Debugmeldung übermittelt wird
ErrorActionPreference	Gibt an, welche Aktion ausgeführt wird, wenn eine Fehlermeldung übermittelt wird
ErrorView	Gibt den Anzeigemodus für das Anzeigen von Fehlern an
ProgressPreference	Gibt an, welche Aktion ausgeführt wird, wenn Statusdaten übermittelt werden
ReportErrorShowExceptionClass	Führt dazu, dass Fehler mit einer Beschreibung der Fehlerklasse angezeigt werden
ReportErrorShowInnerException	Führt dazu, dass Fehler mit internen Ausnahmen angezeigt werden
ReportErrorShowSource	Führt dazu, dass Fehler mit der Fehlerquelle angezeigt werden
ReportErrorShowStackTrace	Führt dazu, dass Fehler mit einer Stapelverfolgung angezeigt werden
VerbosePreference	Gibt an, welche Aktion ausgeführt wird, wenn eine ausführliche Meldung übermittelt wird. Erlaubte Werte sind "SilentlyContinue", "Stop", "Continue" und "Inquire".
WarningPreference	Gibt an, welche Aktion ausgeführt wird, wenn eine Warnmeldung übermittelt wird
WhatIfPreference	Bei "true" wird "WhatIf" als für alle Befehle aktiviert betrachtet

Tabelle 11.5 Feineinstellungen der PowerShell-Konsole

Tracing: Ausgeführte Anweisungen anzeigen lassen

Sie müssen nicht unbedingt selbst Debug-Anweisungen in Ihren Code einfügen, und manchmal können Sie das auch gar nicht, weil es nicht Ihr Code ist, der ausgeführt wird. In diesem Fall haben Sie aber die Möglichkeit, das Tracing zu aktivieren. Dabei gibt PowerShell automatisch jede Anweisung als Debug-Meldung aus. Das Tracing wird mit dem Cmdlet *Set-PSDebug* verwaltet.

```
Set-PSDebug -trace 1
Dir *.txt

DEBUG:     1+ Dir *.txt
DEBUG:     1+ $_.PSParentPath
DEBUG:     1+ $catr = "";
DEBUG:     2+                    If ( $this.Attributes -band 16 ) { $catr += "d" } Else { $catr
+= "-" } ;
DEBUG:     2+                    If ( $this.Attributes -band 16 ) { $catr += "d" } Else { $catr
+= "-" } ;
DEBUG:     3+                    If ( $this.Attributes -band 32 ) { $catr += "a" } Else { $catr
+= "-" } ;
DEBUG:     3+                    If ( $this.Attributes -band 32 ) { $catr += "a" } Else { $catr
+= "-" } ;
DEBUG:     4+                    If ( $this.Attributes -band 1 )  { $catr += "r" } Else { $catr
+= "-" } ;
DEBUG:     4+                    If ( $this.Attributes -band 1 )  { $catr += "r" } Else { $catr
+= "-" } ;
```

```
DEBUG:     5+                If ( $this.Attributes -band 2 )   { $catr += "h" } Else { $catr
+= "-" } ;
DEBUG:     5+                If ( $this.Attributes -band 2 )   { $catr += "h" } Else { $catr
+= "-" } ;
DEBUG:     6+                If ( $this.Attributes -band 4 )   { $catr += "s" } Else { $catr
+= "-" } ;
DEBUG:     6+                If ( $this.Attributes -band 4 )   { $catr += "s" } Else { $catr
+= "-" } ;
DEBUG:     7+                $catr
DEBUG:     2+                              [String]::Format("{0,10}   {1,8}",
$_.LastWriteTime.ToString("d"), $_.LastWriteTime.ToString("t"))


    Verzeichnis: Microsoft.PowerShell.Core\FileSystem::C:\Users\Tobias Weltner


Mode              LastWriteTime      Length Name
----              -------------      ------ ----
-a---         19.09.2007    14:30     13386 ausgabe.txt
```

Hier listet PowerShell zum Beispiel den PowerShell-Code der ScriptProperty *Mode* auf, der ausgeführt wird, wenn Sie ein Ordnerlisting ausgeben. Mehr zu ScriptProperties finden Sie in Kapitel 6.

Das einfache Tracing zeigt Ihnen nur die PowerShell-Anweisungen, die im aktuellen Kontext ausgeführt werden. Rufen Sie eine Funktion oder ein Skript auf, wird nur dieser Aufruf angezeigt, aber nicht der Code der Funktion oder des Skripts. Möchten Sie diesen Code ebenfalls sehen, schalten Sie das detaillierte Tracing mit dem Parameter *-trace 2* ein.

```
Set-PSDebug -trace 2
```

Möchten Sie das Tracing wieder abschalten, wählen Sie Stufe 0:

```
Set-PSDebug -trace 0
```

Stepping: Code schrittweise ausführen

Auch ohne eigene Breakpoints können Sie PowerShell-Code schrittweise ausführen. Dazu schalten Sie das automatische Stepping ein:

```
Set-PSDebug -step
```

Ab sofort werden Sie bei jeder einzelnen Anweisung einzeln gefragt, ob Sie diese Anweisung ausführen, überspringen oder den Code vorübergehend anhalten wollen.

Wählen Sie Anhalten, indem Sie [H] drücken, landen Sie in einer verschachtelten Eingabeaufforderung, erkennbar am Prompt >>. Der Code wurde jetzt unterbrochen und Sie könnten in der Konsole das System analysieren oder Variableninhalte kontrollieren. Sobald Sie *exit* eingeben, wird der Code fortgesetzt. Wählen Sie einfach die Option »A« für *Ja, alle*, um den Stepping-Modus wieder abzuschalten.

Übrigens können Sie auch eigene Haltepunkte mit verschachtelter Eingabeaufforderung anlegen, indem Sie selbst *$host.EnterNestedPrompt()* aufrufen, zum Beispiel innerhalb eines Skripts oder einer Funktion.

HINWEIS *Set-PSDebug* kennt einen weiteren wichtigen Parameter namens *-strict*, der aber nicht hier, sondern in Kapitel 3 besprochen wird. Er sorgt nämlich dafür, dass unbekannte Variablen einen Fehler auslösen. Ohne die *Strict*-Option setzt PowerShell für unbekannte Variablen einfach einen Leer-Wert.

Zusammenfassung

Mit Was-wäre-wenn-Szenarien überprüfen Sie die Auswirkung von Befehlen in einem sicheren Trockentraining. Geben Sie dazu entweder den Parameter *-whatif* an, wenn Sie sehen wollen, was der Befehl getan hätte. Oder geben Sie den Parameter *-Confirm* an, wenn Sie jede Einzelaktion vor der Ausführung von Hand bestätigen möchten (Tabelle 11.1). Beide Parameter werden von den meisten Cmdlets unterstützt. In eigenen Funktionen oder Skripten könnten Sie diese Funktionalität mit selbstdefinierten Switch-Parametern nachbilden.

Code in Funktionen und Skripten kann zu Diagnosezwecken mit Debug-Meldungen und Haltepunkten versehen werden. Dazu fügen Sie *Write-Debug*-Anweisungen in den Code ein und legen mit *$DebugPreference* fest, ob *Write-Debug* eine Meldung ausgeben oder den Code tatsächlich an dieser Stelle anhalten soll (Tabelle 11.4). Wird der Code angehalten, können Sie die Variablen Ihrer Funktion oder Ihres Skripts ausführlich in der Konsole analysieren. Geben Sie *exit* ein, wenn Sie den Haltepunkt beenden und den Code fortsetzen möchten.

PowerShell enthält weitere automatische Variablen, mit denen Sie festlegen, ob und wann Befehle bestätigt werden müssen und wie ausführlich Fehler gemeldet werden (Tabelle 11.5). Zu diesen Variablen zählt auch *$ErrorActionPreference*, mit der Sie festlegen, ob PowerShell bei Fehlern die Ausführung fortsetzen oder abbrechen soll. Die Voreinstellung sieht vor, dass Fehler nicht zu einem Abbruch der Ausführung führen.

Möchten Sie selbst auf Fehler reagieren, können Sie eine Reihe von Variablen auswerten. Die Variable $? enthält zum Beispiel *$false*, wenn der letzte Befehl einen Fehler verursacht hat. Die Details zu Fehlern protokolliert PowerShell im Variablenfeld *$error*, in dem jeder Fehler als *Error Record* gespeichert wird.

Mehr Kontrolle über Fehler erhalten Sie über Traps. Traps sind Anweisungen, die ausgeführt werden, wenn ein Fehler passiert. Damit das funktioniert, muss der Fehler aber tatsächlich eine so genannte Exception auslösen und darf nicht vom auslösenden Befehl still abgefangen werden. Traps können deshalb nur dann auf Fehler reagieren, wenn Sie die *ErrorAction* zuvor von *Continue* auf *Stop* umgeschaltet haben.

Innerhalb des Codes hinter *Trap* stehen Ihnen sämtliche Details zum aktuellen Fehler in der Variablen $_ zur Verfügung, die den *Error Record* des Fehlers enthält. Ihre *Trap* kann mit den Anweisungen *Break* und *Continue* außerdem festlegen, was anschließend passieren soll. Geben Sie *Break* an, dann wird die Ausführung in dem Codeblock, in dem *Trap* definiert ist, beendet. PowerShell gibt die Fehlermeldung des aktuellen Fehlers aus. Geben Sie *Continue* an, setzt PowerShell die Ausführung mit der nächsten Anweisung in demselben Block fort, in dem Trap definiert wurde. Es wird von PowerShell keine Fehlermeldung ausgegeben.

Kapitel 12

CommandDiscovery und Skriptblöcke

In diesem Kapitel:

Command Discovery	384
Der Call-Operator »&«	386
Skriptblöcke verwenden	391
Der ExecutionContext	397
Zusammenfassung	401

In den vergangenen Kapiteln haben Sie sich Schritt für Schritt die verschiedenen Befehlsarten und Mechanismen der PowerShell angeeignet, und nach elf Kapiteln ist diese Aufstellung jetzt komplett. Das, was Sie in den vergangenen Kapiteln erlernt haben, wird nun miteinander verknüpft, denn tatsächlich lassen sich alle Themen, über die Sie bisher gelesen haben, auf nur zwei wesentliche PowerShell-Grundprinzipien reduzieren: *Command Discovery* und *Skriptblöcke*.

Dieses Kapitel wird also viele lose Enden der vergangenen Kapitel aufgreifen und sie zu einem großen Ganzen zusammenfügen. Damit ist der Grundlagenteil dieses Buches abgeschlossen, und die übrigen Kapitel setzen das Wissen dieses Grundlagenteils ein, um es an Alltagsaufgaben zu testen.

Command Discovery

Aus Anwendersicht ist es ganz einfach, PowerShell Befehle zu erteilen: Sie geben den Befehl in die Konsole ein und drücken ⏎. Schon wird der Befehl ausgeführt. Hinter den Kulissen passieren dabei weitaus komplexere Dinge, denn PowerShell muss herausfinden, welchen Befehl Sie überhaupt gemeint haben. Dieser Vorgang wird *Command Discovery* genannt und passiert normalerweise automatisch. Wollen Sie das Command Discovery selbst durchführen, zum Beispiel, um besser zu verstehen, was genau dabei passiert, verwenden Sie das Cmdlet *Get-Command*.

Möchten Sie zum Beispiel wissen, was genau der Befehl *Dir* eigentlich ist, dann übergeben Sie ihn *Get-Command* und lassen ein Command Discovery für *Dir* durchführen:

```
Get-Command Dir

CommandType     Name                                               Definition
-----------     ----                                               ----------
Alias           Dir                                                Get-ChildItem
```

Korrekt identifiziert *Get-Command* Ihren Befehl in der Spalte *CommandType* als *Alias* und meldet in der Spalte *Definition*, welcher tatsächliche Befehl von PowerShell aufgerufen wird. Das funktioniert grundsätzlich für alle Befehle so, auch wenn Sie Programme außerhalb der PowerShell aufrufen:

```
Get-Command ping

CommandType     Name                                               Definition
-----------     ----                                               ----------
Application     PING.EXE                                           C:\Windows\system32\PING.EXE
```

Diesmal meldet die Spalte *CommandType* den Typ *Application* und in Definition wird der genaue Pfad zu dem externen Programm ausgegeben. Tatsächlich liefert *Get-Command* ein *CommandInfo*-Objekt zurück, das weit mehr Informationen enthält, als zunächst ausgegeben werden. Aus Kapitel 5 wissen Sie schon, wie Sie sämtliche Eigenschaften eines Objekts sichtbar machen: Senden Sie das Objekt zu einem Formatierungs-Cmdlet wie *Format-List* und geben Sie dahinter ein Sternchen an:

```
# Get-Command liefert ein CommandInfo-Objekt zurück, das es in verschiedenen Untertypen gibt:
$info = Get-Command ping
$info.GetType().FullName
```

```
System.Management.Automation.ApplicationInfo

# senden Sie das Objekt an Format-List und geben Sie ein Sternchen an, um alle Eigenschaften zu sehen:
$info | Format-List *
FileVersionInfo : File:             C:\Windows\system32\PING.EXE
                  InternalName:     ping.exe
                  OriginalFilename: ping.exe.mui
                  FileVersion:      6.0.6000.16386 (vista_rtm.061101-2205)
                  FileDescription:  TCP/IP-Befehl Ping
                  Product:          Betriebssystem Microsoft® Windows®
                  ProductVersion:   6.0.6000.16386
                  Debug:            False
                  Patched:          False
                  PreRelease:       False
                  PrivateBuild:     False
                  SpecialBuild:     False
                  Language:         Deutsch (Deutschland)

Path            : C:\Windows\system32\PING.EXE
Extension       : .EXE
Definition      : C:\Windows\system32\PING.EXE
Name            : PING.EXE
CommandType     : Application
```

Command Discovery wird spätestens dann hochinteressant, wenn es mehrere gleichnamige Befehle gibt, denn dann stellt sich natürlich die Frage, welchen dieser Befehle PowerShell ausführt:

```
Get-Command more
CommandType     Name            Definition
-----------     ----            ----------
Function        more            param([string[]]$paths); If(($paths -ne...
Application     more.com        C:\Windows\system32\more.com
```

Wie Sie sehen, gibt es zwei Befehle namens *more*. Einer ist eine PowerShell-Funktion (*CommandType: Function*) und einer ein externes Programm namens *more.com* (*CommandType: Application*). Wenn Sie *more* als Befehl verwenden, wählt PowerShell bei mehreren gleichnamigen Befehlen von allein aus, welchen es verwendet, und nutzt dabei eine interne Prioritätenliste. Weil PowerShell-Funktionen eine höhere Priorität haben als externe Anwendungen, kommt immer die interne PowerShell-Funktion zum Zuge:

```
Dir | more
```

Möchten Sie lieber das externe Programm *more.com* verwenden, müssten Sie es explizit angeben:

```
Dir | more.com
```

Das funktioniert, weil es unter dem Befehlsnamen *more.com* keine Verwechslungsgefahr mehr gibt:

```
Get-Command more.com

CommandType     Name                                    Definition
-----------     ----                                    ----------
Application     more.com                                C:\Windows\system32\more.com
```

Allerdings ist das keine Garantie, denn natürlich könnte es auf Ihrem System eine PowerShell-Funktion oder einen Alias namens *more.com* geben. Deshalb werden Sie gleich bessere Wege kennen lernen, um genau den Befehl auszuführen, den Sie ausführen wollen. Dazu allerdings müssen Sie zuerst wissen, wie PowerShell Befehle überhaupt aufruft.

Der Call-Operator »&«

Der unscheinbare kleine Call-Operator (&) gibt Ihnen große Macht darüber, wie PowerShell Befehle ausführt. Setzen Sie diesen Operator vor einen Text (oder eine Textvariable), dann wird der Text als Befehl verstanden und ausgeführt, ganz so, als hätten Sie ihn direkt in die Konsole eingegeben.

```
# speichern Sie einen Befehl in einer Variablen:
$befehl = "Dir"

# geben Sie den Inhalt der Variable direkt aus, wird nur der Text ausgegeben:
$befehl
Dir

# schreiben Sie den Call-Operator "&" davor, wird der Befehl ausgeführt:
& $befehl

    Verzeichnis: Microsoft.PowerShell.Core\FileSystem::C:\Users\Tobias Weltner

Mode                LastWriteTime     Length Name
----                -------------     ------ ----
d----        01.10.2007     16:09            Application Data
d----        26.07.2007     11:03            Backup
(...)
```

TIPP Der Call-Operator hilft auch, wenn der Befehlsname Sonderzeichen wie Leerzeichen enthält und deshalb nicht direkt in die Konsole eingegeben werden kann. Stellen Sie den Namen dann in Anführungszeichen, um daraus einen Text zu machen, und führen Sie diesen Text dann mit dem Call-Operator aus:

```
& "Ein Befehl mit Leerzeichen"
```

Der Call-Operator akzeptiert nur einzelne Befehle

Allerdings führt der Call-Operator nicht etwa eine ganze Befehlszeile aus, sondern immer nur genau einen Befehl. Hätten Sie in der Variablen nicht nur einen einzelnen Befehl wie *Dir* vermerkt, sondern mehrere Befehle, oder hätten Sie auch gleich Argumente für diesen Befehl festgelegt, gäbe es einen Fehler:

```
$befehl = "Dir C:\"
& $befehl

Die Benennung "Dir c:\" wurde nicht als Cmdlet, Funktion, ausführbares Programm oder Skriptdatei
erkannt. Überprüfen Sie die Benennung und versuchen Sie es erneut.
Bei Zeile:1 Zeichen:2
+ &  <<<<  $befehl
```

Und wieso das? Weil der Call-Operator hinter den Kulissen *Get-Command* aufruft, also die Command Discovery-Funktion, um herauszufinden, wen oder was er eigentlich ausführen soll. *Get-Command* kann immer nur einen einzelnen Befehl ermitteln, aber keine kompletten Befehlszeilen:

```
# ein einzelner Befehl wird korrekt erkannt:
Get-Command "Dir"

CommandType     Name                                    Definition
-----------     ----                                    ----------
Alias           Dir                                     Get-ChildItem

# ein Befehl mit Argumenten oder mehrere Befehle werden nicht erkannt:
Get-Command "Dir C:\"

Get-Command : Die Benennung "Dir C:\" wurde nicht als Cmdlet, Funktion, ausführbares Programm oder
Skriptdatei erkannt. Überprüfen Sie die Benennung, und versuchen Sie es erneut.
Bei Zeile:1 Zeichen:12
+ Get-Command  <<<<  "Dir C:\"
```

Der Call-Operator führt CommandInfo-Objekte aus

In Wirklichkeit übergibt der Call-Operator also das, was Sie als Befehl angeben, zuerst *Get-Command*. *Get-Command* liefert ein *CommandInfo*-Objekt zurück, das der Call-Operator dann ausführt. Tatsächlich akzeptiert der Call-Operator ein *CommandInfo*-Objekt auch direkt und spart sich dann den Umweg über *Get-Command*:

```
# CommandInfo-Objekt eines Befehls beschaffen:
$befehl = Get-Command ping
$befehl

CommandType     Name                                    Definition
-----------     ----                                    ----------
Application     PING.EXE                                C:\Windows\system32\PING.EXE

# CommandInfo-Objekt mit dem Call-Operator "&" aufrufen:
& $befehl -n 1 -w 100 10.10.10.10
Ping wird ausgeführt für 10.10.10.10 mit 32 Bytes Daten:
Antwort von 10.10.10.10: Bytes=32 Zeit=2ms TTL=128
Ping-Statistik für 10.10.10.10:
```

```
    Pakete: Gesendet = 1, Empfangen = 1, Verloren = 0 (0% Verlust),
Ca. Zeitangaben in Millisek.:
    Minimum = 2ms, Maximum = 2ms, Mittelwert = 2ms
```

ACHTUNG & *$befehl* ruft den Befehl in *$befehl* auf. Dahinter dürfen Sie beliebige Argumente angeben, die an diesen Befehl weitergegeben werden. Sie können die Argumente allerdings nicht direkt in *$befehl* verpacken, denn der Call-Operator kann immer nur einen einzelnen Befehl ohne Argumente ausführen.

```
# nicht erlaubt:
& "Dir C:\"
```

Erleben Sie gerade ein kleines Déjà-Vu? Alias-Namen verhalten sich genauso und können nur einzelne Befehle unter einem anderen Namen bereitstellen, aber keine Befehle mit Argumenten. Sie wissen jetzt, warum das so ist, denn Alias-Namen sind nichts weiter als benannte Call-Operatoren. Geben Sie den Alias-Namen ein, ruft PowerShell intern den Call-Operator für den Befehl auf, den Sie dem Alias-Namen zugeordnet haben.

Gleichnamige Befehle: Welcher wird ausgeführt?

PowerShell unterstützt sehr viele Befehle unterschiedlichster Sorten, zum Beispiel Cmdlets, Funktionen, Alias-Namen oder externe Befehle. Innerhalb der »Befehlssorte« müssen Befehlsnamen eindeutig sein. Es kann also unter einem bestimmten Namen immer nur eine Funktion oder einen Alias geben. Zwischen den verschiedenen Befehlssorten dürfen aber Namensgleichheiten existieren, und das ist sogar meist höchst erwünscht.

Gibt es mehrere gleichnamige Befehle, schaut PowerShell in seine interne Prioritätenliste (Tabelle 12.1) und bestimmt, welcher Befehl ausgeführt wird. Weil Alias-Namen eine höhere Priorität haben als zum Beispiel externe Programme, können Sie mit Alias-Namen Befehlsumleitungen einrichten.

```
# einen externen Befehl ausführen:
ping -n 1 10.10.10.10
Ping wird ausgeführt für 10.10.10.10 mit 32 Bytes Daten:
Antwort von 10.10.10.10: Bytes=32 Zeit<1ms TTL=128
Ping-Statistik für 10.10.10.10:
    Pakete: Gesendet = 1, Empfangen = 1, Verloren = 0 (0% Verlust),
Ca. Zeitangaben in Millisek.:
    Minimum = 0ms, Maximum = 0ms, Mittelwert = 0ms

# Eine gleichnamige Funktion anlegen:
function Ping { "Ping ist nicht erlaubt." }

# Funktion hat Vorrang vor externem Programm und schaltet den Befehl ab:
ping -n 1 10.10.10.10
Ping ist nicht erlaubt.
```

Der Call-Operator »&«

PowerShell-Funktionen haben eine höhere Priorität als externe Befehle, und deshalb führt PowerShell anstelle des alten *Ping*-Befehls jetzt Ihre neue *Ping*-Funktion aus. Sie haben also quasi den *Ping*-Befehl lahmgelegt. Anstelle einer Funktion hätten Sie auch einen Alias anlegen können. Alias-Namen haben eine noch höhere Priorität, sodass selbst Ihre neu angelegte Funktion nun nicht mehr aufgerufen wird:

```
Set-Alias ping echo
ping -n 1 10.10.10.10
-n
1
10.10.10.10
```

Jetzt ruft *Ping* in Wirklichkeit den Befehl *Echo* auf, der ein Alias für *write-output* ist und die Parameter, die Sie hinter *Ping* vielleicht angegeben haben, einfach auf die Konsole ausgibt. Was *Echo* in diesem Fall ist, also welchem Typ dieser Befehl entspricht, ermittelt wieder *Get-Command*:

```
Get-Command echo

CommandType     Name                                    Definition
-----------     ----                                    ----------
Alias           echo                                    Write-Output
```

Möchten Sie sämtliche Befehle eines bestimmten Typs sehen, geben Sie zusätzlich den Parameter *-commandType* an. Die nächste Anweisung listet zum Beispiel alle Befehle vom Typ *Filter* auf.

```
Get-Command -commandType Filter
```

CommandType	Beschreibung	Priorität
Alias	Ein mit *Set-Alias* hinzugefügter Aliasname für einen anderen Befehl	1
Function	Eine mit *function* definierte PowerShell-Funktion	2
Filter	Ein mit *filter* definierter PowerShell-Filter (eine Funktion mit einem *process*-Block)	2
Cmdlet	Ein PowerShell-Cmdlet aus einem registrierten Snap-In	3
Application	Eine externe Win32-Anwendung	4
ExternalScript	Eine externe Skriptdatei mit der Dateierweiterung *.ps1*	5
Script	Ein Skriptblock	-

Tabelle 12.1 Verschiedene Befehlsarten in PowerShell

Geben Sie in diesem Beispiel den Befehl *Ping* ein, ermittelt zuerst *Get-Command*, welche Befehle infrage kommen:

```
Get-Command Ping

CommandType     Name                                    Definition
-----------     ----                                    ----------
Function        Ping                                    "Ping ist nicht erlaubt."
Alias           ping                                    echo
Application     PING.EXE                                C:\Windows\system32\PING.EXE
```

Aufgrund der internen Prioritätenliste von PowerShell würde aus diesen drei Befehlen der Befehl vom Typ *Alias* ausgewählt und ausgeführt. Möchten Sie lieber einen anderen *Ping*-Befehl ausführen, müssen Sie diese Auswahlautomatik umgehen.

Sie wissen inzwischen, dass der Call-Operator Befehle auf zwei Arten akzeptiert: Entweder als Text (dann beauftragt er *Get-Command*, den passenden Befehl automatisch auszusuchen) oder als *CommandInfo*-Objekt (dann ist eindeutig, welcher Befehl gemeint ist). Möchten Sie also selbst einen ganz bestimmten Befehl ausführen, beschaffen Sie sich dessen *CommandInfo*-Objekt. Das liefert *Get-Command*. Möchten Sie zum Beispiel den Original-*Ping*-Befehl ausführen, wäre das dritte Feldelement mit dem Index *2* zuständig:

```
# alle Befehle ermitteln, die "Ping" heissen:
$befehle = Get-Command Ping

# den dritten Befehl aufrufen (Feldindex 2):
& $befehle[2] -n 1 10.10.10.10
Ping wird ausgeführt für 10.10.10.10 mit 32 Bytes Daten:
Antwort von 10.10.10.10: Bytes=32 Zeit<1ms TTL=128
Ping-Statistik für 10.10.10.10:
    Pakete: Gesendet = 1, Empfangen = 1, Verloren = 0 (0% Verlust),
Ca. Zeitangaben in Millisek.:
    Minimum = 0ms, Maximum = 0ms, Mittelwert = 0ms
```

Allerdings ist der Aufruf über einen Feldindex meist keine gute Idee, weil Sie nicht wissen, ob es überhaupt mehrere gleichnamige Befehle gibt, und falls ja, in welcher Reihenfolge die Befehle definiert wurden. Besser ist, von vornherein den gewünschten Typ anzugeben, den *Get-Command* stets in der Spalte *CommandType* meldet. Spätestens dann sind Namenskonflikte ausgeschlossen, weil es pro Typ nur einen Befehl unter einem bestimmten Namen geben kann.

Der Original-*Ping*-Befehl ist vom Typ *Application*. Möchten Sie also diesen Befehl aufrufen, weisen Sie *Get-Command* an, Ihnen den Ping-Befehl vom Typ *Application* zu liefern. Ihnen kann es dann völlig egal sein, ob es weitere gleichnamige Befehle anderer Typen gibt oder nicht. PowerShell startet auf jeden Fall den Original-Pingbefehl:

```
# Befehl "Ping" vom Typ "Application" liefern und dann ausführen:
$befehl = Get-Command -commandType Application Ping
& $befehl -n 1 10.10.10.10
Ping wird ausgeführt für 10.10.10.10 mit 32 Bytes Daten:
Antwort von 10.10.10.10: Bytes=32 Zeit<1ms TTL=128
Ping-Statistik für 10.10.10.10:
    Pakete: Gesendet = 1, Empfangen = 1, Verloren = 0 (0% Verlust),
Ca. Zeitangaben in Millisek.:
    Minimum = 0ms, Maximum = 0ms, Mittelwert = 0ms

# Aufruf in nur einer Zeile:
& (Get-Command -commandType Application Ping) -n 1 10.10.10.10
```

```
Ping wird ausgeführt für 10.10.10.10 mit 32 Bytes Daten:
Antwort von 10.10.10.10: Bytes=32 Zeit<1ms TTL=128
Ping-Statistik für 10.10.10.10:
    Pakete: Gesendet = 1, Empfangen = 1, Verloren = 0 (0% Verlust),
Ca. Zeitangaben in Millisek.:
    Minimum = 0ms, Maximum = 0ms, Mittelwert = 0ms
```

Sie wissen nun, wie PowerShell ermittelt, welcher Befehl ausgeführt werden soll und wie Sie mit dem Call-Operator eigene Befehle aufrufen. Noch weist der Call-Operator allerdings eine unschöne Beschränkung auf: Er kann immer nur einen einzelnen Befehl ausführen, keine Befehlszeilen oder Befehle mit Argumenten. Wenn der Call-Operator hinter den Kulissen in PowerShell tatsächlich die Strippen zieht, wie kann er dann ganze Befehlszeilen ausführen, die Sie in die Konsole eingeben? Um das zu klären, brauchen Sie ein weiteres sehr wichtiges Grundelement von PowerShell, nämlich Skriptblöcke.

Skriptblöcke verwenden

Eine besondere Form von Befehl ist der Skriptblock. Der Skriptblock fasst beliebig viel PowerShell-Code zusammen und wird durch geschweifte Klammern definiert. Der kleinste mögliche Skriptblock ist also etwas PowerShell-Code in geschweiften Klammern. Damit ein Skriptblock ausgeführt wird, verwenden Sie wieder den Call-Operator von eben:

```
& { "Datum heute: " + (get-date) }
Datum heute: 10/07/2007 12:32:39
```

Ganze Befehlszeilen ausführen

Vielleicht ahnen Sie bereits, wie Skriptblöcke es dem Call-Operator ermöglichen, nicht nur einzelne Befehle, sondern ganze Befehlszeilen auszuführen. Der Call-Operator kann zwar normalerweise nur einzelne Befehle ausführen, aber zu den erlaubten Befehlen gehören laut Tabelle 12.1 auch Befehle vom Typ *Script*, also Skriptblöcke. Da Skriptblöcke wiederum aus beliebig vielen Befehlen bestehen dürfen, sind sie somit die Lösung, wenn Sie ganze Befehlszeilen ausführen wollen. In der nächsten Zeile führt der Call-Operator mehrere Anweisungen aus:

```
# Der Call-Operator "&" kann mehrere Befehle ausführen, wenn diese in geschweiften Klammern stehen:
& {Get-Process | where-object { $_.Name -like 'a*'}}
```

Tatsächlich funktioniert die Befehlseingabe in der PowerShell-Konsole genau so: Geben Sie darin eine Befehlszeile ein, macht PowerShell daraus einen Skriptblock und führt ihn aus, genau wie im Beispiel eben. Skriptblöcke sind das universelle Grundelement von PowerShell. Viele PowerShell-Befehle und -Strukturen sind bei näherer Betrachtung nichts anderes als Skriptblöcke. Schauen wir als nächstes, wo sich überall Skriptblöcke in PowerShell verbergen.

Invoke-Expression

Gerade haben Sie gesehen, dass der Call-Operator mit Hilfe eines Skriptblocks ganze Befehlszeilen verarbeiten kann. Eigentlich entspricht diese Funktion dem Cmdlet *Invoke-Expression*, und tatsächlich ist dieses Cmdlet nichts weiter als ein Skriptblock, der an den Call-Operator übergeben wird:

```
Invoke-Expression 'Get-Process | where-object { $_.Name -like "a*"}'

Handles  NPM(K)    PM(K)     WS(K) VM(M)   CPU(s)     Id ProcessName
-------  ------    -----     ----- -----   ------     -- -----------
     36       2      712        48    21             2616 agrsmsvc
    311       9    10988      3324   112              464 AppSvc32
    105       3     1044       736    37             1228 Ati2evxx
    130       5     2056      3916    48             1732 Ati2evxx
     79       4     4612      1092    58     2,75    2064 ATSwpNav
     99       3    11892      7600    45             1432 audiodg
```

> **ACHTUNG** Denken Sie nur daran, den Code hinter *Invoke-Expression* in einfache Anführungszeichen zu stellen. Verwenden Sie stattdessen doppelte Anführungszeichen, würde PowerShell wie üblich alle im Text vorhandenen Variablennamen durch den Variableninhalt ersetzen. Weil die Variable *$_* im letzten Beispiel aber zum Teil des auszuführenden Codes gehört, würde sie fälschlicherweise durch »nichts« ersetzt und einen Fehler verursachen:

```
# setzen Sie den Text hinter Invoke-Expression lieber nicht in doppelte Anführungszeichen:
Invoke-Expression "Get-Process | where-object { $_.Name -like 'a*'}"
Die Benennung ".Name" wurde nicht als Cmdlet, Funktion, ausführbares Programm oder Skriptdatei erkannt.
Überprüfen Sie die Benennung, und versuchen Sie es erneut.
Bei Zeile:1 Zeichen:35
+ Get-Process | where-object { .Name  <<<< -like 'a*'}
```

Die folgende Anweisung ist vollkommen identisch:

```
& {Get-Process | where-object { $_.Name -like 'a*'}}
```

Pipeline: Foreach-Object

In der Pipeline haben Sie zum Beispiel in Kapitel 5 das Cmdlet *Foreach-Object* verwendet, das als Schleife alle Objekte der Pipeline einzeln durchläuft. Hinter *Foreach-Object* befand sich PowerShell-Code in geschweiften Klammern – ein Skriptblock. Dieser Skriptblock wurde für jedes Objekt in der Pipeline ausgeführt:

```
Get-Process | Foreach-Object { $_.name }
```

Schleifen: If und For

Oder erinnern Sie sich an Kapitel 7? Dort haben Sie mit Bedingungen gearbeitet, und alle Bedingungen verwendeten ebenfalls Skriptblöcke, zum Beispiel hier:

```
$alter = 18
If ($alter -lt 18)
{
  "Sie sind zu jung!"
}
Else
{
  "Sie dürfen einen Averna trinken."
}
```

Die *If*-Konstruktion verwendet zwei Skriptblöcke. Der erste wird ausgeführt, wenn die Bedingung hinter *If* erfüllt ist, die zweite, wenn sie nicht erfüllt ist. Ganz ähnlich lief es bei den Schleifen aus Kapitel 8:

```
For ($x=1; $x -le 10; $x++)
{
  $x
}
```

Dies ist wieder ein Skriptblock in geschweiften Klammern, der so lange wiederholt wird, bis das Abbruchkriterium der Schleife erfüllt ist.

Funktionen sind »benannte« Skriptblöcke

Auch die Funktionen aus Kapitel 9 erscheinen nun in einem ganz neuen Licht, denn im Grunde sind Funktionen und Skriptblöcke vollkommen identisch. Funktionen sind nichts weiter als *benannte* Skriptblöcke, die Sie also direkt über einen festgelegten Namen aufrufen. Schauen Sie mal:

```
function Test { "Hallo Welt!" }
```

Der Bezeichner *function* legt einen Namen für den Skriptblock fest, der in geschweiften Klammern dahinter steht. Deshalb wird dieser Skriptblock ausgeführt, wenn Sie den vereinbarten Namen angeben:

```
Test
Hallo Welt!
```

Dass die Funktion tatsächlich nur aus einem gewöhnlichen Skriptblock besteht, sehen Sie, wenn Sie sich den Skriptblock der Funktion beschaffen:

```
$skriptblock = $function:Test
$skriptblock
"Hallo Welt!"
$skriptblock.GetType().Name
ScriptBlock
```

Umgekehrt könnten Sie die Funktion umprogrammieren, indem Sie ihr einen anderen Skriptblock zuweisen:

```
# Skriptblock in geschweiften Klammern zuweisen:
$function:Test = { "Moin!" }
Test

# Text wird automatisch in einen Scriptblock-Typ umgewandelt:
$function:Test = ' "Moin!" '
Test
Moin!

# verwenden Sie geschweifte Klammern nicht innerhalb des Textes:
$function:Test = "{ 'Moin!' }"
Test
'Moin!'
```

TIPP Denken Sie nur daran, die geschweiften Klammern nicht innerhalb von Text zu verwenden. Tun Sie es dennoch wie im letzten Beispiel, dann begrenzen die geschweiften Klammern keinen Skriptblock, sondern sorgen dafür, dass die Sonderzeichen im Text nicht als Sonderzeichen gewertet werden. Deshalb gibt die Funktion *Test* im letzten Beispiel den Text mitsamt den Anführungszeichen aus.

Wenn Sie mögen, könnten Sie mit Ihrem neuen Wissen Funktionen sogar ganz ohne die Anweisung *Function* anlegen:

```
# eine neue Funktion direkt anlegen:
New-Item function:neueFunktion -value {"Hallo Welt!"} -force

CommandType     Name                    Definition
-----------     ----                    ----------
Function        neueFunktion            "Hallo Welt!"
neueFunktion
Hallo Welt!
```

Aufbau von Skriptblöcken

Weil Funktionen nichts weiter als benannte Skriptblöcke sind, müssen Skriptblöcke all die Merkmale unterstützen, die Funktionen auszeichnen. Schauen wir einmal, ob das wirklich so ist.

Argumente an Skriptblöcke übergeben

Hinter dem Namen einer Funktion dürfen in runden Klammern Parameter angegeben werden, sodass der Anwender der Funktion ihr später zusätzliche Argumente übergeben kann. Die folgende simple Beispielfunktion definiert einen Parameter namens *$text* und gibt das, was der Funktion als Argument übergeben wurde, einfach wieder aus:

Skriptblöcke verwenden

```
function Textausgabe($text)
{
  $text
}
Textausgabe "Hallo"
Hallo
```

Wie kann ein Skriptblock dieselbe Funktionalität bieten? Schließlich hat ein Skriptblock keine *function*-Anweisung, hinter der man Parameter definieren könnte. Da jede Funktion in Wirklichkeit nur ein Skriptblock ist, schauen Sie einfach nach, wie der Skriptblock Parameter einbindet:

```
$function:Textausgabe
param($text) $text
```

Ein Skriptblock legt die Parameter also mit der Anweisung *param* fest, und wenn Sie an Kapitel 10 und die Skripte denken, dann haben es die Skripte ganz genauso getan. Skripte sind nämlich ebenfalls nichts anderes als Skriptblöcke, wenn auch meist sehr umfangreiche. Sie könnten also ohne weiteres einen eigenen anonymen Skriptblock definieren, der Argumente verarbeitet. Der folgende Skriptblock akzeptiert zwei Parameter und multipliziert sie:

```
{ param($wert1, $wert2)  $wert1 * $wert2 }
```

Um den Skriptblock aufzurufen, verwenden Sie wieder den Call-Operator:

```
& { param($wert1, $wert2)  $wert1 * $wert2 } 10 5
50
& { param($wert1, $wert2)  $wert1 * $wert2 } "Hallo" 10
HalloHalloHalloHalloHalloHalloHalloHalloHalloHallo
```

Begin, Process, End – Pipeline-Blöcke

Ein weiteres Merkmal von Funktionen ist ihre Möglichkeit, drei Blöcke namens *begin*, *process* und *end* zu definieren, um die Ergebnisse der PowerShell-Pipeline in Echtzeit zu bearbeiten. Erinnern Sie sich noch an Kapitel 9? Wird eine Funktion innerhalb der Pipeline eingesetzt, führt sie zuerst den Code im *begin*-Block aus, danach für jedes Objekt der Pipeline einmal den *process*-Block und zum Schluss den Code im *end*-Block. Sind die drei Blöcke nicht definiert, kann die Funktion die Ergebnisse in der Pipeline nicht in Echtzeit bearbeiten, sondern blockiert die Pipeline, bis alle Ergebnisse vorliegen.

Skriptblöcke können ebenfalls diese drei Blöcke definieren und damit in der Pipeline eingesetzt werden. Tatsächlich ist das Cmdlet *Foreach-Object* im Grunde nichts weiter als ein Skriptblock mit einem *process*-Block darin:

```
# Das Foreach-Object-Cmdlet...
Get-Process | Foreach-Object { $_.Name }
```

```
# ...ist in Wirklichkeit ein Skriptblock mit einem process-Block darin:
Get-Process | & { process { $_.Name } }
```

Ähnlich funktioniert *where-object*:

```
# Das where-object-Cmdlet...
Get-Process | where-object { $_.Name -like "a*" }

# ...ist in Wirklichkeit ein Skriptblock mit process und einer Bedingung:
Get-Process | & { process { If ($_.Name -like "a*") { $_ } } }
```

Gültigkeit von Variablen

Alle Variablen, die innerhalb einer Funktion angelegt werden, sind privat und gelten nur innerhalb dieser Funktion, es sei denn, Sie geben im Variablennamen ausdrücklich eine andere Gültigkeit an. Im folgenden Beispiel definiert die Funktion Test zwei Variablen. *$wert1* wird ohne besondere Gültigkeitsbezeichner angelegt und ist deshalb privat. Diese Variable gilt nur innerhalb der Funktion. *$wert2* dagegen wird mit dem Gültigkeitsbezeichner *global:* angelegt und gilt deshalb auch außerhalb der Funktion:

```
function Test
{
  $wert1 = 10
  $global:wert2 = 20
}
Test
$wert1

$wert2
20
```

Versuchen wir dasselbe mit einem Skriptblock:

```
& { $wert1 = 10; $global:wert2 = 20 }
$wert1

$wert2
20
```

Wie sich zeigt, sind es die Skriptblöcke, die die Gültigkeit von Variablen bestimmen. Alle Variablen, die Sie ohne besondere Gültigkeitsbezeichner innerhalb eines Skriptblocks definieren, gelten nur innerhalb dieses Skriptblocks. Dieses Verhalten ist also nicht auf Funktionen beschränkt, sondern gilt in sämtlichen Skriptblöcken, die mit dem Call-Operator (&) aufgerufen werden. Skriptblöcke dagegen, die innerhalb von Bedingungen oder Schleifen ausgeführt werden, führt PowerShell im aktuellen Kontext aus. Deshalb ist die Variable *$text* auch außerhalb der Bedingung gültig:

```
If ($alter -ge 18)
{
  $text = "Sie sind volljährig"
}
Else
{
  $text = "Sie sind minderjährig"
}
$text
Sie sind minderjährig
```

Der ExecutionContext

PowerShell stellt in der automatischen Variable *$ExecutionContext* ein ganz besonderes Objekt zur Verfügung, das Sie selten benötigen werden, welches Ihnen aber dabei hilft, die internen Abläufe in PowerShell besser zu verstehen. Dieses Objekt bietet zwei hauptsächliche Eigenschaften: *InvokeCommand* und *SessionState*.

InvokeCommand

Sie kennen inzwischen drei wichtige Sonderzeichen, die PowerShell in der Konsole einsetzt: Das doppelte Anführungszeichen definiert nicht nur Text, sondern sorgt gleichzeitig dafür, dass Variablennamen innerhalb des Textes ersetzt werden durch den Variableninhalt. Das kaufmännische Und (&) ist der Call-Operator und führt Befehle aus. Geschweifte Klammern schließlich legen neue Skriptblöcke an.

Tatsächlich stecken hinter diesen Sonderzeichen interne Methoden, die die eigentliche Aufgabe erledigen. Diese Methoden können Sie auch direkt ansprechen. Die automatische Variable *$ExecutionContext* macht diese Methoden über ihre Eigenschaft *InvokeCommand* zugänglich. Zwar benötigen Sie diese Methoden in der Regel nicht, weil die Sonderzeichen leichter zu erreichen sind. Dennoch ist es wichtig zu wissen, wie PowerShell intern funktioniert.

Sonderzeichen	Bedeutung	interne Methode
"	löst Variablen innerhalb des Textes auf	*ExpandString()*
&	führt Befehle aus	*InvokeScript()*
{}	legt neuen Skriptblock an	*NewScriptBlock()*

Tabelle 12.2 Wichtige Sonderzeichen und die internen Methoden, die dahinterstecken

Variablen auflösen

Immer, wenn Sie Variablen Text in doppelten Anführungszeichen zuweisen, löst PowerShell die darin enthaltenen Variablen auf und ersetzt sie durch den Variableninhalt:

```
$name = 'Tobias Weltner'

# Variablen in Text in doppelten Anführungszeichen werden aufgelöst:
```

```
$text = "Ihr Name lautet $name"
$text
Ihr Name lautet Tobias Weltner
```

Diese Auflösung wird intern von der Methode *ExpandString()* vorgenommen. Variablen lassen sich also auch folgendermaßen auflösen:

```
$name = 'Tobias Weltner'
# Variablen in Text in einfachen Anführungszeichen werden nicht aufgelöst:
$text = 'Ihr Name lautet $name'
$text
Ihr Name lautet $name

# Die Auflösung wird in Wirklichkeit von ExpandString() geleistet:
$executioncontext.InvokeCommand.ExpandString($text)
Ihr Name lautet Tobias Weltner
```

Skriptblöcke anlegen

Stellen Sie PowerShell-Code in geschweifte Klammern, macht PowerShell daraus einen Skriptblock. Sie haben gesehen, wie Sie diesen Skriptblock entweder mit dem Call-Operator sofort ausführen oder zum Beispiel einer Funktion zuweisen. Zuständig für das Erzeugen neuer Skriptblöcke ist die Methode *NewScriptBlock()*:

```
# einen neuen Skriptblock anlegen
$sb = { 4*5 }
$sb.GetType().Name
ScriptBlock
& $sb
20

# dasselbe mit Low-Level-Funktion NewScriptBlock():
$sb = $executioncontext.InvokeCommand.NewScriptBlock('4*5')
$sb.GetType().Name
ScriptBlock
& $sb
20
```

Befehlszeilen ausführen

Die eingegebene Befehlszeile wird intern von der Methode *InvokeScript()* ausgeführt. Die folgenden drei Befehle tun also alle dasselbe:

Der ExecutionContext

```
Invoke-Expression '4*5'
20
& { 4*5 }
20
$executioncontext.InvokeCommand.InvokeScript('4*5')
20
```

SessionState

Der *SessionState* (engl. für Sitzungszustand) ist ein Objekt, das den augenblicklichen Zustand Ihrer PowerShell-Umgebung widerspiegelt. Sie finden dieses Objekt ebenfalls in der automatischen Variable *$ExecutionContext*:

```
$executioncontext.SessionState | Format-List *

Drive      : System.Management.Automation.DriveManagementIntrinsics
Provider   : System.Management.Automation.CmdletProviderManagementIntrinsics
Path       : System.Management.Automation.PathIntrinsics
PSVariable : System.Management.Automation.PSVariableIntrinsics
```

Die vier Eigenschaften *Drive*, *Provider*, *Path* und *PSVariable* sind ihrerseits Unterobjekte, mit denen Sie den aktuellen Zustand dieser PowerShell-Bereiche abfragen und auch verändern.

Variablen verwalten

PSVariable liefert Ihnen zum Beispiel den Wert beliebiger Variablen, kann die Variablen aber auch ändern:

```
$wert = "Test"

# Variableninhalt abrufen:
$executioncontext.SessionState.PSVariable.GetValue("wert")
Test

# Variableninhalt ändern:
$executioncontext.SessionState.PSVariable.Set("wert", 100)
$wert
100
```

Laufwerke verwalten

Drive verwaltet die Laufwerke in PowerShell. Das aktuelle Laufwerk bestimmen Sie zum Beispiel so:

```
$executioncontext.SessionState.Drive.Current

Name   Provider     Root                           CurrentLocation
----   --------     ----                           ---------------
C      FileSystem   C:\                            Users\Tobias Weltner
```

Alle verfügbaren Laufwerke listet *GetAll()* auf und entspricht damit dem Cmdlet *get-psdrive*:

```
$executioncontext.SessionState.Drive.GetAll()
Name       Provider      Root                                    CurrentLocation
----       --------      ----                                    ---------------
Alias      Alias
Env        Environment
C          FileSystem    C:\                                     Users\Tobias Weltner
D          FileSystem    D:\
Function   Function
HKLM       Registry      HKEY_LOCAL_MACHINE
HKCU       Registry      HKEY_CURRENT_USER
Variable   Variable
cert       Certificate   \
```

Interessieren Sie sich nur für die Laufwerke eines bestimmten Providers, also zum Beispiel nur für echte Dateilaufwerke, verwenden Sie *GetAllForProvider()* und geben den gewünschten Provider an:

```
$executioncontext.SessionState.Drive.GetAllForProvider("FileSystem")
Name       Provider      Root                                    CurrentLocation
----       --------      ----                                    ---------------
C          FileSystem    C:\                                     Users\Tobias Weltner
D          FileSystem
```

Pfadangaben

Path liefert einige Methoden rund um Pfadnamen, die normalerweise über Cmdlets angesprochen werden (Tabelle 12.3). Darüber hinaus bietet das Objekt einige weitere Methoden, mit denen man zum Beispiel Pfadnamen zusammensetzen kann:

```
# Einen Pfadnamen aus dem Ordneranteil und dem Dateianteil zusammensetzen:
$executioncontext.SessionState.Path.Combine("C:", "test.txt")
C:\test.txt
```

Methode	Beschreibung	Cmdlet
CurrentLocation	aktueller Ordner	get-location
PopLocation()	gespeicherten Ordner abrufen	pop-location
PushCurrentLocation()	aktuellen Ordner speichern	push-location
SetLocation()	neuen Ordner als aktuellen Ordner festlegen	set-location
GetResolvedPSPathFromPSPath()	liefert absolute Pfadnamen für den angegebenen relativen Pfadnamen	resolve-path

Tabelle 12.3 Pfad-Cmdlets und zu Grunde liegende Low-Level-Methoden des SessionState-Objekts

Zusammenfassung

Immer, wenn Sie PowerShell beauftragen, einen Befehl auszuführen, kommt es zur *Command Discovery*: PowerShell ermittelt, welcher Befehl gemeint ist. Ist der Befehl nicht eindeutig, weil es mehrere gleichnamige Befehle gibt, verwendet PowerShell eine Prioritätenliste (Tabelle 12.1), um automatisch einen Befehl davon auszuwählen.

Mit dem Call-Operator (&) führen Sie Befehle aus, die *nicht* direkt in die Konsole eingegeben wurden. Die Befehle können zum Beispiel als Text angegeben werden. Dann führt der Call-Operator dasselbe *Command Discovery* durch wie die Konsole bei der direkten Befehlseingabe. Alternativ führen Sie das *Command Discovery* mit *Get-Command* selbst durch und übergeben das Ergebnis direkt an den Call-Operator. So entscheiden Sie bei gleichnamigen Befehlen, welcher davon ausgeführt werden soll und überlassen die Auswahl nicht länger der integrierten PowerShell-Prioritätenliste.

Möchten Sie mehr als einen einzelnen Befehl aufrufen oder einem Befehl Argumente übergeben, fassen Sie alles in einem Skriptblock zusammen. Skriptblöcke sind nichts weiter als beliebiger PowerShell-Code, der in geschweifte Klammern gestellt wird. Dieser Skriptblock kann dann mit dem Call-Operator ausgeführt werden. Beinahe noch interessanter ist, dass Skriptblöcke die fundamentale Basis von PowerShell darstellen. Sie sind die Grundlage vieler Cmdlets und die »Seele« sämtlicher Funktionen und Skripte.

Möchten Sie hinter die Kulissen schauen und sehen, wie PowerShell tatsächlich Befehle ausführt oder Skriptblöcke anlegt, benötigen Sie das Objekt in der automatischen Variable *$ExecutionContext*. Es bietet Zugriff auf viele Low-Level-Funktionen, die in Wirklichkeit die Arbeit machen, wenn Sie Skriptblöcke anlegen oder den Call-Operator verwenden (Tabelle 12.2).

Kapitel 13

Texte und reguläre Ausdrücke

In diesem Kapitel:

Texte definieren	404
Spezielle Textbefehle verwenden	409
Einfache Textmustererkennung	421
Reguläre Ausdrücke	423
Zusammenfassung	441

PowerShell unterscheidet streng, ob Sie Texte in einfache oder doppelte Anführungszeichen stellen. Im ersten Fall bleibt Ihr Text unangetastet, aber Text in doppelten Anführungszeichen wird von PowerShell untersucht und gegebenenfalls verändert. Hier fügt PowerShell nämlich Variableninhalte automatisch ein, und so sind Texte in doppelten Anführungszeichen der erste und einfachste Weg, um Ergebnisse mit Beschreibungen zu koppeln.

Mehr Möglichkeiten bietet der Formatierungsoperator -f, der einer von vielen speziellen Textoperatoren ist. Mit ihm lassen sich Texte spaltenweise bündig ausgeben und Zahlen in unterschiedlichen Formaten darstellen. Auch die übrigen Textbefehle sind wichtig und können Textstellen ersetzen, Klein- und Großschreibung ändern und vieles mehr.

Komplizierter wird es, wenn Textmuster erkannt werden sollen, denn dann werden Platzhalterzeichen benötigt, die das Textmuster beschreiben. Im einfachsten Fall sind das dieselben Platzhalter, die Sie auch im Dateisystem einsetzen können. Wesentlich mächtiger, allerdings auch komplexer sind die regulären Ausdrücke.

Texte definieren

Möchten Sie Text in einer Variablen speichern oder ausgeben, dann begrenzen Sie den Text mit Anführungszeichen. Verwenden Sie einfache Anführungszeichen, wenn der Text genau so (wörtlich) in der Variablen gespeichert werden soll, wie Sie ihn angegeben haben:

```
$text = 'Dieser Text darf auch $env:windir `enthalten: $(2+2)'
Dieser Text darf auch $env:windir `enthalten: $(2+2)
```

Ganz anders verhält sich der Text, wenn Sie ihn in (normale) doppelte Anführungszeichen setzen, denn nun werden darin enthaltene Sonderzeichen ausgewertet:

```
$text = "Dieser Text darf auch $env:windir `enthalten: $(2+2)"
Dieser Text darf auch C:\Windows enthalten: 4
```

> **TIPP** Der mathematische Operator (*) hat bei Texten eine besondere Bedeutung und wiederholt den Text auf der linken Seite so oft, wie auf der rechten Seite angegeben:

```
"xyz" * 10
xyzxyzxyzxyzxyzxyzxyzxyzxyzxyz
"*" * 20
********************
```

Sonderzeichen in Texten

Wird ein Text in doppelte Anführungszeichen gestellt, dann sucht PowerShell im Text nach bestimmten Sonderzeichen. Zwei Sonderzeichen sind dabei wichtig: das Dollarzeichen ($) und das spezielle Backtick-Zeichen (`).

Texte definieren

Variablen auflösen

Trifft PowerShell auf eine der Variablen aus Kapitel 3, wird die Variable durch ihren Wert ersetzt.

```
$windir = "Der Windows-Ordner liegt hier: $env:windir"
$windir
Der Windows-Ordner liegt hier: C:\Windows
```

Das gilt auch für Direktvariablen, die ihren Wert selbst ausrechnen:

```
$ergebnis = "Auf eine CD passen $(720MB / 1.44MB) Disketten."
$ergebnis
Auf eine CD passen 500 Disketten.
```

Sonderzeichen einfügen

Das sonderbare Backtick-Zeichen (`) hat eine Doppelaufgabe: Steht es vor Zeichen, die für PowerShell eine besondere Bedeutung haben, zum Beispiel vor dem Dollarzeichen ($) oder vor Anführungszeichen, dann behandelt PowerShell das Zeichen nach dem Backtick wie ein normales Textzeichen. Deshalb können Sie ein Anführungszeichen innerhalb eines Textes zum Beispiel so ausgeben:

```
"Dieser Text enthält `"Anführungszeichen`""
Dieser Text enthält "Anführungszeichen"
```

Folgt dem Backtick-Zeichen ein Buchstabe aus Tabelle 13.1, fügt es Sonderzeichen wie zum Beispiel einen Zeilenumbruch ein:

```
$text = "Dieser Text besteht aus`nzwei Zeilen!"
Dieser Text besteht aus
zwei Zeilen!
```

Dieses Backtick-Zeichen ist auf deutschen Tastaturen nur umständlich zu erreichen: drücken Sie ⇧ ` und dann ☐ . Die Taste ` finden Sie rechts neben der Taste ß .

Escape-Sequenz	Sonderzeichen
`n	Neue Zeile
`r	Wagenrücklauf
`t	Tabulator
`a	Alarm
`b	Rückschritt
`'	Einfaches Anführungszeichen
`"	Doppeltes Anführungszeichen

Escape-Sequenz	Sonderzeichen
`0	Null
``	Backtick-Zeichen

Tabelle 13.1 Sonderzeichen und Escape-Sequenzen für Text

Spezielle Zeichencodes einfügen

Möchten Sie Zeichen in einen Text einfügen, die über die Tastatur nicht erreichbar sind, und kennen Sie den Zeichencode des gewünschten Zeichens, dann verwenden Sie den Datentyp *Char*, um den Zeichencode in ein Textzeichen umzuwandeln. Das Euro-Symbol trägt zum Beispiel den hexadezimalen Code *20AC*.

```
[char]0x20AC
€
"20 $([char]0x20AC)"
20
```

HINWEIS   Manche Sonderzeichen wie das Euro-Symbol können von den einfachen Konsolen-Schriftarten nicht dargestellt werden. Wechseln Sie in diesem Fall die Konsolenschriftart wie in Kapitel 1 beschrieben und verwenden Sie eine TrueType-Schrift!

Here-Strings: Mehrzeiligen Text erfassen

Längere Texte, die aus mehreren Zeilen oder vielen Sonderzeichen bestehen, werden am besten mit Here-Strings erfasst. Sie heißen so, weil Sie auf diese Weise den Text einfach genau so erfassen, wie Sie ihn in der Textvariable speichern wollen, ähnlich einem Texteditor. Here-Strings werden mit @» bzw. @' eingeleitet und mit «@ bzw. '@ abgeschlossen. Alle Zeichen dazwischen wertet PowerShell als Text, einschließlich Zeilenumbrüchen und Anführungszeichen. Dabei gilt wieder: Text, der zwischen @» und «@ steht, wird von PowerShell automatisch aufgelöst (Variablenwerte werden ersetzt und Backtick-Zeichen werden ausgewertet). Verwenden Sie dagegen einfache Anführungszeichen, bleibt der Text genau so wie von Ihnen angegeben:

```
$text = @"
>>Here-Strings können sich problemlos über mehrere Zeilen erstrecken und dürfen auch
>>"Anführungszeichen" enthalten. Trotzdem werden auch hier Variablen durch ihre Werte
>>ersetzt: $env:windir, und Unterausdrücke wie $(2+2) werden ebenfalls durch ihr Ergebnis ersetzt.
>>Erst wenn Sie den Here-String mit dem Ende-Kennzeichen "@ beenden,
>>wird der Text abgeschlossen.
>>"@
>
$text
```

Here-Strings können sich problemlos über mehrere Zeilen erstrecken und dürfen auch "Anführungszeichen" enthalten. Trotzdem werden auch hier Variablen durch ihre Werte ersetzt: C:\Windows, und Unterausdrücke wie 4 werden ebenfalls durch ihr Ergebnis ersetzt. Erst wenn Sie den Here-String mit dem Ende-Kennzeichen "@ beenden, wird der Text abgeschlossen.

Mit dem Anwender kommunizieren

Möchten Sie Texteingaben vom Anwender erfragen, verwenden Sie *Read-Host*:

```
$text = Read-Host "Ihre Eingabe"
Ihre Eingabe: Hallo Welt!
$text
Hallo Welt!
```

Texte, die *Read-Host* erfasst, benehmen sich so wie Texte, die in einfachen Anführungszeichen stehen. Sonderzeichen und Variablen werden also nicht aufgelöst. Möchten Sie den Inhalt einer Textvariablen nachträglich auflösen, also die darin enthaltenen Sonderzeichen und Variablen ersetzen lassen, dann wenden Sie manuell die Methode *ExpandString()* an. Diese Methode wird normalerweise intern von PowerShell eingesetzt, wenn Sie Texte in doppelten Anführungszeichen zuweisen:

```
# Texteingabe vom Anwender erfragen und ausgeben:
$text = Read-Host "Ihre Eingabe"
Ihre Eingabe: $env:windir
$text
$env:windir

# Eingegebenen Text so behandeln, als stünde er in doppelten Anführungszeichen:
$ExecutionContext.InvokeCommand.ExpandString($text)
$text
C:\Windows
```

Möchten Sie sensible Informationen wie zum Beispiel Kennwörter mit *Read-Host* erfassen, dann verwenden Sie den Parameter *-asSecureString*. Jetzt wird die Eingabe auf dem Bildschirm durch Sternchen maskiert. Das Ergebnis ist nun allerdings ein so genannter *SecureString*. Um diesen verschlüsselten *SecureString* wie eine normale Texteingabe weiterbearbeiten zu können, muss er zunächst in Klartext umgewandelt werden:

```
$pwd = Read-Host -asSecureString "Kennwort"
Kennwort: *************
$pwd
System.Security.SecureString
[Runtime.InteropServices.Marshal]::PtrToStringAuto([Runtime.InteropServices.Marshal]::SecureStringToBSTR($pwd))
streng geheim
```

Benutzername und Kennwort erfragen

Möchten Sie den Benutzer authentifizieren, also seinen Namen und sein Kennwort erfragen, verwenden Sie *Get-Credential*. Dieses Cmdlet nutzt die in Windows integrierten sicheren Dialogfelder, um Benutzernamen und Kennwort zu erfragen:

```
Get-Credential -Credential "Ihr Name?"
UserName                                                                    Password
--------                                                                    --------
\Ihr Name                                                      System.Security.SecureString
```

Das Ergebnis ist also ein Objekt mit zwei Eigenschaften: in *UserName* steht der angegebene Benutzername und in *Password* das verschlüsselte Kennwort als *SecureString*.

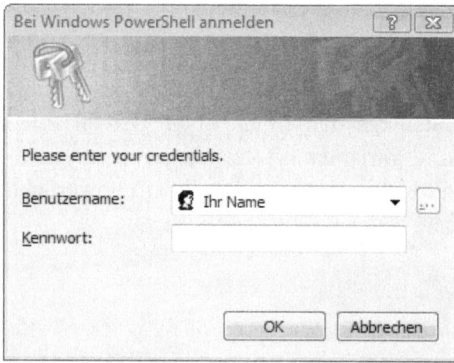

Abbildung 13.1 Benutzer-Kennwörter über das eingebaute sichere Dialogfeld erfragen

Normalerweise wird *Get-Credential* verwendet, wenn tatsächlich Anmeldedaten erforderlich sind, zum Beispiel, weil Sie ein Programm unter einem bestimmten Anwendernamen ausführen wollen:

```
$anmeldung = Get-Credential
$startinfo = new-object System.Diagnostics.ProcessStartInfo
$startinfo.UserName = $anmeldung.UserName
$startinfo.Password = $anmeldung.Password
$startinfo.FileName = "$env:windir\regedit.exe"
$startinfo.UseShellExecute = $false
[System.Diagnostics.Process]::Start($startinfo)
```

Der Benutzerkontext, der den *Secure String* erstellt, kann ihn allerdings jederzeit in lesbaren Text umwandeln – es gilt dasselbe wie eben bei *Read-Host*. Sie können deshalb *Get-Credential* auch dazu verwenden, sensible Informationen zu erfragen, die Sie anschließend im Klartext weiterverarbeiten müssen:

```
$anmeldung = Get-Credential
[Runtime.InteropServices.Marshal]::PtrToStringAuto([Runtime.InteropServices.Marshal]::SecureStringToBSTR
($anmeldung.Password))
meinGeheimesKennwort
```

Spezielle Textbefehle verwenden

Häufig sollen Ergebnisse anständig ausgegeben und zum Beispiel mit einer Beschreibung versehen werden. Der einfachste Weg benötigt keine Spezialbefehle: Fügen Sie das Ergebnis als Variable oder als Unterausdruck direkt in den Text ein und sorgen Sie dafür, dass der Text in doppelten Anführungszeichen steht. Automatisch fügt PowerShell die Ergebnisse an den entsprechenden Stellen in den Text ein.

```
# Unterausdruck in Text einbetten:
"Auf eine CD passen $(720MB / 1.44MB) Disketten."
Auf eine CD passen 500 Disketten.

# Variable in Text einbetten:
$ergebnis = 720MB / 1.44MB
"Auf eine CD passen $ergebnis Disketten."
Auf eine CD passen 500 Disketten.
```

Mehr Möglichkeiten bieten die speziellen Textbefehle, die PowerShell aus drei verschiedenen Bereichen zur Verfügung stellt:

- **Textoperatoren:** PowerShell enthält für allgemeine Textaufgaben eine Reihe von Textoperatoren, mit denen Sie zum Beispiel Text ersetzen und Texte miteinander vergleichen (Tabelle 13.2).
- **Dynamische Methoden:** Der Datentyp *String*, der die Texte speichert, enthält ein Set eigener Textbefehle, mit denen Sie den enthaltenen Text in vielfältiger Weise untersuchen, auseinandernehmen, neu zusammensetzen und verändern können (Tabelle 13.6).
- **Statische Methoden:** Schließlich bietet die .NET-Klasse *String* noch statische Methoden, die an keinen besonderen Text gebunden sind.

Textoperatoren

Der Formatierungsoperator *-f* ist der wichtigste Textoperator von PowerShell. Ihn werden Sie gleich dazu einsetzen, Zahlenwerte übersichtlich zu formatieren.

```
"{0} Disketten pro CD" -f (720mb/1.44mb)
500 Disketten pro CD
```

Alle Operatoren funktionieren dabei im Grunde gleich: Sie erwarten links und rechts Informationen, die sie dann miteinander verknüpfen. Mit *-replace* ersetzen Sie zum Beispiel Textstellen durch andere Textstellen:

```
"Hallo Karl" -replace "Karl", "Eddie"
Hallo Eddie
```

Den Operator *-replace* gibt es dreifach, und diese dreifache Ausführung findet sich auch bei vielen der übrigen Textoperatoren. In seiner Basisversion unterscheidet er nicht zwischen Groß- und Kleinschreibung.

Möchten Sie, dass zwischen Groß- und Kleinschreibung unterschieden wird, dann verwenden Sie die Version, die mit dem Buchstaben C (wie *case-sensitive*) beginnt:

```
# Ersetzung findet nicht statt, weil diesmal die Groß- und Kleinschreibung berücksichtigt wird:
"Hallo Karl" -creplace "karl", "eddie"
Hallo Karl
```

Die dritte Variante beginnt mit dem Buchstaben I (wie *insensitive*) und unterscheidet nicht zwischen Groß- und Kleinschreibung. Damit ist diese Version eigentlich überflüssig, weil sie *-replace* entspricht. Die dritte Version ist deshalb nur plakativ gemeint: Setzen Sie *-ireplace* anstelle von *-replace* ein, dann machen Sie deutlich, dass Sie ausdrücklich *nicht* zwischen Groß- und Kleinschreibung unterscheiden wollen.

Operator	Beschreibung	Beispiel
*	Wiederholt einen Textteil	"=" * 20
+	Fügt zwei Textteile zusammen	"Hello " + "Welt"
-replace, -ireplace	Ersetzt Text und beachtet dabei nicht die Groß- und Kleinschreibung	"Hallo Karl" -replace "Karl", "Eddie"
-creplace	Ersetzt Text und beachtet dabei die Groß- und Kleinschreibung	"Hallo Karl" -creplace "karl", "eddie"
-eq, -ieq	Prüft auf Gleichheit ohne Unterscheidung der Groß- und Kleinschreibung	"Karl" -eq "karl"
-ceq	Prüft auf Gleichheit mit Unterscheidung der Groß- und Kleinschreibung	"Karl" -ceq "karl"
-like, -ilike	Prüft, ob ein Text in einem anderen Text enthalten ist (Wildcards erlaubt, keine Unterscheidung zwischen Groß- und Kleinschreibung)	"Karl" -like "*AR*"
-clike	Prüft, ob ein Text in einem anderen Text enthalten ist (Wildcards erlaubt, Groß- und Kleinschreibung wird unterschieden)	"Karl" -clike "*AR*"
-notlike, -inotlike	Prüft, ob ein Text nicht in einem anderen Text enthalten ist (Wildcards erlaubt, keine Unterscheidung zwischen Groß- und Kleinschreibung)	"Karl" -notlike "*AR*"
-cnotlike	Prüft, ob ein Text nicht in einem anderen Text enthalten ist (Wildcards erlaubt, Groß- und Kleinschreibung wird unterschieden)	"Karl" -cnotlike "*AR*"
-match, -imatch	Prüft, ob ein Muster in einem Text enthalten ist, Groß- und Kleinschreibung wird nicht unterschieden	"Hallo" -match "[ao]"
-cmatch	Prüft, ob ein Muster in einem Text enthalten ist, Groß- und Kleinschreibung wird unterschieden	"Hallo" -cmatch "[ao]"
-notmatch, -inotmatch	Prüft, ob ein Muster nicht in einem Text enthalten ist, Groß- und Kleinschreibung wird nicht unterschieden	"Hallo" -notmatch "[ao]"
-cnotmatch	Prüft, ob ein Muster nicht in einem Text enthalten ist, Groß- und Kleinschreibung wird unterschieden	"Hallo" -cnotmatch "[ao]"

Tabelle 13.2 Operatoren für den Umgang mit Texten

Texte formatieren

Der Formatierungsoperator *-f* formatiert Text und verlangt dazu auf seiner linken Seite eine Textvorlage mit Platzhaltern und auf der rechten die Ergebnisse, die in die Textvorlage anstelle der Platzhalter eingefügt werden sollen:

Spezielle Textbefehle verwenden

```
"{0} Disketten pro CD" -f (720mb/1.44mb)
500 Disketten pro CD
```

Auf der rechten Seite müssen dabei unbedingt genau die Ergebnisse stehen, die links in den Text eingesetzt werden sollen. Wollen Sie ein Ergebnis erst noch ausrechnen, dann gehört diese Rechnung in runde Klammern. Die runden Klammern bewirken wie allgemein in PowerShell, dass die Anweisung darin zuerst separat ausgewertet und anschließend das Ergebnis anstelle der runden Klammern weiterverarbeitet wird. Ohne die runden Klammern würde *-f* einen Fehler melden:

```
"{0} Disketten pro CD" -f 720mb/1.44mb
Fehlerhafte numerische Konstante: 754974720 Disketten pro CD.
Bei Zeile:1 Zeichen:33
+ "{0} Disketten pro CD" -f 720mb/1 <<<< .44mb
```

Sie dürfen so viele Platzhalterzeichen verwenden, wie Sie mögen. Die Zahl in der geschweiften Klammer gibt dabei an, welcher Wert in welcher Reihenfolge in diesem Platzhalter später erscheint:

```
"{0} {3} zu {2}MB passen auf eine CD zu {1}MB" -f (720mb/1.44mb), 1.44, 720, "Disketten"
500 Disketten zu 720MB passen auf eine CD zu 1,44MB
```

Formatierung von Zahlen festlegen

Der Formatierungsoperator *-f* kann nicht nur Werte in Texte einfügen, sondern die Werte auch formatieren. Jeder Platzhalter hat dabei folgenden formalen Aufbau: *{index[,ausrichtung][:format]}*:

- **Index:** Diese Zahl gibt an, welcher Wert für diesen Platzhalter eingesetzt werden soll. Sie könnten zum Beispiel mehrere Platzhalter mit demselben Index verwenden, wenn Sie ein und denselben Wert mehrfach oder in verschiedenen Darstellungsweisen ausgeben wollen. Die Indexzahl ist die einzige Pflichtangabe. Die übrigen beiden Angaben sind freiwillig.

- **Ausrichtung:** Hier können positive oder negative Zahlen angegeben werden, die festlegen, ob der Wert rechtsbündig (positive Zahl) oder linksbündig (negative Zahl) ausgegeben wird. Die Zahl gibt die gewünschte Breite an. Ist der Wert breiter als die angegebene Breite, wird die angegebene Breite ignoriert. Ist der Wert aber schmaler als die angegebene Breite, dann wird die Breite mit Leerzeichen aufgefüllt. So lassen sich bündige Spalten herstellen.

- **Format:** Der Wert kann auf unterschiedlichste Weise formatiert werden. Welches Format Sie wünschen, geben Sie an dieser Stelle mit dem entsprechenden Formatnamen an. Eine Übersicht über die verfügbaren Formate folgt gleich.

Schauen Sie sich die Darstellungsoptionen am folgenden Beispiel an. Die Rechnung ergibt zwar ein mathematisch korrektes Resultat, ist aber viel zu ausführlich. Die vielen Nachkommastellen stören:

```
$betrag = 99
"$betrag US$ entsprechen $($betrag/0.76) Euro"
99 US$ entsprechen 130.263157894737 Euro
```

Setzen Sie den Formatierungsoperator -f ein, kann das Ergebnis als Währung definiert werden und wird entsprechend den Währungseinstellungen Ihres Systems formatiert:

```
$betrag = 99
"{0:N2} US$ entsprechen {1:C}" -f $betrag, ($betrag/0.76)
99,00 US$ entsprechen 130,26 €
```

ACHTUNG Die Formatierungsanweisungen unterscheiden anders als sonst in PowerShell zwischen Groß- und Kleinschreibung. Wie groß die Unterschiede sein können, sehen Sie, wenn Sie Datumsausdrücke formatieren:

```
# Formatierung mit kleinem d:
"Datum: {0:d}" -f (Get-Date)
Datum: 28.08.2007

# Formatierung mit großem D:
"Datum: {0:D}" -f (Get-Date)
Datum: Dienstag, 28. August 2007
```

Symbol	Typ	Aufruf	Ergebnis
#	Zahl-Platzhalter	"{0:(#).##}" -f $wert	(1000000)
%	Prozentwert	"{0:0%}" -f $wert	100000000%
,	Tausender-Trennzeichen	"{0:0,0}" -f $wert	1.000.000
,.	Ganzzahliges Vielfaches von 1.000	"{0:0,.} " -f $wert	1000
.	Dezimalpunkt	"{0:0.0}" -f $wert	1000000,0
0	0-Platzhalter	"{0:00.0000}" -f $wert	1000000,0000
c	Währung (currency)	"{0:c}" -f $wert	1.000.000,00 €
d	Dezimalzahl (decimal)	"{0:d}" -f $wert	1000000
e	Wissenschaftlich (scientific)	"{0:e}" -f $wert	1,000000e+006
e	Exponenten-Platzhalter	"{0:00e+0}" -f $wert	10e+5
f	Festkommazahl (fixed point)	"{0:f}" -f $wert	1000000,00
g	Generisch (general)	"{0:g}" -f $wert	1000000
n	Tausender-Trennzeichen mit Nachkommastellen	"{0:n}" -f $wert	1.000.000,00
x	Hexadezimal	"0x{0:x4}" -f $wert	0x4240

Tabelle 13.3 Zahlen formatieren

Mit den Formatierungen aus Tabelle 13.3 formatieren Sie schnell und bequem Zahlen. So brauchen Sie künftig nicht mehr mit zusammengekniffenen Augen abzuzählen, ob eine Zahl nun eine Million oder zehn Millionen darstellt:

10000000000
"{0:N0}" -f 10000000000
10.000.000.000

Auch Zeiten und Daten lassen sich auf unterschiedlichste Art formatieren. Hierfür sind die Formatierungen aus Tabelle 13.4 zuständig, die die nächsten Zeilen in Aktion zeigen:

```
$datum= Get-Date
Foreach ($format in "d","D","f","F","g","G","m","r","s","t","T","u","U","y","dddd, MMMM dd yyyy","M/yy","dd-MM-yy") {"DATUM mit $format : {0}" -f $datum.ToString($format)}
DATUM mit d : 15.10.2007
DATUM mit D : Montag, 15. Oktober 2007
DATUM mit f : Montag, 15. Oktober 2007 02:17
DATUM mit F : Montag, 15. Oktober 2007 02:17:02
DATUM mit g : 15.10.2007 02:17
DATUM mit G : 15.10.2007 02:17:02
DATUM mit m : 15 Oktober
DATUM mit r : Mon, 15 Oct 2007 02:17:02 GMT
DATUM mit s : 2007-10-15T02:17:02
DATUM mit t : 02:17
DATUM mit T : 02:17:02
DATUM mit u : 2007-10-15 02:17:02Z
DATUM mit U : Montag, 15. Oktober 2007 00:17:02
DATUM mit y : Oktober 2007
DATUM mit dddd, MMMM dd yyyy : Montag, Oktober 15 2007
DATUM mit M/yy : 10.07
DATUM mit dd-MM-yy : 15-10-07
```

Symbol	Typ	Aufruf	Ergebnis
d	kurzes Datumsformat	"{0:d}" -f $wert	07.09.2007
D	langes Datumsformat	"{0:D}" -f $wert	Freitag, 7. September 2007
t	kurzes Zeitformat	"{0:t}" -f $wert	10:53
T	langes Zeitformat	"{0:T}" -f $wert	10:53:56
f	Datum & Uhrzeit komplett (kurz)	"{0:f}" -f $wert	Freitag, 7. September 2007 10:53
F	Datum & Uhrzeit komplett (lang)	"{0:F}" -f $wert	Freitag, 7. September 2007 10:53:56
g	Standard-Datum (kurz)	"{0:g}" -f $wert	07.09.2007 10:53
G	Standard-Datum (lang)	"{0:G}" -f $wert	07.09.2007 10:53:56
M	Tag des Monats	"{0:M}" -f $wert	07 September
r	RFC1123 Datumsformat	"{0:r}" -f $wert	Fri, 07 Sep 2007 10:53:56 GMT
s	sortierbares Datumsformat	"{0:s}" -f $wert	2007-09-07T10:53:56
u	universell sortierbares Datumsformat	"{0:u}" -f $wert	2007-09-07 10:53:56Z

Symbol	Typ	Aufruf	Ergebnis
U	universell sortierbares GMT-Datumsformat	"{0:U}" -f $wert	Freitag, 7. September 2007 08:53:56
Y	Jahr/Monats-Muster	"{0:Y}" -f $wert	September 2007

Tabelle 13.4 Datumswerte formatieren

Wenn Sie herausfinden wollen, welche Typen die Formatierungsoptionen unterstützen, brauchen Sie nur nach .NET-Typen zu suchen, die die Methode *toString()* unterstützen:

```
[appdomain]::currentdomain.getassemblies() | Foreach-object {
    $_.GetExportedTypes() |where {! $_.IsSubclassof([System.Enum])}
} | Foreach-object {
    $Methods = $_.getmethods() | where-object {$_.name -eq "tostring"} |%{"$_"};
    If ($methods -eq "System.String ToString(System.String)") {
        $_.fullname
    }
}
```

System.Enum
System.DateTime
System.Byte
System.Convert
System.Decimal
System.Double
System.Guid
System.Int16
System.Int32
System.Int64
System.IntPtr
System.SByte
System.Single
System.UInt16
System.UInt32
System.UInt64
Microsoft.PowerShell.Commands.MatchInfo

Zu den unterstützten Datentypen gehört also zum Beispiel auch *System.Guid*, ein »Globally Unique Identifier«. Weil man diese weltweit eindeutigen Identifizierungszahlen häufiger benötigt, hier ein kurzes Beispiel, wie man eine GUID anlegt und formatiert:

```
$guid = [GUID]::NewGUID()
Foreach ($format in "N","D","B","P") {"GUID mit $format : {0}" -f $GUID.ToString($format)}

GUID mit N : 0c4d2c4c8af84d198b698e57c1aee780
GUID mit D : 0c4d2c4c-8af8-4d19-8b69-8e57c1aee780
GUID mit B : {0c4d2c4c-8af8-4d19-8b69-8e57c1aee780}
GUID mit P : (0c4d2c4c-8af8-4d19-8b69-8e57c1aee780)
```

Spezielle Textbefehle verwenden

Symbol	Typ	Aufruf	Ergebnis
dd	Tag	"{0:dd}" -f $wert	07
ddd	Tagname (Kürzel)	"{0:ddd}" -f $wert	Fr
dddd	Tagname (ausgeschrieben)	"{0:dddd}" -f $wert	Freitag
gg	Ära	"{0:gg}" -f $wert	n. Chr.
hh	Stunde 2stellig	"{0:hh}" -f $wert	10
HH	Stunde 2stellig (24-Stunden)	"{0:HH}" -f $wert	10
mm	Minute	"{0:mm}" -f $wert	53
MM	Monat	"{0:MM}" -f $wert	09
MMM	Monatsname (Kürzel)	"{0:MMM}" -f $wert	Sep
MMMM	Monatsname (ausgeschrieben)	"{0:MMMM}" -f $wert	September
ss	Sekunde	"{0:ss}" -f $wert	56
tt	AM oder PM (nur englisch)	"{0:tt}" -f $wert	
yy	Jahr 2stellig	"{0:yy}" -f $wert	07
yyyy	Jahr 4stellig	"{0:YY}" -f $wert	2007
zz	Zeitzone (kurz)	"{0:zz}" -f $wert	+02
zzz	Zeitzone (lang)	"{0:zzz}" -f $wert	+02:00

Tabelle 13.5 Datumswerte individuell formatieren

Werte tabellarisch ausgeben: Feste Breite

Damit mehrzeilige Ausgaben bei einem Zeichensatz fester Breite bündig untereinander erscheinen, müssen die einzelnen Spalten der Ausgabe eine feste Breite verwenden. Der Formatierungsoperator kann Ausgaben auf eine feste Breite festlegen.

Im folgenden Beispiel liefert *Dir* ein Ordnerlisting. Eine folgende Schleife gibt daraus jeweils nur den Dateinamen und die Dateigröße aus. Weil Dateiname und -größe von Fall zu Fall unterschiedlich sind, ist das Ergebnis unleserlich und nicht bündig:

```
dir | Foreach-Object { "$($_.name) = $($_.Length) Bytes" }
history.csv = 307 Bytes
info.txt = 8562 Bytes
layout.lxy = 1280 Bytes
liste.txt = 164186 Bytes
p1.nrproj = 5808 Bytes
ping.bat = 116 Bytes
SilentlyContinue = 0 Bytes
```

Wesentlich besser sieht das Ergebnis mit festen Spaltenbreiten aus. Dazu fügen Sie an die laufende Nummer des Platzhalters ein Komma an und legen dahinter fest, wie viele Zeichen für diesen Platzhalter zur Verfügung stehen. Positive Zahlen stellen den Wert innerhalb dieses Bereichs dann rechtsbündig dar, negative Zahlen linksbündig:

```
dir | Foreach-Object { "{0,-20} = {1,10} Bytes" -f $_.name, $_.Length }
history.csv          =        307 Bytes
info.txt             =       8562 Bytes
layout.lxy           =       1280 Bytes
liste.txt            =     164186 Bytes
p1.nrproj            =       5808 Bytes
ping.bat             =        116 Bytes
SilentlyContinue     =          0 Bytes
```

Der Formatierungsoperator *-f* von eben ist bereits ein Beispiel für einen der eingebauten PowerShell-Textoperatoren.

Methoden des String-Objekts

Aus Kapitel 6 wissen Sie, dass PowerShell alles in Objekten speichert und dass jedes Objekt Befehle enthält, die so genannten Methoden. Texte werden in einem *String*-Objekt gespeichert und dieses Objekt enthält eine Reihe nützlicher Befehle für den Umgang mit Texten. Um beispielsweise die Dateierweiterung eines Dateinamens zu ermitteln, setzen Sie *LastIndexOf()* ein. Auf diese Weise erhalten Sie die Position des letzten Punktes (.), und extrahieren dann den Text ab dieser Position mit *Substring()*:

```
$path = "c:\test\beispiel.bat"
$path.Substring( $path.LastIndexOf(".")+1 )
bat
```

Allerdings führen viele Wege nach Rom. Ein anderer Ansatz verwendet den Punkt als Trennzeichen und splittet den Pfad mit *Split()* auf in ein Feld. Das letzte Element dieses Feldes (mit der Indexzahl –1) enthält dann die Dateierweiterung:

```
$path.Split(".")[-1]
bat
```

Eine Übersicht über sämtliche Methoden, die das String-Objekt enthält, zeigt Tabelle 13.6.

Funktion	Beschreibung	Beispiel
CompareTo()	Vergleicht den Text mit einem anderen	("Hello").CompareTo("Hello")
Contains()	Liefert *True* zurück, wenn der angegebene Vergleichstext im Text vorkommt oder wenn der Vergleichstext leer ist	("Hello").Contains("ll")
CopyTo()	Kopiert einen Teil des Textes in einen anderen Text	$a = ("Hello World").toCharArray() ("User!").CopyTo(0, $a, 6, 5) $a
EndsWith()	Prüft, ob der Text mit einer bestimmten Zeichenfolge endet	("Hello").EndsWith("lo")
Equals()	Prüft, ob dieser Text identisch mit einem anderen Text ist	("Hello").Equals($a)
IndexOf()	Bestimmt die erste Position eines Vergleichstextes	("Hello").IndexOf("l")

Spezielle Textbefehle verwenden

Funktion	Beschreibung	Beispiel
IndexOfAny()	Bestimmt die erste Position eines beliebigen Zeichens aus einem Vergleichstext	("Hello").IndexOfAny("loe")
Insert()	Fügt einen neuen Text an der angegebenen Position in den aktuellen Text ein	("Hello World").Insert(6, "brave ")
GetEnumerator()	Liefert ein neues Objekt, mit dem alle Zeichen des Textes einzeln durchlaufen werden können	("Hello").GetEnumerator()
LastIndexOf()	Findet die letzte Position des angegebenen Zeichens	("Hello").LastIndexOf("l")
LastIndexOfAny()	Findet die letzte Position eines beliebigen Zeichens der angegebenen Zeichenfolge	("Hello").LastIndexOfAny("loe")
PadLeft()	Erweitert den Text auf die angegebene Länge und fügt auf der linken Seite Leerzeichen hinzu (rechtsbündiger Text)	("Hello").PadLeft(10)
PadRight()	Erweitert den Text auf die angegebene Länge und fügt auf der rechten Seite Leerzeichen hinzu (linksbündiger Text)	("Hello").PadRight(10) + "World!"
Remove()	Entfernt ab der angegebenen Position die gewünschte Anzahl von Zeichen	("Hello World").Remove(5,6)
Replace()	Ersetzt Zeichen durch andere Zeichen	("Hello World").Replace("l", "x")
Split()	Konvertiert den Text mit den angegebenen Trennzeichen in ein Feld	("Hello World").Split("l")
StartsWith()	Prüft, ob der Text mit den angegebenen Zeichen beginnt	("Hello World").StartsWith("He")
Substring()	Extrahiert Zeichen aus dem Text	("Hello World").Substring(4, 3)
ToCharArray()	Konvertiert Text in ein Feld mit Einzelzeichen	("Hello World").ToCharArray()
ToLower()	Verwandelt den Text in Kleinbuchstaben	("Hello World").ToLower()
ToLowerInvariant()	Verwandelt den Text in Kleinbuchstaben ohne Rücksicht auf die aktuell gewählte Sprache	("Hello World").ToLowerInvariant()
ToUpper()	Verwandelt den Text in Großbuchstaben	("Hello World")ToUpper()
ToUpperInvariant()	Verwandelt den Text in Großbuchstaben ohne Rücksicht auf die aktuell gewählte Sprache	("Hello World").ToUpperInvariant()
Trim()	Entfernt Leerzeichen links und rechts	(" Hello ").Trim() + "World"
TrimEnd()	Entfernt Leerzeichen rechts	(" Hello ").TrimEnd() + "World"
TrimStart()	Entfernt Leerzeichen links	(" Hello ").TrimStart() + "World"
Chars()	Liefert das Zeichen an der angegebenen Position	("Hello").Chars(0)

Tabelle 13.6 Textbefehle im String-Objekt

Methoden analysieren: Beispiel Split()

Zwar haben Sie in Kapitel 6 bereits ausführlich gelesen, wie Sie mit Hilfe von *Get-Member* herausfinden, welche Methoden ein Objekt enthält und wie man sie aufruft. Als kurze Wiederholung schauen wir uns aber noch einmal kurz am Beispiel der Methode *Split()* an, wie das funktioniert.

```
("irgendwas" | Get-Member Split).definition
System.String[] Split(Params Char[] separator), System.String[] Split(Char[] separator, Int32 count), System.String[]
Split(Char[] separator, StringSplitOptions options), System.String[] Split(Char[] separator, Int32 count,
StringSplitOptions options), System.String[] Split(String[] separator, StringSplitOptions options), System.String[]
Split(String[] separator, Int32 count, StringSplitOptions options)
```

In runden Klammern wird ein (beliebiger) Text an *Get-Member* gesendet. Hinter *Get-Member* steht der Befehl, für den Sie sich interessieren, zum Beispiel *Split*. Das Ergebnis ist ein *MemberInfo*-Objekt, von dem uns nur seine *Definition* interessiert. Die wird zwar ausgegeben, sieht aber ziemlich unübersichtlich aus. Weil die Definition ebenfalls ein *String*-Objekt ist, stehen hier dieselben Methoden aus Tabelle 13.6 zur Verfügung, und Sie könnten *Replace()* verwenden, um an der passenden Stelle einen Zeilenumbruch einzufügen. Das macht das Ergebnis schon wesentlich verständlicher:

```
("irgendwas" | Get-Member Split).Definition.Replace("), ", ")`n")
System.String[] Split(Params Char[] separator)
System.String[] Split(Char[] separator, Int32 count)
System.String[] Split(Char[] separator, StringSplitOptions options)
System.String[] Split(Char[] separator, Int32 count, StringSplitOptions options)
System.String[] Split(String[] separator, StringSplitOptions options)
System.String[] Split(String[] separator, Int32 count, StringSplitOptions options)
```

Es gibt somit sechs verschiedene Möglichkeiten, um *Split()* aufzurufen. Im einfachsten Fall, wenn Sie also *Split()* mit nur einem Argument einsetzen, erwartet die Methode ein Feld aus Zeichen und verwendet jedes einzelne Zeichen als mögliches Trennzeichen. Das ist eine wichtige Information, denn das heißt, sie dürfen auch mehrere Trennzeichen gleichzeitig verwenden:

```
"a,b;c,d;e;f".Split(",;")
a
b
c
d
e
f
```

Soll das Trennzeichen selbst aus mehreren Zeichen bestehen, muss es ein *String* sein und nicht ein einzelnes *Char*-Zeichen. Nur zwei Signaturen erfüllen diese Voraussetzung:

```
System.String[] Split(String[] separator, StringSplitOptions options)
System.String[] Split(String[] separator, Int32 count, StringSplitOptions options)
```

Damit Sie eine bestimmte Signatur verwenden können, müssen Sie darauf achten, exakt die zu der Signatur passenden Datentypen zu übergeben. Wenn Sie also die erste Signatur einsetzen wollen, muss das erste Argument vom Typ *String[]* und das zweite Argument vom Typ *StringSplitOptions* sein. Am einfachsten erfüllen Sie diese Voraussetzung, indem Sie die Argumente zuerst einer streng typisierten Variable zuweisen. Dazu legen Sie die Variable mit genau dem Typ an, den die Signatur von Ihnen erwartet:

Spezielle Textbefehle verwenden

```
# Eine Variable vom Typ [StringSplitOptions] anlegen:
[StringSplitOptions]$option = "None"

# Eine Variable vom Typ String[] anlegen:
[string[]]$trennzeichen = ".;"
# Split mit der gewünschten Signatur aufrufen und ein zwei Zeichen langes Trennzeichen verwenden:
("a,b;c,;d,e;f,;g").Split($trennzeichen, $option)
a,b;c
d,e;f
g
```

Tatsächlich verwendet *Split()* nun ein Trennzeichen, das aus mehreren Zeichen besteht, und splittet den Text nur noch dort auf, wo es genau die beiden angegebenen Zeichen findet. Eine Frage bleibt allerdings noch: Woher wusste man eigentlich, dass man dem Datentyp *StringSplitOptions* den Wert »*None*« zuweisen muss? Einfache Antwort: keine Ahnung. Das brauchten Sie gar nicht zu wissen. Wenn Sie nämlich einem unbekannten Datentyp einen Wert zuweisen, den er nicht versteht, meldet er von selbst alle gültigen Werte:

```
[StringSplitOptions]$option = "werner wallbach"
Der Wert "werner wallbach" kann aufgrund von ungültigen Enumerationswerten nicht in den Typ
"System.StringSplitOptions" konvertiert werden.  Geben Sie einen der folgenden Enumerationswerte an und
versuchen Sie es erneut. Mögliche Enumerationswerte sind "None, RemoveEmptyEntries".
Bei Zeile:1 Zeichen:28
+ [StringSplitOptions]$option  <<<<  = "werner wallbach"
```

Spätestens jetzt allerdings sollte man aus den angebotenen gültigen Werten und ihren Namen auf ihren Zweck rückschließen können. Was zum Beispiel könnte *RemoveEmptyEntries()* bewirken? Trifft *Split()* auf mehrere aufeinanderfolgende Trennzeichen, dann wären leere Feldelemente die Folge. Mit *RemoveEmptyEntries()* werden solche leeren Einträge gestrichen. Das könnten Sie zum Beispiel nutzen, um überflüssige Leerzeichen aus einem Text zu entfernen:

```
[StringSplitOptions]$option = "RemoveEmptyEntries"
"Dieser   Text    enthält   zu    viele Leerzeichen".Split(" ", $option)
Dieser
Text
enthält
zu
viele
Leerzeichen
```

Jetzt brauchen Sie nur noch einen Befehl, der die Elemente des Feldes wieder in einen Text zurückverwandelt. Dieser heißt *Join()*, findet sich allerdings nicht im *String*-Objekt, sondern in der *String*-Klasse.

Befehle aus der String-Klasse verwenden

Kapitel 6 hatte den Unterschied zwischen Klassen und Objekten (oder Instanzen) klar definiert, aber vielleicht erinnern Sie sich nicht mehr so genau. Jedes *String*-Objekt wird von einem Masterplan abgeleitet, der *String*-Klasse. Beide enthalten Methoden. Und zwar unterschiedliche. Diese Methoden sehen Sie zum Beispiel, wenn Sie hinter der folgenden Anweisung ⇥ drücken und damit die Autovervollständigung aktivieren:

```
[String]::⇥
```

Die Liste sämtlicher Befehle liefert wieder *Get-Member*. Geben Sie diesmal zusätzlich den Parameter *-Static* an:

```
"irgendeintext" | Get-Member -Static -MemberType Method
```

Die statischen Methoden haben Sie sogar bereits verwendet. Der Formatierungsoperator *-f* entspricht in Wirklichkeit der statischen Methode *Format()*, und deshalb funktionieren die folgenden beiden Anweisungen genau gleich:

```
# Formatierungsoperator verwenden:
"Hex Wert von 180 entspricht &h{0:X}" -f 180
Hex Wert von 180 entspricht &hB4

# Gleiches Resultat mit der statischen Methode Format:
[string]::Format("Hex Wert von 180 entspricht &h{0:X}", 180)
Hex Wert von 180 entspricht &hB4
```

Die statische Methode *Format()* ist zwar sehr wichtig, wird aber meist ignoriert, weil *-f* viel einfacher zu handhaben ist. Zwei andere statische Methoden sind dagegen unverzichtbar: *Join()* und *Concat()*.

Join – Felder in Texte verwandeln

Join() ist der Gegenspieler zu *Split()* von eben. *Join()* fasst ein Feld aus Textelementen in einem Text zusammen. So können Sie das Beispiel von eben abschließen und eine Funktion basteln, die überflüssige Leerzeichen aus einem Text entfernt:

```
function RemoveSpace([string]$text) {
>> $private:feld = $text.Split(" ", [StringSplitOptions]::RemoveEmptyEntries)
>> [string]::Join(" ", $feld)
>> }
>>
RemoveSpace "Hallo    dieser  Text    enthält    zu viele    Leerzeichen!"
Hallo dieser Text enthält zu viele Leerzeichen!
```

Concat: Texte aus mehreren Teilen zusammensetzen

Concat() setzt Texte aus mehreren Einzelteilen zusammen und scheint auf den ersten Blick dem Verknüpfungsoperator (+) zu entsprechen:

```
"Hello" + " " + "World!"
Hello World!
```

Allerdings verhält sich der Verknüpfungsoperator immer dann sonderbar, wenn der erste Wert kein Text ist:

```
# ist der erste Wert ein Text, geht alles gut:
"Heute ist der " + (Get-Date)
Heute ist der 08/29/2007 11:02:24

# ist der erste Wert kein Text, können Fehler passieren:
(Get-Date) + " ist ein tolles Datum!"
Das Argument "1" mit dem Wert  " ist ein tolles Datum!" für "op_Addition" kann nicht in den Typ
"System.TimeSpan" konvertiert werden: "Der Wert " ist ein tolles Datum!" kann nicht in den Typ
"System.TimeSpan" konvertiert werden. Fehler: "Die Eingabezeichenfolge hat das falsche Format.""
Bei Zeile:1 Zeichen:13
+ (Get-Date) +  <<<<  " ist ein tolles Datum!"
```

Ist der erste Wert der Rechnung ein Text, werden auch alle anderen Werte in Textform gebracht und wie gewünscht zu einem Gesamttext zusammengefasst. Ist der erste Wert kein Text – im Beispiel war er ein Datumswert – dann werden auch alle übrigen Werte in diesen Typ umgewandelt. Genau das führt zum Fehler, denn » *ist ein tolles Datum!*« kann beim besten Willen nicht in einen Datumswert umgewandelt werden. Der »+«-Operator ist deshalb kein zuverlässiger Weg, um Texte zusammenzufügen.

Concat() ist unproblematischer und wandelt alles, was Sie dem Befehl angeben, in einen Text um. Dabei richtet sich *Concat()* außerdem bei der Umwandlung nach Ihren aktuellen regionalen Einstellungen und liefert so zum Beispiel ein deutsches Datums- und Zeitformat:

```
[string]::Concat("Heute ist der ", (Get-Date))
Heute ist der 29.08.2007 11:06:00
[string]::Concat((Get-Date), " ist ein tolles Datum!")
29.08.2007 11:06:24 ist ein tolles Datum!
```

Einfache Textmustererkennung

Eine häufige Aufgabe ist die Erkennung von Textmustern. Die ist zum Beispiel nötig, wenn Sie Anwendereingaben überprüfen wollen, beispielsweise, um festzustellen, ob der Anwender eine gültige Netzwerkkennung oder E-Mail-Adresse angegeben hat. Mit den bisherigen Textfunktionen ist so eine Gültigkeitsprüfung schwierig. Eine sinnvolle und effektive Mustererkennung benötigt Platzhalterzeichen, die stellvertretend für eine bestimmte Anzahl und Art von Zeichen stehen.

Eine einfache Form von Platzhalterzeichen wurde vor vielen Jahren für das Dateisystem erfunden und funktioniert noch heute. Bestimmt haben Sie sie in der einen oder anderen Form schon angewendet:

```
# Alle Dateien mit der Dateierweiterung txt im aktuellen Ordner auflisten:
Dir *.txt

# Alle Dateien im Windows-Ordner auflisten, die mit "n" oder "w" beginnen:
dir $env:windir\[nw]*.*

# Alle Dateien auflisten, deren Dateierweiterung mit "t" beginnt und genau 3 Zeichen lang ist:
Dir *.t??

# Alle Dateien auflisten, die auf "e" bis "z" enden
dir *[e-z].*
```

Jokerzeichen	Beschreibung	Beispiel
*	beliebig viele beliebige Zeichen (einschließlich gar keinem Zeichen)	Dir *.txt
?	genau ein beliebiges Zeichen	Dir *.??t
[xyz]	eines der angegebenen Zeichen	Dir [abc]*.*
[x-z]	eines der Zeichen im angegebenen Bereich	Dir *[p-z].*

Tabelle 13.7 Einfache Platzhalter verwenden

Die Platzhalter aus Tabelle 13.7 funktionieren nicht nur im Dateisystem, sondern auch mit Textoperatoren wie -*like* und -*notlike*. Auf diese Weise wird die Textmustererkennung kinderleicht. Wollen Sie zum Beispiel überprüfen, ob ein Anwender eine gültige IP-Adresse eingegeben hat, dann könnten Sie das zum Beispiel so tun:

```
$ip = Read-Host "IP-Adresse"
If ($ip -like "*.*.*.*") { "gültig" } Else { "nicht gültig" }
```

Wollen Sie überprüfen, ob in einer Variablen eine gültige E-Mail-Adresse enthalten ist, dann könnten Sie das Textmuster so testen:

```
$email = "tobias.weltner@powershell.de"
$email -like "*.*@*.*"
```

Allerdings decken diese Platzhalter nur grobe Schnitzer auf und sind nicht sehr genau:

```
# Jokerzeichen eignen sich nur für sehr einfache Textmustererkennungen und lassen Raum für Fehleingaben:
$ip = "300.werner.6666."
If ($ip -like "*.*.*.*") { "gültig" } Else { "nicht gültig" }
gültig
```

```
# Die folgende ungültige E-Mail-Adresse wird nicht als falsch erkannt:
$email = ".@."
$email -like "*.*@*.*"
True
```

Reguläre Ausdrücke

Benötigen Sie eine genauere Mustererkennung, stehen reguläre Ausdrücke zur Verfügung. reguläre Ausdrücke bieten sehr viel mehr Platzhalterzeichen und können deshalb Muster sehr viel detaillierter beschreiben. Allerdings sind reguläre Ausdrücke aus demselben Grund sehr viel komplizierter.

Muster beschreiben

Reguläre Ausdrücke können mit den Bausteinen in Tabelle 13.11 Textmuster sehr viel genauer beschreiben. Diese Bausteine gliedern sich in drei Kategorien:

- **Zeichen:** Diese Anweisungen beschreiben einzelne Zeichen oder Zeichenfolgen.
- **Quantifizierer:** Sie bestimmen, wie oft ein Zeichen oder eine Zeichenfolge im Textmuster vorkommt.
- **Anker:** Mit ihrer Hilfe legen Sie fest, ob das Muster ein eigenständiges Wort ist oder am Satzanfang oder -ende liegen muss.

Das Muster, das ein regulärer Ausdruck beschreibt, kann aus vier verschiedenen Zeichenarten zusammengesetzt werden:

- **wörtliche Zeichen** wie »abc«, die genau der Zeichenfolge »abc« entsprechen.
- **maskierte (engl. escaped) Zeichen**, die eigentlich eine Sonderbedeutung im regulären Ausdruck haben und durch einen vorangestellten Backslash (\) wie ein wörtliches Zeichen verstanden werden: \[test\] sucht die Zeichenfolge [test]. Die folgenden Zeichen haben eine besondere Bedeutung und müssen deshalb maskiert werden, wenn man sie wörtlich meint: . ^ $ * + ? { } [ ] \ | ( )
- **vordefinierte Platzhalterzeichen**, die für eine bestimmte Zeichenkategorie stehen und wie Jokerzeichen funktionieren. \d steht zum Beispiel für eine beliebige Ziffer zwischen 0 und 9.
- **eigene Platzhalterzeichen:** Sie bestehen aus eckigen Klammern. Innerhalb der eckigen Klammern sind die Zeichen angegeben, für die dieser Platzhalter stehen kann. Möchten Sie beliebige Zeichen *außer* den angegebenen Zeichen erlauben, verwenden Sie als erstes Zeichen in den eckigen Klammern das ^-Zeichen. Der Platzhalter [^f-h] steht somit für alle Zeichen außer f, g und h.

Baustein	Beschreibung
.	Genau ein beliebiges Zeichen außer einem Zeilenumbruch (entspricht [^\n])
[^abc]	Alle Zeichen außer den angegebenen
[^a-z]	Alle Zeichen außer denen im angegebenen Bereich
[abc]	Eines der angegebenen Zeichen

Baustein	Beschreibung
[a-z]	Eines der Zeichen im Bereich
\a	Bell (ASCII 7)
\c	Beliebiges in einem XML-Namen erlaubtes Zeichen
\cA-\cZ	Control+A bis Control+Z, entsprechend ASCII 0 bis ASCII 26
\d	Eine Zahl (entspricht [0-9])
\D	Beliebiges Zeichen außer Zahlen
\e	Escape (ASCII 9)
\f	Form Feed (ASCII 15)
\n	Zeilenumbruch
\r	Wagenrücklauf
\s	ein Leerzeichen, Tabulator oder Zeilenumbruch
\S	Beliebiges Zeichen außer Leerzeichen, Tabulator und Zeilenumbruch
\t	Ein Tabulatorzeichen
\uFFFF	Unicode-Zeichen mit dem hexadezimalen Code FFFF. Das Euro-Symbol trägt beispielsweise den Code 20AC.
\v	Vertikaler Tabulator (ASCII 11)
\w	Buchstabe, Ziffer oder Unterstrich
\W	Beliebiges Zeichen außer Buchstaben
\xnn	Bestimmtes Zeichen, wobei nn den hexadezimalen ASCII-Code festlegt
.*	Beliebig viele beliebige Zeichen (einschließlich gar keinem Zeichen)

Tabelle 13.8 Platzhalter für Zeichen

Quantifizierer

Jeder Platzhalter aus Tabelle 13.8 steht jeweils für genau ein Zeichen. Mit den Quantifizierern bestimmen Sie genauer, um wie viele Zeichen es sich jeweils handeln muss. \d{1,3} steht demgemäß für eine Zahl, die ein- bis dreimal vorkommen darf, also für eine bis zu dreistellige Zahl.

Baustein	Beschreibung
*	Ausdruck davor kommt keinmal, einmal oder mehrmals vor (längste Möglichkeit)
*?	Ausdruck davor kommt keinmal, einmal oder mehrmals vor (kürzeste Möglichkeit)
.*	beliebig viele beliebige Zeichen (einschließlich gar keinem Zeichen)
?	Ausdruck davor kommt keinmal oder einmal vor (längste Möglichkeit)
??	Ausdruck davor kommt keinmal oder einmal vor (kürzeste Möglichkeit)
{n,}	mindestens n Vorkommen

Reguläre Ausdrücke

Baustein	Beschreibung
{n,m}	mindestens n Vorkommen, höchstens m Vorkommen
{n}	genau n Vorkommen
+	Ausdruck davor kommt einmal vor

Tabelle 13.9 Quantifizierer für Textmuster

Anker

Anker legen fest, ob ein Muster an bestimmten Grenzen beginnen oder enden muss. Der reguläre Ausdruck *\b\d{1,3}* findet zum Beispiel nur bis zu dreistellige Zahlen, wenn diese als eigenständiges Wort im Text vorkommen. Die Zahl *123* im Text *Bart123* würde nicht gefunden.

Baustein	Beschreibung
$	Satzende (bei mehrzeiligen Texten ist \Z eindeutiger)
\A	Satzanfang, auch bei mehrzeiligen Texten
\b	Wortgrenze
\B	Keine Wortgrenze
\Z	Satzende, auch bei mehrzeiligen Texten
^	Satzanfang (bei mehrzeiligen Texten ist \A eindeutiger)

Tabelle 13.10 Anker-Grenzen

IP-Adressen erkennen

Textmuster wie zum Beispiel eine IP-Adresse lassen sich mit regulären Ausdrücken sehr viel genauer beschreiben als mit den einfachen Jokerzeichen. Meist verwendet man dazu eine Kombination aus Zeichen und Quantifizierern, gibt also an, welche Zeichen wie oft im Muster vorkommen dürfen:

```
$ip = "10.10.10.10"
$ip -match "\b\d{1,3}\.\d{1,3}\.\d{1,3}\.\d{1,3}\b"
True
$ip = "a.10.10.10"
$ip -match "\b\d{1,3}\.\d{1,3}\.\d{1,3}\.\d{1,3}\b"
False
$ip = "1000.10.10.10"
$ip -match "\b\d{1,3}\.\d{1,3}\.\d{1,3}\.\d{1,3}\b"
False
```

Das Textmuster wird hier beschrieben als vier Zahlen (Zeichen: *\d*) zwischen einer und drei Stellen (Quantifizierer: *{1,3}*), die durch Wortgrenzen begrenzt sind (Anker: *\b*), also von Leerzeichen, Tabulatorzeichen oder Zeilenumbrüchen umgeben werden. Perfekt ist die Überprüfung allerdings noch nicht, denn es wird nicht kontrolliert, ob die Zahlen auch wirklich im erlaubten Zahlenbereich von 0 – 255 liegen.

```
# Es gibt immer noch Eingaben, die fälschlich als gültige IP-Adresse erkannt werden:
$ip = "300.400.500.999"
$ip -match "\b\d{1,3}\.\d{1,3}\.\d{1,3}\.\d{1,3}\b"
True
```

E-Mail-Adressen überprüfen

Möchten Sie überprüfen, ob ein Anwender eine gültige E-Mail-Adresse angegeben hat, dann verwenden Sie den folgenden regulären Ausdruck:

```
$email = "test@irgendwo.com"
$email -match "\b[A-Z0-9._%+-]+@[A-Z0-9.-]+\.[A-Z]{2,4}\b"
True
$email = ".@."
$email -match "\b[A-Z0-9._%+-]+@[A-Z0-9.-]+\.[A-Z]{2,4}\b"
False
```

Immer wenn Sie einen Ausdruck in einem Text suchen, der als eigenständiges »Wort« im Text vorkommt, begrenzen Sie Ihren regulären Ausdruck mit Wortgrenzen (Anker: \b). Der reguläre Ausdruck weiß dann, dass Sie nur an Textstellen interessiert sind, die durch Leerzeichen, Tabulatorzeichen oder einen Zeilenumbruch vom übrigen Text abgegrenzt ist.

Danach legt der reguläre Ausdruck fest, aus welchen Zeichen eine E-Mail-Adresse bestehen darf. Die erlaubten Zeichen stehen in eckigen Klammern und bestehen aus Bereichen (zum Beispiel *A-Z0-9*) und einzelnen Zeichen (wie *._%+-*). Das Pluszeichen (+) hinter der eckigen Klammer ist ein Quantifizierer und bedeutet: Mindestens eines der angegebenen Zeichen muss vorhanden sein, es können aber auch beliebig viele mehr sein.

Danach folgt das @-Zeichen und dahinter kann noch einmal ein Text mit denselben Zeichen wie vor dem @ angegeben werden. Es folgt der Punkt (\.) in der E-Mail-Adresse. Dieser Punkt wird mit einem Backslash (\) eingeleitet, weil der Punkt eigentlich in regulären Ausdrücken eine andere Bedeutung hat, wenn er nicht innerhalb von eckigen Klammern steht. Der umgekehrte Schrägstrich sorgt dafür, dass der reguläre Ausdruck den Punkt dahinter wörtlich versteht, also als echten Punkt.

Hinter dem Punkt folgt der Domänenbezeichner, der nur noch aus Buchstaben bestehen darf (*[A-Z]*). Wieder folgt den eckigen Klammern ein Quantifizierer (*{2,4}*), der bestimmt, dass der Domänenbezeichner aus mindestens zwei und höchstens vier der angegebenen Zeichen bestehen darf.

Allerdings hat dieser reguläre Ausdruck noch ein Schlupfloch. Er überprüft zwar, ob im Text irgendwo eine gültige E-Mail-Adresse vorhanden ist, aber davor oder dahinter könnte noch anderer Text stehen:

```
$email = "bitte Email an test@irgendwo.com und Rückmeldung!"
$email -match "\b[A-Z0-9._%+-]+@[A-Z0-9.-]+\.[A-Z]{2,4}\b"
True
```

Der Grund: Ihr regulärer Ausdruck sucht das Muster irgendwo im Text und achtet dabei wegen \b nur auf Wortgrenzen. Möchten Sie stattdessen lieber überprüfen, ob der gesamte Text einer gültigen E-Mail entspricht, dann verwenden Sie anstelle der Wortgrenzen die Bausteine für den Satzanfang (Anker: ^) und das Satzende (Anker: $):

```
$email -match "^[A-Z0-9._%+-]+@[A-Z0-9.-]+\.[A-Z]{2,4}$"
```

Nach verschiedenen Begriffen gleichzeitig suchen

Manchmal sind Suchbegriffe nicht eindeutig, weil es zum Beispiel mehrere Schreibweisen gibt. Mit dem Fragezeichen (?) als Quantifizierer können Sie dann Teile des Suchworts als optional markieren. Im einfachsten Fall setzen Sie das Fragezeichen hinter ein optionales Zeichen. Das Zeichen vor dem Fragezeichen kann dann im Suchbegriff vorkommen, muss es aber nicht:

```
"color" -match "colou?r"
True
"colour" -match "colou?r"
True
```

WICHTIG Das Fragezeichen steht hier nicht etwa für ein beliebiges Zeichen, so wie Sie es vielleicht von den einfachen Jokerzeichen gewöhnt sind. Bei regulären Ausdrücken ist das Fragezeichen ein Quantifizierer und gibt stets an, wie oft das Zeichen oder der Ausdruck davor vorkommen darf. Im Beispiel bewirkt also *u?*, dass der Buchstabe u an dieser Stelle im Textmuster vorkommen darf, aber nicht vorkommen muss. Andere Quantifizierer sind das Sternchen (Zeichen darf auch mehrmals vorkommen) und das Pluszeichen (Zeichen muss mindestens einmal vorkommen).

Möchten Sie mehr als ein Zeichen als optional markieren, dann stellen Sie die Zeichen in einen Unterausdruck. Unterausdrücke bestehen aus runden Klammern. Das folgende Beispiel erkennt sowohl den Monatsbezeichner *Nov* als auch *November*:

```
"Nov" -match "\bNov(ember)?\b"
True
"November" -match "\bNov(ember)?\b"
True
```

Möchten Sie dagegen mehrere alternative Suchbegriffe verwenden, dann setzen Sie das Oder-Zeichen (|) ein:

```
"Hans und Werner" -match "Ute|Hans"
True
```

Und wollen Sie alternative Suchbegriffe zusammen mit festem Text mischen, dann greifen Sie ebenfalls zu den Unterausdrücken:

```
# findet "und Hans":
"Peter und Hans" -match "und (Hans|Willi)"
True


# findet nicht "und Hans":
"Hans und Peter" -match "und (Hans|Willi)"
False
```

Groß- und Kleinschreibung unterscheiden

Der *-match*-Operator kümmert sich wie bei PowerShell üblich nicht um Groß- und Kleinschreibung. Möchten Sie zwischen Groß- und Kleinschreibung unterscheiden, dann verwenden Sie stattdessen den Operator *-cmatch*:

```
# -match unterscheidet nicht zwischen Groß- und Kleinschreibung:
"hello" -match "heLLO"
True


# -cmatch unterscheidet zwischen Groß- und Kleinschreibung:
"hello" -cmatch "heLLO"
False
```

Falls Sie dagegen nur bei Teilen des Textmusters Groß- und Kleinschreibung unterscheiden wollen und bei anderen nicht, dann verwenden Sie *-match* und legen in Ihrem regulären Ausdruck fest, welche Teile davon Groß- und Kleinschreibung unterscheiden sollen und welche nicht. Die Anweisung *(?i)* bestimmt, dass alles, was danach folgt, nicht zwischen Groß- und Kleinschreibung unterscheidet. Mit der Anweisung *(?-i)* schalten Sie umgekehrt die Unterscheidung ein. Das nächste Beispiel erkennt also das Wort *test* nur, wenn die letzten beiden Zeichen klein geschrieben sind. Bei den ersten beiden Zeichen spielen Groß- und Kleinschreibung keine Rolle:

```
"TEst" -match "(?i)te(?-i)st"
True
"TEST" -match "(?i)te(?-i)st"
False
```

Wenn Sie anstelle von *-match* das *RegEx*-Objekt des .NET Frameworks einsetzen, dann unterscheidet dieses automatisch zwischen Groß- und Kleinschreibung, verhält sich also wie *-cmatch*. Wollen Sie zwischen Groß- und Kleinschreibung nicht unterscheiden, setzen Sie entweder die eben beschriebenen Optionszeichen direkt innerhalb Ihres regulären Ausdrucks ein, oder Sie melden dem *RegEx*-Objekt Ihren Sonderwunsch mit der Option »*IgnoreCase*«:

```
[regex]::matches("test", "TEST", "IgnoreCase")
```

Baustein	Beschreibung	Kategorie
(xyz)	Unterausdruck	
|	Oder-Verknüpfung	Auswahl
\	folgendes Zeichen wird nicht als Formatierungszeichen gewertet, sondern wörtlich genommen	Escape
x?	Verwandelt den Quantifizierer x in einen »lazy«-Quantifizierer	Option
(?xyz)	Aktiviert oder deaktiviert spezielle Modi wie zum Beispiel die Unterscheidung zwischen Groß- und Kleinschreibung	Option
x+	Verwandelt den Quantifizierer x in einen »possessive« Quantifizierer	Option
?:	Keinen Rückverweis anlegen	Verweis
?<name>	Name *name* für Rückverweis verwenden	Verweis

Tabelle 13.11 Bausteine für reguläre Ausdrücke

Komplexe reguläre Ausdrücke

Natürlich kann ein regulärer Ausdruck beliebig ausführliche Tests durchführen und so zum Beispiel bei einer IP-Adresse auch prüfen, ob die angegebenen Zahlen im erlaubten Bereich von 0 bis 255 liegen. Dabei werden die regulären Ausdrücke allerdings immer länger und schwerer verständlich. Glücklicherweise brauchen Sie in den meisten Fällen nicht selbst Stunden in komplexe reguläre Ausdrücke wie den folgenden zu investieren. Es genügt, die für ein bestimmtes Textmuster passenden regulären Ausdrücke zu kennen. Im Internet finden Sie zu fast allen üblichen Textmustern fix und fertige reguläre Ausdrücke. Im Folgenden wollen wir uns einen komplexen regulären Ausdruck trotzdem näher anschauen, damit Sie erkennen, dass dieser ebenfalls nur aus den üblichen Bausteinen aus Tabelle 13.11 besteht. Der folgende reguläre Ausdruck würde nur noch wirklich gültige IP-Adressen zulassen:

```
$ip = "300.400.500.999"
$ip -match "\b(?:(?:25[0-5]|2[0-4][0-9]|[01]?[0-9][0-9]?)\.){3}(?:25[0-5]|2[0-4][0-9]|[01]?[0-9][0-9]?)\b"
False
```

Und so funktioniert der Ausdruck: Gültig sind nur Ausdrücke, die an Wortgrenzen stoßen (Anker: */b*). Jede einzelne Zahl wird durch den folgenden Unterausdruck definiert:

```
(?:25[0-5]|2[0-4][0-9]|[01]?[0-9][0-9]?)
```

Die Anweisung *?:* ist optional und verbessert die Geschwindigkeit, kann aber auch weggelassen werden. Danach folgen drei alternative erlaubte Zahlenformate, die durch das Oder-Zeichen (|) getrennt werden. *25[0-5]* entspricht einer Zahl zwischen *250* und *255*. *2[0-4][0-9]* entspricht einer Zahl zwischen *200* und *249*. *[01]?[0-9][0-9]?* schließlich entspricht einer Zahl zwischen *0-9* oder *00-99* oder *100-199*. Das Fragezeichen (?) als Quantifizierer sorgt nämlich dafür, dass das Muster davor nicht zwingend vorkommen muss. Der Unterausdruck beschreibt also Zahlen zwischen *0* und *255*. Eine IP-Adresse besteht aus vier solcher Zahlen. Hinter den ersten drei Zahlen folgt immer ein Punkt. Deshalb wird die Definition der Zahl im folgenden Ausdruck eingefügt:

```
(?:(?:25[0-5]|2[0-4][0-9]|[01]?[0-9][0-9]?)\.){3}
```

An die Zahl wird also ein Punkt (\.) angefügt, und dieses Konstrukt soll drei Mal vorhanden sein ({3}). Daran wird nun noch die vierte Zahl angehängt und fertig ist der reguläre Ausdruck. Weil Sie nun wissen, wie man Unterausdrücke anlegt (runde Klammern verwenden) und wie man diese Unterausdrücke wiederholt (Anzahl der Wiederholungen in geschweiften Klammern dahinter schreiben), könnten Sie jetzt auch den zuerst verwendeten regulären Ausdruck für IP-Adressen verkürzen:

```
$ip = "10.10.10.10"

$ip -match "\b\d{1,3}\.\d{1,3}\.\d{1,3}\.\d{1,3}\b"
True

$ip -match "\b(?:\d{1,3}\.){3}\d{1,3}\b"
True
```

Informationen in Texten finden

Reguläre Ausdrücke können nicht nur Muster erkennen, sondern auch Informationen, die bestimmten Mustern entsprechen, aus Texten herauslösen. Damit sind reguläre Ausdrücke ein exzellentes Werkzeug, um Rohdaten zu »parsen«, also relevante Informationen in Texten zu entdecken und auszugeben. Möchten Sie zum Beispiel aus einem Brief eine E-Mail-Adresse extrahieren, dann verwenden Sie denselben regulären Ausdruck wie eben, mit dem Sie E-Mail-Adressen identifizieren können. Danach schauen Sie allerdings nun in der Variablen *$matches* nach, welche Ergebnisse gefunden wurden. Die Variable *$matches* wird automatisch angelegt, wenn Sie den Operator *-match* (oder einen seiner Geschwister wie *-cmatch*) verwenden.

$matches ist eine Hashtable (Kapitel 4), und so können Sie entweder die ganze Hashtable ausgeben oder auf die einzelnen Elemente darin über ihren Namen zugreifen, wenn Sie diesen in eckigen Klammern angeben:

```
$rohtext = "Meine E-Mail-Adresse lautet tobias@powershell.com, falls Sie das interessiert."

# Einfache Mustererkennung:
$rohtext -match "\b[A-ZO-9._%+-]+@[A-ZO-9.-]+\.[A-Z]{2,4}\b"
True

# Information, die dem Muster entspricht, aus dem Rohtext lesen:
$matches

Name                           Value
----                           -----
0                              tobias@powershell.com

$matches[0]
tobias@powershell.com
```

Funktioniert das auch für mehrere E-Mail-Adressen im Text? Leider nein, jedenfalls nicht auf Anhieb. *-match* sucht nur nach dem ersten passenden Ausdruck. Wenn Sie ein Muster mehrmals in einem Rohtext finden wollen, müssen Sie deshalb auf das dem *-match*-Operator zugrundeliegende *RegEx*-Objekt ausweichen und es direkt einsetzen.

Reguläre Ausdrücke

> **ACHTUNG** Das *RegEx*-Objekt verhält sich in einem wesentlichen Punkt anders als der *-match*-Operator. Beim *RegEx*-Objekt wird als Vorgabe zwischen Groß- und Kleinschreibung unterschieden, bei *-match* dagegen nicht. Stellen Sie deshalb dem regulären Ausdruck die Option *(?i)* voran, damit erst gar keine Missverständnisse aufkommen und dieser Ausdruck in jedem Fall ohne Unterscheidung von Groß- und Kleinschreibung ausgewertet wird.

```
# Ein Rohtext enthält mehrere E-Mail-Adressen. -match findet nur die erste:
$rohtext = "Von test@test.com kam eine E-Mail, die an spam@muell.de weitergeleitet wurde."
$rohtext -match "\b[A-Z0-9._%+-]+@[A-Z0-9.-]+\.[A-Z]{2,4}\b"
True
$matches

Name                           Value
----                           -----
0                              test@test.com

# Ein RegEx-Objekt findet alle Muster, unterscheidet aber als Vorgabe Groß- und Kleinschreinbung:
$regex = [regex]"(?i)\b[A-Z0-9._%+-]+@[A-Z0-9.-]+\.[A-Z]{2,4}\b"
$regex.Matches($rohtext)

Groups   : {test@test.com}
Success  : True
Captures : {test@test.com}
Index    : 4
Length   : 13
Value    : test@test.com

Groups   : {spam@muell.de}
Success  : True
Captures : {spam@muell.de}
Index    : 42
Length   : 13
Value    : spam@muell.de

# Ergebnis auf die E-Mail-Adressen beschränken:
$regex.Matches($rohtext) | Select-Object -Property Value

Value
-----
test@test.com
spam@muell.de

# Gefundene E-Mail-Adressen weiterverarbeiten:
$regex.Matches($rohtext) | Foreach-Object { "gefunden: $($_.Value)" }
gefunden: test@test.com
gefunden: spam@muell.de
```

Nach mehreren Schlüsselwörtern suchen

Mit Hilfe des Oder-Zeichens (|) könnten Sie zum Beispiel eine Gruppe von Schlüsselwörtern suchen und anschließend feststellen, welches Schlüsselwort tatsächlich im Text gefunden wurde:

```
"Set a=1" -match "Get|GetValue|Set|SetValue"
True
$matches

Name                           Value
----                           -----
0                              Set
```

$matches verrät Ihnen anschließend, welches Schlüsselwort tatsächlich im Text vorhanden war. Allerdings kommt es hierbei entscheidend auf die Reihenfolge der Schlüsselwörter in Ihrem regulären Ausdruck an, denn das erste, das passt, wird ausgewählt. Das Ergebnis wäre also in diesem Beispiel nicht richtig:

```
"SetValue a=1" -match "Get|GetValue|Set|SetValue"
True
$matches[0]
Set
```

Entweder ändern Sie die Reihenfolge der Schlüsselwörter so, dass längere Schlüsselwörter vor kürzeren Schlüsselwörtern geprüft werden:

```
"SetValue a=1" -match "GetValue|Get|SetValue|Set"
True
$matches[0]
SetValue
```

Oder Sie sorgen dafür, dass Ihr regulärer Ausdruck genauer formuliert ist, denn eigentlich suchen Sie ja nach eigenständigen Wörtern. Fügen Sie deshalb Wortgrenzen in Ihren regulären Ausdruck ein, damit die Reihenfolge keine Rolle mehr spielt:

```
"SetValue a=1" -match "\b(Get|GetValue|Set|SetValue)\b"
True
$matches[0]
SetValue
```

Auch hier gilt: *-match* findet nur den ersten Treffer. Enthält Ihr Rohtext den Suchbegriff mehrfach, dann greifen Sie wieder zum *RegEx*-Objekt:

```
$regex = [regex]"\b(Get|GetValue|Set|SetValue)\b"
$regex.Matches("Set a=1; GetValue a; SetValue b=12")
```

```
Groups     : {Set, Set}Success  : True
Captures   : {Set}
Index      : 0
Length     : 3
Value      : Set

Groups     : {GetValue, GetValue}
Success    : True
Captures   : {GetValue}
Index      : 9
Length     : 8
Value      : GetValue

Groups     : {SetValue, SetValue}
Success    : True
Captures   : {SetValue}
Index      : 21
Length     : 8
Value      : SetValue
```

Gruppen bilden

Häufig enthält eine Rohtextzeile gleich eine ganze Reihe nützlicher Informationen. Diese kann man dann mit runden Klammern in Unterausdrücken zusammenfassen, um diese Informationen später einzeln auswerten zu können. Grundsätzlich gilt: Alle Informationen, die Sie in dem Textmuster finden wollen, gehören in runde Klammern, denn die Ergebnisse dieser Unterausdrücke liefert *$matches* anschließend als eigenständige Elemente zurück. Enthält eine Textzeile zum Beispiel zuerst ein Datum und dann einen Text, und sind beide mit Tabulatoren getrennt, dann könnten Sie dieses Muster so beschreiben:

```
# Muster definieren: Zwei durch Tabulator getrennte Zeichen
$pattern = "(.*)\t(.*)"

# Beispielzeile mit Tabulatorzeichen erstellen:
$zeile = "1.12.2009`tBeschreibung"

# Zeile mit dem regulären Ausdruck parsen:
$zeile -match $pattern
True

# Ergebnis anzeigen:
$matches

Name                           Value
----                           -----
2                              Beschreibung
1                              1.12.2009
0                              1.12.2009    Beschreibung
```

```
$matches[1]
1.12.2009
$matches[2]
Beschreibung
```

Wenn Sie Unterausdrücke verwenden, enthält *$matches* im ersten Feldelement mit dem Namen »0« das gesamte gesuchte Textmuster. Danach folgen in weiteren Elementen die in den runden Klammern definierten Unterausdrücke. Um das besser verständlich und lesbar zu machen, können Sie den Unterausdrücken eigene Namen zuweisen und danach die Ergebnisse unter diesen Namen abrufen. Sie weisen einem Unterausdruck einen Namen zu, indem Sie das folgende Konstrukt als erste Anweisung in die runden Klammern schreiben: *?<Name>*

```
# Den Unterausdrücken eigene Namen zuweisen:
$pattern = "(?<Datum>.*)\t(?<Text>.*)"


# Beispielzeile mit Tabulatorzeichen erstellen:
$zeile = "1.12.2009`tBeschreibung"

# Zeile mit dem regulären Ausdruck parsen:
$zeile -match $pattern
True

# Ergebnis anzeigen:
$matches

Name                 Value
----                 -----
Text                 Beschreibung
Datum                1.12.2009
0                    1.12.2009     Beschreibung

$matches.Datum
1.12.2009
$matches.Text
Beschreibung
```

Die Einzelergebnisse, die *$matches* für jeden Unterausdruck liefert, benötigen natürlich Speicherplatz. Brauchen Sie diese Ergebnisse nicht, dann verbessern Sie die Geschwindigkeit Ihres regulären Ausdrucks, wenn sie darauf verzichten. Dazu schreiben Sie das folgende Konstrukt als erste Anweisung in den Unterausdruck: *?:*

```
# Kein Ergebnis für den zweiten Unterausdruck liefern:
$pattern = "(?<Datum>.*)\t(?:.*)"


# Beispielzeile mit Tabulatorzeichen erstellen:
```

Reguläre Ausdrücke

```
$zeile = "1.12.2009`tBeschreibung"

# Zeile mit dem regulären Ausdruck parsen:
$zeile -match $pattern
True

# Für den zweiten Unterausdruck wird kein Ergebnis mehr geliefert:
$matches

Name                           Value
----                           -----
Datum                          1.12.2009
0                              1.12.2009     Beschreibung
```

Ergebnisse von Unterausdrücken weiterverwenden

Mit Hilfe der Ergebnisse der einzelnen Unterausdrücke lassen sich erstaunlich flexible reguläre Ausdrücke erzeugen. Wie zum Beispiel könnte man ein HTML-Tag einer Webseite als Textmuster definieren? Es besteht immer aus dieser Struktur: *<tagname [parameter]>...</tagname>*. Für ein bestimmtes fest vorgegebenes HTML-Tag ist das Textmuster schnell gefunden:

```
"<body background=1>Inhalt</body>" -match "<body\b[^>]*>(.*?)</body>"
True
$matches[1]
Inhalt
```

Das Textmuster beginnt mit dem festen Text *<body*. Danach dürfen getrennt durch eine Wortgrenze beliebige weitere Wörter folgen, nur nicht die geschlossene spitze Klammer (>). Es folgt die abschließende geschlossene spitze Klammer (>) und dann der Inhalt des *body*-Tags, der aus beliebig vielen beliebigen Zeichen bestehen darf (.*?). Dieser Ausdruck steht in runden Klammern, ist also ein Unterausdruck und wird später als Ergebnis in *$matches* zurückgeliefert, damit Sie wissen, was innerhalb des *body*-Tags steht. Danach folgt der abschließende Teil des Tags als fixer Text (</body>).

Dieser reguläre Ausdruck funktioniert wunderbar für *body*-Tags, aber nicht für andere Tags. Müsste man nun tatsächlich für jedes HTML-Tag einen eigenen regulären Ausdruck definieren? Natürlich nicht. Es geht auch einfacher. Das Problem ist, dass der Name des Tags im regulären Ausdruck zweimal vorkommt, einmal bei der Einleitung (<body...>) und einmal am Ende (</body>). Soll der reguläre Ausdruck beliebige Tags bearbeiten können, dann müsste er von selbst den Namen des Tags ermitteln und an beiden Stellen verwenden. Wie geht das? Zum Beispiel so:

```
"<body background=2>Inhalt</body>" -match "<([A-Z][A-Z0-9]*)[^>]*>(.*?)</\1>"
True
$matches

Name                           Value
----                           -----
```

```
2                          Inhalt
1                          body
0                          <body background=2>Inhalt</body>
```

Dieser reguläre Ausdruck enthält nirgends mehr einen fest vorgegebenen Tag-Namen und funktioniert für beliebige Tags die dem Muster entsprechen. Wie funktioniert das genau? Das einleitende Tag wird in einer runden Klammer als Unterausdruck definiert, und zwar als ein Wort, das mit einem Buchstaben beginnt und danach aus weiteren beliebigen alphanumerischen Zeichen bestehen kann.

```
([A-Z][A-Z0-9]*)
```

Der hier ermittelte Name des Tags muss anschließend noch im abschließenden Teil wiederholt werden. Hier steht: </\1>. Dabei ist \1 ein Verweis auf das Ergebnis des ersten Unterausdrucks. Der erste Unterausdruck hatte den Tag-Namen ausgewertet und dieser Name wird deshalb automatisch auch für den Abschluss des Tags verwendet.

Das folgende *RegEx*-Objekt könnte also ab sofort den Inhalt beliebiger HTML-Tags liefern:

```
$regexTag = [regex]"(?i)<([A-Z][A-Z0-9]*)[^>]*>(.*?)</\1>"
$ergebnis = $regexTag.Matches("<button>Hier drücken</button>")
$ergebnis[0].Groups[2].Value + " steht im Tag " + $ergebnis[0].Groups[1].Value
Hier drücken steht im Tag button
```

Gierig oder faul? Ausführliche oder kurze Ergebnisse ...

Wer ganz genau aufgepasst hat, wird sich beim regulären Ausdruck zur Auswertung von HTML-Tags vielleicht gewundert haben, warum der Inhalt des Tags durch .*? und nicht einfach durch .* definiert wurde. Schließlich würde .* doch genügen, damit ein beliebiges Zeichen (Zeichen: .) beliebig oft vorkommen kann (Quantifizierer: *). Der Unterschied zwischen .* und .*? ist auf den ersten Blick nicht leicht zu erkennen, wird aber an einem kurzen Beispiel deutlich.

Vielleicht möchten Sie in einem Logbuch Monatsangaben auswerten, aber die Monate sind nicht einheitlich angegeben. Mal wird die Kurzform und mal die Langform des Monatsnamens verwendet. Das ist kein Problem für reguläre Ausdrücke, wie Sie inzwischen wissen, denn mit Unterausdrücken lassen sich Teile eines Schlüsselworts als optional erklären:

```
"Feb" -match "Feb(ruar)?"
True
$matches[0]
Feb
"Februar" -match "Feb(ruar)?"
True
$matches[0]
Februar
```

In beiden Fällen erkennt der reguläre Ausdruck den Monat, liefert in *$matches* aber unterschiedliche Ergebnisse zurück. In den Voreinstellungen ist der reguläre Ausdruck nämlich gierig (»greedy«) und möchte einen möglichst ausführlichen Treffer landen. Lautet der Text »Februar«, dann schaut der Ausdruck zuerst, ob es sich um einen Treffer handelt, also mindestens »Feb« vorhanden ist. Falls ja, schaut er »gierig« weiter, um zu prüfen, ob vielleicht noch weitere Zeichen in das Muster passen. Falls ja, wird dieser gesamte (ausführliche) Text zurückgemeldet.

Kommt es Ihnen allerdings nur darauf an, die Monatsnamen zu vereinheitlichen, dann würden Sie gern in jedem Fall den kürzesten gemeinsamen Text zurückerhalten. Genau das leistet der Quantifizierer *??*, denn der ist faul (»lazy«). Sobald dieser das Muster erkennt, gibt er es zurück, ohne sich weiter darum zu kümmern, ob vielleicht noch weitere Zeichen optional in das Muster passen würden.

```
"Feb" -match "Feb(ruar)?"
True
$matches[0]
Feb
"Februar" -match "Feb(ruar)?"
True
$matches[0]
Feb
```

Wie hängen nun die Quantifizierer *??* aus diesem Beispiel und **?* aus dem vorangegangenen zusammen? Tatsächlich ist *??* gar kein eigenständiger Quantifizierer, sondern macht einen normalen »gierigen« Quantifizierer bloß zu einem »faulen« Quantifizierer. Sie könnten also auch den Quantifizierer *** mit *?* dazu bewegen, »faul« zu sein und immer nur das kürzeste Ergebnis zurückzuliefern. Und genau das ist beim regulären Ausdruck für HTML-Tags auch geschehen. Warum das wichtig ist, sehen Sie jetzt. Setzen Sie nämlich anstelle von **?* den gierigen Quantifizierer *** ein, dann versucht dieser, ein möglichst ausführliches Ergebnis zu liefern. Das kann schiefgehen:

```
# Mit dem gierigen Quantifizierer * wird ein möglichst ausführliches Ergebnis geliefert:
"<body background=1>Inhalt</body></body>" -match "<body\b[^>]*>(.*)</body>"
True
$matches[1]
Inhalt<\body>

# Richtig ist der faule Quantifizierer *?, der ein möglichst kurzes Ergebnis liefert.
"<body background=1>Inhalt</body></body>" -match "<body\b[^>]*>(.*?)</body>"
True
$matches[1]
Inhalt
```

Laut Definition des regulären Ausdrucks sind innerhalb des Tags beliebige Zeichen erlaubt, und außerdem muss der gesamte Ausdruck mit *</body>* enden. Steht innerhalb des Tags ebenfalls *</body>*, dann passiert folgendes: Der gierige Quantifizierer (*) merkt schon beim ersten </body>, dass das Muster bereits vollständig befriedigt ist. Weil er aber gierig ist, schaut er weiter und entdeckt das zweite </body>, das ebenfalls ins Muster passt. Also berücksichtigt er beide </body>-Angaben, weist eine dem Inhalt des Tags zu und verwendet die andere als Abschluss des Tags.

Besser ist hier ein fauler Quantifizierer (*?), der beim ersten </body> bemerkt, dass das Muster bereits korrekt befriedigt ist und sich keine Mühe macht, weiterzusuchen. Das zweite </body> ignoriert er deshalb und verwendet das erste dazu, das Tag abzuschließen.

Wortbereiche finden

Über die Technik der regulären Ausdrücke gibt es ganze Bücher, und deshalb würde es den Rahmen an dieser Stelle sprengen, noch weiter auf die Details einzugehen. Dass Sie mit den Bausteinen aus Tabelle 13.11 mit wenig Aufwand erstaunliche Suchergebnisse erzielen können, zeigt das letzte Beispiel, das Wortbereiche findet. Geben Sie also zwei Wörter ein, dann liefert der reguläre Ausdruck den Text zwischen den beiden Wörtern, wenn zwischen den beiden Wörtern mindestens ein und höchstens sechs andere Wörter stehen:

```
"Wortbereiche vom Start bis zum Ende finden" -match "\bstart\W+(?:\w+\W+){1,6}?ende\b"
$matches[0]
Name                           Value
----                           -----
0                              Start bis zum Ende
```

Texte ersetzen

Wie Sie Textstellen ersetzen, wissen Sie bereits, denn Sie haben schon den Operator -replace kennengelernt. Dem verraten Sie einfach, welchen Begriff Sie in einem Text ersetzen wollen, und schon erledigt er die Arbeit für Sie:

```
"Guten Tag, Ralf" -replace "Ralf", "Martina"
Guten Tag, Martina
```

Diese einfache Ersetzung reicht aber nicht immer aus, und deshalb können Sie auch für Ersetzungen die regulären Ausdrücke verwenden. Wofür das sinnvoll sein könnte, zeigen Ihnen jetzt einige interessante Beispiele.

Vielleicht möchten Sie in einem Text mehrere verschiedene Begriffe durch einen anderen Begriff ersetzen. Ohne reguläre Ausdrücke müssten Sie dann jeden Begriff einzeln ersetzen. Mit regulären Ausdrücken verwenden Sie stattdessen den Oder-Operator (|):

```
"Herr Müller und Frau Meier" -replace "(Herr|Frau)", "Kunde"
Kunde Müller und Kunde Meier
```

In den runden Klammern können Sie also beliebige Begriffe angeben und mit dem |-Zeichen voneinander trennen. Ersetzt wird jeder dieser Begriffe durch Ihren Ersetzungstext.

Rückverweise verwenden

Das letzte Beispiel würde in einem Text überall die angegebenen SuchWörter ersetzen, und oft genügt das. Manchmal aber möchte man das Suchwort nicht überall ersetzen, sondern vielleicht nur, wenn es in einem bestimmten Zusammenhang steht. In diesem Fall muss der Zusammenhang also im Textmuster irgendwie definiert werden. Wie könnte man den regulären Ausdruck also ändern, sodass er die Ersetzung nur vornimmt, wenn es um die Namen Müller und Meier geht? Zum Beispiel so:

```
"Herr Müller, Frau Meier und Herr Werner" -replace "(Herr|Frau)\s*(Müller|Meier)", "Kunde"
Kunde, Kunde und Herr Werner
```

Das Ergebnis sieht zwar etwas merkwürdig aus, aber das gesuchte Textmuster wurde bereits richtig erkannt. Ersetzt wurden nur *Herr* oder *Frau Müller* und *Herr* oder *Frau Meier*. Der Begriff *Herr Werner* wurde nicht ersetzt. Dummerweise aber zeigt sich am Ergebnis, dass es hier nicht sinnvoll ist, das ganze Muster zu ersetzen. Wenigstens der Name der Person sollte erhalten bleiben. Geht das?

An dieser Stelle kommen wieder die Rückverweise ins Spiel, von denen Sie bereits gelesen haben. Immer, wenn Sie in Ihrem regulären Ausdruck runde Klammern verwenden, wird das Ergebnis dieser runden Klammern einzeln ausgewertet, und Sie können diese Einzelergebnisse in Ihrem Ersetzungstext verwenden. Der erste Unterausdruck meldet also immer, ob im Text das Wort *Herr* oder *Frau* gefunden wurde. Der zweite Unterausdruck liefert den Namen der Person. Die Unterausdrücke stehen Ihnen im Ersetzungstext unter den Begriffen *$1* und *$2* zur Verfügung (die Zahl ist also eine laufende Nummer und bei weiteren Unterausdrücken könnten Sie auch *$3* etc. verwenden).

```
"Herr Müller, Frau Meier und Herr Werner" -replace "(Herr|Frau)\s*(Müller|Meier)", "Kunde $2"
Kunde , Kunde  und Herr Werner
```

Sonderbarerweise scheinen die Rückverweise zunächst nicht zu funktionieren. Die Ursache ist aber schnell gefunden: *$1* und *$2* sehen zwar aus wie PowerShell-Variablen, sind aber in Wirklichkeit feste Begriffe des *-replace*-Operators. Wenn Sie also den Ersetzungstext in doppelte Anführungszeichen stellen, ersetzt PowerShell *$2* durch die PowerShell-Variable *$2*, die normalerweise leer ist. Damit die Ersetzung mit den Rückverweisen funktioniert, müssen Sie somit entweder den Ersetzungstext in einfache Anführungszeichen setzen oder das Sonderzeichen *$* mit einem Backtick versehen, damit PowerShell es nicht als eigene Variable erkennt und ersetzt:

```
# Ersetzungstext muss in einfachen Anführungszeichen stehen, damit $2 nicht als PS-Variable ersetzt wird:
"Herr Müller, Frau Meier und Herr Werner" -replace "(Herr|Frau)\s*(Müller|Meier)", 'Kunde $2'
Kunde Müller, Kunde Meier und Herr Werner

# Alternativ kann $ auch durch `$ maskiert werden:
"Herr Müller, Frau Meier und Herr Werner" -replace "(Herr|Frau)\s*(Müller|Meier)", "Kunde `$2"
Kunde Müller, Kunde Meier und Herr Werner
```

Zeichen am Zeilenanfang voranstellen

Ersetzungen können auch mehrfach vorkommen, zum Beispiel in mehrzeiligem Text. Wenn Sie beispielsweise auf eine E-Mail antworten, wird in der Regel der Text der alten E-Mail als Zitat in Ihre neue E-Mail eingefügt und mit dem >-Zeichen am Zeilenanfang markiert. Diese Markierung kann von regulären Ausdrücken erledigt werden.

Allerdings müssen Sie dazu etwas mehr zum so genannten Multiline-Modus wissen. Normalerweise ist dieser Modus ausgeschaltet und das Ankerzeichen ^ steht für den Textanfang, der Anker $ für das Textende. Damit diese beiden Anker sich jeweils auf den Zeilenanfang und das Zeilenende eines mehrzeiligen Textes beziehen, muss der Multiline-Modus mit der Anweisung *(?m)* eingeschaltet werden. Erst jetzt würde *-replace* das Textmuster in jeder einzelnen Zeile ersetzen. Ist der Multiline-Modus aktiviert, dann verhalten sich die Anker ^ und \A sowie $ und \Z plötzlich unterschiedlich. \A steht jetzt nach wie vor für den Textanfang, während ^ den Zeilenanfang meint. \Z kennzeichnet das Textende, während $ ein Zeilenende markiert.

```
# Einen mehrzeiligen Text mit Here-String festlegen:
$text = @"
>> Hier folgt ein kleiner Text.
>> Diesen Text möchte ich als Zitat an eine Email anhängen.
>> Deshalb würde ich gern vor jede Zeile ein ">" stellen.
>> "@
>>
$text
Hier folgt ein kleiner Text.
Diesen Text möchte ich als Zitat an eine Email anhängen.
Deshalb würde ich gern vor jede Zeile ein ">" stellen.

# Normalerweise arbeitet -replace nicht im Multiline-Modus. Es wird also nur die erste Zeile ersetzt:
$text -replace "^", "> "
> Hier folgt ein kleiner Text.
Diesen Text möchte ich als Zitat an eine Email anhängen.
Deshalb würde ich gern vor jede Zeile ein ">" stellen.

# Schalten Sie den Multiline-Modus ein, dann funktioniert die Ersetzung in jeder Zeile:
$text -replace "(?m)^", "> "
> Hier folgt ein kleiner Text.
> Diesen Text möchte ich als Zitat an eine Email anhängen.
> Deshalb würde ich gern vor jede Zeile ein ">" stellen.

# Dasselbe funktioniert auch über das RegEx-Objekt, bei dem die Multiline-Option angegeben werden muss:
[regex]::Replace($text, "^", "> ", [Text.RegularExpressions.RegExOptions]::Multiline)
> Hier folgt ein kleiner Text.
> Diesen Text möchte ich als Zitat an eine Email anhängen.
> Deshalb würde ich gern vor jede Zeile ein ">" stellen.
```

```
# im Multiline-Modus steht \A für den Textanfang und ^ für den Zeilenanfang:
[regex]::Replace($text, "\A", "> ", [Text.RegularExpressions.RegExOptions]::Multiline)
> Hier folgt ein kleiner Text.
Diesen Text möchte ich als Zitat an eine Email anhängen.
Deshalb würde ich gern vor jede Zeile ein ">" stellen.
```

Überflüssige Leerzeichen entfernen

Reguläre Ausdrücke erledigen aber auch Routineaufgaben wie zum Beispiel die Entfernung von überflüssigen Leerzeichen. Dazu beschreibt das Muster ein Leerzeichen (Zeichen: *\s*), das mindestens zweimal vorkommt (Quantifizierer: *{2,}*). Das wird ersetzt durch ein normales Leerzeichen.

```
"Zu    viele    Leerzeichen" -replace "\s{2,}", " "
Zu viele Leerzeichen
```

Doppelte Wörter finden und entfernen

Und wie könnte man doppelte Wörter in einem Text finden und entfernen? Hier setzen Sie wieder Rückverweise ein und das Textmuster ließe sich so beschreiben:

```
"\b(\w+)(\s+\1){1,}\b"
```

Das gesuchte Textmuster ist ein Wort (Anker: *\b*). Es besteht aus einem Wort (Zeichen *\w* und Quantifizierer +). Es folgt ein Leerzeichen (Zeichen *\s* und Quantifizierer ?). Und danach folgt das erste Wort mindestens noch einmal (Rückverweis auf das erste gefundene Wort *\1*). Dieses Textmuster, also das Leerzeichen und das wiederholte Wort, müssen mindestens einmal auftreten (mindestens eine und maximal beliebig viele Wiederholungen des Wortes, Quantifizierer *{1,}*). Das gesamte Textmuster wird dann ersetzt durch den ersten Rückverweis, also das erste gefundene Wort.

```
# doppelte Wörter in einem Text finden und streichen:
"Das das das ist ein ein Test" -replace "\b(\w+)(\s+\1){1,}\b", '$1'
Das ist ein Test
```

Zusammenfassung

Text wird entweder durch einfache oder durch doppelte Anführungszeichen begrenzt. Verwenden Sie doppelte Anführungszeichen, dann ersetzt PowerShell im Text vorhandene PowerShell-Variablen und Sonderzeichen. Text, der in einfachen Anführungszeichen steht, wird nicht verändert. Dasselbe gilt für Zeichen, die im Text mit dem Backtick-Zeichen markiert wurden, über das Sie also Sonderzeichen in einen Text einfügen (Tabelle 13.1).

Text kann über das Cmdlet *Read-Host* auch direkt vom Anwender erfragt werden, und größere sowie mehrzeilige Texte lassen sich auch über Here-Strings eingeben, die mit @"⏎ eingeleitet und mit "@⏎ abgeschlossen werden.

Mit dem Formatierungsoperator *-f* kann Text formatiert ausgegeben werden. Damit haben Sie zum Beispiel die Möglichkeit, verschiedene Darstellungsweisen oder feste Breiten anzugeben, um Text in bündigen Spalten auszugeben (Tabelle 13.3 bis Tabelle 13.5). Neben dem Formatierungsoperator kennt PowerShell eine Reihe weiterer Textoperatoren, mit denen Sie zum Beispiel Textmuster prüfen oder Ersetzungen durchführen (Tabelle 13.2). Die meisten dieser Operatoren gibt es zusätzlich in zwei speziellen Formen, die entweder Groß- und Kleinschreibung nicht unterscheiden (der Name des Operators beginnt mit »i«) oder Groß- und Kleinschreibung beachten (der Name des Operators beginnt mit »c«).

Texte werden von PowerShell in einem *String*-Objekt gespeichert. Dieses Objekt enthält dynamische Methoden (Befehle), um den darin gespeicherten Text zu bearbeiten. Sie greifen auf diese Methoden zu, indem Sie hinter dem *String*-Objekt (oder der Variablen, in der ein Text gespeichert ist), einen Punkt eingeben und dann die Autovervollständigung aktivieren (Tabelle 13.6). Neben den dynamischen Methoden, die sich immer auf den Text beziehen, der in einem *String*-Objekt gespeichert ist, gibt es außerdem die statischen Methoden, die direkt vom *String*-Datentyp bereit gestellt werden und über *[string]::* angesprochen werden.

Textmuster lassen sich am einfachsten mit den simplen Jokerzeichen aus Tabelle 13.7 beschreiben. Auf diese Weise können Sie prüfen, ob Texte einem bestimmten Textmuster entsprechen. Allerdings sind die einfachen Jokerzeichen nur für grobe Textmustererkennungen geeignet und können die Muster nur erkennen, aber keine Informationen daraus extrahieren. Reguläre Ausdrücke sind deshalb die weitaus stärkere Technologie. Sie bestehen aus den vielfältigen Bausteinen aus Tabelle 13.11, die sich im Wesentlichen aus den Kategorien Zeichen, Quantifizierer und Anker zusammensetzen. Reguläre Ausdrücke beschreiben dabei beliebig komplexe Textmuster und können zusammen mit den Operatoren *-match* oder *-replace* verwendet werden. Auch das beiden Operatoren zu Grunde liegende .NET-Objekt *[regex]* kann von Ihnen direkt verwendet werden.

-match meldet, ob ein Text das gesuchte Textmuster enthält und liefert danach in der Variablen *$matches* den Inhalt des Textmusters zurück. Sie können also mit *-match* nicht nur Muster erkennen, sondern Rohdaten auch direkt parsen. *-replace* sucht nach einen Textmuster und ersetzt es durch einen Alternativtext. Beide Operatoren unterstützen dabei Rückverweise, die in den zahlreichen Beispielen im Kapitel genauer erklärt sind.

Kapitel 14

XML

In diesem Kapitel:

Aufbau von XML	444
XML-Dateien laden und verarbeiten	445
Das Extended Type System untersuchen	449

Während früher Rohinformationen häufig in kommaseparierten Listen oder so genannten *.ini*-Dateien gespeichert wurden, hat sich seit einigen Jahren das XML-Format durchgesetzt. XML steht für Extensible Markup Language und ist eine Beschreibungssprache für beliebige strukturierte Informationen. War der Umgang mit XML in der Vergangenheit unhandlich, enthält PowerShell nun eine exzellente XML-Unterstützung, mit deren Hilfe Sie Daten sowohl bequem im XML-Format verpacken als auch aus vorhandenen XML-Dateien lesen.

Aufbau von XML

XML verwendet *Tags*, um Informationshäppchen eindeutig zu kennzeichnen. Diese Tags bestehen ähnlich wie beim HTML-Code von Webseiten aus spitzen Klammern. Ein Informationshäppchen wird typischerweise durch ein Start- und ein End-Tag beschrieben. Dem End-Tag ist ein Backslash (\) vorangestellt. Das Ergebnis ist ein so genannter Knoten, der im folgenden Beispiel *Name* heißt:

```
<Name>Tobias Weltner</Name>
```

Knoten dürfen darüber hinaus Attribute besitzen, also Informationen, die den Knoten selbst betreffen. Diese Informationen stehen im einleitenden Tag:

```
<Belegschaft Zweigstelle="Hannover" Typ="Aussendienst">...</Belegschaft>
```

Ist ein Knoten leer, dürfen Start- und Endtag zusammengefasst werden. Dabei muss am Ende des Tags der Schrägstrich (/) angeordnet werden. Hätte die Zweigstelle in Hannover also derzeit im Außendienst keine Mitarbeiter, würde der Tag so aussehen:

```
<Belegschaft Zweigstelle="Hannover" Typ="Aussendienst"/>
```

Meist sind Knoten allerdings nicht leer, sondern enthalten weitere Informationen, die ihrerseits wieder in Tags gefasst werden. So lassen sich beliebig tief verschachtelte Informationsstrukturen abbilden. Die folgende XML-Struktur beschreibt zwei Mitarbeiter der Zweigstelle Hannover im Außendienst. Die Mitarbeiter werden *Childs* (engl. für Kinder) genannt, der Knoten Belegschaft ist ihr *Parent* (engl. für Eltern):

```
<Belegschaft Zweigstelle="Hannover" Typ="Aussendienst">
  <Mitarbeiter>
    <Name>Tobias Weltner</Name>
    <Rolle>Leitung</Rolle>
  </Mitarbeiter>
  <Mitarbeiter>
    <Name>Cofi Heidecke</Name>
    <Rolle>Sicherheit</Rolle>
  </Mitarbeiter>
</Belegschaft>
```

Damit XML-Dateien als solche erkannt werden, beginnen sie in der Regel mit einer Kopfzeile, die im einfachsten Fall so aussehen könnte:

```
<?xml version="1.0" ?>
```

Diese Kopfzeile meldet, dass das nachfolgende XML sich an die Spezifikationen der XML-Version 1.0 hält. Zusätzlich könnte hier auch ein so genanntes Schema angegeben sein. Ein Schema liegt in Form einer XSD-Datei vor (*XML Schema Definition*) und beschreibt, wie der gültige Aufbau der XML-Datei für den jeweiligen Zweck auszusehen hat. Im Beispiel von eben könnte das Schema festlegen, dass es in Belegschaftsinformationen immer einen Knoten namens *Belegschaft* geben muss, in dem beliebig viele Unterknoten namens *Mitarbeiter* vorkommen dürfen. Das Schema würde außerdem festlegen, dass pro Mitarbeiter die Informationen *Name* und *Rolle* zu definieren sind.

Weil XML-Dateien aus reinem Text bestehen, kann man sie leicht mit jedem Editor oder direkt von PowerShell aus anlegen. Lassen Sie uns die Mitarbeiterliste von eben als XML-Datei speichern:

```
$xml = @'
<?xml version="1.0" ?>
<Belegschaft Zweigstelle="Hannover" Typ="Aussendienst">
  <Mitarbeiter>
    <Name>Tobias Weltner</Name>
    <Rolle>Leitung</Rolle>
    <Alter>39</Alter>
  </Mitarbeiter>
  <Mitarbeiter>
    <Name>Cofi Heidecke</Name>
    <Rolle>Sicherheit</Rolle>
    <Alter>4</Alter>
  </Mitarbeiter>
</Belegschaft>
'@ | out-file mitarbeiter.xml
```

ACHTUNG XML unterscheidet zwischen Groß- und Kleinschrift!

XML-Dateien laden und verarbeiten

Damit Sie XML-Dateien tatsächlich als XML und nicht als Text verarbeiten können, muss der Textinhalt in den Typ XML umgewandelt werden. Das übernimmt die Typkonversion aus Kapitel 6 in nur einer Zeile:

```
$xmldaten = [xml](get-content mitarbeiter.xml)
```

Hier wird das XML mit *Get-Content* aus der eben gespeicherten *xml*-Datei gelesen und mit *[xml]* in echtes XML umgewandelt. Ebenso gut hätten Sie das XML aus der Variable *$xml* auch direkt angeben können:

```
$xmldaten = [xml]$xml
```

Die Umwandlung gelingt allerdings nur, wenn das angegebene XML auch korrekt ist und keine syntaktischen Fehler enthält. Stimmt die Struktur Ihres XML-Codes nicht, erhalten Sie beim Umwandlungsversuch einen Fehler.

In *$xmldaten* ist nun die Struktur der Informationen enthalten, die vom XML-Code beschrieben werden. Es ist nun sehr einfach, auf einzelne Informationen zuzugreifen, denn das XML-Objekt repräsentiert die einzelnen Knoten als Eigenschaften. Eine Mitarbeiterliste erhalten Sie zum Beispiel so:

```
$xmldaten.Belegschaft.Mitarbeiter

Name                          Rolle                         Alter
----                          -----                         -----
Tobias Weltner                Leitung                       39
Cofi Heidecke                 Sicherheit                    4
```

Auf einzelne Knoten zugreifen und Daten ändern

Ist ein Knoten innerhalb Ihres XML eindeutig, erreichen Sie ihn über die Punkt-Schreibweise wie eben. Häufig enthalten XML-Dokumente aber viele gleichartige Knoten (*Zwillinge*, engl. *Siblings*) so wie die einzelnen Mitarbeiter im letzten Beispiel. Möchten Sie auf einen bestimmten Mitarbeiter zugreifen, zum Beispiel, um seine Daten zu ändern, könnten Sie die PowerShell Pipeline verwenden:

```
$xmldaten.Belegschaft.Mitarbeiter | Where-Object { $_.Name -match "Tobias Weltner" }
Name                          Rolle                         Alter
----                          -----                         -----
Tobias Weltner                Leitung                       39

$mitarbeiter = $xmldaten.Belegschaft.Mitarbeiter | Where-Object { $_.Name -match "Tobias Weltner" }
$mitarbeiter.Rolle = "Urlaub"

$xmldaten.Belegschaft.Mitarbeiter
Name                          Rolle                         Alter
----                          -----                         -----
Tobias Weltner                Urlaub                        39
Cofi Heidecke                 Sicherheit                    4
```

Knoten mit SelectNodes() auswählen

Zur Auswahl von Knoten steht Ihnen außerdem die Methode *SelectNodes()* zur Verfügung, die die *XPath*-Abfragesprache unterstützt. *XPath* gibt den »Pfadnamen« zu einem Knoten an:

XML-Dateien laden und verarbeiten

```
$xmldaten = [xml](get-content mitarbeiter.xml)
$xmldaten.SelectNodes("Belegschaft/Mitarbeiter")

Name                            Rolle                           Alter
----                            -----                           -----
Tobias Weltner                  Leitung                         39
Cofi Heidecke                   Sicherheit                      4
```

Das Ergebnis sieht genauso aus wie bei der direkten Verwendung der Eigenschaften im vorangegangenen Beispiel. *XPath* unterstützt allerdings Platzhalter, die in eckigen Klammern stehen. Die nächste Anweisung liefert nur den ersten Mitarbeiter-Knoten zurück:

```
$xmldaten.SelectNodes("Belegschaft/Mitarbeiter[1]")

Name                            Rolle                           Alter
----                            -----                           -----
Tobias Weltner                  Leitung                         39
```

Wenn Sie mögen, können Sie sich auch alle Mitarbeiter auflisten lassen, die unter 18 Jahre alt sind:

```
$xmldaten.SelectNodes("Belegschaft/Mitarbeiter[Alter<18]")
Name                            Rolle                           Alter
----                            -----                           -----
Cofi Heidecke                   Sicherheit                      4
```

Auf ähnliche Weise liefert Ihnen die Abfragesprache auch den letzten Mitarbeiter der Liste. Positionsangaben sind ebenfalls möglich:

```
$xmldaten.SelectNodes("Belegschaft/Mitarbeiter[last()]")
$xmldaten.SelectNodes("Belegschaft/Mitarbeiter[position()>1]")
```

Profitipp Alternativ kann auch ein so genannter *XPath*-Navigator verwendet werden, den Sie über eine mehrfache Typkonversion aus XML-Text erhalten:

```
# Navigator für XML erstellen:
$xpath = [System.XML.XPath.XPathDocument][System.IO.TextReader][System.IO.StringReader](get-content mitarbeiter.xml | out-string)
$navigator = $xpath.CreateNavigator()

# den letzten Mitarbeiternamen der Zweigstelle Hannover ausgeben:
$abfrage = "/Belegschaft[@Zweigstelle='Hannover']/Mitarbeiter[last()]/Name"
$navigator.Select($abfrage) | Format-Table Value

Value
-----
Cofi Heidecke
```

```
# alle Mitarbeiter außer Tobias Weltner der Zweigstelle Hannover ausgeben:
$abfrage = "/Belegschaft[@Zweigstelle='Hannover']/Mitarbeiter[Name!='Tobias Weltner']"
$navigator.Select($abfrage) | Format-Table Value
Value
-----
Cofi HeideckeSicherheit
```

Auf Attribute zugreifen

Attribute sind Informationen, die innerhalb eines XML-Tags definiert sind. Möchten Sie die Attribute eines Knotens sehen, verwenden Sie *get_Attributes()*:

```
$xmldaten.Belegschaft.get_Attributes()
#text
-----
Hannover
Aussendienst
```

Möchten Sie ein bestimmtes Attribut abfragen, verwenden Sie *GetAttribute()*:

```
$xmldaten.Belegschaft.GetAttribute("Zweigstelle")
Hannover
```

Mit *SetAttribute()* schreiben Sie neue Attribute oder ändern (überschreiben) vorhandene:

```
$xmldaten.Belegschaft.SetAttribute("Zweigstelle", "New York")
```

Neue Knoten hinzufügen

Möchten Sie zum Beispiel neue Mitarbeiter in die Mitarbeiterliste einpflegen, legen Sie sich zunächst ein *Mitarbeiter*-Element mit *CreateElement()* an und legen dann dessen innere Struktur fest. Danach kann das Element an der gewünschten Stelle in die XML-Struktur eingefügt werden:

```
# XML aus Datei laden:
$xmldaten = [xml](get-content mitarbeiter.xml)

# neuen Knoten anlegen:
$neuerMitarbeiter = $xmldaten.CreateElement("Mitarbeiter")
$neuerMitarbeiter.set_InnerXML("<Name>Bernd Seiler</Name><Rolle>Experte</Rolle>")

# Knoten in XML schreiben:
$xmldaten.Belegschaft.AppendChild($neuerMitarbeiter)
```

```
# Ergebnis prüfen:
$xmldaten.Belegschaft.Mitarbeiter

Name                                           Rolle
----                                           -----
Tobias Weltner                                 Leitung
Cofi Heidecke                                  Sicherheit
Bernd Seiler                                   Experte

# Rohtext ausgeben:
$xmldaten.get_InnerXml()
<?xml version="1.0"?><Belegschaft Zweigstelle="Hannover" Typ="Aussendienst"><Mitarbeiter><Name>Tobias
Weltner</Name><Rolle>Leitung</Rolle></Mitarbeiter><Mitarbeiter><Name>Cofi
Heidecke</Name><Rolle>Sicherheit</Rolle></Mitarbeiter><Mitarbeiter><Name>Bernd
Seiler</Name><Rolle>Experte</Rolle></Mitarbeiter></Belegschaft>
```

Das Extended Type System untersuchen

Das Extended Type System von PowerShell haben Sie bereits in den Kapiteln 5 und 6 untersucht. Es sorgt dafür, dass Objekte in sinnvollen Text umgewandelt werden und kann Objekten darüber hinaus zusätzliche Eigenschaften und Methoden zuordnen. Wie genau das geschieht, ist in XML-Dateien festgelegt, die die Dateierweiterung *.ps1xml* tragen. Sie sind nun in der Lage, sich den inneren Aufbau dieser Dateien näher anzuschauen.

Die XML-Daten des Extended Type Systems

Immer, wenn PowerShell ein Objekt in Text verwandeln muss, schaut es in einer Reihe von »Spicklisten« nach, ob das Objekt und seine Umwandlung darin beschrieben sind. Die dafür zuständigen Dateien enthalten XML, und ihr Name endet jeweils auf *.format.ps1xml*. Diese Dateien befinden sich im PowerShell-Heimatverzeichnis *$pshome*:

```
Dir $pshome\*.format.ps1xml

Mode            LastWriteTime        Length Name
----            -------------        ------ ----
-a---        13.04.2007     19:40     22120 Certificate.format.ps1xml
-a---        13.04.2007     19:40     60703 DotNetTypes.format.ps1xml
-a---        13.04.2007     19:40     19730 FileSystem.format.ps1xml
-a---        13.04.2007     19:40    250197 Help.format.ps1xml
-a---        13.04.2007     19:40     65283 PowerShellCore.format.ps1xml
-a---        13.04.2007     19:40     13394 PowerShellTrace.format.ps1xml
-a---        13.04.2007     19:40     13540 Registry.format.ps1xml
```

Alle diese Dateien definieren eine Vielzahl von *Views* (engl. für Ansichten), die Sie sich mit der XML-Unterstützung von PowerShell anschauen können.

```
[xml]$file = Get-Content "$pshome\dotnettypes.format.ps1xml"
$file.Configuration.ViewDefinitions.View


Name                                ViewSelectedBy              TableControl
----                                --------------              ------------
System.Reflection.Assembly          ViewSelectedBy              TableControl
System.Reflection.AssemblyName      ViewSelectedBy              TableControl
System.Globalization.CultureInfo    ViewSelectedBy              TableControl
System.Diagnostics.FileVersionInfo  ViewSelectedBy              TableControl
System.Diagnostics.EventLogEntry    ViewSelectedBy              TableControl
System.Diagnostics.EventLog         ViewSelectedBy              TableControl
System.Version                      ViewSelectedBy              TableControl
System.Drawing.Printing.PrintDo...  ViewSelectedBy              TableControl
Dictionary                          ViewSelectedBy              TableControl
ProcessModule                       ViewSelectedBy              TableControl
process                             ViewSelectedBy              TableControl
PSSnapInInfo                        ViewSelectedBy
PSSnapInInfo                        ViewSelectedBy              TableControl
Priority                            ViewSelectedBy              TableControl
StartTime                           ViewSelectedBy              TableControl
service                             ViewSelectedBy              TableControl
(...)
```

Vordefinierte Ansichten finden

Vordefinierte Ansichten sind hochinteressant, weil Sie damit das Ergebnis, das die Formatierungs-Cmdlets wie *Format-Table* oder *Format-List* präsentieren, mit Hilfe des Parameters *-view* stark anpassen und verändern können.

```
Get-Process -view Priority
Get-Process -view StartTime
```

Dummerweise verrät Ihnen nur niemand, dass es die vordefinierten Views *Priority* und *StartTime* überhaupt gibt, geschweige denn, welche es sonst noch gibt. Das ändert sich gleich, denn inzwischen können Sie selbst in den zuständigen XML-Dateien nachschauen. Die Ansicht zeigt, dass jeder *View*-Knoten die Unterknoten *Name*, *ViewSelectedBy* und *TableControl* enthält. Ein Blick auf die rohen XML-Daten des Views ist allerdings zunächst unübersichtlich und verwirrend:

```
$xmldaten = $file.Configuration.ViewDefinitions.View | select-object -first 1
$xmldaten.get_OuterXML()
```

Mit einigen Umformatierungen entsteht daraus besser lesbarer Text:

```
$xmldaten.get_OuterXML().Replace("<", "`t<").Replace(">", ">`t").Replace(">`t`t<", ">`t<").Split("`t") |
foreach-object {$x=0}{ If ($_.StartsWith("</")) {$x--} ElseIf($_.StartsWith("<")) { $x++}; (" " * ($x))
+ $_; if ($_.StartsWith("</")) { $x--} elseif ($_.StartsWith("<")) {$x++} }
<View>
  <Name>
```

```xml
      System.Reflection.Assembly
    </Name>
    <ViewSelectedBy>
      <TypeName>
        System.Reflection.Assembly
      </TypeName>
    </ViewSelectedBy>
    <TableControl>
      <TableHeaders>
        <TableColumnHeader>
          <Label>
            GAC
          </Label>
          <Width>
            6
          </Width>
        </TableColumnHeader>
        <TableColumnHeader>
          <Label>
            Version
          </Label>
          <Width>
            14
          </Width>
        </TableColumnHeader>
        <TableColumnHeader />
      </TableHeaders>
      <TableRowEntries>
        <TableRowEntry>
          <TableColumnItems>
            <TableColumnItem>
              <PropertyName>
                GlobalAssemblyCache
              </PropertyName>
            </TableColumnItem>
            <TableColumnItem>
              <PropertyName>
                ImageRuntimeVersion
              </PropertyName>
            </TableColumnItem>
            <TableColumnItem>
              <PropertyName>
                Location
              </PropertyName>
            </TableColumnItem>
          </TableColumnItems>
        </TableRowEntry>
      </TableRowEntries>
    </TableControl>
  </View>
```

Jede Ansicht besteht demnach aus einem *Namen*, einem .NET-Typ in *ViewSelectedBy*, für den diese Ansicht gilt, und dem Knoten *TableControl*, der festlegt, wie das Objekt in Text umgewandelt werden soll. Wollen Sie sämtliche Ansichten übersichtsartig ausgeben, die in der XML-Datei festgelegt werden, bräuchten Sie die

Daten nur mit *Format-Table* auszugeben. Suchen Sie sich dann die Eigenschaften aus, die Sie in der Übersicht anzeigen wollen:

```
[xml]$file = Get-Content "$pshome\dotnettypes.format.ps1xml"
$file.Configuration.ViewDefinitions.View | Format-Table Name, {$_.ViewSelectedBy.TypeName}

Name                                             $_.ViewSelectedBy.TypeName
----                                             --------------------------
System.Reflection.Assembly                       System.Reflection.Assembly
System.Reflection.AssemblyName                   System.Reflection.AssemblyName
System.Globalization.CultureInfo                 System.Globalization.CultureInfo
System.Diagnostics.FileVersionInfo               System.Diagnostics.FileVersionInfo
System.Diagnostics.EventLogEntry                 System.Diagnostics.EventLogEntry
System.Diagnostics.EventLog                      System.Diagnostics.EventLog
System.Version                                   System.Version
System.Drawing.Printing.PrintDocument            System.Drawing.Printing.PrintDocument
Dictionary                                       System.Collections.DictionaryEntry
ProcessModule                                    System.Diagnostics.ProcessModule
process                                          {System.Diagnostics.Process, Deserialized.Sy...
PSSnapInInfo                                     System.Management.Automation.PSSnapInInfo
PSSnapInInfo                                     System.Management.Automation.PSSnapInInfo
Priority                                         System.Diagnostics.Process
StartTime                                        System.Diagnostics.Process
service                                          System.ServiceProcess.ServiceController
System.Diagnostics.FileVersionInfo               System.Diagnostics.FileVersionInfo
System.Diagnostics.EventLogEntry                 System.Diagnostics.EventLogEntry
System.Diagnostics.EventLog                      System.Diagnostics.EventLog
System.TimeSpan                                  System.TimeSpan
System.TimeSpan                                  System.TimeSpan
System.TimeSpan                                  System.TimeSpan
System.AppDomain                                 System.AppDomain
System.ServiceProcess.ServiceController          System.ServiceProcess.ServiceController
System.Reflection.Assembly                       System.Reflection.Assembly
System.Collections.DictionaryEntry               System.Collections.DictionaryEntry
process                                          System.Diagnostics.Process
DateTime                                         System.DateTime
System.Security.AccessControl.ObjectSecurity     System.Security.AccessControl.ObjectSecurity
System.Security.AccessControl.ObjectSecurity     System.Security.AccessControl.ObjectSecurity
System.Management.ManagementClass                System.Management.ManagementClass
```

Sie sehen nun sämtliche Ansichten, die in dieser XML-Datei definiert sind, und in der zweiten Spalte die Objekttypen, für die diese Ansichten definiert sind. Auch die eben schon verwendeten Views *Priority* und *Starttime* sind in der Liste enthalten. Sie wissen nun mit einem Blick in die zweite Spalte, dass diese Ansichten für *System.Diagnostics.Process*-Objekte gedacht sind, also genau die Objekte, die *Get-Process* zurückliefert:

```
(Get-Process | Select-Object -first 1).GetType().FullName
System.Diagnostics.Process
```

Erstaunlicherweise tauchen einige Namen allerdings doppelt auf. Der Grund: Neben dem Knoten *TableControl* aus dem letzten Beispiel gibt es weitere Knoten, die die Umwandlung eines Objekts in Text erledigen, nämlich *ListControl*, *WideControl* und *CustomControl*. Diese Knoten wurden in der ersten Übersicht

Das Extended Type System untersuchen

nur deshalb nicht angezeigt, weil es für jeden View stets nur einen Knoten dieser Art gibt. Da sich PowerShell bei der Textumwandlung unbekannter Objekte nach dem ersten Datensatz richtet, wurde mehr oder weniger zufällig ein *TableControl* ausgegeben.

Sie könnten nun aber aus der XML-Datei alle benötigten Informationen extrahieren. Sortieren Sie die Views zunächst nach *ViewSelectedBy.TypeName* und gruppieren Sie sie dann nach diesem Kriterium. So können Sie alle Views aussortieren, die für einen bestimmten Objekttyp nur ein einziges Mal vorkommen. Interessant sind nur Views, von denen es für einen Objekttyp mehrere gibt, damit sich die Auswahl mit dem Parameter *-view* überhaupt lohnt.

```
[xml]$file = Get-Content "$pshome\dotnettypes.format.ps1xml"
$file.Configuration.ViewDefinitions.View | Sort-Object {$_.ViewSelectedBy.TypeName} | Group-Object
{$_.ViewSelectedBy.TypeName} | Where-Object { $_.Count -gt 1} | foreach-object { $_.Group} | Format-
Table Name, {$_.ViewSelectedBy.TypeName}, @{expression={if ($_.TableControl) { "Table" } elseif
($_.ListControl) { "List" } elseif ($_.WideControl) { "Wide" } elseif ($_.CustomControl) { "Custom"
}};label="Type"} -wrap
```

> **TIPP** Falls Sie sich ein wenig über die Formatierung dieser Zeile wundern, schlagen Sie noch einmal in Kapitel 5 nach. Dort wurde die Formatierung ausführlich erklärt. Wichtig bei allen Formatierungs-Cmdlets wie *Format-Table* & Co ist: Sie dürfen als Spalten Objekteigenschaften oder Skriptblöcke angeben. Unterausdrücke sind immer dann nötig, wenn das, was Sie in einer Spalte anzeigen wollen, keine direkte Eigenschaft des Objekts ist, sondern eine untergeordnete. Weil Sie nicht an der direkten Eigenschaft *ViewSelectedBy* interessiert waren, sondern an dessen Untereigenschaft *TypeName*, musste diese Spalte als Skriptblock angegeben werden. Die dritte Spalte ist ebenfalls ein Skriptblock. Weil er so lang ist, dass er die Spaltenüberschrift stören würde, kommt hier eine Formatierungs-Hashtable zum Einsatz, mit der man sich die Spaltenüberschrift selbst aussuchen kann.

Das Ergebnis ist eine aufbereitete Liste, die Ihnen sämtliche Views in der ersten Spalte namentlich nennt. In der zweiten Spalte steht, für welchen Objekttyp die Ansicht zuständig ist, und die dritte Spalte Typ meldet, ob die Ansicht für *Format-Table*, *Format-List*, *Format-Wide* oder *Format-Custom* gedacht ist.

```
Name                                $_.ViewSelectedBy.TypeName              Type
----                                --------------------------              ----
Dictionary                          System.Collections.DictionaryEntry      Table
System.Collections.DictionaryEntry  System.Collections.DictionaryEntry      List
System.Diagnostics.EventLog         System.Diagnostics.EventLog             Table
System.Diagnostics.EventLog         System.Diagnostics.EventLog             List
System.Diagnostics.EventLogEntry    System.Diagnostics.EventLogEntry        List
System.Diagnostics.EventLogEntry    System.Diagnostics.EventLogEntry        Table
System.Diagnostics.FileVersionInfo  System.Diagnostics.FileVersionInfo      Table
System.Diagnostics.FileVersionInfo  System.Diagnostics.FileVersionInfo      List
Priority                            System.Diagnostics.Process              Table
process                             System.Diagnostics.Process              Wide
StartTime                           System.Diagnostics.Process              Table
PSSnapInInfo                        System.Management.Automation.PSSnapI    List
                                    nInfo
PSSnapInInfo                        System.Management.Automation.PSSnapI    Table
                                    nInfo
```

System.Reflection.Assembly	System.Reflection.Assembly	Table
System.Reflection.Assembly	System.Reflection.Assembly	List
System.Security.AccessControl.ObjectSecurity	System.Security.AccessControl.ObjectSecurity	List
System.Security.AccessControl.ObjectSecurity	System.Security.AccessControl.ObjectSecurity	Table
service	System.ServiceProcess.ServiceController	Table
System.ServiceProcess.ServiceController	System.ServiceProcess.ServiceController	List
System.TimeSpan	System.TimeSpan	List
System.TimeSpan	System.TimeSpan	Wide
System.TimeSpan	System.TimeSpan	Table

Denken Sie daran, dass es mehrere XML-Dateien mit Formatierungsinformationen gibt. Einen vollen Überblick erhalten Sie also nur, wenn Sie die Liste für alle Formatierungs-XML-Dateien erstellen lassen.

Kapitel 15

Dateisystem

In diesem Kapitel:

Auf Dateien und Ordner zugreifen	457
Im Dateisystem navigieren	467
Mit Dateien und Ordnern arbeiten	474
Berechtigungen verwalten	491

Das Dateisystem ist ein besonderer Bereich innerhalb der PowerShell-Konsole. Einerseits natürlich, weil viele Aufgaben der Administratoren das Dateisystem betreffen. Andererseits aber auch, weil das Dateisystem der Prototyp eines hierarchisch aufgebauten Informationssystems ist. In den folgenden Kapiteln werden Sie sehen, dass PowerShell auch andere hierarchische Informationssysteme nach diesem Muster steuert, und Sie können Ihr Wissen rund um Laufwerke, Ordner und Dateien innerhalb der PowerShell sehr bequem auf andere Bereiche wie die Registrierungsdatenbank oder Microsoft Exchange übertragen.

Die Hauptaufgabe leisten eine Reihe von Cmdlets aus Tabelle 15.1, die aber selten unter ihrem echten Namen angesprochen werden. Viel gebräuchlicher sind die Alias-Namen, die PowerShell großzügig vergibt. Die Aliasnamen der Cmdlets stammen sowohl aus der Windows- als auch aus der Unixwelt und machen es Umsteigern deshalb leicht, schnell die richtigen Cmdlets zu finden.

Alias	Beschreibung	Cmdlet
ac	Fügt einer Datei Inhalte hinzu	Add-Content
cls, clear	Löscht das Konsolenfenster	Clear-Host
cli	Löscht den Inhalt einer Datei, aber nicht die Datei	Clear-Item
copy, cp, cpi	Kopiert eine Datei oder ein Verzeichnis	Copy-Item
md	Legt ein neues Verzeichnis an	Funktion, ruft New-Item auf
Dir, ls, gci	Listet den Verzeichnisinhalt auf	Get-Childitem
type, cat, gc	Liest den Inhalt einer textbasierten Datei	Get-Content
gi	Greift auf eine bestimmte Datei oder ein Verzeichnis zu	Get-Item
gp	Liest eine Eigenschaft einer Datei oder eines Verzeichnisses	Get-Itemproperty
ii	Ruft eine Datei oder einen Ordner mit dem zugeordneten Windows-Programm auf	Invoke-Item
-	Macht aus zwei Pfadbestandteilen einen Pfad, zum Beispiel aus Laufwerk und Dateinamen	Join-Path
mi, mv, move	Verschiebt Dateien und Verzeichnisse	Move-Item
ni	Legt eine neue Datei oder ein neues Verzeichnis an	New-Item
ri, rm, rmdir, del, erase, rd	Löscht ein leeres Verzeichnis oder eine Datei	Remove-Item
rni, ren	Benennt eine Datei oder ein Verzeichnis um	Rename-Item
rvpa	Löst einen relativen Pfad oder Pfad mit Platzhalterzeichen auf	Resolve-Path
sp	Setzt eine Eigenschaft einer Datei oder eines Verzeichnisses	Set-Itemproperty
Cd, chdir, sl	Wechselt ins angegebene Verzeichnis	Set-Location
-	Extrahiert aus einem Pfad einen bestimmten Pfadanteil wie den übergeordneten Pfad, das Laufwerk oder den Dateinamen	Split-Path
-	Liefert True, wenn der angegebene Pfad existiert	Test-Path

Tabelle 15.1 Die wichtigsten Dateisystem-Befehle in der Übersicht

Auf Dateien und Ordner zugreifen

Den Inhalt eines Ordners listen Sie mit *Get-Childitem* auf. Die vordefinierten Alias-Namen hierfür lauten *Dir* und *ls*. *Get-Childitem* hat eine Reihe wichtiger Aufgaben:

- Ordnerinhalt sichtbar machen
- Rekursiv das Dateisystem durchsuchen und bestimmte Dateien finden
- Datei- und Ordner-Objekte beschaffen
- Dateien an andere Cmdlets, Funktionen oder Skripte weitergeben

HINWEIS Weil Windows-Administratoren in der Praxis den Aliasnamen *Dir* und nicht den Cmdlet-Namen *Get-Childitem* verwenden, wird in den folgenden Beispielen *Dir* verwendet. Sie können *Dir* in allen Beispielen aber auch durch *ls* (Unixwelt) oder *Get-Childitem* ersetzen.

Ordnerinhalte auflisten

Im einfachsten Fall wollen Sie einfach sehen, welche Daten in einem bestimmten Ordner liegen. *Dir* listet den Inhalt des aktuellen Ordners auf, wenn Sie keinen anderen angeben. Geben Sie hinter *Dir* einen Ordner an, wird dessen Inhalt aufgelistet. Setzen Sie außerdem den Parameter *-recurse*, listet *Dir* auch den Inhalt aller Unterordner auf. Platzhalterzeichen sind dabei erlaubt.

Möchten Sie sich zum Beispiel alle PowerShell-Skriptdateien auflisten lassen, die im aktuellen Ordner lagern, geben Sie diesen Befehl:

```
Dir *.ps1
```

Dir akzeptiert sogar Felder, sodass Sie verschiedene Laufwerke gleichzeitig auflisten könnten. Die nächste Anweisung listet alle PowerShell-Skripte im PowerShell-Heimatverzeichnis sowie alle Log-Dateien im Windows-Ordner auf:

```
Dir $pshome\*.ps1, $env:windir\*.log
```

Interessieren Sie sich nur für die Namen der Elemente in einem Ordner, verwenden Sie den Parameter *-name*. In diesem Fall liefert *Dir* nicht die Objekte (Dateien und Ordner) zurück, sondern nur ihre Namen als reinen Text.

```
Dir -name
```

ACHTUNG Manche Zeichen haben in PowerShell eine Sonderbedeutung, zum Beispiel eckige Klammern. Eckige Klammern bezeichnen immer Feldelemente (Kapitel 4). Es kann deshalb bei Dateinamen zu Missverständnissen kommen. Geben Sie Dateinamen mit dem Parameter *-LiteralPath* an, werden alle Sonderzeichen als Pfadbestandteile gewertet und nicht von PowerShell interpretiert.

Rekursiv das gesamte Dateisystem durchsuchen

Wollen Sie die Suche auf sämtliche Unterordner ausdehnen, verwenden Sie den Parameter *-recurse*. Der folgende Aufruf schlägt allerdings fehl:

```
Dir *.ps1 -recurse
```

Um das zu verstehen, muss man genauer wissen, wie *-recurse* funktioniert. *Dir* liefert den Ordnerinhalt stets in Form von Datei- und Ordnerobjekten zurück. Setzen Sie den Schalter *-recurse*, ruft sich *Dir* für Ordnerobjekte rekursiv erneut auf. Da Sie im letzten Beispiel *Dir* angewiesen haben, nur Dateien mit der Erweiterung *.ps1* zu liefern, waren darunter keine Ordner, die *-recurse* hätte durchlaufen können. Dieses Konzept ist zunächst etwas ungewohnt, erklärt aber, warum Sie im nächsten Fall trotz Platzhalterzeichens ein rekursives Ordnerlisting erhalten:

```
Dir $home\d* -Recurse
```

Hier liefert *Dir* alle Elemente aus Ihrem Home-Verzeichnis, die mit dem Buchstaben »d« beginnen. Weil diesmal darunter auch Ordner sind, werden diese Ordner rekursiv ebenfalls durchsucht. Hier durchsucht *Dir* also nur Ordner rekursiv, die mit »d« beginnen.

Filter und Ausschlusskriterien

Doch zurück zum Ausgangsproblem: Wie kann man alle Dateien einer Art – zum Beispiel alle PowerShell-Skripte – rekursiv auflisten lassen? Dazu weisen Sie *Dir* zunächst an, den Inhalt des Ordners komplett aufzulisten und geben zusätzlich einen Filter an. *Dir* filtert dann aus dem Gesamtergebnis die gewünschten Dateien heraus:

```
Dir $home -filter *.ps1 -recurse
```

Zusätzlich zu *-filter* gibt es einen Parameter, der auf den ersten Blick sehr ähnlich funktioniert: *-include*:

```
Dir $home -include *.ps1 -recurse
```

Allerdings werden Sie dramatische Geschwindigkeitsunterschiede feststellen. *-filter* ist sehr viel schneller als *-include*.

```
(Measure-Command {Dir $home -filter *.ps1 -recurse}).TotalSeconds
4,6830099
(Measure-Command {Dir $home -include *.ps1 -recurse}).TotalSeconds
28,1017376
```

Der Grund: *-include* unterstützt die wesentlich aufwändigeren regulären Ausdrücke, während *-filter* nur die einfachen Platzhalterzeichen versteht. Deshalb könnten Sie mit *-include* auch komplexere Filter erstellen wie den folgenden, der alle Skriptdateien findet, die mit den Buchstaben »A« bis »G« beginnen. *-filter* kann das nicht leisten:

```
# -filter sucht nach allen Dateien, die wörtlich mit "[a-f]" beginnen und findet natürlich keine:
Dir $home -filter [a-f]*.ps1 -recurse
```

Auf Dateien und Ordner zugreifen

```
# -include versteht reguläre Ausdrücke und sucht nach Dateien, die mit a-f beginnen und auf .ps1 enden:
Dir $home -include [a-f]*.ps1 -recurse

    Verzeichnis: Microsoft.PowerShell.Core\FileSystem::C:\Users\Tobias Weltner\Documents

Mode                LastWriteTime     Length Name
----                -------------     ------ ----
-a---          28.09.2007    23:59      1442 finddouble3.ps1


    Verzeichnis: Microsoft.PowerShell.Core\FileSystem::C:\Users\Tobias Weltner\Downloads\PowerShell
CX-24134\Branches\Developer\rlehrbaum\Src\Pscx\Profile

Mode                LastWriteTime     Length Name
----                -------------     ------ ----
-a---          30.07.2007    08:40      6225 Cd.ps1
-a---          30.07.2007    08:40      2083 Debug.ps1
-a---          30.07.2007    08:40      1930 Dir.ps1
-a---          30.07.2007    08:40      2279 Environment.ps1
-a---          30.07.2007    08:40      2898 Environment.VisualStudio2005.ps1
-a---          30.07.2007    08:40      1588 EyeCandy.Jachym.ps1
-a---          30.07.2007    08:40      2096 EyeCandy.Keith.ps1
-a---          30.07.2007    08:40      2254 EyeCandy.ps1
-a---          30.07.2007    08:40       591 FileSystem.ps1
```

Das Gegenstück zu *-include* lautet *-exclude*. Möchten Sie bestimmte Dateien ausblenden, legen Sie das über *-exclude* fest. Die Parameter *-include* und *-exclude* akzeptieren im Gegensatz zu *-filter* auch Felder, und deshalb könnten Sie beispielsweise sämtliche Bilddateien innerhalb Ihres Profils so auflisten lassen:

```
Dir $home -recurse -include *.bmp,*.png,*.jpg, *.gif
```

Nur eins sollten Sie vermeiden: Kombinieren Sie nicht *-filter* und *-include*. Entscheiden Sie sich für einen der beiden Parameter. Verwenden Sie wegen des enormen Geschwindigkeitsvorteils *-filter*, solange Sie keine regulären Ausdrücke oder Mehrfachangaben (Felder) benötigen.

Spezielle Verwendungsmöglichkeiten für *Dir*

Falls Sie sich gerade fragen, wie man mit *Dir* zum Beispiel nur Dateien auflistet, die eine bestimmte Größe haben, lautet die Antwort: gar nicht. *Dir* kann nur auf der Ebene des Datei- und Ordnernamens mit seinen Filtern Einschränkungen festlegen. Wollen Sie das Ergebnis von *Dir* nach anderen Kriterien filtern, verwenden Sie *Where-Object* (Kapitel 5). Das nächste Beispiel liefert die größten Speicherfresser in Ihrem Benutzerprofil, nämlich nur Dateien, die mindestens 100 MB groß sind:

```
Dir $home -recurse | Where-Object { $_.length -gt 100MB }
```

Und wenn Sie einfach nur wissen wollen, wie viele Elemente *Dir* gefunden hat, dann weisen Sie *Dir* an, sein Ergebnis in jedem Fall als Feld zu liefern und bestimmen dessen *Count*-Eigenschaft. Die nächste Anweisung ermittelt, wie viele Bilder in Ihrem Benutzerprofil lagern (was eine Weile dauern kann):

```
@(Dir $home -recurse -include *.bmp,*.png,*.jpg, *.gif).Count
6386
```

Datei- und Ordnerinhalte beschaffen

Weil *Dir* den Inhalt eines Ordners in Form von Datei- und Ordnerobjekten zurückliefert, können Sie mit dem Befehl auch direkt auf einzelne Dateien zugreifen und erhalten so das *FileInfo*-Objekt dieser Datei:

```
$datei = Dir c:\autoexec.bat

$datei | format-list *
PSPath             : Microsoft.PowerShell.Core\FileSystem::C:\autoexec.bat
PSParentPath       : Microsoft.PowerShell.Core\FileSystem::C:\
PSChildName        : autoexec.bat
PSDrive            : C
PSProvider         : Microsoft.PowerShell.Core\FileSystem
PSIsContainer      : False
Mode               : -a---
Name               : autoexec.bat
Length             : 24
DirectoryName      : C:\
Directory          : C:\
IsReadOnly         : False
Exists             : True
FullName           : C:\autoexec.bat
Extension          : .bat
CreationTime       : 02.11.2006 11:23:09
CreationTimeUtc    : 02.11.2006 10:23:09
LastAccessTime     : 02.11.2006 11:23:09
LastAccessTimeUtc  : 02.11.2006 10:23:09
LastWriteTime      : 18.09.2006 23:43:36
LastWriteTimeUtc   : 18.09.2006 21:43:36
Attributes         : Archive
```

Sie könnten so die Eigenschaften einzelner Dateien lesen und auch ändern, sofern die Eigenschaft änderbar ist:

```
$datei.Attributes
Archive
$datei.Mode
-a---
```

Einen anderen Weg, um an das Dateiobjekt zu gelangen, verwendet *Get-Item*. Alle drei folgenden Befehle liefern dasselbe Ergebnis, nämlich das Dateiobjekt der angegebenen Datei.

```
$datei = Dir c:\autoexec.bat
$datei = Get-Childitem c:\autoexec.bat
$datei = Get-Item c:\autoexec.bat
```

Get-Childitem und *Get-Item* verhalten sich allerdings unterschiedlich, wenn Sie nicht auf eine Datei, sondern auf einen Ordner zugreifen:

```
# Dir bzw. Get-Childitem liefern den INHALT eines Ordners:
$ordner = Dir c:\windows
```

```
$ordner = Get-Childitem c:\windows
$ordner

    Verzeichnis: Microsoft.PowerShell.Core\FileSystem::C:\windows

Mode            LastWriteTime       Length Name
----            -------------       ------ ----
d----        02.11.2006    13:35           addins
d----        11.10.2007    03:18           AppPatch
d-r-s        31.08.2007    13:42           assembly
(...)

# Get-Item liefert das Ordner-Objekt selbst:
$ordner = Get-Item c:\windows
$ordner

    Verzeichnis: Microsoft.PowerShell.Core\FileSystem::C:\

Mode            LastWriteTime       Length Name
----            -------------       ------ ----
d----        11.10.2007    03:07           windows

$ordner | format-list *

PSPath            : Microsoft.PowerShell.Core\FileSystem::C:\windows
PSParentPath      : Microsoft.PowerShell.Core\FileSystem::C:\
PSChildName       : windows
PSDrive           : C
PSProvider        : Microsoft.PowerShell.Core\FileSystem
PSIsContainer     : True
Mode              : d----
Name              : windows
Parent            :
Exists            : True
Root              : C:\
FullName          : C:\windows
Extension         :
CreationTime      : 02.11.2006 12:18:34
CreationTimeUtc   : 02.11.2006 11:18:34
LastAccessTime    : 11.10.2007 03:07:30
LastAccessTimeUtc : 11.10.2007 01:07:30
LastWriteTime     : 11.10.2007 03:07:30
LastWriteTimeUtc  : 11.10.2007 01:07:30
Attributes        : 65552
```

Dateien an Cmdlets, Funktionen oder Skripte weitergeben

Weil *Dir* als Ergebnis die einzelnen Datei- und Verzeichnisobjekte zurückliefert, kann *Dir* diese Objekte direkt an andere Cmdlets oder eigene Funktionen und Skripte weitergeben. *Dir* ist damit ein wichtiger Auswahlbefehl, mit dem Sie mit geringstem Aufwand alle Dateien eines gewünschten Typs rekursiv auf der gesamten Festplatte oder sogar auf mehreren Platten finden.

Dazu verarbeiten Sie das Ergebnis von *Dir* entweder in der Pipeline mit *Where-Object* und *Foreach-Object* weiter (Kapitel 5), oder Sie schreiben einen eigenen Pipeline-Filter (Kapitel 9).

> **TIPP** Sie dürfen die Ergebnisse mehrerer separater *Dir*-Befehle auch kombinieren. Im folgenden Beispiel erzeugen zwei separate *Dir*-Befehle zwei separate Dateilisten, die von PowerShell dann zu einer Gesamtliste zusammengefügt und in der Pipeline weiterverarbeitet wird. Das Beispiel sammelt sämtliche DLL-Dateien aus dem Windows-Systemverzeichnis und aus allen Programminstallationsverzeichnissen und liefert dann eine Liste mit Namen, Version und Beschreibung der DLL-Dateien:

```
$liste1 = Dir $env:windir\system32\*.dll
$liste2 = Dir $env:programfiles -recurse -filter *.dll
$listegesamt = $liste1 + $liste2
$listegesamt | Foreach-Object {$info =
[system.diagnostics.fileversioninfo]::GetVersionInfo($_.FullName); "{0,-30} {1,15} {2,-20}" -f $_.Name,
$info.ProductVersion, $info.FileDescription }

aaclient.dll                  6.0.6000.16386 Client für Zugriff überall
accessibilitycpl.dll          6.0.6000.16386 Systemsteuerung für die erleichterte Bedienung
ACCTRES.dll                   6.0.6000.16386 Microsoft Internetkonto-Manager-Ressourcen
acledit.dll                   6.0.6000.16386 Zugriffssteuerungslisten-Editor
aclui.dll                     6.0.6000.16386 Sicherheitsdeskriptor-Editor
(...)
```

Weil *Dir* sowohl Ordner als auch Dateien zurückliefert, kann es manchmal wichtig werden, das Ergebnis von *Dir* nur auf Dateien oder nur auf Ordner zu beschränken. Dazu gibt es mehrere Möglichkeiten. Entweder überprüfen Sie das Attribut des zurückgegebenen Objekts, die PowerShell-Eigenschaft *PSIsContainer* oder den Objekttyp:

```
# nur Ordner auflisten:
Dir | Where-Object { $_ -is [System.IO.DirectoryInfo] }
Dir | Where-Object { $_.PSIsContainer }
Dir | Where-Object { $_.Mode.Substring(0,1) -eq "d" }

# nur Dateien auflisten:
Dir | Where-Object { $_ -is [System.IO.FileInfo] }
Dir | Where-Object { $_.PSIsContainer -eq $false}
Dir | Where-Object { $_.Mode.Substring(0,1) -ne "d" }
```

Die erste angegebene Variante (Objekttyp kontrollieren) ist mit Abstand am schnellsten, die letzte (Textvergleich) deutlich aufwändiger und damit langsamer.

Where-Object filtert Dateien auch nach anderen Kriterien. Möchten Sie zum Beispiel nur Dateien finden, die nach dem 12. Mai 2007 angelegt wurden, verwenden Sie diesen Pipeline-Filter:

```
Dir | Where-Object { $_.CreationTime -gt [datetime]::Parse("12. Mai 2007") }
```

Auf Dateien und Ordner zugreifen

> **ACHTUNG** Die Methode *Parse()* der *DateTime*-Klasse wandelt automatisch deutsche Datumstexte in Datumsangaben um. Ohne *Parse()* ist das Ergebnis der Umwandlung möglicherweise nicht das, was Sie erwarten:

```
[datetime]"3.5.2007"
Montag, 5. März 2007 00:00:00
```

In diesem Fall wertet PowerShell die erste Angabe nämlich als Monat, verwendet also das amerikanische Datumsformat.

Möchten Sie nur die Dateien sehen, die innerhalb der letzten 14 Tage verändert wurden, verwenden Sie relative Daten:

```
Dir | Where-Object { $_.CreationTime -gt (get-date).AddDays(-14) }
```

Dir-Ergebnisse in der Pipeline weiterverarbeiten

Dir kann also weit mehr als nur Ordnerinhalte auflisten. Es ist ein wichtiger Auswahlbefehl, und wofür diese Auswahl nützlich sein kann, erfahren Sie am Beispiel eines Mini-Backup-Systems, das sich auch gleich das Archiv-Attribut von eben zunutze macht. Der erste Schritt des Backup-Systems ist die Auswahl der Dateien, die gesichert werden sollen. Eine Grobauswahl nimmt *Dir* vor, indem Sie festlegen, welche Ordner oder Laufwerke gesichert werden sollen.

Eine Feinauswahl nimmt danach das Archiv-Attribut vor, denn es sollen nur die Dateien gesichert werden, bei denen das Archiv-Bit gesetzt ist. Zwei verschiedene Wege sind möglich, weil das Archiv-Attribut in zwei Objekteigenschaften abgefragt werden kann:

```
Dir $home -recurse | Where-Object {$_.Attributes -contains "Archive"}
Dir $home -recurse | Where-Object { $_.Mode -like "?a*"}
```

Das Ergebnis sind alle Dateien in Ihrem Benutzerprofil, bei denen das Archiv-Attribut gesetzt ist. Das Besondere dieses Attributs: wird es gelöscht, setzt Windows es automatisch neu, sobald sich eine Datei ändert. Sie könnten also alle Dateien auf ein externes Laufwerk sichern, bei denen das Archiv-Attribut gesetzt ist. Sofern Sie das Attribut anschließend löschen, sorgen Sie dafür, dass nachfolgende Sicherungen nur die Dateien sichern, die sich seither verändert haben. Nur, wie löscht man das Archiv-Attribut?

Die Eigenschaft *Attributes* liefert die aktuellen Dateiattribute einer Datei. Legen Sie sich für die folgenden Beispiele eine Testdatei an:

```
$test = New-Item "test.txt" -ItemType File
$test.Attributes
Archive
```

Wie Sie sehen, hat Windows für die neue Datei *test.txt* automatisch das Archiv-Attribut gesetzt. Neue Attribute setzen Sie ganz einfach, indem Sie der Eigenschaft die neuen Attribute zuweisen:

```
$test.Attributes = "Archive, Hidden"
$test.Attributes
Hidden, Archive
```

Ihre Testdatei ist jetzt zusätzlich versteckt und erscheint im Windows-Explorer nicht mehr (es sei denn, Sie haben ihn beauftragt, auch versteckte Dateien anzuzeigen). Ganz löschen kann man Attribute allerdings nicht:

```
$test.Attributes = ""
Ausnahme beim Festlegen von "Attributes": "Der Wert "" kann aufgrund von ungültigen Enumerationswerten
nicht in den Typ "System.IO.FileAttributes" konvertiert werden. Geben Sie einen der folgenden
Enumerationswerte an und versuchen Sie es erneut. Mögliche Enumerationswerte sind "ReadOnly, Hidden,
System, Directory, Archive, Device, Normal, Temporary, SparseFile, ReparsePoint, Compressed, Offline,
NotContentIndexed, Encrypted"."
Bei Zeile:1 Zeichen:7
+ $test.A <<<< ttributes = ""
```

Um das Archiv-Attribut zu löschen, verwenden Sie das Attribut *Normal*. Wollen Sie nur das Archiv-Attribut löschen und andere eventuell vorhandene Attribute intakt lassen, lesen Sie die *Attributes*-Eigenschaft und ersetzen darin *Archiv* durch *Normal*:

```
$test.Attributes = $test.Attributes.ToString().replace("Archive", "Normal")
```

Ihr Backup kann nun bereits alle Dateien heraussuchen, bei denen das Archiv-Attribut gesetzt ist, und dieses Attribut zurücksetzen. Ja nach Datenmenge kann dieser Vorgang einige Sekunden bis Minuten dauern.

ACHTUNG Die Beispiele verwenden den Ordner *$HOME*, der Ihrem Benutzerprofil entspricht. Verwenden Sie für erste Testzwecke besser einen Testordner mit Beispieldaten und nicht Ihre Originaldaten.

```
Dir $home -recurse | where {$_.Attributes -contains "Archive"} | Foreach-Object { $_.Attributes =
$_.Attributes.toString().Replace("Archive", "Normal") }
```

Nach dieser Anweisung dürfte die folgende Abfrage keine einzige Datei mehr liefern:

```
Dir c:\Daten\*.* -recurse | where {$_.Attributes -contains "Archive"}
```

Erst wenn Sie Dateien im angegebenen Ordner oder einem seiner Unterordner ändern oder neu hinzufügen, werden diese wegen ihres Archiv-Bits beim nächsten Durchlauf automatisch gefunden. Alle nachfolgenden Backup-Aufträge werden jetzt also sehr viel schneller abgearbeitet, weil nur noch die seit dem letzten Backup geänderten Dateien gesichert werden.

```
$test = New-Item $home\test.txt -ItemType File
Dir c:\Daten\*.* -recurse | where {$_.Attributes -contains "Archive"}
```

TIPP Wenn Sie lieber mit Zahlen arbeiten, können Sie auch die Bits bearbeiten, die den Attributen zugrundeliegen. Diese Bitmaske erhalten Sie über die Eigenschaft *Value__*:

```
$test = Dir $home\test.txt
$test.Attributes
Archive
```

Auf Dateien und Ordner zugreifen

```
$test.Attributes.Value__
32
$attribs = $test.Attributes
$attribs -= $attribs.Value__ -band 32
$test.Attributes = $attribs
$test.Attributes
Normal
```

Einen eigenen Pipeline-Filter schreiben

Was nun noch fehlt, ist die eigentliche Sicherung. Weil die Sicherung die ursprüngliche Ordnerstruktur erhalten soll, ist sie ein wenig aufwändiger und wird deshalb als Filter formuliert. Erinnern Sie sich? Filter sind besondere Funktionen, die optimal in der Pipeline arbeiten und in Kapitel 9 ausführlich behandelt wurden.

Der Filter *Backup-Files* verlangt den Parameter *-target*, also einen Pfadnamen zu dem Ordner, in dem das Backup aufbewahrt werden soll. Der Filter kontrolliert dann, ob das Archiv-Bit des aktuellen Pipeline-Objekts in *$_* gesetzt ist. Falls ja, soll die Datei gesichert werden. Um die Ordnerstruktur zu erhalten, bestimmt der Filter mit *Split-Path* den Ordnernamen und ersetzt den Laufwerksbuchstaben durch den *Backup*-Pfad. Weil es sein kann, dass es diesen Ordner auf dem Sicherungslaufwerk noch nicht gibt, speichert der Filter den Ordnerpfad in *$parentpath* und prüft mit *Test-Path*, ob er vorhanden ist. Falls nicht, wird er mit *New-Item* angelegt.

Anschließend wird die Datei mit der Methode *CopyTo()* auf das Sicherungslaufwerk kopiert und das Archiv-Bit der Originaldatei gelöscht:

```
filter Backup-Files([string]$target=$(Throw "Geben Sie ein Sicherungsziel an!"))
{
  # im Fehlerfall aktuelle Datei überspringen und Meldung ausgeben:
  Trap {"Backup fehlgeschlagen: $quelle mit Fehler " + $_.Exception.Message; continue}

  # damit im Fehlerfall der gesamte Filter abgebrochen wird, steht der Code in einem eigenen
  # Scriptblock (Kapitel 11)
  & {
    # ist das Archiv-Bit der Datei gesetzt?
    if ($_.Attributes -contains "Archive")
    {
      # ja, Pfadnamen in skriptweit gültiger Variable speichern:
      $script:quelle = $_.FullName

      # Ziel-Pfad durch Austausch des Laufwerksbuchstabens erstellen:
      $targetpath = $target + $(Split-Path -path $quelle -NoQualifier)

      # Ziel-Ordner ermitteln und prüfen, ob er schon vorhanden ist:
      $parentpath = Split-Path -path $targetpath -parent
```

```
    # falls nicht, anlegen:
    if (!(Test-Path $parentpath))
    {
      New-Item $parentpath -ItemType Directory
    }

    # Datei kopieren und evtl. vorhandene Datei überschreiben:
    $_.CopyTo($targetpath, $true)

    # Archiv-Attribut löschen, damit Datei erst wieder gesichert wird, wenn sie sich geändert hat:
    $_.Attributes = $_.Attributes.toString().Replace("Archive", "Normal")
   }
  }
}
```

Ab sofort können Sie sehr bequem Sicherungskopien anlegen: Mit *Dir* bestimmen Sie, welche Dateien und Ordner gesichert werden. Den Rest erledigt *Backup-Files*, dem Sie nur noch ein Ziel für die Sicherung anzugeben brauchen, zum Beispiel ein externes USB-Laufwerk. Die folgende Zeile würde zum Beispiel den Ordner *Artwork* im aktuellen Verzeichnis in den Ordner *F:\Artwork* sichern. Während der Sicherung gibt *Backup-Files* jeweils die Dateien und Ordner an, die kopiert oder neu angelegt werden.

```
Dir artwork | Backup-Files f:\artwork

    Verzeichnis: Microsoft.PowerShell.Core\FileSystem::f:\artwork\Users\Tobias Weltner\Sources

Mode            LastWriteTime        Length Name
----            -------------        ------ ----
d----      12.10.2007     14:33             artwork
-a---      01.08.2007     20:59         753 1Ghosted.png
-a---      01.08.2007     20:01         834 1redOff.png
-a---      01.08.2007     20:00         904 1redOn.png
-a---      01.08.2007     20:58         787 2GHOSTED.png
(...)
```

Rufen Sie denselben Befehl noch einmal auf, werden keine Dateien mehr gesichert, denn *Backup-Files* hat automatisch nach der erfolgreichen Sicherung das Archiv-Bit gelöscht. Gesichert werden also nur Dateien, die nicht vorher schon gesichert waren.

```
# Eine erneute Sicherung sichert nur Dateien, die sich seit der letzten Sicherung verändert haben:
Dir artwork | Backup-Files f:\artwork
```

Durch den modularen PowerShell-Ansatz ist Ihr neuer Befehl *Backup-Files* ausgesprochen flexibel. Sie könnten gleichzeitig mehrere Laufwerke sichern oder die Sicherung nur auf bestimmte Dateitypen beschränken, denn das, was *Backup-Files* sichert, bestimmt *Dir*:

```
Dir C:, D: -recurse | Backup-Files F:\Backupsatz
Dir *.ps1 -recurse | Backup-Files F:\PowerShellScripts
```

> **HINWEIS** *Backup-Files* ist nur ein erster Ansatz, keine fertige Backup-Lösung. Sie können damit zum Beispiel keine Dateien sichern, die in Benutzung und deshalb vom System gesperrt sind.

Im Dateisystem navigieren

Der aktuelle Ordner, in dem Sie sich innerhalb der PowerShell-Konsole gerade befinden, wird im Prompt der Eingabeaufforderung genannt, es sei denn, Sie haben Ihren Prompt inzwischen so wie in Kapitel 9 beschrieben verändert. Den aktuellen Ordner ermitteln Sie auch mit *Get-Location*:

```
Get-Location
Path
----
C:\Users\Tobias Weltner\Sources
```

Möchten Sie an einen anderen Ort im Dateisystem navigieren, verwenden Sie *Set-Location* oder den Alias *Cd*:

```
# einen Ordner höher (relativ):
Cd ..

# in den Stammordner des aktuellen Laufwerks (relativ):
Cd \

# in einen fest angegebenen Ordner (absolut):
Cd c:\windows

# Ordnername aus Umgebungsvariable beziehen (absolut):
Cd $env:windir

# Ordnername aus Variable beziehen (absolut):
Cd $home
```

Relative und absolute Pfade

Pfadangaben können entweder relativ oder absolut sein, und im letzten Beispiel haben Sie beide Varianten verwendet. Relative Pfadangaben richten sich nach dem aktuellen Ordner, und die Angabe *.\test.txt* meint immer die Datei *test.txt* im aktuellen Ordner, während *..\test.txt* die Datei *test.txt* im übergeordneten Ordner bezeichnet. Relative Pfadangaben sind nützlich, wenn Sie zum Beispiel Bibliotheksskripte verwenden, die in demselben Ordner liegen wie Ihr Arbeitsskript. Ihr Arbeitsskript kann die Bibliotheksskripte dann immer eindeutig unter relativen Pfadnamen erreichen, egal wie der Ordner heißt, in dem es sich befindet. Absolute Pfadnamen sind immer eindeutig, unabhängig von Ihrem aktuellen Ordner.

Zeichen	Bedeutung	Beispiel	Ergebnis
.	Aktueller Ordner	*Explorer .*	Öffnet den aktuellen Ordner im Windows-Explorer
..	Übergeordneter Ordner	*Cd ..*	Wechselt in den übergeordneten Ordner
\	Stammordner	*Cd *	Wechselt in den obersten Ordner eines Laufwerks
~	Basisverzeichnis	*Cd ~*	Wechselt in den Ordner, den PowerShell anfangs automatisch einstellt

Tabelle 15.2 Wichtige Sonderzeichen bei relativen Pfadangaben

Relative Pfadnamen in absolute Pfadnamen verwandeln

Immer, wenn Sie relative Pfadnamen verwenden, muss PowerShell diese relativen Pfadnamen in absolute Pfadnamen umwandeln. Das geschieht automatisch, wenn Sie eine Datei oder einen Befehl mit relativem Pfadnamen aufrufen. Mit *Resolve-Path* können Sie diese Auflösung auch selbst durchführen.

```
Resolve-Path .\test.txt

Path
----
C:\Users\Tobias Weltner\test.txt
```

Resolve-Path funktioniert allerdings nur mit tatsächlich vorhandenen Dateien. Gibt es bei Ihnen im aktuellen Ordner keine Datei namens *test.txt*, meldet *Resolve-Path* einen Fehler.

TIPP Möchten Sie feststellen, wie der absolute Pfad eines relativen Pfads aussehen würde, auch wenn die Datei nicht wirklich existiert, dann verwenden Sie die Methode *GetFullPath()* der *Path*-Klasse des .NET Frameworks (Tabelle 15.4). Weil diese Methode allerdings einen anderen aktuellen Pfad als PowerShell verwendet, müssten Sie dann den aktuellen Pfad des .NET Frameworks auf den aktuellen Pfad mit *CurrentDirectory()* von PowerShell einstellen:

```
[Environment]::CurrentDirectory = (Get-Location)
[System.IO.Path]::GetFullPath("...\zumsel.txt")
C:\Users\zumsel.txt
```

Resolve-Path kann mehr als ein Ergebnis haben, wenn der Pfad, den Sie angeben, Platzhalterzeichen enthält. So liefert der folgende Aufruf die Namen sämtlicher *ps1xml*-Dateien im PowerShell-Basisverzeichnis:

```
Resolve-Path $pshome\*.ps1xml

Path
----
C:\Windows\System32\WindowsPowerShell\v1.0\Certificate.format.ps1xml
C:\Windows\System32\WindowsPowerShell\v1.0\DotNetTypes.format.ps1xml
C:\Windows\System32\WindowsPowerShell\v1.0\FileSystem.format.ps1xml
C:\Windows\System32\WindowsPowerShell\v1.0\Help.format.ps1xml
C:\Windows\System32\WindowsPowerShell\v1.0\PowerShellCore.format.ps1xml
C:\Windows\System32\WindowsPowerShell\v1.0\PowerShellTrace.format.ps1xml
C:\Windows\System32\WindowsPowerShell\v1.0\Registry.format.ps1xml
C:\Windows\System32\WindowsPowerShell\v1.0\types.ps1xml
```

Im Dateisystem navigieren

Resolve-Path kann somit ähnlich wie *Dir* ein Auswahlfilter für eine nachgeschaltete Funktion sein. Die folgende Funktion *edit-file* zum Beispiel macht es kinderleicht, eine oder mehrere Dateien zur Bearbeitung zu öffnen. Die Funktion akzeptiert einen beliebigen relativen Pfad, der Platzhalterzeichen enthalten kann, und bestimmt mit *Resolve-Path*, wie viele Dateien dem angegebenen Kriterium entsprechen.

```
PS C:\Users\Tobias Weltner> edit-file $pshome\*.ps*
Wollen Sie diese Dateien öffnen?
- C:\Windows\System32\WindowsPowerShell\v1.0\Certificate.format.ps1xml
- C:\Windows\System32\WindowsPowerShell\v1.0\DotNetTypes.format.ps1xml
- C:\Windows\System32\WindowsPowerShell\v1.0\FileSystem.format.ps1xml
- C:\Windows\System32\WindowsPowerShell\v1.0\Help.format.ps1xml
- C:\Windows\System32\WindowsPowerShell\v1.0\PowerShellCore.format.ps1xml
- C:\Windows\System32\WindowsPowerShell\v1.0\PowerShellTrace.format.ps1xml
- C:\Windows\System32\WindowsPowerShell\v1.0\Registry.format.ps1xml
- C:\Windows\System32\WindowsPowerShell\v1.0\types.ps1xml
Dateien öffnen
Diese Dateien öffnen?
[J] Ja  [N] Nein  [?] Hilfe (Der Standardwert ist "N"):
```

Abbildung 15.1 Mehrere Dateien mit Resolve-Path auswählen und per Nachfrage öffnen

Entspricht gar keine Datei dem Kriterium, löst *Resolve-Path* einen Fehler aus, der in der Variablen *$?* vermerkt wird (Kapitel 11). Der Ausdruck *!$?* ist also immer dann erfüllt, wenn ein Fehler passiert ist, und in diesem Fall meldet die Funktion, dass keine Datei gefunden wurde.

Hat *Resolve-Path* mehr als eine Datei gefunden, ist das Ergebnis ein Feld. In diesem Fall listet die Funktion die gefundenen Dateien sicherheitshalber auf, damit bei einer Fehleingabe nicht unerwartet viele Dateien geöffnet werden. Die Funktion nutzt die interne PowerShell-Funktion *PromptForChoice()* aus Kapitel 6, um den Anwender um Bestätigung zu bitten.

Die Datei(en) werden dann mit dem *Call*-Operator aus Kapitel 12 gestartet. Damit das funktioniert, muss dem jeweiligen Dateityp natürlich eine Anwendung zugewiesen sein.

```
function edit-file([string]$path=$(Throw "Geben Sie einen relativen Pfad an!"))
{
  # relativen Pfad auflösen und Fehler unterdrücken:
  $dateien = Resolve-Path $path -ea SilentlyContinue

  # prüfen, ob ein Fehler aufgetreten ist:
  if (!$?)
  {
    # falls ja, entsprach keine Datei den Kriterien, also Meldung und abbrechen:
    "Keine Datei entspricht Ihren Kriterien."; break
  }


  # wenn mehrere Dateien gefunden wurden, ist $dateien ein Feld:
  if ($dateien -is [array])
```

```
{
  # in diesem Fall alle gefundenen Dateien auflisten:
  write-host -Foreground "Red" -Background "White" "Wollen Sie diese Dateien öffnen?"
  foreach ($datei in $dateien)
  {
    "- " + $datei.Path
  }

  # anschließend nachfragen, ob diese Dateien wirklich alle geöffnet werden sollen:
  $yes = ([System.Management.Automation.Host.ChoiceDescription]"&Ja")
  $no = ([System.Management.Automation.Host.ChoiceDescription]"&Nein")
  $choices = [System.Management.Automation.Host.ChoiceDescription[]]($yes,$no)
  $result = $host.ui.PromptForChoice('Dateien öffnen','Diese Dateien öffnen?',$choices,1)

  # falls ja, alle Dateien mit Call-Operator "&" aufrufen:
  if ($result -eq 0)
  {
    foreach ($datei in $dateien)
    {
      & $datei
    }
  }
}
else
{
  # gibt es nur eine Datei, dann liegt diese direkt in $dateien und kann mit "&" gestartet werden:
  & $dateien
}
}
```

Ordnerpositionen speichern

Der aktuelle Ordner, in dem Sie sich gerade befinden, kann mit *push-location* auf einen so genannten Stack gelegt werden, der wie ein Stapel funktioniert. Jedes *push-location* legt einen neuen Ordner auf den Stapel, und mit *pop-location* bekommen Sie ihn wieder zurück.

Möchten Sie also eine Aufgabe erledigen, für die Sie den aktuellen Ordner verlassen müssen, geben Sie zunächst *push-location* ein, um die aktuelle Position zu speichern. Danach führen Sie Ihre Aufgabe durch, und wenn Sie fertig sind, holen Sie sich die gespeicherte Position mit *pop-location* wieder zurück.

TIPP Mit *Cd $home* gelangen Sie stets zurück in Ihr Heimatverzeichnis. Und: Sowohl *push-location* als auch *pop-location* unterstützen den Parameter *-stack*. Damit können Sie beliebig viele weitere Stapel anlegen, zum Beispiel für jede Aufgabe einen. *push-location -stack job1* legt den aktuellen Ordner also nicht auf den Standard-Stapel, sondern auf den Stapel namens *job1*, und mit *pop-location -stack job1* stellen Sie den Ausgangsordner von diesem Stapel wieder her.

Spezial-Ordner finden

Windows verwendet eine Reihe von Spezialordnern, die aber von Installation zu Installation an unterschiedlichen Orten liegen können. Damit PowerShell diese speziellen Ordner eindeutig zuordnen kann, finden Sie die Pfadnamen der wichtigsten Ordner in den Windows-Umgebungsvariablen. Viele weitere Spezialordner können über die *Environment*-Klasse des .NET Frameworks ermittelt werden.

Spezialordner	Beschreibung	Zugang
Anwendungsdaten	Anwendungsdaten, die lokal auf der Maschine gespeichert sind	$env:localappdata
Benutzerprofil	Ordner des Benutzers	$env:userprofile
Gemeinsam genutzte Daten	Ordner für Daten, die von allen Programmen genutzt werden	$env:commonprogramfiles
Öffentlicher Ordner	Gemeinsamer Ordner aller lokalen Benutzer	$env:public
Programme-Ordner	Ordner, in dem Programme installiert werden	$env:programfiles
Roaming Profiles	Anwendungsdaten für Roaming Profiles	$env:appdata
Temporäre Dateien (privat)	Ordner für Zwischenspeicherungen des Anwenders	$env:tmp
Temporäre Dateien	Ordner für Zwischenspeicherungen	$env:temp
Windows-Ordner	Ordner, in dem Windows installiert ist	$env:windir

Tabelle 15.3 Wichtige Windows-Ordner, die in Umgebungsvariablen gespeichert sind

Die Umgebungsvariablen liefern nur einige und längst nicht alle Pfadnamen der Spezialordner. Möchten Sie zum Beispiel eine Datei direkt auf den Desktop des Anwenders legen, benötigen Sie den Pfadnamen zum Desktop, den Ihnen die Umgebungsvariablen nicht liefern können. Die Methode *GetFolderPath()* der *Environment*-Klasse des .NET Frameworks (Kapitel 6) kann das allerdings schon. So könnten Sie einem Anwender eine Verknüpfung auf seinen Desktop legen.

```
[Environment]::GetFolderPath("Desktop")
C:\Users\Tobias Weltner\Desktop

# Eine Verknüpfung auf den Desktop legen:
path = [Environment]::GetFolderPath("Desktop") + "\EditorStart.lnk"
$comobject = new-object -comobject WScript.Shell
$link = $comobject.CreateShortcut($path)
$link.targetpath = "notepad.exe"
$link.IconLocation = "notepad.exe,0"
$link.Save()
```

HINWEIS PowerShell greift für die Verknüpfung auf das altertümliche COM-Objekt *WScript.Shell* zurück (Kapitel 6). Zwar könnte man Verknüpfungen auch direkt über das .NET Framework anlegen, doch ist das unverhältnismäßig aufwändig.

Welche Ordner *GetFolderPath()* ermitteln kann, ist in der Aufzählung *SpecialFolder* vermerkt. Den Inhalt dieser Aufzählung kann man mit folgender Zeile sichtbar machen:

```
[System.Environment+SpecialFolder] | get-member -Static -MemberType Property

   TypeName: System.Environment+SpecialFolder

Name                     MemberType Definition
----                     ---------- ----------
ApplicationData          Property   static System.Environment+SpecialFolder ApplicationData {get;}
CommonApplicationData    Property   static System.Environment+SpecialFolder CommonApplicationData ...
CommonProgramFiles       Property   static System.Environment+SpecialFolder CommonProgramFiles {get;}
Cookies                  Property   static System.Environment+SpecialFolder Cookies {get;}
Desktop                  Property   static System.Environment+SpecialFolder Desktop {get;}
DesktopDirectory         Property   static System.Environment+SpecialFolder DesktopDirectory {get;}
Favorites                Property   static System.Environment+SpecialFolder Favorites {get;}
History                  Property   static System.Environment+SpecialFolder History {get;}
InternetCache            Property   static System.Environment+SpecialFolder InternetCache {get;}
LocalApplicationData     Property   static System.Environment+SpecialFolder LocalApplicationData {...
MyComputer               Property   static System.Environment+SpecialFolder MyComputer {get;}
MyDocuments              Property   static System.Environment+SpecialFolder MyDocuments {get;}
MyMusic                  Property   static System.Environment+SpecialFolder MyMusic {get;}
MyPictures               Property   static System.Environment+SpecialFolder MyPictures {get;}
Personal                 Property   static System.Environment+SpecialFolder Personal {get;}
ProgramFiles             Property   static System.Environment+SpecialFolder ProgramFiles {get;}
Programs                 Property   static System.Environment+SpecialFolder Programs {get;}
Recent                   Property   static System.Environment+SpecialFolder Recent {get;}
SendTo                   Property   static System.Environment+SpecialFolder SendTo {get;}
StartMenu                Property   static System.Environment+SpecialFolder StartMenu {get;}
Startup                  Property   static System.Environment+SpecialFolder Startup {get;}
System                   Property   static System.Environment+SpecialFolder System {get;}
Templates                Property   static System.Environment+SpecialFolder Templates {get;}
```

Wenn Sie sich also einen Überblick über sämtliche Ordner verschaffen wollen, die *GetFolderPath()* ermitteln kann, gehen Sie zum Beispiel so vor:

```
[System.Environment+SpecialFolder] | get-member -Static -MemberType Property | Foreach-Object {"{0,-25}=
{1}" -f $_.name, [Environment]::GetFolderPath($_.Name) }

ApplicationData          = C:\Users\Tobias Weltner\AppData\Roaming
CommonApplicationData    = C:\ProgramData
CommonProgramFiles       = C:\Program Files\Common Files
Cookies                  = C:\Users\Tobias Weltner\AppData\Roaming\Microsoft\Windows\Cookies
Desktop                  = C:\Users\Tobias Weltner\Desktop
DesktopDirectory         = C:\Users\Tobias Weltner\Desktop
Favorites                = C:\Users\Tobias Weltner\Favorites
History                  = C:\Users\Tobias Weltner\AppData\Local\Microsoft\Windows\History
InternetCache            = C:\Users\Tobias Weltner\AppData\Local\Microsoft\Windows\Temporary Internet
Files
LocalApplicationData     = C:\Users\Tobias Weltner\AppData\Local
MyComputer               =
MyDocuments              = C:\Users\Tobias Weltner\Documents
MyMusic                  = C:\Users\Tobias Weltner\Music
MyPictures               = C:\Users\Tobias Weltner\Pictures
Personal                 = C:\Users\Tobias Weltner\Documents
ProgramFiles             = C:\Program Files
Programs                 = C:\Users\Tobias Weltner\AppData\Roaming\Microsoft\Windows\Start Menu\Programs
Recent                   = C:\Users\Tobias Weltner\AppData\Roaming\Microsoft\Windows\Recent
```

Im Dateisystem navigieren

```
SendTo            = C:\Users\Tobias Weltner\AppData\Roaming\Microsoft\Windows\SendTo
StartMenu         = C:\Users\Tobias Weltner\AppData\Roaming\Microsoft\Windows\Start Menu
Startup           = C:\Users\Tobias Weltner\AppData\Roaming\Microsoft\Windows\
                    Start Menu\Programs\Startup
System            = C:\Windows\system32
Templates         = C:\Users\Tobias Weltner\AppData\Roaming\Microsoft\Windows\Templates
```

Pfadnamen konstruieren

Pfadnamen bestehen aus Text und können deshalb von Ihnen beliebig konstruiert werden. Gerade haben Sie gesehen, wie Sie den Pfadnamen für eine Datei konstruieren, die auf dem Desktop des Benutzers liegen soll:

```
$pfad = [Environment]::GetFolderPath("Desktop") + "\datei.txt"
$pfad
C:\Users\Tobias Weltner\Desktop\datei.txt
```

Allerdings müssen Sie dabei selbst darauf achten, die richtige Anzahl umgekehrter Schrägstriche in Ihren Pfad zu integrieren. Im letzen Beispiel musste deshalb vor dem Dateinamen ein umgekehrter Schrägstrich (ein Backslash) angegeben werden. Zuverlässiger setzen Sie Pfade mit *Join-Path* oder den Methoden der .NET-Klasse *Path* zusammen:

```
$pfad = Join-Path ([Environment]::GetFolderPath("Desktop")) "test.txt"
$pfad
C:\Users\Tobias Weltner\Desktop\test.txt

$pfad = [System.IO.Path]::Combine([Environment]::GetFolderPath("Desktop"), "test.txt")
$pfad
C:\Users\Tobias Weltner\Desktop\test.txt
```

Die Klasse *Path* enthält eine Reihe weiterer nützlicher Methoden, mit denen Sie Pfade zusammenstellen oder Informationen aus Pfaden extrahieren. Fügen Sie vor den Methoden aus Tabelle 15.4 einfach *[System.IO.Path]::* ein, beispielsweise:

```
[System.IO.Path]::ChangeExtension("test.txt", "ps1")
test.ps1
```

Methode	Beschreibung	Beispiel
ChangeExtension()	Ändert die Dateierweiterung	ChangeExtension("test.txt", "ps1")
Combine()	Kombiniert Pfadanteile, entspricht Join-Path	Combine("C:\test", "test.txt")
GetDirectoryName()	Ermittelt das Verzeichnis, entspricht Split-Path -parent	GetDirectoryName("c:\test\datei.txt")
GetExtension()	Ermittelt die Dateierweiterung	GetExtension("c:\test\datei.txt")

Methode	Beschreibung	Beispiel
GetFileName()	Ermittelt den Dateinamen, entspricht *Split-Path -leaf*	GetFileName("c:\test\datei.txt")
GetFileNameWithoutExtension()	Ermittelt den Dateinamen ohne Dateierweiterung	GetExtensionWithoutExtension("c:\test\datei.txt")
GetFullPath()	Löst einen relativen Dateinamen auf	GetFullPath(".\test.txt")
GetInvalidFileNameChars()	Listet alle Zeichen auf, die in einem Dateinamen nicht erlaubt sind	GetInvalidFileNameChars()
GetInvalidPathChars()	Listet alle Zeichen auf, die in einem Pfadnamen nicht erlaubt sind	GetInvalidPathChars()
GetPathRoot()	Liefert das Stammverzeichnis, entspricht *Split-Path -Qualifier*	GetPathRoot("c:\test\datei.txt")
GetRandomFileName()	Liefert einen zufälligen Dateinamen	GetRandomFileName()
GetTempFileName()	Liefert einen temporären Dateinamen im *Temp*-Ordner	GetTempFileName()
GetTempPath()	Liefert den Pfad des Ordners für temporäre Dateien	GetTempPath()
HasExtension()	*True*, wenn der Pfad eine Dateierweiterung besitzt	HasExtension("c:\test\datei.txt")
IsPathRooted()	*True*, wenn der Pfad absolut ist, entspricht *Split-Path -isabsolute*	IsPathRooted("c:\test\datei.txt")

Tabelle 15.4 Methoden zur Konstruktion von Pfadnamen

Mit Dateien und Ordnern arbeiten

Bereits existierende Datei- und Ordnerobjekte erhalten Sie von den Cmdlets *Get-Childitem* und *Get-Item*. Sie können aber auch neue eigene Dateien und Ordner anlegen, diese umbenennen, mit Inhalt füllen, kopieren, verschieben und zum Schluss natürlich auch wieder löschen. Wie das geschieht, schauen wir uns als nächstes an.

Neue Ordner anlegen

Neue Ordner legen Sie am bequemsten mit der Funktion *Md* an. Diese ruft intern das Cmdlet *New-Item* auf und gibt als Parameter *-type* den Wert *Directory* an:

```
# "md" ist eine vordefinierte Funktion und legt neue Ordner an:
md Test1

    Verzeichnis: Microsoft.PowerShell.Core\FileSystem::C:\Users\Tobias Weltner

Mode            LastWriteTime     Length Name
----            -------------     ------ ----
d----       12.10.2007     17:14         Test1
```

Mit Dateien und Ordnern arbeiten

```
# mit "New-Item" gelingt dies auch, ist aber mühseliger:
New-Item Test2 -type Directory

    Verzeichnis: Microsoft.PowerShell.Core\FileSystem::C:\Users\Tobias Weltner

Mode                LastWriteTime     Length Name
----                -------------     ------ ----
d----          12.10.2007     17:14          Test2
```

TIPP Sie dürfen in einem Schritt auch mehrere Unterordner anlegen. PowerShell legt automatisch alle Ordner an, die im angegebenen Pfad noch nicht existieren:

```
md test\unterordner\nochwas
```

Hier werden gleich drei Unterordner angelegt, falls es die Ordner *Test* und *Unterordner* im aktuellen Ordner noch nicht gab.

Neue Dateien anlegen

Neue Dateien könnten Sie zwar auch mit *New-Item* anlegen, allerdings wären diese dann vollkommen leer:

```
New-Item "neue Datei.txt" -type File

    Verzeichnis: Microsoft.PowerShell.Core\FileSystem::C:\Users\Tobias Weltner

Mode                LastWriteTime     Length Name
----                -------------     ------ ----
-a---          12.10.2007     17:16          0 neue Datei.txt
```

Weil leere Dateien nicht besonders nützlich sind, werden Dateien in der Regel automatisch angelegt, wenn Sie Ergebnisse speichern. Dabei stehen Ihnen die Umleitung und die Cmdlets *Out-File* sowie *Set-Content* zur Verfügung:

```
Dir > info1.txt
.\info1.txt
Dir | Out-File info2.txt
.\info2.txt
Dir | Set-Content info3.txt
.\info3.txt
Set-Content info4.txt (get-date)
.\info4.txt
```

Wie sich herausstellt, verhalten sich die Umleitung und *Out-File* sehr ähnlich: PowerShell wandelt die Ergebnisse der Pipeline um und der Inhalt der Dateien sieht genauso aus, als hätten Sie die Informationen in die Konsole ausgegeben. *Set-Content* funktioniert anders und liefert nur die Namen des Ordnerlistings, denn bei *Set-Content* wandelt PowerShell die Objekte nicht automatisch in Text um. Stattdessen greift sich *Set-Content* eine Standardeigenschaft des Objekts heraus, in diesem Fall die Eigenschaft *Name*.

Normalerweise verwenden Sie *Set-Content*, um beliebigen Text in eine Datei zu schreiben. Die letzte Zeile zeigt, wie Sie zum Beispiel ein Datum in die Datei schreiben. Wandeln Sie das Ergebnis der Pipeline selbst um, zum Beispiel mit *ConvertTo-HTML*, verhalten sich *Out-File* und *Set-Content* gleich, denn weil die Objekte bereits von *ConvertTo-HTML* in Text umgewandelt wurden, findet keine weitere automatische Umwandlung mehr statt:

```
Dir | ConvertTo-HTML | Out-File report1.htm
.\report1.htm
Dir | ConvertTo-HTML | Set-Content report2.htm
.\report2.htm
```

TIPP Möchten Sie bestimmen, welche Objekteigenschaften in der HTML-Seite angezeigt werden, filtern Sie mit *Select-Object* die Eigenschaften vor der Umwandlung in HTML-Code aus (Kapitel 5):

```
Dir | Select-Object name, length, LastWriteTime | ConvertTo-HTML | Out-File report.htm
.\report.htm
```

Während bei der Umleitung automatisch das Encoding der Konsole verwendet wird, um festzulegen, wie Sonderzeichen im Text repräsentiert werden, können Sie das Encoding bei *Out-File* über den Parameter *-encoding* selbst festlegen.

Wollen Sie das Ergebnis lieber als kommaseparierte Liste exportieren, verwenden Sie anstelle von *Out-File* das Cmdlet *Export-Csv*.

Möchten Sie Informationen an eine Textdatei anhängen, verwenden Sie entweder die doppelte Umleitung oder *Add-Content*:

```
Set-Content info.txt "Erste Zeile"
"Zweite Zeile" >> info.txt
Add-Content info.txt "Dritte Zeile"
Get-Content info.txt
Erste Zeile
Z w e i t e   Z e i l e

 Dritte Zeile
```

Das Ergebnis ist vielleicht überraschend: Der doppelte Umleitungspfeil hat zwar funktioniert, aber der Text erscheint in Sperrschrift. Die Umleitungen verwenden grundsätzlich das Encoding der Konsole und führen zu unerwarteten Resultaten, wenn Sie Ansi- und Unicode-Zeichen mischen. Diese Gefahr besteht bei *Set-Content*, *Add-Content* und *Out-File* nicht. Verwenden Sie deshalb besser diese Cmdlets und verzichten Sie auf die Umleitungen. Alle drei Cmdlets unterstützen den Parameter *-Encoding*, über den Sie die Zeichentabelle selbst wählen:

Mit Dateien und Ordnern arbeiten

```
"In Österreich macht Skifahren für €30 am Tag Spaß!" | Out-File ausgabe.txt -encoding ASCII
Get-Content ausgabe.txt
In ?sterreich macht Skifahren f?r ?30 am Tag Spa?!
"In Österreich macht Skifahren für €30 am Tag Spaß!" | Out-File ausgabe.txt -encoding Unicode
Get-Content ausgabe.txt
In Österreich macht Skifahren für  30 am Tag Spaß!
```

TIPP Falls das Euro-Symbol in Ihrer Konsole nicht richtig angezeigt wird: Die Standard-Konsolenschriftarten enthalten manche Zeichen einfach nicht. Ändern Sie die Schriftart Ihrer Konsole wie in Kapitel 1 beschrieben in eine TrueType-Schriftart, um alle Sonderzeichen sehen zu können.

Neue Laufwerke anlegen

Sie haben richtig gehört: In PowerShell dürfen Sie sogar neue Laufwerke anlegen. Dabei sind Sie nicht allein auf Netzlaufwerke beschränkt. Laufwerke dürfen auch als bequeme Abkürzung zu anderen wichtigen Orten im Dateisystem (und darüber hinaus) verwendet werden.

Neue Laufwerke richten Sie mit *New-PSDrive* ein. Um ein Netzlaufwerk einzurichten, gehen Sie so vor:

```
New-PSDrive -Name netzwerk -PSProvider FileSystem -Root \\127.0.0.1\c$

Name        Provider      Root                                CurrentLocation
----        --------      ----                                ---------------
netzwerk    FileSystem    \\127.0.0.1\c$
```

Sie könnten das Netzlaufwerk nun über den neuen virtuellen Laufwerksbuchstaben *netzwerk:* ansprechen, zum Beispiel so:

```
Dir netzwerk:
```

HINWEIS Sämtliche Laufwerke, die Sie mit *New-PSDrive* anlegen, sind auf PowerShell beschränkt und außerhalb von PowerShell unsichtbar. *New-PSDrive* liefert das neu angelegte Laufwerk direkt zurück.

Ebenso leicht schaffen Sie sich bequeme Abkürzungen zu Orten, an denen Sie zu tun haben. Die nächsten Zeilen richten die Laufwerke *desktop:* und *docs:* ein, die Ihren Desktop und den Ordner *Eigene Dateien* repräsentieren:

```
New-PSDrive desktop FileSystem ([Environment]::GetFolderPath("Desktop")) | out-null
New-PSDrive docs FileSystem ([Environment]::GetFolderPath("MyDocuments")) | out-null
```

Möchten Sie künftig auf den Desktop wechseln, geben Sie ein:

```
Cd desktop:
```

Mit *Remove-PSDrive* entfernen Sie ein virtuelles Laufwerk wieder. Das schlägt nur dann fehl, wenn das Laufwerk gerade verwendet wird. Achten Sie darauf: Bei *New-PSDrive* und *Remove-PSDrive* wird der Name des Laufwerks ohne Doppelpunkt angegeben. Wenn Sie das Laufwerk mit den üblichen Dateisystembefehlen verwenden, muss der Doppelpunkt angegeben werden.

```
Remove-PSDrive desktop
```

TIPP Neue Laufwerke müssen sich nicht auf das klassische Dateisystem beschränken, sondern können auch die Registrierungsdatenbank und andere hierarchisch gegliederte Informationssysteme ansprechen. Mehr dazu erfahren Sie im nächsten Kapitel.

Den Inhalt von Textdateien lesen

Der Inhalt einer textbasierten Datei wird mit *Get-Content* ausgegeben:

```
Get-Content $env:windir\windowsupdate.log
```

Falls Sie den absoluten Pfadnamen der Datei kennen, gibt es eine Abkürzung, die die Variablenschreibweise verwendet:

```
${c:\windows\windowsupdate.log}
```

Allerdings ist diese Schreibweise meist wenig praktikabel, weil Sie innerhalb der geschweiften Klammern keine Variablen verwenden dürfen, der Pfadname einer Datei aber in den wenigsten Fällen auf allen Computersystemen immer über denselben absoluten Pfad erreichbar ist.

Get-Content liest den Inhalt der Datei zeilenweise und reicht die einzelnen Textzeilen über die Pipeline weiter. Möchten Sie deshalb zum Beispiel nur die ersten zehn Zeilen einer sehr langen Datei lesen, verwenden Sie *Select-Object*:

```
Get-Content $env:windir\windowsupdate.log | Select-Object -first 10
```

Mit *select-string* filtern Sie aus Textdateien die für Sie interessanten Informationen heraus. Die nächste Zeile liest nur die Zeilen der Datei *windowsupdate.log*, die den Begriff *Added update* enthalten:

```
Get-Content $env:windir\windowsupdate.log | select-string "Added update"
```

Kommaseparierte Listen verarbeiten

Möchten Sie Informationen aus kommaseparierten Listen in PowerShell weiterverarbeiten, verwenden Sie *Import-Csv*. Legen Sie zuest zu Testzwecken eine kommaseparierte Liste an:

```
Set-Content user.txt "Benutzername,Rolle,Kennwortalter"
Add-Content user.txt "Tobias,Normal,10"
Add-Content user.txt "Martina,Normal,15"
```

Mit Dateien und Ordnern arbeiten

```
Add-Content user.txt "Cofi,Administrator,-1"
Get-Content user.txt
Benutzername,Rolle,Kennwortalter
Tobias,Normal,10
Martina,Normal,15
Cofi,Administrator,-1
```

Diese kommaseparierte Liste lesen Sie nun mit *Import-Csv* ein:

```
Import-Csv user.txt

Benutzername              Rolle                           Kennwortalter
------------              -----                           -------------
Tobias                    Normal                          10
Martina                   Normal                          15
Cofi                      Administrator                   -1
```

Wie Sie sehen, versteht *Import-Csv* das Komma-Format und stellt die Informationen spaltenweise dar. Sie können sich also das normalerweise sehr aufwändige Parsen einer kommaseparierten Eingabedatei vollkommen sparen – *Import-Csv* erledigt das für Sie. Die erste Zeile wird als Spaltenüberschrift gewertet. Sie könnten die Informationen in der kommaseparierten Datei nun bequem als Eingabemedium verwenden, zum Beispiel um Benutzerkonten anzulegen.

```
Import-Csv user.txt | Foreach-Object { $_.Benutzername }
Tobias
Martina
Cofi
```

> **Profitipp**   Anstelle einer *Foreach-Object*-Schleife können Sie auch einen Skriptblock in geschweiften Klammern verwenden. Dieser Skriptblock wird innerhalb der Pipeline für jedes Pipeline-Objekt aufgerufen und muss an einen Parameter eines Cmdlets gebunden werden. Im folgenden Beispiel wird jeder einzelne Benutzername der kommaseparierten Datei über den Parameter *-InputObject* an *echo* geliefert und ausgegeben.

```
Import-Csv user.txt | echo -InputObject {$_.Benutzername }
```

Ersetzungen in Textdateien vornehmen

Import-Csv akzeptiert nur echte kommaseparierte Listen, und es gibt leider keinen Parameter, mit dem man *Import-Csv* anweisen kann, ein anderes Trennzeichen zu verwenden. Umgekehrt importiert das deutsche Microsoft Excel kommaseparierte Listen nur, wenn anstelle des Kommas ein Semikolon verwendet wird. Es kann also passieren, dass Sie Trennzeichen in Textdateien austauschen wollen. Im einfachsten Fall geschieht dies so:

```
Set-Content user.txt (Get-Content user.txt | Out-String).Replace(",", ";")
Get-Content user.txt
Benutzername;Rolle;Kennwortalter
```

```
Tobias;Normal;10
Martina;Normal;15
Cofi;Administrator;-1
```

Dabei liest *Get-Content* den Inhalt der ursprünglichen Textdatei. Weil das Ergebnis einzelne Textzeilen sind, müssen diese Zeilen mit *Out-String* zuerst zu einem gesamten Text zusammengefasst werden. Jedes Textobjekt beherrscht die *Replace()*-Methode, mit der Sie Zeichen gegen andere austauschen. Das Ergebnis wird mit *Set-Content* in die Datei zurückgeschrieben.

Weil Ihre Liste nun ein Semikolon als Trennzeichen verwendet, kann *Import-Csv* sie nun nicht mehr verarbeiten, aber dafür öffnen Sie die Liste jetzt bequem in Excel, vorausgesetzt, Sie geben der Datei noch schnell die Dateierweiterung *.csv*:

```
Rename-Item user.txt user.csv
.\user.csv
```

HINWEIS Welches Trennzeichen Excel als Abgrenzung verwendet, hängt von Ihren Spracheinstellungen in der Systemsteuerung ab. Auf amerikanischen Systemen akzeptiert Excel das Komma, auf deutschen Systemen muss es ein Semikolon sein.

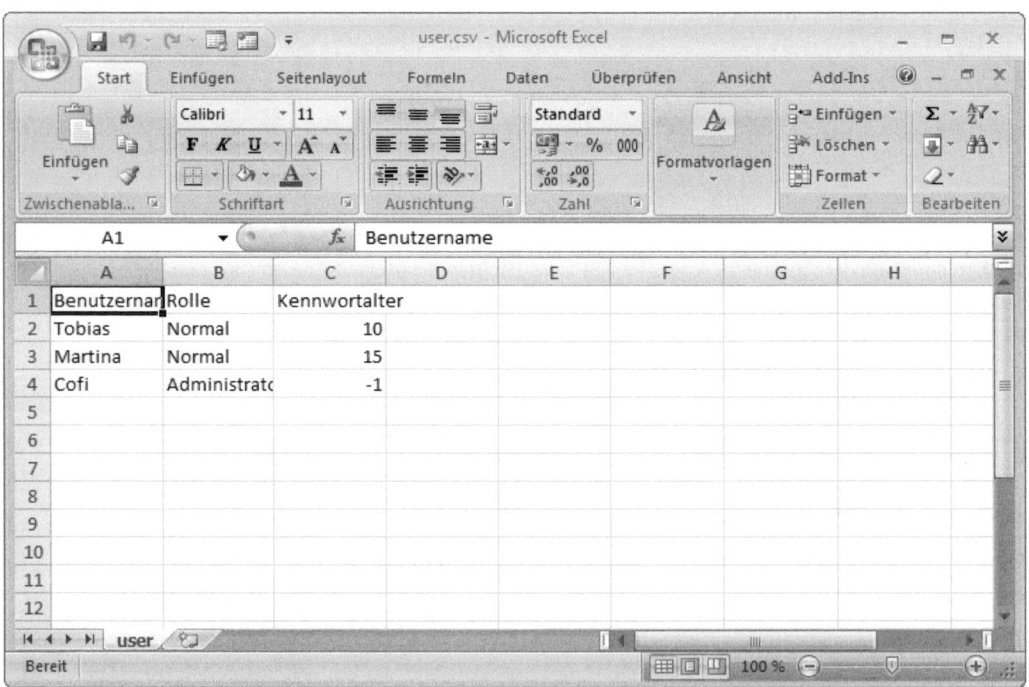

Abbildung 15.2 Kommaseparierte Liste in Excel importieren und weiterbearbeiten

Umgekehrt können Sie Daten aus Excel auf diese Weise natürlich auch in eine kommaseparierte Liste speichern und in PowerShell weiterbearbeiten.

Schnelle Textbearbeitung

Gerade wenn Sie Ersetzungen in umfangreicheren Dateien durchführen, spielt die Leistung und damit die Geschwindigkeit eine Rolle. Wie sich herausstellt, ist es nicht unbedingt eine gute Idee, den Inhalt einer Textdatei zuerst mit *Out-String* in einen Gesamttext zu verwandeln, denn das kostet Zeit und Speicherplatz. Schneller geht es, wenn Sie den Operator *-Replace* verwenden. Der kommt nämlich auch mit Feldern zurecht und führt die Ersetzung automatisch in allen Zeilen der Datei durch. Die beiden folgenden Zeilen erledigen also dieselbe Aufgabe, aber der zweite Ansatz ist fünfmal schneller:

```
(Get-Content $env:windir\windowsupdate.log | Out-String).Replace(",", ";") > datei1.txt
(Measure-Command {(Get-Content $env:windir\windowsupdate.log | Out-String).Replace(",",
";")}).TotalSeconds
5,623521
(Get-Content $env:windir\windowsupdate.log) -Replace ",", ";" > datei2.txt
(Measure-Command {(Get-Content $env:windir\windowsupdate.log) -Replace ",", ";"}).TotalSeconds
1,126229
```

Es geht sogar noch viel schneller. Zu Anfang dieses Abschnitts hatten Sie in einer Randnotiz gelesen, dass man den Inhalt von Dateien auch über die *${}*-Schreibweise ermitteln kann, dass dabei aber der absolute Pfadname angegeben werden muss. Sie können diesen Ansatz auch mit Pfadnamen verwenden, die in Variablen stehen, wenn Sie *invoke-expression* verwenden. Der nächste Ansatz liest den Inhalt über die *${}*-Schreibweise und *invoke-expression*. Das Ergebnis ist nochmals um den Faktor 5 schneller. Die letzte Lösung ist also insgesamt 25 Mal schneller als die erste, was sich bei größeren Textdateien schnell bemerkbar macht:

```
(invoke-expression "`${$env:windir\windowsupdate.log}") -Replace ",", ";" > datei3.txt
(Measure-Command {(invoke-expression "`${$env:windir\windowsupdate.log}") -Replace ",",
";"}).TotalSeconds
0,2208233
```

Textinhalte miteinander vergleichen

Mit *Compare-Object* vergleichen Sie Objekte und Texte, also auch den Inhalt von Textdateien. Setzen Sie *Compare-Object* zum Beispiel ein, um zu überprüfen, ob die verschiedenen Ersetzungsvarianten aus dem letzten Kasten tatsächlich alle dasselbe Ergebnis geliefert haben:

```
Compare-Object (Get-Content datei2.txt) (Get-Content datei3.txt)
```

Sie erhalten kein Ergebnis, also sind beide Dateiinhalte identisch. Prüfen Sie als nächstes die Dateien *datei1.txt* und *datei2.txt*:

```
Compare-Object (Get-Content datei1.txt) (Get-Content datei2.txt)
InputObject                               SideIndicator
-----------                               -------------
                                               <=
```

Es zeigt sich eine Abweichung! *Datei1.txt* enthält eine zusätzliche Leerzeile. Es zeigt sich also, dass *Out-String* nicht nur die langsamste Variante war, sondern außerdem am Ende der Datei eine ungewollte letzte neue Zeile angefügt hatte.

Textinhalte parsen und Informationen extrahieren

Eine häufige Aufgabe besteht darin, Rohdaten wie zum Beispiel eine Logbuchdatei zu parsen, also die darin enthaltenen Informationen strukturiert auszulesen. Ein Beispiel für eine solche Logbuchdatei ist die Datei *windowsupdate.log*, die sämtliche Details zu Windows-Updates protokolliert und schon in den vergangenen Beispielen als Versuchskaninchen herhalten musste. Diese Datei enthält unzählige Informationen, die aber auf den ersten Blick kaum lesbar sind. Eine erste Analyse ergibt, dass die Datei Informationen zeilenweise speichert und die einzelnen Informationen durch Tabulatorzeichen trennt.

Der einfachste Weg, ein solches Textformat zu beschreiben, sind reguläre Ausdrücke, die Sie schon in Kapitel 13 verwendet haben. Mit regulären Ausdrücken könnten Sie den Inhalt der Datei *windowsupdate.log* auf folgende Weise korrekt beschreiben:

```
# Das Textmuster besteht aus sechs von Tabulatoren begrenzten Textfeldern:
$pattern = "(.*)\t(.*)\t(.*)\t(.*)\t(.*)\t(.*)"

# Logbuch einlesen:
$text = Get-Content $env:windir\windowsupdate.log

# eine beliebige (hier: 21.) Zeile aus dem Logbuch herausgreifen und parsen:
$text[20] -match $pattern
True
$matches

Name                           Value
----                           -----
6                                   * Added update {C14637DF-43D9-4201-9C0F-615D43943635}.101 to search
result
5                              Agent
4                              2400
3                              1248
2                              09:18:02:087
1                              2007-05-19
0                              2007-05-19    09:18:02:087    1248    2400    Agent       * Added update...
```

$matches liefert in diesem Fall für jeden Ausdruck in runden Klammern einen Treffer zurück, und Sie könnten damit die einzelnen Textfelder jeder Zeile über die Indexzahl ansprechen. Interessiert Sie also in der Zeile nur das Datum und die Beschreibung, dann formulieren Sie:

```
"Am {0} fand statt: {1}" -f $matches[1], $matches[6]
Am 2007-05-19 fand statt:    * Added update {C14637DF-43D9-4201-9C0F-615D43943635}.101 to search result
```

Mit Dateien und Ordnern arbeiten

Hier ist es empfehlenswert, den einzelnen Unterausdrücken eigene Namen zu geben, unter denen Sie später das Ergebnis abfragen können:

```
# Diesmal sind die Textfelder mit eigenen Namen benannt:
$pattern = "(?<Datum>.*)\t(?<Uhrzeit>.*)\t(?<Code1>.*)\t(?<Code2>.*)\t(?<Programm>.*)\t(?<Text>.*)"

# Logbuch einlesen:
$text = Get-Content $env:windir\windowsupdate.log

# eine beliebige (hier: 21.) Zeile aus dem Logbuch herausgreifen und parsen:
$text[20] -match $pattern
True

# Die Informationen in $matches können direkt über den zugewiesenen Namen abgerufen werden:
$matches.Uhrzeit + $matches.Text
09:18:02:087    * Added update {C14637DF-43D9-4201-9C0F-615D43943635}.101 to search result
```

Sie könnten nun die gesamte Logbuchdatei zeilenweise mit *Get-Content* einlesen und jede Zeile danach genau wie eben gezeigt parsen. So könnten Sie selbst aus einer riesigen Logbuchdatei schnell und relativ effizient alle für Sie nötigen Informationen zusammenfassen. Das nächste Beispiel tut genau dies und listet nur Zeilen auf, in deren Beschreibung die Wörter »woken up« erscheinen, um zu analysieren, ob ein Computer durch Automatische Updates aus dem Standby oder Ruhezustand aufgeweckt wurde:

```
Get-Content $env:windir\windowsupdate.log | Foreach-Object { if ($_ -match "woken up") { $_ } }
2007-05-24    03:00:34:609    1276    1490    AU    The machine was woken up by Windows Update
2007-05-24    03:00:34:609    1276    1490    AU    The system was woken up by Windows Update, but
found to be running on battery power. Skip the forcedinstall.
2007-06-28    03:00:11:563    1272    fe0     AU    The machine was woken up by Windows Update
```

In diesem Fall gibt die Schleife im Erfolgsfall die ganze Zeile aus, die in *$_* gespeichert ist. Sie wissen jetzt, wie Sie diese Zeile mit einem weiteren regulären Ausdruck in Textfelder aufteilen könnten, um nur bestimmte Informationen daraus auszugeben. Allerdings gibt es noch einen zweiten und häufig sehr viel eleganteren Weg, einzelne Textzeilen einer Datei auszuwählen: *Switch*. Dieser Anweisung teilen Sie lediglich mit, welche Datei Sie untersuchen wollen und wie das Textmuster aussieht, nach dem Sie suchen. Den Rest erledigt *Switch*. Die nächste Anweisung ermittelt alle Protokolleinträge, die Aufschluss über die Installation automatischer Updates geben. Und dies geschieht erheblich schneller, als würden Sie *Get-Content* und *Foreach-Object* verwenden. Denken Sie nur daran, dass in regulären Ausdrücken das Zeichen .* für beliebig viele Zeichen steht.

```
Switch -regex -file $env:windir\wu1.log { 'START.*Agent: Install.*AutomaticUpdates' { $_ }}
2007-05-19    09:22:04:113    1248    1d0c    Agent   ** START **  Agent: Installing updates [CallerId
= AutomaticUpdates]
2007-05-24    22:31:51:046    1276    c38     Agent   ** START **  Agent: Installing updates [CallerId
= AutomaticUpdates]
2007-06-13    12:05:44:366    1252    228c    Agent   ** START **  Agent: Installing updates [CallerId
= AutomaticUpdates]
(...)
```

Möchten Sie sehen, wann andere Update-Programme wie zum Beispiel *SMS* oder *Defender* Updates installiert haben, dann ersetzen Sie im regulären Ausdruck einfach *AutomaticUpdates* durch *SMS* oder *Defender*. Tatsächlich kann *Switch* auch mehrere Muster suchen und je nach gefundenem Muster die Anweisungen ausführen, die in den geschweiften Klammern dahinter stehen. So könnten wenige Zeilen Code ermitteln, wie viele Updates Sie über welchen Service erhalten haben:

```
# Neue Hashtable für die Ergebnisse anlegen:
result = @{Defender=0; AutoUpdate=0; SMS=0}

# Update-Logbuch parsen und Installationen in Hashtable protokollieren:
Switch -regex -file $env:windir\wu1.log
{
'START.*Agent: Install.*Defender' { $result.Defender += 1 };
'START.*Agent: Install.*AutomaticUpdates' { $result.AutoUpdate +=1 };
'START.*Agent: Install.*SMS' { $result.SMS += 1}
}

# Ergebnis ausgeben:
$result

Name                           Value
----                           -----
SMS                            0
Defender                       1
AutoUpdate                     8
```

Binäre Inhalte lesen

Nicht alle Dateien enthalten Text, und manchmal ist es notwendig, Informationen aus Binärdateien zu lesen. Normalerweise spielt die sichtbare Dateierweiterung einer Datei die größte Rolle, denn sie legt fest, mit welchem Programm Windows die Datei öffnet. In vielen Binärdateien gibt es allerdings auch einen fest in der Datei enthaltenen Header mit einer internen Typbezeichnung, die Auskunft gibt, um was für eine Datei es sich handelt. *Get-Content* kann diese »magischen Bytes« mit Hilfe der Parameter *-readcount* und *-totalcount* ermitteln. *-readcount* gibt dabei an, wieviele Bytes in einem Schritt gelesen werden, und *-totalcount* bestimmt die Anzahl der Bytes, die Sie aus der Datei lesen wollen. Die gesuchten Bytes sind in diesem Fall die ersten vier Bytes der Datei:

```
function Get-MagicNumber ($path)
{
    Resolve-Path $path | Foreach-Object {
      $magicnumber = Get-Content -encoding byte $_ -read 4 -total 4
      $hex1 = ("{0:x}" -f ($magicnumber[0] * 256 + $magicnumber[1])).PadLeft(4, "0")
      $hex2 = ("{0:x}" -f ($magicnumber[2] * 256 + $magicnumber[3])).PadLeft(4, "0")
      [string] $chars = $magicnumber| %{ if ([char]::IsLetterOrDigit($_))
```

Mit Dateien und Ordnern arbeiten

```
            { [char] $_ } else { "." }}
        "{0} {1} '{2}'" -f $hex1, $hex2, $chars
    }
}
Get-MagicNumber "$env:windir\explorer.exe"
4d5a 9000 'M Z . .'
```

Die ersten vier Bytes des Explorers lauten also *4d*, *5a*, *90* und *00* – oder als Text *MZ*. Das sind die Initialen von Mark Zbikowski, einer der Entwickler von Microsoft DOS. Die Kennung MZ repräsentiert ausführbare Dateien. Bei Grafiken sieht die Kennung anders aus:

```
Get-MagicNumber "$env:windir\web\wallpaper\*.*"
ffd8 ffe0 'ÿ Ø ÿ à'
ffd8 ffe0 'ÿ Ø ÿ à'
ffd8 ffe0 'ÿ Ø ÿ à'
ffd8 ffe0 'ÿ Ø ÿ à'
ffd8 ffe0 'ÿ Ø ÿ à'
ffd8 ffe0 'ÿ Ø ÿ à'
(...)
```

Profitipp Gerade haben Sie gesehen, dass *Get-Content* auch Binärdateien lesen kann, Byte für Byte. Im Parameter *-ReadCount* geben Sie wieder an, wie viele Bytes pro Schritt gelesen werden. *-totalcount* legt die Gesamtzahl der Bytes fest, die Sie lesen wollen. Weisen Sie diesem Parameter *–1* zu, wird bis zum Ende der Datei gelesen. Weil Binärdaten nicht besonders gut als Text aussehen, kann man sich einen kleinen Viewer basteln, der die Daten hexadezimal ausgibt:

```
function Get-HexDump($pfad,$breite=10, $bytes=-1)
{
    $OFS=""
    Get-Content -Encoding byte $pfad -ReadCount $breite `
        -totalcount $bytes | Foreach-Object {
        $zeichen = $_
        if (($zeichen -eq 0).count -ne $breite)
        {
            $hex = $zeichen | Foreach-Object {
                " " + ("{0:x}" -f $_).PadLeft(2,"0")}
            $char = $zeichen | Foreach-Object {
                if ([char]::IsLetterOrDigit($_))
                    { [char] $_ } else { "." }}
            "$hex $char"
        }
    }
}
```

```
Get-HexDump $env:windir\explorer.exe -breite 15 -bytes 150
4d 5a 90 00 03 00 00 00 04 00 00 00 ff ff 00  MZ.........ÿÿ.
00 b8 00 00 00 00 00 00 40 00 00 00 00 00 00  ..............
d8 00 00 00 0e 1f ba 0e 00 b4 09 cd 21 b8 01  Ø.....º....Í!..
4c cd 21 54 68 69 73 20 70 72 6f 67 72 61 6d  LÍ.This.program
20 63 61 6e 6e 6f 74 20 62 65 20 72 75 6e 20  .cannot.be.run.
69 6e 20 44 4f 53 20 6d 6f 64 65 2e 0d 0d 0a  in.DOS.mode....
24 00 00 00 00 00 00 00 ec 53 20 a3 a8 32 4e  ........ìS...2N
f0 a8 32 4e f0 a8 32 4e f0 8f f4 33 f0 ae 32  ð.2Nð.2Nð.ô3ð.2
```

Dateien und Ordner verschieben und kopieren

Verschiebe- und Kopieraktionen werden mit *Move-Item* und *Copy-Item* durchgeführt. Dabei dürfen Platzhalterzeichen verwendet werden. Die folgende Anweisung kopiert alle PowerShell-Skripte in Ihrem Heimatverzeichnis auf den Desktop:

```
Copy-Item $home\*.ps1 ([Environment]::GetFolderPath("Desktop"))
```

Allerdings würden nur Skripte kopiert, die direkt im Ordner *$home* liegen. Zwar kennt *Copy-Item* den Parameter *-recurse*, aber dieser Parameter funktioniert ähnlich wie bei *Dir* nicht, wenn Ihr Ausgangspfad keine Ordner mehr enthält.

```
Copy-Item -recurse $home\*.ps1 ([Environment]::GetFolderPath("Desktop"))
```

Um doch noch sämtliche PowerShell-Skripte auf den Desktop zu kopieren, setzen Sie *Dir* ein. Lassen Sie sich alle PowerShell-Skripte heraussuchen und leiten Sie das Ergebnis weiter an *Copy-Item*:

```
Dir -filter *.ps1 -recurse | Foreach-Object {Copy-Item $_.FullName
([Environment]::GetFolderPath("Desktop"))}
```

TIPP   Weil jedes Datei-Objekt eine eingebaute *CopyTo()*-Methode besitzt, könnten Sie versucht sein, diese Zeile zu reduzieren auf:

```
Dir -filter *.ps1 -recurse | Foreach-Object {$_.CopyTo([Environment]::GetFolderPath("Desktop"))}
```

Das Ergebnis wären aber Fehler. *CopyTo()* ist eine Low-Level-Funktion und erwartet den Zielpfadnamen für die Datei, die kopiert wird. Weil Sie sämtliche Dateien einfach auf den Desktop kopieren wollen, haben Sie den Pfadnamen des Zielordners angegeben. *CopyTo()* versucht nun, die Datei unter genau diesem Namen zu kopieren, was natürlich nicht gelingt, weil es den Desktop schon als Ordner gibt. *Copy-Item* ist schlauer: Ist das Ziel ein Ordner, wird die Datei in diesen Ordner kopiert.

Weil Ihr Desktop nun vielleicht mit PowerShell-Skripten überschwemmt wird wäre es besser, sie in einem eigenen Unterordner aufzubewahren. Legen Sie auf dem Desktop einen neuen Unterordner an und verschieben Sie alle PowerShell-Skripte auf dem Desktop in diesen Unterordner:

```
$desktop = [Environment]::GetFolderPath("Desktop")
md ($desktop + "\PS-Skripte")
Move-Item ($desktop + "\*.ps1") ($desktop + "\PS-Skripte")
```

Schon ist Ihr Desktop wieder aufgeräumt und alle Skripte liegen in einem gemeinsamen Ordner auf dem Desktop.

Dateien und Ordner umbenennen

Möchten Sie einer Datei oder einem Ordner einen anderen Namen geben, verwenden Sie *Rename-Item*. Seien Sie aber vorsichtig, denn wenn Sie Systemordner oder -dateien umbenennen, kann Windows unbrauchbar werden. Auch wenn Sie die Dateierweiterungen von Dateien umbenennen, können diese Dateien möglicherweise nicht mehr richtig geöffnet und angezeigt werden.

```
Set-Content testdatei.txt "Hallo;Dies;Ist;Eine;Auflistung"

# Datei wird im Editor geöffnet:
.\testdatei.txt

# Datei wird in Excel geöffnet:
Rename-Item testdatei.txt testdatei.csv
.\testdatei.csv
```

Massenweise Umbenennungen

Weil *Rename-Item* als Baustein in der Pipeline verwendet werden kann, ermöglicht er verblüffend einfache Lösungen für komplexe Aufgaben. Müssen Sie zum Beispiel in einem Ordner und sämtlichen Unterordnern in sämtlichen Dateien die Zeichenfolge *-x86* entfernen, genügt diese Anweisung:

```
Dir | Foreach-Object { Rename-Item $_.Name $_.Name.replace("-x86", "") }
```

Allerdings würde diese Anweisung nun versuchen, tatsächlich sämtliche Dateien und Ordner umzubenennen, auch wenn der gesuchte Begriff überhaupt nicht im Dateinamen enthalten ist. Das führt zu Fehlern und kostet Zeit. Sehr viel schneller geht es, wenn Sie vorher alle nicht infrage kommenden Dateien und Ordner mit *Where-Object* aussortieren. Der Geschwindigkeitsvorteil kann den Faktor 50 erreichen:

```
Dir | Where-Object { $_.Name -contains "-x86" } | Foreach-Object { Rename-Item $_.Name
$_.Name.replace("-x86", "") }
```

Dateierweiterungen ändern

Wollen Sie die Dateierweiterung einer Datei ändern, sollten Sie sich zuerst der Konsequenzen bewusst sein: Die Datei wird anschließend als anderer Dateityp erkannt und wird möglicherweise vom falschen oder gar keinem Anwendungsprogramm mehr geöffnet. Die nächste Anweisung benennt alle PowerShell-Skripte im aktuellen Ordner um und ändert die Dateierweiterung von *.ps1* in *.bak*.

```
Dir *.ps1 | Foreach-Object { Rename-Item $_.Name
([System.IO.Path]::GetFileNameWithoutExtension($_.FullName) + ".bak") -whatif }
WhatIf: Ausführen des Vorgangs "Datei umbenennen" für das Ziel "Element: C:\Users\Tobias
Weltner\tabexpansion.ps1 Ziel: C:\Users\Tobias Weltner\tabexpansion.bak".
```

Wegen des Parameters -*whatif* zeigt die Anweisung zunächst nur an, welche Umbenennung sie durchgeführt hätte.

Ordnung in Dateinamen bringen

Dateisammlungen wachsen häufig im Laufe der Zeit und wenn Sie Ordnung in einen Ordner bringen wollen, könnten Sie die darin enthaltenen Dateien zum Beispiel mit einem einheitlichen Namen versehen und durchnummerieren oder den Dateinamen aus bestimmten Eigenschaften der Datei synthetisieren. Erinnern Sie sich noch an den Ordner *PS-Skripte*, den wir gerade auf Ihrem Desktop angelegt haben? Lassen Sie uns die darin enthaltenen PowerShell-Skripte ordentlich durchnummerieren:

```
$ordner = [Environment]::GetFolderPath("Desktop") + "\PS-Skripte"
Dir $ordner\*.ps1

    Verzeichnis: Microsoft.PowerShell.Core\FileSystem::C:\Users\Tobias Weltner\Desktop\PS-Skripte

Mode                LastWriteTime     Length Name
----                -------------     ------ ----
-a---        02.08.2007     17:21         46 a.ps1
-a---        02.08.2007     17:32        146 b.ps1
-a---        20.06.2007     16:41        766 clearhost.ps1
-a---        20.06.2007     14:47        768 clearhost2.PS1
-a---        02.08.2007     18:51         46 d.PS1
-a---        18.06.2007     13:32        869 findCommandName.ps1
-a---        27.04.2007     23:39        200 getdlls.ps1
-a---        10.05.2007     14:53       1138 installfont.ps1
-a---        02.08.2007     18:53         15 k.PS1
-a---        27.04.2007     13:19        264 myinvoke.ps1
-a---        20.06.2007     12:08         27 müll.PS1
-a---        21.06.2007     08:15       2742 prereqs.ps1
-a---        27.06.2007     14:11        495 profile.ps1
-a---        26.04.2007     21:59        250 progress.ps1
-a---        15.06.2007     15:44       4366 tabexpansion.ps1
-a---        08.06.2007     12:56        176 test - Kopie (2).ps1
-a---        08.06.2007     12:56        176 test - Kopie (3).ps1
-a---        08.06.2007     12:56        176 test - Kopie (4).ps1
-a---        08.06.2007     12:56        176 test - Kopie (5).ps1
-a---        08.06.2007     12:56        176 test - Kopie.ps1
-a---        08.06.2007     12:56        176 test.ps1
-a---        27.04.2007     20:42        106 test2.ps1
-a---        20.06.2007     14:42        766 Untitled.ps1
Dir $ordner\*.ps1 | Foreach-Object {$x=0} {Rename-Item $_ ("Skript " + $x + ".ps1"); $x++} {"Fertig!"}
Dir $ordner\*.ps1

    Verzeichnis: Microsoft.PowerShell.Core\FileSystem::C:\Users\Tobias Weltner\Desktop\PS-Skripte

Mode                LastWriteTime     Length Name
----                -------------     ------ ----
-a---        02.08.2007     17:21         46 Skript 0.ps1
```

Mit Dateien und Ordnern arbeiten

```
-a---        02.08.2007     17:32        146 Skript 1.ps1
-a---        08.06.2007     12:56        176 Skript 10.ps1
-a---        08.06.2007     12:56        176 Skript 11.ps1
-a---        20.06.2007     16:41        766 Skript 12.ps1
-a---        08.06.2007     12:56        176 Skript 13.ps1
-a---        27.04.2007     20:42        106 Skript 14.ps1
-a---        20.06.2007     14:42        766 Skript 15.ps1
-a---        20.06.2007     14:47        768 Skript 16.ps1
-a---        02.08.2007     18:51         46 Skript 17.ps1
-a---        18.06.2007     13:32        869 Skript 18.ps1
-a---        27.04.2007     23:39        200 Skript 19.ps1
-a---        20.06.2007     12:08         27 Skript 2.ps1
-a---        10.05.2007     14:53       1138 Skript 20.ps1
-a---        02.08.2007     18:53         15 Skript 21.ps1
-a---        27.04.2007     13:19        264 Skript 22.ps1
-a---        21.06.2007     08:15       2742 Skript 3.ps1
-a---        27.06.2007     14:11        495 Skript 4.ps1
-a---        26.04.2007     21:59        250 Skript 5.ps1
-a---        15.06.2007     15:44       4366 Skript 6.ps1
-a---        08.06.2007     12:56        176 Skript 7.ps1
-a---        08.06.2007     12:56        176 Skript 8.ps1
-a---        08.06.2007     12:56        176 Skript 9.ps1
```

Dateien und Ordner löschen

Sollen Dateien und Ordner entfernt werden, verwenden Sie *Remove-Item* oder den Alias *Del*. *Remove-Item* löscht Dateien und Ordner unwiderruflich. Ist der Schreibschutz einer Datei gesetzt, müssen Sie den Parameter *-force* angeben.

```
# Eine Beispieldatei anlegen:
$file = New-Item testdatei.txt -type file

# Schreibschutz ist nicht vorhanden:
$file.isReadOnly
False

# Schreibschutz aktivieren:
$file.isReadOnly = $true
$file.isReadOnly
True

# Datei mit Schreibschutz kann nur mit Parameter -Force gelöscht werden:
del testdatei.txt
Remove-Item : Das Element C:\Users\Tobias Weltner\testdatei.txt kann nicht entfernt werden: Für das
Ausführen des Vorgangs sind keine ausreichenden Berechtigungen vorhanden.
Bei Zeile:1 Zeichen:4
+ del  <<<< testdatei.txt

del testdatei.txt -force
```

Ordnerinhalt löschen

Möchten Sie nur den Inhalt eines Ordners löschen, den Ordner aber behalten, setzen Sie Platzhalterzeichen ein. Die folgende Zeile löscht zum Beispiel den Inhalt des *Recent*-Ordners, der dem Startmenü-Eintrag *Zuletzt verwendet* entspricht. Weil das Löschen von Dateien und Ordnern immer eine ernste Angelegenheit ist und vor allem im Zusammenspiel mit Platzhalterzeichen leicht katastrophale Auswirkungen haben kann, wird der Löschvorgang zuerst mit *-whatif* nur simuliert:

```
$recents = [Environment]::GetFolderPath("Recent")
del $recents\*.* -whatif
```

Sind Sie überzeugt, dass Ihre Anweisung stimmt und die korrekten Dateien löscht, wiederholen Sie die Anweisung ohne *-whatif*. Sind Sie dagegen noch unsicher, können Sie auch *-Confirm* einsetzen und so jeder einzelnen Löschaktion zustimmen.

Ordner samt Inhalt löschen

Wird ein Ordner gelöscht, geht auch sein gesamter Inhalt verloren. Damit Sie nicht unbeabsichtigt große Datenmengen vernichten, fragt PowerShell nach, sobald Sie versuchen, einen Ordner mit Inhalt zu löschen. Ohne Rückfrage lassen sich nur leere Ordner löschen:

```
# Testordner anlegen:
md testordner

    Verzeichnis: Microsoft.PowerShell.Core\FileSystem::C:\Users\Tobias Weltner\Sources\docs

Mode                LastWriteTime     Length Name
----                -------------     ------ ----
d----        13.10.2007     13:31            testordner

# Eine Datei im Ordner anlegen:
Set-Content .\testordner\testdatei.txt "Hallo"

# Ordner löschen:
del testordner

Bestätigung
Das Element unter "C:\Users\Tobias Weltner\Sources\docs\testordner" verfügt über untergeordnete Elemente
und der Recurse-Parameter wurde nicht angegeben. Wenn Sie fortfahren, werden mit dem Element auch alle
untergeordneten Elemente entfernt. Möchten Sie den Vorgang wirklich fortsetzen?
[J] Ja  [A] Ja, alle  [N] Nein  [K] Nein, keine  [H] Anhalten  [?] Help (default is "J"):
```

Mit dem Parameter *-recurse* hätte PowerShell den Ordner allerdings auch trotz Inhalts sofort und ohne Rückfrage gelöscht:

```
del testordner -recurse
```

Berechtigungen verwalten

Auf einem NTFS-Laufwerk regeln Berechtigungen, wer auf Dateien und Ordner zugreifen darf. Diese Sicherheitsinformationen sind pro Datei und Ordner in einem so genannten *Security Descriptor* (SD) festgelegt. Der *Security Descriptor* bestimmt, ob die Sicherheitseinstellungen nur für den aktuellen Ordner gelten, oder ob sie an andere Dateien und Ordner weitervererbt werden. Die eigentlichen Berechtigungen finden sich in einer *Access Control List* (ACL). Darin findet sich für jede einzelne Berechtigung ein *Access Control Entry* (ACE).

ACHTUNG Datei- und Ordnerberechtigungen entsprechen komplexen elektronischen Schlössern, aus denen Sie richtig eingesetzt eine zuverlässige Schließanlage erstellen. Falsch eingesetzt können Sie sich aber ebenso leicht auch selbst ausschließen und den Zugang zu wichtigen Daten verlieren oder Windows beschädigen (wenn Sie den Zugang zu wichtigen Systemordnern verhindern). Als Besitzer einer Datei oder eines Ordners haben Sie zwar immer die Möglichkeit, die Berechtigungen zu korrigieren und als Administrator können Sie jederzeit den Besitz einer Datei oder eines Ordners übernehmen. Auf diesen Ausweg sollten Sie sich aber nicht verlassen und deshalb Berechtigungen nur ändern, wenn Sie sich über die Konsequenzen voll bewusst sind. Am besten beginnen Sie erste Experimente an Testordnern und -Dateien.

Berechtigungen werden von PowerShell mit den Cmdlets *Get-Acl* und *Set-Acl* verwaltet. Darüber hinaus stehen Ihnen in der PowerShell-Konsole aber auch bewährte klassische Befehle wie *cacls* zur Verfügung, die besonders bei sehr vielen Dateien und Ordnern Berechtigungen oftmals schneller ändern können als die PowerShell-Cmdlets. Ab Windows Vista gilt *cacls* als veraltet. Verwenden Sie hier möglichst den Nachfolger *icacls*.

```
cacls /?
Hinweis: Cacls ist veraltet. Verwenden Sie Icacls.

Zeigt Datei-ACLs (Access Control List) an oder bearbeitet sie.

CACLS Dateiname [/T] [/M] [/L] [/S[:SDDL]] [/E] [/C]
                [/G Benutzer:Berechtigung] [/R Benutzer [...]]
                [/P Benutzer:Berechtigung [...]]
                [/D Benutzer [...]]

   Dateiname     Zeigt ACLs an.
   /T            Ändert  ACLs der angegebenen Datei im aktuellen
                 Verzeichnis und allen Unterverzeichnissen.
   /L            Verarbeitet die symbolische Verknüpfung anstelle des
                 Ziels.
   /M            Ändert ACLs von auf einem Verzeichnis bereitgestellten
                 Volumes.
   /S            Zeigt die SDDL-Zeichenfolge für den DACL an.
   /S:SDDL       Ersetzt die ACLs mit den in der SDDL-Zeichenfolge
                 angegebenen ACLs (nicht gültig mit /E, /G, /R, /P
                 oder /D).
   /E            Bearbeitet ACL anstatt sie zu ersetzen.
   /C            Setzt den Vorgang bei Zugriffsverweigerungsfehler fort.
   /G Benutzer:Berechtigung
                 Lässt angegebene Zugriffsarten zu.
                 Mögliche Berechtigungen:
                         R Lesen
                         W Schreiben
                         C Ändern (Schreiben)
```

```
                    F  Vollzugriff
    /R Benutzer  Hebt die Zugriffsrechte des Benutzers auf.
                 (Nur gültig mit /E).
    /P Benutzer:Berechtigung
                    Ersetzt die Zugriffsrechte des Benutzers.
                    Mögliche Berechtigungen:
                        N  Kein
                        R  Lesen
                        W  Schreiben
                        C  Ändern (Schreiben)
                        F  Vollzugriff
    /D Benutzer Verweigert angegebene Zugriffsrechte.
    Platzhalterzeichen können für mehrere Dateien verwendet werden.
    Mehrere Benutzer können in einem Befehl angegeben werden.

    Abkürzungen:
        CI - Containervererbung
```

Effektive Sicherheitseinstellungen überprüfen

Die effektiven Sicherheitseinstellungen von Ordnern und Dateien liegen in der *Access Control List*, und PowerShell liefert den Inhalt dieser Liste mit *Get-Acl*. Möchten Sie sich also informieren, wer Zugriff auf eine bestimmte Datei oder einen bestimmten Ordner hat, gehen Sie so vor:

```
# Berechtigungen für Windows-Ordner auflisten:
Get-Acl $env:windir


    Verzeichnis: Microsoft.PowerShell.Core\FileSystem::C:\


Path                          Owner                            Access
----                          -----                            ------
Windows                       NT SERVICE\TrustedInstaller      ERSTELLER-BESITZER Allow
268435...
```

Den Besitzer ermitteln

Der Besitzer einer Datei oder eines Ordners hat besondere Rechte und kann sich zum Beispiel immer Zugang zu dieser Datei bzw. diesem Ordner verschaffen. Ihn finden Sie in der Eigenschaft *Owner*:

```
(Get-Acl $env:windir).Owner
NT SERVICE\TrustedInstaller
```

Zugangsberechtigungen auflisten

Die eigentlichen Zugangsberechtigungen – wer darf was – werden in der Eigenschaft *Access* ausgegeben:

```
(Get-Acl $env:windir).Access | Format-Table -Wrap
```

FileSystemRights	AccessControlType	IdentityReference	IsInherited	InheritanceFlags	PropagationFlags
268435456	Allow	ERSTELLER-BESITZER	False	ContainerInherit, ObjectInherit	InheritOnly
268435456	Allow	NT-AUTORITÄT\SYSTEM	False	ContainerInherit, ObjectInherit	InheritOnly
Modify, Synchronize	Allow	NT-AUTORITÄT\SYSTEM	False	None	None
268435456	Allow	VORDEFINIERT\Administratoren	False	ContainerInherit, ObjectInherit	InheritOnly
Modify, Synchronize	Allow	VORDEFINIERT\Administratoren	False	None	None
-1610612736	Allow	VORDEFINIERT\Benutzer	False	ContainerInherit, ObjectInherit	InheritOnly
ReadAndExecute, Synchronize	Allow	VORDEFINIERT\Benutzer	False	None	None
268435456	Allow	NT SERVICE\TrustedInstaller	False	ContainerInherit	InheritOnly
FullControl	Allow	NT SERVICE\TrustedInstaller	False	None	None

Die Übersicht verrät nicht nur in der Spalte *IdentityReference*, wer eine spezielle Berechtigung besitzt, sondern in der Spalte *FileSystemRights* auch, um welche Berechtigung es sich handelt. Die Spalte *AccessControlType* ist besonders wichtig, denn zeigt sie *Deny* anstelle von *Allow*, handelt es sich nicht um eine Berechtigung, sondern um ein Verbot.

Neue Berechtigungen anlegen

Das Objekt, das *Get-Acl* liefert, enthält eine Vielzahl von Methoden, mit denen Sie die Berechtigungen ändern oder den Besitz übernehmen. Möchten Sie selbst Berechtigungen festlegen, müssen Sie aber nicht unbedingt tief in die Welt der Security Descriptoren einsteigen. Häufig genügt es, den Security Descriptor einer vorhandenen Datei zu lesen und auf eine andere zu übertragen oder die Sicherheitsinformationen in Form eines Texts in der besonderen *SDDL*-Sprache anzugeben.

Ob Sie die Struktur des Security Descriptors selbst ändern oder sich einen fertigen Security Descriptor beschaffen: mit *Set-Acl* wird der Security Descriptor einem neuen Objekt zugewiesen.

> **TIPP** Sie werden gleich alle gebräuchlichen Verfahren an Beispielen kennen lernen. Denken Sie dabei an zwei Aspekte: Verlieren Sie bewährte Tools wie *cacls* nicht aus den Augen, denn möglicherweise meistern Sie Ihre Aufgabe damit schneller als mit PowerShell. Und: Das Gespann *Get-Acl* und *Set-Acl* funktioniert nicht nur auf Dateiebene, sondern überall, wo Security Descriptoren den Zugriff regeln, also beispielsweise auch in der Windows-Registrierungsdatenbank (nächstes Kapitel).

Berechtigungen klonen

Im einfachsten Fall erstellen Sie keine neuen Berechtigungen selbst, sondern klonen die Berechtigungen, indem Sie die *Access Control List* eines vorhandenen Ordners (oder einer Datei) auf einen anderen übertragen. Der Vorteil: Sie können so die grafische Oberfläche einsetzen, um die oftmals komplexen Berechtigungen festzulegen.

HINWEIS Weil die manuelle Bearbeitung von Sicherheitseinstellungen eine Profiaufgabe ist, steht diese Möglichkeit bei den privaten Windows-Versionen wie *Windows XP Home* nicht zur Verfügung. Sie können die Berechtigungen von Dateien und Ordnern bei diesen Windows-Versionen aber trotzdem mit PowerShell ändern.

Als Test legen Sie zuerst zwei Ordner an:

```
md Prototyp | out-null
md Geschützt | out-null
```

Öffnen Sie nun den Explorer und ändern Sie die Sicherheitseinstellungen des Ordners *Prototyp*.

```
explorer .
```

Dazu klicken Sie im Explorer mit der rechten Maustaste auf den Ordner *Prototyp* und wählen *Eigenschaften*. Klicken Sie dann auf das Register *Sicherheit*.

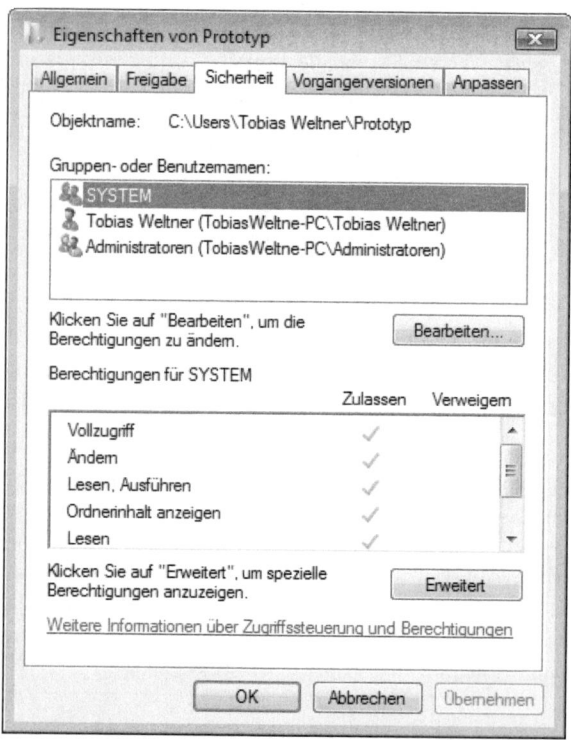

Abbildung 15.3 Sicherheitseinstellungen eines Ordners per Dialogfeld ändern

Um die Sicherheitseinstellungen des Testordners zu ändern, klicken Sie auf *Bearbeiten* und fügen weitere Personen hinzu. Legen Sie dann für die neue Person im unteren Bereich des Dialogfelds die Berechtigung fest.

ACHTUNG Sie dürfen auch Verbote aussprechen, indem Sie das Häkchen hinter der Berechtigung nicht in der Spalte *Zulassen*, sondern in der Spalte *Verweigern* setzen. Da Verbote stets Vorrang vor Berechtigungen haben, müssen Sie dabei aber sehr vorsichtig sein. Würden Sie zum Beispiel sich selbt Vollzugriff einräumen und der Gruppe *Jeder* den Zugriff verbieten, wären Sie selbst ebenfalls ausgeschlossen. Sie gehören ebenfalls zur Gruppe *Jeder*, und da das Verbot Vorrang hat, gilt es trotz der zusätzlich vorhandenen Erlaubnis auch für Sie.

Nachdem Sie die Berechtigungen verändert haben, schauen Sie sich als nächstes die Berechtigungen des zweiten Testordners *Geschützt* im Explorer an. Dieser Ordner trägt nach wie vor die Standardberechtigungen. Im nächsten Schritt werden die neuen Berechtigungen des Ordners *Prototyp* auf den Ordner *Geschützt* übertragen:

```
$acl = get-acl Prototyp
set-acl Geschützt $acl
```

HINWEIS Für das Setzen von Berechtigungen benötigen Sie besondere Rechte. Führen Sie PowerShell unter Windows Vista aus und ist die Benutzerkontensteuerung aktiv, fehlen Ihnen diese Rechte und Sie erhalten eine Fehlermeldung. Starten Sie PowerShell in diesem Fall als Administrator.

Das war bereits alles. Der Ordner *Geschützt* ist nun genauso abgesichert wie der Ordner *Prototyp*, und wenn Sie sich dessen Sicherheitseinstellungen im Explorer ansehen, werden Sie feststellen, dass alle Einstellungen identisch sind.

Berechtigungen per SDDL setzen

Das Beispiel von eben war sehr simpel, weil es einfach die Sicherheitseinstellungen eines vorhandenen Ordners übertragen hat. In der Praxis benötigen Sie also immer einen *Prototyp*-Ordner, und das ist häufig unerwünscht. Die Sicherheitseinstellungen eines Security Descriptors kann man aber auch als Text zusammenfassen. Die einzelnen Sicherheitseinstellungen werden dabei in der besonderen Beschreibungssprache *SDDL* (*Security Descriptor Description Language*) definiert. Sie könnten so die Sicherheitsinformationen des *Prototyp*-Ordners als Text auslesen und diesen Text später weiterverwenden, ohne den *Prototyp*-Ordner zu benötigen.

Lassen Sie uns zunächst den alten Testordner *Geschützt* wieder entfernen und danach die Sicherheitsinformationen des *Prototyp*-Ordners als SDDL speichern:

```
Del Geschützt
$acl = Get-Acl Prototyp
$sddl = $acl.Sddl
$sddl
O:S-1-5-21-3347592486-2700198336-2512522042-1000G:S-1-5-21-3347592486-2700198336-2512522042-
513D:AI(A;OICI;0x
```

```
1200a9;;;WD)(A;OICI;FA;;;LA)(A;ID;FA;;;S-1-5-21-3347592486-2700198336-2512522042-
1000)(A;OICIIOID;GA;;;S-1-5-
21-3347592486-2700198336-2512522042-
1000)(A;ID;FA;;;SY)(A;OICIIOID;GA;;;SY)(A;ID;FA;;;BA)(A;OICIIOID;GA;;;BA)
```

Sie könnten den SDDL-Text nun in ein zweites Skript aufnehmen und damit beliebige Ordner mit den Sicherheitseinstellungen versehen, die Sie ursprünglich an Ihrem Prototyp-Ordner entwickelt haben:

```
# neuen Ordner anlegen
Md Geschützt

# Sicherheitsbeschreibung als SDDL (eine Zeile):
$sddl = "O:S-1-5-21-3347592486-2700198336-2512522042-1000G:S-1-5-21-3347592486-2700198336-2512522042-
513D:AI(A;OICI;0x1200a9;;;WD)(A;OICI;FA;;;LA)(A;ID;FA;;;S-1-5-21-3347592486-2700198336-2512522042-
1000)(A;OICIIOID;GA;;;S-1-5-21-3347592486-2700198336-2512522042-
1000)(A;ID;FA;;;SY)(A;OICIIOID;GA;;;SY)(A;ID;FA;;;BA)(A;OICIIOID;GA;;;BA)"

# Sicherheitsbeschreibung des Ordners holen:
$acl = Get-Acl Geschützt

# Sicherheitsbeschreibung mit SDDL-Definition ersetzen:
$acl.SetSecurityDescriptorSddlForm($sddl)

# Änderung zurückschreiben
Set-Acl Geschützt $acl
```

HINWEIS Ihr zweites Skript ist völlig unabhängig von Ihrem *Prototyp*-Ordner. Sie haben den *Prototyp*-Ordner hier also nur vorübergehend genutzt, um mit Hilfe der Benutzeroberfläche die SDDL-Definition Ihrer Sicherheitseinstellungen zu generieren.

Die SDDL ist allerdings nicht ohne weiteres auf andere Computer übertragbar, denn wenn Sie genau hinschauen, werden Sie feststellen, dass die einzelnen berechtigten Personen darin nicht namentlich genannt sind, sondern über ihre *SID* (*Security Identifier*). Diese SID ist von Person zu Person unterschiedlich und auch wenn es auf mehreren Computern das Konto *Lieschen* gäbe, wären es in Wirklichkeit unterschiedliche Konten mit unterschiedlichen SIDs. Innerhalb einer Domäne allerdings sind die SIDs der Benutzerkonten auf allen Computern gleich, weil sie hier zentral von der Domäne verwaltet werden. Die SDDL-Lösung ist also ideal für domänenbasierte Firmennetzwerke. Arbeiten Sie in einem kleinen Peer-to-Peer-Netzwerk, kann SDDL dennoch nützlich sein. Sie müssten lediglich die SID der jeweiligen Konten per Copy & Paste ersetzen. Einfacher dürften im Peer-to-Peer-Netzwerk allerdings die Befehle *cacls* bzw. *icacls* sein.

Neue Berechtigungen manuell erstellen

Berechtigungen können auch komplett manuell erstellt werden. Der Vorteil dieses Verfahrens: Sie geben die berechtigten Benutzer namentlich an, sodass dieser Ansatz auch ohne zentrale Domäne auf jedem Computer gleichartig funktioniert.

Berechtigungen verwalten

Allerdings ist das sehr aufwändig, weil Sie jetzt den Security Descriptor komplett selbst erstellen müssen. Wie das geschieht, sehen Sie im nächsten Beispiel. In der Praxis ist dieses Verfahren allerdings meist viel zu aufwändig. Einfacher ist es dann, Befehle wie *cacls* oder *icacls* einzusetzen. Lassen Sie uns zunächst wieder den Testordner *Geschützt* löschen und neu anlegen, damit er wieder Standardzugriffsrechte erhält:

```
Del Geschützt
Md Geschützt
```

Anschließend soll dieser Ordner für das Konto *Administrator* Vollzugriff und für die Gruppe *Jeder* ein allgemeines Leserecht gewähren. Dazu fügen Sie dem Security Descriptor mit *AddAccessRule()* zwei neue Zugriffsregeln hinzu:

```
$acl = Get-Acl Geschützt

# Erste Regel hinzufügen:
$person = [System.Security.Principal.NTAccount]"Administrator"
$zugang = [System.Security.AccessControl.FileSystemRights]"FullControl"
$vererbung = [System.Security.AccessControl.InheritanceFlags]"ObjectInherit,ContainerInherit"
$weitergabe = [System.Security.AccessControl.PropagationFlags]"None"
$typ = [System.Security.AccessControl.AccessControlType]"Allow"

$rule = New-Object System.Security.AccessControl.FileSystemAccessRule($person,$zugang,$vererbung,$weitergabe,$typ)

$acl.AddAccessRule($rule)

# Zweite Regel hinzufügen:
$person = [System.Security.Principal.NTAccount]"Jeder"
$zugang = [System.Security.AccessControl.FileSystemRights]"ReadAndExecute"
$vererbung = [System.Security.AccessControl.InheritanceFlags]"ObjectInherit,ContainerInherit"
$weitergabe = [System.Security.AccessControl.PropagationFlags]"None"
$typ = [System.Security.AccessControl.AccessControlType]"Allow"

$rule = New-Object System.Security.AccessControl.FileSystemAccessRule($person,$zugang,$vererbung,$weitergabe,$typ)

$acl.AddAccessRule($rule)

# Geänderte Berechtigungen zurückschreiben:
Set-Acl geschützt $acl
```

Schauen wir uns als nächstes an, wie die einzelnen Zugriffsregeln definiert werden. Für jede Regel sind fünf Angaben nötig:

- **Person:** Hier wird die Person oder die Gruppe angegeben, für die diese Regel gelten soll.
- **Zugang:** Hier wird festgelegt, welche Berechtigungen diese Regel kontrolliert.
- **Vererbung:** Hier wird bestimmt, für welche Objekte diese Regel gilt. Die Regel kann und wird normalerweise an untergeordnete Objekte weitervererbt und gilt also automatisch auch für Dateien, die in einem Ordner liegen.
- **Weitergabe:** Bestimmt, ob die Berechtigung an untergeordnete Objekte (Unterordner und Dateien) weitergegeben wird. Normalerweise ist diese Einstellung *None*, und die Berechtigungen werden lediglich weitervererbt.
- **Typ:** Hier legen Sie fest, ob es sich um eine Erlaubnis oder ein Verbot handelt. Bei einem Verbot werden die in *Zugang* festgelegten Berechtigungen ausdrücklich *nicht* gewährt.

Die nächste Frage ist: Welche Werte sind für diese Angaben erlaubt? Das Beispiel zeigt, dass die Angaben in Form spezieller .NET-Objekte erfolgen (Kapitel 6). Mit dem folgenden Trick listen Sie alle erlaubten Werte für die Zugriffsberechtigungen auf:

```
[System.Enum]::GetNames([System.Security.AccessControl.FileSystemRights])
ListDirectory
ReadData
WriteData
CreateFiles
CreateDirectories
AppendData
ReadExtendedAttributes
WriteExtendedAttributes
Traverse
ExecuteFile
DeleteSubdirectoriesAndFiles
ReadAttributes
WriteAttributes
Write
Delete
ReadPermissions
Read
ReadAndExecute
Modify
ChangePermissions
TakeOwnership
Synchronize
FullControl
```

Möchten Sie die Zugriffsberechtigungen setzen, müssten Sie eigentlich die entsprechenden Werte aus dieser Aufzählung kombinieren, zum Beispiel so:

Berechtigungen verwalten

```
$zugang = [System.Security.AccessControl.FileSystemRights]::Read -bor
[System.Security.AccessControl.FileSystemRights]::Read
$zugang
131209
```

Das Ergebnis ist eine Zahl, die Bitmaske für die Berechtigungen zum Lesen und Schreiben. Im Beispiel oben haben Sie dasselbe Ergebnis einfacher erreicht, denn Sie dürfen hinter einer .NET-Aufzählung auch in Klammern kommasepariert die gewünschten Elemente angeben:

```
$zugang = [System.Security.AccessControl.FileSystemRights]"Read,Write"
$zugang
Write, Read
[int]$zugang
131209
```

Weil Sie hier keine binäre -bor-Rechenaktion durchgeführt haben, bleibt das Ergebnis zunächst lesbarer Text. Dahinter steckt aber auch in diesem Fall die Bitmaske, wie die Konversion zum Datentyp *Integer* beweist. Sie können den zugrundeliegenden Wert einer Einstellung also jederzeit so ermitteln:

```
[int][System.Security.AccessControl.InheritanceFlags]"ObjectInherit,ContainerInherit"
3
```

Für Sie bedeutet das: Sie könnten sich nun auch bei den übrigen .NET-Aufzählungen die erlaubten Werte anschauen und diese ebenfalls auf Wunsch in Zahlen konvertieren. Zwar macht es Ihre Befehle nicht lesbarer, aber kürzer, denn die folgenden Zeilen tun dasselbe wie das vorangegangene Beispiel:

```
Del Geschützt
Md Geschützt

$acl = Get-Acl Geschützt

$rule = New-Object System.Security.AccessControl.FileSystemAccessRule("Administrator",2032127,3,0,0)
$acl.AddAccessRule($rule)

$rule = New-Object System.Security.AccessControl.FileSystemAccessRule("Jeder",131241,3,0,0)
$acl.AddAccessRule($rule)

# Geänderte Berechtigungen zurückschreiben:
Set-Acl geschützt $acl
```

Schauen wir uns zuletzt an, wie PowerShell die Person angibt, für die die Berechtigung gelten soll. In den Beispielen oben haben Sie den Namen des Benutzers oder der Gruppe angegeben. Weil die Berechtigungen aber nicht auf Namen reagieren, sondern auf die eindeutigen SIDs der Benutzerkonten, findet intern dabei eine Umwandlung von Name zu SID statt, die Sie auch manuell durchführen können, zum Beispiel, um zu sehen, ob es das angegebene Benutzerkonto überhaupt gibt:

```
$Account = [System.Security.Principal.NTAccount]"Administratoren"
$SID = $Account.translate([System.Security.Principal.Securityidentifier])
$SID


             BinaryLength AccountDomainSid                   Value
             ------------ ----------------                   -----
                       16                                    S-1-5-32-544
```

Ein *NTAccount*-Objekt beschreibt einen Sicherheitsprinzipal, also etwas, dem Berechtigungen erteilt werden können. In der Praxis sind das Benutzer und Gruppen. Das *NTAccount*-Objekt kann die darin enthaltenen Informationen über den Prinzipal mit *Translate()* in einem anderen Format ausgeben, zum Beispiel dessen SID. Das funktioniert allerdings nur, wenn es das angegebene Konto überhaupt gibt. Andernfalls kassieren Sie einen Fehler, sodass Sie *Translate()* nutzen könnten, um die Existenz eines Kontos zu überprüfen.

Die eindeutige SID, die *Translate()* liefert, ist aber ebenfalls interessant, denn wenn Sie genau hinschauen, werden Sie entdecken, dass sich die SID der Gruppe der *Administratoren* deutlich von der SID Ihres eigenen Benutzerkontos unterscheidet:

```
([System.Security.Principal.NTAccount]"$env:userdomain\$env:username").Translate([System.Security.Principal
.Securityidentifier]).Value
S-1-5-21-3347592486-2700198336-2512522042-1000

([System.Security.Principal.NTAccount]"Administratoren").Translate([System.Security.Principal.Securityident
ifier]).Value
S-1-5-32-544
```

Die SID der Gruppe der *Administratoren* ist nicht nur viel kürzer, sondern auch eindeutig. Windows verwendet für die eingebauten Konten so genannte »well-known« SIDs, die auf allen Windows-Systemen gleich sind. Und das ist wichtig, denn wenn Sie Ihr Skript von oben auf einem amerikanischen System ausführen, würde es scheitern. Dort heißt die Gruppe der *Administratoren* nämlich *Administrators*, und die Gruppe *Jeder* heißt *Everyone*. Die SIDs dieser Gruppen sind aber identisch, sodass Sie für eingebaute Konten besser deren SIDs anstelle der lokalisierten Namen verwenden. So wandeln Sie eine SID in den Namen des Benutzerkontos um:

```
$sid = [System.Security.Principal.SecurityIdentifier]"S-1-1-0"
$sid.Translate([System.Security.Principal.NTAccount])
Value
-----
Jeder
```

Und so würde Ihr Skript international einwandfrei funktionieren:

Berechtigungen verwalten

```
Del Geschützt
Md Geschützt

$acl = Get-Acl Geschützt

# Vollzugriff für alle Administratoren:
$sid = [System.Security.Principal.SecurityIdentifier]"S-1-5-32-544"
$zugang = [System.Security.AccessControl.FileSystemRights]"FullControl"
$rule = New-Object System.Security.AccessControl.FileSystemAccessRule($sid,$zugang,3,0,0)
$acl.AddAccessRule($rule)

# Lesezugriff für alle:
$sid = [System.Security.Principal.SecurityIdentifier]"S-1-1-0"
$zugang = [System.Security.AccessControl.FileSystemRights]"ReadAndExecute"
$rule = New-Object System.Security.AccessControl.FileSystemAccessRule($sid,$zugang,3,0,0)
$acl.AddAccessRule($rule)

# Geänderte Berechtigungen zurückschreiben:
Set-Acl geschützt $acl
```

Kapitel 16

Die Registrierungsdatenbank

In diesem Kapitel:
Provider: Orte außerhalb des Dateisystems	505
Registrierungsdatenbank durchsuchen	508
Anlegen und Löschen von Schlüsseln und Werten	513
Berechtigungen in der Registrierungsdatenbank	521

PowerShell betrachtet das Dateisystem-Konzept aus dem letzten Kapitel als Prototyp für sämtliche hierarchische Informationssysteme und deshalb navigieren Sie in der Windows Registrierungsdatenbank genauso umher wie im Dateisystem:

```
Cd HKCU:
Dir

SKC VC Name                   Property    (Eigenschaften)
--- -- ----                   --------
  2  0 AppEvents              {}
 17  1 Console                {CurrentPage}
 15  0 Control Panel          {}
  0  3 Environment            {PATH, TEMP, TMP}
  4  0 EUDC                   {}
  1  6 Identities             {Identity Ordinal, Migrated7, Last Username, Last User ID...}
  3  0 Keyboard Layout        {}
  0  0 Network                {}
  4  0 Printers               {}
 55  1 Software               {(default)}
  2  0 System                 {}
  0  1 SessionInformation     {ProgramCount}
  1  8 Volatile Environment   {LOGONSERVER, USERDOMAIN, USERNAME, USERPROFILE...}
```

Die Schlüssel in der Registrierungsdatenbank entsprechen den Ordnern im Dateisystem. Die Werte der Schlüssel verhalten sich allerdings nicht ganz analog wie Dateien im Dateisystem, sondern werden als Eigenschaften des Schlüssels verwaltet und deshalb in der Ausgabe in der Spalte *Property* gezeigt. Tabelle 16.1 führt alle Befehle auf, die Sie für den Zugriff auf die Registrierungsdatenbank benötigen und in diesem Kapitel verwenden.

Befehl	Beschreibung
Dir, get-childitem	Inhalt eines Schlüssels auflisten
Cd, set-location	Aktuellen Ordner (Schlüssel) ändern
HKCU:, HKLM:	Vordefinierte Laufwerke für die beiden wichtigsten Schlüssel der Registrierungsdatenbank
Get-Itemproperty	Einen Wert eines Schlüssels lesen
set-itemproperty	Einen Wert eines Schlüssels ändern
New-Itemproperty	Einen neuen Wert für einen Schlüssel anlegen
clear-itemproperty	Den Inhalt eines Wertes für einen Schlüssel löschen
Remove-Itemproperty	Den Wert eines Schlüssels entfernen
New-Item, md	Neuen Schlüssel anlegen
Remove-Item, Del	Einen Schlüssel löschen
Test-Path	Prüfen, ob ein Schlüssel existiert

Tabelle 16.1 Die wichtigsten Befehle für den Umgang mit der Registrierungsdatenbank

> **ACHTUNG** Die Registrierungsdatenbank speichert beinahe alle zentralen Windows-Einstellungen. Sie ist deshalb ein wichtiger Ort, um Informationen zu lesen und Veränderungen an der Windows-Konfiguration einzustellen. Falsche Einträge oder unbedachtes Löschen und Ändern stellen jedoch eine ernste Gefahr dar und können Windows beschädigen oder unbrauchbar machen. Die wichtigsten Einstellungen finden sich in der Teilstruktur *HKEY_LOCAL_MACHINE*, die Windows besonders schützt: Um hier Änderungen vornehmen zu können, benötigen Sie Administrator-Status.

Provider: Orte außerhalb des Dateisystems

PowerShell ist modular aufgebaut und verwendet so genannte *Provider* (engl. *Anbieter*). Ein Provider ist zuständig für einen bestimmten Informationsspeicher und im letzten Kapitel haben Sie den *FileSystem*-Provider verwendet. Wollen Sie stattdessen auf die Windows-Registrierungsdatenbank zugreifen, benötigen Sie den Registrierungsdatenbank-Provider. Ansonsten funktioniert alles wie im letzten Kapitel. Sie verwenden innerhalb der Registrierungsdatenbank also dieselben Befehle wie im Dateisystem.

Verfügbare Provider

Eine Liste sämtlicher installierter Provider liefert *Get-PSProvider*. Sie kann bei Ihnen länger sein als in diesem Beispiel, denn Provider dürfen nachgerüstet werden, und PowerShell bringt beispielsweise keinen Provider für Active Directory-Domänen mit.

```
Get-PSProvider

Name            Capabilities              Drives
----            ------------              ------
Alias           ShouldProcess             {Alias}
Environment     ShouldProcess             {Env}
FileSystem      Filter, ShouldProcess     {C, E, S, D}
Function        ShouldProcess             {Function}
Registry        ShouldProcess             {HKLM, HKCU}
Variable        ShouldProcess             {Variable}
Certificate     ShouldProcess             {cert}
```

Interessant ist die Spalte *Drives*, denn sie nennt die Laufwerke, die vom jeweiligen Provider verwaltet werden. Wie Sie sehen, stellt der Registrierungsdatenbank-Provider bereits die Laufwerke *HKLM:* (für den Registrierungsdatenbank-Schlüssel *HKEY_LOCAL_MACHINE*) und *HKCU:* (für den Registrierungsdatenbank-Schlüssel *HKEY_CURRENT_USER*) zur Verfügung. Diese Laufwerke funktionieren genau wie klassische Dateisystem-Laufwerke. Probieren Sie es aus:

```
Cd HKCU:
Dir

    Hive: Microsoft.PowerShell.Core\Registry::HKEY_CURRENT_USER
SKC  VC Name                           Property
---  -- ----                           --------
  2   0 AppEvents                      {}
  7   1 Console                        {CurrentPage}
```

```
15  0 Control Panel            {}
 0  2 Environment              {TEMP, TMP}
 4  0 EUDC                     {}
 1  6 Identities               {Identity Ordinal, Migrated7, Last ...
 3  0 Keyboard Layout          {}
 0  0 Network                  {}
 4  0 Printers                 {}
38  1 Software                 {(default)}
 2  0 System                   {}
 0  1 SessionInformation       {ProgramCount}
 1  8 Volatile Environment     {LOGONSERVER, USERDOMAIN, USERNAME,...
```

Von hier aus könnten Sie nun genauso in »Unterordner« navigieren wie Sie dies eben gerade im echten Dateisystem getan haben. Es gelten auch dieselben Sonderzeichen. Nur das Zeichen für den Basisordner (~) ist in der Registrierungsdatenbank natürlich unbekannt und führt zu einem Fehler. Die übrigen Provider sind nicht minder interessant, spielen in diesem Kapitel aber keine weitere Rolle mehr. Sie werden in Tabelle 16.2 aufgeführt.

Provider	Beschreibung	Beispiel
Alias	Verwaltet die Alias-Namen, mit deren Hilfe Sie einen Befehl unter anderem Namen ansprechen. Mehr zu Aliasnamen erfahren Sie in Kapitel 2.	Dir Alias: $alias:Dir
Environment	Gewährt Zugriff auf die Umgebungsvariablen des Systems. Mehr in Kapitel 3.	Dir env: $env:windir
Function	Listet sämtliche definierten Funktionen auf. Funktionen arbeiten ähnlich wie Makros und fassen mehrere Befehle unter einem Namen zusammen. Funktionen können auch eine Alternative zu Alias-Namen sein und werden ausführlich in Kapitel 9 beschrieben.	Dir function: $function:tabexpansion
FileSystem	Verwaltet alle Datenträger und wurde im letzten Kapitel verwendet.	Dir c: $(c:\autoexec.bat)
Registry	Gewährt Zugriff auf Zweige der Windows-Registrierungsdatenbank.	Dir HKCU: Dir HKLM:
Variable	Verwaltet sämtliche Variablen, die in der PowerShell-Konsole definiert sind. Variablen werden im Kapitel 3 beschrieben.	Dir variable: $variable:pshome
Certificate	Gewährt Zugriff auf den Zertifikatspeicher mit sämtlichen digitalen Zertifikaten. Diese werden in Kapitel 10 genauer untersucht.	Dir cert: Dir cert: -recurse

Tabelle 16.2 Standard-Provider, Verweise und Beispiele

Laufwerke anlegen

Der Zugang zur Registrierungsdatenbank wird also vom Registrierungsdatenbank-Provider geleistet. Ihn sprechen Sie über Laufwerke an. Möchten Sie sehen, welche Laufwerke den Registrierungsdatenbank-Provider bereits nutzen, verwenden Sie *Get-PSDrive* mit dem Parameter *-Provider*:

Provider: Orte außerhalb des Dateisystems

```
Get-PSDrive -PSProvider Registry

Name       Provider       Root                                    CurrentLocation
----       --------       ----                                    ---------------
HKCU       Registry       HKEY_CURRENT_USER
HKLM       Registry       HKEY_LOCAL_MACHINE
```

Dabei fällt Ihnen wahrscheinlich auf, dass die Registrierungsdatenbank aus mehr als nur diesen zwei Schlüsseln besteht.

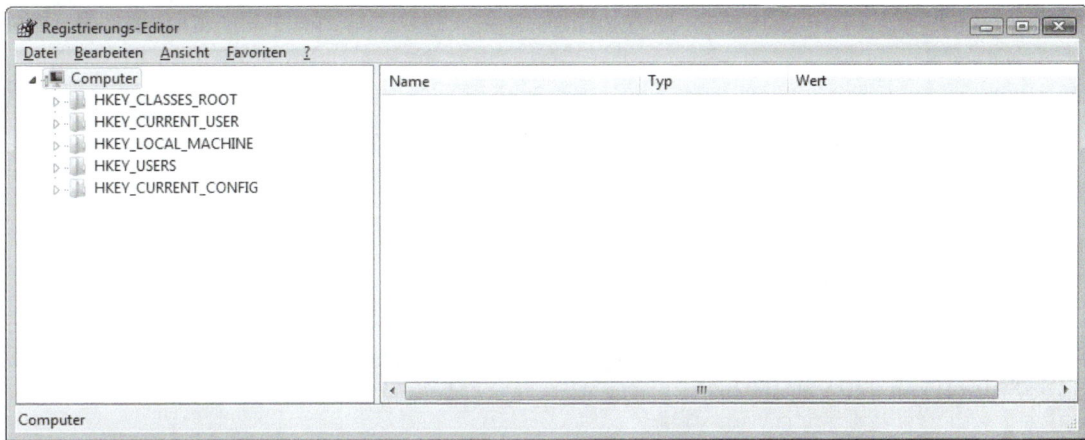

Abbildung 16.1 Die Schlüssel in der Registrierungsdatenbank

Der Schlüssel *HKEY_CLASSES_ROOT* ist eigentlich kein eigenständiger Schlüssel, sondern entspricht *HKEY_LOCAL_MACHINE\SOFTWARE\Classes*. Sie könnten sich also mit *New-PSDrive* ein neues Laufwerk anlegen, das dort seinen Startpunkt hat:

```
New-PSDrive -name HKCR -PSProvider registry -Root HKLM:\SOFTWARE\Classes
Dir HKCR:
```

Schon erhalten Sie Zugriff auf diesen Registrierungsdatenbank-Zweig. Tatsächlich hätten Sie aber auch direkt auf jeden Schlüssel zugreifen dürfen, die in Abbildung 16.1 zu sehen ist:

```
Remove-PSDrive hkcr
New-PSDrive -name HKCR -PSProvider registry -Root HKEY_CLASSES_ROOT
Dir HKCR:
```

TIPP Haben Sie intensiv in einem bestimmten Bereich der Registrierungsdatenbank zu tun, könnten Sie sich natürlich auch ganz beliebige weitere Laufwerke anlegen, zum Beispiel dieses:

```
New-PSDrive job1 registry "HKLM:\Software\Microsoft\Windows NT\CurrentVersion"
Dir job1:

   Hive: Microsoft.PowerShell.Core\Registry::HKEY_LOCAL_MACHINE\Software\Microsoft\Windows
NT\CurrentVersion
```

```
SKC  VC  Name                     Property
---  --  ----                     --------
  1   0  Accessibility            {}
  1   3  AeDebug                  {UserDebuggerHotKey, Auto, Debugger}
  0  10  APITracing               {LogFileDirectory, InstalledManifests, LogApiNamesOnly, ...
  4   1  AppCompatFlags           {ApphelpUIExe}
  1   0  ASR                      {}
  0 174  Compatibility            {_3DPC, _BNOTES, _LNOTES, ACAD...}
  0   1  Compatibility32          {winword}
  3   0  Console                  {}
  1   2  CorruptedFileRecovery    {RunCount, TraceLevel}
  0   3  DefaultProductKey        {ProductId, DigitalProductId, DigitalProductId4}
  2   1  DiskDiagnostics          {DFDCollectorInvokeTimes}
(...)
```

Registrierungsdatenbank durchsuchen

Mit *Dir* durchsuchen Sie die Registrierungsdatenbank genauso wie das Dateisystem im letzten Kapitel. Verwenden Sie lediglich die neuen Laufwerke, die den Registrierungsdatenbank-Provider benutzen. Eine Übersicht über den Inhalt des Schlüssels *HKEY_CLASSES_ROOT* liefert das Laufwerk *HKCU:*

```
Cd HKCU:
Dir
```

Möchten Sie den Inhalt lieber untereinander auflisten, leiten Sie das Ergebnis um zu *Format-List*:

```
Dir | Format-List
Dir | Format-List Name
Dir | Format-List *
```

Rekursive Suche

Zwar unterstützt der Registrierungsdatenbank-Provider keine Filter, und deshalb dürfen Sie den Parameter *-filter* von *Dir* nicht verwenden, wenn Sie die Registrierungsdatenbank durchsuchen. Unterstützt werden aber die Parameter *-recurse* sowie *-include* und *-exclude*, mit denen Sie schon im letzten Kapitel Dateien rekursiv quer durch das Dateisystem gesucht haben. Das funktioniert auch innerhalb der Registrierungsdatenbank. Interessieren Sie sich zum Beispiel, wo überall in der Registrierungsdatenbank Einträge existieren, die das Wort PowerShell enthalten, könnten Sie danach suchen:

```
Dir HKCU:, HKLM: -recurse -include *PowerShell*
```

Diese Anweisung durchsucht zuerst den Schlüssel *HKEY_CURRENT_USER* und danach den Schlüssel *HKEY_LOCAL_MACHINE*. Gefunden werden alle Schlüssel, die das Wort PowerShell enthalten. Weil das sehr viele sein können, suchen Sie als nächstes ohne Platzhalterzeichen nach den Registrierungsdatenbank-

Schlüsseln, die genau PowerShell heißen. Weil bei der Suche auch Teile der Registrierungsdatenbank gelesen werden, für die Sie vermutlich keine Zugriffsberechtigung haben, sind bei solchen rekursiven Suchaktionen Fehlermeldungen üblich. Um sie aus dem Ergebnis auszufiltern, verwenden Sie als Parameter *-ErrorAction* die Einstellung *SilentlyContinue*:

```
Dir HKCU:, HKLM: -recurse -include PowerShell -ErrorAction SilentlyContinue

    Hive: Microsoft.PowerShell.Core\Registry::HKEY_LOCAL_MACHINE\SOFTWARE\Classes\Directory\shell

SKC  VC Name                       Property
---  -- ----                       --------
  1   1 PowerShell                 {(default)}


    Hive: Microsoft.PowerShell.Core\Registry::HKEY_LOCAL_MACHINE\SOFTWARE\Classes\Drive\shell

SKC  VC Name                       Property
---  -- ----                       --------
  1   1 PowerShell                 {(default)}


    Hive: Microsoft.PowerShell.Core\Registry::HKEY_LOCAL_MACHINE\SOFTWARE\Microsoft

SKC  VC Name                       Property
---  -- ----                       --------
  1   0 PowerShell                 {}
```

Einzelne Registrierungsdatenbank-Schlüssel

Jedes Element, das *Dir* abruft, entspricht einem Registrierungsschlüssel (*Microsoft.Win32.Registry*-Objekt) und enthält diese wichtigen Eigenschaften:

```
$key = Dir HKCU: | select-object -first 1
$key.GetType().FullName
Microsoft.Win32.RegistryKey
$key | Get-Member -memberType *Property

   TypeName: Microsoft.Win32.RegistryKey

Name          MemberType   Definition
----          ----------   ----------
Property      NoteProperty System.String[] Property=System.String[]
PSChildName   NoteProperty System.String PSChildName=AppEvents
PSDrive       NoteProperty System.Management.Automation.PSDriveInfo PSDrive=HKCU
PSIsContainer NoteProperty System.Boolean PSIsContainer=True
PSParentPath  NoteProperty System.String PSParentPath=Microsoft.PowerShell.Core\Registry::HKEY_...
PSPath        NoteProperty System.String PSPath=Microsoft.PowerShell.Core\Registry::HKEY_CURREN...
PSProvider    NoteProperty System.Management.Automation.ProviderInfo PSProvider=Microsoft.Power...
Name          Property     System.String Name {get;}
SubKeyCount   Property     System.Int32 SubKeyCount {get;}
ValueCount    Property     System.Int32 ValueCount {get;}
```

Eigenschaft	Beschreibung
Name	Pfadname des Schlüssels aus Sicht des Registrierungseditors
Property	Feld mit den Namen der Werte, die im Schlüssel gespeichert sind
PSChildName	Name des aktuellen Schlüssels
PSDrive	Schlüssel der Registrierungsdatenbank für diesen Schlüssel
PSParentPath	Übergeordneter Schlüssel
PSPath	PowerShell-Pfadname des Schlüssels. Unter diesem Pfad können Sie den Inhalt des Schlüssels mit *Dir* sichtbar machen
PSProvider	Name des Providers: *Registry*
SubKeyCount (SKC)	Anzahl der Schlüssel, die in diesem Schlüssel gespeichert sind
ValueCount (VC)	Anzahl der Werte, die in diesem Schlüssel gespeichert sind
PSIsContainer	immer *True*

Tabelle 16.3 Eigenschaften eines Microsoft.Win32.Registry-Objekts (Registrierungsdatenbank-Schlüssel)

Wie PowerShell Registrierungsdatenbank-Schlüssel anspricht

Schauen wir uns die Zuordnung dieser einzelnen Eigenschaften zu einem realen Schlüssel näher an. Im Beispiel wird der Schlüssel *HKLM:\Software\Microsoft\PowerShell\1* verwendet und in Abbildung 16.2 aus der Sicht des Registrierungseditors gezeigt. An dieser Stelle in der Registrierungsdatenbank speichert PowerShell seine internen Einstellungen.

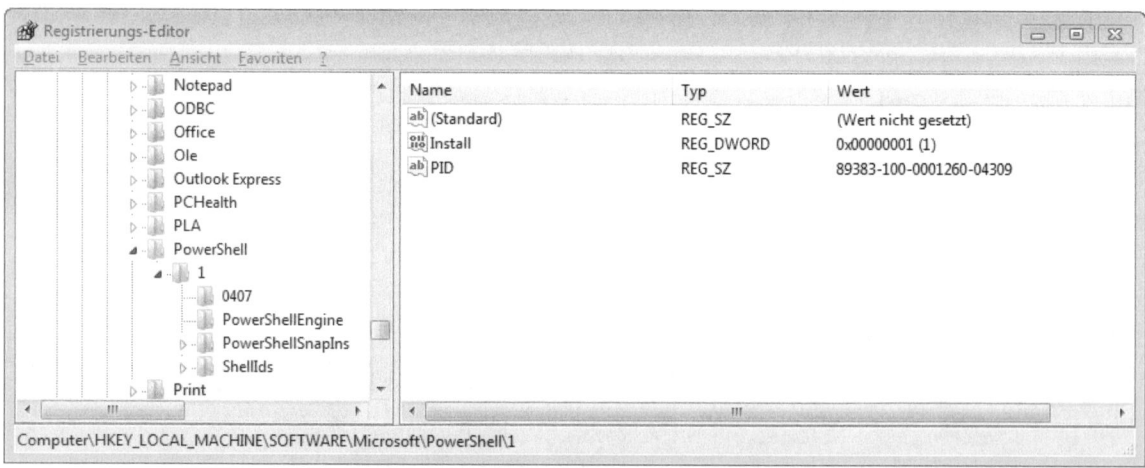

Abbildung 16.2 Zuordnung zwischen Registrierungseditor und PowerShell

Von PowerShell aus greifen Sie mit *Get-Item* auf diesen Schlüssel zu:

Registrierungsdatenbank durchsuchen

```
$key = Get-Item HKLM:\Software\Microsoft\PowerShell\1
$key.Name
HKEY_LOCAL_MACHINE\Software\Microsoft\PowerShell\1

# PowerShell-Eigenschaften lesen:
$key | Format-List ps*
PSPath        : Microsoft.PowerShell.Core\Registry::HKEY_LOCAL_MACHINE\Software\Microsoft\PowerShell\1
PSParentPath  : Microsoft.PowerShell.Core\Registry::HKEY_LOCAL_MACHINE\Software\Microsoft\PowerShell
PSChildName   : 1
PSDrive       : HKLM
PSProvider    : Microsoft.PowerShell.Core\Registry
PSIsContainer : True
```

Die *Name*-Eigenschaft liefert wie erwartet den kompletten Namen des Schlüssels. Interessanter sind die Eigenschaften, die mit »PS« beginnen und von PowerShell nachträglich hinzugefügt wurden. Sie zerlegen den Pfad des Registrierungsdatenbank-Schlüssels in verschiedene Bestandteile, und diese Informationen werden Sie gleich noch benötigen.

Werte eines Schlüssels

Die Werte des Schlüssels finden sich in Abbildung 16.2 in der rechten Spalte des Registrierungseditors. Drei Werte sind zu sehen. PowerShell meldet nur zwei Werte:

```
$key.ValueCount
2
```

Ein Wert scheint zu fehlen. Welche Werte PowerShell erfasst, sehen Sie, wenn Sie sich die Eigenschaft *Property* näher ansehen:

```
$key.Property
Install
PID
```

Diese Namen entsprechen den Namen der Werte aus Abbildung 16.2. Es fehlt der Wert *(Standard)*, und das ist richtig so, denn wenn Sie in der Abbildung genau hinsehen, ist dem Standardwert kein Inhalt zugewiesen. Der Registrierungsdatenbank-Editor *Regedit* meldet: *(Wert nicht gesetzt)*.

Möchten Sie die Inhalte der Werte abrufen, verwenden Sie *Get-Itemproperty* und übergeben wieder den Pfadnamen aus der Eigenschaft *PSPath*:

```
Get-Itemproperty $key.PSPath
PSPath        : Microsoft.PowerShell.Core\Registry::HKEY_LOCAL_MACHINE\Software\Microsoft\PowerShell\1
PSParentPath  : Microsoft.PowerShell.Core\Registry::HKEY_LOCAL_MACHINE\Software\Microsoft\PowerShell
PSChildName   : 1
PSProvider    : Microsoft.PowerShell.Core\Registry
Install       : 1
PID           : 89383-100-0001260-04309
```

Auf diese Weise werden automatisch sämtliche Werte des Registrierungsdatenbank-Schlüssels abgerufen und angezeigt. Wie Sie sehen, enthält der Wert neben den üblichen Eigenschaften wieder zusätzliche von PowerShell hinzugefügte Eigenschaften. Möchten Sie nur bestimmte Werte abrufen, greifen Sie auf die entsprechenden Eigenschaften zu:

```
# alle Werte eines Registrierungsdatenbank-Schlüssels abrufen
$werte = Get-Itemproperty $key.PSPath

# Den Wert für Install ermitteln:
$werte.Install
1


Den Wert für PID ermitteln:
$werte.PID
89383-100-0001260-04309
```

Möchten Sie alle Werte eines Schlüssels ohne die zusätzlich von PowerShell hinzugefügten Eigenschaften abrufen, könnten Sie also so vorgehen:

```
$key = Get-Item HKLM:\Software\Microsoft\PowerShell\1
$werte = (Get-Itemproperty $key.PSPath)
foreach ($wert in $key.Property) { $wert + "=" + $werte.$wert }
Install=1
PID=89383-100-0001260-04309
```

TIPP Sind Sie in der Registrierungsdatenbank zu dem Schlüssel navigiert, dessen Werte Sie begutachten wollen, gibt es einen zweiten Weg, die Werte aufzulisten:

```
Cd HKLM:\Software\Microsoft\PowerShell\1
(Get-Itemproperty .).PID
89383-100-0001260-04309
```

Hier wurde *Get-Itemproperty* mit dem Punkt (.) der relative Pfad des Registrierungsdatenbank-Schlüssels übergeben. Voraussetzung dafür ist, dass Ihr aktueller Ordner dem gewünschten Registrierungsdatenbank-Schlüssel entspricht, Sie also vorher mit *Cd* zum Schlüssel gewechselt sind.

Möchten Sie die Werte mehrerer Schlüssel ausgeben, verwenden Sie *Dir*. Das Ergebnis von *Dir* kann in der Pipeline an *Foreach-Object* weitergereicht werden. So könnten Sie sämtliche Unterschlüssel eines Schlüssels der Reihe nach auswerten und zum Beispiel auf die jeweiligen Werte des Schlüssels zugreifen. Die nächste Zeile listet alle Unterschlüssel von *Uninstall* auf und meldet dann für jeden Unterschlüssel die Werte *DisplayName* und *MoreInfoURL*. Sie erhalten so eine (grobe) Aufstellung über installierte Programme:

```
Dir hklm:\software\microsoft\windows\currentversion\uninstall | Foreach-Object {Write-Host -
ForegroundColor Yellow "Installierte Produkte:" }{$werte = Get-ItemProperty $_.PSPath; "{0:-30} {1:20}"
-f $werte.DisplayName, $werte.MoreInfoURL}{Write-Host -ForegroundColor Yellow "Fertig!"}
```

Unterschlüssel eines Schlüssels

In Abbildung 16.2 sieht man in der linken Spalte, dass dieser Schlüssel vier Unterschlüssel enthält. Auch PowerShell meldet vier Unterschlüssel:

```
$key.SubKeyCount
4
```

Die Namen der Unterschlüssel liefert *Dir*. Dazu übergeben Sie *Dir* den PowerShell-Pfadnamen des Schlüssels, den Sie in der Eigenschaft *PSPath* finden:

```
Dir $key.PSPath

    Hive: Microsoft.PowerShell.Core\Registry::HKEY_LOCAL_MACHINE\Software\Microsoft\PowerShell\1

SKC  VC Name                        Property
---  -- ----                        --------
  0   1 0407                        {Install}
  0   5 PowerShellEngine            {ApplicationBase, RuntimeVersion, ConsoleHostAssemblyNam...
  1   0 PowerShellSnapIns           {}
  1   0 ShellIds                    {}
```

Anlegen und Löschen von Schlüsseln und Werten

Neue Schlüssel legen Sie mit *New-Item* oder mit der Funktion *md* an. Schlüssel in der Registrierungsdatenbank verhalten sich also wie Ordner im Dateisystem.

```
New-Item -type Directory HKCU:\Software\Test1

    Hive: Microsoft.PowerShell.Core\Registry::HKEY_CURRENT_USER\Software

SKC  VC Name                        Property
---  -- ----                        --------
  0   0 Test1                       {}

md HKCU:\Software\Test2

    Hive: Microsoft.PowerShell.Core\Registry::HKEY_CURRENT_USER\Software

SKC  VC Name                        Property
---  -- ----                        --------
  0   0 Test2                       {}
```

Allerdings legen beide Anweisungen einen völlig leeren Schlüssel an, dessen Standardwert nicht definiert ist. Möchten Sie den Standardwert eines Schlüssels definieren, verwenden Sie nicht *md*, sondern *New-Item*, und geben als *-itemType* einen der Werte aus Tabelle 16.4 an. Mit dem Parameter *-value* legen Sie dann den Wert des Standardeintrags fest:

```
New-Item -type String HKCU:\Software\Test3 -value "Ein Standardwert"

    Hive: Microsoft.PowerShell.Core\Registry::HKEY_CURRENT_USER\Software
```

```
SKC  VC Name                        Property
---  -- ----                        --------
  0   1 Test3                       {(default)}
```

Wollen Sie einen Schlüssel wieder löschen, gehen Sie erneut wie im Dateisystem vor und verwenden *Remove-Item* oder kurz *Del*:

```
Remove-Item HKCU:\Software\Test1
Del HKCU:\Software\Test2
Del HKCU:\Software\Test3
```

ItemType	Beschreibung	Datentyp
String	Ein Text	REG_SZ
ExpandString	Ein Text mit Umgebungsvariablen, die beim Abrufen aufgelöst werden	REG_EXPAND_SZ
Binary	Binärwerte	REG_BINARY
DWord	Zahlenwerte	REG_DWORD
MultiString	mehrzeilige Texte	REG_MULTI_SZ
QWord	64-Bit-Zahlenwerte	REG_QWORD

Tabelle 16.4 Erlaubte ItemTypes in der Registrierungsdatenbank

Schlüssel mit Inhalten löschen

Enthält der Schlüsselname Leerzeichen, setzen Sie den Pfad in Anführungszeichen. Leider können Sie anders als im Dateisystem nicht mehrere Schlüssel in einem Schritt anlegen. Der übergeordnete Schlüssel muss existieren, und deshalb führt diese Anweisung zu einem Fehler: der übergeordnete Schlüssel *Erster Schlüssel* fehlt:

```
md "HKCU:\Software\Erster Schlüssel\Zweiter Schlüssel"
New-Item : Der Registrierungsschlüssel ist im angegebenen Pfad nicht vorhanden.
Bei Zeile:1 Zeichen:34
+ param([string[]]$paths); New-Item  <<<< -type directory -path $paths
```

Sie müssen die Anweisung also auf mehrere Schritte verteilen:

```
md "HKCU:\Software\Erster Schlüssel" | out-null
md "HKCU:\Software\Erster Schlüssel\Zweiter Schlüssel" | out-null
```

Versuchen Sie nun, den Schlüssel *Erster Schlüssel* zu löschen, erhalten Sie ähnlich wie im Dateisystem eine Sicherheitsabfrage, weil der Schlüssel nicht mehr leer ist, sondern Unterschlüssel enthält:

```
Del "HKCU:\Software\Erster Schlüssel"
```

Bestätigung
Das Element unter "HKCU:\Software\Erster Schlüssel" verfügt über untergeordnete Elemente und der
Recurse-Parameter wurde nicht angegeben. Wenn Sie fortfahren, werden mit dem Element auch alle
untergeordneten Elemente entfernt. Möchten Sie den Vorgang wirklich fortsetzen?
[J] Ja [A] Ja, alle [N] Nein [K] Nein, keine [H] Anhalten [?] Help (default is "J"):

Möchten Sie explizit Schlüssel löschen, die Inhalte haben, verwenden Sie den Parameter *-recurse*:

```
Del "HKCU:\Software\Erster Schlüssel" -recurse
```

Werte eines Schlüssels setzen, ändern und löschen

Der Registrierungseditor zeigt die Unterscheidung zwischen Schlüsseln und Werten übersichtlich an: In seiner linken Spalte sehen Sie die Schlüssel, in der rechten Spalte die Werte. Die Schlüssel entsprechen also den Ordnern im Dateisystem, und die Werte entsprechen den Dateien innerhalb des Ordners. Möchten Sie einen neuen Schlüssel anlegen, verwenden Sie wie eben *md* oder besser *New-Item*, denn mit *New-Item* und den Parametern *-itemType* und *-value* ordnen Sie Ihrem neuen Schlüssel auch gleich einen Standardwert zu.

```
New-Item HKCU:\Software\Testschlüssel -itemType String -value "Ein Testwert" | out-null
```

Neue Werte hinzufügen

Wollen Sie dem Schlüssel weitere Werte hinzufügen, versagt die Dateisystem-Analogie leider, denn normalerweise würden Sie neue Dateien innerhalb eines Ordners mit *Set-Content* anlegen. Dazu ist der Registrierungsdatenbank-Provider aber nicht in der Lage:

```
Set-Content HKCU:\Software\Testschlüssel\Wert1 "Inhalt"
```

Set-Content : Die Schnittstelle kann nicht verwendet werden. Die IContentCmdletProvider-Schnittstelle
wird von diesem Anbieter nicht implementiert.
Bei Zeile:1 Zeichen:12
+ Set-Content <<<< HKCU:\Software\Testschlüssel\Wert1 "Inhalt"

Neue Werte fügen Sie einem Schlüssel stattdessen mit *set-itemproperty* hinzu:

```
set-itemproperty HKCU:\Software\Testschlüssel -name "Eintrag1" -value "123"
```

Werte, die Sie auf diese Weise hinzufügen, werden automatisch als *REG_SZ*-Werte in die Registrierungsdatenbank eingetragen, also als Texte. Möchten Sie einen anderen Datentyp verwenden, benutzen Sie *New-Itemproperty* und den Parameter *-type*. Er akzeptiert die Typen aus Tabelle 16.4:

```
# Testschlüssel anlegen, falls noch nicht geschehen:
if (!(Test-Path HKCU:\Software\Testschlüssel)) { md HKCU:\Software\Testschlüssel }

New-Itemproperty HKCU:\Software\Testschlüssel -name "Eintrag2" -value "123" -type dword
```

```
PSPath          : Microsoft.PowerShell.Core\Registry::HKEY_CURRENT_USER\Software\Testschlüssel
PSParentPath    : Microsoft.PowerShell.Core\Registry::HKEY_CURRENT_USER\Software
PSChildName     : Testschlüssel
PSDrive         : HKCU
PSProvider      : Microsoft.PowerShell.Core\Registry
Eintrag2        : 123

New-Itemproperty HKCU:\Software\Testschlüssel Eintrag3 -value "Windows liegt in %windir%" -type string

New-Itemproperty HKCU:\Software\Testschlüssel Eintrag4 -value "Windows liegt in %windir%" -type
expandstring

New-Itemproperty HKCU:\Software\Testschlüssel Eintrag5 -value "Eins","Zwei","Drei" -type multistring

New-Itemproperty HKCU:\Software\Testschlüssel Eintrag6 -value 1,2,3,4,5 -type binary

New-Itemproperty HKCU:\Software\Testschlüssel Eintrag7 -value 100 -type dword

New-Itemproperty HKCU:\Software\Testschlüssel Eintrag8 -value 100 -type qword
```

Das Ergebnis zeigt der Registrierungseditor in Abbildung 16.3.

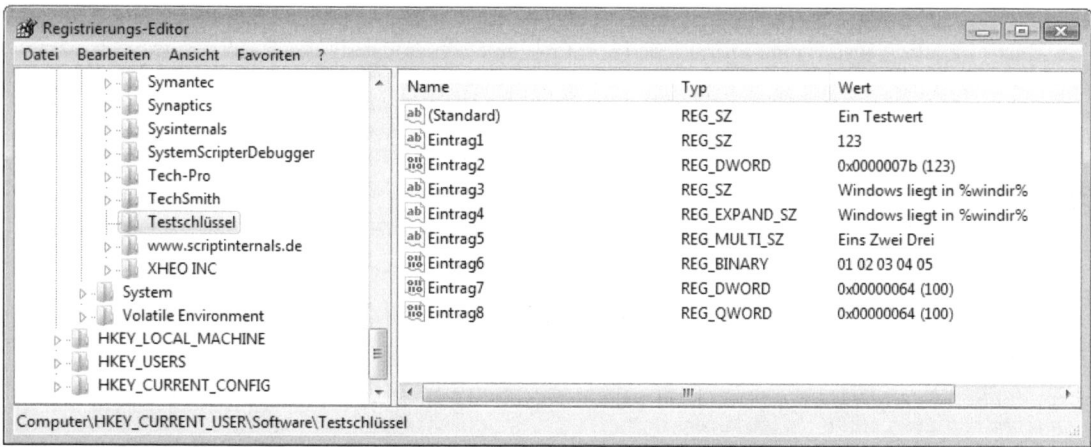

Abbildung 16.3 Verschiedene Datentypen in Registrierungsdatenbank schreiben

Haben Sie das *Microsoft.Win32.Registry*-Objekt eines Schlüssels zur Hand, können Sie zusätzliche Werte leicht über die Methoden *SetValue()* und *GetValue()* hinzufügen und auslesen. Beim Anlegen eines neuen Schlüssels mit *md* oder *New-Item* erhalten Sie dieses Objekt als Ergebnis und bräuchten es also nur zu speichern, um damit im nächsten Schritt weitere Werte hinzuzufügen:

```
# Schlüssel mit mehreren Werten anlegen:
$key = md HKCU:\Software\Test2

$key.SetValue("Eintrag1", "123")

$key.SetValue("Eintrag2", "123", "Dword")

$key.SetValue("Eintrag3", "%windir%", "ExpandString")

$key.GetValue("Eintrag3")
C:\Windows
```

Anlegen und Löschen von Schlüsseln und Werten

TIPP Die Methode *SetValue()* funktioniert nur für Schlüssel, die Sie mit *New-Item* oder *md* neu angelegt haben, weil PowerShell nur solche Schlüssel mit Schreibberechtigungen öffnet. Vorhandene Schlüssel, die Sie mit *Get-Item* abrufen, werden im reinen Lesemodus geöffnet. Sie können hier Werte nicht mit *SetValue()* ändern. Verwenden Sie stattdessen *set-itemproperty* (siehe unten).

Werte lesen

Das Lesen von Registrierungsdatenbank-Werten ist der einzige Bereich, der nicht besonders klar geregelt ist. Normalerweise würde man nämlich annehmen, dass man Werte, die mit *set-itemproperty* angelegt wurden, mit *Get-Itemproperty* liest. Das stimmt leider nur zum Teil, denn wenn Sie *Get-Itemproperty* verwenden, liefert PowerShell nicht nur den gesuchten Wert, sondern ein Objekt mit zusätzlichen und meist völlig unerwünschten PowerShell-Eigenschaften:

```
Get-Itemproperty HKCU:\Software\Testschlüssel Eintrag3
PSPath        : Microsoft.PowerShell.Core\Registry::HKEY_CURRENT_USER\Software\Testschlüssel
PSParentPath  : Microsoft.PowerShell.Core\Registry::HKEY_CURRENT_USER\Software
PSChildName   : Testschlüssel
PSDrive       : HKCU
PSProvider    : Microsoft.PowerShell.Core\Registry
Eintrag3      : Windows liegt in %windir%
```

Die gewünschte Information erhalten Sie erst, wenn Sie von dem Objekt, das *Get-Itemproperty* liefert, explizit die passende Eigenschaft abrufen, also den Namen des Wertes, der Sie interessiert. Dabei wird nebenbei auch der Unterschied zwischen dem Dateityp *REG_SZ* und *REG_EXPAND_SZ* deutlich.

```
(Get-Itemproperty HKCU:\Software\Testschlüssel Eintrag3).Eintrag3
Windows liegt in %windir%
(Get-Itemproperty HKCU:\Software\Testschlüssel Eintrag4).Eintrag4
Windows liegt in C:\Windows
```

Weil *Eintrag3* als *REG_SZ*-Wert gespeichert wurde, wird beim Auslesen genau der Wert zurückgegeben, den Sie hinterlegt hatten. *Eintrag4* ist vom Typ *REG_EXPAND_SZ*. Umgebungsvariablen, die im Text enthalten sind, löst Windows beim Abrufen automatisch auf. Deshalb wird hier anstelle der Umgebungsvariablen der Windows-Ordner zurückgeliefert.

HINWEIS Vielleicht wundern Sie sich, dass in den letzten Beispielen der Name des Wertes, den Sie auslesen wollten, doppelt vorkam:

```
(Get-Itemproperty HKCU:\Software\Testschlüssel Eintrag3).Eintrag3
```

Get-Itemproperty liefert in diesem Beispiel den Wert *Eintrag3* zurück. Wie Sie allerdings schon gesehen haben, ist das, was *Get-Itemproperty* zurückliefert, ein Objekt mit mehreren Eigenschaften. Da Sie nur am Wert *Eintrag3* interessiert sind, stellen Sie Ihren Aufruf in runde Klammern, wodurch dieser Unterausdruck zunächst ausgewertet wird. Anschließend lassen Sie vom zurückgelieferten Objekt nur die gewünschte Eigenschaft ausgeben, also *Eintrag3*.

Die folgende Anweisung scheint genau dasselbe zu tun, zumindest liefert Sie dasselbe Ergebnis:

```
(Get-Itemproperty HKCU:\Software\Testschlüssel).Eintrag3
```

Hier allerdings beauftragen Sie *Get-Itemproperty*, sämtliche Werte des Schlüssels zu beschaffen, also sehr viel mehr, als Sie eigentlich danach nutzen.

Werte löschen

Möchten Sie einen Wert entfernen, verwenden Sie *Remove-Itemproperty*. Die nächste Anweisung löscht den Wert *Eintrag5*, den Sie im letzten Beispiel angelegt hatten:

```
Remove-Itemproperty HKCU:\Software\Testschlüssel Eintrag5
```

> **TIPP** *clear-itemproperty* löscht nur den Inhalt eines Wertes, aber nicht den Wert selbst.

Der Standard-Eintrag

Eine besondere Rolle spielt der Standard-Eintrag eines Schlüssels. Er wird in (deutschsprachigen) Registrierungseditoren immer in der rechten Spalte unter dem Namen *(Standard)* angezeigt. Dieser Eintrag ist aber eigentlich unbenannt, also der einzige Wert eines Schlüssels ohne Namen.

Der Standard-Wert eines Schlüssels muss nicht definiert sein. Ist er nicht festgelegt, zeigt der Registrierungseditor als Wert *(Wert nicht gesetzt)* an. Normalerweise setzen Sie diesen Wert, wenn Sie neue Schlüssel mit *New-Item* und dem Parameter *-value* festlegen. Sie können diesen Wert aber auch über den Namen *(default)* direkt ansprechen:

```
# Einen leeren Testschlüssel anlegen
md HKCU:\Software\Test3

# prüfen, ob der Standardwert festgelegt ist:
Get-Itemproperty HKCU:\Software\Test3 "(default)"
Get-ItemProperty : Die Eigenschaft (default) ist im Pfad HKEY_CURRENT_USER\Software\Test3 nicht
vorhanden.
Bei Zeile:1 Zeichen:17
+ Get-Itemproperty <<<< HKCU:\Software\Test3 "(default)"

# Standardwert nachträglich festlegen:
New-Itemproperty HKCU:\Software\Test3 "(default)" -value "Ein Wert"

# prüfen, ob der Standardwert festgelegt ist:
Get-Itemproperty HKCU:\Software\Test3 "(default)"
PSPath        : Microsoft.PowerShell.Core\Registry::HKEY_CURRENT_USER\Software\Test3
PSParentPath  : Microsoft.PowerShell.Core\Registry::HKEY_CURRENT_USER\Software
PSChildName   : Test3
PSDrive       : HKCU
PSProvider    : Microsoft.PowerShell.Core\Registry
```

```
(default)    : Ein Wert

# Inhalt des Standardwerts auslesen
(Get-Itemproperty HKCU:\Software\Test3 "(default)")."(default)"
Ein Wert

# Standardwert löschen:
# aufgrund eines PowerShell-Bugs kann man den Standardwert nur auf "leer"
# setzen. Remove-Itemproperty funktioniert hier nicht:
clear-itemproperty HKCU:\Software\Test3 "(default)"
```

WICHTIG Löschen Sie Ihre Testschlüssel wieder aus der Registrierungsdatenbank! Sie ist kein Ort, um sinnlose Einträge einfach zurückzulassen:

```
Del HKCU:\Software\Testschlüssel -recurse
Del HKCU:\Software\Test2 -recurse
Del HKCU:\Software\Test3 -recurse
```

Beispiel: Kontextmenü erweitern

Einträge in die Registrierungsdatenbank können die unterschiedlichsten Dinge bewirken. Zum Beispiel legt Windows hier die Einträge des Explorer-Kontextmenüs fest. Im nächsten Beispiel soll das Kontextmenü für PowerShell-Skripte testweise um drei neue Befehle erweitert werden: *Ausführen und geöffnet lassen*, *Ausführen und schließen* sowie *Editieren*.

PowerShell-Skripte ausführen und editieren

Dazu müssen Sie zunächst wissen, wie man PowerShell-Skripte außerhalb der PowerShell-Konsole startet. Das ist leicht. Legen Sie sich zuerst ein kleines Beispiel-Skript an:

```
Cd $home

# Beispiel-Skript anlegen
'"Hallo Welt!"' | out-file test.ps1
```

Innerhalb der PowerShell-Konsole rufen Sie das Skript mit seinem relativen oder absoluten Pfadnamen auf:

```
.\test.ps1
```

Wie aber ruft man PowerShell-Skripte außerhalb der PowerShell-Konsole auf? Dazu starten Sie *powershell.exe* und geben die Option *-noexit* an, damit die Konsole nach Abarbeitung des Skripts weiter geöffnet bleibt und Sie die Ergebnisse des Skripts sehen und verwerten können. Hinter dem Parameter *-command* geben Sie die

Befehlszeile an, die PowerShell ausführen soll. Weil Sie nicht wissen, ob der Pfadname des Skripts Leerzeichen einschließt, setzen Sie den Pfadnamen in einfache Anführungszeichen und davor den Call-Operator (&). Dieser Befehl wird in doppelte Anführungszeichen gesetzt:

```
powershell.exe -noexit -command "& '.\test.ps1'"
```

Möchten Sie ein Skript editieren, ist der Befehl viel einfacher: Rufen Sie den Editor Ihrer Wahl auf und übergeben ihm das Skript:

```
notepad.exe ".\test.ps1"
```

Nun wird die Kontextmenü-Erweiterung in die Registrierungsdatenbank eingetragen. Hierfür sind Administratorrechte erforderlich:

```powershell
# Abkürzung zu HKEY_CLASSES_ROOT anlegen:
New-PSDrive -name HKCR -PSProvider registry -Root HKEY_CLASSES_ROOT | out-null

# Schlüsselnamen ermitteln, der PS1-Dateien zugewiesen ist:
$keyname = (Get-Itemproperty HKCR:\.ps1)."(default)"

# Zwei neue Befehle nachrüsten:
New-Item ("HKCR:\$keyname\shell\execute1") -value 'Ausführen und geöffnet lassen' -type String
New-Item ("HKCR:\$keyname\shell\execute1\command") -value "powershell.exe -noexit `"& '%L'`"" -type String
New-Item ("HKCR:\$keyname\shell\execute2") -value 'Ausführen und schliessen' -type String
New-Item ("HKCR:\$keyname\shell\execute2\command") -value "powershell.exe `"& '%L'`"" -type String
New-Item ("HKCR:\$keyname\shell\editnotepad") -value 'Editieren mit Notepad' -type String
New-Item ("HKCR:\$keyname\shell\editnotepad\command") -value 'notepad.exe "%L"' -type String

# Icon festlegen
# falls schon vorhanden, löschen:
if (Test-Path ("HKCR:\$keyname\DefaultIcon")) { Del ("HKCR:\$keyname\DefaultIcon") }
$icon = '%windir%\System32\WindowsPowerShell\v1.0\powershell.exe,0'
New-Item ("HKCR:\$keyname\DefaultIcon") -value $icon -type ExpandString
```

Wenn Sie anschließend PowerShell-Skripte im Explorer sehen, tragen diese das offizielle PowerShell-Symbol. Ein Rechtsklick auf eine PowerShell-Skriptdatei zeigt Ihre neuen Befehle, mit denen Sie Skripte editieren und ausführen.

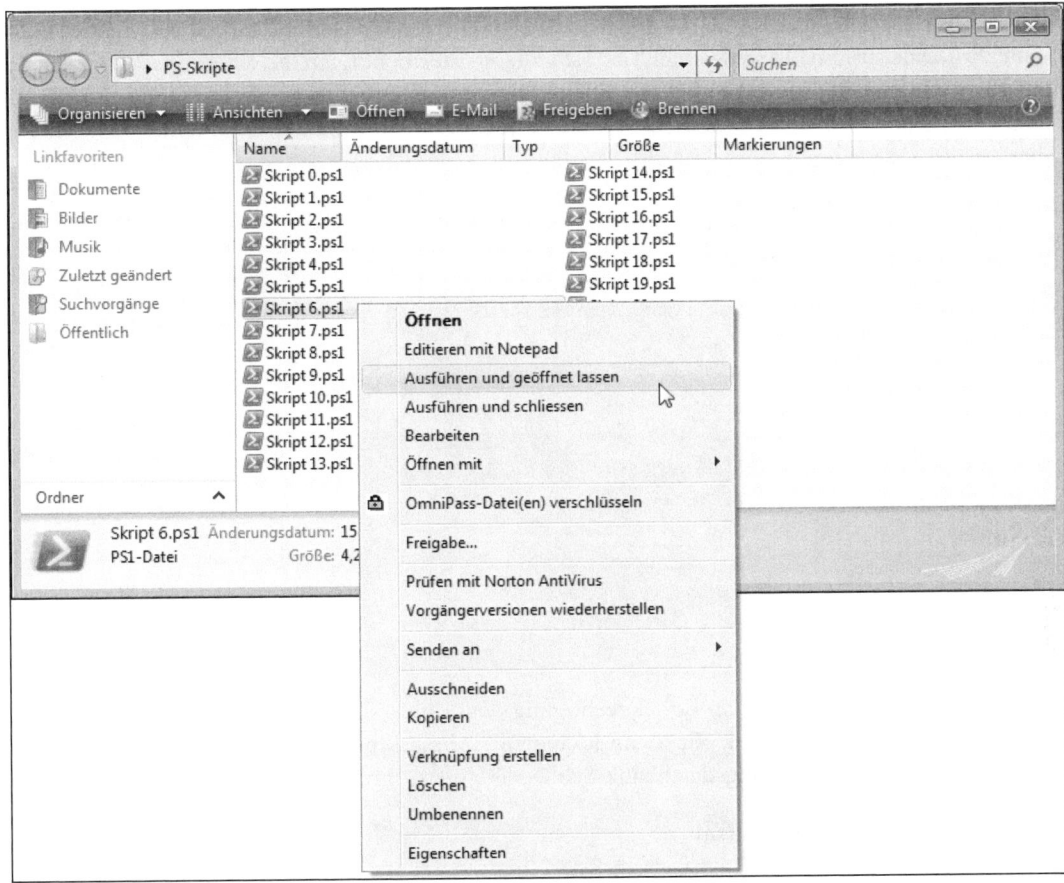

Abbildung 16.4 Neue Icons und Kontextmenü-Befehle für PowerShell-Skripte

Berechtigungen in der Registrierungsdatenbank

Im letzten Kapitel haben Sie bereits ausführlich erfahren, wie Sie Berechtigungen für Dateien und Ordner kontrollieren. Dieselben Mechanismen funktionieren auch in der Registrierungsdatenbank, und so könnten Sie sich die aktuellen Berechtigungen eines Schlüssels mit *Get-Acl* anzeigen lassen:

```
md HKCU:\Software\Testschlüssel
Get-Acl HKCU:\Software\Testschlüssel

Path                                  Owner                         Access
----                                  -----                         ------
Microsoft.PowerShell.Core\Registr...  TobiasWeltne-PC\Tobias Weltner  TobiasWeltne-PC\Tobias Weltner
A...
```

Sie verwalten die Berechtigungen ganz genauso wie im Dateisystem. Deshalb schlagen Sie bitte im vorangegangenen Kapitel nach, wenn Sie einem Registrierungsdatenbank-Schlüssel neue Berechtigungen verleihen wollen und die Grundlagen noch einmal wiederholen möchten.

Die .NET-Klassen, die für Berechtigungen in der Registrierungsdatenbank nötig sind, unterscheiden sich etwas von denen im Dateisystem. Anstelle einer *FileSystemAccessRule* benötigen Sie eine *RegistryAccessRule*, und der wesentliche Unterschied sind die abweichenden Zugriffsrechte, die darin festgelegt werden können. In einer *RegistryAccessRule* entsprechen die Berechtigungen nicht der Aufzählung *FileSystemRights*, sondern *RegistryRights*:

```
[System.Enum]::GetNames([System.Security.AccessControl.RegistryRights])
QueryValues
SetValue
CreateSubKey
EnumerateSubKeys
Notify
CreateLink
Delete
ReadPermissions
WriteKey
ExecuteKey
ReadKey
ChangePermissions
TakeOwnership
FullControl
```

Den Besitz übernehmen

Bevor wir gleich testweise Änderungen an der Berechtigung des Schlüssels vornehmen, muss sichergestellt sein, dass Sie Besitzer des Schlüssels sind. Nur dann können Sie Missgeschicke wieder korrigieren. So übernehmen Sie den Besitz eines Registrierungsdatenbank-Schlüssels (sofern Ihre Berechtigungen dies erlauben):

```
$acl = Get-Acl HKCU:\Software\Testschlüssel
$acl.Owner

scriptinternals\TobiasWeltner
$ich = [System.Security.Principal.NTAccount]"$env:userdomain\$env:username"
$acl.SetOwner($ich)
```

Neue Zugriffsberechtigungen festlegen

Als nächstes sollen dem Schlüssel neue Berechtigungen zugewiesen werden. Der Gruppe *Jeder* wird verboten, in diesem Schlüssel Änderungen vorzunehmen. Es wird also ein Verbot auf *WriteKey* gesetzt:

```
$acl = Get-Acl HKCU:\Software\Testschlüssel
$person = [System.Security.Principal.NTAccount]"Jeder"
$zugang = [System.Security.AccessControl.RegistryRights]"WriteKey"
$vererbung = [System.Security.AccessControl.InheritanceFlags]"None"
$weitergabe = [System.Security.AccessControl.PropagationFlags]"None"
$typ = [System.Security.AccessControl.AccessControlType]"Deny"
```

Berechtigungen in der Registrierungsdatenbank

```
$rule = New-Object
System.Security.AccessControl.RegistryAccessRule($person,$zugang,$vererbung,$weitergabe,$typ)

$acl.AddAccessRule($rule)
Set-Acl HKCU:\Software\Testschlüssel $acl
```

Die Änderungen treten sofort in Kraft. Versuchen Sie zur Kontrolle, im Registrierungseditor oder von PowerShell aus neue Unterschlüssel anzulegen. Sie erhalten eine Fehlermeldung:

```
md HKCU:\Software\Testschlüssel\Unterschlüssel
New-Item : Der angeforderte Registrierungszugriff ist unzulässig.
Bei Zeile:1 Zeichen:34
+ param([string[]]$paths); New-Item  <<<< -type directory -path $paths
```

TIPP   Falls Sie sich gerade wundern, warum das Verbot auch für Sie gilt, weil Sie als Administrator vielleicht Vollzugriff genießen: Verbote haben immer Vorrang vor Erlaubnissen, und weil jeder zur Gruppe *Jeder* gehört, gilt das Verbot auch für Sie. Deshalb sollten Sie Verbote möglichst nicht einsetzen.

Eine Zugriffsregel entfernen

Die neue Regel für *Jeder* war ein Schuss in den Ofen und hat sich nicht bewährt. Wie also entfernt man eine Regel wieder? Mit *RemoveAccessRule()* wird eine bestimmte Regel entfernt und mit *RemoveAccessRuleAll()* werden alle Regeln gleichen Typs (Erlaubnis oder Verbot) für den Benutzer entfernt, der in der angegebenen Regel genannt wird. *ModifyAccessRule()* ändert eine vorhandene Regel und *PurgeAccessRules()* entfernt alle Regeln für einen bestimmten Benutzer.

Um die eben eingefügte Regel wieder zu entfernen, gehen Sie so vor:

```
$acl = Get-Acl HKCU:\Software\Testschlüssel
$person = [System.Security.Principal.NTAccount]"Jeder"
$zugang = [System.Security.AccessControl.RegistryRights]"WriteKey"
$vererbung = [System.Security.AccessControl.InheritanceFlags]"None"
$weitergabe = [System.Security.AccessControl.PropagationFlags]"None"
$typ = [System.Security.AccessControl.AccessControlType]"Deny"

$rule = New-Object
System.Security.AccessControl.RegistryAccessRule($person,$zugang,$vererbung,$weitergabe,$typ)

$acl.RemoveAccessRule($rule)
Set-Acl HKCU:\Software\Testschlüssel $acl -force
```

Allerdings funktioniert das Entfernen Ihrer Zugriffsregel nicht wie erwartet, denn Sie haben sich ausgeschlossen. Weil Sie kein Recht mehr haben, den Schlüssel zu ändern, gilt das auch für Änderungen an seinen Sicherheitseinstellungen. Sie können das Problem nur noch korrigieren, wenn Sie Besitzer des Schlüssels sind. In diesem Fall öffnen Sie den Registrierungseditor, navigieren zu dem Schlüssel, öffnen per Rechtsklick und *Berechtigungen* das Sicherheitsdialogfeld und entfernen den Eintrag für *Jeder* manuell.

WICHTIG Sie haben gerade gesehen, wie leicht man sich ausschließen kann. Gehen Sie insbesondere mit der Gruppe *Jeder* vorsichtig um und wenden Sie möglichst keine Verbote an, weil die häufig weitreichendere Auswirkungen haben als gewünscht.

Zugriff auf Unterschlüssel kontrollieren

Im nächsten Beispiel machen Sie es besser und wenden keine Verbots- sondern Erlaubnis-Regeln an. Beim folgenden Testschlüssel sollen nur Administratoren in der Lage sein, die Werte dieses Schlüssels zu ändern. Alle anderen dürfen den Schlüssel aber lesen:

```
md HKCU:\Software\Testschlüssel2
$acl = Get-Acl HKCU:\Software\Testschlüssel2

# Admins dürfen alles:
$person = [System.Security.Principal.NTAccount]"Administratoren"
$zugang = [System.Security.AccessControl.RegistryRights]"FullControl"
$vererbung = [System.Security.AccessControl.InheritanceFlags]"None"
$weitergabe = [System.Security.AccessControl.PropagationFlags]"None"
$typ = [System.Security.AccessControl.AccessControlType]"Allow"
$rule = New-Object
System.Security.AccessControl.RegistryAccessRule($person,$zugang,$vererbung,$weitergabe,$typ)
$acl.ResetAccessRule($rule)

# Jeder darf nur lesen und Unterschlüssel anlegen:
$person = [System.Security.Principal.NTAccount]"Jeder"
$zugang = [System.Security.AccessControl.RegistryRights]"ReadKey"
$vererbung = [System.Security.AccessControl.InheritanceFlags]"None"
$weitergabe = [System.Security.AccessControl.PropagationFlags]"None"
$typ = [System.Security.AccessControl.AccessControlType]"Allow"
$rule = New-Object
System.Security.AccessControl.RegistryAccessRule($person,$zugang,$vererbung,$weitergabe,$typ)
$acl.ResetAccessRule($rule)

Set-Acl HKCU:\Software\Testschlüssel2 $acl
```

Beachten Sie, dass in diesem Fall die neuen Regeln nicht mit *AddAccessRule()* eingetragen wurden, sondern mit *ResetAccessRule()*. Dadurch werden alle existierenden Berechtigungen für die jeweiligen Benutzer automatisch entfernt. Trotzdem stimmt das Ergebnis noch nicht, denn noch immer dürfen normale Anwender im Schlüssel Unterschlüssel anlegen und Werte schreiben:

Berechtigungen in der Registrierungsdatenbank

```
md hkcu:\software\Testschlüssel2\Unterschlüssel

    Hive: Microsoft.PowerShell.Core\Registry::HKEY_CURRENT_USER\software\Testschlüssel2

SKC  VC Name                           Property
---  -- ----                           --------
  0   0 Unterschlüssel                 {}

set-itemProperty HKCU:\Software\Testschlüssel2 Wert1 "Hier steht Text"
```

Vererbung blockieren

Warum sich Ihre Berechtigungen möglicherweise nicht so auswirken, wie Sie geplant haben, verrät ein Blick in die aktuellen Berechtigungen des Schlüssels:

```
(Get-Acl HKCU:\Software\Testschlüssel2).Access | format-table -wrap

RegistryRights  AccessControlType IdentityReference      IsInherited InheritanceFlags            PropagationFlags
--------------  ----------------- -----------------      ----------- ----------------            ----------------
       ReadKey  Allow             Jeder                        False             None                        None
   FullControl  Allow             VORDEFINIERT\Admi            False             None                        None
                                  nistratoren
   FullControl  Allow             TobiasWeltne-PC\T             True ContainerInherit,                        None
                                  obias Weltner                      ObjectInherit
   FullControl  Allow             NT-AUTORITÄT\SYST             True ContainerInherit,                        None
                                  EM                                 ObjectInherit
   FullControl  Allow             VORDEFINIERT\Admi             True ContainerInherit,                        None
                                  nistratoren                        ObjectInherit
       ReadKey  Allow             NT-AUTORITÄT\EING             True ContainerInherit,                        None
                                  ESCHRÄNKTER ZUGRI                  ObjectInherit
                                  FF
```

Der Schlüssel enthält viel mehr Berechtigungen als ihm von Ihnen zugewiesen wurde. Diese zusätzlichen Berechtigungen erhält er über Vererbung vom übergeordneten Schlüssel. Wollen Sie die Vererbung abschalten, verwenden Sie *SetAccessRuleProtection()*:

```
$acl = Get-Acl HKCU:\Software\Testschlüssel2
$acl.SetAccessRuleProtection($true, $false)
Set-Acl HKCU:\Software\Testschlüssel2 $acl
```

Wenn Sie sich nun die Berechtigungen anschauen, sind nur noch die explizit von Ihnen festgelegten Berechtigungen enthalten. Der Schlüssel erbt keine Berechtigungen mehr von übergeordneten Schlüsseln:

```
(Get-Acl HKCU:\Software\Testschlüssel2).Access | format-table -wrap
```

RegistryRights	AccessControlType	IdentityReference	IsInherited	InheritanceFlags	PropagationFlags
ReadKey	Allow	Jeder	False	None	None
FullControl	Allow	VORDEFINIERT\Admi	False	None	None

Eigene Vererbung steuern

Vererbung ist immer eine zweischneidige Sache, und eben haben Sie die Vererbung von Berechtigungen übergeordneter Schlüssel abgeschaltet. Wie aber verhalten sich Ihre Berechtigungen in Bezug auf Vererbung? Starten Sie eine PowerShell-Konsole mit Administratorrechten, damit Sie in Ihrem geschützten Schlüssel weitere Unterschlüssel anlegen können:

```
md HKCU:\Software\Testschlüssel2\Unterschlüssel1
md HKCU:\Software\Testschlüssel2\Unterschlüssel1\Unterschlüssel2
```

Schauen Sie sich dann die Berechtigungen für diese neuen Unterschlüssel an:

```
(Get-Acl HKCU:\Software\Testschlüssel2\Unterschlüssel1\Unterschlüssel2).Access | format-table -wrap
```

RegistryRights	AccessControlType	IdentityReference	IsInherited	InheritanceFlags	PropagationFlags
FullControl	Allow	NT-AUTORITÄT\SYSTEM	False	None	None
FullControl	Allow	VORDEFINIERT\Administratoren	False	None	None
CreateLink, ReadKe	Allow	S-1-5-5-0-344927	False	None	None

Das Ergebnis entspricht nicht den Zugriffsberechtigungen, die Sie festgelegt haben. Der Grund: Sie hatten als Vererbung *None* angegeben. Möchten Sie, dass Ihre Berechtigungen an Unterordner weitergegeben werden, ändern Sie die Einstellung:

```
del HKCU:\Software\Testschlüssel2
md HKCU:\Software\Testschlüssel2

$acl = Get-Acl HKCU:\Software\Testschlüssel2

# Admins dürfen alles:
$person = [System.Security.Principal.NTAccount]"Administratoren"
$zugang = [System.Security.AccessControl.RegistryRights]"FullControl"
$vererbung = [System.Security.AccessControl.InheritanceFlags]"ObjectInherit,ContainerInherit"
$weitergabe = [System.Security.AccessControl.PropagationFlags]"None"
$typ = [System.Security.AccessControl.AccessControlType]"Allow"
$rule = New-Object 
System.Security.AccessControl.RegistryAccessRule($person,$zugang,$vererbung,$weitergabe,$typ)
$acl.ResetAccessRule($rule)
```

Berechtigungen in der Registrierungsdatenbank

```powershell
# Jeder darf nur lesen und Unterschlüssel anlegen:
$person = [System.Security.Principal.NTAccount]"Jeder"
$zugang = [System.Security.AccessControl.RegistryRights]"ReadKey"
$vererbung = [System.Security.AccessControl.InheritanceFlags]"ObjectInherit,ContainerInherit"
$weitergabe = [System.Security.AccessControl.PropagationFlags]"None"
$typ = [System.Security.AccessControl.AccessControlType]"Allow"
$rule = New-Object
System.Security.AccessControl.RegistryAccessRule($person,$zugang,$vererbung,$weitergabe,$typ)
$acl.ResetAccessRule($rule)

Set-Acl HKCU:\Software\Testschlüssel2 $acl
```

Kapitel 17

Prozesse, Dienste, Ereignislogbuch

In diesem Kapitel:
Prozesse 530
Dienste 535
Ereignislogbuch 537

Im Alltag haben Sie als Administrator häufig mit Programmen (Prozessen), Diensten und den unzähligen Einträgen in den Ereignislogbüchern (Ereignisprotokollen) zu tun. Eine gute Gelegenheit also, das Grundwissen aus den ersten zwölf Kapiteln in der Praxis anzuwenden. Die Beispiele und Themen in diesem Kapitel sollen dabei als Anregung dienen, was alles möglich ist.

Bestimmt werden Sie dabei hin und wieder ins Grübeln kommen und nochmals in den Grundlagenkapiteln nachschlagen. Erstaunlich ist nämlich, wie vielfältig Ihre Möglichkeiten sind, mit der PowerShell-Pipeline aus Kapitel 5 und den damit verbundenen Formatierungs-Cmdlets auch noch die letzten nützlichen Informationen aus den Objekten der Pipeline herauszukitzeln. Was in Kapitel 5 noch etwas graue Theorie war, wird jetzt hochinteressant.

Prozesse

Prozesse sind laufende Programme und mit den Cmdlets *Get-Process* und *Stop-Process* lassen sich die meisten Alltagsaufgaben meistern. Darüber hinaus können Prozesse auch direkt mit den Objekten und Methoden des .NET Frameworks gesteuert werden.

Prozesse starten

Prozesse zu starten, liegt in der Natur der Konsole, und alle ausführbaren Programme, die sich in einem der Ordner befinden, die in der Path-Umgebungsvariablen genannt werden, lassen sich einfach durch Eingabe ihres Namens starten:

```
Notepad
Regedit
explorer .
```

Allerdings verliert PowerShell die Kontrolle über Windows-Anwendungen. Diese Anwendungen werden gestartet und dann sich selbst überlassen. PowerShell kann auf diese gestarteten Prozesse nicht mehr direkt zugreifen. Eine direkte Kontrolle ist nur möglich, wenn Sie den Prozess über die .NET-Methode *Start()* starten. Dann nämlich erhalten Sie ein Objekt zurück, das den Kontakt zum Prozess aufrecht erhält. Damit könnten Sie zum Beispiel prüfen, ob der Prozess noch reagiert oder inzwischen beendet wurde. Sie können den Prozess aber auch gewaltsam beenden.

```
$prozess = [System.Diagnostics.Process]::Start("notepad")
$prozess.Responding
True
$prozess.HasExited
False
$prozess.Kill()
```

Mit *WaitForExit()* halten Sie PowerShell sogar an, bis das Programm beendet ist. Das ist innerhalb von PowerShell-Skripten nützlich, wenn Sie sicherstellen wollen, dass das Programm seine Arbeit erledigt hat, bevor Sie mit dem nächsten Schritt fortfahren:

```
$prozess = [System.Diagnostics.Process]::Start("notepad")
$prozess.WaitForExit()
```

Prozesse überwachen

Alle laufenden Prozesse werden von *Get-Process* zurückgegeben. Hierbei gilt wie generell in PowerShell: Der Befehl liefert *Process*-Objekte als Ergebnis und nicht etwa Text. Text erscheint nur, wenn Sie das Ergebnis von *Get-Process* in die Konsole ausgeben:

```
# Alle Prozesse ausgeben, die mit "P" beginnen:
Get-Process p*

Handles  NPM(K)    PM(K)     WS(K) VM(M)   CPU(s)     Id ProcessName
-------  ------    -----     ----- -----   ------     -- -----------
    377       8    21224     13344   167     1,84   7144 powershell
    184       7    10328      9528    85     2,28   5652 PSDrt
```

Die einzelnen *Process*-Objekte enthalten mehr Informationen als in der Konsole angezeigt werden. Um sämtliche Eigenschaften zu sehen, senden Sie das Ergebnis an ein Formatierungs-Cmdlet wie *Format-List* und hängen ein Sternchen an:

```
Get-Process powershell | Format-List *

__NounName         : Process
Name               : powershell
Handles            : 377
VM                 : 175292416
WS                 : 13664256
PM                 : 21733376
NPM                : 8268
Path               : C:\WINDOWS\system32\WindowsPowerShell\v1.0\powershell.exe
Company            : Microsoft Corporation
CPU                : 1,8408118
FileVersion        : 6.0.6000.16386 (winmain(wmbla).070112-1312)
ProductVersion     : 6.0.6000.16386
Description        : PowerShell.EXE
Product            : Microsoft® Windows® PowerShell
Id                 : 7144
PriorityClass      : Normal
HandleCount        : 377
WorkingSet         : 13664256
PagedMemorySize    : 21733376
PrivateMemorySize  : 21733376
VirtualMemorySize  : 175292416
TotalProcessorTime : 00:00:01.8408118
BasePriority       : 8
ExitCode           :
HasExited          : False
ExitTime           :
Handle             : 1648
MachineName        : .
MainWindowHandle   : 1774772
```

```
MainWindowTitle              : Windows PowerShell
MainModule                   : System.Diagnostics.ProcessModule (powershell.exe)
MaxWorkingSet                : 1413120
MinWorkingSet                : 204800
Modules                      : {powershell.exe, ntdll.dll, kernel32.dll, ADVAPI32.dll...}
NonpagedSystemMemorySize     : 8268
NonpagedSystemMemorySize64   : 8268
PagedMemorySize64            : 21733376
PagedSystemMemorySize        : 137688
PagedSystemMemorySize64      : 137688
PeakPagedMemorySize          : 43565056
PeakPagedMemorySize64        : 43565056
PeakWorkingSet               : 32870400
PeakWorkingSet64             : 32870400
PeakVirtualMemorySize        : 195878912
PeakVirtualMemorySize64      : 195878912
PriorityBoostEnabled         : True
PrivateMemorySize64          : 21733376
PrivilegedProcessorTime      : 00:00:00.5928038
ProcessName                  : powershell
ProcessorAffinity            : 3
Responding                   : True
SessionId                    : 1
StartInfo                    : System.Diagnostics.ProcessStartInfo
StartTime                    : 16.10.2007 13:32:55
SynchronizingObject          :
Threads                      : {6584, 6816, 7032, 6412}
UserProcessorTime            : 00:00:01.2480080
VirtualMemorySize64          : 175292416
EnableRaisingEvents          : False
StandardInput                :
StandardOutput               :
StandardError                :
WorkingSet64                 : 13664256
Site                         :
Container                    :
```

Prozesse filtern und übersichtlich anzeigen

Die Liste der Prozesse kann jetzt – wie in Kapitel 5 ausführlich beschrieben – mit Filtern in der Pipeline bearbeitet werden. Interessieren Sie sich nur für Prozesse, die länger als zwei Stunden laufen, gehen Sie so vor:

```
Get-Process | Where-Object { $_.StartTime -gt (Get-Date).AddMinutes(-180)} | Format-Table

Handles  NPM(K)    PM(K)     WS(K) VM(M)   CPU(s)     Id ProcessName
-------  ------    -----     ----- -----   ------     -- -----------
    671      75    50944     41392   316    13,96   4408 devenv
    571      29    60180     40824   213    71,09   8076 iexplore
     51       3     1248      5468    56     0,19   5932 notepad
    411      17    69892     54936   291    27,42   7224 PowerShellPlus.vshost
    110       3     3072      5320    54     0,06   1508 SearchFilterHost
    303       6     5136      8668    69     0,09   7096 SearchProtocolHost
    844      35    50480    107004   381   141,02   6460 WINWORD
```

Prozesse

Möchten Sie die Startzeit angezeigt bekommen, fügen Sie die gewünschten Eigenschaften hinter *Format-Table* an. Wie schon in Kapitel 5 gezeigt, fügt die nächste Anweisung der Tabelle eine neue Spalte namens *Minuten* hinzu, in der die Dauer in Minuten ausgerechnet wird, die ein Programm schon läuft:

```
Get-Process | Where-Object { $_.StartTime -gt (Get-Date).AddMinutes(-180)} | Format-Table Name, Id,
StartTime, @{expression={ [int](new-timespan $_.StartTime (get-date) ).TotalMinutes }; label="Minuten"}
-autosize

Name                    Id StartTime            Minuten
----                    -- ---------            -------
devenv                4408 16.10.2007 16:06:42      129
iexplore              8076 16.10.2007 16:15:48      119
notepad               5932 16.10.2007 17:35:16       40
PowerShellPlus.vshost 7224 16.10.2007 16:32:26      103
SearchFilterHost      4584 16.10.2007 18:14:21        1
SearchProtocolHost    7884 16.10.2007 18:14:21        1
taskeng               2864 16.10.2007 18:11:55        3
WINWORD               6460 16.10.2007 17:29:01       46
```

Profitipp Nutzen Sie die Möglichkeit aus Kapitel 5, mit *Format-Table* oder *Format-List* synthetische berechnete Spalten auszugeben! So können Sie nicht nur aus den aktuellen Eigenschaften des *Process*-Objekts auswählen, sondern auch aus Eigenschaften untergeordneter Objekte, und Sie können auch ganz neue Informationen einholen oder berechnen.

Das folgende Beispiel liefert für jeden Prozess neben seinem Namen den Ordner, aus dem heraus der Prozess gestartet wurde, sowie die Beschreibung des Prozesses. Der Startordner ist eine Eigenschaft eines Unterobjekts in *MainModule*. Die Prozessbeschreibung ermittelt die statische .NET-Methode *GetVersionInfo()*, die dafür den Pfadnamen des Prozesses benötigt. Der wiederum findet sich in der Eigenschaft *Path*:

```
Get-Process | Format-Table Name, @{ex={ $_.MainModule.FileName }; la="Startordner"},
@{ex={([system.diagnostics.fileversioninfo]::GetVersionInfo($_.Path)).FileDescription}; la="Beschreibung"}
-wrap

Name          Startordner                              Beschreibung
----          -----------                              ------------
agrsmsvc      C:\Windows\system32\agrsmsvc.exe         Agere Soft Modem Call Progress Serv
                                                       ice
AppSvc32      C:\Program Files\Common Files\Symant     Symantec Application Core Service
              ec Shared\AppCore\AppSvc32.exe
Ati2evxx      C:\Windows\system32\Ati2evxx.exe         ATI External Event Utility EXE Modu
                                                       le
Ati2evxx      C:\Windows\system32\Ati2evxx.exe         ATI External Event Utility EXE Modu
                                                       le
ATSwpNav      C:\Program Files\Fingerprint Sensor\     ATSwpNav Application
              ATSwpNav.exe
audiodg
BatteryMiser5 C:\Program Files\LG Software\Battery     Battery Miser
              Miser\BatteryMiser5.exe
ccApp         C:\Program Files\Common Files\Symant     Symantec User Session
              ec Shared\ccApp.exe
(...)
```

Prozesse zählen

Prozesse lassen sich auch recht einfach zählen, denn das Ergebnis von *Get-Process* ist (fast) immer ein Feld, und Felder verfügen über die *Count*-Eigenschaft. *Get-Process* liefert nur dann das Ergebnis nicht als Feld, wenn das Ergebnis ein einzelner oder gar kein Prozess ist. Deshalb sollten Sie das Ergebnis zuerst explizit in ein Feld umwandeln, bevor Sie die Anzahl der Feldelemente bestimmen:

```
# Anzahl Notepads bestimmen:
@(Get-Process notepad).Count
1
```

Eine andere Art von »Messung« nimmt *Measure-Object* vor. Es wertet eine bestimmte Objekteigenschaft statistisch aus. Wollen Sie zum Beispiel wissen, wie Minimum, Maximum und Durchschnitt der Eigenschaft *PagedSystemMemorySize* lauten, gehen Sie so vor:

```
Get-Process | Measure-Object -Average -Maximum -Minimum -Property PagedSystemMemorySize

Count    : 112
Average  : 86227,2857142857
Sum      :
Maximum  : 369472
Minimum  : 0
Property : PagedSystemMemorySize
```

Auf Process-Objekte zugreifen

Jedes einzelne *Process*-Objekt enthält Eigenschaften und Methoden. Das war im Detail Thema in Kapitel 6. Viele Eigenschaften lassen sich nicht nur lesen, sondern auch ändern, und Methoden können wie Befehle ausgeführt werden. Damit regeln Sie viele Detaileinstellungen der Prozesse. Zum Beispiel könnten Sie die Priorität eines Prozesses gezielt heben oder senken. Die nächste Anweisung senkt die Priorität sämtlicher Windows-Editoren auf eine niedrigere Stufe:

```
Get-Process notepad | ForEach-Object { $_.PriorityClass = "BelowNormal" }
```

Prozesse beenden

Mit *Stop-Process* beenden Sie laufende Prozesse, und das kann gefährlich sein, weil PowerShell es sehr einfach macht. Die folgende Anweisung beendet alle geöffneten Windows-Editoren, und zwar ohne Rückfrage auch dann, wenn darin noch ungespeicherte Texte lagern:

```
Stop-Process -name Notepad
```

Eine kleine Sicherung ist eingebaut, denn Sie müssen den Parameter *-name* angeben. Der Standardparameter, den man auch ohne Parameternamen verwenden kann, ist bei *Stop-Process* die Prozess-ID.

> **TIPP** Setzen Sie bei *Stop-Process* die Option *-whatif* ein, um vorher zu prüfen, was der Befehl tun würde. Setzen Sie *-confirm* ein, wenn Sie sicherheitshalber jede Einzelaktion einzeln bestätigen möchten.

Dienste

Dienste sind besondere Programme, die unbeaufsichtigt ausgeführt keine interaktive Anmeldesitzung benötigen. Dienste stellen meistens Dienstleistungen bereit, die nicht an einen bestimmten Benutzer geknüpft sind. Dienste werden mit den folgenden PowerShell-Cmdlets verwaltet:

Cmdlet	Beschreibung
Get-Service	Listet Dienste auf
New-Service	Registriert einen Dienst
Restart-Service	Hält einen Dienst an und startet ihn neu, zum Beispiel, um Änderungen an den Einstellungen wirksam werden zu lassen
Resume-Service	Setzt einen angehaltenen Dienst fort
Set-Service	Ändert Einstellungen eines Dienstes
Start-Service	Startet einen Dienst
Stop-Service	Beendet einen Dienst
Suspend-Service	Hält einen Dienst an

Tabelle 17.1 Cmdlets zur Verwaltung von Diensten

Dienste auflisten

Get-Service funktioniert so ähnlich wie *Get-Process* und *Get-Childitem*: Es liefert Dienstobjekte, die Ihren Kriterien entsprechen. Geben Sie keine Kriterien an, werden alle Dienste aufgelistet. Möchten Sie das Ergebnis filtern, setzen Sie *Where-Object* in der Pipeline ein:

```
# Alle Dienste auflisten, die mit "A" beginnen:
Get-Service a*

# Nur laufende Dienste, die mit "A" beginnen:
Get-Service a* | Where-Object { $_.status -eq 'Running' }
Status   Name              DisplayName
------   ----              -----------
Running  AeLookupSvc       Anwendungserfahrung
Running  AgereModemAudio   Agere Modem Call Progress Audio
Running  Appinfo           Anwendungsinformationen
Running  Ati External Ev...Ati External Event Utility
Running  AudioEndpointBu...Windows-Audio-Endpunkterstellung
Running  Audiosrv          Windows-Audio
```

Dienste starten, stoppen, anhalten oder fortsetzen

Um Dienste zu starten, zu stoppen, kurzfristig anzuhalten oder neu durchstarten zu lassen, müssen Sie lediglich den Dienst eindeutig identifizieren können. *Get-Service* liefert Ihnen dann den Dienst, den Sie danach an eines der anderen Cmdlets aus Tabelle 17.1 weiterreichen.

ACHTUNG Die meisten Dienste erfüllen wichtige Aufgaben. Seien Sie vorsichtig, wenn Sie Dienste anhalten oder starten. Wählen Sie einen harmlosen Dienst aus, und wenn Sie keinen harmlosen Dienst kennen, lassen Sie lieber die Finger von Experimenten.

Die folgende Anweisung stoppt beispielsweise den Dienst namens *Jugendschutz* auf Windows Vista. Das allerdings klappt natürlich nur, wenn Sie über Administratorrechte verfügen (und der Dienst überhaupt läuft):

```
Get-Service | Where-Object { $_.DisplayName -eq 'Jugendschutz' } | Stop-Service

Stop-Service : Der Dienst "Jugendschutz (WPCSvc)" kann aufgrund des folgenden Fehlers nicht beendet
werden: Der Dienst WPCSvc kann nicht auf dem Computer . geöffnet werden.
Bei Zeile:1 Zeichen:79
+ Get-Service | Where-Object { $_.DisplayName -eq 'Jugendschutz' } | Stop-Service <<<<
```

TIPP Möchten Sie einen Dienst mit seinem deutschen (lokalisierten) Namen identifizieren, verwenden Sie die Eigenschaft *DisplayName*, ansonsten *Name*. Achten Sie unbedingt darauf, den Dienstnamen in einfache und nicht in doppelte Anführungszeichen zu stellen, denn manche Dienstnamen enthalten das Dollarzeichen ($), das PowerShell in Texten mit doppelten Anführungszeichen automatisch als Variablenkennzeichen erkennt und entfernt. Möchten Sie die Auswirkungen Ihrer Änderungen im Dienste-Snap-In von Windows mitverfolgen, starten Sie es einfach:

```
services.msc
```

Vergessen Sie aber nicht, die Ansicht zu aktualisieren, denn sie ist träge und reflektiert sonst nicht Ihre aktuellen Änderungen.

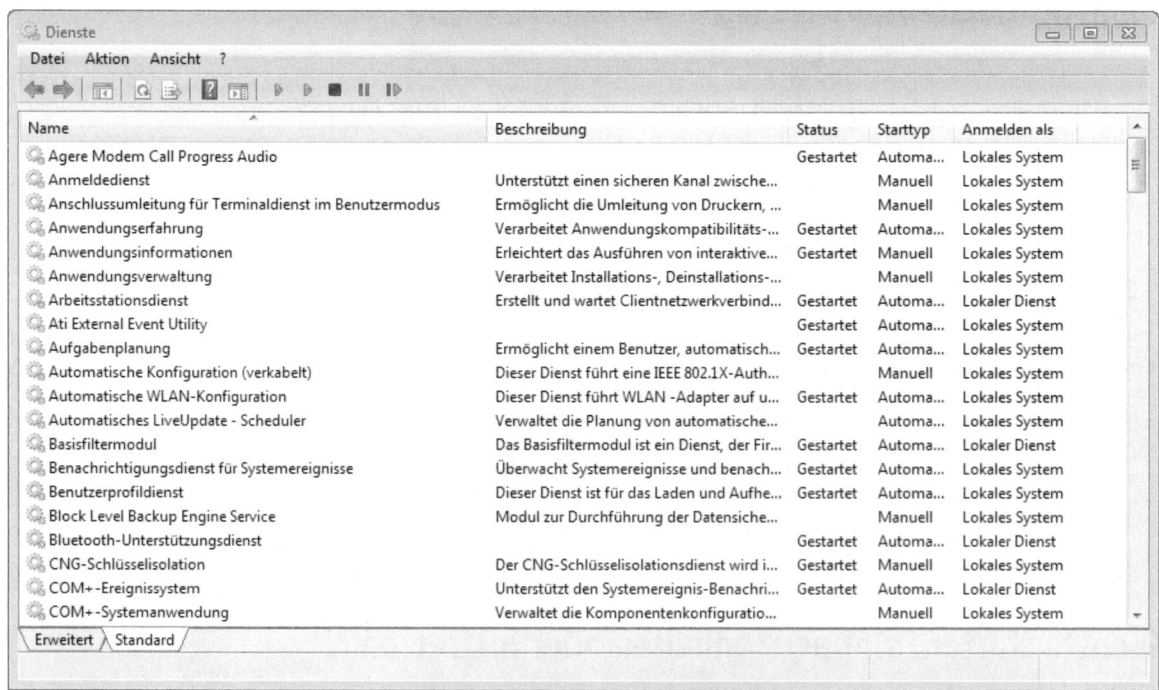

Abbildung 17.1 Nutzen Sie das Dienste-Snap-In, um Ihre Änderungen zu kontrollieren

Ereignislogbuch

Windows protokolliert alle Störungen, aber auch Warnungen und Informationen in einem seiner Ereignislogbücher. Über das Cmdlet *Get-Eventlog* haben Sie auch von PowerShell aus Zugriff auf diese Einträge, was eine gute Idee ist. Die Ereignislogbücher sind nämlich vollgestopft mit Informationen und bedürfen unbedingt eines Hilfsmittels wie PowerShell, mit dessen Hilfe Sie die wirklich wichtigen Informationen daraus bergen.

Welche Ereignislogbücher es bei Ihnen gibt, finden Sie mit dem Parameter *-list* heraus, der in der Spalte *Entries* auch gleich eine leise Ahnung vermittelt, wie viele Informationen in manchen Logbüchern gehortet werden:

```
Get-EventLog -List

  Max(K) Retain OverflowAction        Entries Name
  ------ ------ --------------        ------- ----
     512      7 OverwriteOlder            659 ACEEventLog
  20.480      0 OverwriteAsNeeded      21.032 Anwendung
  15.168      0 OverwriteAsNeeded           0 DFS-Replikation
  20.480      0 OverwriteAsNeeded           0 Hardware-Ereignisse
     512      7 OverwriteOlder              0 Internet Explorer
     512      7 OverwriteOlder              0 Key Management Service
   8.192      0 OverwriteAsNeeded           0 Media Center
  16.384      0 OverwriteAsNeeded           8 Microsoft Office Diagnostics
  16.384      0 OverwriteAsNeeded         524 Microsoft Office Sessions
  20.480      0 OverwriteAsNeeded      61.829 System
  15.360      0 OverwriteAsNeeded      18.465 Windows PowerShell
```

ACHTUNG Obwohl die deutschen Namen der Ereignislogbücher genannt werden, müssen Sie die englischen Namen angeben. Wollen Sie das Anwendungslogbuch sehen, geben Sie also anstelle von *Anwendung* an: *Application*.

Möchten Sie sich zum Beispiel alle Einträge aus dem Logbuch *System* zeigen lassen, werden Sie schnell zustimmen, dass diese Informationsflut niemandem hilft:

```
Get-EventLog System

Index Time          Type Source              EventID Message
----- ----          ---- ------              ------- -------
...81 Okt 16 19:02  Info Service Control M...   7036 Die Beschreibung für Ereignis-ID 1073748860 in Quel...
...80 Okt 16 18:59  Info Service Control M...   7036 Die Beschreibung für Ereignis-ID 1073748860 in Quel...
...79 Okt 16 18:59  Info Tcpip                  4201 Netzwerkadapter "Drahtlosnetzwerkverbindung" wurde ...
...78 Okt 16 18:59  Info Tcpip                  4201 Netzwerkadapter "Drahtlosnetzwerkverbindung" wurde ...
...77 Okt 16 18:59  Info Dhcp                   1103 Dem Computer wurde erfolgreich eine Netzwerkadresse...
...76 Okt 16 18:59  Info BROWSER                8033 Der Suchdienst hat eine Wahl auf dem Netzwerk "\Dev...
...75 Okt 16 18:45  Info Service Control M...   7036 Die Beschreibung für Ereignis-ID 1073748860 in Quel...
...74 Okt 16 18:29  Info Service Control M...   7036 Die Beschreibung für Ereignis-ID 1073748860 in Quel...
...73 Okt 16 18:29  Info Tcpip                  4201 Netzwerkadapter "Drahtlosnetzwerkverbindung" wurde ...
```

Deshalb setzen Sie die machtvollen PowerShell-Filter ein, indem Sie die Informationen, die *Get-Eventlog* liefert, innerhalb der Pipeline durch *Foreach-Object* leiten und nur die Einträge hindurchlassen, die Ihren Kriterien entsprechen. Die nächste Anweisung liest aus dem PowerShell-Ereignislogbuch nur Ereignisse, die dem Informationstyp *Information* entsprechen, und auch nur solche, die vom heutigen Tag stammen. Dazu vergleicht PowerShell den Inhalt der Eigenschaft *TimeWritten* mit dem heutigen Datum. Da nur das Datum und nicht die Zeit verglichen werden soll, vergleicht PowerShell das Ergebnis von *Date()*, einer Methode des *DateTime*-Typs, die die Zeitangabe auf null setzt.

```
Get-Eventlog "Windows PowerShell" | Where-Object {$_.EntryType -eq "Information"} | Where-Object
{($_.TimeWritten).Date -eq (Get-Date).Date}

Index Time            Type  Source           EventID Message
----- ----            ----  ------           ------- -------
60339 Okt 16 16:32    Info  PowerShell           400 Der Modulzustand wird von "None" in "Available" geä...
60338 Okt 16 16:32    Info  PowerShell           600 Der Anbieter "Certificate" ist Started. ...
60337 Okt 16 16:32    Info  PowerShell           600 Der Anbieter "Variable" ist Started. ...
60336 Okt 16 16:32    Info  PowerShell           600 Der Anbieter "Registry" ist Started. ...
60335 Okt 16 16:32    Info  PowerShell           600 Der Anbieter "Function" ist Started. ...
60334 Okt 16 16:32    Info  PowerShell           600 Der Anbieter "FileSystem" ist Started. ...
60333 Okt 16 16:32    Info  PowerShell           600 Der Anbieter "Environment" ist Started. ...
60332 Okt 16 16:32    Info  PowerShell           600 Der Anbieter "Alias" ist Started. ...
60331 Okt 16 16:27    Info  PowerShell           400 Der Modulzustand wird von "None" in "Available" geä...
60330 Okt 16 16:27    Info  PowerShell           600 Der Anbieter "Certificate" ist Started. ...
60329 Okt 16 16:27    Info  PowerShell           600 Der Anbieter "Variable" ist Started. ...
(...)
```

Der Zugriff auf die Ereignislogbücher ist also einfach. Schwieriger ist es, sich mit den darin enthaltenen Informationen vertraut zu machen und geeignete Filter zu entwerfen, die die richtigen Informationen ermitteln. Wenn Sie das allerdings gemeistert haben, könnten Sie Informationen auch bequem in Excel weiterverarbeiten – nutzen Sie *Export-CSV*:

```
Get-Eventlog "System" | Where-Object {$_.EntryType -eq "Warning"} | Where-Object {($_.TimeWritten).Date
-eq (Get-Date).Date} | Select-Object EventID, Message | Export-Csv report.csv

# die folgenden Zeilen sind nur auf deutschen Systemen nötig, wenn Excel anstelle eines Kommas
# einen Tabulator als Trennzeichen erwartet:
$path = resolve-path .\report.csv
(invoke-expression "`${$path}") -Replace ",", "`t" | out-file report2.csv

.\report2.csv
```

Ereignislogbuch

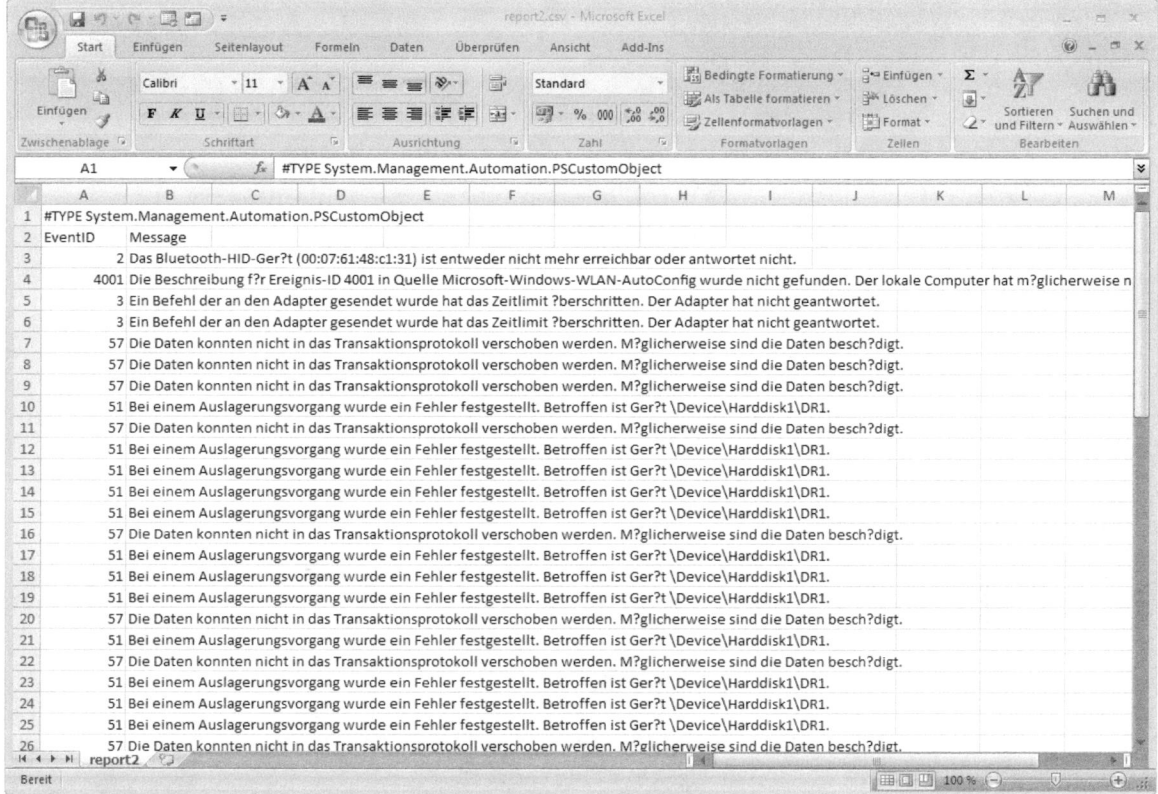

Abbildung 17.2 Mit PowerShell Ereignisse auswählen und nach Excel exportieren

> **TIPP** Weil die Filterung der Ereignislogbücher bei PowerShell weitestgehend clientseitig erfolgt, ist der Zugriff langsam und ineffektiv. Bei riesigen Ereignislogbüchern müssen sämtliche Ereignisse die PowerShell-Pipeline passieren. Besser geht das Management der Ereignislogbücher deshalb mit dem WMI-Dienst, den Sie in einem anderen Kapitel einsetzen. Er filtert die Ereignisse serverseitig.

Einträge ins Ereignislogbuch schreiben

PowerShell unterstützt offiziell nur das Lesen von Ereignissen. Da Sie aber jederzeit auf die Methoden des .NET Frameworks zurückgreifen können, sind auch eigene Einträge kein Problem:

```
[Diagnostics.EventLog]::WriteEntry("Application","PS-Skript gestartet","Warning")
```

Den Erfolg können Sie sich im Event-Viewer ansehen:

```
eventvwr.msc
```

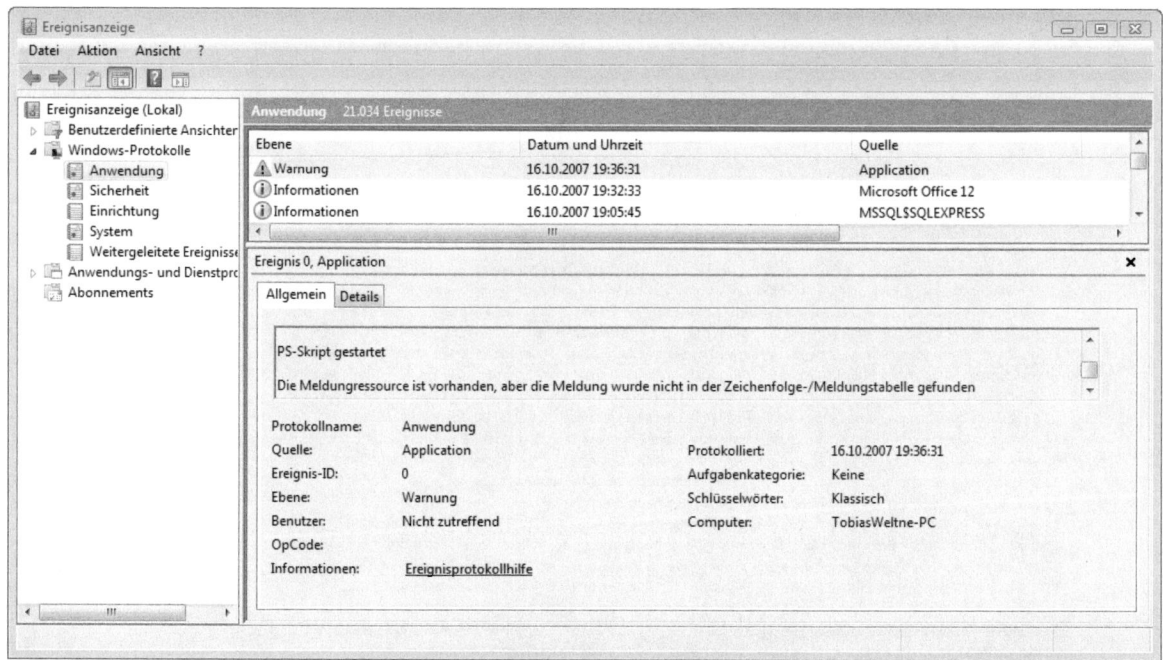

Abbildung 17.3 Selbstgenerierte Ereignisse sehen etwas merkwürdig aus

Dabei stellt sich heraus, dass Ihr selbstgemachtes Ereignis zwar protokolliert wurde, weil Sie aber als Ereignismelder unbekannt sind, ist die Ereignisanzeige ein wenig verwirrt.

Kapitel 18

WMI – der Windows-Verwaltungsdienst

In diesem Kapitel:

WMI-Klassen und -Instanzen	542
WMI-Methoden aufrufen	548
WMI-Ereignisse	552
Remotezugriff und Namespaces	553
WMI und Extended Type System	555

Der WMI-Dienst wurde mit Windows 2000 eingeführt und versieht seither in sämtlichen Windows-Versionen seinen Dienst, auch wenn Ihnen das vielleicht persönlich noch gar nicht aufgefallen sein sollte. Wichtig wird der Dienst für Sie, weil er Ihnen zu beinahe allen Aspekten des Computers Informationen liefert und teilweise auch Änderungen ermöglicht. Allerdings würde es den Rahmen dieses Buches sprengen, intensiv alle Bereiche der WMI zu beleuchten, denn das allein füllt ganze Bücher. Deshalb lesen Sie nun, wie der WMI-Dienst im Prinzip funktioniert und wie PowerShell damit umgeht.

WMI-Klassen und -Instanzen

WMI repräsentiert die Innereien Ihres Computers in Form von Klassen. Die WMI stellt Klassen für beinahe alles bereit: Prozessor, BIOS, Speicherbänke, Benutzerkonten, Dienste, etc. Der Name einer Klasse besteht meist aus dem Präfix *Win32_* und dem englischen Namen der Sache, die die Klasse beschreiben soll. Die Klasse *Win32_Service* beschreibt also Dienste.

Instanzen einer Klasse

Wissen Sie den Namen einer WMI-Klasse, liefert *Get-WMIObject* alle Instanzen dieser Klasse zurück:

```
Get-WMIObject Win32_BIOS

SMBIOSBIOSVersion : RKYWSF21
Manufacturer      : Phoenix Technologies LTD
Name              : Phoenix TrustedCore(tm) NB Release SP1 1.0
SerialNumber      : 701KIXB007922
Version           : PTLTD  - 6040000
```

Fällt Ihnen kein Name einer WMI-Klasse ein, verwenden Sie den Parameter *-list*:

```
Get-WMIObject –list
(...)
Win32_HeatPipe                          CIM_Refrigeration
Win32_Refrigeration                     CIM_Fan
Win32_Fan                               CIM_Printer
Win32_Printer                           CIM_Controller
CIM_ManagementController                CIM_SCSIController
Win32_SCSIController                    CIM_InfraredController
Win32_InfraredDevice                    CIM_PCIController
(...)
```

> **TIPP** Sie erhalten jetzt alle WMI-Klassen des aktuellen Namespaces aufgelistet – das können sehr viele sein. Die Klassennamen beginnen nicht alle mit *Win32_*. Klassen, die mit einem Unterstrich beginnen, sind für interne Zwecke bestimmt und selten nützlich für Sie. Klassen, die mit *CIM_* beginnen, sind meist Basisklassen. Es gibt in der Regel davon abgeleitete speziellere Klassen, die mit *Win32_* beginnen und besser geeignet sind. Wenn Sie also nach einer bestimmten Klasse suchen, konzentrieren Sie sich auf Klassennamen, die mit *Win32_* beginnen. So einfach finden Sie alle WMI-Klassen rund um das Thema Drucken:

WMI-Klassen und -Instanzen   543

```
Get-WMIObject -list | select-string -InputObject { $_.Name } Win32_Print*

Win32_PrinterConfiguration
Win32_PrinterSetting
Win32_PrintJob
Win32_Printer
Win32_PrinterDriver
Win32_PrinterShare
Win32_PrinterDriverDll
Win32_PrinterController
```

Alle Eigenschaften sichtbar machen

Angezeigt werden häufig nur die wichtigsten Eigenschaften der Instanzen. Aus Kapitel 5 wissen Sie, wieso das so ist und Sie können sich auf Wunsch auch alle Eigenschaften anzeigen lassen. Geben Sie eines der Formatierungs-Cmdlets mit einem Sternchen an:

```
Get-WMIObject Win32_BIOS | Format-List *

Status                : OK
Name                  : Phoenix TrustedCore(tm) NB Release SP1 1.0
Caption               : Phoenix TrustedCore(tm) NB Release SP1 1.0
SMBIOSPresent         : True
__GENUS               : 2
__CLASS               : Win32_BIOS
__SUPERCLASS          : CIM_BIOSElement
__DYNASTY             : CIM_ManagedSystemElement
__RELPATH             : Win32_BIOS.Name="Phoenix TrustedCore(tm) NB Release SP1 1.0",SoftwareElementID="Phoen
                        ix TrustedCore(tm) NB Release SP1 1.0",SoftwareElementState=3,TargetOperatingSystem=0
                        ,Version="PTLTD   - 6040000"
__PROPERTY_COUNT      : 27
__DERIVATION          : {CIM_BIOSElement, CIM_SoftwareElement, CIM_LogicalElement, CIM_ManagedSystemElement}
__SERVER              : TOBIASWELTNE-PC
__NAMESPACE           : root\cimv2
__PATH                : \\TOBIASWELTNE-PC\root\cimv2:Win32_BIOS.Name="Phoenix TrustedCore(tm) NB Release SP1
                        1.0",SoftwareElementID="Phoenix TrustedCore(tm) NB Release SP1 1.0",SoftwareElementSt
                        ate=3,TargetOperatingSystem=0,Version="PTLTD   - 6040000"
BiosCharacteristics   : {4, 7, 8, 9...}
BIOSVersion           : {PTLTD   - 6040000, Phoenix TrustedCore(tm) NB Release SP1 1.0, Ver 1.00PARTTBL}
BuildNumber           :
CodeSet               :
CurrentLanguage       :
Description           : Phoenix TrustedCore(tm) NB Release SP1 1.0
IdentificationCode    :
InstallableLanguages  :
InstallDate           :
LanguageEdition       :
ListOfLanguages       :
Manufacturer          : Phoenix Technologies LTD
```

```
OtherTargetOS            :
PrimaryBIOS              : True
ReleaseDate              : 20061110000000.000000+000
SerialNumber             : 701KIXB007922
SMBIOSBIOSVersion        : RKYWSF21
SMBIOSMajorVersion       : 2
SMBIOSMinorVersion       : 4
SoftwareElementID        : Phoenix TrustedCore(tm) NB Release SP1 1.0
SoftwareElementState     : 3
TargetOperatingSystem    : 0
Version                  : PTLTD  - 6040000
```

PowerShell-Eigenschaften ausfiltern

PowerShell fügt jedem WMI-Objekt eine Reihe von Eigenschaften hinzu, die mit einem doppelten Unterstrich beginnen und eigentlich nicht zum Objekt gehören. PowerShell verwendet diese zusätzlichen Eigenschaften zur Verwaltung der WMI-Objekte, was etwas später im Zusammenhang mit dem *Extended Type System* von PowerShell sehr wichtig wird. Stören Sie die zusätzlichen Eigenschaften, blenden Sie sie aus:

```
Get-WMIObject Win32_BIOS | Format-List [a-z]*
```

Jetzt werden nur noch Eigenschaften angezeigt, die mit einem Buchstaben beginnen.

Bestimmte Instanzen auswählen

Selten interessieren Sie wirklich alle Instanzen einer Klasse. Deshalb dürfen Sie Filter verwenden. Der einfachste (und langsamste) Filter ist PowerShell selbst. Mit *Where-Object* könnten dafür sorgen, dass nur Instanzen mit bestimmten Eigenschaften aufgelistet werden, zum Beispiel alle Prozesse mit einem bestimmten Namen:

```
Get-WMIObject Win32_Process | Where-Object { $_.Name -eq 'powershell.exe' }
```

Effizienter ist es, diesen Filter direkt an WMI zu übermitteln, damit WMI von vornherein nur die gewünschten Instanzen liefert. Dazu verwenden Sie den Parameter *-filter*. Der Filter, den Sie damit angeben, ist kein PowerShell-Code, sondern entspricht der WQL-Abfragesprache von WMI, die wiederum eng an die Datenbankabfragesprache SQL angelehnt ist.

```
Get-WMIObject Win32_Process -filter 'name = "powershell.exe"'
```

Möchten Sie außerdem auswählen, welche Eigenschaften der Instanz WMI liefern soll, verwenden Sie den Parameter *-query*. Die nächste Zeile liefert für alle Prozesse, die mit dem Buchstaben »p« beginnen, die Eigenschaften *Caption* und *Commandline*.

```
Get-WMIObject -query 'select caption,commandline from Win32_Process where name like "p%"'
```

Weil PowerShell jedes WMI-Objekt um weitere interne Eigenschaften ergänzt, ist das Ergebnis nicht übersichtlich. Leiten Sie es deshalb an *Format-Table* weiter und geben Sie die Eigenschaften an, die sichtbar sein sollen:

WMI-Klassen und -Instanzen

```
Get-WMIObject -query 'select caption,commandline from Win32_Process where name like "p%"' | Format-Table
  [a-z]* -wrap

Caption                                              CommandLine
-------                                              -----------
PSDrt.exe                                            "C:\Program Files\Infineon\Security Platform
Software\
                                                     PSDrt.exe"
PowerShellPlus.vshost.exe                            "C:\Users\Tobias
Weltner\Sources\PSPV35\Application\Ho

stDebugApp\HostDebugApp\bin\Debug\PowerShellPlus.vshos
                                                     t.exe"
PowerShellPlus.exe
powershell.exe
"C:\WINDOWS\system32\WindowsPowerShell\v1.0\powershell
                                                     .exe"
```

HINWEIS   PowerShell unterstützt den Type Accelerator *[wmisearcher]*, mit dem Sie aber im Grunde nur dasselbe erreichen wie mit dem Parameter *-query* von eben:

```
$searcher = [WmiSearcher]"select caption,commandline from Win32_Process where name like 'p%'"
$searcher.Get()| Format-Table [a-z]* -wrap
```

Instanzen direkt ansprechen

Jede WMI-Instanz besitzt einen eigenen eindeutigen Pfad. Dieser Pfad ist wichtig, wenn Sie direkt auf eine bestimmte Instanz zugreifen wollen. Der Pfad eines WMI-Objekts befindet sich in der Eigenschaft __PATH. Möchten Sie herausfinden, wie der Pfad für ein bestimmtes Objekt aufgebaut ist, lassen Sie sich zunächst diese Eigenschaft anzeigen:

```
Get-WMIObject Win32_Service | Foreach-Object { $_.__PATH }
\\TOBIASWELTNE-PC\root\cimv2:Win32_Service.Name="AeLookupSvc"
\\TOBIASWELTNE-PC\root\cimv2:Win32_Service.Name="AgereModemAudio"
\\TOBIASWELTNE-PC\root\cimv2:Win32_Service.Name="ALG"
\\TOBIASWELTNE-PC\root\cimv2:Win32_Service.Name="Appinfo"
\\TOBIASWELTNE-PC\root\cimv2:Win32_Service.Name="AppMgmt"
\\TOBIASWELTNE-PC\root\cimv2:Win32_Service.Name="Ati External Event Utility"
\\TOBIASWELTNE-PC\root\cimv2:Win32_Service.Name="AudioEndpointBuilder"
\\TOBIASWELTNE-PC\root\cimv2:Win32_Service.Name="Audiosrv"
\\TOBIASWELTNE-PC\root\cimv2:Win32_Service.Name="Automatisches LiveUpdate - Scheduler"
\\TOBIASWELTNE-PC\root\cimv2:Win32_Service.Name="BFE"
\\TOBIASWELTNE-PC\root\cimv2:Win32_Service.Name="BITS"
\\TOBIASWELTNE-PC\root\cimv2:Win32_Service.Name="Browser"
(...)
```

Der Pfad besteht also im Wesentlichen aus dem Klassennamen sowie einer oder mehrerer Schlüsseleigenschaften. Bei Diensten lautet die Schlüsseleigenschaft *Name* und entspricht dem englischen Namen des Dienstes. Möchten Sie einen bestimmten Dienst direkt per WMI ansprechen, geben Sie dessen Pfad an und führen eine Typkonversion durch. Verwenden Sie entweder den Type Accelerator *[wmi]* oder den zugrundeliegenden .NET-Typ *[System.Management.ManagementObject]*:

```
[wmi]"Win32_Service.Name='Fax'"

ExitCode  : 1077
Name      : Fax
ProcessId : 0
StartMode : Manual
State     : Stopped
Status    : OK
```

Tatsächlich brauchen Sie den Namen der Schlüsseleigenschaft nicht unbedingt anzugeben, solange Sie zumindest dessen Wert angeben. Auf diese Weise finden Sie schnell und direkt alle Eigenschaften einer bestimmten WMI-Instanz heraus.

```
$disk = [wmi]'Win32_LogicalDisk="C:"'

$disk.FreeSpace

10181373952

[int]($disk.FreeSpace / 1MB)

$disk | Format-List [a-z]*

Status                   :
Availability             :
DeviceID                 : C:
StatusInfo               :
Access                   : 0
BlockSize                :
Caption                  : C:
Compressed               : False
ConfigManagerErrorCode   :
ConfigManagerUserConfig  :
CreationClassName        : Win32_LogicalDisk
Description              : Lokale Festplatte
DriveType                : 3
ErrorCleared             :
ErrorDescription         :
ErrorMethodology         :
FileSystem               : NTFS
FreeSpace                : 10181373952
InstallDate              :
LastErrorCode            :
```

WMI-Klassen und -Instanzen

```
MaximumComponentLength      : 255
MediaType                   : 12
Name                        : C:
NumberOfBlocks              :
PNPDeviceID                 :
PowerManagementCapabilities :
PowerManagementSupported    :
ProviderName                :
Purpose                     :
QuotasDisabled              :
QuotasIncomplete            :
QuotasRebuilding            :
Size                        : 100944637952
SupportsDiskQuotas          : False
SupportsFileBasedCompression : True
SystemCreationClassName     : Win32_ComputerSystem
SystemName                  : TOBIASWELTNE-PC
VolumeDirty                 :
VolumeName                  :
VolumeSerialNumber          : AC039C05
```

Eigenschaften ändern

Die meisten Eigenschaften, die Sie in WMI-Objekten finden, dürfen nur gelesen werden. Manche allerdings lassen sich auch ändern. Möchten Sie zum Beispiel die Laufwerksbeschreibung eines Laufwerks ändern, setzen Sie die Eigenschaft *VolumeName* des Laufwerks mit einem neuen Text:

```
$drive = [wmi]"Win32_logicaldisk='C:'"
$drive.VolumeName = "My Harddrive"
$drive.Put()
Path          : \\.\root\cimv2:Win32_LogicalDisk.DeviceID="C:"
RelativePath  : Win32_LogicalDisk.DeviceID="C:"
Server        : .
NamespacePath : root\cimv2
ClassName     : Win32_LogicalDisk
IsClass       : False
IsInstance    : True
IsSingleton   : False
```

Damit Sie eine Eigenschaft ändern können, sind drei Voraussetzungen nötig:

- Die Eigenschaft muss Änderungen generell erlauben. Die meisten Eigenschaften dürfen nur gelesen werden.
- Sie benötigen die für die Änderung nötigen Rechte. Die Laufwerksbezeichnung betrifft alle Benutzer eines Computers, und deshalb dürfen nur Administratoren sie ändern.
- Die Änderung muss mit *Put()* gespeichert werden. Ohne *Put()* hat die Änderung keine Auswirkung.

Klassenbeschreibung sichtbar machen

Fast jede WMI-Klasse enthält eine integrierte Beschreibung, die erklärt, wofür sie da ist. Diese Beschreibung ist allerdings nur sichtbar, wenn Sie zuvor eine versteckte Option namens *UseAmendedQualifiers* auf *$true* setzen. Dann allerdings gibt die WMI-Klasse bereitwillig Auskunft über ihre Daseinsberechtigung:

```
$class = [wmiclass]'Win32_LogicalDisk'
$class.psbase.Options.UseAmendedQualifiers = $true
($class.psbase.qualifiers["description"]).Value
Die Klasse "Win32_LogicalDisk" stellt eine Datenquelle dar, die in ein tatsächliches lokales
Speichergerät auf einem Win32-System aufgelöst wird. Die Klasse gibt lokale und zugeordnete logische
Datenträger zurück. Diese Klasse sollte zum Ermitteln von Informationen auf lokalen Datenträgern
verwendet werden. Die Klasse "Win32_MappedLogicalDisk" sollte zum Ermitteln von Informationen von
zugeordneten logischen Datenträgern verwendet werden.
```

Ähnlich ausführlich sind sämtliche Eigenschaften der Klasse dokumentiert. Möchten Sie wissen, wofür die Eigenschaft *VolumeDirty* gedacht ist, schauen Sie nach:

```
$class = [wmiclass]'Win32_LogicalDisk'
$class.psbase.Options.UseAmendedQualifiers = $true
($class.psbase.properties["VolumeDirty"]).Type
Boolean
(($class.psbase.properties["VolumeDirty"]).Qualifiers["Description"]).Value
Die Eigenschaft "VolumeDirty" gibt an, ob chkdsk auf dem Datenträger beim nächsten Neustart ausgeführt
werden muss. Die Eigenschaft gilt nur für die Instanzen des logischen Datenträgers, die einen
physikalischen Datenträger auf dem Computer darstellen. Die Eigenschaft kann nicht auf zugeordnete
logische Laufwerke angewendet werden.
```

WMI-Methoden aufrufen

Für die WMI gilt im Grunde dasselbe wie für das .NET Framework, und in Kapitel 6 haben Sie erfahren, dass sowohl Klassen als auch Instanzen Methoden bereitstellen können, also ausführbare Befehle.

Instanzbasierte Methoden

Die Instanzen der Klasse *Win32_Process* bieten Ihnen zum Beispiel unter anderem die Methode *Terminate()* an, mit der Sie einen Prozess »gewaltsam« beenden. Um *Terminate()* anwenden zu können, benötigen Sie also nur noch *Win32_Process*-Instanzen. Die liefert Ihnen *Get-WMIObject*. Die nächste Zeile beendet alle laufenden Windows-Editor-Instanzen. Ungesicherte Arbeiten gehen darin verloren:

```
Get-WMIObject Win32_Process -filter "name='notepad.exe'" | foreach-object { $_.Terminate() }
```

WMI-Methoden aufrufen

Terminate() liefert für jede Instanz, die es schließt, ein Objekt zurück, das in der Konsole angezeigt wird und in *ReturnValue* meldet, ob der Vorgang korrekt durchgeführt wurde. Wollen Sie den Erfolg selbst überprüfen, fangen Sie das Objekt auf und prüfen die Eigenschaft *ReturnValue*:

```
Get-WMIObject Win32_Process -filter "name='notepad.exe'" | foreach-object {"Schließe alle Notepads!";
$gut=0; $schlecht=0}{$ergebnis=$_.Terminate(); if($ergebnis.ReturnValue -eq 0){$gut++} else
{$schlecht++} }{"Habe $gut Instanzen geschlossen. Bei $schlecht Instanzen gab es Probleme."}

Schließe alle Notepads!
Habe 2 Instanzen geschlossen. Bei 0 Instanzen gab es Probleme.
```

TIPP Kennen Sie die Prozess-ID eines Prozesses, können Sie ihn auch so wie im letzten Abschnitt gezeigt direkt ansprechen, denn bei Prozessen ist die Prozess-ID die Schlüsseleigenschaft. Den Prozess mit der ID *1234* könnten Sie also auch so beenden:

```
([wmi]"Win32_Process='1234'").Terminate()
```

Falls Sie lieber die Festplatte C:\ auf Fehler überprüfen wollen, lautet der entsprechende Aufruf:

```
([wmi]"Win32_LogicalDisk='C:'").Chkdsk(...
```

Weil diese Methode zusätzliche Argumente verlangt, ist hier allerdings die Frage, was Sie angeben müssen. Rufen Sie die Methode ohne runde Klammern auf, um eine erste kurze Bedienungsanleitung zu erhalten:

```
([wmi]"Win32_LogicalDisk='C:'").Chkdsk

MemberType        : Method
OverloadDefinitions : {System.Management.ManagementBaseObject Chkdsk(System.Boolean FixErrors,
                      System.Boolean VigorousIndexCheck, System.Boolean SkipFolderCycle, System.Boolean
                      ForceDismount, Sysem.Boolean RecoverBadSectors, System.Boolean OkToRunAtBootUp)}
TypeNameOfValue   : System.Management.Automation.PSMethod
Value             : System.Management.ManagementBaseObject Chkdsk(System.Boolean FixErrors,
                      System.Boolean VigorousIndexCheck, System.Boolean SkipFolderCycle, System.Boolean
                      ForceDismount, System.Boolean RecoverBadSectors, System.Boolean OkToRunAtBootUp)
Name              : Chkdsk
IsInstance        : True
```

Methoden auflisten

Welche Methoden ein WMI-Objekt überhaupt unterstützt, verrät Ihnen *Get-Member*:

```
$objekt = Get-WMIObject Win32_Process | Select-Object -first 1
$objekt | Get-Member -memberType Method

   TypeName: System.Management.ManagementObject#root\cimv2\Win32_Process

Name          MemberType  Definition
----          ----------  ----------
AttachDebugger Method     System.Management.ManagementBaseObject AttachDebugger()
GetOwner      Method      System.Management.ManagementBaseObject GetOwner()
```

```
GetOwnerSid       Method    System.Management.ManagementBaseObject GetOwnerSid()
SetPriority       Method    System.Management.ManagementBaseObject SetPriority(System.Int32 Priority)
Terminate         Method    System.Management.ManagementBaseObject Terminate(System.UInt32 Reason)
```

Statische Methoden

Statische Methoden werden direkt von einer WMI-Klasse bereitgestellt, ganz ähnlich wie statische Methoden einer .NET-Klasse. Wollen Sie die IP-Adressen sämtlicher Netzwerkkarten erneuern lassen, verwenden Sie die Klasse *Win32_NetworkAdapterConfiguration* und dessen statische Methode *RenewDHCPLeaseAll()*:

```
([wmiclass]"Win32_NetworkAdapterConfiguration").RenewDHCPLeaseAll()
```

Die WMI-Klasse erhalten Sie über Typkonversion. Verwenden Sie entweder den Type Accelerator *[wmiclass]* oder den zugrundeliegenden .NET-Typ *[System.Management.ManagementClass]*. Die Methoden der Klasse liefert wieder *Get-Member*:

```
[wmiclass]"Win32_NetworkAdapterConfiguration" | Get-Member -memberType Method

    TypeName: System.Management.ManagementClass#ROOT\cimv2\Win32_NetworkAdapterConfiguration

Name                         MemberType Definition
----                         ---------- ----------
EnableDNS                    Method     System.Management.ManagementBaseObject
EnableDNS(System.String ...
EnableIPFilterSec            Method     System.Management.ManagementBaseObject
EnableIPFilterSec(System...
EnableWINS                   Method     System.Management.ManagementBaseObject
EnableWINS(System.Boolea...
ReleaseDHCPLeaseAll          Method     System.Management.ManagementBaseObject ReleaseDHCPLeaseAll()
RenewDHCPLeaseAll            Method     System.Management.ManagementBaseObject RenewDHCPLeaseAll()
SetArpAlwaysSourceRoute      Method     System.Management.ManagementBaseObject
SetArpAlwaysSourceRoute(...
SetArpUseEtherSNAP           Method     System.Management.ManagementBaseObject
SetArpUseEtherSNAP(Syste...
SetDatabasePath              Method     System.Management.ManagementBaseObject
SetDatabasePath(System.S...
SetDeadGWDetect              Method     System.Management.ManagementBaseObject
SetDeadGWDetect(System.B...
SetDefaultTOS                Method     System.Management.ManagementBaseObject
SetDefaultTOS(System.Byt...
SetDefaultTTL                Method     System.Management.ManagementBaseObject
SetDefaultTTL(System.Byt...
SetDNSSuffixSearchOrder      Method     System.Management.ManagementBaseObject
SetDNSSuffixSearchOrder(...
SetForwardBufferMemory       Method     System.Management.ManagementBaseObject
SetForwardBufferMemory(S...
SetIGMPLevel                 Method     System.Management.ManagementBaseObject
SetIGMPLevel(System.Byte...
```

```
SetIPUseZeroBroadcast              Method    System.Management.ManagementBaseObject
SetIPUseZeroBroadcast(Sy...
SetIPXVirtualNetworkNumber         Method    System.Management.ManagementBaseObject
SetIPXVirtualNetworkNumb...
SetKeepAliveInterval               Method    System.Management.ManagementBaseObject
SetKeepAliveInterval(Sys...
SetKeepAliveTime                   Method    System.Management.ManagementBaseObject
SetKeepAliveTime(System....
SetMTU                             Method    System.Management.ManagementBaseObject SetMTU(System.UInt32
MTU)
SetNumForwardPackets               Method    System.Management.ManagementBaseObject
SetNumForwardPackets(Sys...
SetPMTUBHDetect                    Method    System.Management.ManagementBaseObject
SetPMTUBHDetect(System.B...
SetPMTUDiscovery                   Method    System.Management.ManagementBaseObject
SetPMTUDiscovery(System....
SetTcpMaxConnectRetransmissions    Method    System.Management.ManagementBaseObject
SetTcpMaxConnectRetransm...
SetTcpMaxDataRetransmissions       Method    System.Management.ManagementBaseObject
SetTcpMaxDataRetransmiss...
SetTcpNumConnections               Method    System.Management.ManagementBaseObject
SetTcpNumConnections(Sys...
SetTcpUseRFC1122UrgentPointer      Method    System.Management.ManagementBaseObject
SetTcpUseRFC1122UrgentPo...
SetTcpWindowSize                   Method    System.Management.ManagementBaseObject
SetTcpWindowSize(System....
```

Hilfe zu Klassen und Methoden

Auch die Methoden einer WMI-Klasse sind innerhalb der WMI ausführlich dokumentiert. Die Beschreibung der Methode *Win32Shutdown()* der Klasse *Win32_OperatingSystem* erhalten Sie zum Beispiel so:

```
$class = [wmiclass]'Win32_OperatingSystem'
$class.psbase.Options.UseAmendedQualifiers = $true
(($class.psbase.methods["Win32Shutdown"]).Qualifiers["Description"]).Value

Die Methode "Win32Shutdown" bietet einen vollständigen Satz an Herunterfahroptionen, die von Win32-
Betriebssystemen unterstützt werden. Diese Methode gibt einen der folgenden ganzzahligen Werte zurück: 0
- Erfolgreicher Abschluss. Andere - Andere als oben aufgeführte ganzzahlige Werte finden Sie in der
Win32-Fehlercodedokumentation.
```

Fast alle WMI-Klassen sind darüber hinaus im Internet hervorragend dokumentiert, und das ist gut so, denn besonders wenn WMI-Methoden Argumente verlangen, ist es nicht leicht zu ermitteln, was die Methode von Ihnen verlangt.

Möchten Sie mehr zu einer WMI-Klasse oder einer Methode erfahren, navigieren Sie zu einer Internet-Suchseite wie Google und geben als Stichwort den WMI-Klassennamen sowie die Methode an. Beschränken Sie die Suche am besten auf die MSDN-Seiten von Microsoft: *Win32_NetworkAdapterConfiguration RenewDHCPLeaseAll site:msdn2.microsoft.com*.

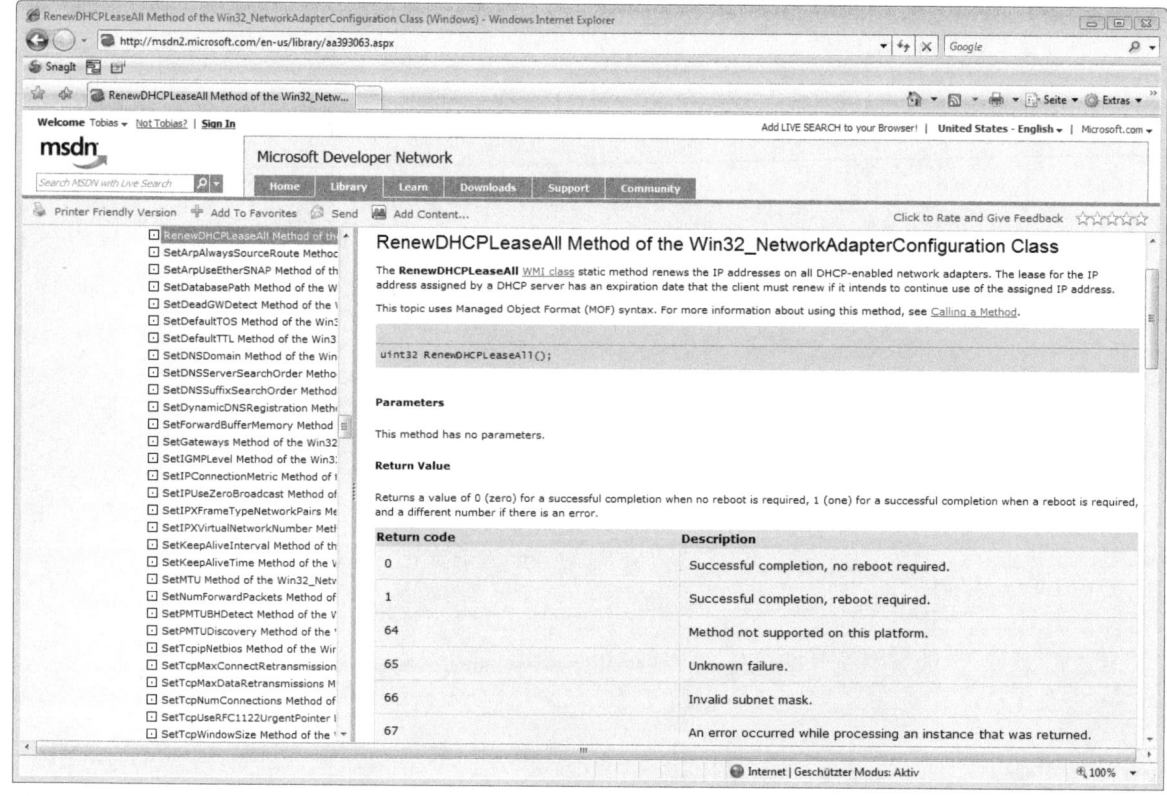

Abbildung 18.1 WMI-Klassen und ihre Methoden sind im Internet ausführlich dokumentiert

WMI-Ereignisse

Die WMI liefert nicht nur Informationen, sondern kann auch auf das Eintreten bestimmter Ereignisse warten. Geschieht dies, wird eine Aktion ausgelöst. Dabei kann WMI Sie alarmieren, wenn mit einer WMI-Instanz eine der folgenden Dinge passiert:

- **__InstanceCreationEvent:** eine neue Instanz kam hinzu. Es wurde zum Beispiel ein neuer Prozess gestartet oder eine neue Datei angelegt.
- **__InstanceModificationEvent:** die Eigenschaften einer Instanz haben sich geändert. Die Eigenschaft FreeSpace eines Laufwerks hat sich zum Beispiel geändert
- **__InstanceDeletionEvent:** eine Instanz wurde gelöscht. Es wurde zum Beispiel ein Programm geschlossen oder eine Datei gelöscht.
- **__InstanceOperationEvent:** wird in allen drei Fällen ausgelöst

Daraus formulieren Sie einen Alarmierungsauftrag. Möchten Sie zum Beispiel informiert werden, sobald Notepad gestartet wird, lautet der Auftrag so:

Select * from __InstanceCreationEvent WITHIN 1 WHERE targetinstance isa 'Win32_Process' AND targetinstance.name = 'notepad.exe'

WITHIN gibt das Zeitintervall der Prüfung an, und *WITHIN 1* heißt, Sie wollen maximal eine Sekunde nach dem Ereignis informiert werden. Je kürzer Sie dieses Intervall setzen, desto größer ist der Aufwand und desto mehr Rechenleistung verschlingt die WMI für Ihren Auftrag. Solange das Intervall nicht kleiner ist als eine Sekunde, ist der Rechenaufwand kaum spürbar. Hier ein Beispiel:

```
$alarm = new-object Management.EventQuery
$alarm.QueryString = "Select * from __InstanceCreationEvent WITHIN 1 WHERE targetinstance isa
'Win32_Process' AND targetinstance.name = 'notepad.exe'"
$watch = new-object Management.ManagementEventWatcher $alarm
"Warte auf den Start von Notepad."
$result = $watch.WaitForNextEvent()
"Notepad wurde gestartet!"
$result.targetinstance
"Greife auf die Live-Instanz zu:"
$path = $result.targetinstance.__path
$live = [wmi]$path
"Schliesse Notepad wieder ab:"
$live.terminate()
```

Remotezugriff und Namespaces

Vielleicht haben Sie den Eindruck, dass sich die WMI mit einigen Cmdlets überschneidet, und das ist tatsächlich so. Ob Sie die laufenden Prozesse mit *Get-WMIObject Win32_Process* oder lieber mit *Get-Process* untersuchen, ist häufig Geschmacksfrage, und auch *Get-WMIObject Win32_Service* und *Get-Service* liefern sehr ähnliche Resultate – jedoch nur auf den ersten Blick.

WMI-Objekte stammen aus einer ganz anderen Quelle als die Ergebnisse der Cmdlets und enthalten deshalb andere und häufig zusätzliche Informationen. Darüber hinaus gibt es zahllose WMI-Klassen, für die es keine Cmdlets gibt. Ein Grund dafür ist, dass die WMI erweiterbar ist und viele Drittanbieter WMI-Erweiterungen in zusätzlichen Namespaces anlegen. Und: WMI funktioniert lokal ebenso wie remote, während die meisten PowerShell-Cmdlets ausschließlich lokal arbeiten.

Auf WMI-Objekte eines anderen Computers zugreifen

Remotezugriffe sind mit WMI sehr einfach und bequem, vorausgesetzt Sie haben eine Netzwerkverbindung zum Zielsystem, dort ausreichende Berechtigungen, und es liegt keine Firewall zwischen Ihnen und dem Ziel. Um per WMI auf ein anderes Computersystem zuzugreifen, verwenden Sie den Parameter *-ComputerName* von *Get-WMIObject*. Dahinter geben Sie an, wie der Computer heißt:

```
Get-WMIObject -computername pc023 Win32_Process
```

Wollen Sie sich am Zielsystem unter einem anderen Benutzerkonto anmelden, geben Sie mit dem Parameter *-Credential* zusätzlich die Anmeldedaten an, zum Beispiel so:

```
$credential = Get-Credential
Get-WMIObject -computername pc023 -credential $credential Win32_Process
```

Namespaces – WMI-Erweiterungen

Die WMI ist hierarchisch gegliedert, beinahe wie ein Dateisystem. Bisher stammten alle Klassen, die Sie benutzt haben, aus dem WMI-»Ordner« *root\cimv2*. Drittanbieter können weitere WMI-Ordner (so genannte *Namespaces*) anlegen und darin eigene Klassen hinterlegen, mit denen Sie zum Beispiel Software wie Microsoft Office oder Hardware wie Switche und andere Geräte steuern.

Weil der oberste Ordner in der WMI stets den Namen *root* trägt, können Sie von hier aus die vorhandenen Namespaces untersuchen. Lassen Sie sich zuerst die Namespaces auf dieser Ebene anzeigen:

```
Get-WMIObject -Namespace root __Namespace | Format-Wide Name
subscription                              DEFAULT
MicrosoftDfs                              CIMV2
Cli                                       nap
SECURITY                                  RSOP
Infineon                                  WMI
directory                                 Policy
ServiceModel                              SecurityCenter
MSAPPS12                                  Microsoft
aspnet
```

Wie Sie sehen, ist der Ordner *cimv2* nur einer von mehreren. Welche sonstigen Ordner hier angezeigt werden, hängt von der Soft- und Hardware ab, die Sie einsetzen. Verwenden Sie zum Beispiel die Software Microsoft Office, finden Sie vielleicht den Ordner *MSAPPS12*. Schauen Sie mal, welche Klassen es darin gibt:

```
Get-WMIobject -Namespace root\msapps12 -list | Where-Object { $_.Name.StartsWith("Win32_") }
Win32_PowerPoint12Tables                  Win32_Publisher12PageNumber
Win32_Publisher12Hyperlink                Win32_PowerPointSummary
Win32_Word12Fonts                         Win32_PowerPointActivePresentation
Win32_OutlookDefaultFileLocation          Win32_Word12Document
Win32_ExcelAddIns                         Win32_PowerPoint12Table
Win32_ADOCoreComponents                   Win32_Publisher12SelectedTable
Win32_Word12CharacterStyle                Win32_Word12Styles
Win32_OutlookSummary                      Win32_Word12DefaultFileLocation
Win32_WordComAddins                       Win32_PowerPoint12AlternateStartupLoc
Win32_OutlookComAddins                    Win32_ExcelCharts
Win32_Word12Settings                      Win32_FrontPageActiveWeb
Win32_OdbcDriver                          Win32_AccessProject
Win32_Word12StartupFileLocation           Win32_ExcelActiveWorkbook
Win32_FrontPagePageProperty               Win32_Publisher12MailMerge
Win32_Language                            Win32_FrontPageAddIns
Win32_Word12PageSetup                     Win32_Word12HeaderAndFooter
Win32_ServerExtension                     Win32_Publisher12ActiveDocumentNoTable
```

```
Win32_Word12Addin                          Win32_WordComAddin
Win32_PowerPoint12PageNumber               Win32_JetCoreComponents
Win32_Publisher12Fonts                     Win32_Word12Table
Win32_OutlookAlternateStartupFile          Win32_Word12Tables
Win32_Access12ComAddins                    Win32_Excel12AlternateStartupFileLoc
Win32_Word12FileConverters                 Win32_Access12StartupFolder
Win32_Word12ParagraphStyle                 Win32_Access12ComAddin
Win32_Excel12StartupFolder                 Win32_PowerPointPresentation
Win32_FrontPageWebProperty                 Win32_Publisher12Table
Win32_Publisher12StartupFolder             Win32_WebConnectionErrorText
Win32_ExcelSheet                           Win32_Publisher12Tables
Win32_FrontPageTheme                       Win32_PowerPoint12ComAddins
Win32_Word12Template                       Win32_ExcelComAddins
Win32_Access12AlternateStartupFileLoc      Win32_Word12ActiveDocument
Win32_PublisherSummary                     Win32_Publisher12DefaultFileLocation
Win32_Word12Field                          Win32_Publisher12Hyperlinks
Win32_PowerPoint12ComAddin                 Win32_PowerPoint12Hyperlink
Win32_PowerPoint12DefaultFileLoc           Win32_Publisher12Sections
Win32_OutlookStartupFolder                 Win32_Access12JetComponents
Win32_Word12ActiveDocumentNotable          Win32_Publisher12CharacterStyle
Win32_Word12Hyperlinks                     Win32_Word12MailMerge
Win32_Word12FileConverter                  Win32_PowerPoint12Hyperlinks
Win32_FrontPageActivePage                  Win32_Word12Summary
Win32_OleDbProvider                        Win32_Publisher12PageSetup
Win32_Word12SelectedTable                  Win32_PowerPoint12StartupFolder
Win32_OdbcCoreComponent                    Win32_PowerPoint12PageSetup
Win32_FrontPageSummary                     Win32_AccessSummary
Win32_Word12Hyperlink                      Win32_OfficeWatsonLog
Win32_Publisher12Font                      Win32_WebConnectionErrorMessage
Win32_AccessDatabase                       Win32_Publisher12Styles
Win32_Publisher12ActiveDocument            Win32_Word12AlternateStartupFileLocation
Win32_PowerPoint12Fonts                    Win32_Word12Sections
Win32_ExcelComAddin                        Win32_Excel12DefaultFileLoc
Win32_Word12Fields                         Win32_ExcelActiveWorkbookNotable
Win32_Publisher12COMAddIn                  Win32_ExcelWorkbook
Win32_OutlookComAddin                      Win32_PowerPoint12Font
Win32_FrontPageAddIn                       Win32_ExcelChart
Win32_WebConnectionError                   Win32_Word12Font
Win32_RDOCoreComponents                    Win32_Word12PageNumber
Win32_Publisher12ParagraphStyle            Win32_Publisher12COMAddIns
Win32_Transport                            Win32_Access12DefaultFileLoc
Win32_FrontPageThemes                      Win32_ExcelSummary
Win32_ExcelAddIn                           Win32_Publisher12AlternateStartupFileLocation
Win32_PowerPoint12SelectedTable
```

WMI und Extended Type System

In den Kapiteln 5 und 6 haben Sie bereits einiges über das *Extended Type System* von PowerShell gehört. Mit seiner Hilfe kann man Objekten zum Beispiel neue Eigenschaften und Methoden zuweisen. Das ist insbesondere bei der WMI sehr nützlich, und in Kapitel 6 haben Sie bereits ein Beispiel kennen gelernt, mit dem Sie für beliebige WMI-Objekte festlegen, welche Eigenschaften sichtbar ausgegeben werden und welche nicht. Das Extended Type System kann aber noch mehr: auch Typkonvertoren lassen sich damit nachrüsten. Wofür das gut sein könnte, sehen Sie in einem Moment.

WMI-Datumsformat umwandeln

Die WMI enthält einige untypische Datenformate. Insbesondere das Format für Datum und Zeit sieht sehr sonderbar aus. Schauen Sie sich das am Beispiel der Klasse *Win32_OperatingSystem* an:

```
Get-WmiObject win32_Operatingsystem | Format-List *time*
CurrentTimeZone : 120
LastBootUpTime  : 20071016085609.375199+120
LocalDateTime   : 20071016153922.498000+120
```

Datums- und Zeitangaben werden als Folge von Zahlen angegeben, zunächst das Jahr, dann Monat und Tag. Daran anschließend folgen die Uhrzeit, die Millisekunden und die Zeitzone. Das ist das so genannte *DMTF*. Schwer lesbar. Sie könnten dieses kryptische Format allerdings mit der statischen Methode *ToDateTime()* der .NET-Klasse *ManagementDateTimeKonverter* in Form bringen:

```
$boottime = (Get-WmiObject win32_Operatingsystem).LastBootUpTime
$boottime
20071016085609.375199+120
$realtime = [System.Management.ManagementDateTimeConverter]::ToDateTime($boottime)
$realtime
Dienstag, 16. Oktober 2007 08:56:09
```

So erkennen Sie nicht nur auf einen Blick, um welches Datum und welche Zeit es geht, Sie können diese Zeitangabe nun auch weiterverarbeiten, zum Beispiel, um mit *New-Timespan* die aktuelle Uptime des Systems auszurechnen:

```
New-Timespan $realtime (get-date)
Days              : 0
Hours             : 6
Minutes           : 47
Seconds           : 9
Milliseconds      : 762
Ticks             : 244297628189
TotalDays         : 0,282751884478009
TotalHours        : 6,78604522747222
TotalMinutes      : 407,162713648333
TotalSeconds      : 24429,7628189
TotalMilliseconds : 24429762,8189
```

Einen Typkonverter nachrüsten

Sehr viel logischer wäre es, wenn sich das WMI-Datumsformat über eine Typumwandlung in ein *DateTime*-Format umwandeln ließe, zum Beispiel so:

WMI und Extended Type System

```
[datetime]"20071016085609.375199+120"
Der Wert "20071016085609.375199+120" kann nicht in den Typ "System.DateTime" konvertiert werden. Fehler:
"Die Zeichenfolge wurde nicht als gültiges DateTime erkannt."
Bei Zeile:1 Zeichen:11
+ [datetime]" <<<< 20071016085609.375199+120"
```

Das allerdings scheitert, denn die Standard-Typenkonverter kommen mit dieser Umwandlung nicht klar. Das *Extended Type System* kann nicht nur Eigenschaften und Methoden nachrüsten, sondern auch Typkonverter. Basteln Sie sich zuerst den Typenkonverter:

```
notepad typeconverter.cs
```

Notepad bietet an, ein neues Dokument anzulegen. Stimmen Sie zu und geben Sie diesen Code ein. Beachten Sie, dass es sich dabei nicht um PowerShell-Code, sondern um C#-Code handelt:

```csharp
using System.Management.Automation;
using System;
using System.IO;
using System.Management;
namespace WMItoDate
{
  public class DateTimeTypeConverter : PSTypeConverter
  {
    public override bool CanConvertFrom(Object sourceValue, Type destinationType)
    {
      string src = sourceValue as string;
      if (src != null)
      {
        try
        {
          DateTime Date = ManagementDateTimeConverter.ToDateTime(src);
          if (Date != null) return true;
        }
        catch (Exception)
        {
          return false;
        }
      }
      return false;
    }
    public override object ConvertFrom(object sourceValue, Type destinationType, IFormatProvider provider, bool IgnoreCase)
    {
      if (sourceValue == null) throw new InvalidCastException("Umwandlung geht nicht");
      if (this.CanConvertFrom(sourceValue, destinationType))
      {
        try
        {
          string src = sourceValue as string;
```

```
            DateTime Date = ManagementDateTimeConverter.ToDateTime(src);
            return Date;
        }
        catch (Exception)
        {
            throw new InvalidCastException("Umwandlung geht nicht");
        }
    }
    throw new InvalidCastException("Umwandlung geht nicht");
}

public override bool CanConvertTo(object Value, Type destinationType)
{
    return false;
}

public override object ConvertTo(object Value, Type destinationType, IFormatProvider provider, bool IgnoreCase)
{
    throw new InvalidCastException("Umwandlung geht nicht");
}
  }
}
```

Speichern Sie den Code. Nun muss der Code in eine DLL-Bibliothek kompiliert werden. Auch das kann PowerShell für Sie erledigen:

```
$compiler = "$env:windir/Microsoft.NET/Framework/v2.0.50727/csc"
$ref = [PsObject].Assembly.Location
&$compiler /target:library /reference:$ref typeconverter.cs
```

Das Ergebnis ist die Datei *typeconverter.dll*. Diese muss nun nur noch in PowerShell geladen werden:

```
$path = resolve-path .\typeconverter.dll
 [void][System.Reflection.Assembly]::LoadFrom($path)
```

Zuletzt muss das *Extended Type System* informiert werden, dass ein neuer Typenkonverter zur Verfügung steht. Dazu legen Sie eine *ps1xml*-Datei an, die im Wesentlichen XML-Daten enthält:

```
notepad typeconverter.wmi.ps1xml
```

Stimmen Sie zu, dass das Dokument angelegt wird, und geben Sie diesen Code ein:

```
<Types>
<Type>
<Name>System.DateTime</Name>
<TypeConverter>
<TypeName>WMItoDate.DateTimeTypeConverter</TypeName>
```

```
</TypeConverter>
</Type>
</Types>
```

Speichern Sie das Dokument und importieren Sie die Erweiterung ins *Extended Type System*:

```
update-typedata typeconverter.wmi.ps1xml
```

Probieren Sie nun die Erweiterung aus. Ab sofort kann PowerShell WMI-Datumsangaben per Typkonversion in *DateTime*-Angaben umwandeln:

```
[datetime]"20071016085609.375199+120"
Dienstag, 16. Oktober 2007 08:56:09
```

TIPP Damit die Erweiterung künftig automatisch aktiv ist, müssen Sie Ihre DLL-Bibliothek in einem der Startprofile von PowerShell laden und dort ebenfalls die Typerweiterung mit *update-typedata* laden.

Kapitel 19

Benutzerverwaltung

In diesem Kapitel:

Mit einer Domäne verbinden	562
Auf einen Container zugreifen	564
Auf einzelne Benutzer oder Gruppen zugreifen	566
Eigenschaften lesen und ändern	573
Methoden aufrufen	583
Neue Objekte anlegen	587

Für viele Administratoren ist die Benutzerverwaltung ein wichtiger Teil ihrer Arbeit. PowerShell enthält allerdings (noch) keinerlei eigene Unterstützung für die Verwaltung von Benutzerkonten. Diese ist für Version 2 der PowerShell geplant und heute nur in Form von kostenpflichtigen Add-Ons von Drittanbietern erhältlich. Weil PowerShell aber auf dem .NET Framework aufsetzt, können Sie damit auch ohne zu warten und ohne Add-Ons die meisten Aufgaben rund um die Benutzerverwaltung hervorragend meistern.

Mit einer Domäne verbinden

Bei Computern, die Mitglied einer zentralen Netzwerk-Domäne sind, ist der erste Schritt der Benutzerverwaltung die Verbindungsaufnahme zur Anmeldedomäne. Diese Verbindung bauen Sie im einfachsten Fall so auf:

```
$domain = [ADSI]""
$domain

distinguishedName
-----------------
{DC=scriptinternals,DC=technet}
```

Falls Ihr Computer kein Mitglied der Domäne ist, schlägt die Verbindungsaufnahme allerdings mit einer Fehlermeldung fehl:

```
out-lineoutput : Ausnahme beim Abrufen des Members "ClassId2e4f51ef21dd47e99d3c952918aff9cd": "Die
angegebene Domäne ist nicht vorhanden, oder es konnte keine Verbindung hergestellt werden."
```

HINWEIS   Möchten Sie lokale Benutzerkonten und Gruppen verwalten, verwenden Sie den Begriff *WinNT:*. Aufpassen: Groß- und Kleinschreibung werden unterschieden! Das lokale Administratorkonto sprechen Sie also zum Beispiel so an:

```
$user = [ADSI]"WinNT://./Administrator,user"
$user | Format-List *
```

In den folgenden Beispielen wird nicht weiter auf lokale Benutzerkonten eingegangen.

Unter anderem Benutzernamen anmelden

Hinter *[ADSI]* steckt einer der PowerShell-Type Acceleratoren, und *[ADSI]* entspricht eigentlich dem .NET-Typ *DirectoryServices.DirectoryEntry*. Sie hätten die Verbindungsaufnahme von eben deshalb auch so vornehmen können:

```
$domain = [DirectoryServices.DirectoryEntry]""
$domain

distinguishedName
-----------------
{DC=scriptinternals,DC=technet}
```

Mit einer Domäne verbinden

Wichtig wird diese Erkenntnis, wenn Sie sich nicht unter Ihrem aktuellen Benutzerkonto anmelden wollen, sondern unter einem anderen Konto. Der Type Accelerator *[ADSI]* führt immer eine Anmeldung unter Ihrer aktuellen Identität durch. Der zugrundeliegende .NET-Typ *DirectoryServices.DirectoryEntry* bietet dagegen die Möglichkeit, sich auch mit einer anderen Identität anzumelden. Warum sollte man dies tun? Hier ein paar Gründe:

- **Externer Consultant:** Vielleicht besuchen Sie gerade eine Firma als externer Consultant und haben Ihr eigenes Notebook mitgebracht, das nicht in der Firmendomäne Mitglied ist. Deshalb scheitert die Verbindungsaufnahme zur Firmendomäne zunächst. Wenn Sie allerdings ein gültiges Benutzerkonto samt Kennwort kennen, können Sie sich von Ihrem Notebook aus mit dieser Identität an der Firmendomäne anmelden. Ihr Rechner braucht also kein Domänen-Mitglied zu sein, um auf die Domäne zuzugreifen.

- **Mehrere Domänen:** Gibt es in Ihrer Firma mehrere Domänen und wollen Sie eine Domäne verwalten, die nicht Ihre Anmeldedomäne ist, müssen Sie sich höchstwahrscheinlich an der neuen Domäne mit einer anderen dort bekannten Identität ausweisen.

Die Anmeldung an einer fremden Domäne mit einer anderen Identität funktioniert so:

```
$domain = new-object DirectoryServices.DirectoryEntry("LDAP://10.10.10.1","domain\user", "geheim")
$domain.name
scriptinternals
$domain.distinguishedName
DC=scriptinternals,DC=technet
```

ACHTUNG Bei ADSI-Pfadangaben sind zwei Dinge wichtig: die Angaben unterscheiden erstens zwischen Groß- und Kleinschreibung. Deshalb sind die folgenden beiden Ansätze falsch:

```
$domain = [ADSI]"ldap://10.10.10.1"                  # FALSCH!
$benutzerkonto = [ADSI]"Winnt://./Administrator,user"  # FALSCH!
```

Zweitens verwenden die Pfade erstaunlicherweise einen normalen Schrägstrich. Ein umgekehrter Schrägstrich, so wie im Dateisystem üblich, führt ebenfalls zu einem Fehler:

```
$domain = [ADSI]"LDAP:\\10.10.10.1"                   # FALSCH!
$benutzerkonto = [ADSI]"WinNT:\\.\Administrator,user" # FALSCH!
```

Möchten Sie die Anmeldedaten nicht im Klartext in Ihrem Code hinterlegen, setzen Sie *Get-Credential* ein. Da das Kennwort bei der Anmeldung im Klartext angegeben werden muss und *Get-Credential* das Kennwort in verschlüsselter Form liefert, muss es in einem Zwischenschritt in Klartext umgewandelt werden:

```
$cred = Get-Credential
$pwd = [Runtime.InteropServices.Marshal]::PtrToStringAuto(
[Runtime.InteropServices.Marshal]::SecureStringToBSTR( $cred.Password ))
$domain = new-object DirectoryServices.DirectoryEntry("LDAP://10.10.10.1",$cred.UserName, $pwd)
$domain.name
scriptinternals
```

> **TIPP** Fehler bei der Anmeldung werden zunächst nicht sichtbar. PowerShell meldet Fehler erst, wenn Sie versuchen, sich mit der Domäne zu verbinden. Dieser Vorgang wird Binding genannt. Das Abrufen der Eigenschaft *$domain.Name* führt zu keinem Fehler, weil es beim Scheitern der Verbindung überhaupt keine Eigenschaft namens *Name* im Objekt in *$domain* gibt.

Wie also kann man feststellen, ob die Verbindung geklappt hat oder nicht? Dazu rufen Sie die Methode *Bind()* auf, die die Bindung herstellt. *Bind()* löst immer eine Ausnahme aus. Diesen Fehler kann *Trap* abfangen. Damit ein Skript im Fehlerfall tatsächlich abbricht, sind aber einige Voraussetzungen zu erfüllen.

Der Code, der *Bind()* aufruft, muss in einem eigenen Skriptblock stehen, also in geschweiften Klammern. Tritt ein Fehler in diesem Block auf, bricht PowerShell den Block ab und führt den *Trap*-Code aus. Im *Trap*-Code wird der Fehler in einer Variablen gespeichert, die mit *script:* als überregional angelegt wird, damit die restlichen Teile des Skripts diese Variable nutzen können. Anschließend prüft *If*, ob ein Fehler aufgetreten ist. Ein Verbindungsfehler liegt immer vor, wenn die von *Bind()* ausgelöste Ausnahme nicht den Fehlercode *-2147352570* trägt. In diesem Fall gibt *If* die Textfehlermeldung aus und bricht die weiteren Anweisungen mit *Break* ab.

```
$cred = Get-Credential
$pwd = [Runtime.InteropServices.Marshal]::PtrToStringAuto(
[Runtime.InteropServices.Marshal]::SecureStringToBSTR( $cred.Password ))
$domain = new-object DirectoryServices.DirectoryEntry("LDAP://10.10.10.1",$cred.UserName, $pwd)
trap { $script:fehler = $_ ; Continue } &{ $domain.Bind($true); $script:fehler = $null }
if ($fehler.Exception.ErrorCode -ne -2147352570)
{
  Write-Host -Fore Red $fehler.Exception.Message
  Break
}
Else
{
  Write-Host -Fore Green "OK, Verbindung steht!"
}
Anmeldung fehlgeschlagen: unbekannter Benutzername oder falsches Kennwort.
```

Der Fehlercode *-2147352570* bedeutet übrigens, dass die Verbindung zwar steht, aber *Bind()* kein Objekt gefunden hat, an das es sich hätte binden können. Das ist in Ordnung, weil Sie bei der Verbindungsaufnahme in Ihrem LDAP-Pfad kein besonderes Objekt angegeben haben.

Auf einen Container zugreifen

Domänen sind hierarchisch gegliedert, ähnlich einer Ordnerstruktur im Dateisystem. Die Container innerhalb der Domäne sind entweder fest vordefinierte Ordner oder nachträglich angelegte Organisationseinheiten. Möchten Sie auf einen Container zugreifen, geben Sie den LDAP-Pfad zum Container an. Wollen Sie zum Beispiel auf den fest vordefinierten Ordner *Users* zugreifen, sähe der Zugriff über anonyme Anmeldung so aus:

```
$ldap = "/CN=Users,DC=scriptinternals,DC=technet"
$cred = Get-Credential
$pwd = [Runtime.InteropServices.Marshal]::PtrToStringAuto(
[Runtime.InteropServices.Marshal]::SecureStringToBSTR( $cred.Password ))
$users = new-object DirectoryServices.DirectoryEntry("LDAP://10.10.10.1$ldap",$cred.UserName, $pwd)
$users
```

```
distinguishedName
-----------------
{CN=Users,DC=scriptinternals,DC=technet}
```

Als angemeldetes Domänenmitglied vereinfacht sich der Vorgang natürlich erheblich, denn nun brauchen Sie weder die IP-Adresse des Domänencontrollers noch Anmeldedaten, und auch der LDAP-Name der Domäne wird Ihnen von der Domäne selbst in der Eigenschaft *distinguishedName* geliefert. Sie brauchen nur noch den Rest anzugeben, also den Container, den Sie besuchen wollen:

```
$ldap = "CN=Users"
$domain = [ADSI]""
$dn = $domain.distinguishedName
$users = [ADSI]"LDAP://$ldap/$dn"
$users
```

Während vordefinierte Container in der LDAP-Sprache mit *CN=* genannt werden, geben Sie für Organisationseinheiten *OU=* an. Um sich also als angemeldeter Benutzer mit der OU *Aussendienst* zu verbinden, die in der OU *Firma* liegt, schreiben Sie:

```
$ldap = "OU=Aussendienst, OU=Firma"
$domain = [ADSI]""
$dn = $domain.distinguishedName
$users = [ADSI]"LDAP://$ldap/$dn"
$users
```

Den Inhalt eines Containers auflisten

Natürlich möchten Sie irgendwann auch wissen, wer oder was in einem Container enthalten ist, zu dem Sie Verbindung aufgenommen haben. Hier wird es etwas weniger intuitiv, weil Sie nun das *PSBase*-Objekt benötigen. PowerShell verpackt Active Directory-Objekte und fügt dabei neue Eigenschaften und Methoden hinzu, während es andere streicht. Leider streicht PowerShell dabei auch die notwendigen Mittel, um an den Inhalt eines Containers zu gelangen. *PSBase* liefert das Originalobjekt, so wie es PowerShell vor der Umwandlung empfangen hat, und dieses Objekt kennt die Eigenschaft *Children*:

```
$ldap = "CN=Users"
$domain = [ADSI]""
$dn = $domain.distinguishedName
$users = [ADSI]"LDAP://$ldap/$dn"
$users.PSBase.Children
```

```
distinguishedName
----------------
{CN=admin,CN=Users,DC=scriptinternals,DC=technet}
{CN=Administrator,CN=Users,DC=scriptinternals,DC=technet}
{CN=Alle,CN=Users,DC=scriptinternals,DC=technet}
{CN=ASPNET,CN=Users,DC=scriptinternals,DC=technet}
{CN=Belle,CN=Users,DC=scriptinternals,DC=technet}
{CN=Beratung2,CN=Users,DC=scriptinternals,DC=technet}
{CN=Beratung3,CN=Users,DC=scriptinternals,DC=technet}
{CN=ceimler,CN=Users,DC=scriptinternals,DC=technet}
(...)
```

Auf einzelne Benutzer oder Gruppen zugreifen

Um auf einzelne Benutzer oder Gruppen zuzugreifen, gibt es verschiedene Ansätze. Sie können den Inhalt eines Containers zum Beispiel filtern. Sie können einzelne Elemente aber auch aus einem Container gezielt herausgreifen oder direkt über ihren LDAP-Pfad ansprechen. Und Sie können Elemente auch verzeichnisweit suchen. Alle Möglichkeiten lernen Sie nun mit Hilfe einiger kurzer Beispiele kennen.

Filter und Pipeline verwenden

Children liefert vollstrukturierte Objekte zurück, die Sie wie in Kapitel 5 gezeigt in der PowerShell-Pipeline weiterverarbeiten können. Möchten Sie zum Beispiel nur Benutzer auflisten, aber keine Gruppen, könnten Sie jeweils die Eigenschaft *sAMAccountType* abfragen und als Filterkriterium verwenden:

```
$ldap = "CN=Users"
$domain = [ADSI]""
$dn = $domain.distinguishedName
$users = [ADSI]"LDAP://$ldap/$dn"
$users.PSBase.Children | Where-Object { $_.sAMAccountType -eq 805306368 }
```

Einen anderen Ansatz macht sich die Klasse zunutze, die Sie stets in der Eigenschaft *objectClass* finden.

```
$users.PSBase.Children | Select-Object -first 1 | Foreach-Object { $_.sAMAccountName + $_.objectClass }
admin
top
person
organizationalPerson
user
```

Wie sich herausstellt, enthält die Eigenschaft *objectClass* ein Feld mit allen Klassen, von denen das Objekt abgeleitet ist. Die Aufstellung geht vom Allgemeinen zum Speziellen. So finden Sie nur Elemente, die von der Klasse *user* abgeleitet sind:

```
$users.PSBase.Children | Where-Object { $_.objectClass -contains "user" }
distinguishedName
-----------------
{CN=admin,CN=Users,DC=scriptinternals,DC=technet}
{CN=Administrator,CN=Users,DC=scriptinternals,DC=technet}
{CN=ASPNET,CN=Users,DC=scriptinternals,DC=technet}
{CN=Belle,CN=Users,DC=scriptinternals,DC=technet}
(...)
```

Elemente direkt ansprechen

Kennen Sie den ADSI-Pfad zu einem bestimmten Objekt, können Sie es natürlich auch direkt und ohne Umweg über die Pipeline-Filter ansprechen. Den Pfad eines Objekts finden Sie in der Eigenschaft *distinguishedName*:

```
$users.PSBase.Children | Format-Table sAMAccountName, distinguishedName -wrap
sAMAccountName              distinguishedName
--------------              -----------------
{admin}                     {CN=admin,CN=Users,DC=scriptinternals,DC=technet}
{Administrator}             {CN=Administrator,CN=Users,DC=scriptinternals,DC=techn
                            et}
{Alle}                      {CN=Alle,CN=Users,DC=scriptinternals,DC=technet}
{ASPNET}                    {CN=ASPNET,CN=Users,DC=scriptinternals,DC=technet}
{Belle}                     {CN=Belle,CN=Users,DC=scriptinternals,DC=technet}
{Beratung2}                 {CN=Beratung2,CN=Users,DC=scriptinternals,DC=technet}
{Beratung3}                 {CN=Beratung3,CN=Users,DC=scriptinternals,DC=technet}
(...)
```

Möchten Sie also zum Beispiel direkt das *Gast*-Konto ansprechen, geben Sie dessen *distinguishedName* an. Sind Sie Domänen-Mitglied, können Sie sich den *distinguishedName* der Domäne dabei wieder sparen:

```
$ldap = "CN=Gast,CN=Users"
$domain = [ADSI]""
$dn = $domain.distinguishedName
$gast = [ADSI]"LDAP://$ldap/$dn"
$gast | Format-List *

objectClass         : {top, person, organizationalPerson, user}
cn                  : {Gast}
description         : {Vordefiniertes Konto für Gastzugriff auf den Computer bzw. die Domäne}
distinguishedName   : {CN=Gast,CN=Users,DC=scriptinternals,DC=technet}
instanceType        : {4}
whenCreated         : {11.12.2005 12:31:31}
whenChanged         : {27.06.2006 09:59:59}
uSNCreated          : {System.__ComObject}
memberOf            : {CN=Gäste,CN=Builtin,DC=scriptinternals,DC=technet}
uSNChanged          : {System.__ComObject}
name                : {Gast}
objectGUID          : {240 255 168 180 1 206 85 73 179 24 192 164 100 28 221 74}
userAccountControl  : {66080}
```

```
badPwdCount            : {0}
codePage               : {0}
countryCode            : {0}
badPasswordTime        : {System.__ComObject}
lastLogoff             : {System.__ComObject}
lastLogon              : {System.__ComObject}
logonHours             : {255 255 255 255 255 255 255 255 255 255 255 255 255 255 255 255 255 255
                         255 255}
pwdLastSet             : {System.__ComObject}
primaryGroupID         : {514}
objectSid              : {1 5 0 0 0 0 0 5 21 0 0 0 184 88 34 189 250 183 7 172 165 75 78 29 245 1 0 0}
accountExpires         : {System.__ComObject}
logonCount             : {0}

sAMAccountName         : {Gast}
sAMAccountType         : {805306368}
objectCategory         : {CN=Person,CN=Schema,CN=Configuration,DC=scriptinternals,DC=technet}
isCriticalSystemObject : {True}
nTSecurityDescriptor   : {System.__ComObject}
```

Format-List macht mit dem Sternchen als Platzhalterzeichen sämtliche Eigenschaften eines ADSI-Objekts sichtbar, sodass Sie bequem sehen können, welche Informationen darin unter welchem Namen enthalten sind.

Elemente aus Container beziehen

Wie Sie sämtliche Elemente auslesen, die sich in einem Container befinden, wissen Sie bereits: verwenden Sie *PSBase.Children*. Mit *PSBase.Find()* können Sie jedoch auch einzelne Elemente aus einem Container abrufen:

```
$domain = [ADSI]""
$users = $domain.psbase.Children.Find("CN=Users")
$benutzerkonto = $users.psbase.Children.Find("CN=Administrator")
$benutzerkonto.Description
Vordefiniertes Konto für die Verwaltung des Computers bzw. der Domäne.
```

Nach Elementen suchen [in der AD]

Bisher mussten Sie genau wissen, wo in der Hierarchie der Domäne ein bestimmtes Element aufbewahrt wird, um es ansprechen zu können. In größeren Domänen kann es regelrecht schwierig werden, ein bestimmtes Benutzerkonto oder eine Gruppe wiederzufinden. Deshalb kann die Domäne auch ähnlich wie eine Datenbank angesprochen und durchsucht werden.

Sind Sie an der Domäne angemeldet, die Sie durchsuchen wollen, benötigen Sie nur die folgenden wenigen Zeilen, um alle Benutzerkonten zu finden, die dem Benutzernamen in *$UserName* entsprechen. Platzhalterzeichen sind dabei ausdrücklich erlaubt:

Auf einzelne Benutzer oder Gruppen zugreifen

```
$UserName = "*mini*"
$searcher = new-object DirectoryServices.DirectorySearcher([ADSI]"")
$searcher.filter = "(&(objectClass=user)(sAMAccountName= $UserName))"
$searcher.findall()
```

Sind Sie nicht an der Domäne angemeldet, die Sie durchsuchen wollen, beschaffen Sie sich das Domänenobjekt wieder über die Anmeldung:

```
$domain = new-object DirectoryServices.DirectoryEntry("LDAP://10.10.10.1","domain\user", "geheim")
$UserName = "*mini*"
$searcher = new-object DirectoryServices.DirectorySearcher($domain)
$searcher.filter = "(&(objectClass=user)(sAMAccountName= $UserName))"
$searcher.findall() | Format-Table -wrap
```

Das Ergebnis der Suche ist das Administrator-Konto, beziehungsweise alle Elemente, die im Namen die Zeichenfolge »mini« enthalten, egal wo sie sich innerhalb der Domäne befinden:

```
Path                                                    Properties
----                                                    ----------
LDAP://10.10.10.1/CN=Administrator,CN=Users,DC=scripti  {samaccounttype, lastlogon, objectsid,
whencreated...}
nternals,DC=technet
```

Der entscheidende Teil passiert im Suchfilter, der im Beispiel etwas sonderbar aussieht:

```
$searcher.filter = "(&(objectClass=user)(sAMAccountName= $UserName))"
```

Der Filter vergleicht lediglich bestimmte Eigenschaften der Elemente mit bestimmten Vorgaben. So schaut er nach, ob in der Eigenschaft *objectClass* der Begriff *user* vorkommt und ob die Eigenschaft *sAMAccountName* dem angegebenen Benutzernamen entspricht. Beide Kriterien werden über »&« miteinander verbunden, müssen also gemeinsam erfüllt sein. Daraus kann man eine bequeme Suchfunktion erstellen.

HINWEIS Die Suchfunktion *Get-LDAPUser* durchsucht standardmäßig die aktuelle Anmeldedomäne. Wenn Sie sich an einer anderen Domäne anmelden wollen, kommentieren Sie die entsprechende Zeile in der Funktion und geben Sie Ihre Anmeldedaten an.

```
function Get-LDAPUser([string]$UserName, [string]$Start)
{
  # aktuelle Anmeldedomäne verwenden:
  $domain = [ADSI]""
  # ODER: an anderer Domäne anmelden:
  #   $domain = new-object DirectoryServices.DirectoryEntry("LDAP://10.10.10.1","domain\user", "geheim")
  If ($start -ne "")
  {
```

```
    $startelement = $domain.psbase.Children.Find($start)
  }
  else
  {
    $startelement = $domain
  }
  $searcher = new-object DirectoryServices.DirectorySearcher($startelement)
  $searcher.filter = "(&(objectClass=user)(sAMAccountName=$UserName))"
  $Searcher.CacheResults = $true
  $Searcher.SearchScope = "Subtree"
  $Searcher.PageSize = 1000
  $searcher.findall()
}
```

Get-LDAPUser ist sehr flexibel einsetzbar und findet Benutzerkonten überall innerhalb der Domäne. Geben Sie dazu einfach den gesuchten Namen oder einen Teil davon an:

```
# Alle Benutzer finden, die ein "e" im Namen enthalten:
Get-LDAPUser *e* OU=Hauptstelle,OU=Firma

# Nur Benutzer mit "e" im Namen finden, die sich in der OU "Hauptstelle" oder darunter befinden
Get-LDAPUser *e* OU=Hauptstelle,OU=Firma
```

Get-LDAPUser liefert die gefundenen Benutzerobjekte direkt zurück, die Sie anschließend in der PowerShell-Pipeline genauso weiterverarbeiten können wie die Elemente, die Sie vorhin von *Children* direkt erhalten haben. Wie gelingt es *Get-LDAPUser*, auf Wunsch nur einen Teil der Domäne zu durchsuchen? Verantwortlich dafür ist dieser Codeteil:

```
If ($start -ne "")
{
  $startelement = $domain.psbase.Children.Find($start)
}
else
{
  $startelement = $domain
}
```

Hier wird geschaut, ob der Benutzer den zweiten Parameter *$start* angegeben hat. Falls ja, wird im Domänencontainer (der obersten Ebene) mit *Find()* auf den angegebenen Container zugegriffen und dieser als Startpunkt für die Suche festgelegt. Fehlt *$start*, ist der Startpunkt die oberste Ebene der Domäne, es wird also überall gesucht.

Auf einzelne Benutzer oder Gruppen zugreifen

> **Profitipp** Die Funktion setzt außerdem einige benutzerdefinierte Optionen:

```
$Searcher.CacheResults = $true
$Searcher.SearchScope = "Subtree"
$Searcher.PageSize = 1000
```

Die Option *SearchScope* bestimmt, ob vom Startpunkt aus rekursiv alle untergeordneten Ordner ebenfalls durchsucht werden sollen oder ob sich die Suche auf den Startordner beschränkt. *PageSize* gibt an, in welchen »Happen« die Ergebnisse von der Domäne zurückgeliefert werden. Verkleinern Sie *PageSize*, reagiert Ihr Skript möglicherweise flüssiger, erfordert aber mehr Netzwerktraffic. Vergrößern Sie die *PageSize* auf über 1000, werden bei umfangreichen Suchergebnissen nicht mehr alle Ergebnisse angezeigt, weil Domänen standardmäßig eine Begrenzung von 1000 Datensätzen enthalten. Fordern Sie mehr an, enthält das jeweilige »Häppchen« dennoch nur 1000 Datensätze.

Sie könnten die Beispielfunktion nun beliebig erweitern, indem Sie zum Beispiel den Suchfilter erweitern oder ändern. Dabei dürfen Sie logische Verknüpfungen und sogar bitweise Eigenschaftswerte überprüfen, sodass es eigentlich nur noch darauf ankommt zu wissen, in welchen Objekteigenschaften die Informationen lagern, die Sie für Ihre Vergleiche benötigen. Hier einige interessante Anregungen:

Suchfilter	Beschreibung
(&(objectCategory=person)(objectClass=User))	Nur Benutzerkonten finden, keine Computerkonten
(sAMAccountType=805306368)	Nur Benutzerkonten finden (sehr viel schneller, aber schlechter lesbar)
(&(objectClass=user)(sn=Weltner)(givenName=Tobias))	Benutzerkonto mit einem bestimmten Namen finden
(&(objectCategory=person)(objectClass=user)(msNPAllowDialin=TRUE))	Benutzer mit Einwahlerlaubnis finden
(&(objectCategory=person)(objectClass=user)(pwdLastSet=0))	Benutzer finden, die bei nächster Anmeldung ihr Kennwort ändern müssen
(&(objectCategory=computer)(!description=*))	Alle Computerkonten ohne Beschreibung finden
(&(objectCategory=person)(description=*))	Alle Benutzerkonten ohne Beschreibung finden
(&(objectCategory=person)(objectClass=user)(whenCreated>=20050318000000.0Z))	Alle Elemente finden, die nach dem 18. März 2005 angelegt wurden
(&(objectCategory=person)(objectClass=user)(|(accountExpires=9223372036854775807)(accountExpires=0)))	Alle Benutzer finden, bei denen das Konto nie abläuft (Oder-Bedingung, bei der nur eine Bedingung erfüllt sein muss)
(&(objectClass=user)(userAccountControl:1.2.840.113556.1.4.803:=2))	Alle abgeschalteten Benutzerkonten finden (Bitmaske logisches UND)
(&(objectCategory=person)(objectClass=user)(userAccountControl:1.2.840.113556.1.4.803:=32))	Alle Benutzer finden, bei denen das Kennwort nie abläuft ▶

Suchfilter	Beschreibung
(&(objectClass=user)(!userAccountControl:1.2.840.113556.1.4.803:=65536))	Alle Benutzer finden, bei denen das Kennwort abläuft (Logisches NICHT mit »!«)
(&(objectCategory=group)(!groupType:1.2.840.113556.1.4.803:=2147483648))	Alle Verteilergruppen finden
(&(objectCategory=Computer)(!userAccountControl:1.2.840.113556.1.4.803:=8192))	Alle Computerkonten finden, die nicht Domänencontroller sind

Tabelle 19.1 Beispiel-LDAP-Abfragen

Elemente über GUID ansprechen

Elemente in der Domäne können sich ändern und der Name eines Benutzerkontos ist genauso konstant wie der Familienstand des Mitarbeiters. Das einzige, was tatsächlich konstant ist, ist die so genannte GUID eines Kontos. Diese GUID wird nur ein einziges Mal vergeben, nämlich wenn das Objekt angelegt wird, und bleibt anschließend immer gleich. Die GUID eines Elements finden Sie heraus, indem Sie das Konto ansprechen. Nutzen Sie zum Beispiel die praktische *Get-LDAPUser*-Funktion von eben:

```
$searchuser = Get-LDAPUser "Gast"
$benutzerkonto = $searchuser.GetDirectoryEntry()
$benutzerkonto.psbase.NativeGUID
f0ffa8b401ce5549b318c0a4641cdd4a
```

Weil die Ergebnisse, die die Suche liefert, keine echten Benutzerobjekte sind, sondern nur reduzierte *SearchResult*-Objekte, müssen Sie zuerst mit *GetDirectoryEntry()* das echte Benutzerobjekt abrufen. Dieser Schritt ist nur nötig, wenn Sie Suchergebnisse verarbeiten. Danach finden Sie die GUID des Kontos in *PSBase.NativeGUID*.

Künftig können Sie exakt dieses Konto über seine GUID ansprechen. Es kann Ihnen nun egal sein, ob sich der Ort, der Name oder sonst eine Eigenschaft dieses Benutzerkontos ändert. Die GUID bleibt immer konstant:

```
$konto = [ADSI]"LDAP://<GUID=f0ffa8b401ce5549b318c0a4641cdd4a>"
$konto
distinguishedName
-----------------
{CN=Gast,CN=Users,DC=scriptinternals,DC=technet}
```

Müssen Sie sich an der Domäne anmelden, geben Sie die GUID bei der Anmeldung an:

```
$guid = "<GUID=f0ffa8b401ce5549b318c0a4641cdd4a>"
$konto = new-object DirectoryServices.DirectoryEntry("LDAP://10.10.10.1/$guid","domain\user", "geheim")
distinguishedName
-----------------
{CN=Gast,CN=Users,DC=scriptinternals,DC=technet}
```

Eigenschaften lesen und ändern

Im letzten Abschnitt haben Sie gesehen, wie Sie einzelne Elemente innerhalb einer Domäne ansprechen – entweder direkt über ADSI-Pfad oder GUID. Oder indem Sie den Inhalt eines Ordners durchsuchen oder domänenweit eine Suche starten.

Die Elemente, die Sie auf diese Weise erhalten, sind vollwertige Objekte. Sie steuern diese Elemente über ihre Eigenschaften und Methoden. Grundsätzlich gilt alles, was Sie darüber in Kapitel 6 bereits gelesen haben. Bei ADSI gibt es zusätzlich einige Besonderheiten:

- **Zwillings-Objekte:** Jedes ADSI-Objekt gibt es eigentlich doppelt, nämlich einmal als von PowerShell aufbereitetes Objekt und ein zweites Mal als rohes ADSI-Objekt. Das rohe zugrundeliegende Objekt sprechen Sie über die Eigenschaft *PSBase* des aufbereiteten Objekts an. Das aufbereitete Objekt enthält alle *Active Directory*-Attribute einschließlich möglicher Schemaerweiterungen. Das zugrundeliegende Basisobjekt enthält die .NET-Eigenschaften und -Methoden, die Sie für die allgemeine Verwaltung benötigen. Wie Sie auf beide Objekte zugreifen, haben Sie schon gesehen, als Sie mit *Children* den Inhalt eines Containers aufgelistet haben.

- **Phantom-Objekte:** Suchergebnisse einer domänenweiten Suche sehen nur auf den ersten Blick aus wie die Originalobjekte. Es sind aber in Wirklichkeit reduzierte *SearchResult*-Objekte. Die wirklichen ADSI-Objekte erhalten Sie über die Methode *GetDirectoryEntry()*. Wie das geschieht, haben Sie eben im Abschnitt über die GUIDs schon gesehen.

- **Eigenschaften:** Alle Änderungen, die Sie an ADSI-Eigenschaften vornehmen, werden erst wirksam, wenn Sie die Methode *SetInfo()* aufrufen.

HINWEIS In den folgenden Beispielen verwenden wir die oben beschriebene Funktion *Get-LDAPUser*, um auf Benutzerkonten zuzugreifen. Sie können Benutzerkonten aber auch auf einem der anderen beschriebenen Wege ansprechen.

Welche Eigenschaften gibt es überhaupt?

Um festzustellen, welche Eigenschaften ein beliebiges ADSI-Objekt enthält, gibt es einen theoretischen und einen praktischen Ansatz.

Praktischer Ansatz: Nachschauen!

Der praktische Ansatz ist am einfachsten: Geben Sie das Objekt in die Konsole aus, wandelt PowerShell alle darin enthaltenen Eigenschaften in Text um, sodass Sie nicht nur die Eigenschaften sehen, sondern auch gleich, welche Werte den Eigenschaften zugewiesen sind. Im folgenden Beispiel stammt das Benutzerobjekt von der ADSI-Suche, genauer von der oben beschriebenen Funktion *Get-LDAPUser*:

```
$benutzerkonto = Get-LDAPUser Gast
$benutzerkonto | Format-List *
Path       : LDAP://10.10.10.1/CN=Gast,CN=Users,DC=scriptinternals,DC=technet
Properties : {samaccounttype, lastlogon, objectsid, whencreated...}
```

Das Ergebnis ist dürftig, aber Sie wissen inzwischen: Suchabfragen liefern nur ein reduziertes *SearchResult*-Objekt. Das echte Benutzerobjekt erhalten Sie daraus über einen Aufruf von *GetDirectoryEntry()*. Darin sind mehr Informationen enthalten:

```
$benutzerkonto = $benutzerkonto.GetDirectoryEntry()
$benutzerkonto | Format-List *

objectClass            : {top, person, organizationalPerson, user}
cn                     : {Gast}
description            : {Vordefiniertes Konto für Gastzugriff auf den Computer bzw. die Domäne}
distinguishedName      : {CN=Gast,CN=Users,DC=scriptinternals,DC=technet}
instanceType           : {4}
whenCreated            : {11.12.2005 12:31:31}
whenChanged            : {27.06.2006 09:59:59}
uSNCreated             : {System.__ComObject}
memberOf               : {CN=Gäste,CN=Builtin,DC=scriptinternals,DC=technet}
uSNChanged             : {System.__ComObject}
name                   : {Gast}
objectGUID             : {240 255 168 180 1 206 85 73 179 24 192 164 100 28 221 74}
userAccountControl     : {66080}
badPwdCount            : {0}
codePage               : {0}
countryCode            : {0}
badPasswordTime        : {System.__ComObject}
lastLogoff             : {System.__ComObject}
lastLogon              : {System.__ComObject}
logonHours             : {255 255 255 255 255 255 255 255 255 255 255 255 255 255 255 255 255 255 255 255 255}
pwdLastSet             : {System.__ComObject}
primaryGroupID         : {514}
objectSid              : {1 5 0 0 0 0 5 21 0 0 0 184 88 34 189 250 183 7 172 165 75 78 29 245 1 0 0}
accountExpires         : {System.__ComObject}
logonCount             : {0}
sAMAccountName         : {Gast}
sAMAccountType         : {805306368}
objectCategory         : {CN=Person,CN=Schema,CN=Configuration,DC=scriptinternals,DC=technet}
isCriticalSystemObject : {True}
nTSecurityDescriptor   : {System.__ComObject}
```

Zusätzlich stehen weitere Eigenschaften im zugrundeliegenden Basisobjekt zur Verfügung:

```
$benutzerkonto.PSBase | Format-List *

AuthenticationType : Secure
Children           : {}
Guid               : b4a8fff0-ce01-4955-b318-c0a4641cdd4a
ObjectSecurity     : System.DirectoryServices.ActiveDirectorySecurity
Name               : CN=Gast
NativeGuid         : f0ffa8b401ce5549b318c0a4641cdd4a
NativeObject       : {}
Parent             : System.DirectoryServices.DirectoryEntry
Password           :
Path               : LDAP://10.10.10.1/CN=Gast,CN=Users,DC=scriptinternals,DC=technet
Properties         : {objectClass, cn, description, distinguishedName...}
SchemaClassName    : user
```

```
SchemaEntry         : System.DirectoryServices.DirectoryEntry
UsePropertyCache    : True
Username            : scriptinternals\Administrator
Options             : System.DirectoryServices.DirectoryEntryConfiguration
Site                :
Container           :
```

Der Unterschied zwischen diesen beiden Objekten: Das zuerst gelieferte Objekt repräsentiert den jeweiligen Benutzer. Das zugrundeliegende Basis-Objekt ist für das ADSI-Objekt selbst zuständig und meldet zum Beispiel, wo es innerhalb der Domäne gespeichert ist oder wie seine eindeutige GUID lautet. In der Eigenschaft *UserName* steht zum Beispiel nicht, wen das Benutzerkonto repräsentiert (in diesem Fall *Gast*), sondern wer es abgerufen hat (*Administrator*).

Theoretischer Ansatz: Sehr viel gründlicher

Der praktische Ansatz von eben ist schnell und liefert viele Informationen. Er ist aber nicht vollständig. PowerShell zeigt bei der Ausgabe nur die Eigenschaften an, die auch tatsächlich gerade einen Wert enthalten (selbst wenn es ein leerer Wert sein sollte). Tatsächlich stehen sehr viel mehr Eigenschaften zur Verfügung. Die nennt Ihnen *Get-Member*:

```
$benutzerkonto | Get-Member -memberType *Property

Name                         MemberType Definition
----                         ---------- ----------
accountExpires               Property   System.DirectoryServices.PropertyValueCollection accountExpires
{get;set;}
badPasswordTime              Property   System.DirectoryServices.PropertyValueCollection badPasswordTime
{get;set;}
badPwdCount                  Property   System.DirectoryServices.PropertyValueCollection badPwdCount
{get;set;}
cn                           Property   System.DirectoryServices.PropertyValueCollection cn {get;set;}
codePage                     Property   System.DirectoryServices.PropertyValueCollection codePage {get;set;}
countryCode                  Property   System.DirectoryServices.PropertyValueCollection countryCode
{get;set;}
description                  Property   System.DirectoryServices.PropertyValueCollection description
{get;set;}
distinguishedName            Property   System.DirectoryServices.PropertyValueCollection distinguishedName
{get;...
instanceType                 Property   System.DirectoryServices.PropertyValueCollection instanceType
{get;set;}
isCriticalSystemObject       Property   System.DirectoryServices.PropertyValueCollection
isCriticalSystemObject ...
lastLogoff                   Property   System.DirectoryServices.PropertyValueCollection lastLogoff {get;set;}
lastLogon                    Property   System.DirectoryServices.PropertyValueCollection lastLogon {get;set;}
logonCount                   Property   System.DirectoryServices.PropertyValueCollection logonCount {get;set;}
logonHours                   Property   System.DirectoryServices.PropertyValueCollection logonHours {get;set;}
memberOf                     Property   System.DirectoryServices.PropertyValueCollection memberOf {get;set;}
name                         Property   System.DirectoryServices.PropertyValueCollection name {get;set;}
nTSecurityDescriptor         Property   System.DirectoryServices.PropertyValueCollection nTSecurityDescriptor
{g...
objectCategory               Property   System.DirectoryServices.PropertyValueCollection objectCategory
{get;set;}
```

```
objectClass           Property    System.DirectoryServices.PropertyValueCollection objectClass
{get;set;}
objectGUID            Property    System.DirectoryServices.PropertyValueCollection objectGUID {get;set;}
objectSid             Property    System.DirectoryServices.PropertyValueCollection objectSid {get;set;}
primaryGroupID        Property    System.DirectoryServices.PropertyValueCollection primaryGroupID
{get;set;}
pwdLastSet            Property    System.DirectoryServices.PropertyValueCollection pwdLastSet {get;set;}
sAMAccountName        Property    System.DirectoryServices.PropertyValueCollection sAMAccountName
{get;set;}
sAMAccountType        Property    System.DirectoryServices.PropertyValueCollection sAMAccountType
{get;set;}
userAccountControl    Property    System.DirectoryServices.PropertyValueCollection userAccountControl
{get...
uSNChanged            Property    System.DirectoryServices.PropertyValueCollection uSNChanged {get;set;}
uSNCreated            Property    System.DirectoryServices.PropertyValueCollection uSNCreated {get;set;}
whenChanged           Property    System.DirectoryServices.PropertyValueCollection whenChanged
{get;set;}
whenCreated           Property    System.DirectoryServices.PropertyValueCollection whenCreated
{get;set;}
```

In dieser Aufstellung erfahren Sie auch, ob Eigenschaften nur lesbar oder auch änderbar sind. Änderbare Eigenschaften sind mit *{get;set;}* gekennzeichnet, nur lesbare mit *{get;}*. Ändern Sie eine Eigenschaft, wird die Änderung erst wirksam, wenn Sie anschließend *SetInfo()* aufrufen.

```
$benutzerkonto.Description = "Gast-Konto"
$benutzerkonto.SetInfo()
```

Auch über das zugrundeliegende *PSBase*-Objekt kann *Get-Member* Auskunft erteilen:

```
$benutzerkonto.PSBase | Get-Member -MemberType *Property

   TypeName: System.Management.Automation.PSMemberSet

Name                MemberType  Definition
----                ----------  ----------
AuthenticationType  Property    System.DirectoryServices.AuthenticationTypes AuthenticationType {get;set;}
Children            Property    System.DirectoryServices.DirectoryEntries Children {get;}
Container           Property    System.ComponentModel.IContainer Container {get;}
Guid                Property    System.Guid Guid {get;}
Name                Property    System.String Name {get;}
NativeGuid          Property    System.String NativeGuid {get;}
NativeObject        Property    System.Object NativeObject {get;}
ObjectSecurity      Property    System.DirectoryServices.ActiveDirectorySecurity ObjectSecurity {get;set;}
Options             Property    System.DirectoryServices.DirectoryEntryConfiguration Options {get;}
Parent              Property    System.DirectoryServices.DirectoryEntry Parent {get;}
Password            Property    System.String Password {set;}
Path                Property    System.String Path {get;set;}
Properties          Property    System.DirectoryServices.PropertyCollection Properties {get;}
SchemaClassName     Property    System.String SchemaClassName {get;}
SchemaEntry         Property    System.DirectoryServices.DirectoryEntry SchemaEntry {get;}
Site                Property    System.ComponentModel.ISite Site {get;set;}
UsePropertyCache    Property    System.Boolean UsePropertyCache {get;set;}
Username            Property    System.String Username {get;set;}
```

Eigenschaften lesen

Die Eigenschaften eines Objekts liest man üblicherweise in der Punktschreibweise, genau wie bei allen anderen Objekten auch (Kapitel 6). Wollen Sie also erfahren, was in der Eigenschaft *Description* des Objekts *$benutzerkonto* steht, formulieren Sie:

```
$benutzerkonto.Description
Vordefiniertes Konto für den Gast-Zugriff
```

Es gibt allerdings zwei weitere Alternativen, und die sehen so aus:

```
$benutzerkonto.Get("Description")
$benutzerkonto.psbase.InvokeGet("Description")
```

Sie scheinen auf den ersten Blick identisch zu funktionieren. Abweichungen ergeben sich aber, wenn Sie eine andere Eigenschaft abfragen: *AccountDisabled*.

```
$benutzerkonto.AccountDisabled
$benutzerkonto.Get("AccountDisabled")
Ausnahme beim Aufrufen von "Get" mit 1 Argument(en):  "Die Verzeichniseigenschaft wurde nicht im Cache
gefunden."
Bei Zeile:1 Zeichen:14
+ $benutzerkonto.Get( <<<< "AccountDisabled")
$benutzerkonto.psbase.InvokeGet("AccountDisabled")
False
```

Die erste Variante liefert gar keine Information, die zweite eine Fehlermeldung und nur die dritte das richtige Ergebnis. Was ist hier passiert?

Das Objekt in *$benutzerkonto* ist ein von PowerShell bearbeitetes Objekt. Alle Attribute (Verzeichniseigenschaften) werden in diesem Objekt als Eigenschaften sichtbar. ADSI-Objekte können aber weitere Eigenschaften enthalten, und zu denen gehört *AccountDisabled*. Diese zusätzlichen Eigenschaften werden vom PowerShell-Objekt nicht berücksichtigt. Die Punktschreibweise unterdrückt kategorisch alle Fehler, und nur *Get()* meldet das Problem: Unter dem Namen *AccountDisabled* wurde im LDAP-Verzeichnis für dieses Element nichts gefunden.

Tatsächlich findet sich *AccountDisabled* in einem anderen Interface des Elements, und nur das zugrundeliegende *PSBase*-Objekt mit seiner Methode *InvokeGet()* macht alles richtig und liefert den Inhalt dieser Eigenschaft.

> **TIPP** Solange Sie Eigenschaften bearbeiten wollen, die angezeigt werden, wenn Sie das Objekt über *Format-List* * in die Konsole ausgeben, dürfen Sie problemlos die Punktschreibweise oder *Get()* verwenden. Bei allen anderen Eigenschaften muss es *PSBase.InvokeGet()* sein. Möchten Sie den Inhalt einer Eigenschaft ausdrücklich als Feld geliefert bekommen, verwenden Sie *GetEx()*.

Eigenschaften ändern

Eigenschaften ändern Sie im einfachsten Fall wie bei jedem anderen Objekt auch: Weisen Sie der Eigenschaft mit der Punktschreibweise einen neuen Wert zu. Vergessen Sie nicht, anschließend *SetInfo()* aufzurufen, damit die Änderung gespeichert wird. Das ist eine Besonderheit von ADSI. Die folgende Zeile setzt zum Beispiel bei allen Benutzern im *Users*-Verzeichnis eine Standardbeschreibung, wenn keine andere hinterlegt ist:

```
$ldap = "CN=Users"
$domain = [ADSI]""
$dn = $domain.distinguishedName
$users = [ADSI]"LDAP://$ldap/$dn"
$users.PSBase.Children | Where-Object { $_.sAMAccountType -eq 805306368 } | Where-Object {
$_.Description.toString() -eq "" } | Foreach-Object { $_.Description = "Standardbeschriftung";
$_.SetInfo(); $_.sAMAccountName + " wurde geändert." }
```

Tatsächlich gibt es auch für die Änderung einer Eigenschaft insgesamt drei Ansätze, und das wird gleich sehr wichtig, weil die drei Wege sich in mancher Hinsicht unterschiedlich verhalten:

```
$searchuser = Get-LDAPUser Gast
$benutzerkonto = $searchuser.GetDirectoryEntry()

# Methode 1:
$benutzerkonto.Description = "Eine neue Beschreibung"
$benutzerkonto.SetInfo()

# Methode 2:
$benutzerkonto.Put("Description", "Noch eine neue Beschreibung")
$benutzerkonto.SetInfo()

# Methode 3:
$benutzerkonto.PSBase.InvokeSet("Description", "Eine dritte Beschreibung")
$benutzerkonto.SetInfo()
```

Solange Sie normale Verzeichnisattribute eines Objekts ändern, funktionieren alle drei Methoden gleich. Problematisch wird es, wenn Sie Eigenschaften mit besonderen Funktionen ändern. Dazu zählt zum Beispiel die Eigenschaft *AccountDisabled*, die bestimmt, ob ein Konto gesperrt ist oder nicht. Das *Gast*-Konto ist normalerweise gesperrt:

```
$benutzerkonto.AccountDisabled
```

Das Ergebnis ist »nichts«, denn diese Eigenschaft gehört – wie Sie aus dem letzten Abschnitt schon wissen – nicht zu den Verzeichnisattributen, die PowerShell in diesem Objekt verwaltet. Das ist schlecht, denn wenn Sie nun versuchen, diese Eigenschaft auf einen anderen Wert festzulegen, passiert etwas sehr Sonderbares in PowerShell:

```
$benutzerkonto.AccountDisabled = $false
$benutzerkonto.SetInfo()
Ausnahme beim Aufrufen von "SetInfo" mit 0 Argument(en): "Das angegebene Verzeichnisdienstattribut bzw.
der angegebene Verzeichnisdienstwert ist bereits vorhanden. (Ausnahme von HRESULT: 0x8007200A)"
Bei Zeile:1 Zeichen:18
+ $benutzerkonto.SetInfo( <<<< )
$benutzerkonto.AccountDisabled
False
```

PowerShell hat dem Objekt kurzerhand eine neue Eigenschaft namens *AccountDisabled* angedichtet, und wenn Sie versuchen, dieses Objekt an die Domäne zu übermitteln, lehnt diese ab: Die von PowerShell hinzugefügte Eigenschaft *AccountDisabled* entspricht nicht der Domänen-Eigenschaft *AccountDisabled*. Dieses Problem tritt immer dann auf, wenn Sie eine Eigenschaft eines ADSI-Objekts setzen wollen, die vorher noch nicht festgelegt war.

Um das Problem zu beseitigen, müssen Sie zunächst das Objekt wieder in seinen ursprünglichen Zustand zurückversetzen, also die von PowerShell hinterrücks hinzugefügte Eigenschaft wieder entfernen. Das machen Sie, indem Sie mit *GetInfo()* das Objekt neu von der Domäne laden. *GetInfo()* ist also der Gegenspieler zu *SetInfo()*:

```
$benutzerkonto.GetInfo()
```

ACHTUNG Hat PowerShell dem Objekt erst einmal eine »illegale« Eigenschaft hinzugefügt, scheitern sämtliche weiteren Versuche, dieses Objekt mit *SetInfo()* in der Domäne zu speichern. Sie *müssen GetInfo()* aufrufen oder das Objekt neu anlegen.

Anschließend setzen Sie die Eigenschaft mit der dritten oben genannten Variante, nämlich nicht über das von PowerShell bearbeitete normale Objekt, sondern über dessen zugrundeliegende Rohfassung:

```
$benutzerkonto.psbase.InvokeSet("AccountDisabled", $false)
$benutzerkonto.SetInfo()
```

Jetzt funktioniert die Änderung. Die Moral: Nur die Methode *InvokeSet()* aus dem zugrundeliegenden *PSBase*-Objekt ändert Eigenschaften zuverlässig und fehlerfrei. Die übrigen beiden Methoden, die das von PowerShell bearbeitete Objekt verändern, funktionieren nur mit den Eigenschaften richtig, die das Objekt auch anzeigt, wenn Sie es in der Konsole ausgeben.

Eigenschaften löschen

Möchten Sie eine Eigenschaft komplett löschen, dann heißt das nicht, dass Sie den Inhalt auf 0 oder einen leeren Text setzen. Löschen Sie eine Eigenschaft, wird sie komplett entfernt. *PutEx()* kann Eigenschaften löschen und unterstützt außerdem Eigenschaften, die Felder speichern. *PutEx()* verlangt drei Argumente. Das erste gibt an, was *PutEx()* tun soll und entspricht den Werten aus Tabelle 19.2. Das zweite Argument ist der Name der Eigenschaft, die geändert werden soll. Und das dritte Argument ist der Wert, den Sie der Eigenschaft zuweisen oder aus ihr entfernen wollen.

Zahlenwert	Bedeutung
1	Eigenschaftswert löschen (Eigenschaft bleibt erhalten)
2	Eigenschaftswert komplett ersetzen
3	Informationen zu einer Eigenschaft hinzufügen
4	Teile der Eigenschaft löschen

Tabelle 19.2 PutEx()-Aktionen

Um die Eigenschaft *Description* komplett zu entfernen, verwenden Sie *PutEx()* mit diesen Parametern:

```
$benutzerkonto.PutEx(1, "Description", 0)
$benutzerkonto.SetInfo()
```

Rufen Sie danach sämtliche Eigenschaften des Objekts ab, ist die Eigenschaft *Description* tatsächlich vollkommen verschwunden:

```
$benutzerkonto | Format-List *
objectClass            : {top, person, organizationalPerson, user}
cn                     : {Gast}
distinguishedName      : {CN=Gast,CN=Users,DC=scriptinternals,DC=technet}instanceType        : {4}
whenCreated            : {11.12.2005 12:31:31}
whenChanged            : {17.10.2007 11:59:36}
uSNCreated             : {System.__ComObject}
memberOf               : {CN=Gäste,CN=Builtin,DC=scriptinternals,DC=technet}
uSNChanged             : {System.__ComObject}
name                   : {Gast}
objectGUID             : {240 255 168 180 1 206 85 73 179 24 192 164 100 28 221 74}
userAccountControl     : {66080}
badPwdCount            : {0}
codePage               : {0}
countryCode            : {0}
badPasswordTime        : {System.__ComObject}
lastLogoff             : {System.__ComObject}
lastLogon              : {System.__ComObject}
logonHours             : {255 255 255 255 255 255 255 255 255 255 255 255 255 255 255 255 255 255
                         255 255}
pwdLastSet             : {System.__ComObject}
primaryGroupID         : {514}
objectSid              : {1 5 0 0 0 0 5 21 0 0 0 184 88 34 189 250 183 7 172 165 75 78 29 245 1 0 0}
accountExpires         : {System.__ComObject}
logonCount             : {0}
sAMAccountName         : {Gast}
sAMAccountType         : {805306368}
objectCategory         : {CN=Person,CN=Schema,CN=Configuration,DC=scriptinternals,DC=technet}
isCriticalSystemObject : {True}
nTSecurityDescriptor   : {System.__ComObject}
```

Eigenschaften lesen und ändern

> **WICHTIG** Selbst *Get-Member* liefert Ihnen nun keinen Hinweis mehr auf die Eigenschaft *Description*. Das ist ein echtes Manko, denn Sie haben keine Möglichkeit, mit PowerShell-Bordmitteln zu erkennen, welche sonstigen Eigenschaften das ADSI-Objekt möglicherweise unterstützt. PowerShell zeigt stets nur die Eigenschaften an, die definiert sind.

Das bedeutet allerdings nicht, dass die Eigenschaft *Description* nun für immer verschwunden wäre. Sie können Sie jederzeit neu anlegen:

```
$benutzerkonto.Description = "Neue Beschreibung"
$benutzerkonto.SetInfo()
```

Interessant, oder? Sie könnten also auch ganz andere Eigenschaften hinzufügen, die das Objekt vorher nicht hatte:

```
$benutzerkonto.wwwHomePage = "http://www.powershell.com"
$benutzerkonto.Lieblingsessen = "Klöpse"
Die Value-Eigenschaft für das PSMemberInfo-Objekt vom Typ "System.Management.Automation.PSMethod" kann
nicht festgelegt werden.
Bei Zeile:1 Zeichen:11
+ $benutzerkonto.L <<<< Lieblingsessen = "Klöpse"
$benutzerkonto.SetInfo()
```

Wirklich jede beliebige Eigenschaft ist offenbar nicht erlaubt. Während das Benutzerkonto die Eigenschaft *wwwHomePage* akzeptierte (und damit in den Benutzereigenschaften die Webseite des Benutzers gesetzt hat), wurde das Lieblingsessen zurückgewiesen.

Das Schema der Domäne

Damit nicht jeder Benutzer beliebigen Unsinn im Verzeichnisdienst speichert, hat der Verzeichnisdienst nämlich eine Liste erlaubter Informationen, sein so genanntes *Schema*. Einige davon sind sogar zwingend und müssen bei jedem Objekt dieses Typs angegeben werden, andere (wie die Homepage) sind optional. Über diese internen Listen gelangen Sie doch noch an die Eigenschaften, die Sie in einem ADSI-Objekt hinterlegen dürfen. Welche »Bedienungsanleitung« für das Objekt zuständig ist, meldet die Eigenschaft *SchemaClass*:

```
$benutzerkonto.psbase.SchemaClassName
user
```

Unter diesem Namen schlagen Sie im Schema der Domäne nach. Das Ergebnis ist das Schemaobjekt für Benutzerobjekte, und dieses liefert in *SystemMayContain* die Namen sämtlicher erlaubten Eigenschaften.

```
$schema = $domain.PSBase.Children.find("CN=user,CN=Schema,CN=Configuration")
$schema.systemMayContain | sort-object

accountExpires
aCSPolicyName
adminCount
```

```
badPasswordTime
badPwdCount
businessCategory
codepage
controlAccessRights
dBCSPwd
defaultClassStore
desktopProfile
dynamicLDAPServer
groupMembershipSAM
groupPriority
groupsToIgnore
homeDirectory
homeDrive
homePhone
initials
lastLogoff
lastLogon
lastLogonTimestamp
lmPwdHistory
localeID
lockoutTime
logonCount
logonHours
logonWorkstation
mail
manager
maxStorage
mobile
msCOM-UserPartitionSetLink
msDRM-IdentityCertificate
msDS-Cached-Membership
msDS-Cached-Membership-Time-Stamp
mS-DS-CreatorSID
msDS-Site-Affinity
msDS-User-Account-Control-Computed
msIIS-FTPDir
msIIS-FTPRoot
mSMQDigests
mSMQDigestsMig
mSMQSignCertificates
mSMQSignCertificatesMig
msNPAllowDialin
msNPCallingStationID
msNPSavedCallingStationID
msRADIUSCallbackNumber
msRADIUSFramedIPAddress
msRADIUSFramedRoute
msRADIUSServiceType
msRASSavedCallbackNumber
msRASSavedFramedIPAddress
msRASSavedFramedRoute
networkAddress
ntPwdHistory
o
```

```
operatorCount
otherLoginWorkstations
pager
preferredOU
primaryGroupID
profilePath
pwdLastSet
scriptPath
servicePrincipalName
terminalServer
unicodePwd
userAccountControl
userCertificate
userParameters
userPrincipalName
userSharedFolder
userSharedFolderOther
userWorkstations
```

Eigenschaften setzen, die mehrere Werte haben

PutEx() ist nicht nur für das Löschen von Eigenschaften zuständig, sondern auch für Eigenschaften, die mehr als einen Wert enthalten können. Dazu gehört *otherHomePhone*, die Liste zusätzlicher Telefonkontakte eines Benutzers. Die Eigenschaft kann nicht nur eine Telefonnummer speichern, sondern mehrere. So setzen Sie die Telefonnummern der Eigenschaft neu:

```
$benutzerkonto.PutEx(2, "otherHomePhone", @("123", "456", "789"))
$benutzerkonto.SetInfo()
```

Etwaige vorher vorhandene Telefonnummern wurden dabei allerdings überschrieben. Möchten Sie eine neue Telefonnummer zur vorhandenen Liste hinzufügen, gehen Sie so vor:

```
$benutzerkonto.PutEx(3, "otherHomePhone", @("555"))
$benutzerkonto.SetInfo()
```

Ganz ähnlich lassen sich Telefonnummern auch selektiv aus der Liste entfernen:

```
$benutzerkonto.PutEx(4, "otherHomePhone", @("456", "789"))
$benutzerkonto.SetInfo()
```

Methoden aufrufen

Alle Objekte, mit denen Sie es bisher zu tun hatten, enthalten nicht nur Eigenschaften, sondern auch Methoden, also ausführbare Befehle. Wenn Sie eine Methode aufrufen, die das Objekt ändert, ist anders als bei Eigenschaften kein Aufruf von *SetInfo()* nötig. Methoden wirken sofort. Welche Methoden ein Objekt enthält, kann *Get-Member* sichtbar machen (Kapitel 6):

```
$gast | Get-Member -memberType *Method
```

Erstaunlicherweise ist das Ergebnis eher enttäuschend, denn das von PowerShell gelieferte ADSI-Objekt enthält keine Methoden. Die wahre Funktionalität befindet sich im Basisobjekt, das Sie über *PSBase* erreichen:

```
$gast.psbase | Get-Member -memberType *Method


   TypeName: System.Management.Automation.PSMemberSet

Name                            MemberType Definition
----                            ---------- ----------
add_Disposed                    Method     System.Void add_Disposed(EventHandler value)
Close                           Method     System.Void Close()
CommitChanges                   Method     System.Void CommitChanges()
CopyTo                          Method     System.DirectoryServices.DirectoryEntry CopyTo(DirectoryEntry
newPare...
CreateObjRef                    Method     System.Runtime.Remoting.ObjRef CreateObjRef(Type requestedType)
DeleteTree                      Method     System.Void DeleteTree()
Dispose                         Method     System.Void Dispose()
Equals                          Method     System.Boolean Equals(Object obj)
GetHashCode                     Method     System.Int32 GetHashCode()
GetLifetimeService              Method     System.Object GetLifetimeService()
GetType                         Method     System.Type GetType()
get_AuthenticationType          Method     System.DirectoryServices.AuthenticationTypes
get_AuthenticationType()
get_Children                    Method     System.DirectoryServices.DirectoryEntries get_Children()
get_Container                   Method     System.ComponentModel.IContainer get_Container()
get_Guid                        Method     System.Guid get_Guid()
get_Name                        Method     System.String get_Name()
get_NativeGuid                  Method     System.String get_NativeGuid()
get_ObjectSecurity              Method     System.DirectoryServices.ActiveDirectorySecurity
get_ObjectSecurity()
get_Options                     Method     System.DirectoryServices.DirectoryEntryConfiguration get_Options()
get_Parent                      Method     System.DirectoryServices.DirectoryEntry get_Parent()
get_Path                        Method     System.String get_Path()
get_Properties                  Method     System.DirectoryServices.PropertyCollection get_Properties()
get_SchemaClassName             Method     System.String get_SchemaClassName()
get_SchemaEntry                 Method     System.DirectoryServices.DirectoryEntry get_SchemaEntry()
get_Site                        Method     System.ComponentModel.ISite get_Site()
get_UsePropertyCache            Method     System.Boolean get_UsePropertyCache()
get_Username                    Method     System.String get_Username()
InitializeLifetimeService       Method     System.Object InitializeLifetimeService()
Invoke                          Method     System.Object Invoke(String methodName, Params Object[] args)
InvokeGet                       Method     System.Object InvokeGet(String propertyName)
InvokeSet                       Method     System.Void InvokeSet(String propertyName, Params Object[] args)
MoveTo                          Method     System.Void MoveTo(DirectoryEntry newParent), System.Void
MoveTo(Dire...
RefreshCache                    Method     System.Void RefreshCache(), System.Void RefreshCache(String[]
propert...
remove_Disposed                 Method     System.Void remove_Disposed(EventHandler value)
Rename                          Method     System.Void Rename(String newName)
set_AuthenticationType          Method     System.Void set_AuthenticationType(AuthenticationTypes value)
set_ObjectSecurity              Method     System.Void set_ObjectSecurity(ActiveDirectorySecurity value)
set_Password                    Method     System.Void set_Password(String value)
```

Methoden aufrufen

```
set_Path                   Method    System.Void set_Path(String value)
set_Site                   Method    System.Void set_Site(ISite value)
set_UsePropertyCache       Method    System.Void set_UsePropertyCache(Boolean value)
set_Username               Method    System.Void set_Username(String value)
ToString                   Method    System.String ToString()
```

Kennwort ändern

Das Kennwort eines Benutzerkontos ist ein Beispiel für eine Information, die nicht in einer Eigenschaft gespeichert wird. Deshalb kann man das Benutzerkonto auch nicht einfach auslesen. Stattdessen sorgen Methoden dafür, dass aus dem Benutzerkonto sofort ein »abhörsicherer« Hashwert gebildet und an sicherer Stelle hinterlegt wird. Für Änderungen des Kennworts sind die Methoden *SetPassword()* und *ChangePassword()* zuständig:

```
$benutzerkonto.SetPassword("New Password")
$benutzerkonto.ChangePassword("altes Kennwort", "neues Kennwort")
```

> **HINWEIS** Auch hier werden die Unzulänglichkeiten von Get-Member bei ADSI-Objekten deutlich, denn beide Methoden werden von *Get-Member* unterschlagen und nicht angezeigt. Man muss wissen, dass es sie gibt.

SetPassword() erfordert Administratorrechte und setzt das Kennwort einfach zurück. Das kann riskant sein, weil Sie so außerhalb einer Domäne den Zugriff auf alle Ihre Zertifikate verlieren, einschließlich des wichtigen Zertifikats für das verschlüsselnde Dateisystem EFS. Es ist aber erforderlich, wenn ein Anwender sein Kennwort vergessen hat. *ChangePassword()* erfordert keine erhöhten Rechte, weil zur Bestätigung das alte Kennwort angegeben werden muss.

Achten Sie beim Ändern eines Kennworts darauf, dass es den Anforderungen der Domäne entspricht. Andernfalls erhalten Sie eine Fehlermeldung wie diese:

```
Ausnahme beim Aufrufen von "SetPassword" mit 1 Argument(en): "Das Kennwort entspricht nicht den
Anforderungen der Kennwortrichtlinien. Überprüfen Sie die Kennwortlänge, die Komplexität des Kennworts
und die Anforderungen bezüglich früherer Kennwörter. (Ausnahme von HRESULT: 0x800708C5)"
Bei Zeile:1 Zeichen:22
+ $realuser.SetPassword( <<<< "secret")
```

Gruppenmitgliedschaften regeln

Gruppenmitgliedschaften werden ebenfalls über Methoden festgelegt. Dazu benötigen Sie natürlich zunächst die Gruppen, in die ein Benutzer aufgenommen werden soll. Das funktioniert prinzipiell ganz genauso wie mit Benutzerkonten. Sie könnten also den ADSI-Pfad zu einer Gruppe angeben, um auf die Gruppe zuzugreifen. Oder Sie verwenden auch hierfür eine Universalfunktion, die Ihnen Gruppen zuvorkommend heraussucht:

```
function Get-LDAPGroup([string]$UserName, [string]$Start)
{
  # aktuelle Anmeldedomäne verwenden:
```

```
$domain = [ADSI]""
# ODER: an anderer Domäne anmelden:
#   $domain = new-object DirectoryServices.DirectoryEntry("LDAP://10.10.10.1","domain\user", "geheim")
If ($start -ne "")
{
  $startelement = $domain.psbase.Children.Find($start)
}
else
{
  $startelement = $domain
}
$searcher = new-object DirectoryServices.DirectorySearcher($startelement)
$searcher.filter = "(&(objectClass=group)(sAMAccountName=$UserName))"
$Searcher.CacheResults = $true
$Searcher.SearchScope = "Subtree"
$Searcher.PageSize = 1000
$searcher.findall()
}
```

In welchen Gruppen ist ein Anwender Mitglied?

Gruppenmitgliedschaften kann man von zwei Seiten betrachten. Haben Sie sich das Benutzerkonto-Objekt beschafft, liefert die Eigenschaft *memberOf* die Gruppen, in denen der Benutzer Mitglied ist:

```
$gast = (Get-LDAPUser Gast).GetDirectoryEntry()
$gast.memberOf
CN=Gäste,CN=Builtin,DC=scriptinternals,DC=technet
```

Welche Anwender sind Mitglied in einer Gruppe?

Die umgekehrte Betrachtungsweise geht von einer Gruppe aus, und in Gruppenobjekten finden sich die Mitglieder in der Eigenschaft *Member*:

```
$admin = (Get-LDAPGroup Domänen-Admins).GetDirectoryEntry()
$admin.member
CN=Tobias Weltner,CN=Users,DC=scriptinternals,DC=technet
CN=Markus2,CN=Users,DC=scriptinternals,DC=technet
CN=Belle,CN=Users,DC=scriptinternals,DC=technet
CN=Administrator,CN=Users,DC=scriptinternals,DC=technet
```

TIPP Da Gruppen ihrerseits wieder Mitglied in anderen Gruppen sein können, hat jedes Gruppenobjekt nicht nur die Eigenschaft *Member*, die die eigenen Mitglieder vermerkt, sondern auch *MemberOf*, die die Gruppen angibt, in denen diese Gruppe selbst Mitglied ist.

Benutzer in Gruppe einfügen

Um einen neuen Benutzer in eine Gruppe einzufügen, benötigen Sie das Gruppenobjekt sowie mindestens den ADSI-Pfad des Benutzers, der aufgenommen werden soll. Zuständig ist die Methode *Add()*:

```
$administratoren = (Get-LDAPGroup Domänen-Admins).GetDirectoryEntry()
$benutzer = (Get-LDAPUser Cofi1).GetDirectoryEntry()
$administratoren.Add($benutzer.psbase.Path)
$administratoren.SetInfo()
```

In diesem Beispiel wird der Benutzer *Cofi1* zur Gruppe der Domänen-Admins hinzugefügt. Es hätte genügt, der Methode *Add()* den korrekten ADSI-Pfad des Benutzers anzugeben. Einfacher ist, den Benutzer abzurufen und die *Path*-Eigenschaft des *PSBase*-Objekts zu übergeben.

Neben *Add()* gibt es zwei weitere Methoden, um Benutzer in Gruppen einzufügen:

```
$administratoren.Member = $administratoren.Member + $benutzer.distinguishedName
$administratoren.SetInfo()

$administratoren.Member += $benutzer.distinguishedName
$administratoren.SetInfo()
```

Um Benutzer aus Gruppen wieder zu entfernen, verwenden Sie anstelle von *Add()* die Methode *Remove()*.

Neue Objekte anlegen

Auch die Container, mit denen dieses Kapitel begann, kennen Eigenschaften und Methoden. Wollen Sie also neue Organisationseinheiten, Gruppen und Benutzer anlegen, müssen Sie sich nur entscheiden, wo diese Elemente innerhalb der Domäne aufbewahrt werden sollen. Danach verwenden Sie die *Create()*-Methode des jeweiligen Containers.

Neue Organisationseinheiten anlegen

Beginnen wir das Experiment mit neuen Organisationseinheiten, die die Struktur einer Firma abbilden sollen. Da die erste Organisationseinheit auf oberster Domänen-Ebene angelegt werden soll, beschaffen Sie sich ein Domänenobjekt:

```
$domain = [ADSI]""
```

Als nächstes soll eine neue Organisationseinheit namens Firma angelegt und darunter einige weitere Organisationseinheiten hinzugefügt werden:

```
$firma = $domain.Create("organizationalUnit", "OU=ShellTools")
$firma.SetInfo()
$aussendienst = $firma.Create("organizationalUnit", "OU=Aussendienst")
```

```
$aussendienst.SetInfo()
$marketing = $firma.Create("organizationalUnit", "OU=Marketing")
$marketing.SetInfo()
$service = $firma.Create("organizationalUnit", "OU=Service")
$service.SetInfo()
$ausland = $service.Create("organizationalUnit", "OU=Ausland")
$ausland.SetInfo()
```

Neue Gruppen anlegen

Gruppen legen Sie ebenso einfach an wie Organisationseinheiten: Suchen Sie sich wieder aus, in welchem Container die Gruppe entstehen soll, und legen Sie den Namen der Gruppe fest. Zusätzlich bestimmen Sie bei Gruppen außerdem in der Eigenschaft *groupType* die Art der Gruppe, die Sie anlegen wollen, denn im Gegensatz zu Organisationseinheiten gibt es mehrere verschiedenen Gruppenarten:

Gruppe	Code
Global	2
Lokal	4
Universal	8
als Sicherheitsgruppe	-2147483648 hinzufügen

Tabelle 19.3 Gruppentypen

Sicherheitsgruppen tragen eine eigene Sicherheits-ID. Ihnen kann man Berechtigungen zuweisen. Verteilergruppen organisieren nur Mitglieder, haben aber keine Sicherheitsfunktion. Im folgenden Beispiel werden eine globale Sicherheitsgruppe und eine globale Verteilergruppe angelegt:

```
$gruppe_marketing = $marketing.Create("group", "CN=Marketingleuchten")
$gruppe_marketing.psbase.InvokeSet("groupType", -2147483648 + 2)
$gruppe_marketing.SetInfo()

#
$gruppe_newsletter = $firma.Create("group", "CN=Newsletter")
$gruppe_newsletter.psbase.InvokeSet("groupType", 2)
$gruppe_newsletter.SetInfo()
```

Neue Benutzer anlegen

Um einen neuen Benutzer anzulegen, gehen Sie analog vor und legen zunächst das neue nackte Benutzerobjekt in einem Container Ihrer Wahl an. Danach füllen Sie die notwendigen Eigenschaften aus und setzen das Kennwort mit *SetPassword()*. Aktivieren Sie das Konto mit der Eigenschaft *AccountDisabled*. Die folgenden Zeilen legen ein neues Benutzerkonto in der zuvor angelegten Organisationseinheit Außendienst an:

```
$user = $aussendienst.Create("User", "CN=MyNewUser")
$user.SetInfo()
$user.Description = "My New User"
$user.SetPassword("TopSecret99")
$user.psbase.InvokeSet('AccountDisabled', $false)
$user.SetInfo()
```

HINWEIS Um Objekte zu löschen, setzen Sie anstelle von *Create()* die Methode *Delete()* ein.

Anhang A

Kurz-Referenz

Beispiel	Beschreibung
get-help get-childitem -detailed	Hilfe zu einem Cmdlet aufrufen
ping /?	Hilfe zu einem externen Kommando aufrufen
get-command more	gleichnamige Befehle auflisten
get-command	alle Cmdlets anzeigen
get-command -verb get	Cmdlets, die Daten beschaffen
get-command -verb set	Cmdlets, die Änderungen durchführen
get-command -verb format	Cmdlets, die die Ausgabe formatieren
get-command -verb out	Cmdlets, die die Ausgabe umleiten
get-command -verb new	Cmdlets, die etwas Neues anlegen
get-command -verb remove	Cmdlets, die etwas löschen oder entfernen
get-command -verb clear	Cmdlets, die den Inhalt von etwas löschen
get-command -verb add	Cmdlets, die etwas Neues hinzufügen

Tabelle A.1 Hilfe zu Befehlen

Operator	Beschreibung
+	Addition, Verkettung von Texten
-	Subtraktion
*	Multiplikation, Wiederholung von Texten
/	Division
%	Modulus
[Math]:: ⭾	Erweiterte mathematische Operatoren

Tabelle A.2 Arithmetische Operatoren

Beispiel	Beschreibung
1,2,3,5,3,2 -contains 3	überprüfen, ob Feld den Wert 3 enthält
1,2,3,5,3,2 -eq 3	alle Elemente zurückgeben, die gleich 3 sind
1,2,3,5,3,2 -lt 3	alle Elemente zurückgeben, die kleiner als 3 sind
if (1,3,5 -contains 2) { }	überprüfen, ob der Wert 2 im Feld enthalten ist
1,2,3	Feld mit drei Elementen anlegen
,1	Feld mit einem Element anlegen
@(dir)	Ergebnis von Dir in einem Feld zurückliefern

Anhang A: Kurz-Referenz

Beispiel	Beschreibung
(1,2,3).Count	Anzahl von Feldelementen bestimmen
"a","b","c"	Feld mit drei Zeichenfolgen anlegen
@()	leeres Feld anlegen
1,(2,3),4	Feld in einem Feld anlegen
@(2)	Feld mit einem Element anlegen
$a[5]	sechstes Element eines Feldes
$a[-1]	letztes Element eines Feldes
$a[2][3]	auf ein Element eines multidimensionalen Feldes zugreifen
$a[2..10]	Elemente 3 bis 11 des Feldes zurückliefern

Tabelle A.3 Beispiele für Feld-Funktionen

Operator	Beschreibung
=	Zuweisen eines Wertes, Beispiel: $a = 1
+=	Wert zum bestehenden Wert hinzufügen, beispielsweise Variable um eins erhöhen: $a += 1
-=	Wert abziehen, beispielsweise Variable um eins vermindern: $a -= 1
*=	Wert multiplizieren: $a *= 5
/=	Wert dividieren: $a /= 2
%=	Modulus berechnen: $a %= 3

Tabelle A.4 Zuweisungsoperatoren

Beispiel	Beschreibung
$hash = @{}	leere Hashtable anlegen
$hash = @{test=1;wert=2}	Hashtable mit zwei Elementen anlegen
$hash.wert2	Inhalt des Schlüssels *wert2* abrufen
$hash.wert2 = "test"	Schlüssel *wert2* einen neuen Wert zuweisen
$hash["wert2"]	Inhalt des Schlüssels *wert2* abrufen
$hash["wert2"] = "test"	Schlüssel *wert2* einen neuen Wert zuweisen
$hash += @{wert3=2}	Schlüssel *wert3* mit Wert *2* einer bestenden Hashtable hinzufügen

Tabelle A.5 Umgang mit Hash-Tables

Vergleichsoperator	Beschreibung
-eq	Gleichheit
-ne	Ungleichheit
-gt, -ge	Größer als, größer gleich
-lt, -le	Kleiner als, kleiner gleich

Tabelle A.6 Vergleichsoperatoren

Beispiel	Beschreibung
$a=0; while ($true) { $a += 1; if ($a -eq 5) {break} else {$a} }	*Break* beendet einen Anweisungsblock
$a=0; while ($a -lt 10) { $a += 1; if ($a -lt 3) {continue}; $a}	*Continue* überspringt einen Anweisungsblock
& { dir }	Führt einen Anweisungsblock aus
. { dir }	Führt einen Anweisungsblock im Kontext des Aufrufers aus

Tabelle A.7 Break, Continue und Anweisungsblöcke (Skriptblöcke)

Variable	Beschreibung
$$	Letztes Token der vorhergehenden Befehlszeile
$?	*$true*, wenn letzter Befehl fehlerfrei ist, sonst *$false*
$^	Erstes Token der vorhergehenden Befehlszeile
$_	Aktuelles Pipelineobjekt
$args	Argumente für ein Skript oder eine Funktion
$error	Sämtliche bisher aufgetretenen Fehler als Feld
$home	Das Stammverzeichnis eines Benutzers; normalerweise festgelegt auf %HOMEDRIVE%\%HOMEPATH%
$input	Enumerator der über die Pipeline an ein Skript übergebenen Objekte
$lastexitcode	Exitcode des letzten Programms oder Skripts
$matches	Hashtabelle aller mit dem *-match*-Operator ermittelten Übereinstimmungen
$ofs	Trennzeichen für die Umwandlung von Feldern in Text
$profile	Das Standardprofil (möglicherweise nicht vorhanden)
$PSHome	Das Installationsverzeichnis von Windows PowerShell
$stacktrace	Letzte von Windows PowerShell abgefangene Ausnahme
$switch	Enumerator in einer switch-Anweisung

Tabelle A.8 Automatische Variable (Auszug)

Anhang A: Kurz-Referenz

Reihenfolge	Befehlstyp
1	Alias
2	Funktion
3	Cmdlet
4	Skript
5	ausführbares Programm
6	andere Dateien

Tabelle A.9   Ausführungsreihenfolge

Beispiel	Beschreibung
$a = 1	Variable im aktuellen Gültigkeitsbereich
$global:a = 1	globale Variable (überall gültig)
$script:a = 1	Skriptvariable (überall in einem Skript gültig)
$local:a = 1	lokale Variable (im aktuellen Bereich und untergeordneten Bereichen gültig)
$private:a = 1	private Variable (nur im aktuellen Bereich gültig)
$env:windir	Umgebungsvariable
$(dir)	Direktvariable
${,.-%} = 1	Variablenname mit Sonderzeichen verwenden
${c:\autoexec.bat}	direkt auf Dateiinhalt zugreifen
Get-Variable -scope 1 a	Variableninhalt des übergeordneten Bereichs abrufen

Tabelle A.10   Variablen und Gültigkeitsbereiche

Beispiel	Beschreibung
"Windows-Ordner `n$env:windir"	Variablen und Escape-Sequenzen im Text werden aufgelöst
'Windows-Ordner `n$env:windir'	Variablen und Escape-Sequenzen im Text werden nicht aufgelöst
@' Hallo $name '@	Here-String ohne Auflösung
@" Hallo $name "@	Here-String mit Auflösung

Tabelle A.11   Zeichenfolgen

Escape-Sequenz	Bedeutung
`"	Gibt ein Anführungszeichen aus
`a	Alarmton
`b	Rückschritt
`f	Zeilenvorschub
`n, `r	Wagenrücklauf
`t	Tabulator
`v	vertikaler Tabulator

Tabelle A.12 Escape-Sequenzen

Beispiel	Beschreibung
Trap { "Fehler: " + $_.Exception.Message; Continue} & { get-process; dir gibtesnicht -ea "Stop" }	Ausführung des aktuellen Skriptblocks bei einem Fehler beenden
Throw "Fehler"	Einen Fehler auslösen

Tabelle A.13 Fehlerhandling

Symbol	Typ	Aufruf	Ergebnis
d	kurzes Datumsformat	"{0:d}" -f $wert	07.09.2007
D	langes Datumsformat	"{0:D}" -f $wert	Freitag, 7. September 2007
t	kurzes Zeitformat	"{0:t}" -f $wert	10:53
T	langes Zeitformat	"{0:T}" -f $wert	10:53:56
f	Datum & Uhrzeit komplett (kurz)	"{0:f}" -f $wert	Freitag, 7. September 2007 10:53
F	Datum & Uhrzeit komplett (lang)	"{0:F}" -f $wert	Freitag, 7. September 2007 10:53:56
g	Standard-Datum (kurz)	"{0:g}" -f $wert	07.09.2007 10:53
G	Standard-Datum (lang)	"{0:G}" -f $wert	07.09.2007 10:53:56
M	Tag des Monats	"{0:M}" -f $wert	07 September
r	RFC1123 Datumsformat	"{0:r}" -f $wert	Fri, 07 Sep 2007 10:53:56 GMT
s	sortierbares Datumsformat	"{0:s}" -f $wert	2007-09-07T10:53:56
u	universell sortierbares Datumsformat	"{0:u}" -f $wert	2007-09-07 10:53:56Z
U	universell sortierbares GMT-Datumsformat	"{0:U}" -f $wert	Freitag, 7. September 2007 10:53:56
Y	Jahr/Monats-Muster	"{0:Y}" -f $wert	September 2007

Tabelle A.14 Datumswerte formatieren

Anhang A: Kurz-Referenz

Symbol	Typ	Aufruf	Ergebnis
#	Zahl-Platzhalter	"{0:(#).##}" -f $wert	(1000000)
%	Prozentwert	"{0:0%}" -f $wert	100000000%
,	Tausender-Trennzeichen	"{0:0,0}" -f $wert	1.000.000
,.	Ganzzahliges Vielfaches von 1.000	"{0:0,.} " -f $wert	1000
.	Dezimalpunkt	"{0:0.0}" -f $wert	1000000,0
0	0-Platzhalter	"{0:00.0000}" -f $wert	1000000,0000
c	Währung (currency)	"{0:c}" -f $wert	1.000.000,00 €
d	Dezimalzahl (decimal)	"{0:d}" -f $wert	1000000
e	Wissenschaftlich (scientific)	"{0:e}" -f $wert	1,000000e+006
e	Exponenten-Platzhalter	"{0:00e+0}" -f $wert	10e+5
f	Festkommazahl (fixed point)	"{0:f}" -f $wert	1000000,00
g	Generisch (general)	"{0:g}" -f $wert	1000000
n	Tausender-Trennzeichen mit Nachkommastellen	"{0:n}" -f $wert	1.000.000,00
x	Hexadezimal	"0x{0:x4}" -f $wert	0x4240

Tabelle A.15 Zahlen formatieren

Symbol	Typ	Aufruf	Ergebnis
dd	Tag	"{0:dd}" -f $wert	07
ddd	Tagname (Kürzel)	"{0:ddd}" -f $wert	Fr
dddd	Tagname (ausgeschrieben)	"{0:dddd}" -f $wert	Freitag
gg	Ära	"{0:gg}" -f $wert	n. Chr.
hh	Stunde 2stellig	"{0:hh}" -f $wert	10
HH	Stunde 2stellig (24-Stunden)	"{0:HH}" -f $wert	10
mm	Minute	"{0:mm}" -f $wert	53
MM	Monat	"{0:MM}" -f $wert	09
MMM	Monatsname (Kürzel)	"{0:MMM}" -f $wert	Sep
MMMM	Monatsname (ausgeschrieben)	"{0:MMMM}" -f $wert	September
ss	Sekunde	"{0:ss}" -f $wert	56
tt	AM oder PM (nur englisch)	"{0:tt}" -f $wert	
yy	Jahr 2stellig	"{0:yy}" -f $wert	07
yyyy	Jahr 4stellig	"{0:YY}" -f $wert	2007
zz	Zeitzone (kurz)	"{0:zz}" -f $wert	+02
zzz	Zeitzone (lang)	"{0:zzz}" -f $wert	+02:00

Tabelle A.16 Datumswerte individuell formatieren

Baustein	Beschreibung
.	genau ein beliebiges Zeichen außer einem Zeilenumbruch (entspricht [^\n])
[^abc]	alle Zeichen außer den angegebenen
[^a-z]	alle Zeichen außer denen im angegebenen Bereich
[abc]	eines der angegebenen Zeichen
[a-z]	eines der Zeichen im Bereich
\a	Bell (ASCII 7)
\c	beliebiges in einem XML-Namen erlaubtes Zeichen
\cA-\cZ	Control+A bis Control+Z, entsprechend ASCII 0 bis ASCII 26
\d	eine Zahl (entspricht [0-9])
\D	beliebiges Zeichen außer Zahlen
\e	Escape (ASCII 9)
\f	Form Feed (ASCII 15)
\n	Zeilenumbruch
\r	Wagenrücklauf
\s	ein Leerzeichen, Tabulator oder Zeilenumbruch
\S	beliebiges Zeichen außer Leerzeichen, Tabulator und Zeilenumbruch
\t	ein Tabulatorzeichen
\uFFFF	Unicode-Zeichen mit dem hexadezimalen Code FFFF. Das Euro-Symbol trägt beispielsweise den Code 20AC.
\v	Vertikaler Tabulator (ASCII 11)
\w	Buchstabe, Ziffer oder Unterstrich
\W	beliebiges Zeichen außer Buchstaben
\xnn	bestimmtes Zeichen, wobei nn den hexadezimalen ASCII-Code festlegt
.*	beliebig viele beliebige Zeichen (einschließlich gar keinem Zeichen)

Tabelle A.17 Platzhalter für Zeichen in regulären Ausdrücken

Baustein	Beschreibung
*	Ausdruck davor kommt keinmal, einmal oder mehrmals vor (längste Möglichkeit)
*?	Ausdruck davor kommt keinmal, einmal oder mehrmals vor (kürzeste Möglichkeit)
.*	beliebig viele beliebige Zeichen (einschließlich gar keinem Zeichen)
?	Ausdruck davor kommt keinmal oder einmal vor (längste Möglichkeit)
??	Ausdruck davor kommt keinmal oder einmal vor (kürzeste Möglichkeit)

Baustein	Beschreibung
{n,}	mindestens n Vorkommen
{n,m}	mindestens n Vorkommen, höchstens m Vorkommen
{n}	genau n Vorkommen
+	Ausdruck davor kommt einmal vor

Tabelle A.18   Quantifizierer für Textmuster in regulären Ausdrücken

Baustein	Beschreibung
$	Satzende (bei mehrzeiligen Texten ist \Z eindeutiger)
\A	Satzanfang, auch bei mehrzeiligen Texten
\b	Wortgrenze
\B	Keine Wortgrenze
\Z	Satzende, auch bei mehrzeiligen Texten
^	Satzanfang (bei mehrzeiligen Texten ist \A eindeutiger)

Tabelle A.19   Anker-Grenzen in regulären Ausdrücken

Stichwortverzeichnis

!$? 469
#requires 331
$$ 281
$? 365, 469
$_ 125, 240, 245, 252, 266, 367
${} 481
$alias
   Dir 41
$args 47, 282, 283, 324
$commandLineParameters XXIX
$ConfirmPreference 65, 362, 380, 65
$ConsoleFileName 65
$Culture XXIX
$DebugPreference 65, 175, 302, 378, 380, 65
$error 365, 371
$ErrorActionPreference 65, 175, 364, 380, 65
$ErrorView 65, 363, 380, 65
$ExecutionContext 65, 397, 399, 65
$Foreach.Current 259
$Foreach.MoveNext() 259
$FormatEnumerationLimit 65
$global 308
$HOME 65, 66, 65, 66, 470
$Host 65, 163, 307
$host.EnterNestedPrompt() 381
$host.PrivateData 368
$input 313, 336
$lastword 306
$line 306
$matches 248, 430
$MaximumAliasCount 65
$MaximumDriveCount 65
$MaximumErrorCount 65, 371, 65
$MaximumFunctionCount 65
$MaximumHistoryCount 65
$MaximumVariableCount 65
$MyInvocation 335
$NestedPromptLevel 65
$null 65, 303, 65
$ofs 201, 287

$OutputEncoding 65
$PID 65
$profile 339
$ProgressPreference 65, 380, 65
$PSHOME 65, 339, 449
$PSVersionTable XXIX
$ReportErrorShowExceptionClass 65, 380, 65
$ReportErrorShowInnerException 65, 380, 65
$ReportErrorShowSource 65, 380, 65
$ReportErrorShowStackTrace 65, 380, 65
$ShellID 65, 331
$switch.Current 268
$switch.MoveNext() 268
$this 222
$UICulture XXIX
$VerbosePreference 66, 175, 380, 65
$WarningPreference 66, 175, 380, 65
$WhatIfPreference 66, 380, 65
& 31, 386
&1 369
.bat 49
.gif 280
.NET Framework 183
.NET Framework SDK 343
.png 280
.ps1 51
.ps1xml 151, 449
.vbs 50
? 241, 253
@ XXXIII
@() 95, 241
@(...) 99, 300
@{} 102
[ADSI] 205, 562
[array] 84, 299, 84
[bool] 84
[byte] 84
[hashtable] 205
[psobject] 205
[ref] 205

[regex] 205, 428
[scriptblock] 205
[Switch] 205, 295
[System.Management.ManagementClass] 550
[System.Management.ManagementObject] 546
[void] 259
[wmi] 205, 546
[wmiclass] 205, 550
[wmisearcher], 205, 545
[xml] 205, 446
__InstanceCreationEvent 552
__InstanceDeletionEvent 552
__InstanceModificationEvent 552
__InstanceOperationEvent 552
__PATH 545
{get 170
{get;set 170
~ 468
<Switchparameter> 38
0x 24

A

Abbrechen
　Befehl 26
Abs 190
Abwärtskompatibilität XXIX
Access 492
Access Control Entry 491
Access Control List 491, 492
AccountDisabled 577, 589
ACE 491
ACL 491
Acos 190
Add() 587
AddAccessRule() 497, 524
Add-Content 456, 476
AddDays 463
Add-Member 161
AddObject() 219
Add-PSSnapin 330
Administrator
　Rechte aktivieren 29
Administratorrechte 29
　Warnung 308
AdminScriptEditor XXVII
ADSI-Pfadangaben 563
ADSI-Type Adapter XXXIII
Akkuzustand 309
Alarm 405

Alias 40, 506
　exportieren 45
　importieren 45
　löschen 46
　speichern 45
AliasProperty 180
AllScope 76, 85, 87, 76, 85, 87
AllSigned 322, 350, 351
An Startmenü anheften 2
-and 235
Anfügemodus 7
Anführungszeichen 404, 405
Anker 423
Anmeldedomäne 562
Ansichten 122
Anwendungsdaten 471
Anzeigeoptionen 13
API-Funktionen 211
AppDomain 193
Application Programming Interface 211
ApplicationData 472
Argument 289, 325
　Funktionen 282
　streng typisierte 292
　Vorgabewerte 291
Argument-Parser 286
Arithmetische Operatoren 25
array 84
-as 45
Asin 190
-asSecureString 407
Assemblies 183
　auflisten 193
　nachladen 201
ASSOC 27
Atan 191
Atan2 191
ATTRIB 27
Attribute 87, 444
Audiodatei abspielen 209
Aufzählung 471, 498
Ausdrücke
　reguläre 423
Ausführungsbeschränkungen 321
Ausführungsrichtlinien 321
Ausnahmen 371
　eigene auslösen 372
Ausschlusskriterien 458
-autosize 132
Autostart-Skripte 339
Autovervollständigung 8, 9

Stichwortverzeichnis

B

BackgroundColor 167
-BackgroundColor 38
Backtick 7, 72, 404, 405, 72
Backtick-Zeichen 308
Backup-Files 466
-band 465
bat 49
Batch-Dateien 49
Bedingung 230
Befehle
    gleichnamige 388
Befehlserweiterungen XXIII
Befehlsspeicher 8, 13
begin 316, 336, 395
Benutzerprofil 471
Berechtigungen 491
    anlegen 493
    manuell erstellen 496
    zuweisen 522
Besitz übernehmen 522
Besitzer 492
Bibliothek 331
BigMul 191
Bilderordner 195
Bildschirmpuffer 9, 166
    Größe festlegen 14
Binärdateien 484, 485
Binary 514
Bind() 564
Binding 564
bool 84
BOOTCFG 27
Break 270, 271, 366, 375
BREAK 27
BufferCell 311
BufferSize 167
byte 84

C

cacls 491, 496
CACLS 27
CALL 27
Call-Operator 386
CategoryInfo 369
CategoryView 363
-ccontains 230
Cd 47, 313, 467, 504
Ceiling 191
-ceq 230, 410
cert: 341
Certificate 506
-cge 230
-cgt 230
ChangeExtension 473
ChangeExtension() 473
ChangePassword 585
ChangePassword() 585
Char 84, 406
Chars() 417
CHCP 27
Children 565
CHKDSK 27
CHKNTFS 27
cimv2 554
-cle 230
Clear-Host 305, 310, 456
Clear-Item 456
clear-itemproperty 504, 518
Clear-Variable 61
-clike 410
clip 281
clip.exe 212
cls 5, 26
-clt 230
-cmatch 410, 428
cmd 27
Cmdlet XXIX, 22, 33
    Namenskonvention 33
-cne 230
-cnotcontains 230
-cnotlike 410
-cnotmatch 410
CodeMethod 182
CodeProperty 180
Codesigning 341
-codesigningcert 342
Codesigning-Zertifikat 342
    anlegen 343
COM 215
Combine() 473
Command Discovery 384
Command History 8
CommandInfo-Objekt 387
-commandType 390

CommandType 384
CommonApplicationData 472
CommonParameters 37, 39
CommonProgramFiles 472
Community Technology Preview XXVII
-COMObject 215
COM-Objekte 211
  auflisten 215
COMP 27
COMPACT 27
Compare-Object 112, 136
CompareTo() 416
Component Object Model 211
ComputeHash() 220
-ComputerName 553
Concat() 420
-Confirm 361, 490, 534
ConfirmPreference 65
ConsoleColor 307
ConsoleFileName 65
Constant 62, 282
Constrained Runspace XXXII
-contains 230, 237
Contains() 416
Continue 271, 366, 375
CONVERT 27
ConvertFrom-StringData XXIX
convert-image 280
ConvertTo-HTML 112, 148
Cookies 472
COPY 27
Copy-Item 456, 486
Copy-TextToClipboard 212
CopyTo() 416, 465, 486
Cos 191
Cosh 191
Count 95, 237
Create()- 587
CreateElement() 448
-Credential 554
-creplace 410
csv 480
ctor 197
CurrentCulture 164
CurrentDirectory() 468
CurrentDomain() 193
Cursorgröße 12
CursorPosition 167
CursorSize 167, 169
CustomControl 452

D

Data XXIX
Data Language XXXII
DATE 27
Datei
  öffnen 48
  Text lesen 269
Dateien
  kopieren 486
  löschen 489
  umbenennen 487
  verschieben 486
  zugreifen auf 457
Dateisystem
  navigieren 467
Datentypen
  vergleichen 232
datetime 84
Datumsfunktionen 189
-Debug 40
Debugging XXXII
Debug-Meldungen 302
Debug-Modus 302
decimal 84
default 246, 266
Defender 484
Deinstallation XX
Del 489, 504, 514
Delete() 589
Desktop 472
DesktopDirectory 472
-detailed 35
Dezimalzahl 84
Dienste 125, 535
-DifferenceObject 138
digitale Signaturen 341
Dir 457, 504
DirectoryInfo 182, 258, 271
DirectoryServices.DirectoryEntry 562, 563
DirectoryServices.DirectorySearcher 569
Direktvariablen 71
Disable-PSBreakpoint XXIX
DISKCOMP 28
DISKCOPY 28
DISKPART 28
distinguishedName 565
DivRem 191
DLL-Bibliothek 211

DMTF 556
Do 260
Domäne 496
  durchsuchen 568
DOSKEY 28
dot-sourced 75, 328
double 84
DownloadFile() 197
Drive 399
DRIVERQUERY 28
DWord 514

E

-ea 133
Editoren XXIII
Eigenschaft 160
  erlaubte Werte 168
  Schreibberechtigung 166
Eigenschaften 163
  bestimmte anzeigen 118
  synthetische 119
  Übersicht 170
Einfügemodus 12
Eingabeaufforderung
  verschachtelt 381
Eingabecursor
  bewegen 7
Einzelbestätigung 360, 361
elektronische Identität 341
E-Mail-Adresse
  erkennen 426
EnableDNS 550
EnableIPFilterSec 550
Enable-PSBreakpoint XXIX
EnableWINS 550
Encoding 144, 281, 476
-Encoding 144, 476
end 316, 336, 395
EndsWith() 416
EnterNestedPrompt() 173, 381
Enum 498
EnumPrinterConnections() 260
env: 67, 72, 67, 72
Environment 506
-eq 230, 410
Equals 172

Equals() 416
ERASE 28
Ereignislogbuch 537
Error Records 367
ErrorAction 363
-ErrorAction 40, 133, 364, 509
ErrorBackgroundColor 368
ErrorDetails 369
ErrorForegroundColor 368
Error-Stream 368
-ErrorVariable 40, 367, 370
Escape-Sequenz 405
Euro-Symbol 406, 477
Excel 147, 480
Excel.Application 217
Exception 369, 371
-exclude 133, 459
Execution Policy 321, 350
ExecutionPolicy 52
exit 5, 27
ExitNestedPrompt() 173
Exp 191
ExpandString 514
ExpandString() 397, 398, 407
Export-Alias 45
Export-Clixml 112, 142
Export-Csv 112, 147
Extended Type System 149
  erweitern 222
ExternalScript 52

F

-f 24, 410, 411
Farben 307
  PowerShell-Eigenschaften 15
Favorites 472
FC 28
Fehler-Handler 372
Fehlermeldung
  eigene ausgeben 290
  Farbe festlegen 368
Fehlertoleranz 363
Feld 95
  anlegen 98
Feldelemente
  ansprechen 99

Felder 94
   streng typisierte 107
   Vergleichsoperatoren 236
Fensterhintergrund
   Farbe 15
Fenstertext
   Farbe 15
FileInfo 258, 271
FileSystem 506
FileSystemAccessRule 522
FileSystem-Provider 505
FileSystemRights 522
-filter 37, 459
Filter 128, 458
FIND 28
Find() 568
FINDSTR 28
-First 134
float 84
Floor 191
For 262
-Force 45, 489
ForEach 255
Foreach-Object 112, 128, 135, 252, 392, 395
-foregroundcolor 307
ForegroundColor 16, 167, 169
FORMAT 28
Format-Custom 453
Formatierungs-Cmdlets 118, 127
Formatierungsoperator 411
Format-List 97, 112, 453
Format-Table 64, 105, 112, 116, 120, 453, 64
Formatter-Cmdlets 116
Format-Wide 112, 453
FSUTIL 28
FTYPE 28
-full 36
FullArmor XXVII
FullName 183
FullyQualifiedErrorID 369
Function 393, 506
function: 72
Funktion
   Argumente 282
   Argumente überprüfen 283
   editieren 280
   Fehler abfangen 373
   in Skripten 331
   löschen 282
   Rückgabewert 296

Funktionen 46, 276
   bearbeiten 280
   mehrzeilige eingeben 278
   neue 276

G

Ganzzahl 84
GB 23
-ge 230
Gemeinsam genutzte Daten 471
get_Attributes() 448
Get_-Methoden 171
Get-Acl 491, 492, 521
Get-Alias 41
GetAllForProvider() 400
GetAssemblies() 193
GetAttribute() 448
Get-AuthenticodeSignature 350
GetBufferContent 311
Get-Childitem 36, 456, 457, 460, 504
Get-Command 33, 384
GetConstructors() 196
Get-Content 261, 270, 368, 446, 456, 485
Get-Credential 408, 563
Get-Date 98
GetDirectoryEntry() 572
GetDirectoryName() 473
GetEnumerator() 124, 417
GetEnvironmentVariable 71, 70
Get-Eventlog 537
GetEx() 577
Get-ExecutionPolicy 321
GetExportedTypes() 193
GetExtension() 473
GetFileName() 474
GetFileNameWithoutExtension() 474
GetFolderPath 195
GetFolderPath() 471
GetFullPath() 468, 474
GetHashCode 172
Get-Help 66, 36
GetImageEncoders() 280
GetInfo() 579
GetInvalidFileNameChars() 474
GetInvalidPathChars() 474
Get-Item 456, 460, 517
Get-Itemproperty 456, 504, 511, 517
Get-LDAPUser 570

Stichwortverzeichnis

Get-Location 145, 400, 467
Get-Member XXXIII, 168, 170
GetPathRoot() 474
Get-Process 239, 530, 531, 553
Get-PSBreakpoint XXIX
Get-PSCallStack XXIX
get-psdrive 41, 400
Get-PSDrive 72, 237, 506, 72
Get-PSJob XXIX
Get-PSProvider 505
Get-PSSnapin 330
GetRandomFileName() 474
Get-Runspace XXIX
Get-Service 125, 129, 227, 535, 553
GetTempFileName() 210, 474
GetTempPath() 474
GettingStarted.rtf XIX
GetType 172
GetType() 80, 183, 185, 80
Get-Unique 112, 128, 136
GetValue() 516
Get-Variable 61, 85, 61, 85
GetVersionInfo() 533
Get-WMIObject XXXIII, 118, 131, 132, 215, 252, 309, 542
gif 280
Gleitkommazahl 84
global 74
global: 79, 328, 79
Globally Unique Identifier 216
GmtTime 210
GMT-Zeit erfragen 210
GPRESULT 28
grafische PowerShell XXX
Graphical Host XXVII
greedy 437
Groß- und Kleinschreibung 230
-groupBy-Parameter 127
Group-Object 42, 112, 123, 124
groupType 588
Grundeinstellungen
    Konsole 12
Grundrechenarten 22
Gruppenmitgliedschaften 586
Gruppierungseigenschaft 125
-gt 230
guid 84
GUID 216, 414, 572
    neu anlegen 216
Gültigkeitsbezeichner 396

H

Haltepunkte 377
HasExtension() 474
Hash 347
HashMismatch 350
Hashtable 84, 268, 84, 102
    Schlüssel, neue 104
help 27, 305
Herausgeber
    Zertifikat 345
Here-String 320, 406
hexadezimal 24
Hilfedatei XXIII
Hintergrund-Jobs XXXI
History 472
HKCU: 504, 505, 508
HKEY_CLASSES_ROOT 508
HKEY_CURRENT_USER 505
HKEY_LOCAL_MACHINE 505
HKLM: 504, 505
HTML-Ausgaben 148
HTML-Format 148
HTML-Report 148
Hyperbelkosinus 191
Hyperbelsinus 191
Hyperbeltangens 191

I

icacls 491, 496
ICACLS 28
-icontains 230
IEEERemainder 191
-ieq 230, 410
If 242
-ige 230
-igt 230
-ile 230
-ilike 410
-ilt 230
-imatch 410
Import-Alias 45
Import-Clixml 112, 143
Import-Csv 478
Import-LocalizedData XXIX
-include 459
IndexOf() 416
IndexOfAny() 417

-ine 230
-inotcontains 230
-inotlike 410
-inotmatch 410
Inquire 364
Insert() 417
Installation XIX
Instanz 186
int 84
int16 84
int32 84
int64 84
Int64 XXXIII
InternetCache 472
InvocationInfo 369
InvokeCommand 397
invoke-expression 481
Invoke-Expression 72, 392, 72
InvokeGet() 577
Invoke-Item 456
InvokeScript() 397, 398
InvokeSet() 579
Invoke-Win32 211
Invoke-WMIMethod XXX
IP-Adresse
    erkennen 425
-ireplace 410
-is 94, 230, 258
isNullOrEmpty() 188
IsPathRooted() 474
-itemType 513

J

Join() 420
Join-Path 456, 473
Joker 248

K

KB 23
KeyAvailable 167
Knoten 444
Komma 98
Kommandozeilenparameter
    auswerten 266
Konsole
    klassische 27
    konfigurieren 11
    Tastenkombinationen 19

Konsolenbefehle
    nützliche 27
Konsolenbildschirm
    löschen 26
Konstanten 62
Kosinus 191

L

LastAccessTime 179
LastIndexOf() 416, 417
LastIndexOfAny() 417
LastWriteTime 120
Laufwerke
    anlegen 506
    neue 477
Layout
    PowerShell-Eigenschaften 14
lazy 437
-le 230
Leerzeichen
    entfernen 441
    im Pfadnamen 30
Length 118
-like 248, 260, 410, 422
-list 537, 542
ListControl 452
-LiteralPath 457
LoadWithPartialName() 201
local 74
LocalApplicationData 472
Log 191
Log10 191
Logarithmus 191
LogEvent() 216
Logische Operatoren 235
Lokalisation XXXII
long 84
Löschen
    Eingabe 7
    Konsoleninhalt 26
Lottozahl 262, 299
ls 457
-lt 230

M

makecert.exe 343
man 305

ManagementDateTimeKonverter 556
Markieren
  Text 11
-match 248, 410, 428
Max 191
MaxPhysicalWindowSize 167
MaxWindowSize 167
MB 23
md 305, 504
Measure-Command 226, 256
Measure-Object 112, 136, 534
Mehrzeilenmodus 278
Member 160, 586
memberOf 586
Method 160, 182
Methode 160
  aufrufen 162
Methoden 171
  analysieren 417
  dynamische 186
  instanzbasierte 548
  statische 186
Microsoft Exchange 330
Microsoft Exchange Server 2007 XXVIII
Microsoft Office-Versionen 215
Microsoft.PowerShell 331
Microsoft.VisualBasic 206
Microsoft.VisualBasic.Devices.Computer 209
Microsoft.VisualBasic.Devices.Network 202
Microsoft.VisualBasic.Strings 206
Microsoft.Win32.Registry 509, 516
Min 191
Mitarbeiterzertifikat
  anlegen 354
Mitglieder 160
mkdir 305
MKLINK 28
ModifyAccessRule() 523
more 17, 111, 112, 305
Move-Item 456, 486
MSDN() 184, 197
Multiline-Modus 440
MultiString 514
Mustererkennung 248
MyComputer 472
MyDocuments 472
MyMusic 472
MyPictures 195, 472

N

-name 457, 534
Namespaces 553, 554
NativeGUID 572
-ne 230
Net.WebClient 197
Netzlaufwerk 477
Netzwerkkarten 550
Neue Zeile 405
NewGuid() 216
NewGUID() 414
New-Item 456, 465, 474, 504, 513
New-Itemproperty 504, 515
new-object 307
New-Object 160, 196, 215
New-PSBreakpoint XXX
New-PSDrive 477, 507
New-Runspace XXX
NewScriptBlock() 397, 398
New-Service 535
New-TimeSpan 119, 254
New-Variable 61, 62, 61, 62
-noelement 127
-noexit 519
-nonewline 307
-not 234, 236
-notcontains 230, 237
NoteProperty 180
-notlike 410, 422
-notmatch 410
NotSigned 351
NTAccount-Objekt 500
Null 406
nullable 84

O

objectClass 566, 569
Objekte 160
  Änderungen feststellen 138
  anlegen 160
  Eigenschaften 163
  Methoden 171
  umwandeln in Text 115
  vergleichen 137
Objekteigenschaften 115, 132

Öffentlicher Ordner 471
OPENFILES 28
Operatoren
   Arithmetische 25
Optionen
   PowerShell-Eigenschaften 12
-or 235
Ordner
   kopieren 486
   löschen 489
   umbenennen 487
   verschieben 486
   vertrauenswürdige 31
   zugreifen auf 457
Ordnerinhalte
   auflisten 457
otherHomePhone 583
Out-Default 111
Out-File 112, 144, 281, 338, 475
Out-Gridview XXXII
Out-GridView XXX
Out-Host 112, 145
Out-Host -paging 112
Out-Null 112, 144
Out-Printer 112
Out-String 42, 60, 112, 146, 480, 60
-OutVariable 40
OverloadDefinitions 163
Owner 492

P

PadLeft() 417
PadRight() 417
PageSize 571
-paging 145
param 326, 332, 395
Parameter 36, 289
   Positionsangaben 39
Parametererkennung
   abschalten 38
ParameterizedProperty 180
Parameternamen
   abkürzen 37
Parse() 462
parsen 482
Path 31, 70, 323, 70
Peer-to-Peer-Netzwerk 496

Personal 472
Pfade
   absolute 467
   relative 467
pfx 356
Ping() 209
Pipeline 17
   Ergebnisse exportieren 144
   Formatierungen 145
   gruppieren 123
   Modi 113
   sortieren 123
Pipeline-Befehle
   blockierende 113
Pipeline-Filter 128
   eigene 465
Pipeline-Objekte
   auswerten 252
Pipeline-Skripte 336
PKI 343, 353
Platzhalter 422
Platzhalterzeichen 59, 118, 59
Play() 209
png 280
pop-location 68, 400, 470
Popuphintergrund
   Farbe 15
Popuptext
   Farbe 15
Potenz 191
Pow 191
PowerGUI XXVII
PowerShell
   starten 2
PowerShell 2.0 XXIX
PowerShell Community Extensions XXVIII, 193
PowerShell IDE XXV
PowerShell Plus XXVI
PowerShellAnalyzer XXV
PowerShell-Editoren XXIII
PowerShell-Hosts XXIII
PowerShell-Pipeline 110
PowerShell-Skripte 51
PowerShell-Variablen 64
PowerShell-Version 164
PowerShell-Workflows XXVII
PowerTab XXIV
-prependPath 226

PrimalScript 2007 XXVII
PRINT 28
Priorität
    Prozess 534
private 74, 78, 87
process 316, 336, 395
Process-Objekte 534
Profile 339
    globale, anlegen 340
Profilskripte 339
ProgID 215'
ProgramFiles 472
Programmatic Identifier 215
Programme 530
    externe starten 26
    starten 30
Programme-Ordner 471
Programmgruppe 2
Programs 472
prompt 306
PromptForChoice() 176
Property 160, 170, 180, 510
-Property 123
PropertySet 121, 226
Provider 505
Prozesse 530
    beenden 534
    starten 530
    überwachen 531
ps1 51
ps1xml 151, 222, 449
PSBase 565, 573
PSChildName 510
PSConfiguration 121
PSCX XXVIII, 193
PSDrive 510
PSDriveInfo 238
PSIsContainer 462, 510
psobject 84
PSParentPath 510
PSPath 510, 511
-psprovider 237
PSProvider 510-PSSnapin 331
PSVariable 85, 399, 85
PSVariable-Objekt 85
Public Key Infrastructure 343
PurgeAccessRules() 523
push-location 67, 68, 400, 470
PutEx() 579

Q

QuadFold.rtf XIX
Quadratwurzel 191
Quantifizierer 423
-query 131, 544
QuickEdit 10, 12
quit 27
QWord 514

R

Rasterschriftart 13
RawUI 166
Read-Host 407
Receive-PSJob XXX
Recent 472, 490
rechnen 22
RECOVER 28
-recurse 37
REG_BINARY 514
REG_DWORD 514
REG_EXPAND_SZ 514
REG_MULTI_SZ 514
REG_QWORD 514
REG_SZ 514
Regedit 511
regex 84, 284
RegEx-Objekt 428
Registrierungsdatenbank 504
    Berechtigungen 521
    Schlüssel anlegen 513
    Schlüssel löschen 513
    Schlüsselwerte bearbeiten 515
Registrierungsschlüssel 509
Registry 506
RegistryAccessRule 522
RegistryRights 522
regulärer3 Ausdrücke 84, 248, 423
relative Pfadnamen 468
ReleaseDHCPLeaseAll 550
releaseNotes.rtf XIX
RemoteSigned 322, 350
Remotezugriff 553
Remoting XXX
Remove() 417, 587
RemoveAccessRule() 523
RemoveAccessRuleAll() 523

RemoveEmptyEntries() 419
Remove-Item 270, 456, 489, 504, 514
Remove-Itemproperty 504, 518
Remove-PSBreakpoint XXX
Remove-PSDrive 478
Remove-PSJob XXX
Remove-Runspace XXX
Remove-Variable 61, 79, 61, 79
Remove-WMIObject XXX
Rename-Item 456
RenewDHCPLeaseAll 550
-replace 410, 438, 481
Replace() 175, 417
ResetAccessRule() 524
resolve-path 400
Resolve-Path 258, 456, 468, 469
Restart-Service 535
Restricted 322
Resume-Service 535
return 297
Reverse 101
Roaming Profiles 471
ROBOCOPY 28
Round 191
Rückgabewert 296
Rückschritt 405
Rückverweise 439
Runspace-Pools XXXIII

S

sAMAccountType 566
sbyte 84
SC 29
Schalter 283, 295
Schaltjahr 189
Schema 581
SchemaClass 581
Schleife 252
   abbrechen 270
   benennen 273
   verschachtelt 272
Schlüssel 341
Schnellstartleiste 2
Schreibschutz 489
Schriftart
   PowerShell-Eigenschaften 13
Schriften
   hinzufügen 14
SCHTASKS 29

-Scope 80
script 74, 79, 328,
scriptblock 84
Script-Cmdlets XXXI
ScriptControl 218
Scripting.Dictionary 219
ScriptMethod 182
ScriptProperty 180
Script-Sprachen
   portieren 217
SCVMM 2007 XXVIII
SD 491
SDDL 495
SearchResult 572
SearchScope 571
SecureString 407, 408
Security Descriptor 491
Security Descriptor Description Language 495
Security Identifier 496
SelectFromCollection() 342
SelectNodes() 446
Select-Object 112, 128, 132, 148, 476, 478
Select-String 42, 60, 96, 60, 478
SendTo 472
Sequentieller Modus 113
Service Pack 1 XVIII
Service Pack 2 XVIII
SessionState 397, 399
Set_-Methoden 171
SetAccessRuleProtection() 525
Set-Acl 491, 493
Set-Alias 44
SetArpAlwaysSourceRoute 550
SetArpUseEtherSNAP 550
SetAttribute() 448
Set-AuthenticodeSignature 347
SetBufferContent 311
Set-Content 475, 476, 480, 515
SetDatabasePath 550
SetDeadGWDetect 550
SetDefaultTOS 550
SetDefaultTTL 550
SetDNSSuffixSearchOrder 550
SetEnvironmentVariable 71, 70
Set-ExecutionPolicy 52, 322
SetForwardBufferMemory 550
SetIGMPLevel 550
SetInfo() 573, 579
SetIPUseZeroBroadcast 551
SetIPXVirtualNetworkNumber 551

Stichwortverzeichnis

set-itemproperty 456, 504, 515
SetKeepAliveInterval 551
SetKeepAliveTime 551
set-location 47, 313, 400, 456, 467, 504
SetMTU 551
SetNumForwardPackets 551
SetPassword 585
SetPassword() 585, 589
SetPMTUBHDetect 551
SetPMTUDiscovery 551
Set-PSDebug 380
Set-Service 535
SetTcpMaxConnectRetransmissions 551
SetTcpMaxDataRetransmissions 551
SetTcpNumConnections 551
SetTcpWindowSize 551
SetValue() 516, 517
Set-Variable 61, 85, 61, 85
Set-WMIInstance XXX
-ShellID 331
Shell-ID 331
SHUTDOWN 29
Siblings 446
Sicherheitsprinzipal 500
SID 496, 500
Sign 191
Signaturen 175, 341
SilentlyContinue 364, 509
Simulation 360
Sin 191
single 84
Sinh 191
Sinus 191
SKC 510
Skript
   Argumente 324
   Bibliothek 331
   Fehler abfangen 373
   Parameter 326
   Signatur überprüfen 349
   signieren 341
   starten 48
Skriptbibliotheken 333
Skriptblock 84, 391, 84
Skript-Cmdlet XXXI
Skripte 49
   aufrufen 322
   Ausführung erlauben 52
   editieren 320

Editor 320
Funktionen 332
Gültigkeitsbereich 328
starten 321
übersichtlich gestalten 331
SMS 484
Snap-In 330
Sonderzeichen 406
Sort-Object 111, 112, 123
Spaltenüberschriften 120
SpecialFolder 471
Splatting-Operator XXXIII
Split() 416, 417
Split-Path 339, 456, 465
SQL 544
Sqrt 191
-stack 470
Stammzertifikat
   anlegen 354
Stammzertifizierungsstellen 345
(Standard) 511
Standard-Stream 368
START 29
Start() 530
StartMenu 472
Start-PSJob XXX
Startreihenfolge
   Befehle 389
Start-Service 535
StartsWith() 417
Startup 472
-static 188
Step-Into XXX
Step-Out XXX
Step-Over XXX
steppable Pipelines XXXII
Stepping 381
Stop-Process 362, 530, 534
Stop-PSJob XXX
Stop-Service 535
-Stream 42, 60
Streaming Modus 113
string 84
String-Klasse
   Befehle 419
StringSplitOptions 267, 418
SubKeyCount 510
Substring() 417
Suchfilter 569, 571

Suspend-Service 535
switch 84
Switch 244, 265, 295, 483
   Dateiinhalt auswerten 269
Switch-Parameter 38, 84, 295, 84
System 472
System Center Virtual Machine Manager 2007 XXVIII
System.Activator 310
System.Collections.Hashtable 205
System.ConsoleColor 169
System.DateTime 189
System.DirectoryServices.DirectoryEntry 205
System.Drawing 203
System.Drawing.Imaging.ImageCodecInfo 280
System.Enum 498
System.Environment 194
System.Globalization.CultureInfo 164
System.Guid 414
System.IO.DirectoryInfo 258
system.io.file 261, 265
System.IO.FileInfo 258
System.Management.Automation.Host.BufferCell 310
System.Management.Automation.Host.Coordinates 310
System.Management.Automation.Host.Rectangle 310
System.Management.Automation.Host.Size 169
System.Management.Automation.PSObject 205
System.Management.Automation.PSReference 205
System.Management.Automation.ScriptBlock 205
System.Management.Automation.SwitchParameter 205
System.Management.Automation.ValidateLengthAttribute 88
System.Management.ManagementClass 205, 550
System.Management.ManagementObject 155, 205
System.Management.ManagementObjectSearcher 205
System.Math 190
system.random 263
System.Security.AccessControl.AccessControlType 497
System.Security.AccessControl.FileSystemRights 499
System.Security.AccessControl.InheritanceFlags 499
System.Security.AccessControl.PropagationFlags 497
System.Security.Cryptography.MD5CryptoServiceProvider 220, 225
system.security.cryptography.X509Certificates.x509Store 342
System.Security.dll 342
System.Security.Principal.NTAccount 497
System.Security.Principal.SecurityIdentifier 500
System.Security.Principal.WindowsIdentity 309
System.ServiceProcess.ServiceController 227
System.String 170
System.Text.RegularExpressions.Regex 205
System.Version 164
System.Void 174
System.Windows.Forms 203
System.Xml.XmlDocument 205
SYSTEMINFO 29
SystemMayContain 581
Syswow64 XIX

T

tabexpansion XXIV
Tabexpansion 8
TabExpansion 306
TableControl 452
Tabulator 405
Tabulatortaste 8
Tags 444
Tan 191
Tangens 191
Tanh 191
TargetObject 369
Taschenrechner 22
TASKKILL 29
TASKLIST 29
Tastenkombinationen 7, 19
Tee-Object 112, 134
Templates 472
Temporäre Dateien 471
Terminate() 548
Test-Path 60, 456, 465, 504, 60
Textdateien
   lesen 478
Text 404
   formatieren 410
Textinhalte
   parsen 482
   vergleichen 481
Textmuster
   erkennen 421
Textoperatoren 409
Throw 271, 290, 373
timespan 84
Titeltext
   Konsole 16
-title 148
TITLE 29

ToCharArray() 417
ToDateTime() 556
Tokenizer XXXII
ToLower() 417
ToLowerInvariant() 417
ToString 172
-totalcount 485
ToUpper() 417
ToUpperInvariant() 417
-trace 381
Tracing 380
Translate() 500
Trap 209, 365, 374
   bestimmte Ausnahme 372
Traps 365
TREE 29
Trennzeichen 287
   Excel 480
Trim() 417
TrimEnd() 417
TrimStart() 417
TrueType-Schriftart 13
Truncate 191
type 84
-type 515
Type Acceleratoren 204
Typelibrary 216
Typen 193

U

Überladungen 175
Überschreibemodus 7
uint16 84
uint32 84
uint64 84
Umgebungsvariable 31
   ändern 69
   löschen 69
   permanent ändern 70
Umgebungsvariablen 67, 324, 67
   anlegen 68
   suchen 68
Umleitung 368
Unicodezeichen 84
Uninstall 512
Unrestricted 322
Unterausdrücke 73, 72

Update XX
Update-Formatdata 156
Update-Typedata 222
UseAmendedQualifiers 548
UserDomainName 195
UserGuide.rtf XIX
UserName 195
Users 564

V

ValidateNotNullAttribute 88
ValidateNotNullOrEmptyAttribute 88
ValidatePatternAttribute 88
ValidateRangeAttribute 88
ValidateSetAttribute 88
ValueCount 510
Variable
   Beschreibung 63
   Gültigkeitsbereich 74, 73
   Längenbeschränkung 88
   löschen 60
   Schreibschutz 62
   Schreibschutz abschalten 86
variable: 72
Variable: 59
Variablen 56
   automatische 64
   eigene 56
   finden 59
   Schreibschutz 62
   strenge Typisierung 80
   strenge Typisierung entfernen 87
   Übersicht 59
   Vorhandensein überprüfen 60
   Werte zuweisen 57
Variablen-Cmdlets 61
Variablennamen 57
vbs 50
VBS 206
VBScript XXIII, 50, 217
VBScript-Code
   in PowerShell ausführen 218
VC 510
VER 29
-verb 34
Verbindungsaufnahme 562
-Verbose 40
Vererbung 525, 526

Vergleichsoperatoren 230
  Felder 236
VERIFY 29
Verknüpfung
  anlegen 471
Version 164
-Version 331
Vertrauenskette 355
Vertrauensstellung 345, 346
Vertrauenswürdige Herausgeber 353
vertrauenswürdige Stammzertifizierungsstellen 345
-view 122, 450
View 122, 449
ViewSelectedBy 451
Visual Basic-Befehle 206
VisualBasic Script 206
VOL 29
Vollbild-Darstellung 13
VolumeDirty 548
VolumeName 547
Vorher-Nachher-Zustände 137

W

Wagenrücklauf 405
Währung 412
WaitForExit() 530
Wait-PSJob XXX
Weiterleitung 17
-whatif 360, 490, 534
Where-Object 112, 128, 130, 135, 238, 253, 254
While 260
WideControl 452
Widening 233
-wildcard 248
Win32_Battery 309
Win32_NetworkAdapterConfiguration 550
Win32_OperatingSystem 551, 556
Win32_Process 548
Win32_ProgIDSpecification 215
Win32_UserAccount 132
Win32Shutdown() 551
Windir 67, 71
WindowPosition 167
Windows 2000 XVIII
Windows 95 XVIII
Windows NT 4.0 XVIII
Windows Presentation Foundation XXX
Windows Server 2003 XVIII

Windows Server 2008 XVIII
Windows Vista XVIII
Windows XP XVIII
WindowsIdentity 308
WindowSize 167
Windows-Ordner 67, 471, 67
  Pfadname ermitteln 195
WindowsPrincipal 308
Windows-Programme
  starten 26
windowsupdate.log 478
WindowTitle 16, 167, 308
Winkel 190
WITHIN 553
WMI
  Ereignisse 552
WMIC 29
WMI-Dienst 542
WMI-Klasse 542
WMI-Methoden
  aufrufen 548
Wortbereiche
  finden 438
Worte
  doppelte finden 441
WPF XXX
WQL 544
-wrap 116
Write-Debug 302, 378
WriteDebugLine() 174
write-host 38
Write-Host 301, 307, 337
WriteKey 522
WScript.Network 259
WScript.Shell 471
wwwHomePage 581

X

XCOPY 29
xml 84
XML 444
XML Schema Definition 445
XML-Aufbau 444
-xor 236
XPath 446
XPath-Navigator 447
XSD-Datei 445

Z

Zeilenumbruch 175
Zeitdifferenz 254
Zeitintervall 84
Zertifikat 341
    anlegen 343
    Backup 355
    installieren 345
    überprüfen 344
    vertrauenswürdig machen 345

Zertifikate
    neue 343
Zertifizierungspfad 346
Zertifizierungsunternehmen 343
Zone Identifier 322
Zufalls-Dateinamen 210
Zufallszahlen 263
Zuweisungsoperator 57
Zwischenablage 10, 281

Wissen aus erster Hand

Mit diesem *Original Microsoft Training* lernen Sie im Selbststudium Windows Vista kennen und erarbeiten sich in praktischen Schritt-für-Schritt-Übungen das nötige Know-how für den Job und für das Microsoft Certified Professional-Examen 70-620. Lernen Sie in Ihrem eigenen Tempo mit diesem Buch und der beiliegenden CD-ROM. Die effiziente und preiswerte Art der Vorbereitung!

Autor	Ian McLean, Orin Thomas
Umfang	848 Seiten, 1 CD
Reihe	Original Microsoft Training
Preis	79,00 Euro [D]
ISBN	978-3-86645-920-5

http://www.microsoft.com/germany/mspress

Microsoft Press-Titel erhalten Sie im Buchhandel.

Wissen aus erster Hand

Lernen Sie, auf Helpdesk-Anfragen schnell und effizient zu reagieren, indem Sie Ihr Wissen zu Konfiguration und Problembehandlung von Windows Vista verbessern und bereiten Sie sich gleichzeitig effizient auf das Examen 70-622 vor. Dieses *Original Microsoft Training* dient dem Selbststudium in Ihrem individuellen Lerntempo und ermöglicht Ihnen anhand von Übungen die praktische Umsetzung der vermittelten prüfungsrelevanten Fähigkeiten. Anhang von Fragen und Antworten haben Sie die Möglichkeit, die während des Selbststudiums erworbenen Kenntnisse zu überprüfen. Verbessern Sie so Ihre Qualifikationen und Ihre beruflichen Chancen mit diesem *Original Microsoft Training*.

Autor	Tony Northrup, J.C. Mackin
Umfang	688 Seiten, 1 CD
Reihe	Original Microsoft Training
Preis	79,00 Euro [D]
ISBN	978-3-86645-922-9

http://www.microsoft.com/germany/mspress

Microsoft Press-Titel erhalten Sie im Buchhandel.

Wissen aus erster Hand

Dieses Buch hilft Ihnen, Microsoft Office System 2007-Komponenten zu verstehen und für erfolgreiches Teamwork im Unternehmen einzusetzen. Es geht sowohl um Portale als auch um die Integration der Office-Applikationen in SharePoint. Praxislösungen und empfohlene Vorgehensweisen werden vorgestellt, so dass Sie von der Erfahrung der Autoren schnell profitieren könnten.

Autor	MindBusiness, HanseVision
Umfang	800 Seiten, 1 CD
Reihe	Fachbibliothek
Preis	39,90 Euro [D]
ISBN	978-3-86645-615-0

http://www.microsoft.com/germany/mspress

Microsoft Press-Titel erhalten Sie im Buchhandel.

Wissen aus erster Hand

Dieses Buch bietet einen umfassenden Überblick über Windows SharePoint Services (WSS) 3.0 für Entwickler und Architekten und bietet Expertentipps für das Entwickeln von Anwendungen auf dieser Plattform. Es richtet sich an Entwickler, die über Erfahrung mit Visual Studio 2005, Microsoft .NET Framework 2.0 und ASP.NET verfügen. Die Codebeispiele im Buch sind in C# geschrieben. Entwickler, die neu auf dem Gebiet von Windows SharePoint Services sind, profitieren von diesem Buch ebenso wie erfahrene WSS-Entwickler.

Autor	Ted Pattison, Daniel Larson
Umfang	400 Seiten
Reihe	Fachbibliothek
Preis	49,90 Euro [D]
ISBN	978-3-86645-632-7

http://www.microsoft.com/germany/mspress

Microsoft Press-Titel erhalten Sie im Buchhandel.

Wissen aus erster Hand

Microsoft Language Integrated Query (LINQ) vereinfacht die Programmierung von Anwendungen, die auf interne und externe Daten zugreifen, in grundsätzliche Art und Weise. LINQ erweitert damit C# und Visual Basic um die Fähigkeit, relationale und hierarchische Datenquellen ohne Verwendung einer speziellen Datenabfragesprache wie SQL direkt anzusprechen und abzufragen. Dieser Crashkurs erklärt Ihnen auf schnelle und kompakte Weise die Architektur und Klassen von LINQ, sprachspezifische Features in C# und Visual Basic und was Sie wissen müssen, um LINQ effizient in eigenen Projekten einzusetzen.

Autor	Paolo Pialorsi; Marco Russo
Umfang	256 Seiten
Reihe	Crashkurs
Preis	29,90 Euro [D]
ISBN	978-3-86645-510-8

http://www.microsoft.com/germany/mspress

Microsoft Press-Titel erhalten Sie im Buchhandel.